PHYSIK
Gesamtband S II
Grundkurs

Gymnasium
Nordrhein-Westfalen

Schroedel

DORN·BADER

PHYSIK

Gesamtband S II Grundkurs

**Gymnasium
Nordrhein-Westfalen**

Der vorliegende Band ist ein Zusammenschnitt aus den Bänden DORN • BADER Einführungsphase (ISBN 978-3-507-11800-3) und DORN • BADER Qualifikationsphase (ISBN 978-3-507-11802-7).

Herausgegeben von
Dr. Ulrich Kilian, Heinz-Werner Oberholz

Begründet von
Prof. Dr. Franz Bader, Prof. Friedrich Dorn †

Bearbeitet von
Prof. Dr. Andreas Dölle
Dr. Peter Drehmann
Prof. Dr. Gunnar Friege
Stefanie Grabert
Dr. Ulrich Kilian
Heinz-Werner Oberholz
Werner Wegner

© 2015 Bildungshaus Schulbuchverlage
Westermann Schroedel Diesterweg
Schöningh Winklers GmbH, Braunschweig
www.schroedel.de

Das Werk und seine Teile sind urheberrechtlich geschützt. Jede Nutzung in anderen als den gesetzlich zugelassenen Fällen bedarf der vorherigen schriftlichen Einwilligung des Verlages. Hinweis zu § 52a UrhG: Weder das Werk noch seine Teile dürfen ohne Einwilligung gescannt und in ein Netzwerk eingestellt werden. Dies gilt auch für Intranets von Schulen und sonstigen Bildungseinrichtungen. Auf verschiedenen Seiten dieses Buches befinden sich Verweise (Links) auf Internet-Adressen. Haftungshinweis: Trotz sorgfältiger inhaltlicher Kontrolle wird die Haftung für die Inhalte der externen Seiten ausgeschlossen. Für den Inhalt dieser externen Seiten sind ausschließlich deren Betreiber verantwortlich. Sollten Sie dabei auf kostenpflichtige, illegale oder anstößige Inhalte treffen, so bedauern wir dies ausdrücklich und bitten Sie, uns umgehend per E-Mail davon in Kenntnis zu setzen, damit beim Nachdruck der Verweis gelöscht wird.

Druck A^1 / Jahr 2015
Alle Drucke der Serie A sind im Unterricht parallel verwendbar.

Redaktion: Dr. Ulrich Kilian, science & more redaktionsbüro
Grafiken: Bernhard A. Peter
Umschlaggestaltung: elbe-drei, Hamburg
Layout: Jesse Konzept & Text, Hannover
Satz: science & more redaktionsbüro
Druck und Bindung: Westermann Druck GmbH, Zwickau

ISBN 978-3-507-11261-2

Inhaltsverzeichnis

Bewegungen und Kräfte im Straßenverkehr 10

Offene Aufgaben: Unterschiedliche Bewegungen 12
Gleichförmige Bewegung 13
Hausversuch: Geänderte Geschwindigkeit – selbst gemessen . . . . 15 ■
Die Momentangeschwindigkeit 16
Interessantes: Geschwindigkeitsmessung im Auto . . . . 17 ■
Interessantes: Sensoren für Weg und Geschwindigkeit . . . . 18 ■
Vertiefung: Ein Fahrrad-Fahrtenschreiber . . . . 19 ■
Überholvorgang unter der Lupe 20
Interessantes: Überholvorgang . . . . 20 ■
Beschleunigte Bewegungen 22
Vertiefung: Die Vorgeschichte spielt keine Rolle . . . . 24 ■
Sonderfall – Bewegung aus der Ruhe 26
Methode – *Auswertung mit dem GTR*: Überprüfung der Gesetzmäßigkeit
    einer beschleunigten Bewegung . . . . 27 ■
Kräfte zusammensetzen und zerlegen 28
actio und reactio im Straßenverkehr 30
Interessantes: Bremsvorgänge . . . . 32 ■
Interessantes: Die Fahrschul-Faustformel . . . . 33 ■
Interessantes: Kraft- und Beschleunigungssensoren . . . . 33 ■
Modellbildung 34
Projekt: Modellbildung für nicht konstante Masse . . . . 35 ■

Das ist wichtig 36
Das können Sie schon 37
Das schafft Überblick 37
Kennen Sie sich aus? 38
Projekt: Newtonsche Grundgleichung am Fahrrad . . . . 39 ■

Erhaltungssätze im Straßenverkehr 40

Offene Aufgaben: Energie und Impuls 42
Höhenenergie und Arbeit 43
Bewegungsenergie und Spannenergie 44
Methode: Kausale Strategie . . . . 44 ■
Erhaltungssatz der Mechanik 46
Projekt: Mechanische Energieterme im Experiment . . . . 46 ■
Methode: Messgenauigkeit . . . . 47 ■
Ein Kraftstoß ändert den Impuls 48
Unelastischer Stoß zweier Körper 50
Elastische Stöße zweier Körper 52
Methode: Die Berechnung der Geschwindigkeiten nach einem elastischen Stoß . . . 54 ■
Vertiefung: Der Unterschied von Bewegungsenergie und Impuls . . . . 55 ■
Interessantes: Schiefe Stöße . . . . 55 ■
Methode – *Stationenlernen*: Experimente und Theorie zum
    Impuls- und Energieerhaltungssatz . . . . 56 ■
Unfälle im Straßenverkehr 58
Physik und Technik: CRASH – Bilanzstrategie und Kausalstrategie . . . . 58 ■

Das ist wichtig 60
Das können Sie schon 61
Das schafft Überblick 61
Kennen Sie sich aus? 62
Projekt: Impuls und Bewegungsenergie . . . . 63 ■

Die mit „■" gekennzeichneten Seiten beinhalten ergänzende Vertiefungen, Themen und Projekte.

Fall- und Wurfbewegungen im Sport **64**

Offene Aufgaben: Alles fällt nach unten 66
Fallbewegungen 67
Vertiefung: Masse – sowohl schwer wie träge . . . . 67 ■
Vertiefung: Energiebilanz beim freien Fall . . . . 68 ■
Methode – *Stationenlernen:* Fallbewegung . . . . 70 ■
Fallschirmsprung im Rechenmodell 72
Methode – *Abschätzungen:* Prüfen einer Werbebotschaft . . . . 72 ■
Vertiefung: Bewegungen mit Luftwiderstand . . . . 74 ■
Auf der schiefen Ebene 76
Physik und Geschichte: Freier Fall und schiefe Ebene bei Galileo GALILEI . . . . 77 ■
Waagerechter Wurf 78
Vertiefung: Beschleunigter Beobachter . . . . 78 ■
Schiefer Wurf 80
Vertiefung: Energie und Impuls bei Wurfbewegungen . . . . 83 ■
Methode – *Berechnen mit kleinen Schritten*:
                 Modellierung mit dynamischer Geometrie . . . . 83 ■
Vertiefung: Schiefer Wurf mit Luftwiderstand . . . . 84 ■

Das ist wichtig 86
Das können Sie schon 87
Das schafft Überblick 87
Kennen Sie sich aus? 88
Projekt: Auf Physik kann man sich verlassen . . . . 89 ■

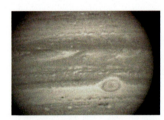

Unser Planetensystem **90**

Offene Aufgaben: Himmelskörper 92
Kreisbewegung und Zentripetalkraft 93
Eine Formel für die Zentripetalkraft 94
Vertiefung: Zentripetalkraft oder Zentrifugalkraft? . . . . 95 ■
Kreisbewegungen auch auf der Kirmes 96
Interessantes: Nicht immer ist die Kreisbahn sinnvoll . . . . 97 ■
In drei Schritten zum Gravitationsgesetz 98
Vertiefung: Vermessung von Erde und Mond . . . . 98 ■
Interessantes: Unser Planetensystem . . . . 99 ■
Vertiefung: Der Versuch von CAVENDISH . . . . 101 ■
Die KEPLER-Gesetze 102
Methode – *Bahnberechnung in kleinen Schritten*:
                 Mit dem PC auf den Spuren KEPLERs . . . . 104 ■
Energie im Gravitationsfeld 106
Vertiefung: Herleitung der Formel für die Energieberechnung im Gravitationsfeld 107 ■
Vertiefung: Festlegung des Nullniveaus . . . . 108 ■
Interessantes: Völlig losgelöst von der Erde . . . . 109 ■
Von ARISTOTELES bis NEWTON 110

Das ist wichtig 112
Das können Sie schon 113
Das schafft Überblick 113
Kennen Sie sich aus? 114
Projekt: Planetenbeobachtung . . . . 115 ■

Schwingungen und Wellen bei Musikinstrumenten 116

Offene Aufgaben: Überall Schwingungen und Wellen 118
Mechanische Schwingungen 119
Ursache und Beschreibung von Schwingungen 120
Methode – Mathematik in der Physik: Gesetze der harmonischen Schwingung ... 121 ◼
Energie einer Schwingung 122
Schwingungen und Eigenschwingungen 124
Methode – Stationenlernen: Experimente und Theorie
        zu Schwingungen und Wellen .... 124 ◼
Fortschreitende Welle 126
Die Schallgeschwindigkeit in Luft 128
Projekt: Abschätzung der Schallgeschwindigkeit .... 129 ◼
Projekt: Präzisionsmessung der Schallgeschwindigkeit .... 129 ◼
Töne und Klänge 130
Stehende Wellen 132
Vertiefung: Wellen werden am Rand reflektiert .... 132 ◼

Das ist wichtig 134
Das können Sie schon 135
Das schafft Überblick 135
Kennen Sie sich aus? 136
Projekt: Eigenschwingungen beim HELMHOLTZ-Resonator .... 137 ◼

Quantenobjekte 138

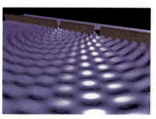

Erforschung des Photons 140
Offene Aufgaben 140
Physik in Bewegung 141
Interessantes: Ende der Physik .... 141 ◼
Physik und Geschichte: Einsteins Nobelpreis .... 143 ◼
Interessantes: Worte zur Quantenphysik .... 143 ◼
Geometrische Optik – und ihre Grenzen 144
Wellenmodell – Wellenwanne 146
Beugung, Brechung und Reflexion im Wellenmodell 148
Doppelspaltversuch 150
Vertiefung: Aufteilung der Wellenfront .... 151 ◼
Physik und Geschichte: Geniale Idee mit Anlaufschwierigkeiten .... 151 ◼
Interessantes: Polarisation .... 153 ◼
Gitter 154
Vertiefung: Amplitude und Intensität .... 155 ◼
Vertiefung: Einzelspalt .... 156 ◼
Vertiefung: CD als Reflexionsgitter .... 157 ◼
Fotoeffekt I 158
Physik und Geschichte: Geschichte des Fotoeffekts .... 158 ◼
Vertiefung: Äußerer und innerer Fotoeffekt .... 159 ◼
Vertiefung: Klassisches Wellenmodell .... 159 ◼
Interessantes: Von PLANCK zu PLANCK .... 160 ◼
Das elektrische Feld 162
Vertiefung: Probeladung im Kondensatorfeld .... 163 ◼
Fotoeffekt II 166
Vertiefung: Kontaktspannung .... 167 ◼
Masse und Impuls von Photonen 168
Interessantes: Heikle Physik – die Lichtmühle .... 169 ◼

Erforschung des Elektrons 170
Offene Aufgaben 170
Das Elektron – ein alter Bekannter!? 171
Millikan-Versuch 172
Vertiefung: Der Millikan-Versuch – Würdigung und Kritik . . . . 174 ■
Interessantes: Elektrolyse-Versuch von FARADAY . . . . 174 ■
Vertiefung: Die Sinkmethode des Millikan-Versuchs . . . . 175 ■
Fadenstrahlrohr I 176
Interessantes: Wie groß ist ein Elektron? . . . . 176 ■
Vertiefung: Wie schnell sind die Elektronen? . . . . 177 ■
Das Magnetfeld 178
Projekt: Dynamischer Lautsprecher . . . . 179 ■
Interessantes: Hallsonden . . . . 180 ■
Vertiefung: Ein Drahträhmchen im Magnetfeld . . . . 181 ■
Fadenstrahlrohr II 182
Vertiefung: Kräfte im Fadenstrahlrohr . . . . 182 ■
Projekt: Modellierung der Bewegung im Fadenstrahlrohr . . . . 183 ■
Elektronen in Natur, Forschung und Technik . . . . 184 ■
De-Broglie-Wellen und Elektronenbeugung 186
Physik und Geschichte: Wer war DE BROGLIE? . . . . 186 ■
Vertiefung: Wie groß ist der Elektronenabstand? . . . . 186 ■
Vertiefung: Interferenz mit großen Molekülen . . . . 187 ■

Wellig und körnig 190
Offene Aufgaben 190
Wahrscheinlichkeitsinterpretation 191
Vertiefung: Taylor-Experiment von 1909 . . . . 192 ■
Modelle in der Physik 194
Interessantes: Realität und Quantenphysik . . . . 194 ■
Interessantes: De-Broglie-Wellen sichtbar gemacht . . . . 195 ■
Unbestimmtheitsrelation 196
Deutungen der Quantentheorie 198
Vertiefung: Schrödingers Katze . . . . 198 ■
Vertiefung: Das Messpostulat . . . . 199 ■
Vertiefung: Dekohärenz . . . . 199 ■
Interessantes: Auch Experten sind sich nicht einig . . . . 200 ■
Vertiefung: Verschränkte Zustände und Nichtlokalität . . . . 200 ■
Vertiefung: Anwendungen der Quantenverschränkung . . . . 201 ■

Das ist wichtig 202
Das können Sie schon 203
Das schafft Überblick 203
Kennen Sie sich aus? 204
Projekt: Umkehrung des Fotoeffekts – h-Abschätzung mit Leuchtdiode . . . . 205 ■

Elektrodynamik 206

Elektrische Energie gewinnen und verteilen 208
Offene Aufgaben 208
Induktion bei der Leiterschaukel 209
Induktion bei der Leiterschleife 210
Vertiefung: Der magnetische Fluss . . . . 213 ■
Vertiefung: Ein glücklicher mathematischer Umstand . . . . 213 ■
Lenzsches Gesetz und thomsonscher Ringversuch 214
Wirbelströme 216
Physik und Technik: Technische Anwendungen von Wirbelströmen . . . . 217 ■

Der Generator 218
Vertiefung: Merkt man an Generatoren, dass ein starker Verbraucher
　angeschlossen ist?. . . . . 219 ▪
Oszilloskop und Messwerterfassungssystem. 220
Vertiefung: Der Effektivwert einer Wechselspannung . . . . 221 ▪
Vertiefung: So funktioniert ein Oszilloskop. . . . . 221 ▪
Der Transformator. 222
Transport elektrischer Energie 224
Vertiefung: Das deutsche Stromnetz. . . . . 224 ▪

Das ist wichtig 226
Das können Sie schon 227
Das schafft Überblick 227
Kennen Sie sich aus? 228
Projekt: Funktionsmodell eines Fahrradtachometers . . . . 229 ▪

Strahlung und Materie 230

Erforschung des Mikro- und Makrokosmos 232
Offene Aufgaben 232
Das elektromagnetische Spektrum 233
Vertiefung: Was schwingt denn da? . . . . 233 ▪
Franck-Hertz-Versuch 236
Physik und Geschichte: James FRANCK und Gustav HERTZ . . . . 237 ▪
Interessantes: Elastische und unelastische Stöße . . . . 237 ▪
Vertiefung: Zum Franck-Hertz-Versuch . . . . 238 ▪
Interessantes: Leuchterscheinungen – nicht nur bei Atomen . . . . . 239 ▪
Flammenfärbung und Linienspektrum 240
Interessantes: Spektralanalyse von Flammenfarben . . . . 241 ▪
Interessantes: Spektrometer . . . . 241 ▪
Sonnenspektrum 242
Praktikum: Fraunhoferlinien selbst beobachten . . . . 242 ▪
Physik und Geschichte: Joseph von FRAUNHOFER . . . . 243 ▪
Atommodelle 244
Untersuchung der Röntgenstrahlung 246
Interessantes: Bestimmung der Wellenlänge von Röntgenstrahlung. 246 ▪
Charakteristische Röntgenlinien 248
Interessantes: Röntgenbremsspektrum . . . . 249 ▪

Mensch und Strahlung 250
Offene Aufgaben 250
Grundlagen: Atomkern und die Strahlung radioaktiver Stoffe 251
Vertiefung: Kernkräfte . . . . 251 ▪
Das Geiger-Müller-Zählrohr. 252
Interessantes: Der Halbleiterzähler ist ein weiteres Nachweisgerät
　für die Strahlung radioaktiver Stoffe . . . . 252 ▪
Lernen an Stationen: Strahlung verschiedener Materialien untersuchen . . . . 253 ▪
Die Teilchen der Strahlung radioaktiver Stoffe – Absorptionsexperimente 254
Vertiefung: Die Absorption der Strahlung ist energieabhängig . . . . 255 ▪
Radioaktiver Zerfall – Nuklidkarte. 256
Vertiefung: Zum α-, β- oder γ-Zerfall eines Nuklids. . . . . 256 ▪
Interessantes: Die radioaktiven Zerfallsreihen. . . . . 257 ▪
Halbwertszeit 258
Interessantes: Aktivität verrät das Alter . . . . 259 ▪
Biologische Wirkung ionisierender Strahlung. 260
Vertiefung: Grundlagen der Strahlenbiologie . . . . 260 ▪

Natürliche und zivilisatorische Strahlenexposition 262
Projekt: Radon . . . . 263 ■
Wirkung elektromagnetischer Strahlung auf Menschen 264
Interessantes: Vorsorge . . . . 265 ■
Strahlenschäden – Strahlenschutz 266
Vertiefung: Kleine Dosen . . . . 267 ■
Strahlennutzen 268
Methode – selbstständig bewerten . . . . 269 ■
Vertiefung: Kernreaktionen . . . . 270 ■

Elementarteilchenphysik 272
Offene Aufgaben 272
Ordnung im Teilchenzoo – das Standardmodell 273
Vertiefung: Quarkfamilien . . . . 274 ■
Vertiefung: Farbe . . . . 275 ■
Was Teilchen zusammenhält – Wechselwirkungen im Standardmodell 276
Vertiefung: Feynman-Diagramme . . . . 277 ■
Starke und schwache Wechselwirkung 278
Vertiefung: Die elektroschwache Wechselwirkung . . . . 279 ■
Vertiefung: Nicht nur elektrische Ladungen . . . . 280 ■
Vertiefung: Der Spin . . . . 281 ■
Riesige Maschinen für kleinste Teilchen 282
Vertiefung: Das Higgs-Teilchen . . . . 284 ■
Interessantes: Und die Gravitation? 284
Von RUTHERFORD bis HIGGS 286
Physik und Geschichte: Physikerinnen ohne Nobelpreis . . . . 286 ■
Interessantes: Schönheit in der Physik . . . . 287 ■
Interessantes: Woher die Quarks ihren Namen haben . . . . 289 ■

Das ist wichtig 290
Das können Sie schon 291
Das schafft Überblick 291
Kennen Sie sich aus? 292
Projekt: Radioaktivität von Lebensmitteln . . . . 293 ■

Spezielle Relativitätstheorie 294

Das Denken übersteigt die sinnliche Erfahrung 296
Offene Aufgaben 296
Hat Licht eine Geschwindigkeit? 297
Messung der Lichtgeschwindigkeit 298
Projekt: Die Geschwindigkeit elektromagnetischer Wellen . . . . 299 ■
Physik und Geschichte: Lichtgeschwindigkeit . . . . 299 ■
Zeit und Ort werden hinterfragt 300
Das Experiment von MICHELSON und MORLEY 302
Vertiefung: Michelson-Morley quantitativ . . . . 302 ■
Projekt: Michelson-Morley-Experiment mit Ultraschall . . . . 303 ■
Die Lichtuhr 304
Vertiefung: Zeitdilatation . . . . 305 ■
Myonenzerfall – Längenkontraktion 306
Vertiefung: Myonenzerfall aus zwei Perspektiven . . . . 307 ■
Die Addition von Geschwindigkeiten 308
Vertiefung: Das Additionstheorem für Geschwindigkeiten . . . . 309 ■
Dynamische Masse und Zyklotron 310
Vertiefung: Herleitung der dynamischen Masse . . . . 310 ■
Äquivalenz von Energie und Masse 312

Vertiefung: $\frac{1}{2} m v^2$ als Grenzfall von $\Delta m \cdot c^2$ 312
Vertiefung: Herleitung von $W = m \cdot c^2$/Bertozzi-Experiment 313
Moderne Teilchenbeschleuniger 314
Vertiefung: Vom Zyklotron zum LHC 314
Der Massendefekt 316
Vertiefung: $W = m \cdot c^2$ in der Hochenergiephysik 317
Vertiefung: Was bedeutet die Äquivalenz von Energie und Masse? 317
Paradoxien 318
Vertiefung: Ein alter Zankapfel 318
Interessantes: Uhren als Zwillinge 319
Schlüsselstationen der Speziellen Relativitätstheorie 320
Vertiefung: Energie und Impuls des Photons 321
Bedeutung der Speziellen Relativitätstheorie 322
Physik und Technik: Global Positioning System – GPS 323

Das ist wichtig 324
Das können Sie schon 325
Das schafft Überblick 325
Kennen Sie sich aus? 326
Projekt: 100 Jahre nach dem „annus mirabilis" der Physik –
    das Einsteinjahr 2005 327

Anhang **328**

Tabellen und Notation 328
Spektraltafel 332
Periodensystem 333
Ausschnitt aus der Nuklidkarte 334
Bildquellenverzeichnis 336
Stichwortverzeichnis 338

Bewegungen und Kräfte im Straßenverkehr

Das können Sie in diesem Kapitel erreichen:

- Sie können Bewegungen mit konstanter Geschwindigkeit in Diagrammen erkennen und mit Formeln beschreiben.

- An Diagrammen und an Geschwindigkeitswerten erkennen Sie auch eine negative Geschwindigkeit.

- Sie unterscheiden zwischen konstanter Geschwindigkeit, mittlerer Geschwindigkeit und Momentangeschwindigkeit.

- Sie können Kräfte als Vektoren beschreiben, die Resultierende mehrerer Kräfte ermitteln und eine Kraft in Komponenten zerlegen.

- Sie werden erkennen, dass die Beschleunigung eines Fahrzeugs und beliebiger anderer Körper immer in Richtung der auf sie wirkenden Kraft erfolgt.

- Sie werden verstehen, warum man das umgangssprachliche „Bremsen" in der Physik ebenfalls Beschleunigen nennt.

- Sie entdecken in Experimenten das Grundgesetz der Mechanik als einfachen Zusammenhang zwischen Kraft, Masse und Beschleunigung.

Unterschiedliche Bewegungen

A1 Im linken Bild oben wird ein Auto geschoben, im rechten Bild oben wird an ihm gezogen.
a) Beschreiben Sie, was aufgrund der auf das Auto ausgeübten Kräfte jeweils passiert.
b) Beschreiben Sie, wie das Auto sich in der Zwischenzeit bewegt, wenn die beiden Schüler nicht auf das Auto einwirken.

A2 a) Erläutern Sie die beiden t-s-Diagramme. Nennen Sie den Fachbegriff für diese Art von Bewegungen.
b) Erfinden Sie eine Geschichte zur Diagrammdarstellung und tragen Sie diese in Ihrem Kurs vor.

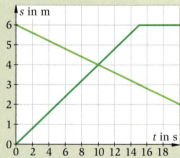

A3 Gegeben ist die unten stehende Tabelle von Zeit- und Ortswerten.
a) Zeichnen Sie die zugehörigen Punkte in ein t-s-Diagramm. Begründen Sie, warum eine Ausgleichsgerade berechtigt ist.
b) Zeichnen Sie ein t-v-Diagramm und erläutern Sie, in welchem Werteintervall die „wahre" Geschwindigkeit liegen müsste.

t in s	0	1	2	3	4	5	6	7	8	9	10
s in m	2,0	2,2	3,1	3,4	3,8	4,7	5,1	5,3	6,0	6,6	6,8

A4 Die Radfahrer warten auf „Grün". Beschreiben Sie aus physikalischer Sicht, was bis zum Stopp an der nächsten Ampel passiert. Unterteilen Sie die Fahrt für Ihre Überlegungen in mehrere Phasen, die durch die Wirkung der jeweiligen Kraft gegeben sind.

A5 Ermitteln Sie die resultierende Kraft nach Betrag und Richtung (1 Kästchen = 1 N).

A6 a) Der am Ast hängende Apfel wird von der Gewichtskraft nach unten gezogen. Er fällt nicht.
b) Der Fallschirmspringer wird von seiner Gewichtskraft ebenfalls nach unten gezogen. Er wird – zum Glück – nicht schneller. Erläutern Sie die beiden Situationen.

A7 Eine Schülerin spannt langsam den „Bogen".

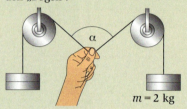

a) Diskutieren Sie, welche Kraft sie im Lauf der Zeit spürt.
b) Welche Kraft müsste sie bei sehr langem Band maximal aufbringen? Zeichnen Sie die Situation und begründen Sie die Antwort.
c) Bestimmen Sie durch zeichnerische Konstruktion die aufzuwendende Kraft für einen Winkel von $\alpha = 120°$.

A8 a) Erläutern Sie anhand des Fotos den Satz: „Wo in der Natur eine Kraft auftritt, gibt es auch eine Gegenkraft". Stellen Sie die Situation als Skizze dar. Zeichnen Sie dann die auf den Startblock wirkende Kraft und die dazu entstehende Gegenkraft ein.

b) Auf welchen Körper wirkt die Kraft, auf welchen die Gegenkraft? Beschreiben Sie dies auch für ein anfahrendes Auto.

Gleichförmige Bewegung

1. Zeit-Ort-Diagramm – Bewegung auf einen Blick

Wenn ein Körper sich bewegt, so ändert er den Ort. Besonders einfach ist die Bewegung, wenn dies völlig gleichmäßig geschieht, wenn der Körper also immer „gleich schnell" ist. In den letzten Jahren haben Sie diese **gleichförmige Bewegung** kennengelernt. Ein einfacher Fall liegt vor, wenn der Ort (angegeben z. B. in m auf einer vorher festgelegten Ortsachse) sich proportional zur Zeit ändert: $s \sim t$. Das Zeit-Ort-Diagramm (t-s-Diagramm) stellt dann eine Ursprungsgerade dar → **B1a**. Doch auch eine Gerade, die nicht durch den Ursprung geht, beschreibt eine gleichförmige Bewegung → **B1b**.

Bewegt sich der Körper langsamer als vorher, so vergeht mehr Zeit bei gleicher Ortsdifferenz, bei gleichem „zurückgelegtem **Weg**". Die t-s-Gerade ist dann flacher. Die Steigung der Geraden im t-s-Diagramm ist also ein geeignetes Maß für das „Schnellsein" und wurde in der Physik deshalb zur Messgröße **Geschwindigkeit** einer gleichförmigen Bewegung.

Wie man die Steigung oder auch „Änderungsrate" bestimmt, weiß man aus der Mathematik. Mithilfe eines Steigungsdreiecks erhält man einen Quotienten aus einer Ortsdifferenz $s_2 - s_1$ und der zugehörigen Zeitdifferenz $t_2 - t_1$. Der **Differenzenquotient** aus Ort und Zeit ist die Geschwindigkeit: $v = (s_2 - s_1)/(t_2 - t_1)$.

Da in der Physik Differenzen zweier Größen häufig benutzt werden, hat man eine Kurzschreibweise mit dem griechischen Großbuchstaben Δ (Delta) eingeführt: $s_2 - s_1 = \Delta s$ und $t_2 - t_1 = \Delta t$. Damit lautet dann die Definition der Geschwindigkeit:

$$v = \frac{\Delta s}{\Delta t}.$$

2. Zeit-Geschwindigkeit-Diagramm – Weg auf einen Blick

Bei konstanter Geschwindigkeit wächst die Ortsänderung („der zurückgelegte Weg") proportional zur Zeit: $\Delta s \sim \Delta t$. Aus der Definition der konstanten Geschwindigkeit $v = \Delta s/\Delta t$ erkennt man den Proportionalitätsfaktor v durch eine einfache Umformung:

$$\Delta s = v \cdot \Delta t.$$

Dieser Zusammenhang ermöglicht es, aus einer Geschwindigkeitsmessung im Nachhinein einen Weg zu ermitteln. Im t-v-Diagramm → **B2** ist v die Höhe des grünen Rechtecks, Δt ist die Breite. Die Ortsänderung Δs entspricht deshalb der Rechteckfläche zwischen dem t-v-Graphen und der t-Achse.

> **Merksatz**
> Die Geschwindigkeit v einer gleichförmigen Bewegung ist die Steigung der Geraden im t-s-Diagramm:
> $$v = \frac{s_2 - s_1}{t_2 - t_1}; \text{ Kurzschreibweise: } v = \frac{\Delta s}{\Delta t}.$$
> Der zurückgelegte Weg ist die Fläche zwischen t-v-Graph und t-Achse:
> $$\Delta s = v \cdot \Delta t.$$

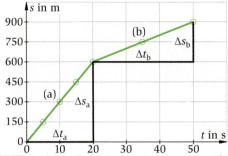

B1 In (a) und (b) ist die Bewegung jeweils gleichförmig. Die Geschwindigkeit lässt sich aus der Steigung der t-s-Geraden im jeweiligen Abschnitt bestimmen:

$$v_a = \frac{\Delta s_a}{\Delta t_a} = \frac{600\,\text{m} - 0\,\text{m}}{20\,\text{s} - 0\,\text{s}} = \frac{600\,\text{m}}{20\,\text{s}} = 30\,\frac{\text{m}}{\text{s}}$$

In gleicher Weise berechnet man den Differenzenquotienten in (b):

$$v_b = \frac{\Delta s_b}{\Delta t_b} = \frac{900\,\text{m} - 600\,\text{m}}{50\,\text{s} - 20\,\text{s}} = \frac{300\,\text{m}}{30\,\text{s}} = 10\,\frac{\text{m}}{\text{s}}$$

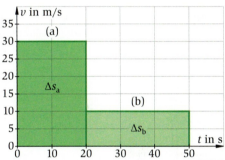

B2 Das Auto fährt im Abschnitt (a) → **B1a** mit größerer Geschwindigkeit als im Abschnitt (b), das t-v-Diagramm zeigt deshalb zwei Stufen. Die grünen Flächen unter ihnen entsprechen den jeweiligen Ortsänderungen.

$\Delta s_a = v_a \cdot \Delta t_a = 30\,\text{m/s} \cdot 20\,\text{s} = 600\,\text{m}$ und
$\Delta s_b = v_b \cdot \Delta t_b = 10\,\text{m/s} \cdot (50\,\text{s} - 20\,\text{s}) = 300\,\text{m}$.

A1 a) Fertigen Sie ein t-s-Diagramm an und zeichnen Sie die Ausgleichsgerade. Bestimmen Sie die Geschwindigkeit.

t in s	0	1	2	3	4
s in m	2,1	6,2	9,9	13,8	18,3

b) Zeichnen Sie das dazugehörige t-v-Diagramm.

A2 Spitzensprinter schaffen 100 m in etwa 10 s. Berechnen Sie die Geschwindigkeit in der Einheit km/h.

V1 Die Lok fährt mit konstanter Geschwindigkeit, bleibt dann eine Weile stehen und wird danach mit konstanter Geschwindigkeit zurückgeschickt.

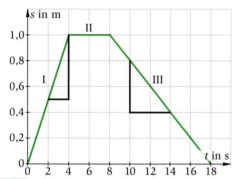

B1 Schnell vorwärts (I), stehen bleiben (II), langsam zurück (III) – jeweils gleichförmig mit konstanter Steigung $\Delta s/\Delta t$.

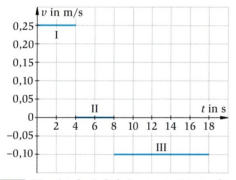

B2 Die Geschwindigkeit $v = \Delta s/\Delta t$ macht hier Sprünge und wird sogar negativ.

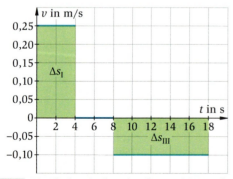

B3 Die Flächen in den einzelnen Zeitintervallen entsprechen den dort zurückgelegten Wegen; $\Delta s_{III} = -0{,}1 \text{ m/s} \cdot 10 \text{ s} = -1 \text{ m}$.

3. Die Geschwindigkeit kann einen negativen Wert haben

Bisher haben wir uns über die Richtung einer Bewegung keine Gedanken gemacht. Die berechneten Geschwindigkeiten waren immer positiv. Nun muss man z. B. im Straßenverkehr aber Richtung und Gegenrichtung unterscheiden. Das gilt auch für einen Aufzug. Er fährt aufwärts, bleibt stehen und fährt auch wieder abwärts. Sind solche Situationen in unserer Definition der Geschwindigkeit berücksichtigt?

Wir betrachten die Modelleisenbahn in ➔ **V1**. Sie durchläuft drei Bewegungsphasen. Im ersten Zeitintervall I von 0 s bis 4 s liegt die größte Geschwindigkeit vor ➔ **B1**. Wir berechnen sie mit einem beliebigen Steigungsdreieck. Wichtig ist, dass wir bei Δs und Δt des Differenzenquotienten die richtige Reihenfolge beachten: „Späterer Ortswert minus früherer Ortswert" dividiert durch „spätere Zeit minus frühere Zeit":

$$v_I = \frac{\Delta s}{\Delta t} = \frac{s_2 - s_1}{t_2 - t_1} = \frac{1{,}0 \text{ m} - 0{,}50 \text{ m}}{4 \text{ s} - 2 \text{ s}} = 0{,}25 \frac{\text{m}}{\text{s}}.$$

Danach knickt die Gerade ab, die Steigung im Zeitabschnitt II zwischen 4 s und 8 s ist jetzt null. Der Differenzenquotient liefert diesen Wert ebenfalls:

$$v_{II} = \frac{\Delta s}{\Delta t} = \frac{s_2 - s_1}{t_2 - t_1} = \frac{1{,}0 \text{ m} - 1{,}0 \text{ m}}{8 \text{ s} - 4 \text{ s}} = 0{,}0 \frac{\text{m}}{\text{s}}.$$

Im Zeitabschnitt III kommt die Lok zurück, sie nähert sich wieder dem Ausgangspunkt. Mit zunehmender Zeit werden die Ortswerte s kleiner. Die Geschwindigkeit ergibt sich zu

$$v_{III} = \frac{\Delta s}{\Delta t} = \frac{s_2 - s_1}{t_2 - t_1} = \frac{0{,}4 \text{ m} - 0{,}8 \text{ m}}{14 \text{ s} - 10 \text{ s}} = -0{,}1 \frac{\text{m}}{\text{s}}.$$

Für die Rückwärtsfahrt im dritten Intervall ist der Wert also negativ. Dieser und die Werte aus I und II sind in ➔ **B2** eingetragen. In der Definition der Geschwindigkeit steckt also mehr Information als nur die „Schnelligkeit", der Betrag der Geschwindigkeit. Das Vorzeichen der Steigung bzw. des Differenzenquotienten im t-s-Diagramm zeigt uns, ob ein Fahrzeug vorwärts oder rückwärts fährt. Der Differenzenquotient liefert uns nun den positiven oder negativen **Geschwindigkeitswert**. Die Geschwindigkeit hat eine Richtung, dies ist ein erster Hinweis auf ihren Vektorcharakter.

Welche Information liefert nun bei einer negativen Geschwindigkeit die Fläche im t-v-Diagramm?

Die Ortsdifferenz $\Delta s = v \cdot \Delta t$ wird in diesem Fall ebenfalls negativ, da die Höhe v des Rechtecks ja einen negativen Wert hat, während die Zeitdifferenz Δt weiterhin positiv bleibt. Die Rechnung zu ➔ **B3** zeigt es. $\Delta s < 0$ entspricht der Rückwärtsfahrt im Experiment. Unsere Überlegungen umfassen also alle Fahrten auf einer Linie richtig – vorwärts wie rückwärts.

Merksatz
Die Geschwindigkeit ist eine gerichtete Größe. Im t-s-Diagramm liefert die Steigung für Vorwärtsfahrten positive, für Rückwärtsfahrten negative Werte.

Gleichförmige Bewegung

Hausversuch

Geänderte Geschwindigkeit – selbst gemessen

Zu Hause soll eine Bewegung mit wechselnder Geschwindigkeit untersucht werden. Dies geht – wie im Lehrtext – mit einer Spielzeugeisenbahn. Eventuell kann die Schule Ihnen auch einen kleinen Elektromotor mit Untersetzungsgetriebe ausleihen. Ähnlich wie in → B4 angedeutet, kann das Versuchslabor ausgestattet sein.

Benötigtes Material
- Elektromotor mit Getriebe
- Batterie 4,5 V; zwei leichte Experimentierkabel mit Krokodilklemmen für das Umschalten von Vorwärtslauf auf Stopp und auf Rückwärtslauf
- ein leichter Gegenstand, z. B. ein Spielzeugauto mit der Möglichkeit, Fäden anzubinden
- ein weiterer Gegenstand, der für die Rückfahrt sorgt
- ein Bandmaß
- eine Digitalkamera (am besten auf einem Stativ) und Videoanalysesoftware (z. B. Viana)
- ersatzweise Spielsteine als Markierungspunkte und eine Stoppuhr für Sekundentakt

Vorbereitung des Versuchs

Den Versuch führen Sie am besten auf einem Tisch mit glatter Oberfläche, z. B. einem Küchentisch, durch. Fixieren Sie zunächst den Motor an einer Tischkante. Binden Sie ein Ende des Fadens an die Getriebeachse, das andere Ende an das Spielzeugauto.
Vom Heck des Autos geht ein Faden zum zweiten Gegenstand, der über die andere Tischkante herabhängt.

Arbeitsaufträge:

1 Führen Sie zunächst eine „Probefahrt" durch.
2 Starten Sie dann die Messung – vorwärts, halten, rückwärts. Filmen Sie den ganzen Vorgang mit der Digitalkamera. (Ersatzweise nehmen Sie die Fahrt punktweise auf.)
3 Exportieren Sie die Zeit- und Ortswerte aus der Analysesoftware in eine Tabellenkalkulation und erzeugen Sie ein t-s-Diagramm (ähnlich → B5). Bestimmen Sie anschließend die Geschwindigkeit des „Fahrzeugs" in den drei Abschnitten.

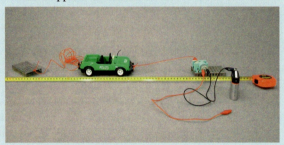

B4 Versuchsanordnung für Vorwärts- und Rückwärtsfahrt

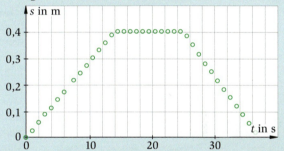

B5 Beispiel eines t-s-Diagramms zur Vorwärts- und Rückwärtsfahrt mit einem Spielzeugauto

---

A1 a) Erfinden Sie eine Geschichte zur Grafik.
b) Skizzieren Sie begründet ein passendes t-v-Diagramm.

A2 Ein Aufzug erreicht nach 10 s die Höhe 50 m. Dort bleibt er 20 s stehen. Danach fährt er zurück und erreicht nach weiteren 15 s wieder seinen Ausgangspunkt.
a) Zeichnen Sie zu diesem Vorgang ein idealisiertes t-s-Diagramm und das t-v-Diagramm.

b) Interpretieren Sie die Flächen im t-v-Diagramm.

A3 Ein Auto fährt 15 s mit $v_1 = 72$ km/h, plötzlich 24 s mit $v_2 = 36$ km/h weiter. Dann bleibt es 10 s lang stehen. Schließlich fährt es mit $v_3 = -54$ km/h an den Ausgangspunkt zurück.
a) Zeichnen Sie dazu ein t-s- und ein t-v-Diagramm (v in der Einheit m/s).
b) Bestimmen Sie die Dauer der Rückfahrt.

A4 a) Interpretieren Sie das t-v-Diagramm. Berechnen Sie die Ortsänderungen in den einzelnen Intervallen und insgesamt daraus den „Zielort".

b) Zeichnen Sie das zugehörige t-s-Diagramm mit $s(0\text{ s}) = 0$ m.
c) Ein anderes Fahrzeug startet gleichzeitig mit dem ersten Fahrzeug und ebenfalls bei 0 m. Das zweite Fahrzeug fährt aber mit konstanter Geschwindigkeit direkt zum Zielort. Beide kommen gleichzeitig an. Bestimmen Sie die Geschwindigkeit des zweiten Fahrzeugs.

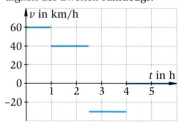

Die Momentangeschwindigkeit

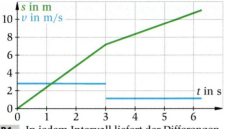

B1 In jedem Intervall liefert der Differenzenquotient die Geschwindigkeit.

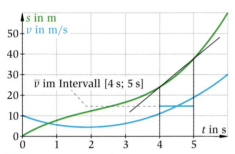

B2 Der Differenzenquotient der schwarzen Geraden ist die Durchschnittsgeschwindigkeit (blau) im Intervall von 4 s bis 5 s. Wählt man viele kleine Intervalle, so erscheint die t-v-Linie „durchgezogen".

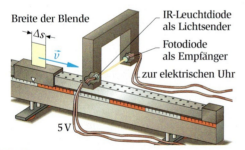

B3 Mit einer schmalen Blende der Breite Δs (Ortsdifferenz) wird die Lichtschranke für die Zeit Δt (Zeitdifferenz) unterbrochen. Den Quotienten $\Delta s/\Delta t$ wählen wir als Momentangeschwindigkeit im Zeitraum der Verdunkelung.

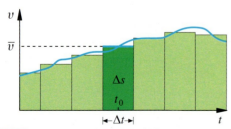

B4 Im t-v-Diagramm wird der Gesamtweg aus einzelnen Rechteckstreifen zusammengesetzt.

Der Tachometer Ihres Fahrrades zeigt zu jedem Zeitpunkt, in jedem Moment eine Geschwindigkeit an. So erwartet man es. Man nennt sie die Momentangeschwindigkeit.
Aber ist eine solche Anzeige so selbstverständlich? Normalerweise liegt im Straßenverkehr ja keine gleichförmige Bewegung vor. Nur für diese konnten wir die Geschwindigkeit als Steigung $v = \Delta s/\Delta t$ der t-s-Geraden berechnen. Der Differenzenquotient war auch dann richtig, nachdem sich – wie in ➔ B1 – die Geschwindigkeit während der Fahrt geändert hatte. Wir mussten dann die Geschwindigkeit eben zweimal berechnen.

1. Geschwindigkeit in einem Zeitpunkt?

Alltägliche Fahrten verlaufen eher wie in ➔ B2 dargestellt. Das t-s-Diagramm hat keinen geraden Verlauf mehr. Wie soll man da eine Geschwindigkeit bestimmen? Da die Steigung sich dauernd ändert, müsste $\Delta s/\Delta t$ ja für jeden Punkt berechnet werden – mit $\Delta t = 0$!
Stattdessen ermitteln wir den Wert der mittleren Geschwindigkeit in einem *Zeitintervall*, in ➔ B2 z. B. im Intervall [4 s; 5 s]. Dort interessiert uns dann nur, wo das Fahrzeug zu Beginn des Intervalls war und wo es am Ende des Intervalls ist. Was es dazwischen gemacht hat, lassen wir außer Acht. Wir ersetzen die Kurve durch eine Gerade, deren Steigung wir wie üblich berechnen. Wir erhalten so die mittlere Geschwindigkeit $\bar{v}$. Sie ist diejenige konstante Ersatzgeschwindigkeit, mit der man für die gleiche Strecke dieselbe Zeit gebraucht hätte. Auch in den übrigen Intervallen bestimmt man $\bar{v}$ auf diese Art.

Eine solche mittlere Geschwindigkeit kann man z. B. nach ➔ B3 mit einer Lichtschranke und einer Blende auf dem Fahrzeug ermitteln. Je schmaler wir diese Blende wählen, desto weniger weicht der so ermittelte Wert von einem auf andere Art (z. B. mit einem Tacho) im gleichen Intervall ermittelten Wert ab. Wir wollen deshalb hier unter **Momentangeschwindigkeit** denjenigen Geschwindigkeitswert verstehen, der sich als mittlere Geschwindigkeit bei sinnvoll klein gewähltem Messintervall ergibt.
Damit haben wir das Problem gelöst: Die Ermittlung der mittleren Geschwindigkeit in kleinen Zeitintervallen Δt rettet uns vor der unlösbaren Aufgabe, $\Delta s/\Delta t$ für $\Delta t = 0$ zu berechnen.

Die mit einem Lochrad als Sensor und einem Computer durchgeführte Geschwindigkeitsmessung benutzt dieses Verfahren. Die kleine Ortsdifferenz wird durch den festen Lochabstand Δs des Rades vorgegeben (z. B. 1 mm). Die Zeitdifferenz Δt ist die Zeit zwischen zwei Lochdurchgängen. Aus den damit berechneten Momentangeschwindigkeiten wird die t-v-Kurve ➔ B4 gezeichnet. Die Fläche zwischen t-v-Kurve und t-Achse entspricht der gesamten Ortsänderung, bei ausschließlich positiver Geschwindigkeit also dem zurückgelegten Weg.

Merksatz

Unter der Momentangeschwindigkeit versteht man die Geschwindigkeit zu einem bestimmten Zeitpunkt.
In Experimenten bestimmen wir die Momentangeschwindigkeit näherungsweise als mittlere Geschwindigkeit in einem sinnvoll kleinen Zeitintervall.

Die Momentangeschwindigkeit

Interessantes

Geschwindigkeitsmessung im Auto

A. Siegeszug des Tachos

In der Anfangszeit der Automobile waren Geschwindigkeitsmesser (Tachometer) nicht üblich. Die menschlichen Sinne reichten bei den kleinen Geschwindigkeiten aus, um die Gefahren richtig einzuschätzen. Je schneller aber die Autos wurden, desto wichtiger wurde eine objektive Messung. Um 1900 entwickelte der Straßburger Otto SCHULZE einen Tachometer, der mithilfe elektromagnetischer Eigenschaften funktionierte – den Wirbelstromtacho. Er war über eine biegsame Welle mit einem Rad verbunden. Ab etwa 1910 wird der Tacho serienmäßig in am Fließband gefertigten Autos eingebaut.

Erst Mitte der fünfziger Jahre des letzten Jahrhunderts wird ein elektrischer Tacho entwickelt. Ein Dynamo am Rad oder der Radachse erzeugt eine Spannung, die über ein Kabel zu einem analogen Voltmeter (Zeigerinstrument) im Armaturenbrett führt. Dieses zeigt die Spannung umgerechnet in km/h als Geschwindigkeit an.

Die Entwicklung geht weiter. Heute werden die von Sensoren ermittelten Werte digital an einen Bordcomputer übertragen, der daraus jede gewünschte Anzeige erzeugt.

B. Ein Gerät schreibt Geschwindigkeiten

Für Lkw und Busse gibt es strenge gesetzliche Bestimmungen. Es sollen bestimmte Höchstgeschwindigkeiten eingehalten werden (z. B. 80 km/h auf Landstraßen). Zudem dürfen die Fahrer nur eine begrenzte Zeit hinter dem Steuer sitzen, ohne eine längere Pause einzulegen. Die Polizei kann beides anhand der Diagramme eines in den Wagen eingebauten **Fahrtenschreibers** ermitteln. Dieser registriert die Momentangeschwindigkeit über viele Stunden.

B5 Eine Diagrammscheibe wird hinter dem eingebauten Tachometer während der Fahrt beschrieben. Sie wird dabei sehr langsam von einem Uhrwerk gedreht.

B6 Beschriebenes Fahrtenschreiberdiagramm; die Geschwindigkeitsachse läuft an jeder Stelle radial von innen nach außen.

B7 Zunehmend werden ältere analoge Tachographen gegen neue digitale ausgetauscht.

A1 Bestimmen Sie aus dem Diagramm unten den in 6 Stunden zurückgelegten Weg. Wie groß war die mittlere Geschwindigkeit? Vergleichen Sie mit der größten Momentangeschwindigkeit.

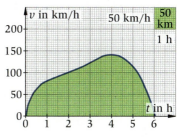

A2 Interpretieren Sie die beiden Diagramme.

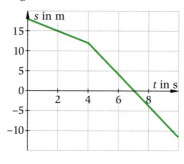

Beantworten Sie schließlich folgende Frage begründet:

Liegen den Diagrammen identische Bewegungen zugrunde? (Beachten Sie die Anfangsbedingungen.)

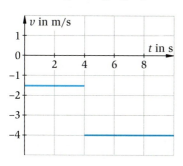

Interessantes

Sensoren für s und v

A. Lochrad und Lichtschranke zählen Ortsmarken

Ein Rad hat an seinem Rand in gleichen Abständen kleine Löcher. Der Abstand kann klein sein, z. B. $\Delta s = 4{,}0$ mm. Über dieses „Lochrad" legt man einen dünnen Faden, der z. B. mit einem Laborwägelchen verbunden ist. Bewegt sich nun der Wagen nach rechts, so

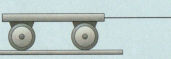
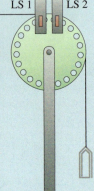

wird das Rad im Uhrzeigersinn gedreht. Dabei wird der Strahl einer Lichtschranke (LS 1) durch die Stege zwischen den Löchern immer wieder unterbrochen. Die Unterbrechungen werden von einem Computer registriert. Solange das Rad sich nur in eine Richtung bewegt, ist ihre Anzahl n ein Maß für den zurückgelegten Weg s und damit ein Maß für den vom Wagen jeweils erreichten Ort. „Kilometerstein null" (wohl besser „Millimeterstein") muss so gewählt werden, dass $s = 0$ bei $t = 0$ ist. Man braucht den Wagen nur an die gewünschte Stelle zu schieben und den Zähler dann auf null zu setzen.

Der Computer zählt aber nicht nur. Er misst auch den zeitlichen Abstand Δt aufeinander folgender Lichtunterbrechungen an LS 1. Durch Division des bekannten Abstandes $\Delta s = 4{,}0$ mm durch die gemessene Zeit Δt berechnet der Computer die Geschwindigkeit.

Und wenn der Wagen nach kurzer Vorwärtsfahrt wieder zurückläuft? Mit *einer* Lichtschranke allein lassen sich nur Löcher *zählen*, die *Drehrichtung* des Rades wird nicht erkannt. Der Computer würde also größer werdende Ortswerte vortäuschen, obwohl sie jetzt wieder kleiner werden. Hier hilft eine zweite Lichtschranke (LS 2). Ihr Abstand zu LS 1 ist etwas größer als der Lochabstand. Wandert anfangs die Lochreihe nach rechts, so wird LS 1 immer wieder etwas eher von einem Loch erreicht als LS 2. Der Computer zählt in diesem Fall aufwärts. Bewegt sich dagegen die Lochreihe nach links, so wird LS 2 jeweils früher von einem Loch erreicht. In diesem Fall zählt der Computer rückwärts und die Ortswerte werden wieder kleiner. Links von „Millimeterstein null" werden die Ortswerte sogar wie erwartet negativ.

B. Der Nabendynamo als Tachometer

Die Wechselspannung eines Dynamos ist proportional zu seiner Umdrehungsgeschwindigkeit und damit zur Geschwindigkeit des Fahrrades. Dies hat mit den Gesetzen der elektromagnetischen Erzeugung elektrischer Spannung zu tun. Der Dynamo muss dabei „unbelastet" sein, d. h. es darf keine Lampe angeschlossen sein.

Man kann aber auch ohne Kenntnis des Elektromagnetismus in einem Versuch den Zusammenhang zwischen Geschwindigkeit des Fahrrades und Spannung des Nabendynamos ermitteln.

Sehr elegant geht dies mithilfe eines Laufbandes, bei dem man die Geschwindigkeit einstellen kann. Ein Helfer stellt das Vorderrad auf das Laufband und bremst das Hinterrad. Der Nabendynamo ist über eine passende Buchse und Kabel mit einem Messwandler verbunden. In der zugehörigen Bedienungssoftware wird Wechselspannungsmessung eingestellt – vorsichtshalber in einem Messbereich bis mindestens 20 V. Dann kann der Versuch starten. Das Messdiagramm zeigt das Ergebnis einer solchen Messung, aus dem der Proportionalitätsfaktor in $v = k \cdot U$ ermittelt werden soll. → www

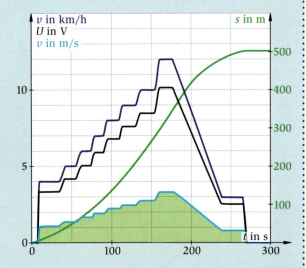

Mit 4 km/h beginnt die Messung. Nach etwa 35 s wird auf 5 km/h erhöht – und in gleichen Schritten weiter bis 10 km/h. Zuletzt wird auf 12 km/h eingestellt und nach weiteren 20 s dann auf „cool down". Die Geschwindigkeit sinkt kontinuierlich bis auf 3 km/h. Danach wird das Laufband gestoppt. Der Proportionalitätsfaktor ergibt sich aus den Messdaten und dem Diagramm für den hier verwendeten Dynamo zu $k = (1{,}18$ km/h$)/$V $= (0{,}33$ m/s$)/$V.

Die Momentangeschwindigkeit

Vertiefung

Ein Fahrrad-Fahrtenschreiber

Als Anwendung des Fahrradfahrtenschreibers wählen wir eine längere Fahrt mit dem Fahrrad, die wir „aufschreiben" möchten (Busse und Lkw haben solche Fahrtenschreiber). Anschließend soll die Fahrt mit dem Computer ausgewertet werden. Wir benötigen dazu:
- Ein Fahrrad mit Dynamo, möglichst am Hinterrad. Die Lampen werden vom Dynamo abgeklemmt. Nützlich ist ein Kilometerzähler.
- Ein Gerät, mit dem man die Dynamospannung während der Fahrt aufzeichnen kann – einen so genannten *Datenlogger* ➔ B1 .
- Einen Computer, in den man die Daten einlesen kann, um sie anschließend auszuwerten.

B1 Radfahrt, aufgezeichnet mit Datenlogger

Wir verbinden den Spannungseingang (Wechselspannung) des Datenloggers mit den beiden Anschlüssen des Dynamos. Die Messrate muss noch festgelegt werden, z.B. eine Messung je Sekunde oder auch weniger, um den Datenumfang kleiner zu halten. Den Datenlogger legen wir z.B. in eine Satteltasche, starten die Datenaufnahme und fahren los.
Nach der Fahrt übertragen wir die Daten auf den Computer und werten sie mit einer Tabellenkalkulation aus ➔ B2 ➔ www.

In der linken Spalte A stehen die Messzeiten t, daneben in B die Spannungswerte U (schwarz). Den Betrag der Geschwindigkeit v ($v \sim U$) kennen wir noch nicht, vorläufig berechnen wir in der vierten Spalte (D) $v = k \cdot U$ mit z.B. $k = 0{,}5$ (m/s)/V (blau). Wir bekommen so ein vorläufiges t-v-Diagramm ➔ B3 .

Als Fläche unter der Kurve verbirgt sich noch die gesamte Ortsänderung, in diesem Fall auch nur der Betrag des insgesamt zurückgelegten Weges. Wir ermitteln ihn aus den vielen schmalen Rechtecken $s = v \cdot \Delta t$ (berechnet in Spalte E). Da die Zeitintervalle klein gewählt wurden, ist es gleichgültig, ob wir für v den Mittelwert aus dem Zeitintervall oder aber einfacher den Anfangs- oder den Endwert im Intervall nehmen. Wir wählen hier den Endwert und bekommen so alle Wegstücke Δs.
Jetzt müssen wir nur noch die Spaltensumme über alle Δs-Werte bilden und bekommen so den gesamten Fahrweg. Es ist aber möglicherweise noch nicht der richtige Wert, wie der Vergleich mit dem km-Zählerstand des Fahrrades zeigt (oder auch ein Blick in die Wanderkarte). Wir müssen jetzt noch den richtigen Faktor k finden. Die Geschwindigkeitswerte sind dann richtig, wenn auch die Fläche unter der t-v-Kurve mit dem auf andere Weise (z.B. Landkarte) ermittelten Weg übereinstimmt.

Abschließend können wir dann noch die Kurve interpretieren, z.B. nach folgenden Gesichtspunkten:
- In welchen Zeitintervallen wurde das Fahrrad schneller?
- Zu welchem Zeitpunkt wurde eine Kreuzung erreicht, wie lang dauerte die Rotphase der Ampel?
- Wie groß war die Höchstgeschwindigkeit?
- Was könnten die kurzen Phasen kleiner Geschwindigkeit bedeuten (bei bekannter Straßenführung)?

B2 Tabelle zur Berechnung von $v(t)$ und s_gesamt

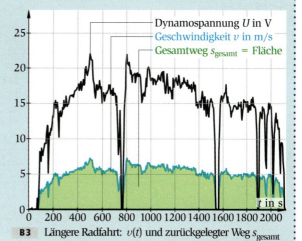

B3 Längere Radfahrt: $v(t)$ und zurückgelegter Weg s_gesamt

Überholvorgang unter der Lupe

Interessantes

Überholvorgang

A. Überholen erfordert Weitsicht

Viele Unfälle entstehen durch riskantes Überholen. Oft wird die Länge des Überholweges unterschätzt: Der Sicherheitsabstand muss abgebaut werden, am Vordermann muss man vorbeifahren, ein neuer Sicherheitsabstand muss aufgebaut werden. Währenddessen nähert sich gleichzeitig ein Fahrzeug aus der Gegenrichtung. Dessen Schnelligkeit ist zudem schwer einzuschätzen. Überholen will also wohl überlegt sein!

B. Überholvorgang im t-s-Diagramm

Wir untermauern unsere Überlegungen mit einem Beispiel. Ein Lastzug der Länge L = 15 m fährt mit v_L = 54 km/h = 15 m/s (→ **B1**, dunkelgrüne Gerade) vor sich hin. Ein Pkw (l = 5 m) folgt im Sicherheitsabstand d = 30 m. Ab t_1 = 3 s überholt er den Lkw mit der jetzt größeren, konstanten Geschwindigkeit v_P = 90 km/h = 25 m/s. (Der Knick in der hellgrünen Linie bedeutet nicht etwa das Ausscheren auf die Gegenfahrbahn!) Erst nach Erreichen des Sicherheitsabstands d vor dem Lkw beendet der Pkw den Überholvorgang (Zeitpunkt t_2 = 11 s) und nimmt die ursprüngliche Geschwindigkeit wieder an. Für das gesamte Manöver braucht er die Überholzeit $\Delta t_ü$ und legt auf der Gegenfahrbahn die Strecke $\Delta s_ü$ zurück.

C. Die überlebenswichtige Mindestsichtweite

Wie lange dauert der Überholvorgang? Während des Überholens legt der Pkw die Strecke $\Delta s_ü$ zurück. Wir schreiben sie auf zwei Arten → **B1** :

$$\Delta s_ü = v_P \cdot \Delta t_ü \text{ und } \Delta s_ü = 2d + L + l + v_L \cdot \Delta t_ü.$$

Gleichsetzen und Umformen liefert die Überholzeit:

$$\Delta t_ü = \frac{2d + L + l}{v_P - v_L} = \frac{2 \cdot 30 \text{ m} + 15 \text{ m} + 5 \text{ m}}{25 \text{ m} \cdot \text{s}^{-1} - 15 \text{ m} \cdot \text{s}^{-1}} = 8 \text{ s}.$$

Wie lang ist nun der Überholweg?

$$\Delta s_ü = v_P \cdot \Delta t_ü = 25 \text{ m} \cdot \text{s}^{-1} \cdot 8 \text{ s} = 200 \text{ m}.$$

Dem Pkw kommt ein anderes Auto entgegen mit v_G = −108 km/h = −30 m/s. Ab welchem Mindestabstand S von diesem Auto darf der Pkw nicht mehr zum Überholen ansetzen?

Die Lösung ergibt sich aus dem Schnittpunkt der Gegenverkehr-Geraden mit der Pkw-Geraden in → **B1** . Beide Fahrzeuge sind zum Zeitpunkt t_2 am selben Ort. Die Terme für beide Fahrzeuge setzen wir deshalb gleich:

$$S + \Delta s_G = 0 + \Delta s_ü \Leftrightarrow S + v_G \cdot \Delta t_ü = \Delta s_ü.$$

Damit ist

$$S = \Delta s_ü - v_G \cdot \Delta t_ü = 200 \text{ m} - (-240 \text{ m}) = 440 \text{ m}.$$

B1 t-s-Diagramm eines Überholvorgangs mit Gegenverkehr

Überholvorgang unter der Lupe

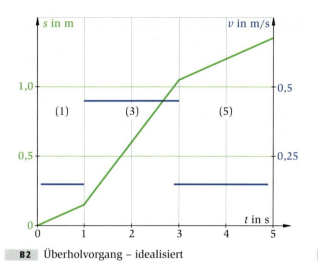

B2 Überholvorgang – idealisiert

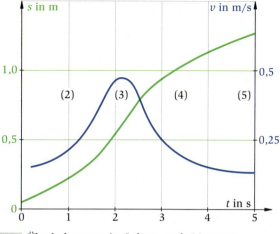

B3 Überholvorgang im Labor – reale Messung

1. Die Geschwindigkeit macht keine Sprünge

Unsere Bewegungsdiagramme waren bisher idealisiert. Einem Knick im t-s-Diagramm entspricht ein Sprung im zugehörigen t-v-Diagramm → **B2** . Dass ein Pkw *plötzlich* eine größere Geschwindigkeit hätte als vorher, gibt es in der Realität nicht.

Für den Überholenden gibt es in Wirklichkeit fünf Phasen:
1. Gleichförmige Bewegung bei Kräftegleichgewicht von Reibungskräften (Luft, Reifen) und Antriebskraft.
2. Größere Antriebskraft („mehr Gas geben") ergibt eine Resultierende in Bewegungsrichtung: Das Fahrzeug wird schneller. Dieser Fall ist im idealisierten Diagramm → **B2** nicht dargestellt, wohl aber in → **B3** .
3. Kräftegleichgewicht („weniger Gas") bei jetzt höherer Geschwindigkeit ergibt wieder gleichförmige Bewegung.
4. „Noch weniger Gas" ergibt kleinere Antriebskraft als die Reibungskraft, es bleibt eine Resultierende gegen die Fahrtrichtung. Die Geschwindigkeit des Fahrzeuges nimmt ab.
5. „Etwas mehr Gas" liefert die gleiche Situation wie in (1).

Im Auto können wir diese Phasen nicht messen. Stattdessen stellen wir die Situation in einfacher Form im Labor nach → **V1** . Die Phasen (1), (3) und (5) ($F_{res} = 0$) mit gleichförmiger Bewegung erreichen wir durch Ausbalancieren der Fahrbahn. Der Anfang dieser Phase (1) ist in → **B3** etwas abgeschnitten. Die Phasen (2) und (4) ergeben sich durch die Anziehungskraft zwischen Magnet und Elektromagnet. Links vom Elektromagneten wirkt auf den Schlitten eine Kraft in Fahrtrichtung – der Schlitten wird ständig schneller. Rechts vom Elektromagneten wirkt sie gegen die Fahrtrichtung – der Schlitten wird wieder langsamer.

Merksatz
Die Geschwindigkeit eines Körpers ändert sich ständig – ohne Sprünge, solange auf ihn eine Kraft wirkt.
Wirkt die resultierende Kraft in Bewegungsrichtung, wird der Körper schneller. Wirkt sie gegen die Bewegungsrichtung, wird der Körper langsamer.

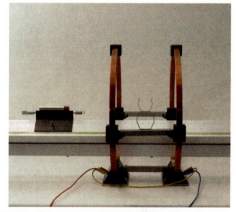

V1 „Überholvorgang" im Labor:
Auf einer Luftkissenbahn befindet sich ein Schlitten, an dem ein starker Magnet befestigt ist. Die Fahrbahn ist so justiert, dass der Schlitten nach kurzem Anstoßen gleichförmig läuft. Ein Computer nimmt die Bewegung des Schlittens auf und zeichnet ein t-s- und ein t-v-Diagramm.
Der Schlitten wird nun an den Anfang der Bahn gestellt und der Elektromagnet wird eingeschaltet. Im Bild wird der von links kommende Schlitten gerade von dem Elektromagneten (Helmholtzspule) angezogen und beschleunigt. Rechts vom Elektromagneten wird er später wieder abgebremst.

A1 Zeichnen Sie → **B3** in Ihr Heft. Ordnen Sie den Phasen (1) bis (5) Kräftepaare zu: Eine nach links zeigende Bremskraft und eine nach rechts vorwärts treibende Kraft. Ergänzen Sie jeweils die Resultierende.

A2 Wo in → **B3** ist die resultierende Kraft auf den Schlitten besonders groß, wo ist sie null? Antworten Sie begründet.

Beschleunigte Bewegungen

V1 Das Kabel des Nabendynamos eines Fahrrades wird abgezogen. An seine Stelle wird ein mit passender Buchse versehenes Kabel angesteckt und mit einem Datenlogger verbunden. Dieser wird auf die Messung einer Wechselspannung eingestellt mit einer Messrate von z. B. 0,5 s. Die Wechselspannung ist bei unbelastetem Dynamo (ohne Lampen) proportional zur Geschwindigkeit des Fahrrades.

Kurz vor dem Start des Fahrrades wird die Messung am Datenlogger in Gang gesetzt. Während der Fahrt ist die Kraft möglichst konstant zu halten. Dies gelingt am besten in einem hohen Gang.

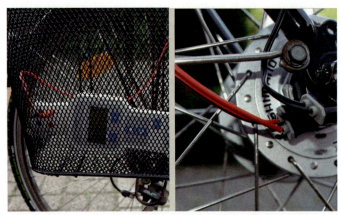

B1 Anfahren mit gleichbleibender Kraft; der Nabendynamo und ein Datenlogger bilden den Fahrradtachometer → **V1**.

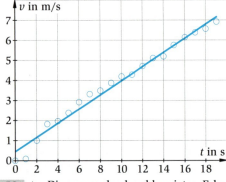

B2 t-v-Diagramm des beschleunigten Fahrrades aus → **V1**.

1. Jetzt geht's los – konstante Kraft voraus!

Eine auf einen Körper wirkende Kraft bewirkt eine Geschwindigkeitsänderung – so haben wir es im letzten Kapitel gelernt. Das t-v-Diagramm war keine Parallele mehr zur t-Achse, sondern verlief bogenförmig nach oben oder nach unten.

Was ergibt sich, wenn die beschleunigende Kraft konstant ist?

Wir starten ein Fahrrad → **B1** mit möglichst gleichbleibender Kraft – immer tangential zum Pedalkreis. Die Bewegung wird mit einem Datenlogger aufgezeichnet → **V1**. Die spätere Auswertung am Computer zeigt → **B2**. Es sieht so aus, als nähme die Geschwindigkeit proportional zur Zeit zu. Allerdings sind auch Unregelmäßigkeiten zu erkennen. Möglicherweise war die Kraft nicht immer konstant, vielleicht sind es Messungenauigkeiten des Nabendynamos. Wir sind nicht sicher und gehen zur endgültigen Beantwortung der Frage ins Labor.

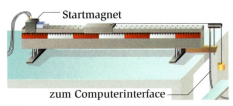

V2 **a)** Auf der waagerechten Fahrbahn wird ein Schlitten der Masse m_1 = 0,192 kg von einem Elektromagneten festgehalten. Vier Wägestücke von zusammen m_2 = 8 g ziehen mit der Gewichtskraft vom Betrag G_2 = $m_2 \cdot g$ = 0,08 N an dem Schlitten. Nach dem Start beschleunigen die Wägestücke den Schlitten über Faden und Umlenkrolle mit konstanter Kraft nach rechts, der ganze Zug aus Schlitten und Wägestücken (zusammen 0,200 kg) wird beschleunigt. Der Computer zeichnet das t-v-Diagramm auf.
b) Der Versuch wird wiederholt – jeweils mit einer kleineren Kraft. Dazu wird jedesmal ein Wägestück von 0,02 N vom Faden genommen und auf den Schlitten gelegt. So bleibt die Gesamtmasse gleich. → **T1** und → **B3** zeigen die Ergebnisse.

2. Garantiert konstante Kraft im Labor

Wir möchten genau wissen, was passiert, wenn auf einen Körper eine konstante Kraft in Bewegungsrichtung wirkt. Unter Laborbedingungen können wir für eine konstante Kraft garantieren.

Wir benutzen dazu eine Luftkissenfahrbahn → **V2**. Sie wird vor der Messung so justiert, dass der angestoßene Schlitten gleichförmig läuft. Als beschleunigende Kraft wählen wir die Gewichtskraft kleiner Wägestücke. Sie wird über Faden und Rolle eines Bewegungssensors umgelenkt und zieht nun am Schlitten. Diese Zugkraft bleibt während eines Durchgangs konstant.

Auf Knopfdruck beginnt nun die Fahrt des Schlittens, er wird dabei schneller und schneller. Während der Fahrt wird seine Momentangeschwindigkeit vom Computer aufgezeichnet. Der Versuch wird anschließend mit anderen, kleineren Kräften wiederholt. Das Ergebnis dieser Versuche zeigen die t-v-Diagramme in → **B3**.

3. Konstante Kraft ergibt konstante Beschleunigung

Das Diagramm → **B3** zeigt:
- Die Geschwindigkeit des Schlittens erhöht sich von Sekunde zu Sekunde um den gleichen Betrag, für F_1 um $\Delta v \approx 0{,}4$ m/s.
- Die Geschwindigkeitszunahme ist schon in der ersten Sekunde genauso groß wie später.
1. Im doppelten Zeitintervall $\Delta t = 2$ s erhöht sich die Geschwindigkeitsänderung um $\Delta v = 0{,}8$ m/s. Δv ist proportional zur Zeitdifferenz Δt. Der Quotient $\Delta v/\Delta t$ ist folglich bei der hier untersuchten Bewegung konstant. Er entspricht der Steigung der t-v-Geraden.

Der konstante Quotient $a = \Delta v/\Delta t$ gibt die Geschwindigkeitszunahme je Sekunde an und erhält deshalb die anschauliche Bezeichnung **Beschleunigung** (engl.: **a**cceleration). Sie ist ein geeignetes Maß für das Schnellerwerden. Als Quotient $\Delta v/\Delta t$ hat sie die Maßeinheit 1 (m/s)/s oder zusammengefasst 1 m/s².

Galileo GALILEI (um 1600) entdeckte die Gesetzmäßigkeit des Schnellerwerdens. Er ließ eine Kugel eine Holzrinne hinunterrollen. An der Art der Zunahme des Ortes mit der Zeit bestätigte sich die gleichmäßige Zunahme der Geschwindigkeit mit der Zeit. Wie schon GALILEI nennen wir diese Art der Bewegung **gleichmäßig beschleunigte Bewegung**.

> **Merksatz**
> Wirkt eine konstante Kraft auf einen Körper, so bewegt er sich gleichmäßig beschleunigt mit $\Delta v \sim \Delta t$.
> Die Beschleunigung a dieser Bewegung ist der konstante Quotient aus der Geschwindigkeitsänderung Δv und der zugehörigen Zeitspanne Δt:
>
> $a = \dfrac{\Delta v}{\Delta t}$ mit der Einheit $1 \dfrac{\text{m/s}}{\text{s}} = 1 \dfrac{\text{m}}{\text{s}^2}$.

Das Diagramm und insbesondere die Tabelle → **T1** zeigen noch mehr:
- Je größer die einwirkende Kraft, desto größer ist der konstante Quotient $\Delta v/\Delta t$, also die Beschleunigung a. Dies zeigt die Messkurve zu F_1, die bei der Fahrt mit größerer beschleunigender Kraft aufgenommen wurde. In gleichen Zeitintervallen nimmt die Geschwindigkeit jetzt jeweils stärker zu als bei der Messung mit Kräften der kleineren Beträge F_2 und F_3.
- Es gilt sogar: Beschleunigende Kraft vom Betrag F und Beschleunigung a sind proportional: $F \sim a$.

Viele Leute glauben, dass man einen Körper zu Beginn einer beschleunigten Bewegung erst aus der Ruhe reißen müsste und dazu besonders viel Kraft nötig sei. Unsere Untersuchungen zeigen, dass in der Natur ein viel einfacheres Gesetz gilt.

> **Merksatz**
> Die Beschleunigung a, die ein bestimmter Körper erfährt, ist dem Betrag F der auf ihn wirkenden Kraft proportional:
>
> $F \sim a$.

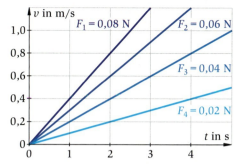

B3 t-v-Diagramm zu → **V2**. Die Steigung der Geraden ist die jeweilige Beschleunigung a.

F in N	0,080	0,060	0,040	0,020
a in m/s²	0,400	0,300	0,300	0,100
F/a in N/(m/s²)	0,200	0,200	0,200	0,200

T1 Messwerte zu → **V2**: Der Quotient aus Kraftbetrag und Beschleunigung ist konstant.

A1 Diskutieren Sie das t-v-Diagramm eines Pkw mit 5 Gängen. Gehen Sie insbesondere auf den Zusammenhang von Kraft und Beschleunigung ein. Zur Einschätzung der Kraft in den verschiedenen Gängen beachten Sie, dass man im ersten Gang anfährt oder eine steile Rampe hoch fährt.

A2 a) Was erwarten Sie, wenn Sie mit einem Fahrrad im Freilauf eine abschüssige Straße befahren? Stellen Sie eine Hypothese auf. Beachten Sie dabei die Zerlegung der Gewichtskraft in zwei geeignete Komponenten.
b) Überprüfen Sie Ihre Hypothese in einem Experiment mit Nabendynamo und Datenlogger (ähnlich → **V1**).
c) Stellen Sie die Ergebnisse Ihrer Überlegungen und des Experimentes als Referat vor.

A3 a) Deuten Sie das Diagramm in → **B3**.
b) Bestimmen Sie aus dem Diagramm die Beschleunigung des Schlittens für die vier Kräfte. Vergleichen Sie mit → **T1**.

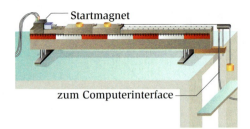

Startmagnet

zum Computerinterface

V1 An den Schlitten auf der horizontalen Fahrbahn wird ein zweiter, genau gleicher Schlitten angehängt, beide mit zwei Wägestücken beladen. An den Faden werden nun insgesamt vier Wägestücke gehängt. Im Vergleich zum Versuch mit einem Schlitten von 0,200 kg und einer Zugkraft von 0,04 N sind jetzt die Masse wie auch die beschleunigende Kraft verdoppelt. Als Beschleunigung ergibt sich nun nach wie vor $a = 0{,}200$ m/s². Dies ist leicht einzusehen: Man hätte ja jeden Wagen für sich mit der Kraft 0,04 N beschleunigen können.

Vertiefung

Ein Schlitten (0,192 kg) wird von drei Wägestücken beschleunigt (je 2 g). Nach kurzer Zeit setzt das untere Gewicht auf. Das obere Wägestück, mit nur 2 g, zieht anschließend über den Faden allein am Schlitten. Die resultierende Kraft beträgt nur noch 0,02 N.

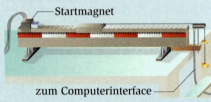

Startmagnet

zum Computerinterface

Die Beschleunigung $a = \Delta v / \Delta t = 0{,}1$ m/s² ist dieselbe, die wir bei gleicher Kraft in einem früheren Versuch beim Start aus der Ruhe ermittelt hatten. Die Vorgeschichte spielt also keine Rolle! Nur die Steigung des t-v-Graphen ist von Bedeutung.
Es gilt also ganz allgemein bei einer beliebigen, in einem Zeitintervall Δt konstanten Kraft: $F = m \cdot a$, mit $a = \Delta v / \Delta t$.

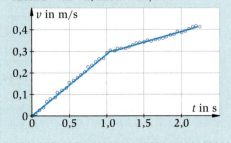

4. Große Masse – kleine Beschleunigung

Um einen vollgepackten Geländewagen anzuschieben, braucht man eine größere Kraft als zum Anschieben eines leeren Kleinwagens, wenn in beiden Fällen die gleiche Beschleunigung gewünscht ist. Der Geländewagen hat eine größere **Trägheit** als der Kleinwagen. Diese Eigenschaft muss mit der Masse des Wagens zusammenhängen. Die auf ihn wirkende Gewichtskraft kann keine Rolle spielen, denn die wird durch die Kraft der Straße auf den Wagen kompensiert. Auch Raketen im schwerefreien Raum benötigen zur Beschleunigung eine Kraft.

Es bleibt die Frage: *Wie* hängt die Kraft von der Masse ab, wenn gleiche Beschleunigung erzielt werden soll?

→ **V1** liefert die Antwort: Ein Körper doppelter Masse benötigt für die gleiche Beschleunigung die doppelte Kraft, er ist „doppelt so träge". Es gilt also bei gleicher Beschleunigung: $F \sim m$.

Merksatz
Die Kraft mit dem Betrag F, die man für eine bestimmte Beschleunigung braucht, ist der Masse m des zu beschleunigenden Körpers proportional:

$F \sim m$.

5. Kraft – Masse – Beschleunigung: alles in einer Formel

Mit den beiden Versuchen hat sich ergeben:

$F \sim a$, wenn die Masse m konstant ist, und
$F \sim m$, wenn die Beschleunigung a konstant ist.

Will man doppelte Beschleunigung, braucht man doppelte Kraft. Möchte man dies sogar bei einem Körper mit dreifacher Masse erreichen, so muss man die Kraft noch mal verdreifachen. Insgesamt braucht man dann eine sechsmal so große Kraft. Es gilt also $F \sim m \cdot a$ und damit die Gleichung:

$F = k \cdot m \cdot a$.

Diesen Zusammenhang kannte man, als man die Krafteinheit 1 N festlegte: 1 N ist der Betrag der konstanten Kraft, die einem Körper der Masse 1 kg die Beschleunigung 1 m/s² gibt. Also sollte gelten: 1 N = $k \cdot$ 1 kg · 1 m/s². Besonders einfach ist die Wahl von $k = 1$, also 1 N = 1 kg · 1 m/s². Mit dieser Festlegung gilt die

Grundgleichung der Mechanik: $F = m \cdot a$.

Unsere Messungen bestätigen dies, z.B.:
$F = G = 0{,}06$ N und $m \cdot a = 0{,}2$ kg · 0,300 kg · m/s² = 0,06 kg · m/s².

Merksatz
Grundgleichung der Mechanik in Betragsform:
Eine konstante Kraft mit dem Betrag F bewirkt bei einem Körper der Masse m eine konstante Beschleunigung vom Betrag a. Es gilt:

$F = m \cdot a$.

Die Einheit der Kraft ist 1 N = 1 kg · $\dfrac{\text{m}}{\text{s}^2}$.

6. Geschwindigkeit und Beschleunigung sind Vektoren

Schon früher hatten wir festgestellt, dass Geschwindigkeitswerte negativ sein können – ein erster Hinweis auf den **Vektorcharakter** der Geschwindigkeit. Beim Basketballspiel wird diese Eigenschaft unübersehbar. Der Ball wird oft nach oben geworfen. Seine Gewichtskraft aber zieht ihn dauernd nach unten. Gilt immer noch „Kraft gleich Masse mal Beschleunigung"? Bei vektoriellen Größen müssen wir immer die Richtung berücksichtigen. In diesem Fall sind Geschwindigkeit und Kraft anfangs entgegengerichtet. → **B1** zeigt die Wirkung der Kraft auf den Ball. Zunächst wird der Ball abgebremst. Die um Δt spätere Geschwindigkeit $\vec{v}_1$ ergibt sich aus $\vec{v}_0$ und der nach unten gerichteten Geschwindigkeitsänderung $\overrightarrow{\Delta v}$ zu $\vec{v}_1 = \vec{v}_0 + \overrightarrow{\Delta v}$.

Da die Kraft sich nicht ändert und deshalb $\overrightarrow{\Delta v}$ dauerhaft nach unten zeigt, muss der Geschwindigkeitsvektor irgendwann ebenfalls nach unten weisen. Der Ball kommt wieder zurück.

Kraft und Geschwindigkeitsänderung haben also in allen Fällen dieselbe Richtung. Auf die Richtung der Geschwindigkeit selbst kommt es überhaupt nicht an! Die Beschleunigung – berechnet mit $\overrightarrow{\Delta v}/\Delta t$ – ist dann ebenfalls ein Vektor und bekommt ihre Richtung vom Vektor der Geschwindigkeitsänderung, zeigt also ebenfalls nach unten – in Richtung der Kraft!

> **Merksatz**
>
> **Grundgleichung der Mechanik in Vektorform:**
> Die Geschwindigkeitsänderung erfolgt in Richtung der wirkenden Kraft.
> Mit $\vec{a} = \dfrac{\overrightarrow{\Delta v}}{\Delta t}$ folgt: $\vec{F} = m \cdot \vec{a}$.

7. Wir zeichnen Vektoren und rechnen mit Werten

In diesem Kapitel arbeiten wir nur mit Kräften, Beschleunigungen, Geschwindigkeiten und Wegen, die auf einer Linie liegen – so wie z. B. auf einer geraden Straße, auf der Fahrbahn im Labor oder beim senkrechten Wurf.

Zu Beginn einer rechnerischen Lösung im → **Beispiel** legen wir die positive Richtung fest. Vektoren, die in diese Richtung zeigen, bekommen einen positiven Wert, z. B. $v_1 = 20$ m/s. Entgegengerichtete Vektoren werden durch negative Werte beschrieben, z. B. $\Delta v = -5$ m/s in 2 s. Damit können wir dann eine Vektorgleichung durch eine Wertegleichung ersetzen, hier z. B.
$a = \Delta v/\Delta t = (v_2 - v_1)/(t_2 - t_1) = (-5 \text{ m/s})/2 \text{ s} = -2{,}5 \text{ m/s}^2$.

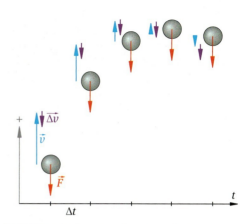

B1 Ein Ball wird senkrecht nach oben geworfen. Die Momentzeichnungen zeigen die zunächst nach oben gerichtete Geschwindigkeit und die nach unten wirkende konstante Gewichtskraft. Als Folge der Kraft ändert sich die Geschwindigkeit in jedem Zeitintervall Δt um $\overrightarrow{\Delta v}$. Der Vektor $\overrightarrow{\Delta v}$ zeigt wie auch der Kraftvektor nach unten.

> **Beispiel** **Berechnung eines Bremsweges**
>
> *Gegeben* sind: $m = 1200$ kg, $\Delta t = 2$ s,
> $v_1 = v(3 \text{ s}) = 20$ m/s, $v_2 = v(5 \text{ s}) = 15$ m/s.
> *Gesucht* sind Wert F der beschleunigenden Kraft und die Ortsänderung (zurückgelegter Weg) Δs. Die Lösungsstrategie entnehmen wir einer Skizze:

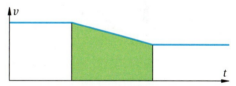

> *Lösung:*
> $a = \Delta v/\Delta t = (v_2 - v_1)/(t_2 - t_1)$
> $\quad = (-5 \text{ m/s})/2 \text{ s} = -2{,}5 \text{ m/s}^2$.
> $F = m \cdot a = 1200 \text{ kg} \cdot (-2{,}5 \text{ m/s}^2)$
> $\quad = -3000 \text{ kg} \cdot \text{m/s}^2 = -3000$ N.
>
> $\Delta s = \tfrac{1}{2}(v_2 + v_1) \cdot (t_2 - t_1)$ (Trapezfläche)
> $\quad = \tfrac{1}{2} \cdot 35 \text{ m/s} \cdot 2 \text{ s} = 35$ m.

A1 Ein Auto ($m = 1000$ kg) wird durch $F = 4000$ N von 50 km/h auf 100 km/h beschleunigt. Berechnen Sie die benötigte Zeit und den dabei zurückgelegten Weg.

A2 An einem anfangs ruhenden Schlitten (Gesamtmasse 80 kg) zieht man reibungsfrei auf Eis 4 s lang mit einer Kraft von 50 N, dann 4 s mit 25 N. Bestimmen Sie den insgesamt zurückgelegten Weg.

A3 Ein Auto ($m = 800$ kg) wird durch Blockieren aller Räder mit $F = -4000$ N gebremst.
a) Skizzieren Sie ein t-v-Diagramm des Vorgangs.
b) Bestimmen Sie die Bremsbeschleunigung.
c) Bestimmen Sie die Bremszeit und den Bremsweg bei $v_0 = 30$ km/h bzw. 50 km/h.

Sonderfall – Bewegung aus der Ruhe

B1 Eine Fahrt auf der schiefen Ebene – Start zweier Seifenkisten

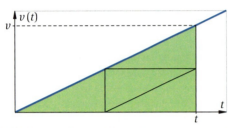

B2 Die Geschwindigkeit nimmt proportional zur Zeit zu. Der Weg bis zum Zeitpunkt t entspricht der Fläche unter der *t-v*-Kurve:
$s = \frac{1}{2} v \cdot t = \frac{1}{2}(a \cdot t) \cdot t = \frac{1}{2} a \cdot t^2$.

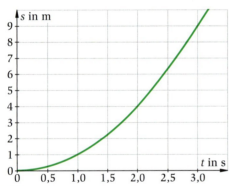

B3 Das *t-s*-Diagramm ist eine Parabel mit Streckfaktor $\frac{1}{2}a$: $s = \frac{1}{2} a \cdot t^2$.

1. Start zur Zeit null am Ort null mit Geschwindigkeit null

Eine auf einer Rampe startende Seifenkiste → **B1** erfährt eine konstante Hangabtriebskraft. Eine konstante Kraft liefert eine gleichmäßig beschleunigte Bewegung – das haben wir nachgewiesen.

Am Startort beginnt das Rennen, dort ist also der Ort $s_0 = 0$ **m**.
Mit dem Startsignal werden die Renner losgelassen. Die Bewegung beginnt also zum Zeitpunkt $t_0 = 0$ **s**.
Selbstverständlich bewegt sich vorher noch kein Rennfahrzeug, es ist also beim Start auch $v_0 = 0$ **m/s**.

Damit haben wir alle Bedingungen zusammen, die diesen *Sonderfall einer gleichmäßig beschleunigten Bewegung* ausmachen. Für ihn suchen wir Berechnungsterme, die uns für jeden Zeitpunkt Ort und Geschwindigkeit des Fahrzeugs vorhersagen.

Bei einer gleichförmigen Bewegung (v = konst.) nimmt der Weg proportional zur verstrichenen Zeit zu. Bei dieser gleichmäßig beschleunigten Bewegung → **B2** kann dies nicht mehr zutreffen, da hier die Geschwindigkeit proportional zur Zeit wächst. Der Ort (entspricht hier dem zurückgelegten Weg vom Ort 0 m aus gemessen) muss überproportional wachsen – aber mit welcher Gesetzmäßigkeit? Wir wissen, der zurückgelegte Weg entspricht der Fläche unter der *t-v*-Geraden – hier ein Dreieck. Die Flächenberechnung liefert $s = \frac{1}{2} a \cdot t^2$. Das *t-s*-Diagramm ist deshalb eine Parabel → **B3**. Es gelten demnach folgende Gesetze:

Zeit-Geschwindigkeit-Gesetz: $v = a \cdot t$,

Zeit-Ort-Gesetz: $s = \frac{1}{2} a \cdot t^2$.

> **Merksatz**
> Für den Sonderfall der gleichmäßig beschleunigten Bewegung aus der Ruhe gilt für die Geschwindigkeit v und für den zurückgelegten Weg s:
> $v = a \cdot t$ und $s = \frac{1}{2} a \cdot t^2$.
> Dies gilt für den Start bei $s = 0$ m zur Zeit $t = 0$ s.

A1 Ein Zug erreicht aus der Ruhe nach 10 s die Geschwindigkeit 5 m/s. Berechnen Sie seine Beschleunigung und den in dieser Zeit zurückgelegten Weg.

A2 Ein Auto ($m = 1500$ kg) fährt mit der konstanten Beschleunigung 2 m/s² an.
a) Berechnen Sie die zur Beschleunigung nötige Kraft.
b) Berechnen Sie die Geschwindigkeit und den Ort nach 3,0 s.
c) Bestimmen Sie den in den nächsten 5,0 s zurückgelegten Weg, wenn man nach 3,0 s Anfahrzeit die beschleunigende Kraft wegnimmt (ohne Reibung).
d) Zeichnen Sie das *t-v*- und das *t-s*-Diagramm dieser Bewegung.

A3 Ein mit konstanter Kraft anfahrender Wagen kommt in den ersten 12 s eine Strecke der Länge 133 m weit. Berechnen Sie seine Beschleunigung und Geschwindigkeit nach 12 s.

A4 Ein Pfeil wird von der Sehne eines Bogens auf einer Strecke von 0,6 m beschleunigt. Er erreicht eine Geschwindigkeit von 60 m/s. Beantworten Sie folgende Fragen begründet:
a) Wie groß ist die mittlere, konstant angenommene Beschleunigung?
b) Warum ist die Beschleunigung in Wirklichkeit nicht konstant?
c) Wie lange dauert der Beschleunigungsvorgang?

A5 In der Stadt fährt ein Auto 4,5 s lang mit 36 km/h. Auf einer Ausfallstraße gibt der Fahrer mehr Gas und beschleunigt mit $a = 2,0$ m/s² auf die Geschwindigkeit 90 km/h.
a) Diskutieren Sie die wirkenden Kräfte für beide Phasen.
b) Zeichnen Sie ein *t-v*-Diagramm der Fahrt!
c) Bestimmen Sie die Dauer der Beschleunigung und den insgesamt zurückgelegten Weg.

Methode – Auswertung mit dem GTR

Überprüfung der Gesetzmäßigkeit einer beschleunigten Bewegung

Die Bewegung eines Schlittens, der auf einer leicht schräg gestellten Luftkissenfahrbahn durch die Hangabtriebskraft beschleunigt wird, wird untersucht. Dazu werden jeweils die Zeiten t gemessen, die der Schlitten für eine vorgegebene Strecke s benötigt.

s in cm	0	0,1	0,2	0,3	0,4	0,5	0,6
t in s	0	1,03	1,44	1,76	2,02	2,27	2,48

T1 Messwerte für die Bewegung eines gleichmäßig beschleunigten Schlittens

Schritt 1
Als erstes schreiben Sie die Messwerte in den Listenspeicher des GTR, die Zeit t in L1 und die Strecke s in L2, und stellen die Messwerte grafisch dar, wie im Handbuch zu Ihrem GTR beschrieben.

 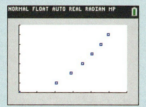

Schritt 2
Das Diagramm vermittelt den Eindruck, dass die Messpunkte nicht auf einer Ursprungsgeraden, sondern auf einer Parabel liegen – beachten Sie den zugehörigen Punkt im Ursprung! Entsprechend der Gleichung einer Parabel mit Scheitelpunkt im Ursprung $y = k \cdot x^2$ lautet der vermutete Zusammenhang zwischen den Messgrößen daher $s = k \cdot t^2$ bzw. $L2 = k \cdot L1^2$. Zur Bestätigung überprüfen Sie den Quotienten $L2/L1^2$ [$= k$] in der Spalte L3 des Listenspeichers. Er müsste – von Messungenauigkeiten abgesehen – denselben Wert ergeben.

Um keine Fehlermeldung zu provozieren, müssen Sie vorher mit der Taste DEL jeweils die ersten Werte in L1 und L2 löschen, sonst versucht der GTR durch 0 zu teilen.

Schritt 3
In der Spalte L3 steht jetzt der Wert für die Konstante k für jedes Messwertpaar einzeln berechnet. Auf den ersten Blick erscheinen dieser Wert konstant und die Hypothese bestätigt. Zur Sicherheit wird die zugehörige Parabel durch die Messwerte gelegt. Ihre Gleichung ist durch $y = k \cdot x^2$ mit k als Mittelwert der Quotienten in Spalte L3 gegeben. Diese Gleichung kann unmittelbar in den y-Editor eingegeben werden.

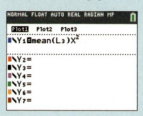 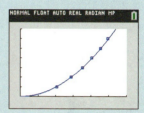

Wie erwartet verläuft der Graph durch die Messpunkte. Die Qualität der Messung kann mithilfe des prozentualen Fehlers für den Wert k eingeschätzt werden. Dazu wird der Quotient aus Standardabweichung und Mittelwert für die Werte der Spalte L3 gebildet. Für die vorliegenden Messwerte ergibt sich ein Fehler von etwa 1,4 %.

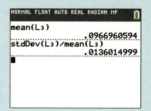 

Den Graphen können Sie auch auf anderem Wege erhalten: Ihr GTR kennt eine Funktion, um eine quadratische Zuordnung anzunähern. Das Verfahren heißt *quadratische Regression*. Dazu sind der Befehl STAT und im Menü CALC der Befehl QuadReg zu wählen.

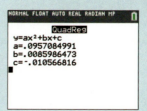 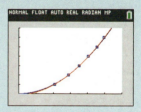

Das GTR-Ergebnis sieht kompliziert aus. Im Diagramm ist aber der Graph von dem ersten kaum zu unterscheiden. Bedenkt man, dass die Funktionsgleichung von der Form $y = k \cdot x^2$ sein muss, weil die Parabel durch den Ursprung verläuft, dann sind die Werte für b und c zu vernachlässigen und der Wert von a entspricht in etwa dem Mittelwert der Quotienten in der Spalte L3.

Kräfte zusammensetzen und zerlegen

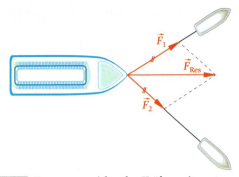

B1 Zusammenwirkende Kräfte mit unterschiedlichen Richtungen. Ihre Wirkung auf das Schiff wird durch eine einzige Ersatzkraft bestimmt, die Resultierende $\vec{F}_{Res}$.

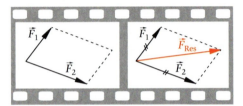

B2 Schrittweise wird die Resultierende aus den beiden Kraftkomponenten konstruiert. Es ist eine geometrische Addition der Einzelvektoren. Man erkennt, dass der Betrag des resultierenden Vektors im Allgemeinen nicht die Summe der Einzelbeträge ist.

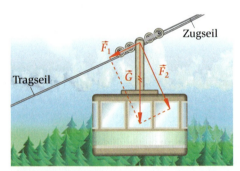

B3 Zugseil und Tragseil erfahren jeweils eine Komponente der Gewichtskraft.

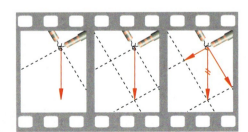

B4 So werden schrittweise die Komponenten $\vec{F}_1$ und $\vec{F}_2$ konstruiert, welche die Gewichtskraft $\vec{G}$ ersetzen.

1. Bekanntes zu Kräften – Kräfteaddition

Aus früherem Unterricht wissen Sie schon:
- Die Wirkung einer Kraft hängt von ihrem Betrag und von ihrer Richtung ab. Kräfte sind **Vektoren.** Wirkt eine Kraft auf einen ausgedehnten Körper wie z. B. ein Schiff, muss man zusätzlich noch den Angriffspunkt kennen.
- Zwei Kräfte, die am selben Punkt eines Körpers angreifen, können durch eine einzige Kraft, die **Resultierende,** ersetzt werden. Deren Betrag ist im Allgemeinen nicht die Summe der Beträge der Einzelkräfte: 5 N und 8 N ergeben nicht unbedingt 13 N. Die Richtung und der Betrag der Resultierenden ergeben sich vielmehr aus der **Vektoraddition** der **Komponenten** (componere, lat. = zusammensetzen).

Ein Beispiel: Zwei Schlepper ➔ **B1** ziehen an einem Schiff in unterschiedliche Richtungen. Das Schiff wird dabei in Richtung der Resultierenden beider Kräfte durchs Wasser gezogen. In ➔ **B2** wird dargestellt, wie man die Resultierende als Diagonale eines Vektorparallelogramms findet. ➔ www

2. Neues zur Kraft – eine Kraft kann aufgeteilt werden

Wenn die Gondel der Seilbahn in ➔ **B3** gehalten oder mit konstanter Geschwindigkeit hinaufgezogen wird, wird jeweils die Geschwindigkeit nicht geändert. Die resultierende Kraft auf die Gondel muss also Null sein. Über ihr befindet sich aber kein Hebekran, dessen Seil und Haken verhindert, dass sie durch ihre Gewichtskraft $\vec{G}$ hinunterfällt.

In ➔ **B3** sieht man zwei Komponenten $\vec{F}_1$ und $\vec{F}_2$ der Gewichtskraft $\vec{G}$. Die Komponente $\vec{F}_1$ erfährt eine Gleichgewichtskraft durch das Zugseil. $\vec{F}_2$ wirkt senkrecht zum Tragseil, welches dadurch einen kleinen Knick erhält und so eine Gleichgewichtskraft erzeugt. Ohne diese Gleichgewichtskräfte gäbe es eine Katastrophe, weil die Gondel in Richtung der Komponenten beschleunigt würde. Wie groß sind diese auf Zugseil und Halteseil wirkenden Komponenten der Gewichtskraft?

Zur Lösung wenden wir auch hier versuchsweise das Vektorparallelogramm an, das wir bei der Addition von Kräften zu einer Resultierenden benutzen. Allerdings müssen wir bei der jetzt benötigten Konstruktion, der **Komponentenzerlegung**, eine umgekehrte Reihenfolge wählen. In ➔ **B4** beginnen wir mit der Gewichtskraft $\vec{G}$. Wir suchen ihre Komponenten $\vec{F}_1$ und $\vec{F}_2$, die auf gleicher Linie mit den ziehenden Kraftmessern liegen, also auf den gestrichelten Linien. Mit $\vec{G}$ als Diagonale vervollständigen wir nun das Vektorparallelogramm. ➔ www

> **Merksatz**
>
> Zwei Kräfte $\vec{F}_1$ und $\vec{F}_2$, die an einem Punkt angreifen, lassen sich durch eine einzige Kraft, ihre Resultierende $\vec{F}_{Res}$ ersetzen (Vektoraddition).
>
> Umgekehrt kann eine gegebene Kraft $\vec{F}$ durch zwei Kräfte $\vec{F}_1$ und $\vec{F}_2$ ersetzt werden (Komponentenzerlegung).

3. Testfall schiefe Ebene

Wer mit dem Rad fährt, weiß: Eine abschüssige Straße ist umso gefährlicher, je größer ihr Neigungswinkel ist. Bei gelösten Bremsen wird man hangabwärts beschleunigt. Ursache ist die Komponente der Gewichtskraft, die parallel zum Hang nach unten weist. Man nennt sie **Hangabtriebskraft** $\vec{F}_H$. Sie nimmt mit größerem Neigungswinkel φ zu – auch das weiß man aus Erfahrung.

Im Straßenverkehr fällt die senkrecht zur Straße wirkende Komponente meistens nicht auf. Beim Bremsen spielt sie aber – neben der Straßen- und Reifenqualität – eine entscheidende Rolle. Diese **Normalkraft** $\vec{F}_N$ ist umso kleiner, je stärker die Straße geneigt ist. Das heißt aber auch, dass die Bremswirkung mit zunehmendem Neigungswinkel φ der Straße abnimmt.

B5 Hangabtriebskraft $\vec{F}_H$ und Normalkraft $\vec{F}_N$ ersetzen die Gewichtskraft $\vec{G}$. Mit zunehmendem Neigungswinkel φ nimmt der Betrag von $\vec{F}_N$ ab und der Betrag von $\vec{F}_H$ zu.

In ➔ **B5** ist die Komponentenzerlegung schon nach dem Verfahren von ➔ **B4** durchgeführt worden: Das schwarze Dreieck (Lageplan) und das rote Dreieck (Kräfteplan) stimmen im rechten Winkel und im Winkel φ überein, also in allen drei Winkeln. Die Dreiecke sind damit „ähnlich". Es bieten sich zwei Möglichkeiten an, die gesuchte Hangabtriebskraft zu ermitteln:

- Man zeichnet ein rechtwinkliges Dreieck, dessen Hypotenuse dem Betrag der Gewichtskraft entspricht. Die Ankathete zum Winkel φ entspricht dann der gesuchten Normalkraft, die Gegenkathete der Hangabtriebskraft.
- Für ähnliche Dreiecke gelten gleiche Seitenverhältnisse: $\frac{F_H}{G} = \frac{h}{s}$, also $F_H = G \cdot \frac{h}{s}$.

In ➔ **V1** werden die Vorhersagen bestätigt.

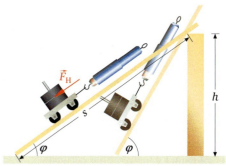

V1 Ein Körper mit $G = 1$ N ersetzt im Versuch Auto und Gondel. Er zieht an einem parallel zur schiefen Ebene gehaltenen Kraftmesser mit der Hangabtriebskraft $\vec{F}_H$. Deren Betrag wird für verschiedene Neigungswinkel φ gemessen.

A1 Zwei Kräfte mit den Beträgen $F_1 = 5$ N und $F_2 = 7$ N greifen am selben Punkt an. Zeichnen Sie die Resultierende für die Winkel 0°, 30°, 45°, 90°, 120° und 180°.

A2 An zwei Drahtseilen, die beide einen Winkel von 10° mit der Horizontalen bilden, hängt eine Lampe mit $G = 200$ N. Konstruieren Sie die Komponenten der Gewichtskraft in Seilrichtung. Finden Sie so den Betrag der Kräfte, die das Seil spannen.

A3 Ein Eisenbahnzug hat die Masse 500 t. Der Zug soll auf einem Gleis mit dem Neigungswinkel $\varphi = 2°$ stehen bleiben. Bestimmen Sie den dazu nötigen Kraftbetrag F_H (in kN).
Hilfe: Zeichnen Sie einen Lageplan 15 cm breit und 0,5 cm hoch, dann erhalten Sie einen Neigungswinkel von etwa $\varphi = 2°$.

A4 a) Ermitteln Sie die Beträge F_H der Hangabtriebskraft und F_N der Normalkraft an einer schiefen Ebene mit 20° Neigung bei einem Körper der Masse 30 kg.
b) Ermitteln Sie die Winkel für $F_H = G/2$, $F_H = G$ und $F_H = 0$.

A5 Die Masse des angehängten Körpers im Bild sei $m = 12$ kg. Bestimmen Sie die Kräfte, mit der die beiden Seile gespannt werden. Wählen Sie $l = 5$ m und $h = 3$ m. Lösen Sie zeichnerisch oder rechnerisch.

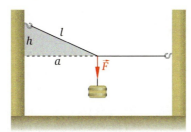

A6 Erklären Sie die untenstehende Bildfolge. Skizzieren Sie die Kräftepläne für Neigungswinkel in der Nähe von $\varphi = 0°$ bzw. $\varphi = 90°$.

 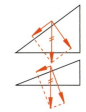

A7 Diskutieren Sie mögliche Sachverhalte und machen Sie jeweils differenzierte Aussagen zur Bedeutung der Masse m_2.

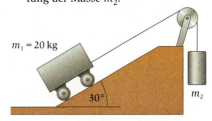

actio und reactio im Straßenverkehr

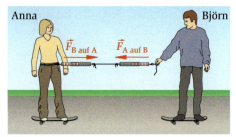

V1 a) Anna und Björn stehen auf Skateboards auf ebenem Boden und ziehen gleichzeitig an einem Seil. Die Folge ist, dass sie sich aufeinander zubewegen. Wie die Kraftmesser zeigen, hat jeder auf den anderen eine entgegengesetzt gleich große Kraft ausgeübt:

$$\vec{F}_{\text{A auf B}} = -\vec{F}_{\text{B auf A}}.$$

b) Nun versucht nur Anna zu ziehen, Björn hält das Seil nur fest. Doch auch dann bewegen sich beide in gleicher Weise aufeinander zu! Björn stellt fest, dass er dabei wieder eine gleich große Kraft ausüben muss – ohne es zu beabsichtigen. Nur wenn er loslässt, gibt es diese Gegenkraft nicht. Dann aber kann auch Anna auf ihn keine Kraft ausüben.

V2 Die Schienen sind auf ein Brett montiert, das auf Rollen leicht laufen kann. Startet die Lok nach vorn, so setzen sich die Schienen nach hinten in Bewegung.

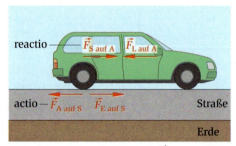

B1 a) Der Pkw übt die Kraft $\vec{F}_{\text{A auf S}}$ auf die Straße aus. Diese wehrt sich mit der *Gegenkraft* $\vec{F}_{\text{S auf A}}$ und treibt das Auto voran.
b) Auto und Erde ziehen entgegengesetzt gleich stark am Straßenbelag, sie sind *Gleichgewichtskräfte*.

1. Kraft ohne Gegenkraft gibt es nicht

Bisher haben wir untersucht, wie *eine* Kraft auf *einen* Körper wirkt. So konnten wir die Bewegungsgesetze finden. Die Kraft musste immer von einem anderen Körper aufgebracht werden. Was mit diesem anderen Körper dabei passiert, haben wir nicht untersucht. Im Straßenverkehr ist dies aber wichtig, da beide Kräfte immer vom Kontakt zwischen Reifen und Straßenbelag abhängen. Also sollten wir diesen zweiten Körper in unsere Betrachtung einbeziehen.

Hierzu ergibt → V1 etwas Neuartiges: Eine Person übt eine Kraft auf einen anderen Körper aus. Dabei zeigt sich: Zu einer Kraft von Körper A auf Körper B tritt eine gleich große Gegenkraft von Körper B auf Körper A auf – ohne unser Zutun, ohne Ausnahme. Fehlt der zweite Partner, so gibt es beide Kräfte nicht. **Kraft und Gegenkraft (actio = reactio)** treten in der Welt immer paarweise auf.

2. Der Reifen liefert die Kraft, die Straße die Gegenkraft

Ein aufgebocktes Auto kann nicht anfahren. Es braucht die Reibung zwischen Rad und Straße, um sich an dieser abzustoßen. Dann wirken die Antriebsreifen mit einer Kraft $\vec{F}_{\text{A auf S}}$ auf die Straße nach hinten, die Straße gleichzeitig mit einer entgegengesetzt gleich großen Kraft $\vec{F}_{\text{S auf A}}$ auf das Auto nach vorne. Durch diese reactio wird das Auto in Fahrtrichtung beschleunigt. Die Straße muss aber mit der Erde fest verbunden sein, sonst würde sie bei dem Vorgang nach hinten beschleunigt – wie die Schienen unter der anfahrenden Lok in → V2.

Kraft und Gegenkraft treten also immer als Paar auf. Sie greifen stets an verschiedenen Körpern an, als „**Wechselwirkungskräfte**", und sie sind immer entgegengesetzt gleich groß.

3. actio = reactio ist kein Kräftegleichgewicht

actio = reactio hat nichts zu tun mit zwei Kräften, die am *selben* Körper angreifen. Diese können verschieden groß sein, auch verschiedene Richtungen haben. Die Wirkung auf den einen Körper bestimmt die Resultierende der beiden Einzelkräfte. In einem Sonderfall sind die Einzelkräfte entgegengesetzt gleich groß. Dann ist die Resultierende null und es herrscht „Kräftegleichgewicht" am betrachteten Körper. → B1 zeigt den Unterschied zwischen diesen verschiedenen Kräftepaaren auf.

> **Merksatz**
>
> Für alle Körper gilt das Wechselwirkungsprinzip actio = reactio. Übt ein Körper A eine actio $\vec{F}_{\text{A auf B}}$ auf einen Körper B aus, so übt gleichzeitig Körper B auf Körper A die reactio $\vec{F}_{\text{B auf A}}$ aus.
>
> Die Kräfte sind entgegengerichtet, ihre Beträge sind gleich groß:
>
> $$\vec{F}_{\text{A auf B}} = -\vec{F}_{\text{B auf A}}.$$
>
> Actio und reactio greifen an verschiedenen Körpern an.
>
> Kräftegleichgewicht dagegen entsteht bei entgegengesetzt gleich großen Kräften, die am selben Körper angreifen.

4. Reibung ermöglicht actio und reactio im Verkehr

Actio und reactio zwischen Antriebsrädern und Straße gäbe es ohne Reibung zwischen den beiden nicht. Straßenverkehr, wie wir ihn kennen, könnte dann nicht funktionieren. Bei der Reibung kann man grob drei Arten unterscheiden: **Haftreibung**, **Gleitreibung** und **Rollreibung**.

- Am Kletterseil nutzt man die Haftreibung, um sich in der Höhe festzuhalten. Die angezogene Handbremse verhindert ein Wegziehen des Autos, da dann sofort eine Haftreibungskraft als Gleichgewichtskraft zur Zugkraft entsteht.
- Die Gleitreibung wird am Kletterseil beim langsamen Herabrutschen ausgenutzt. Beim Auto nutzt die Scheibenbremse die Gleitreibungskraft zum Abbremsen aus.
- In Kugellagern → B2 werden die Körper (Ringe) durch Kugeln getrennt. Eine gegenseitige Bewegung fällt bei der eintretenden Rollreibung dann leicht. Alle rotierenden Achsen im Auto sind kugelgelagert. Auch die Reifen erfahren beim Abrollen eine Rollwiderstandskraft.

Im Straßenverkehr nutzt man die Haftreibung (und manchmal die Gleitreibung) zwischen Reifen und Straßenbelag zum Antrieb (und zum Bremsen) und für Kurvenfahrten.

In → V3 werden die Eigenschaften der unterschiedlichen Reibungsarten ermittelt. Dabei zeigt sich:

- Eine **Haftreibungskraft** $\vec{F}_h$ tritt erst auf, wenn man am Klotz zieht. Sie ist die reactio zur Zugkraft. Je stärker man zieht, desto größer wird $\vec{F}_h$. Irgendwann wird die maximale Haftreibungskraft $\vec{F}_{h,max}$ erreicht. Erhöht man die Zugkraft noch weiter, beginnt der Körper zu gleiten.
- Die **Gleitreibungskraft** $\vec{F}_{gl}$ ist weitgehend unabhängig von der Geschwindigkeit. Sie ist kleiner als die maximale Haftreibungskraft.
- Den kleinsten Wert hat die **Rollreibungskraft** $\vec{F}_{roll}$. Es gilt also für die Beträge: $F_{h,max} > F_{gl} > F_{roll}$.

Maximale Haftreibungskraft und Gleitreibungskraft sind angenähert proportional zum Betrag F_N der Normalkraft, bei horizontaler Platte also der Gewichtskraft des Klotzes mit aufliegendem Wägestück. Es gilt: $F_{reib} \sim F_N$. Aus der jeweiligen Proportionalität folgen die Gleichungen:

$F_{h,max} = f_{h,max} \cdot F_N$ und $F_{gl} = f_{gl} \cdot F_N$.

Die Proportionalitätsfaktoren $f_{h,max}$ und f_{gl} hängen von den jeweilig beteiligten Stoffen an der Kontaktfläche ab. Einige Beispiele dieser Haftreibungszahlen zeigt → T1.

B2 Kugellager und Rollenlager (aufgeklappt)

V3 a) Mit einem Kraftmesser ziehen wir vorsichtig am Klotz, bis er zu rutschen beginnt. Der zuletzt abgelesene Wert ist der Betrag $F_{h,max}$ der maximalen Haftreibungskraft.
b) Während wir den Klotz gleichförmig über die Platte ziehen, lesen wir den Betrag F_{gl} der Gleitreibungskraft ab.
c) Untergelegte runde Bleistifte liefern den Betrag F_{roll} der Rollreibungskraft.
Nach Auflegen eines Wägestücks werden die Messungen wiederholt.

Stoffpaar	f_h	f_{gl}
Stahl/Stahl (trocken)	0,15	0,05
Stahl/Teflon	0,04	0,04
Holz/Holz	≤ 0,6	≤ 0,5
Holz/Stein	0,7	0,3
Gummi/Straße	0,9	0,8
Schlittschuh/Eis	0,03	0,01

T1 Haftreibungszahl f_h und Gleitreibungszahl f_{gl} einiger Stoffpaare

A1 Stellen Sie den Unterschied zwischen Wechselwirkungs- und Gleichgewichtskräften dar.

A2 Ein Auto steht in der Parkbucht. „Wie groß ist bei diesem Pkw die Haftreibungskraft zwischen Reifen und Asphalt?", fragt jemand. Antworten Sie begründet.

A3 In → B1 ist die Kraft der Luft auf das Auto $\vec{F}_{L\,auf\,A}$ nicht erwähnt. Ermitteln Sie begründet die zugehörige Wechselwirkungskraft und die Gleichgewichtskraft (bei gleichförmiger Fahrt).

A4 a) Berechnen Sie die Größe der Kraft, die man mindestens benötigt, um einen Stahlquader der Masse $m = 1,5\,kg$ auf einer waagerechten Stahlplatte in Bewegung zu setzen.
b) Berechnen Sie die Kraft, die anschließend bei gleichförmiger Bewegung benötigt wird.

A5 Beschreiben Sie die Funktion einer Motorkupplung.

Interessantes

Bremsvorgänge

A. Beschleunigung beim Bremsen

Zum Abbremsen eines Autos aus einer (positiven) Geschwindigkeit werden (negative) Kräfte benötigt. Wie groß sie sein müssen, hängt von der Automasse und von der gewünschten (negativen) Beschleunigung ab.
Bei Glatteis kann man nicht bremsen.
Nur wenn zwischen Fahrbahn und Reifen Reibung besteht, gibt es eine bremsende Kraft auf den Wagen – beim Rutschen, noch besser beim Rollen. Dann haftet das Gummi am Asphalt. Der Betrag der dann wirkenden Haftkraft ist zur Gewichtskraft proportional: $F_h = f_h \cdot F_G$. Den Proportionalitätsfaktor f_h nennt man Haftzahl oder auch Haftreibungskoeffizient. $\vec{F}_{h,\,max}$ ist die maximal erreichbare Haftkraft, sie gilt für gerade noch nicht rutschende Räder. Für einen Gummireifen bei trockener Fahrbahn ist der Wert der Haftzahl z. B. 0,9. Damit ist der maximal mögliche Betrag der Beschleunigung:

$$|a| = \frac{F}{m} = \frac{f_h \cdot F_G}{m} = \frac{f_h \cdot m \cdot g}{m} = f_h \cdot g$$

$$= 0{,}9 \cdot 9{,}81 \,\frac{\text{N}}{\text{kg}} = 8{,}8 \,\frac{\text{m}}{\text{s}^2}.$$

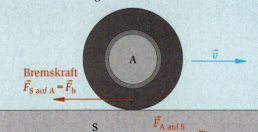

Die Haftkraft ist keine Komponente der Gewichtskraft, deshalb ist ihre Richtung nicht aus dieser vorgegeben. Sie entsteht erst bei der gegenseitigen Verschiebung von Straße und Auto. Beim Bremsen ist sie der Bewegungsrichtung entgegengesetzt. Deshalb gilt in unserem Beispiel (positive Geschwindigkeit) für den Beschleunigungswert: $a = -8{,}8 \text{ m/s}^2$.

B. Kräfte beim Bremsen – der Sicherheitsgurt

Mit der ermittelten Beschleunigung müssen – so wie das Fahrzeug – auch die Insassen abgebremst werden. Bei einer Körpermasse von 70 kg bedeutet dies eine Kraft von

$$F = m \cdot a = 70 \text{ kg} \cdot (-8{,}8 \text{ m/s}^2) = -616 \text{ N}$$

gegen die Bewegungsrichtung. Dies ist betragsmäßig weniger als die Gewichtskraft. Arme und Beine werden in diesem Fall den Körper ohne Sicherheitsgurt vielleicht noch abstützen können, ohne dass etwas passiert. Bei einem Aufprall gelingt dies sicher nicht mehr.

C. Brems- und Anhalteweg

Wir vergleichen die Anhaltewege zweier Fahrzeuge A und B. Fahrzeug A fährt mit $v_A = 36$ km/h, Fahrzeug B fährt doppelt so schnell, beide müssen in einer Notsituation eine Vollbremsung durchführen. In der ersten „Schrecksekunde" $t_0 = 1$ s fährt Fahrzeug A noch mit der Geschwindigkeit v_A weiter, also noch um den Weg

$$s_{0A} = v_A \cdot t_0 = 36 \text{ km/h} \cdot 1 \text{ s} = 10 \text{ m/s} \cdot 1 \text{ s} = 10 \text{ m}.$$

Mittlerweile ist die Bremse getreten worden, die negative Beschleunigung hat den Wert $a = -8{,}8 \text{ m/s}^2$. Der **Bremsweg** ist in → **B1** ablesbar als Dreiecksfläche unter der t-v-Geraden:

$$s_A = \tfrac{1}{2} v_A \cdot (t_1 - t_0).$$

Für die Beschleunigung gilt

$$a = \frac{(0 - v_A)}{(t_1 - t_0)} \text{ mit der Dauer } t_1 - t_0 = \frac{v_A}{-a},$$

und deshalb ist der Bremsweg:

$$s_A = \tfrac{1}{2} v_A \cdot \frac{v_A}{-a} = \tfrac{1}{2} \cdot \frac{v_A^2}{-a} = \tfrac{1}{2} \cdot \frac{(10 \text{ m/s})^2}{-(-8{,}8 \text{ m/s}^2)}$$
$$= 5{,}7 \text{ m}.$$

Der **Anhalteweg** ist Reaktions- plus Bremsweg:

$$S_A = s_{0A} + s_A = 10 \text{ m} + 5{,}7 \text{ m} = 15{,}7 \text{ m}.$$

Fahrzeug B kommt vielleicht nicht mehr mit dem Schrecken davon. Sein „Schrecksekundenweg" ist doppelt so lang, sein Bremsweg sogar viermal so lang! So ergibt sich als Anhalteweg von B:

$$S_B = s_{0B} + s_B = 20 \text{ m} + 22{,}8 \text{ m} = 42{,}8 \text{ m}.$$

Dies ist dramatisch mehr als bei Fahrzeug A.

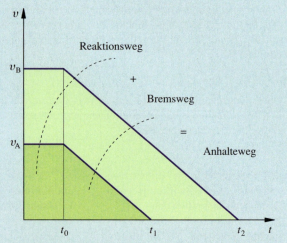

B1 Doppelte Geschwindigkeit: Doppelter Reaktionsweg, aber vierfacher Bremsweg!

actio und reactio im Straßenverkehr

Interessantes

Die Fahrschul-Faustformel

Wer mit dem Auto unterwegs ist, hat keine Zeit, einen notwendigen Bremsweg nach den entwickelten Formeln auszurechnen.

In der Fahrschule oder aus den Medien hört man deshalb von Faustformeln, die berücksichtigt werden sollen. Eine seit 2004 benutzte Formel besagt:
„Nimm die Maßzahl der in km/h gefahrenen Geschwindigkeit und teile sie durch 10. Quadriere das Ergebnis und teile es durch 2. Dann hast du den Bremsweg gemessen in m".

Beispiel: Jemand fährt 72 km/h (wie im Beispiel auf der linken Seite), dann schätzt er den Bremsweg auf:

$$s_B \approx \frac{1}{2} \cdot \left(\frac{72}{10}\right)^2 \text{ m} \approx 26 \text{ m}.$$

Wir hatten 22,8 m berechnet.

Die seit 2004 genutzte Formel berücksichtigt die Qualität moderner Reifen und Straßenbeläge. Seitdem geht man von halb so langen Bremswegen aus, seitdem dividiert man deshalb durch 2. → B2 zeigt die Ergebnisse bei optimalen Bedingungen im Überblick. Bei nasser Straße oder gar Glatteis wird der Bremsweg deutlich länger.

Sehr einfach zu handhaben ist die Faustformel „Zwei-Sekunden-Abstand". Das vor einem fahrende Auto passiert z. B. ein Straßenschild. Man beginnt zu zählen. Hat man in mehr als 2 Sekunden das Schild erreicht, ist der Abstand genügend groß. Diese Regel hilft bei trockener Straße bis etwa v = 130 km/h → B2.

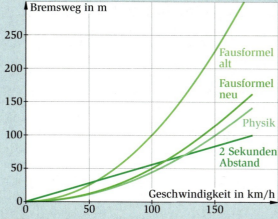

B2 → www Physikalisch mit der Haftreibungszahl f_h = 0,9 ermittelter Bremsweg, im Vergleich zu geschätzten Bremswegen nach verschiedenen Faustformeln

Interessantes

Kraft- und Beschleunigungssensoren

A. Dehnungsmessstreifen – DMS
Der elektrische Widerstand eines Drahtes ist umso größer, je dünner und je länger er ist. Zieht man an einem bestimmten Drahtstück, so wird es länger und dünner, sein Widerstand steigt. **Dehnungsmessstreifen** (DMS) sind Sensoren, die diese Eigenschaft ausnutzen. Sie bestehen aus einer biegsamen Folie mit

mäanderförmig eingeschlossenem Draht. Der DMS wird fest mit dem zu messenden Bauteil verklebt. An den Anschlüssen wird der Widerstand gemessen. Bei Dehnung des Bauteils wird der Widerstand größer, bei Stauchung kleiner. Aus dem DMS ist ein Kraftsensor geworden.

Man findet solche DMS z. B. in elektrischen Waagen, zur Prüfung der Belastung von Tragflächen, auch z.B. an den großen Flügeln einer Windkraftanlage. An Motorwellen erfasst man mit ihnen, wie stark die Antriebswelle verdreht wird.

B. Beschleunigungssensoren
Auch in elektronischen Beschleunigungssensoren nutzt man die Verformung zur Messung. Winzige elastische Stäbchen liegen zwischen einem Kamm aus festen Stäbchen. Wird nun der Chip beschleunigt, müssen die Stäbchen folgen. Da sie träge sind, benötigen

sie dazu eine Kraft. Sie verbiegen sich, bis die rücktreibende Kraft ausreicht. Diese Verbiegung wird elektrisch auf andere Art ohne DMS gemessen und in die Beschleunigung umgerechnet. Solche Sensoren sind z. B. im Auto für das Erfassen der Beschleunigung zuständig. Ein Kleincomputer löst bei plötzlichen, sehr starken Werten – beim Aufprall – dann z. B. die Airbags aus.

Arbeitsauftrag:
Auch in Smartphones sind Beschleunigungssensoren eingebaut. Messen Sie mit einer geeigneten App z. B. die Beschleunigung Ihres Fahrrades.

Modellbildung

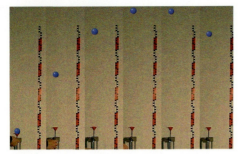

B1 → www Senkrechter Wurf entlang der Messlatte nach oben: Die zeitlich nacheinander im Abstand von 2/15 s mit einer Digitalkamera aufgenommenen Einzelbilder sind hier nebeneinander gelegt.

B2 Der senkrechte Wurf beginnt mit einer Geschwindigkeit mit dem Wert $v_0 = 15$ m/s. Der Wert der Beschleunigung ist $a = -g = -9{,}81$ m/s². Dies ist die Steigung im t-v-Diagramm.

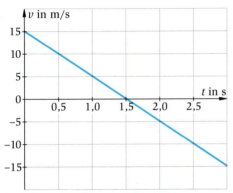

T1 → www Modellierung des senkrechten Wurfs nach oben; Ausschnitt aus der schrittweise berechneten Tabelle

1. Unser Instrumentarium reicht noch nicht aus

Bei einer gleichförmigen Bewegung lässt sich der Ort für jeden Zeitpunkt berechnen, wenn man den Startort und die konstante Geschwindigkeit kennt. Nicht viel schwerer ist es, wenn ein Körper mit einer konstanten Kraft beschleunigt wird. Auch jetzt kann man mit wenigen Formeln die Werte der Beschleunigung a, der Geschwindigkeit v und des Ortes s für jeden Zeitpunkt bestimmen, wenn die Anfangswerte bekannt sind.

Betrachten wir als Beispiel noch einmal einen nach oben katapultierten Ball → B1. Seine Masse lässt sich leicht ermitteln, ebenso die Kraft, die auf ihn wirkt (hier seine eigene Gewichtskraft nach unten). Außerdem lässt sich sein Ort und seine Geschwindigkeit zum Startzeitpunkt feststellen. Da Kraft und Masse konstant bleiben, reicht unser bisheriges Wissen, um z. B. den Geschwindigkeitsverlauf vorherzusagen → B2.

2. Die Kraft als Ursache sagt alles voraus

Nun gibt es in der Natur aber Vorgänge, bei denen die beschleunigende Kraft oder die Masse nicht konstant sind. So „verliert" z. B. eine startende Rakete dauernd Treibstoff. Auch für solche Fälle gibt es in der Physik geeignete Vorhersage-Werkzeuge. Sie orientieren sich am Vorgehen der Natur. Diese kennt keine Gleichungen, auch nicht für Sonderfälle. Sie sorgt in jedem Moment für die richtige Beschleunigung gemäß der momentan vorliegenden Kraft. Den Zusammenhang kennen wir:

$F = m \cdot a$ oder auch $F = m \cdot \Delta v / \Delta t$.

Wir würden gern vorgehen wie die Natur, aber kontinuierlich rechnen können wir nicht – und auch nicht unsere Computer. Ersatzweise rechnen wir in vielen, sinnvoll kleinen Zeitschritten. Dabei verfolgen wir folgendes Prinzip:
- Innerhalb eines Zeitintervalls nehmen wir die Geschwindigkeit als konstant an. Mit ihr können wir auch den neuen Ort des Körpers am Ende dieses Zeitintervalls berechnen.
- Für das nächste Zeitintervall müssen wir noch herausbekommen, wie die Geschwindigkeit sich inzwischen geändert hat. Mit bekannter Kraft und Masse und dem gewählten Zeitintervall kann dies berechnet werden. Mit der neuen Geschwindigkeit können wir wieder den nächsten Ort bestimmen usw. Die Kraft muss bei diesem Schrittverfahren nicht einmal konstant sein!

Dieses Vorgehen ermöglicht uns, die Bewegung des Balls schrittweise vorherzusagen. In der Rechnung verwenden wir statt der Vektoren die Werte der gerichteten Größen. Die positive Achse zeigt in unserem Fall nach oben.

Mit einer **Tabellenkalkulation** → T1 wollen wir nun versuchen, den senkrechten Wurf im schrittweisen Verfahren umzusetzen. Dazu brauchen wir nur unsere vorhandenen Kenntnisse:
- NEWTONs Grundgleichung der Mechanik (Werte):
$F = m \cdot a$,
- die Definition der Geschwindigkeitswerte:
$v = \Delta s / \Delta t$.

Und so kann unsere Programmschleife aussehen:

Konstanten (Eingabewerte)
  $g = 9{,}81$ N/kg; $m = 0{,}5$ kg; $\Delta t = 0{,}1$ s (Zeitintervall)
Startwerte
  $t = 0$ s; $v = 15$ m/s; $s = -5$ m
Rechenschleife
  Wiederhole bis $t = 3$ s
  $t_{\text{neu}} = t_{\text{alt}} + \Delta t$
  $F = m \cdot (-g)$ ($g > 0$, aber Gewichtskraft nach unten)
  $a = F/m$
  $\Delta v = a \cdot \Delta t$
  $v_{\text{neu}} = v_{\text{alt}} + \Delta v$
  $\Delta s = v \cdot \Delta t$ (da $v = \Delta s/\Delta t$; $v = (v_{\text{neu}} + v_{\text{alt}})/2$)
  $s_{\text{neu}} = s_{\text{alt}} + \Delta s$

Startwerte und Konstanten schreiben wir in Eingabefelder, so können wir sie später noch leicht variieren (statt Δ schreiben wir vereinfacht d). Die Startwerte kopieren wir dann in die erste Zeile des Kalkulationsblattes. Zusätzlich berechnet das Programm in der ersten Zeile noch die Werte F der Kraft und a der Beschleunigung.
Die Werte der zweiten Zeile lassen wir ausschließlich vom Programm nach den oben angegebenen Formeln berechnen:
  $F = m \cdot (-g) = 0{,}5$ kg $\cdot (-9{,}81$ m/s$^2) = -4{,}905$ N
  $a = F/m = -9{,}81$ N/kg $= -9{,}81$ kg $\cdot$ m/s^2,
  $\Delta v = a \cdot \Delta t = -9{,}81$ kg $\cdot$ m/s$^2 \cdot 0{,}1$ s $= -0{,}981$ m/s,
  $v_{\text{neu}} = v_{\text{alt}} + \Delta v = 15$ m/s $+ (-0{,}981$ m/s$) = 14{,}019$ m/s,
  $\Delta s = v \cdot \Delta t = (15$ m/s $+ 14{,}019$ m/s$)/2 \cdot 0{,}1$ s $= 1{,}451$ m,
  $s_{\text{neu}} = s_{\text{alt}} + \Delta s = -5$ m $+ 1{,}451$ m $= -3{,}549$ m.
Diese zweite Zeile kopieren wir in die folgenden Zeilen und erhalten so die ganze Tabelle → T1 mit dem Diagramm → B3.

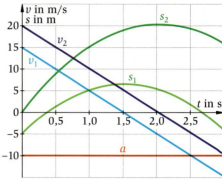

B3 a) Ergebnis der Modellierung: t-s-, t-v- und t-a-Diagramm des senkrechten Wurfs nach oben mit der Startgeschwindigkeit $v_0 = 15$ m/s und dem Startort $s_0 = -5$ m. Die Beschleunigung a ist konstant negativ, die t-v-Gerade stimmt mit der überein, die mit einer Formel berechnet wurde → B2. Der t-s-Graph hat einen parabelförmigen Verlauf.
b) Modellierung mit anderen Startwerten: $v_0 = 20$ m/s und $s_0 = 0$ m. An der Beschleunigung $a = -9{,}81$ m/s^2 hat sich nichts geändert.

A1 → www a) Laden Sie die Tabellenkalkulationsdatei von der angegebenen Quelle. Simulieren Sie mit ihr den senkrechten Wurf auf dem Mond.
b) Überprüfen Sie, ob die Masse eine Rolle spielt. Begründen Sie das Ergebnis.

Projekt

Modellbildung für nicht konstante Masse → www

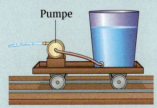

Jede Theorie muss überprüft werden. Dies soll hier mit einem „Raketenwagen" mit Wassertank und einer kleinen Pumpe (12 V, mit Akku betrieben) geschehen. Diese presst im Beispiel in 3,5 s 140 cm^3 Wasser durch eine Öffnung von 7,1 mm^2. Die Ausströmgeschwindigkeit ist also (Länge der Wassersäule/Zeit) $v = 5{,}6$ m/s. Die Beschleunigung ist

  $a = \Delta v/\Delta t = (5{,}6$ m/s$)/(3{,}5$ s$) = 1{,}6$ m/s^2.

Die Kraft ist

  $F = m \cdot a = 0{,}140$ kg $\cdot 1{,}6$ m/s$^2 = 0{,}784$ N.

Die reactio mit gleichem Betrag beschleunigt den Wagen. Diese Kraft bleibt während des Vorgangs konstant. Für die Masse des Wagens gilt das nicht. Sie nimmt immer in 3,5 s um etwa 0,140 kg ab. Für ein anderes Zeitintervall Δt gilt also:

  $\Delta m = -\dfrac{0{,}140 \text{ kg}}{3{,}5 \text{ s}} \cdot \Delta t$

  $m_{\text{neu}} = m_{\text{alt}} + \Delta m$

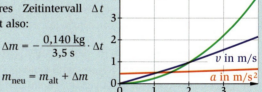

Dies muss zusätzlich in der Rechenschleife berücksichtigt werden.

Arbeitsaufträge:

1 Bauen Sie den beschriebenen „Raketenwagen" nach und führen Sie den Versuch durch. Messen Sie die Geschwindigkeit nach z. B. 3,5 s.
2 Modellieren Sie den Versuch mit den Daten Ihres Wagens (Ergebnis als Beispiel s.o.). Vergleichen Sie die Geschwindigkeit zur Zeit $t = 3{,}5$ s.

Zusammenfassung

Das ist wichtig

1. Kräfte sind Vektoren
- Kräfte sind Vektoren mit Betrag und Richtung.
- Mehrere an einem Körper angreifende Kräfte ersetzt man durch deren resultierenden Kraftvektor (kurz: die Resultierende).
- Eine einzelne an einem Körper angreifende Kraft kann man in Komponenten zerlegen.
- Das Zusammensetzen wie das Zerlegen von Kräften gehorcht der Parallelogrammregel.
- Liegen alle Kräfte auf einer Geraden, findet man die Resultierende rechnerisch durch die Summe der Kraftwerte. Vorher legt man die positive Richtung an der Geraden fest.
- Kräfte, die am selben Körper angreifen und deren Resultierende null ist, befinden sich im Kräftegleichgewicht.

2. actio und reactio
Wenn ein Körper A mit einer Kraft $\vec{F}_{\text{A auf B}}$ auf einen anderen Körper B wirkt, so wirkt dieser immer mit entgegengesetzt gleich großer Kraft $\vec{F}_{\text{B auf A}}$ zurück auf Körper A. Die immer gleichzeitig auftretenden Kräfte dürfen nicht mit zwei Gleichgewichtskräften verwechselt werden, die am selben Körper angreifen.

3. Bewegungsgrößen
- Die Geschwindigkeit $\vec{v}$ ist eine gerichtete Größe, also ein Vektor. Bei konstanter Geschwindigkeit gilt für deren Wert: $v = \Delta s/\Delta t$. Im t-s-Diagramm findet man diesen Wert als Steigung der Geraden. Der Sonderfall $v = s/t$ gilt nur für $s(0\,\text{s}) = 0\,\text{m}$ und $v(0\,\text{s}) = 0\,\text{m/s}$. Bei veränderlicher Geschwindigkeit wählt man als Wert der Momentangeschwindigkeit $v = \Delta s/\Delta t$ in einem sinnvoll kleinen Zeitintervall.
- Eine konstante Beschleunigung $\vec{a}$ ist der Quotient aus Geschwindigkeitsdifferenz $\overrightarrow{\Delta v}$ und Zeitdifferenz Δt. Die Beschleunigung ist ebenfalls ein Vektor. Für den Wert der Beschleunigung gilt: $a = \Delta v/\Delta t$.

4. Das Trägheitsgesetz
Die Geschwindigkeit $\vec{v}$ eines Körpers wird dann und nur dann geändert, wenn eine Kraft von außen auf den Körper wirkt. Ohne äußere Einwirkung bleibt die Geschwindigkeit des Körpers konstant. Das meint man, wenn man sagt: „Körper sind träge". Diese einfache Weisheit – GALILEI fand sie zuerst – ist der Schlüssel zu einer systematischen Beschreibung von Kräften und Bewegungen.

5. Newtonsche Grundgleichung der Mechanik
Die auf einen Körper wirkende resultierende Kraft entspricht dem Produkt aus Masse und Beschleunigung.

$$\vec{F} = m \cdot \vec{a} \quad \text{oder} \quad \vec{F} = \frac{\Delta(m \cdot \vec{v})}{\Delta t}.$$

Wirkt die Kraft vom Betrag 1 N auf einen Körper der Masse 1 kg, so ändert sie dessen Geschwindigkeit um $\Delta v = 1\,\text{m/s}$. Nicht Kraft und Geschwindigkeit, sondern Kraft und Geschwindigkeitsänderung (bzw. Kraft und Beschleunigung) haben die gleiche Richtung!
Bei Bewegungen auf einer Geraden zeigt sich dies im gleichen Vorzeichen von Kraftwert und Beschleunigungswert. Bei geradlinigen Bewegungen sind Größe und Form des Körpers unwichtig, die Kenntnis der Masse genügt.

6. Kausalitätsprinzip
Nichts geschieht ohne Ursache, die gleiche Ursache (Kraft $\vec{F}$ wirkt im Zeitintervall Δt) ruft an einem Körper der Masse m die gleiche Wirkung hervor ($\overrightarrow{\Delta v}$). Anders ausgedrückt: Kennt man den Ausgangszustand (alter Ort und alte Geschwindigkeit, den alten Impuls) eines Körpers, so fragt man nach der Kraft und wird den Endzustand (den neuen Ort und die neue Geschwindigkeit) vorhersagen können.
Diese „kausale Strategie" wendet man in der gesamten klassischen Mechanik an, mit ihr löst man Aufgaben – auch mit dem Computer. Sie wird in der Mechanik und anderen Bereichen der Physik – vor allem im Bereich der Thermodynamik – durch die „Bilanzstrategie" ergänzt.

7. Iteratives Berechnen – Nachahmen der Natur
In der Natur wird die Geschwindigkeit eines Körpers durch eine äußere Kraft kontinuierlich verändert. Auf diese Weise wird das startende Auto einfach immer schneller. Wir ahmen die Natur nach, indem wir Änderung und neuen Zustand in kleinen Schritten (iterativ) berechnen. Dazu bilden wir eine Schleife sich wiederholender, immer gleicher Rechenterme. Zur Berechnung wählen wir ein Koordinatensystem. In ihm sind die vektoriellen Größen durch positive oder negative Werte beschrieben. Dies gilt für Ort, Geschwindigkeit, Kraft und Beschleunigung.
Zur besseren Übersichtlichkeit wählen wir immer die gleiche Struktur des Programmaufbaus, z.B.:

Konstanten (z.B. $g = 9{,}81\,\text{N/kg}$, $m = 0{,}5\,\text{kg}$; $\Delta t = 0{,}01\,\text{s}$)
Startwerte (z.B. $t = 0\,\text{s}$; $v = 4\,\text{m/s}$; $s = 1\,\text{m}$)

Wiederhole bis $t = 5\,\text{s}$
  Rechenschleife:
  $t_{\text{neu}} = t_{\text{alt}} + \Delta t$
  $\Delta v = F/m \cdot \Delta t$
  $v_{\text{neu}} = v_{\text{alt}} + \Delta v$
  $\Delta s = v \cdot \Delta t$
  $s_{\text{neu}} = s_{\text{alt}} + \Delta s$

Das können Sie schon

Umgang mit Fachwissen

Die Schreibweise Δs verstehen Sie als Differenz zweier Orte s_2 und s_1 auf einer vorher festgelegten Ortsachse. Zur Berechnung des Geschwindigkeitswertes einer gleichförmigen Bewegung benutzen Sie den konstanten Quotienten $v = \Delta s/\Delta t$ und meinen damit $v = (s_2-s_1)/(t_2-t_1)$.

Entsprechend ist Ihnen $a = \Delta v/\Delta t$ als Beschleunigungswert einer gleichförmig beschleunigten Bewegung geläufig. Sie wissen, dass sie von der Masse m des Körpers und der auf den Körper wirkenden Kraft $\vec{F}_\text{Res}$ abhängt. Diese ist Ursache einer Beschleunigung in Richtung der Kraft. Ist die resultierende Kraft null, ergibt sich eine gleichförmige Bewegung.
Das Anfahren eines Pkw auf der Straße beschreiben Sie als Wechselwirkung zwischen den beteiligten Körpern.

Erkenntnisgewinnung

Sehen Sie bei einem Körper eine nicht gleichförmige Bewegung, so suchen Sie nach einem zweiten Körper, der auf den ersten eine Kraft ausübt, mit ihm also in Wechselwirkung steht. Eine solche Wechselwirkung kann z. B. über die Reibung der wechselwirkenden Körper entstehen. Aus Messwerten der Bewegung schließen Sie auf die Größe der Kraft. Den resultierenden Kraftvektor gewinnen Sie durch Vektoraddition oder Vektorzerlegung.
Mithilfe NEWTONs Grundgleichung der Mechanik $\vec{F} = m \cdot \vec{a}$ berechnen Sie die Wirkung der Kraft, also den zukünftigen Verlauf der Bewegung.

Mit verschiedenen Messverfahren können Sie Bewegungen in Experimenten analysieren. Dazu wählen Sie die jeweils relevanten Messgrößen aus. Ihre Messergebnisse überprüfen Sie auf Fehlerquellen und Genauigkeit. An Bewegungsdiagrammen erkennen Sie den Zusammenhang zwischen den Messgrößen und können so mit mathematischen Verfahren zu verbalen Aussagen und formalen Gleichungen gelangen. Zur Unterstützung oder Modellierung nutzen Sie digitale Werkzeuge. Bewegungsgrößen können Sie berechnen.

Kommunikation

Sie haben gelernt, Messdaten in Tabellen zu sammeln und in Diagrammen sinnvoll von Hand oder mit dem Computer darzustellen. Vektordiagramme konstruieren Sie geometrisch.
In Diskussionen sind Sie in der Lage, Aussagen zu mechanischen Vorgängen mit physikalischen Argumenten zu belegen. Sie erkennen auch falsch benutzte Begriffe oder falsche Darstellungen in Medien und können Sie korrigieren.

Bewertung

Sie haben erfahren, dass anerkannte Aussagen sich durch objektive, d. h. unabhängig von der Person gefundene Messungen auszeichnen, die jederzeit wiederholt werden können. Zufallsergebnisse, die sich aus unklaren Versuchsbedingungen oder schlecht gewählten Experimenten ergeben, erkennen Sie nicht an.

Das schafft Überblick

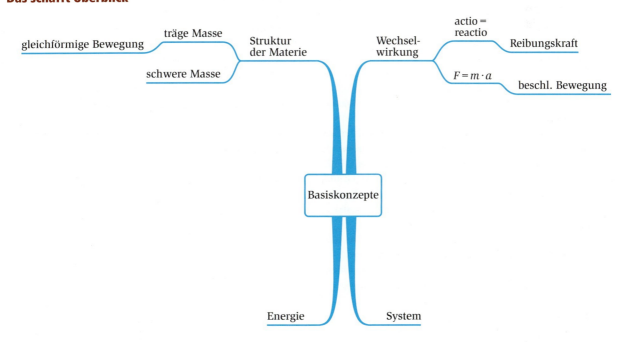

Zusammenfassung

Kennen Sie sich aus?

A1 Zwei Kräfte von 20 N und 15 N greifen an einem Körper an:
a) in gleicher Richtung,
b) entgegengesetzt und
c) unter dem Winkel 90°. Bestimmen Sie jeweils die Resultierende zeichnerisch und rechnerisch.

A2 a) Ein Fahrzeug bewegt sich gemäß vorliegendem Zeit-Ort-Diagramm. Beschreiben Sie den Ablauf der Fahrt.
b) Übertragen Sie das t-s-Diagramm in Ihr Heft und zeichnen Sie das hierzu gehörende Zeit-Geschwindigkeit-Diagramm (t-v-Diagramm). Berechnen Sie dazu vorher die Geschwindigkeitswerte in den einzelnen Zeitabschnitten.

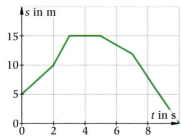

A3 a) Beschreiben Sie die Bewegung in den einzelnen Abschnitten des t-v-Diagramms! Erläutern Sie, in welchen Intervallen eine (resultierende) Kraft auf den Körper wirkt und welche Richtung sie hat.
b) Ermitteln Sie mithilfe des Diagramms durch Rechnung den am Ende erreichten Ort ($s_0 = 0$ m).
c) Skizzieren Sie das zugehörige t-s-Diagramm!

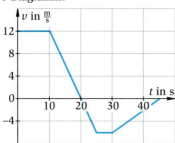

A4 Recherchieren Sie die Sichtweisen von ARISTOTELES, GALILEI und NEWTON zur Bewegung. Halten Sie dazu ein Referat.

A5 a) Skizzieren Sie je ein t-v-Diagramm zu einer gleichförmigen und zu einer gleichmäßig beschleunigten Bewegung.
b) Fordern Sie Ihren Nachbarn auf, die Diagramme zu interpretieren. Diskutieren Sie, wie man den Ort zu einem gewählten Zeitpunkt bestimmen kann.

A6 Es sind $F = 10$ N, $m = 2,5$ kg, $v(0\text{ s}) = 3$ m/s und $s(0\text{ s}) = -6$ m gegeben. Bestimmen Sie die Geschwindigkeit $v(12\text{ s})$ und den Ort $s(12\text{ s})$.

A7 a) Bestimmen Sie aus dem Diagramm die Masse m des mit $F = 5$ N beschleunigten Körpers.
b) Berechnen Sie die Geschwindigkeit und den Ort zum Zeitpunkt $t = 8$ s.

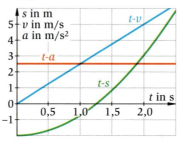

A8 a) Diskutieren Sie, ob ein Körper sich nach rechts bewegen kann, während er nach links beschleunigt wird.
b) Ein Körper werde konstant beschleunigt. Erklären Sie anhand eines Beispiels, dass sich die Richtung seiner Geschwindigkeit dabei umkehren kann.
c) → www Modellieren Sie einen solchen Fall mithilfe der newtonschen Grundgleichung der Mechanik z. B. mit GeoGebra. Führen Sie Ihre Modellierung vor.

A9 Die Tabelle enthält Messwerte von zwei Spielzeugautos, die nebeneinander herfahren.

t/s	0	1	2	3	4	5	6	7
s_1/cm	0	6	14	20	26	34	40	47
s_2/cm	0	2	6	13	21	32	47	65

a) Übertragen Sie diese Werte in ein Diagramm (je 1 cm für 1 s und 0,1 m).
b) Zeichnen Sie eine Ausgleichsgerade bzw. -kurve.
c) Bestimmen Sie die Geschwindigkeit der gleichförmigen Bewegung aus dem Diagramm wie auch aus den Messwerten der Tabelle.
d) Bestimmen Sie die als konstant angenommene Beschleunigung der zweiten Bewegung.
e) Bestimmen Sie den Zeitpunkt, zu dem sich beide Wagen auf gleicher Höhe nebeneinander befinden und den Zeitpunkt, zu dem sie die gleiche Geschwindigkeit haben.

A10 a) Beschreiben Sie den gegebenen t-v-Graphen eines anfahrenden Autos.
b) Erklären Sie den Verlauf unter der Annahme, dass der Motor immer dieselbe Kraft liefern konnte (z. B. immer mit „Vollgas").
c) Diskutieren Sie den abfallenden Ast der t-v-Kurve in Bezug auf die Bremskraft.

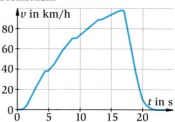

A11 Die Zeichnung enthält ausgewählte Kräfte, die bei gleichförmiger Fahrt vorliegen.
a) Skizzieren Sie begründet die geänderten Kraftvektoren in dem Moment, in dem das Auto zum Überholvorgang beschleunigt wird.
b) Skizzieren Sie umgekehrt die Kraftvektoren für den Fall einer einsetzenden Bremsung.

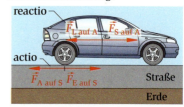

Projekt

Newtonsche Grundgleichung am Fahrrad

In mehreren Versuchen soll am Fahrrad die newtonsche Grundgleichung der Mechanik angewandt werden.

Arbeitsaufträge:
Zunächst wird der *Startvorgang* untersucht. Ein Radfahrer steht auf dem horizontalen Pedal. Dadurch entsteht am Hinterrad eine Kraft auf die Straße. Die Gegenkraft der Straße auf das Rad beschleunigt das Fahrrad nach vorn. Diese Kraft soll im Versuch zunächst statisch, dann dynamisch ermittelt werden:

1 Ermitteln Sie aus der Gewichtskraft des Fahrers und mehrfacher Anwendung des Hebelgesetzes die beschleunigende Kraft. Überprüfen Sie Ihre Vorhersage durch eine Messung, in der Sie das Rad mit einem Kraftmesser zurückhalten und so den Start verhindern.

2 In einem zweiten Versuch wird das Fahrrad aus der Ruhe mit der ermittelten Kraft beschleunigt (Fahrrad hierbei seitlich stabilisieren). Den Anfang dieser Bewegungsphase zeichnen Sie in einem Video auf.

3 Im Labor messen Sie noch die Gesamtmasse von Fahrrad und Fahrer. Die Anfangsbeschleunigung ermitteln Sie aus dem Versuchsvideo mithilfe einer Videoanalyse. Bestätigen Sie mit den gewonnenen Daten die Gleichung $F = m \cdot a$.

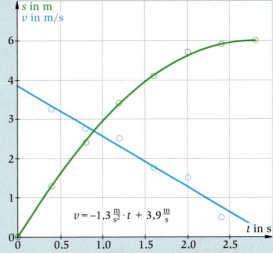

B1 Beispiel der Auswertung eines Bremsvorgangs

4 Im Anschluss an die Untersuchung des Startvorgangs soll nun ein *Bremsvorgang* analysiert und eine Haftreibungszahl ermittelt werden:
- Führen Sie bei bestimmter Geschwindigkeit eine Vollbremsung durch, ohne dass die Räder blockieren.
- Werten Sie den Vorgang mittels Videoanalyse aus.
- Aus den ermittelten Daten berechnen Sie die Bremsbeschleunigung (Beispiel → **B1**).
- Mit der Bremsbeschleunigung und der Gesamtmasse aus Fahrrad und Fahrer bestimmen Sie schließlich die Bremskraft.
- Bestimmen Sie nun die Haftreibungszahl f_h für Gummi und Straßenbelag.

Kennen Sie sich aus – Hinweise und Lösungen

A1 a) F_{Res} = 35 N, **b)** F_{Res} = 5 N,
c) F_{Res} = 25 N, Seiten im rechtwinkligen Dreieck

A2 a) Beachten Sie bei der Beschreibung Vorwärts- und Rückwärtsbewegungen.
b) Wählen Sie beim t-v-Diagramm für v ein Intervall von –6 m/s bis + 6 m/s.

A3 a) v_1 und v_4 liest man ab. Von 10 s bis 25 s fällt die Geschwindigkeit, zwischen 30 s und 45 s steigt sie. Deuten Sie dies jeweils. Denken Sie an Größe und Richtung der Kraft.
b) Δs ist jeweils die Fläche zwischen t-v-Graph und t-Achse. Teilen Sie die Fläche geschickt auf.

s_{gesamt} = 90 m.
c) Das t-s-Diagramm ergibt sich aus den Zwischenergebnissen der Wegberechnungen.

A4 Wichtig: Unterschiedliche Sichtweise zur Ursache der Bewegung.

A5 b) Beachten Sie, dass Flächen im t-v-Diagramm nur Ortsänderungen Δs bedeuten.

A6 Zunächst berechnen Sie die Beschleunigung. Geschwindigkeit: $v(12\ s)$ = 51 m/s. Skizzieren Sie ein t-v-Diagramm und ermitteln mithilfe der Flächenbetrachtung $s(12\ s)$ = 318 m.

A7 a) m = 2 kg.
b) $v(8\ s)$ = 20 m/s, $s(8\ s)$ = 78 m.

A8 Das Beispiel ist ähnlich dem senkrechten Wurf nach oben. Bei ihm wirkt die Kraft immer nach unten.

A9 c) $v \approx 6{,}7$ m/s;
d) $a \approx 2{,}7$ m/s².
e) Nach etwa 5,2 s und 2,5 s

A10 a) Beachten Sie auch die kurzen Zwischenabschnitte.
b) Vergleichen Sie die auf die Straße wirkende Kraft mit der Ihnen vom Radfahren her bekannten bei höheren Gängen.

A11 Überlegen Sie, welche Kraft zum Beschleunigen größer werden muss und auf welche anderen Kräfte dies Einfluss hat und auf welche Kräfte nicht.

Erhaltungssätze im Straßenverkehr

Das können Sie in diesem Kapitel erreichen:

- Sie benennen unterschiedliche mechanische Energieformen und können deren Werte in unterschiedlichen Situationen berechnen.

- Sie kennen den Energieerhaltungssatz der Mechanik und können ihn vorteilhaft zur Lösung physikalischer Fragestellungen einsetzen.

- Sie wenden die Strategie der Energiebilanzierung an, um mit ihr Vorhersagen zu treffen.

- Sie erfassen Bewegungen mit der Größe Impuls quantitativ und unterscheiden Impuls und Bewegungsenergie.

- Sie lernen den Impulserhaltungssatz kennen und führen ihn auf die Trägheit des Schwerpunktes zweier Körper zurück.

- Sie nutzen die Schwerpunktbewegung zur Vorhersage bei unelastischen geraden Stößen.

- Sie bestimmen mit den Erhaltungssätzen für Energie und Impuls den Ausgang von elastischen geraden Stößen.

Energie und Impuls

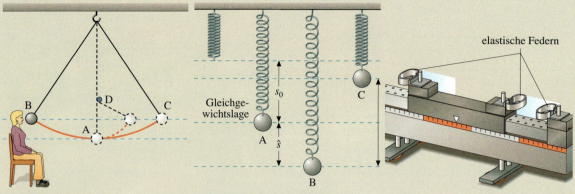

B1 Fadenpendel; bei D kann ein Stab befestigt werden.

B2 Vertikales Federpendel in A: Wägestück ruht zunächst.

B3 Ein Schlitten wird auf der Fahrbahn angestoßen.

Planarbeit: Bekanntes zum Thema Energie

Zeit: Zwei Schulstunden und Arbeit zu Hause
Ziel: Wiederholung und Festigung des bisher Gelernten zum Thema Energie

Arbeitsaufträge:

1 Arbeiten Sie die früher besprochenen Kapitel „Verschiedene Energieformen", „Energieerhaltung", „Ein Maß für Energie" und „Zusammenfassung – Energie" durch. Fassen Sie die wesentlichen Sachverhalte schriftlich zusammen und beachten Sie insbesondere die im Folgenden aufgeführten Punkte. → www
Nennen Sie, wenn möglich, zu jedem Punkt Beispiele:
- Energieformen, insbesondere mechanische Energieformen
- Energieübertragung und Energiewandlung
- Energieerhaltung; Energieerhaltung bei Reibung
- Ein Maß für die Energie; Einheit der Energie

2 Strukturieren Sie das Thema in Form einer Mindmap.

3 Die Bilder → B1, B2, B3 skizzieren Versuche zu Energiewandlungen und Energieerhaltung.
a) Bauen Sie einen der Versuche entsprechend → B1, B2, B3 auf (Lehrer/in stellt Experimentiermaterial zur Verfügung).
b) Fertigen Sie in Ihrem Heft eine Versuchsskizze an.
c) Setzen Sie das aufgebaute Pendel oder den Schlitten auf der Fahrbahn in Bewegung. Beobachten Sie dann das schwingende Pendel bzw. den hin- und herfahrenden Schlitten und erläutern Sie schriftlich die folgenden Punkte:
- Welche Energieformen treten in dem Versuch auf?
- Aufgrund welcher Beobachtungen kann man auf die Energieerhaltung schließen?

A1 Erläutern Sie schriftlich die Energiewandlungen und die Energieerhaltung beim Trampolinspringen.

A2 Überlegen Sie sich ein weiteres Beispiel aus dem Straßenverkehr, bei dem Energiewandlungen auftreten. Beschreiben Sie das Beispiel schriftlich. Erläutern Sie an diesem Beispiel auch die Energieerhaltung und die Energieentwertung.

A3 a) Ein Wanderer ($m = 85$ kg mit Gepäck) steigt auf zum Kahlen Asten bei Winterberg. Schätzen Sie ab, welche Höhenenergie er dabei gewinnt.
b) Eine Beschreibung des Wanderweges spricht von insgesamt 702 m Steigung.
Berechnen Sie, welche Energie der Wanderer dazu aufbringen muss und klären Sie den Widerspruch zum Ergebnis von a).

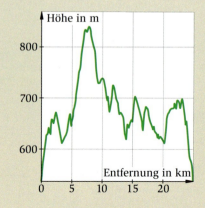

Höhenenergie und Arbeit

1. Energie ist ein Verwandlungskünstler

Der physikalische Begriff **Energie** tauchte im Unterricht zum ersten Mal auf beim Erhitzen eines Körpers: „Wenn die Temperatur eines Körpers gestiegen ist, so wurde ihm Energie zugeführt". Sein Konto **innere Energie** wurde gefüllt, das Konto **chemische Energie** des Brennstoffs wurde vermindert → **B4**. Diese Energie kann auch an einen kälteren Körper mittels der **Übertragungsform Wärme** abgegeben werden. Energie verschwindet aber nie, kann sich aber in der gesamten Umgebung verkrümeln. Nutzen kann man sie dann nicht mehr, wir sprachen von **Energieentwertung**.

Höhenenergie, **Bewegungsenergie**, **Spannenergie** sind weitere Energieformen mit eigenem Konto. Sie konnten als solche identifiziert werden, da sie gewandelt werden können und am Ende einer **Energieübertragungskette (EÜK)** die innere Energie eines Körpers erhöhen → **B5**.

Wenn jemand ein Auto anschiebt, wird Energie mittels Kraft längs eines Weges übertragen. Man nennt diese mechanische Übertragungsform von Energie **Arbeit**. Weitere Übertragungsformen der Energie sind **elektrische Energie** (im Stromkreis übertragen) und **Strahlung** (von der Sonne, vom Handy).

2. Arbeit und Höhenenergie haben Berechnungsterme

Im früheren Unterricht zeigte sich: Beim Hochheben eines Körpers ist die benötigte Energie proportional zur Höhe (ein Kran benötigt für die doppelte Höhe doppelt so viel Treibstoff) und proportional zur Kraft (für drei gleiche Körper könnte man drei gleiche Kräne mit dreifachem Treibstoffverbrauch nehmen). Die mit der Kraft $\vec{F}_s$ (Betrag F_s, hier G) längs ihres Verschiebungsweges s (hier h) übertragene Energie konnte definiert werden als

Arbeit $W = F_s \cdot s$.

Aus der Energieerhaltung folgt: Ein Körper, der vom willkürlich festgelegten Nullniveau (NN) um die Höhe h angehoben wurde, hat gegenüber diesem Nullniveau diese Energie auf dem Konto

Höhenenergie $W_H = G \cdot h = m \cdot g \cdot h$.

In → **B6** trägt eine Person einen Kronleuchter ($m = 7,5$ kg) vom Boden bis in eine Höhe von $h = 4,4$ m. Dazu muss die Person der Lampe Arbeit zuführen: $W = 7,5$ kg $\cdot$ 9,81 N/kg $\cdot$ 4,4 m = 324 J. Diese Energie besitzt die Lampe jetzt als Höhenenergie – solange sie in dieser Höhe hängen bleibt. Fällt sie hinunter, wandelt sich ständig Höhenenergie (die Höhe nimmt ab) in Bewegungsenergie (die Geschwindigkeit nimmt zu). Unten angekommen hat sie die gesamte Energie, also 324 J, als Bewegungsenergie. Kurz darauf ist sie zersplittert und alle Energie ist entwertet.

> **Merksatz**
> Die mithilfe einer Kraft vom Betrag F_s längs eines Weges s übertragene Energie W nennt man Arbeit. Für sie gilt: $W = F_s \cdot s$.
>
> Ein angehobener Körper hat gegenüber dem vorher festgelegten Nullniveau die Höhenenergie $W_H = m \cdot g \cdot h$.

B4 Energieübertragungskette: Bei der Verbrennung wird Energie dem Konto „chemische Energie" entnommen und auf das Konto „innere Energie" des erhitzten Körpers übertragen. Die Energieübertragungsform ist Wärme, die Übertragung erfolgt allein wegen des Temperaturunterschieds.

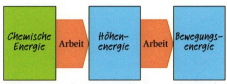

B5 Energieübertragungskette: Chemische Energie der Muskeln des Menschen wird durch Arbeit übertragen auf Höhenenergie des Kronleuchters → **B6**. Diese wird beim Fall auf das Konto Bewegungsenergie übertragen.

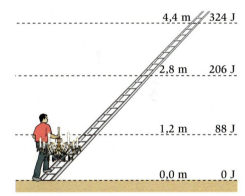

B6 Höhe und Höhenenergie des Kronleuchters in verschiedenen Höhen

A1 In → **B5** endet der Vorgang nicht bei der Bewegungsenergie des Kronleuchters. Erklären Sie den weiteren Verlauf und zeichnen Sie die EÜK zu Ende.

A2 Wiederholen Sie die „goldene Regel der Mechanik". Erklären Sie am Beispiel des Flaschenzuges, warum die Arbeit beim Hochheben derselben Last unabhängig von der gewählten „Maschine" bei gleicher Höhendifferenz gleich ist.

A3 Ein Pkw ($m = 1200$ kg) und ein Lkw ($m = 12$ t) sollen gleichförmig eine Passstraße hinabrollen und dabei einen Höhenunterschied von 250 m überwinden. Warum darf der Lkw nicht so schnell fahren wie der Pkw? Erläutern Sie dies.

Bewegungsenergie und Spannenergie

Methode

Kausale Strategie

Nichts geschieht ohne Ursache, die gleiche Ursache ruft die gleiche Wirkung hervor. Diese „kausale Strategie" wenden wir in der gesamten Mechanik an. Sie besagt: Kennt man den Ausgangszustand (Ort, Masse und Geschwindigkeit) eines Körpers und die Kraft, die auf ihn wirkt, so kann man den künftigen Zustand nach der Zeit Δt mit der Grundgleichung der Mechanik schrittweise mit $\overrightarrow{\Delta v} = (\vec{F} \cdot \Delta t)/m$ vorhersagen. Diese Strategie hat sich unter anderem bei Computermodellen bewährt. Auch die Gesetze des freien Falls (Beträge) $s = \frac{1}{2} g \cdot t^2$ und $v = g \cdot t$ (S. 68), die den zeitlichen Verlauf der Bewegung wiedergeben, folgen aus $\vec{F} = m \cdot \vec{a}$ unter Verwendung der auf den fallenden Körper wirkenden konstanten Gewichtskraft $\vec{G}$.

1. Eine Formel für die Bewegungsenergie

Gerade gelang es uns, die Bewegungsenergie (auch **kinetische Energie** genannt) nach dem Energieerhaltungssatz aus der anfänglichen Höhenenergie zu berechnen. Nach dem Energieerhaltungssatz gilt dies immer: Wenn man die Energie eines Systems in einem beliebigen Zustand kennt, kennt man sie für alle Zustände. Dies gilt auch, wenn die Energie in anderer Form auftritt.

Trotzdem gibt es Gründe, einen Term herzuleiten, in dem die Geschwindigkeit vorkommt. Denn nicht immer kennt man die Vorgeschichte, d. h. man weiß nicht, wieviel Energie vorher zugeführt wurde, möchte aber z. B. folgende Fragen beantworten:

- Ein Auto hinterlässt eine 24 m lange Bremsspur. Wie schnell fuhr es?
- Eine Achterbahn schießt aus 25 m Höhe in die Tiefe und kommt unten (Höhe 0) mit $v = 60$ km/h an. Wie viel Prozent der als Arbeit zugeführten Energie sind als Wärme in die Umgebung geflossen?

Dies sind nur zwei Beispiele, die unsere Suche nach einem Term für die Bewegungsenergie rechtfertigen.

Zur Lösung greifen wir auf unser Anfangsbeispiel des gehobenen Kronleuchters zurück. Im Dienste der Physik soll er nun fallen – ohne Luftwiderstand. Der Kronleuchter erreiche den Boden in der Zeit t. In dieser Zeit ist er um den Weg $h = \frac{1}{2} g \cdot t^2$ gefallen und erreicht zum Schluss die Geschwindigkeit $v = g \cdot t$ (Beträge). Wir setzen diese Terme nun in den Term für die Höhenenergie ein und erhalten für die **Bewegungsenergie** W_B:

$$W_B = W_H = m \cdot g \cdot h = m \cdot g \cdot \tfrac{1}{2} g \cdot t^2 = \tfrac{1}{2} \cdot m \cdot (g \cdot t)^2 = \tfrac{1}{2} m \cdot v^2.$$

Merksatz

Ein Körper der Masse m und der Geschwindigkeit $\vec{v}$ hat die Bewegungsenergie (kinetische Energie):

$$W_B = \tfrac{1}{2} m \cdot v^2.$$

Beispiel — Rechnen gemäß Bilanzstrategie

Welche Geschwindigkeit kann ein aus der Höhe $h = 25$ m herabrollender Achterbahnwagen am Boden erreichen?

Lösung: Wir wählen als Nullniveau (NN) den Boden. In der Höhe $h = 25{,}0$ m ist der Wagen in Ruhe und hat nur Höhenenergie $W_H = m \cdot g \cdot h$. Nach der Abfahrt dagegen ist die Energie im Idealfall vollkommen in Bewegungsenergie $W_B = \tfrac{1}{2} m \cdot v^2$ umgewandelt worden. Also ist $m \cdot g \cdot h = \tfrac{1}{2} m \cdot v^2$ und damit $v = \sqrt{2 \cdot g \cdot h}$, also

$$v = \sqrt{2 \cdot 9{,}81 \tfrac{m}{s^2} \cdot 25{,}0 \text{ m}} = 22{,}1 \tfrac{m}{s}.$$

Die in der Eingangsfrage des Basistextes angegebenen 60 km/h sind aber nur

$$\frac{60 \cdot 1000 \text{ m}}{3600 \text{ s}} = 16{,}67 \tfrac{m}{s}.$$

Offenbar ist unterwegs Energie als Wärme in die Umgebung geflossen und so der Bewegungsenergie verloren gegangen:

$$\frac{W_{B,\text{ideal}} - W_{B,\text{real}}}{W_{B,\text{ideal}}} = \frac{\tfrac{1}{2} m v_{\text{ideal}}^2 - \tfrac{1}{2} m v_{\text{real}}^2}{\tfrac{1}{2} m v_{\text{ideal}}^2}$$

$$= \frac{v_{\text{ideal}}^2 - v_{\text{real}}^2}{v_{\text{ideal}}^2} = \frac{(22{,}1 \tfrac{m}{s})^2 - (16{,}67 \tfrac{m}{s})^2}{(22{,}1 \tfrac{m}{s})^2}$$

$$= 0{,}43.$$

Das sind 43 % der ursprünglichen Energie.

2. Werkzeuge der Physik

Eine Kombination aus energetischem Denken in Bilanzen (Höhenenergie liegt nach dem freien Fall vollständig als Bewegungsenergie vor) und einem Ergebnis der **kausalen Strategie (→ Methode)** lieferte uns die Formel $W_B = \tfrac{1}{2} m \cdot v^2$.

Mit ihr können wir nun Bewegungsenergie auch dann berechnen, wenn wir die Vorgeschichte einer Bewegung nicht kennen, also nicht den zeitlichen Ablauf oder die auf den Körper wirkende Kraft. Kennen müssen wir nur die Masse m und den Betrag v der Geschwindigkeit des Körpers. Mit dem neuen Werkzeug $W_B = \tfrac{1}{2} m \cdot v^2$ können wir dann Energien vergleichen, bilanzieren und dabei z. B. Energielecks entdecken, wie das **→ Beispiel** zeigt. Wir benutzen dabei die energetische **Bilanzstrategie**.

Bewegungsenergie und Spannenergie

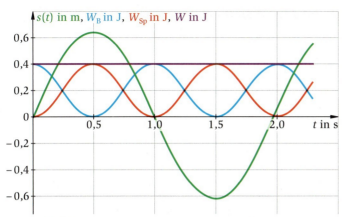

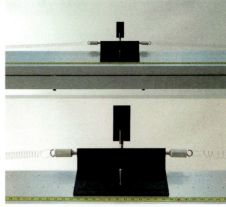

B1 In →V1 wandert die Energie ständig zwischen Spannenergie (rot) und Bewegungsenergie (blau) hin und her. Immer ist die Summe beider Energien (violett) und damit die Energie des Systems gleich groß.

3. Es gibt auch noch Spannenergie

Schon früher haben Sie erfahren, dass verformte elastische Körper Spannenergie W_{Sp} haben. Sie zählt mit der Höhenenergie W_H und der Bewegungsenergie W_B zu den mechanischen Energieformen, da zur Verformung der elastischen Körper Kräfte notwendig sind.

Bei Stahlfedern gilt das **hookesche Gesetz**, solange sie nicht überdehnt werden. Es besagt, dass Kraftbetrag F und Verlängerung s proportional sind: $F \sim s$. Der Proportionalitätsfaktor $F/s = D$ ist geräteabhängig und heißt **Federkonstante** oder **Federhärte**. Deren Einheit ist $[D] = 1$ N/m.

Bei konstanter Kraft längs eines Weges ist die zugeführte Arbeit $W = F_s \cdot s$. Da die Kraft hier aber nicht konstant ist →B2, sondern bei der Dehnung bis zu ihrem Höchstwert steigt, ergibt sich mit Berücksichtigung des hookeschen Gesetzes für die **Spannenergie**:

$$W_{Sp} = \frac{1}{2} D \cdot s^2.$$

Merksatz
Bei einer Stahlfeder gilt das hookesche Gesetz: Die Verlängerung der Feder s ist dem Kraftbetrag F proportional. Für die Federkonstante D gilt: $D = F/s$. Die Einheit ist 1 N/m.

Die Energie einer Feder bei der Verlängerung um s ist:

$$W_{Sp} = \frac{1}{2} D \cdot s^2.$$

Treten Bewegungsenergie W_B und Spannenergie W_{Sp} auf wie bei einem zwischen zwei Federn hin- und her pendelnden Schlitten, muss aufgrund der Energieerhaltung für jeden Zustand der Bewegung die Gesamtenergie $W = W_B + W_{Sp}$ dieselbe sein. Voraussetzung ist, dass keine Reibung auftritt, also keine Energie in innere Energie gewandelt wird. →V1 bestätigt die konstante Energiesumme.

V1 Auf der horizontalen Fahrbahn ist ein Wagen zwischen zwei gedehnten Federn eingespannt. Die Federkonstante ist klein, etwa $D_1 = D_2 = 0,5$ N/m. Lenkt man den Wagen nach links um 0,1 m aus, wirkt die rechte Feder mit 0,05 N stärker nach rechts, die linke um 0,05 N weniger stark nach links. Die Resultierende auf den Wagen hat deshalb den Betrag 0,1 N. Dies bedeutet, dass die wirksame Federkonstante $D = 1$ N/m ist. Lenkt man nun den Wagen aus und lässt ihn los, vollführt er eine Schwingung. Ständig wechselt dabei die Energie ihre Form von Bewegungsenergie zu Spannenergie und zurück →B1.

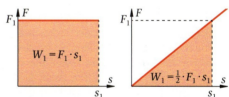

B2 Die Fläche im s-F-Diagramm entspricht der übertragenen Arbeit. Bei konstanter Kraft F_1 längs eines Weges s_1 gilt $W_1 = F_1 \cdot s_1$.
Bei der Dehnung einer Feder ist die Fläche ein Dreieck. Die Spannenergie einer gedehnten Feder ist deshalb:

$$W_1 = \frac{1}{2} F_1 \cdot s_1 = \frac{1}{2} D \cdot s_1 \cdot s_1 = \frac{1}{2} D \cdot s_1^2.$$

A1 Notieren und erläutern Sie die Terme für Höhen-, Bewegungs- und Spannenergie.
A2 Die Feder ($D = 600$ N/m) einer Spielzeugpistole wird um 5 cm eingedrückt. Berechnen Sie die Abschussgeschwindigkeit des Saugnapfpfeils ($m = 15$ g).
A3 Jemand dehnt eine entspannte Feder mit der Kraft $F_s = 2$ N um $s = 0,4$ m. Berechnen Sie die Federkonstante D und die der Feder zugeführte Energie. Zeichnen Sie dazu ein s-F_s-Diagramm.

Erhaltungssatz der Mechanik

Projekt

Mechanische Energieterme im Experiment

A. Ein System mit Höhen- und Bewegungsenergie

Wenn der Term $\frac{1}{2} m \cdot v^2$ für die Bewegungsenergie allgemein gilt, dann ist diese bei jeder Abwärtsbewegung mit einer Energiebilanz berechenbar – nicht nur beim freien Fall. Denn in jeder Höhe muss die Summe aus Höhenenergie ($m \cdot g \cdot h$) und Bewegungsenergie ja gleich sein. Aus der Bewegungsenergie kann man dann die Geschwindigkeit berechnen. Im folgenden → **V1** testen wir dies an einer Pendelbewegung in drei Zuständen.

V1 a) Wir halten die Kugel ($m = 0{,}500$ kg) eines Fadenpendels mit einem Elektromagneten fest. Gegenüber der tiefsten Stellung ($h = 0$ m) wurde sie um $h_1 = 0{,}45$ m gehoben. In diesem Zustand l hat die Kugel die

- Höhenenergie $W_{H1} = m \cdot g \cdot h_1 = 2{,}21$ J, die
- Bewegungsenergie $W_{B1} = 0$ und somit die
- Gesamtenergie: $W_1 = W_{H1} + W_{B1} = 2{,}21$ J.

b) Nachdem die Kugel ($d = \Delta s = 5{,}0$ cm) losgelassen worden ist, durchsetzt sie in der jetzt kleineren Höhe $h_2 = 0{,}25$ m eine Lichtschranke (Zustand 2). Wir messen eine Dunkelzeit von $\Delta t_2 = 0{,}026$ s und damit die Geschwindigkeit $v_2 = \Delta s / \Delta t_2 = 1{,}92$ m/s. Somit gilt:

- Bewegungsenergie $W_{B2} = \frac{1}{2} m \cdot v_2^2 = 0{,}92$ J
- Höhenenergie $W_{H2} = m \cdot g \cdot h_2 = 1{,}23$ J
- Gesamtenergie: $W_2 = W_{H2} + W_{B2} = 2{,}15$ J.

c) Jetzt messen wir mit der Lichtschranke im tiefsten Punkt ($W_H = 0$). Diese misst dort im Zustand 3 die Dunkelzeit $\Delta t_3 = 0{,}017$ s und damit die Geschwindigkeit $v_3 = \Delta s / \Delta t_3 = 2{,}94$ m/s. Jetzt lautet die Energiebilanz:

- Höhenenergie $W_{H3} = 0$ J
- Bewegungsenergie $W_{B3} = \frac{1}{2} m \cdot v_3^2 = 2{,}16$ J,
- Gesamtenergie: $W_3 = W_{H3} + W_{B3} = 2{,}16$ J.

Im Rahmen der Messgenauigkeit (→ **Methode**) gilt $W_1 = W_2 = W_3$, also das nach dem Energieerhaltungssatz zu erwartende Ergebnis. Das bedeutet:

- Der Energieterm $\frac{1}{2} m \cdot v^2$ gilt für jede Bewegung,
- mit der Bilanzstrategie lässt sich die Geschwindigkeit in einem Zustand berechnen → **A4**.

B. Drei Energieformen in einem System

Neben Höhenenergie und Bewegungsenergie ist Spannenergie die dritte mechanische Energieform. In einem Experiment sollen nun alle drei mechanischen Energieterme auf ihre Eignung überprüft werden. Sind sie allgemeingültig, so muss ihre Summe in jedem Zustand eines abgeschlossenen Systems konstant sein. Das fordert der Energieerhaltungssatz, wenn keine Energie von außen zugeführt oder nach außen abgeführt wird – auch nicht als Wärme. Als abgeschlossenes System wählen wir in → **V2** ein Federpendel.

V2 a) An eine Feder ($D = 5{,}00$ N/m) wird ein Körper ($m = 0{,}200$ kg) aus Eisen gehängt und nach unten gezogen. Dort wird er von einem Elektromagneten festgehalten. Hierbei ist die Feder um $s = 0{,}500$ m verlängert. Wir legen in diesen Zustand l des Systems das Nullniveau der Höhenenergie und berechnen dort die einzelnen Energiebeträge.

	Zustand 1	Zustand 2
$W_H = m \cdot g \cdot h$	0 J	0,294 J
$W_B = \frac{1}{2} m \cdot v^2$	0 J	0,024 J
$W_{Sp} = \frac{1}{2} D \cdot s^2$	0,625 J	0,306 J
$W_H + W_B + W_{Sp}$	0,625 J	0,624 J

b) Schalten wir den Magnetstrom aus, wird der Körper von der Feder nach oben gezogen. An einer beliebigen Stelle, die z. B. $h_2 = 0{,}150$ m über dem Nullniveau liegt, ist eine Lichtschranke befestigt. Ein am Körper seitlich angebrachter Flügel der Höhe $\Delta s = 0{,}020$ m unterbricht den Lichtstrahl während der Zeit $\Delta t = 0{,}041$ s. In diesem Zustand 2 beträgt die Geschwindigkeit des Körpers somit $v_2 = \Delta s / \Delta t = 0{,}488$ m/s. Die Feder ist dabei um $s_2 = s_1 - h_2 = 0{,}350$ m verlängert. Mit diesen Daten berechnen wir die Höhen-, Bewegungs- und Spannenergie im Zustand 2 → **Tabelle** ($g = 9{,}81$ m/s^2).

Wir finden im Rahmen der Messgenauigkeit (→ **Methode**) wie erwartet, dass die Energiesummen $W_H + W_B + W_{Sp}$ in den Zuständen 1 und 2 gleich sind.

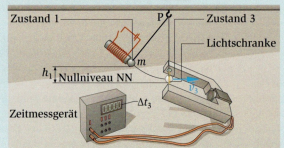

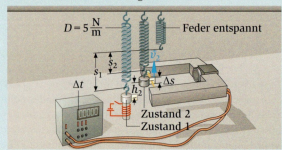

1. Der Energieerhaltungssatz der Mechanik

Energie kommt in verschiedenen Formen vor. Energie kann übertragen werden von einem Körper auf einen anderen oder einem System (aus z. B. mehreren Körpern) auf ein anderes System. Energie kann dabei auch gewandelt werden. Übertragungsformen sind Arbeit (mittels Kraft längs eines Weges), Wärme (allein aufgrund der Temperaturdifferenz zweier Körper), Strahlung (z. B. Licht) und elektrische Energie (über den elektrischen Stromkreis).

Ein Körper verliert Energie, wenn Reibung im Spiel ist. Dann fließt Energie als Wärme in die Umgebung und deren innere Energie nimmt zu. All diese Vorgänge haben wir früher schon kennengelernt und in Energieübertragungsketten → B3 dargestellt.

Ein Sonderfall liegt vor, wenn aus einem System keine Energie in die Umgebung übertragen wird, wenn also z. B. keine Reibung vorkommt (abgeschlossenes System) und wenn zusätzlich die innere Energie des Systems sich nicht ändert. Dies kann fast erreicht werden beim freien Fall eines kompakten Körpers über eine kurze Fallstrecke. Ähnlich gelingt es bei einem geeigneten Pendel wie im → Projekt. In diesen Fällen wird Energie nur zwischen den drei Konten mechanischer Energieformen des gleichen Systems überwiesen. Es ist dann die Summe der drei Energien konstant und es gilt der Energieerhaltungssatz der Mechanik:

$$W = W_H + W_B + W_{Sp} = m \cdot g \cdot h + \tfrac{1}{2} m \cdot v^2 + \tfrac{1}{2} D \cdot s^2 = \text{konstant}.$$

Merksatz
Die Summe aus Höhen-, Bewegungs- und Spannenergie ist bei reibungsfrei verlaufenden Vorgängen in einem abgeschlossenen System konstant:

$$W = W_H + W_B + W_{Sp} = \text{konstant}.$$

Sobald ein System energetisch geöffnet wird, also wenn Energie zugeführt oder entnommen wird, gilt der Energieerhaltungssatz der Mechanik nicht mehr. In einem umfassenderen System, z. B. unter Einbeziehung der Umgebung, gilt aber nach wie vor der allgemeine Energieerhaltungssatz.

B3 Beispiel einer EÜK eines offenen Systems

Methode

Messgenauigkeit
In der Auswertung der Versuche im → **Projekt** wurde behauptet, dass die Ergebnisse im Rahmen der Messgenauigkeit mit der Erwartung übereinstimmten. Wie kommt man zu einer solchen Bewertung?
Dazu prüft man, wie genau jede einzelne Messgröße ermittelt werden konnte. In → **Projekt A** kommt man evtl. zu folgendem Ergebnis: Die Höhe h wird mit einer Messlatte bestimmt – Ablesegenauigkeit 2 mm von 20 cm (1,0 %). Die Masse m kann mit einer Waage auf z. B. 2 g von 500 g genau gemessen werden, aber Teile der Aufhängung werden nicht berücksichtigt (geschätzt 1 %). Der Kugeldurchmesser Δs wird mit einem Messschieber auf 1/10 mm bestimmt, aber leider läuft die Kugel nicht immer mit ihrer Mitte durch den Lichtstrahl (geschätzt 2,0 % von 5 cm). Die Messung von Δt ist recht genau, etwa 1/10000 s von 0,02 s (0,5 %).
Der relative Gesamtfehler entspricht im ungünstigsten Fall der Summe der relativen Einzelfehler. Dies wären in unserem Fall (1,0 + 1,0 + 2,0 + 0,5) % = 4,5 %.
Die Abweichungen in unserem Experiment waren (2,21 – 2,15)/2,2 = 0,03 = 3 %. Die Gleichheit wurde „im Rahmen der Messgenauigkeit" nachgewiesen.

Hinweis: Geben Sie jeweils das System an, das Sie betrachten.

A1 Nennen Sie drei Beispiele eines abgeschlossenen Systems mit jeweils mindestens zwei mechanischen Energieformen.

A2 Ein Auto prallt mit 108 km/h gegen eine feste Mauer. Berechnen Sie, aus welcher Höhe es frei herabfallen müsste, um die gleiche zerstörende Energie zu bekommen.

A3 Ein Radfahrer kommt mit 10 m/s an einen Abhang, rollt hinab und verliert dabei 5 m an Höhe. Berechnen Sie die jetzt in der Ebene erreichte Geschwindigkeit.

A4 Eine Pendelkugel hat in einem bestimmten Zustand eine Bewegungsenergie von $W_B = 0{,}92$ J. Die Masse der Kugel ist $m = 0{,}5$ kg. Berechnen Sie den Betrag v der Geschwindigkeit, welche die Kugel in diesem Zustand hat → **Projekt**.

A5 Ein Auto ($m = 1000$ kg) wird von null auf 36 km/h, dann von 36 km/h auf 72 km/h beschleunigt. Diskutieren Sie, ob jeweils die gleiche Menge an Energie aus Benzin in Bewegungsenergie gewandelt wird.

A6 a) Welche Höhe müsste ein Wanderer ($m = 70$ kg) überwinden, um den „Brennwert" einer Scheibe Brot ($m = 40$ g) von 400 kJ [einer Tafel Schokolade mit 2400 kJ] in Höhenenergie umzusetzen?
b) Ein Lkw ($m = 5$ t) wird von 100 km/h zum Stillstand abgebremst. Berechnen Sie die Temperaturerhöhung der Bremsen ($m = 10$ kg; spezifische Wärmekapazität von Eisen $c = 0{,}45$ kJ/(kg · K)).

Ein Kraftstoß ändert den Impuls

B1 Beim Anschieben erhält das Auto Impuls. Kraft und Kraftdauer bestimmen seinen Wert, auch wenn die Kraft nicht konstant ist.

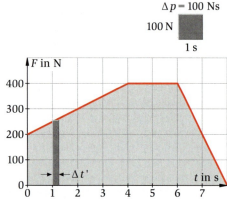

B2 Die Fläche im t-F-Diagramm ist ein Maß für die Impulsänderung Δp.

Beispiel 1 Auto anschieben

Wird das Auto mit der Masse $m = 600$ kg in → B1 8 s lang mit der Kraft von konstantem Betrag $F = 300$ N angeschoben, so gilt:
$a = F/m = 300$ N$/(600$ kg$) = 0{,}5$ m/s².
Also ist $\Delta v = a \cdot \Delta t \approx 0{,}5$ m/s² $\cdot$ 8 s $= 4$ m/s.

Dieses Vorgehen kann nicht angewendet werden, wenn die Kraft wie in → B2 einen nicht konstanten Verlauf hat. Stattdessen verwenden wir – wie schon bei der Auswertung von t-v-Diagrammen – die Flächenbetrachtung.

Die Fläche besteht aus einem Trapez, einem Rechteck und einem Dreieck. Der Flächeninhalt liefert dann den gesamten Kraftstoß zu:

$\frac{1}{2} \cdot (200$ N $+ 400$ N$) \cdot 4$ s $+ 400$ N $\cdot 2$ s
$+ \frac{1}{2} \cdot 400$ N $\cdot 2$ s $= 2400$ Ns.

Dieser Kraftstoß entspricht der Impulsänderung $m \cdot \Delta v$. Also ist

$\Delta v = 2400$ Ns$/(600$ kg$) = 4$ m/s.

Eine der bisher wichtigsten Erkenntnisse war: Alle Körper sind träge. Dann und nur dann, wenn eine äußere Kraft auf einen Körper einwirkt, ändert sich sein Bewegungszustand. In eine Formel gegossen lautete die Erkenntnis: $\vec{F} = m \cdot \vec{a}$. Isaac NEWTON formulierte dieses Gesetz in deutscher Übersetzung etwas anders: „*Die Änderung der Bewegung ist der Einwirkung der bewegenden Kraft proportional.*" Die „Bewegung" als physikalische Größe ist hier nicht die Geschwindigkeit allein, sondern das Produkt aus Masse und Geschwindigkeit – der Impuls.

1. Der Impuls eines Körpers

Durch Umformen der newtonschen Grundgleichung erhalten wir:

$$\vec{F} = m \cdot \vec{a} \Leftrightarrow \vec{F} = m \cdot \frac{\overrightarrow{\Delta v}}{\Delta t} \Leftrightarrow \vec{F} \cdot \Delta t = m \cdot \overrightarrow{\Delta v}.$$

Daraus folgt durch Auflösen:

$\vec{F} \cdot (t_2 - t_1) = m \cdot (\vec{v}_2 - \vec{v}_1) = m \cdot \vec{v}_2 - m \cdot \vec{v}_1$ oder

$\vec{F} \cdot t_2 - \vec{F} \cdot t_1 = m \cdot \vec{v}_2 - m \cdot \vec{v}_1.$

Das Produkt aus Kraft und Zeit nennt man in der Physik **Kraftstoß**. Auf der rechten Seite der Gleichung stehen Produkte aus Masse und Geschwindigkeit. Das Produkt aus Masse und Geschwindigkeit heißt in der Physik **Impuls** und ist wie die Geschwindigkeit ein Vektor. Das Symbol des **Impulsvektors** ist $\vec{p}$, die Einheit von p ist 1 kg $\cdot$ m/s $= 1$ Ns.

Mit diesen neuen Begriffen lautet die Grundgleichung der Mechanik: Ein Kraftstoß ändert den Impuls eines Körpers – oder

$\vec{F} \cdot (t_2 - t_1) = m \cdot \vec{v}_2 - m \cdot \vec{v}_1 = \vec{p}_2 - \vec{p}_1,$ kurz:

$\vec{F} \cdot \Delta t = \overrightarrow{\Delta p}.$

Merksatz
Das Produkt $m \cdot \vec{v}$ heißt Impuls $\vec{p}$, seine Maßeinheit ist 1 Ns.
Erfährt ein Körper während der Zeit Δt die Kraft $\vec{F}$, so ändert sich sein Impuls um

$\vec{F} \cdot \Delta t = \overrightarrow{\Delta p}.$

Das Produkt $\vec{F} \cdot \Delta t$ heißt Kraftstoß.

2. Ein Vorteil der Schreibweise NEWTONs

Bei konstanter Kraft führen beide jetzt bekannten Formen der newtonschen Grundgleichung zum gewünschten Ziel. Beim Anschieben eines Autos gelingt es aber kaum, die Kraft konstant zu halten. Nehmen wir an, der Graph in → B2 zeige den tatsächlichen Verlauf. In → Beispiel 1 wenden wir eine bewährte Auswertungsmethode an, indem wir die Fläche unter der Kurve berechnen. Sie entspricht ja einem Produkt aus Kraft und Zeit, also einem Kraftstoß. Mit ihrer Hilfe erfahren wir, dass das Auto am Ende des Vorgangs eine Geschwindigkeit von 4 m/s hat.

Bei einem Beschleunigungsvorgang mit nicht konstanter Kraft hat sich die neue Form also schon bewährt.

Ein Kraftstoß ändert den Impuls

B3 Waldbrandbekämpfung aus der Luft: Das Wasser wird fast „im Flug" geschöpft. Sobald die Maschine die Wasseroberfläche streift, gibt der Pilot Gas, um die Geschwindigkeit von etwa 180 km/h beizubehalten. Zwei 1566 kW-Motoren geben jetzt fast ihre volle Leistung. In nur 12 s sind die Tanks mit 6000 Liter Wasser gefüllt. Das Einziehen der Schöpfdorne reicht, um die auf vollen Touren laufende Maschine sofort abheben zu lassen.

3. Kraftberechnung trotz unbekannter Beschleunigung

Welche Kraft müssen die Motoren des Löschflugzeugs in → **B3** zum Schöpfen des Wassers aufbringen? Aus der Grundgleichung der Mechanik in Impulsschreibweise

$$\vec{F} \cdot \Delta t = \overrightarrow{\Delta p}$$

lässt sich die gesuchte Kraft berechnen:

$$\vec{F} = \overrightarrow{\Delta p}/\Delta t \,.$$

Für das innerhalb weniger Sekunden ablaufende Schöpfen einer großen Menge Wasser in → **B3** muss das Wasser nach und nach auf die Geschwindigkeit des Flugzeugs von 180 km/h gebracht werden. Wenn wir zunächst den Betrag Δp der dabei erreichten Impulsänderung berechnen, finden wir die erstaunlich große Kraft mit bdem Betrag $F = 2{,}5 \cdot 10^4$ N → **Beispiel 2**. Sie entspricht der Gewichtskraft von etwa 20 Pkw.

Um diese Kraft zu ermitteln, brauchte nicht bekannt zu sein, welche Beschleunigungen die einzelnen Wasserportionen erfahren. Hier sehen wir einen weiteren Vorteil von NEWTONs Schreibweise der Grundgleichung der Mechanik.

B4 Wassertanks mit Schöpfdorn

Beispiel 2 **Löschflugzeug**

Das Löschflugzeug in → **B3** fliegt mit der Geschwindigkeit von $v = 180$ km/h $= 50$ m/s. In $\Delta t = 12$ s erfahren 6000 kg Wasser eine Impulsänderung von $\Delta p = \Delta m \cdot v =$ 6000 kg · 50 m/s − 0 kg · m/s = $3 \cdot 10^5$ Ns. Für den Kraftbetrag ergibt sich daraus:

$$F = 3 \cdot 10^5 \text{ Ns}/(12 \text{ s}) = 2{,}5 \cdot 10^4 \text{ N}.$$

A1 a) Bestimmen Sie zum Kraftverlauf in → **B2** die Impulsänderung von 2 s bis 5 s.
b) Berechnen Sie die Änderung der Geschwindigkeit des Autos (600 kg) in diesem Zeitraum.
A2 a) Der gemäß → **B2** in 8 s beschleunigte Wagen soll danach innerhalb von 4 s durch eine konstante Kraft wieder zum Stehen gebracht werden. Bestimmen Sie den Wert dieser Kraft.

b) Ergänzen Sie das Diagramm bis $t = 12$ s. Erklären Sie, warum der Flächeninhalt von 8 s bis 12 s einen negativen Wert hat.
A3 Auf ein horizontal laufendes Förderband fallen von oben je Sekunde 20 kg Sand. Er wird mit der Geschwindigkeit 1 m/s weitertransportiert.
a) Ermitteln Sie, welche Kraft der Motor allein zur Beschleunigung des Sandes aufbringen muss.

b) Erklären Sie, warum die Sandteilchen beim Auftreffen nicht mit 1 m/s² beschleunigt werden.
A4 Das Löschflugzeug in → **B3** bringt allein zum Schöpfen eine Kraft von $F = 2{,}5 \cdot 10^4$ N auf.
a) Berechnen Sie die für das Schöpfen benötigte Arbeit.
b) Bestimmen Sie den Prozentsatz der Motorleistung, der allein für das Schöpfen des Wassers benötigt wird.

Unelastischer Stoß zweier Körper

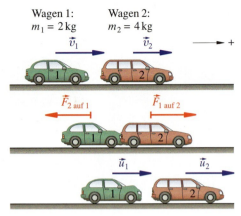

B1 Auffahrunfall zweier Spielzeugautos: Auto 1 wird langsamer, Auto 2 schneller. Außerdem wird das Blech etwas verformt.

V1 Zwei Schlitten gleicher Masse ($m_1 = m_2 = 0{,}2$ kg) fahren mit entgegengesetzt gleicher Geschwindigkeit aufeinander zu. Nach dem unelastischen Stoß ruhen beide.

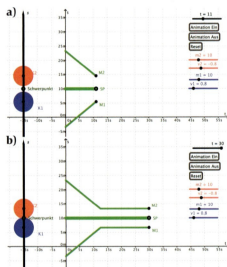

B2 Unelastischer Stoß: **a)** Im t-s-Diagramm ist dargestellt, dass zwei Kugeln gleicher Masse mit entgegengesetzt gleich großer Geschwindigkeit aufeinander zulaufen. Der gemeinsame Schwerpunkt ruht. **b)** Nach dem Zusammenprall kleben die Kugeln aneinander und ruhen – genau wie ihr gemeinsamer Schwerpunkt. Dessen Impuls hat sich nicht geändert.

1. Ein Zusammenstoß – was geschieht physikalisch?

In → **B1** fährt ein Spielzeugauto in einem **geraden Stoß** auf ein zweites auf. Auto 1 hatte vor dem Aufprall die Bewegungsenergie $\frac{1}{2}m_1 \cdot v_1^2$ und den Impuls $m_1 \cdot \vec{v}_1$. Beide verringern sich bei dem Aufprall, da der Betrag u_1 der Geschwindigkeit nach dem Stoß kleiner ist als der Betrag v_1 vor dem Stoß. Auto 2 bekommt eine größere Bewegungsenergie als vorher und einen größeren Impuls, denn bei ihm ist u_2 nach dem Stoß größer als v_2 vorher. Zusätzlich wird auch noch das Blech verformt, sodass wir nicht wissen, wie viel der von Auto 1 abgegebenen Energie Auto 2 als Bewegungsenergie übernimmt.

Helfen uns die Impulse der Autos weiter? Dazu erinnern wir uns an das Prinzip von actio gleich reactio bei der Wechselwirkung zweier Körper und erweitern es auf den Kraftstoß:

$\vec{F}_{2\text{ auf }1} = -\vec{F}_{1\text{ auf }2}$ führt zu
$\vec{F}_{2\text{ auf }1} \cdot \Delta t = -\vec{F}_{1\text{ auf }2} \cdot \Delta t$, also
$m_1 \cdot \Delta \vec{v}_1 = -m_2 \cdot \Delta \vec{v}_2$ bzw.
$m_1 \cdot (\vec{u}_1 - \vec{v}_1) = -m_2 \cdot (\vec{u}_2 - \vec{v}_2)$ oder
$m_1 \cdot \vec{u}_1 + m_2 \cdot \vec{u}_2 = m_1 \cdot \vec{v}_1 + m_2 \vec{v}_2$.

Dies ist der **Impulserhaltungssatz**: Bei einem Zusammenstoß zweier Körper ist die Summe der Impulse nach dem Stoß gleich der Summe der Impulse vor dem Stoß.

2. Unelastischer Stoß – symmetrischer Fall

Energieübertragungen spielen bei der Erkenntnis der Impulserhaltung überraschenderweise gar keine Rolle. Welche Gesetzmäßigkeit ist es dann, die eine anschauliche Erklärung liefert? Wir werden bei weiterer Betrachtung sehen, dass es nichts weiter ist als die schon lange bekannte Trägheit der Körper, jetzt erweitert auf ein System von mehreren Körpern.

Schon zwei Körper bilden ein System mit gemeinsamem Schwerpunkt. In → **V1** lassen wir zwei Schlitten gleicher Masse mit entgegengesetzt gleich großer Geschwindigkeit so kollidieren, dass sie nach dem Zusammenstoß aneinander haften bleiben. Nach diesem **unelastischen Stoß** bleiben die Schlitten gemeinsam stehen. Um dies zu verstehen, betrachten wir das Verhalten des Schwerpunktes der beiden Körper.

Zur Veranschaulichung modellieren wir den Vorgang mit GeoGebra → **www**. Als gleiche Körper sind in → **B2a** zwei Kugeln gezeichnet. Zusätzlich ist der gemeinsame Schwerpunkt eingetragen, der in diesem Sonderfall genau in der Mitte der beiden Körper liegt. Während der Bewegung hat Kugel 1 den positiven Impulswert $p_1 = m_1 \cdot v_1$ und Kugel 2 den negativen Impulswert $p_2 = m_2 \cdot v_2$ mit $m_2 = m_1$ und $v_2 = -v_1$. Die Summe der Einzelimpulse ist dann

$p_1 + p_2 = m_1 \cdot v_1 + m_2 \cdot v_2 = m_1 \cdot v_1 + m_1 \cdot (-v_1) = 0$.

Genau dies ist auch der Impulswert des Schwerpunktes, er bewegt sich nicht. Nach dem Stoß bleiben beide Kugeln am selben Ort, im t-s-Diagramm → **B2b** entsteht deshalb eine Parallele zur t-Achse. Dies bedeutet, dass beide Kugeln ihren Impuls abgegeben haben. Die Summe ihrer Impulse hat sich also nicht geändert, sie ist auch jetzt null – wie der des ruhenden Schwerpunktes.

Unelastischer Stoß zweier Körper

3. Unelastischer Stoß – beliebige Bedingungen

Ist in einem abgeschlossenen System die Trägheit des Schwerpunktes also das Geheimnis des Impulserhaltungssatzes? Wir hinterfragen dies nun in zwei zunehmend komplizierteren Fällen.

In → **V2** nehmen wir wieder zwei Schlitten gleicher Masse, lassen diesmal aber den ersten Schlitten auf den ruhenden zweiten Schlitten prallen. Nach dem unelastischen Stoß fahren beide Schlitten gemeinsam mit der halben Geschwindigkeit des ersten Schlittens weiter, also mit $v_{SP} = u = \frac{1}{2} v_1$.
Der Impulserhaltungssatz fordert genau dies (für $m_2 = m_1$):

$$(m_1 + m_1) \cdot u = m_1 \cdot v_1 + m_1 \cdot 0,$$

also

$$v_{SP} = u = \frac{m_1 v_1 + m_1 \cdot 0}{m_1 + m_1} = \frac{1}{2} \cdot v_1.$$

In → **V3** wählen wir nun sogar beliebige Massen und beliebige Geschwindigkeiten. Das Ergebnis des Versuchs stimmt mit der Vorhersage nach dem Impulserhaltungssatz überein:

$$(m_1 + m_2) \cdot u = m_1 \cdot v_1 + m_2 \cdot v_2$$

und damit gilt für die Geschwindigkeit des Schwerpunktes:

$$v_{SP} = u = \frac{m_1 \cdot v_1 + m_2 \cdot v_2}{m_1 + m_2}.$$

Fassen wir zusammen: Der Impuls des gemeinsamen Schwerpunktes zweier Körper $(m_1 + m_2) \cdot v_{SP}$ und damit seine Geschwindigkeit v_{SP} bleiben bei einem unelastischen Stoß erhalten. Der Schwerpunkt verhält sich also träge und bewegt sich immer gleichförmig. Dieser **Schwerpunktssatz** gilt, solange nur die beteiligten Körper des Systems aufeinander einwirken, solange also nur **innere Kräfte** wirken. In → **B3** wird diese Gesetzmäßigkeit modelliert.

Merksatz

Impulserhaltungssatz: Die Summe der Impulse zweier Körper vor dem Stoß ist gleich der Summe der Impulse nach dem Stoß:

$$\vec{p} = m_1 \cdot \vec{v}_1 + m_2 \cdot \vec{v}_2 = m_1 \cdot \vec{u}_1 + m_2 \cdot \vec{u}_2.$$

Die Geschwindigkeit des Schwerpunktes zweier Körper bleibt ohne äußere Kräfte konstant. Ihr Wert ist vor und nach dem Stoß:

$$v_{SP} = \frac{m_1 v_1 + m_2 v_2}{m_1 + m_2}.$$

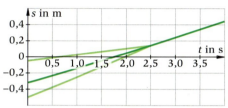

V2 Wir nehmen den Versuchsaufbau aus → **V1**. Diesmal stößt Schlitten 1 unelastisch auf den ruhenden Schlitten 2 gleicher Masse. Zusammen fahren sie nach dem Stoß mit halber Geschwindigkeit $\frac{1}{2} v_1$ weiter.

V3 → www Der unelastische Stoß wird mit beliebigen Massen und beliebigen Geschwindigkeiten mehrmals wiederholt. Jedesmal bestätigt sich der Impulserhaltungssatz. Mit Messwerterfassung sieht man, dass die Geschwindigkeit des Schwerpunktes sich nicht ändert.

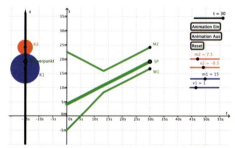

B3 → www In der Modellierung zu → **V3** gilt für die blaue Kugel 1 (m_1 = 15 kg) vor dem Stoß v_1 = 1,0 m/s, für die rote Kugel (m_2 = 7,5 kg) v_2 = −0,5 m/s. Nach dem Stoß bewegen sich beide zusammen mit der Schwerpunktsgeschwindigkeit weiter.

A1 In → **V2** stößt ein Schlitten auf einen zweiten, ruhenden gleicher Masse. Bestätigen Sie durch qualitative Überlegung und mithilfe einer Modellierung → www, dass die Geschwindigkeit des Schwerpunktes $\frac{1}{2} v_1$ ist.

A2 Es kommt zu einem Auffahrunfall.
Das größere Auto (m_1 = 2 t) stößt mit v_1 = 72 km/h unelastisch auf ein kleineres (m_2 = 1,2 t), das mit v_2 = 54 km/h vorausfährt. Beide Autos verhaken sich dabei.
a) Bestimmen Sie die Impulse vor und nach dem Stoß.
b) Berechnen Sie den Verlust an Bewegungsenergie.
c) Was ändert sich, wenn der kleinere Wagen auf den größeren auffährt? Bestimmen Sie dazu bei den gegebenen Massen für v_2 = 72 km/h und v_1 = 54 km/h Impuls und Verlust an Bewegungsenergie.

A3 Ein Fußball (m_1 = 0,42 kg) fliegt nach wuchtigem Schuss mit v_1 = 50 m/s aufs Tor. Der Torwart (m_2 = 80 kg) fängt ihn senkrecht in die Höhe springend in Bauchhöhe. Muss er befürchten, mit dem Ball hinter die Torlinie zu fliegen? Beurteilen Sie die Situation.

Elastische Stöße zweier Körper

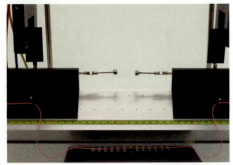

V1 Zwei dünne Gummibänder (Fliesenlegergummi) verbinden zwei Schlitten gleicher Masse ($m_1 = m_2 = 0{,}192$ kg). An deren zugewandten Seiten befinden sich kleine Federn oder abstoßende Magnete. Nun werden die Schlitten gleichzeitig losgelassen (z. B. durch zwei Startmagnete). Nach kurzer Zeit erreichen sie ihre Endgeschwindigkeiten, z.B. $v_1 = 0{,}1$ m/s und $v_2 = -0{,}1$ m/s. Nach dem vollelastischen Stoß entfernen sie sich wieder voneinander mit $u_1 = -0{,}1$ m/s und $u_2 = 0{,}1$ m/s.

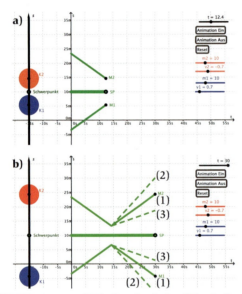

B1 → www a) Die Kugeln sind vollelastisch. Sie haben die gleiche Masse und laufen mit entgegengesetzt gleicher Geschwindigkeit aufeinander zu. Der gemeinsame Schwerpunkt ist in Ruhe.
b) Nach dem Stoß bleiben die Kugeln nicht aneinander haften. Sie bewegen sich vielmehr in umgekehrter Richtung voneinander weg. Die Einzelgeschwindigkeiten werden am Schwerpunkt „gespiegelt" (1). Eine Vergrößerung (2) oder Verkleinerung (3) der Geschwindigkeitsbeträge lässt der Energieerhaltungssatz ohne Reibung nicht zu.

Bei einem Frontalzusammenstoß oder einem Auffahrunfall verformen sich beide Autos deutlich, bleiben aber meist nicht aneinander haften. Vielmehr haben sie sich auch voneinander weggeschleudert. Es liegt ein teils unelastischer und ein teilweise elastischer Stoß vor. Um ihn verstehen zu können, betrachten wir einen idealisierten Fall, den **vollelastischen Stoß**. Wir schränken uns dabei wieder ein auf den geraden Stoß.

1. Gerade elastische Stöße

Wir führen zunächst einen überschaubaren Versuch durch. In → **V1** lassen wir zwei Schlitten mit entgegengesetzt gleicher Geschwindigkeit aufeinanderprallen. Was erwarten wir als Ergebnis? Der Schwerpunkt müsste nach den bisherigen Erkenntnissen dauerhaft in Ruhe bleiben. Für den Impulserhaltungssatz hieße das ($\vec{u}_1, \vec{u}_2$ sind wieder die Geschwindigkeiten nach dem Stoß):

$$\vec{p}_1 + \vec{p}_2 = m_1 \cdot \vec{v}_1 + m_2 \cdot \vec{v}_2 = m_1 \cdot \vec{u}_1 + m_2 \vec{u}_2 = \vec{0}.$$

Die Impulssumme nach dem Stoß ist dann null, wenn die beiden Schlitten sich wieder mit entgegengesetzt gleicher Geschwindigkeit vom Kollisionsort entfernen.

Lässt diese Forderung nicht unendlich viele Fälle zu? So könnten sich die Beträge der Geschwindigkeiten z.B. verdoppeln, der Schwerpunkt bliebe in Ruhe, die Impulssumme null. Tatsächlich wird von den vielen möglichen Fällen aber nur ein Fall im Versuch realisiert. Diesen Fall wollen wir herausfinden.

2. Die Bedeutung des Energieerhaltungssatzes

In → **V1** steckt im System zunächst die Bewegungsenergie der beiden Schlitten. Die Energie wird beim Zusammenstoß kurzzeitig in Spannenergie der Federn gespeichert. Wenn (im Idealfall, ohne jede Reibung) nichts davon in innere Energie der Körper gewandelt wird, müssen die beiden Schlitten zusammen nach dem Stoß wieder die gleiche Bewegungsenergie haben wie vorher. Das ist aber nur für einen Fall erfüllt: Die Geschwindigkeiten der beiden Körper werden beim elastischen Stoß am gemeinsamen Schwerpunkt gespiegelt. Dieser Fall ist in der Modellierung → **B1** dargestellt.

Das Ergebnis von → **V1** erfüllt diese Erwartung: Vor dem Stoß ist $v_1 = 0{,}1$ m/s, nach dem Stoß $u_1 = -0{,}1$ m/s. Der zweite Schlitten fährt mit $v_2 = -0{,}1$ m/s und nach dem Stoß mit $u_2 = 0{,}1$ m/s.

→ **B1** zeigt einen ähnlichen Fall mit zwei Kugeln gleicher Masse. Man sieht, dass der Schwerpunkt in Ruhe bleibt und die Einzelgeschwindigkeiten der Kugeln an ihm gespiegelt werden.

Merksatz
Auch bei einem (voll-)elastischen Stoß gilt der Impulserhaltungssatz. Er hat die Form:

$$\vec{p}_1 + \vec{p}_2 = m_1 \cdot \vec{v}_1 + m_2 \cdot \vec{v}_2 = m_1 \cdot \vec{u}_1 + m_2 \cdot \vec{u}_2.$$

Der Energieerhaltungssatz der Mechanik fordert zusätzlich: Vom gemeinsamen Schwerpunkt aus gesehen werden die Geschwindigkeiten gespiegelt.

3. Berechnung der Geschwindigkeiten nach dem Stoß

Beim unelastischen Stoß gibt es nur eine Geschwindigkeit nach dem Stoß: $u_1 = u_2 = u = v_{SP}$. Diese Geschwindigkeit fanden wir aus dem Impulserhaltungssatz zu:

$$v_{SP} = \frac{m_1 v_1 + m_2 v_2}{m_1 + m_2}.$$

Beim elastischen Stoß werden die Geschwindigkeitswerte v_1 und v_2 im Augenblick der Berührung der beiden Kugeln ersetzt durch die am Schwerpunkt gespiegelten Werte u_1 und u_2. In der Modellierung von → B2 wird das geschilderte Prinzip benutzt. Wie gewinnt man diese Werte, wenn der Schwerpunkt nicht ruht?

Vom Schwerpunkt aus gesehen gilt:

$$u_{1,\,SP} = -v_{1,\,SP}. \quad (1)$$

Andererseits sind vom Schwerpunkt aus gesehen alle Geschwindigkeiten um den Wert der Schwerpunktgeschwindigkeit kleiner als in unserem „Laborsystem".
Beispiel: Der Schwerpunkt bewege sich mit $v_{SP} = 1$ m/s im Laborsystem. Eine Kugel bewege sich dort mit $v_1 = 2{,}5$ m/s. Vom Schwerpunkt aus sieht man die Kugel mit der Geschwindigkeit $v_{1,\,SP} = 2{,}5$ m/s $-$ 1 m/s $= 1{,}5$ m/s. Also gilt allgemein:

$$v_{1,\,SP} = v_1 - v_{SP} \quad \text{und} \quad u_{1,\,SP} = u_1 - v_{SP}. \quad (2)$$

Setzt man Gleichung (2) in Gleichung (1) ein, so folgt:

$$u_1 - v_{SP} = -(v_1 - v_{SP}) \quad \text{und deshalb} \quad u_1 = 2 \cdot v_{SP} - v_1.$$

Entsprechendes gilt für u_2. Zusammengefasst gilt im elastischen Fall für die Geschwindigkeitswerte nach dem Stoß:

$$u_1 = 2 \cdot v_{SP} - v_1,$$
$$u_2 = 2 \cdot v_{SP} - v_2.$$

Beispiel   Elastischer Stoß

Bei einem elastischen Stoß sind die Daten vor dem Stoß:

$m_1 = 0{,}194$ kg, $v_1 = 0{,}694$ m/s und
$m_2 = 0{,}294$ kg, $v_2 = 0{,}0$ m/s.

Es gilt dann:

$$v_{SP} = \frac{m_1 v_1 + m_2 v_2}{m_1 + m_2}$$

$$= \frac{0{,}194 \text{ kg} \cdot 0{,}694 \frac{m}{s} + 0{,}294 \text{ kg} \cdot 0 \frac{m}{s}}{(0{,}194 + 0{,}294) \text{ kg}} = 0{,}276 \text{ m/s}.$$

Daraus folgt dann für die Geschwindigkeiten nach dem Stoß:

$$u_1 = 2 \cdot v_{SP} - v_1 = 2 \cdot 0{,}276 \frac{m}{s} - 0{,}694 \frac{m}{s} = -0{,}142 \frac{m}{s},$$
$$u_2 = 2 \cdot v_{SP} - v_2 = 2 \cdot 0{,}276 \frac{m}{s} - 0{,}0 \frac{m}{s} = 0{,}552 \frac{m}{s}.$$

Die in → T1 aus einem Experiment aufgelisteten Werte kommen den hier theoretisch berechneten recht nahe.

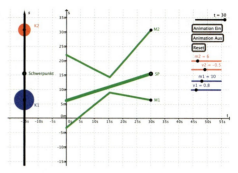

B2 → www Zwei Körper verschiedener Massen und unterschiedlicher Geschwindigkeiten stoßen elastisch zusammen. Auch ihre Geschwindigkeiten vor dem Stoß werden am gemeinsamen Schwerpunkt gespiegelt. Nur so kann der Schwerpunkt seine Bahn beibehalten.

m_1 in kg	m_2 in kg	v_1 in m/s	v_2 in m/s
0,194	0,194	0,500	$-0{,}309$
0,194	0,294	0,694	0,000

u_1 in m/s	u_2 in m/s	p_v in Ns	p_n in Ns
$-0{,}287$	0,490	0,037	0,039
$-0{,}128$	0,543	0,135	0,135

T1 In → V1 werden die Massen der beiden Schlitten und deren Geschwindigkeiten nun vor dem Stoß variiert. Vor und nach dem Stoß werden die Geschwindigkeitswerte jeweils gemessen. Die Berechnungen der Impulswerte p_v und p_n bestätigen den Impulserhaltungssatz für beliebige elastische Stöße.

A1 Überprüfen Sie die im → Beispiel berechneten Werte u_1 und u_2 der Geschwindigkeiten nach dem Stoß mit dem Impulserhaltungssatz für den elastischen Stoß.

A2 Eine 250 g-Kugel stößt mit 2 m/s elastisch auf eine ruhende 150 g-Kugel. Berechnen Sie die Geschwindigkeiten nach dem Stoß.

A3 Wagen 1 prallt auf Wagen 2. Bestimmen Sie die Geschwindigkeitswerte u_1 und u_2 der beiden Wagen nach dem Stoß
a) für den Fall gleicher Massen $m_1 = m_2$,
b) für den Fall $m_2 = 2 \cdot m_1$.

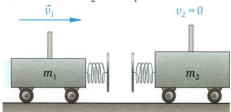

Methode – Mathematische Verfahren

Die Berechnung der Geschwindigkeiten nach einem elastischen Stoß

In Formelsammlungen findet man Terme zur Berechnung der Geschwindigkeiten nach einem geraden Stoß zweier Körper. Für den unelastischen Stoß müssen wir ein solches Werk nicht bemühen. Wir fanden selbst:

$$u_1 = u_2 = v_{SP} = \frac{m_1 v_1 + m_2 v_2}{m_1 + m_2}.$$

Für den vollkommen elastischen Stoß findet man:

$$u_1 = \frac{2 m_2 v_2 + (m_1 - m_2) \cdot v_1}{m_1 + m_2} \quad \text{und}$$

$$u_2 = \frac{2 m_1 v_1 + (m_2 - m_1) \cdot v_2}{m_1 + m_2}.$$

A. Lösungen mittels Computer-Algebra-System
Für den elastischen Stoß gelten der Impuls- und der Energieerhaltungssatz für die Bewegungsenergie:

$$m_1 \cdot v_1 + m_2 \cdot v_2 = m_1 \cdot u_1 + m_2 \cdot u_2 \quad \text{und}$$

$$\tfrac{1}{2} m_1 \cdot v_1^2 + \tfrac{1}{2} m_2 \cdot v_2^2 = \tfrac{1}{2} m_1 \cdot u_1^2 + \tfrac{1}{2} m_2 \cdot u_2^2.$$

Ein Computer-Algebra-System (CAS) findet die gemeinsamen Lösungen u_1 und u_2 dieses Gleichungssystems. CAS gibt es bei einigen grafikfähigen Taschenrechnern (GTR) und auch als eigenständige Software.

Als Beispiel wählen wir wieder die Software GeoGebra→ **www**. Das Programm öffnet sich mit der Grafik- und Algebra-Oberfläche. Unter *Ansicht* klickt man diese beiden Fenster weg und öffnet *CAS*. In die erste Zeile gibt man nun genau nach Vorschrift den Befehl Löse ein, mit den dann folgenden beiden Gleichungen und der Angabe der Lösungsvariablen u_1 und u_2:

```
Löse[{1.Gleichung,2.Gleichung},{u1,u2}]
```

Danach bestätigt man mit *Enter* und die Lösungen erscheinen:

```
Löse[{m1*v1+m2*v2=m1*u1+m2*u2, 0.5*m1*v1^2+0.5*m2*v2^2=0.5*m1*u1^2+0.5*m2*u2^2},{u1,u2}]
→ {{u1 = (m1 v1 − m2 v1 + 2 m2 v2)/(m1 + m2), u2 = (2 m1 v1 − m1 v2 + m2 v2)/(m1 + m2)}, {u1 = v1, u2 = v2}}
```

Methode – Mathematische Verfahren (Forts.)

B. Lösungen mittels Schwerpunktgeschwindigkeit
Die obigen Lösungsterme folgen aus den hergeleiteten Gleichungen

$$u_1 = 2 v_{SP} - v_1 \quad \text{und} \quad u_2 = 2 v_{SP} - v_2,$$

wenn man für v_{SP} den oben angegebenen Term einsetzt und dann umformt:

$$u_1 = 2 \cdot \frac{m_1 v_1 + m_2 v_2}{m_1 + m_2} - v_1$$

$$= \frac{2 m_1 v_1 + 2 m_2 v_2}{m_1 + m_2} - \frac{(m_1 + m_2) \cdot v_1}{m_1 + m_2}$$

$$= \frac{2 m_2 v_2 + (m_1 - m_2) \cdot v_1}{m_1 + m_2}.$$

Das gleiche Vorgehen mit $u_2 = 2 v_{SP} - v_2$ führt auch zum Term für den Geschwindigkeitswert u_2 des zweiten Körpers nach dem Stoß. Probieren Sie diesen Weg einmal mit allen Umformungsschritten selbst.

C. Lösungen mittels Schulmathematik
Ein anderer Weg benutzt die bei elastischen Stößen geltenden Erhaltungssätze, den Impulserhaltungssatz und den Satz von der Erhaltung der Bewegungsenergie:

$$m_1 \cdot v_1 + m_2 \cdot v_2 = m_1 \cdot u_1 + m_2 \cdot u_2 \quad \text{und}$$

$$\tfrac{1}{2} m_1 \cdot v_1^2 + \tfrac{1}{2} m_2 \cdot v_2^2 = \tfrac{1}{2} m_1 \cdot u_1^2 + \tfrac{1}{2} m_2 \cdot u_2^2.$$

Man multipliziert die zweite Gleichung mit 2, ordnet die Terme nach Indizes und klammert aus:

$$m_1 \cdot (v_1 - u_1) = m_2 \cdot (u_2 - v_2) \quad \text{und}$$

$$m_1 \cdot (v_1^2 - u_1^2) = m_2 \cdot (u_2^2 - v_2^2).$$

In der zweiten Gleichung wendet man die dritte binomische Formel an:

$$m_1 \cdot (v_1 - u_1) = m_2 \cdot (u_2 - v_2) \quad \text{und}$$

$$m_1 \cdot (v_1 + u_1) \cdot (v_1 - u_1) = m_2 \cdot (u_2 + v_2) \cdot (u_2 - v_2).$$

Beide Gleichungen sind erfüllt, wenn $v_1 = u_1$ und $u_2 = v_2$. Dies gilt, wenn es gar nicht zum elastischen Stoß kommt. Ansonsten muss erfüllt sein:

$$v_1 + u_1 = u_2 + v_2.$$

Setzt man $u_2 = v_1 + u_1 - v_2$ in die erste Gleichung ein, folgt nach einigen Umformungen:

$$u_1 = \frac{2 m_2 v_2 + (m_1 - m_2) \cdot v_1}{m_1 + m_2}.$$

Setzt man $u_1 = u_2 + v_2 - v_1$ ein, folgt

$$u_2 = \frac{2 m_1 v_1 + (m_2 - m_1) \cdot v_2}{m_1 + m_2}.$$

Das sind die gesuchten Berechnungsterme.

Elastische Stöße zweier Körper

Vertiefung

Der Unterschied von Bewegungsenergie und Impuls

In einem abgeschlossenen System ist die Energie als Summe aller Energieformen konstant. Energie kennt keine Richtung, selbst Bewegungsenergie nicht. Energie ist ein Skalar.

Impuls gibt es nur in einer Form. Für ihn ist es bedeutend, welche Richtung die Bewegung hat. Impuls ist ein Vektor.

Trotz dieser Unterschiede ist es manchmal schwer einzusehen, dass der Energieerhaltungssatz der Mechanik bei unelastischen Stößen nicht gilt, der Impulserhaltungssatz aber ohne Ausnahme. Zur anschaulichen Klärung dient → **V1**.

V1 Der linke Schlitten mit großer, weicher Blattfeder fährt auf den ruhenden rechten Schlitten gleicher Masse. An dessen Feder sitzt ein kleiner Magnet. Nach Berührung hält der Magnet die Federn beider Schlitten zusammen. Das Tandem fährt jetzt mit der Geschwindigkeit des Schwerpunkts weiter, dies ist das Ergebnis einer Videoanalyse → **Grafik**. Gleichzeitig schwingen beide Schlitten um diesen Schwerpunkt.

Die Bewegungsenergie der Vorwärtsbewegung hat hier bei gleichen Massen auf die Hälfte abgenommen:

$$W_{B,\,vor} = \frac{1}{2} m_1 \cdot v_1^2,$$

$$W_{B,\,nach} = \frac{1}{2}(m_1 + m_2) \cdot u^2 = \frac{1}{2}(m_1 + m_1) \cdot \left(\frac{v_1}{2}\right)^2$$

$$= \frac{1}{4} m_1 \cdot v_1^2.$$

Dafür steckt Bewegungsenergie jetzt sichtbar in den schwingenden Teilkörpern! Das ist die Deutung auch der üblichen unelastischen Stöße. Dort ist die fehlende kinetische Energie der Körper als Energie der schwingenden Teilchen in ihrem Innern zu finden und sorgt so für Temperaturerhöhung. Der jeweilige Anteil ist schon durch die Geschwindigkeit des Schwerpunktes vorgegeben. Dessen Bewegung und Impuls ändern sich ohne äußere Kräfte nicht: Der Impulserhaltungssatz gilt immer. Für den Impuls spielt es nämlich keine Rolle, wie sich die einzelnen Teile des Systems bewegen, es kommt nur auf die Bewegung des Schwerpunktes an.

Interessantes

Schiefe Stöße

In → **B2** treffen ein Lieferwagen ($v_1 = 36$ km/h; $m_1 = 2000$ kg) und ein Pkw ($v_2 = 54$ km/h; $m_2 = 800$ kg) aufeinander. Beide Fahrer versuchen zu bremsen, doch fehlt bei der völlig vereisten Fahrbahn jede Bodenhaftung. Die Wagen stoßen mit voller Wucht zusammen und rutschen ineinander verkeilt weiter. In welche Richtung gleiten sie nach dem Stoß? Wie groß ist jetzt ihre gemeinsame Geschwindigkeit $\vec{v}$?

Hier liegt *kein* gerader Stoß vor; deshalb können wir dem Vektorcharakter der Impulse nicht mehr allein durch Vorzeichen gerecht werden → **B2**. Mit $\tan \alpha = \frac{12}{20} = 0{,}6$ ist $\alpha = 31°$. Der Betrag des Gesamtimpulses ist $\sqrt{p_1^2 + p_2^2} = 23{,}3 \cdot 10^3$ Ns.

Die verkeilten Wagen rutschen in Richtung von $\vec{p}$ weiter mit dem Geschwindigkeitsbetrag $v = p/(m_1 + m_2) = 23{,}3 \cdot 10^3$ Ns/2800 kg = 8,3 m/s = 30 km/h.

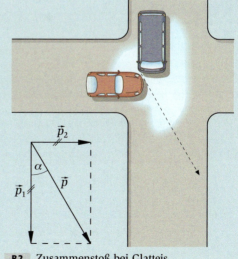

B2 Zusammenstoß bei Glatteis

Methode – Stationenlernen

Experimente und Theorie zum Impuls- und Energieerhaltungssatz

Teilen Sie Ihren Kurs in sechs Gruppen auf. Beginnen Sie in jeder Gruppe mit einem der beschriebenen Experimente. Nach der vereinbarten Zeit wechseln alle zur nächsten Station.
Fertigen Sie zu jeder Station ein Protokoll mit Versuchsskizze, Beschreibung, Versuchsergebnissen und Auswertung bzw. Deutung an.

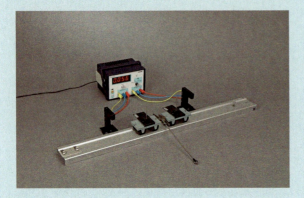

1. Station – actio = reactio, Impulserhaltung
Material: Kleine Fahrbahn, zwei Experimentierwagen, zwei Stahlfedern, Arretierung, Zweifachzeitmessgerät (oder Zweifach-Bewegungssensor mit Interface oder Zeitmarkenschreiber)

Auftrag: Bringen Sie die Wagen in Startposition mit gespannten Federn und angebrachtem Kopplungslöser (alternativ: zusammengebundene Federn. Faden wird durchgebrannt). Notieren Sie die Messwerte (m_1, m_2, u_1, u_2). Bestimmen Sie in einer Tabellenkalkulation die Impulse und den Gesamtimpuls, Bewegungsenergien beider Wagen und deren Anteil an der Gesamtenergie.

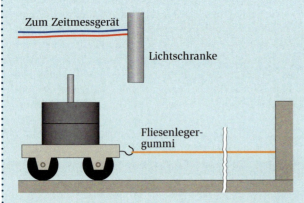

2. Station – Spann- und Bewegungsenergie
Material: Luftkissen- oder Rollenfahrbahn, Fahrbahnwagen, Zusatzwägestücke, Fliesenlegergummi, Kraftmesser, Bandmaß oder Lineal, Lichtschranke, elektronisches Zeitmessgerät

Auftrag: Bestimmen Sie Federkonstante des Fliesenlegergummis und Masse des Wagens. Spannen Sie dann das Gummiband mit angebundenem Wagen so, dass es nach kurzem Beschleunigungsweg lose herabhängt. Nach der Beschleunigung wird die Geschwindigkeit gemessen. Stellen Sie die Energiebilanz für diesen Versuch auf. Bestimmen Sie den Impuls des Wagens. Erörtern Sie die Impulserhaltung.

Stoßen zwei unterschiedlich schwere Fahrzeuge frontal zusammen, kommt eine weitere Problematik dazu: Handelt es sich um ein Fahrzeug mit 1000 kg und eines mit 1500 kg, und beide fahren mit 50 km/h aufeinander zu [...], wirkt das auf den kleineren PKW wie ein Aufprall mit 60 km/h, für den großen wie lediglich 40 km/h. Auf den Kleinwagen wirkt damit die 2,25-fache Kraft ein, wie bei einem Aufprall mit 50 km/h vor eine Betonwand! Bei einem Gewichtsunterschied von 1 zu 2 ergeben sich relative Geschwindigkeiten von 66,6 km/h zu 33,3 km/h und die Kraft auf den Kleinwagen steigt auf das Vierfache!

3. Station – Bewertung eines Textes
Material: Nebenstehender Text aus einem Internetforum

Auftrag: Im nebenstehenden Text werden drei Behauptungen aufgestellt.
Schreiben Sie diese Thesen mit eigenen Worten auf.
Diskutieren Sie die Thesen in Ihrer Gruppe.
Überprüfen Sie die Thesen mit Ihren physikalischen Kenntnissen (Impuls- und Energieerhaltungssatz, Kraftstoß).
Schreiben Sie einen eigenen Kommentar mit den aus Ihrer Sicht richtigen Thesen auf.

4. Station – Unelastischer Auffahrunfall

Material: Fahrbahn, zwei Fahrbahnwagen mit Vorrichtung für unelastischen Stoß, Zusatzwägestücke, Lichtschranke, elektronisches Zeitmessgerät (oder andere Geschwindigkeitsmessvorrichtung)

Auftrag: Der rechte Wagen ruht zu Beginn, der linke fährt auf. Bestimmen Sie die Geschwindigkeit des ersten Wagens aus der Endgeschwindigkeit des Gespanns. Variieren Sie die Massen. Diskutieren Sie Impuls- und Energieerhaltungssatz und fassen Sie das Ergebnis schriftlich zusammen.

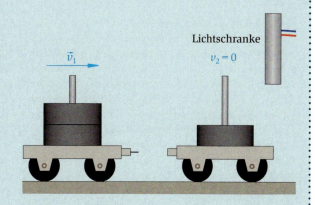

5. Station – Kraft bei einem kurzzeitigen Stoß

Material: Langes Pendel aus dünnem Kupferdraht mit Stahlkugel, Vorschlaghammer o. Ä., Kurzzeitmesser, Kabel

Auftrag: Die Kugel soll mit bestimmter Geschwindigkeit (z. B. 5 m/s) auf den Hammer prallen. Sie wird mit entgegengesetzt gleicher Geschwindigkeit abprallen. Begründen Sie dies.
Bestimmen Sie die Geschwindigkeitsänderung und die Impulsänderung der Kugel, diskutieren Sie die Impulserhaltung (beachten Sie, dass der Hammer mit der gesamten Erde fest verbunden ist.)
Ermitteln Sie mithilfe der Berührdauer die mittlere auf die Kugel wirkende Stoßkraft.

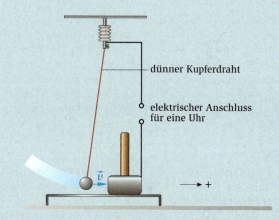

6. Station – Messreihe und Fehlerbetrachtung

Material: Fahrbahn, zwei Schlitten mit Stoßfedern und Blenden (z. B. Δs = 2,5 cm), Zusatzmassen, zwei Lichtschranken, Vierfachzeitmessgerät oder Computerinterface zur Ermittlung von vier Verdunklungszeiten, Tabellenkalkulationsprogramm

Auftrag: Es werden nacheinander zwei elastische Stöße durchgeführt. Im zweiten Stoßversuch wählen Sie andere Massen und andere Geschwindigkeiten vor dem Stoß. Ein Tabellenblatt wird vorbereitet mit Δt vor und nach dem Stoß, Berechnung der Impulse und Energien vor und nach dem Stoß, relativen Abweichungen von den erwarteten Werten.
Schätzen Sie die Messfehler für die Ortsmessung, die Zeitmessung, die Massenmessung und den Gesamtfehler ab. Begründen Sie Abweichungen, die über die Messgenauigkeit hinausgehen.

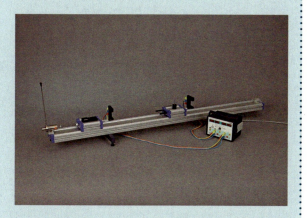

Unfälle im Straßenverkehr

Physik und Technik

CRASH – Bilanzstrategie und Kausalstrategie

A. Der nicht zu wünschende Fall

Bei allen Unfällen mit Zusammenstößen wird in kurzer Zeit eine große Energieportion gewandelt, und es entstehen wegen $W = F \cdot s$ sehr große Kräfte durch einen gefährlich stark verkürzten „Bremsweg". Welche Gefahren daraus resultieren, wollen wir an einigen unfalltypischen Beispielen belegen. Häufig wird der Bremsweg unterschätzt. Ihn und die negative Beschleunigung kann man schon mit den Gesetzen der gleichmäßig beschleunigten Bewegung berechnen. An anderer Stelle erhielten wir als Wertegleichung (bei negativer Bremskraft und Beschleunigung):

$$s = \frac{v^2}{-2 \cdot a} \quad \text{oder} \quad a = \frac{v^2}{-2 \cdot s}.$$

Mittlerweile können wir die mechanische Energie berechnen. Solange das Auto fährt, hat es die Bewegungsenergie $W_B = \frac{1}{2} m \cdot v^2$. Während des Bremsvorgangs wird sie mittels Kraft mal Weg nach und nach in innere Energie der Bremsscheiben und der Umgebung gewandelt (bei Hybridautos zum Teil in Energie der Batterie). Dies liefert den Ansatz nach der *Bilanzstrategie*:

$$F_{\text{Brems}} \cdot s = \frac{1}{2} m \cdot v^2.$$

Als Bremskraft dient die Haftreibungskraft zwischen Straße und Reifen. Wegen der Proportionalität der Beträge von Haftkraft und Gewichtskraft gilt $F_{\text{Brems}} = F_h = f_h \cdot G = f_h \cdot m \cdot g$ (bei trockener Straße und guten Reifen z. B. $f_h = 0{,}9$). Für den Bremsweg folgt:

$$\frac{1}{2} m \cdot v^2 = F_h \cdot s = f_h \cdot m \cdot g \cdot s \quad \Rightarrow \quad s = \frac{v^2}{2 \cdot f_h \cdot g}.$$

Die *Kausalstrategie* lieferte weiter oben dasselbe Ergebnis, denn es ist $-a = f_h \cdot g$.

Nutzen wir die Formel für zwei Geschwindigkeiten:
a) $v = 72$ km/h $= 20$ m/s: Nach der hergeleiteten Formel ergibt sich ein Bremsweg von $s = 22{,}7$ m.
b) $v = 144$ km/h $= 40$ m/s, doppelt so hohe Geschwindigkeit wie in a). Jetzt ist der Bremsweg viermal so lang, also etwa 91 m.
Dies ist wichtig: Die Energie und mit ihr der Bremsweg wachsen mit dem Quadrat der Geschwindigkeit!

B. Geschwindigkeitslimit – für mich nicht …

… so denken viele „gute" Fahrerinnen und Fahrer. Aber niemand kann die Physik außer Kraft setzen. Nehmen wir eine alltägliche Situation auf der Landstraße. Die erlaubte Höchstgeschwindigkeit sei 100 km/h ($= 27{,}78$ m/s).

Unsere Bremswegformel liefert dazu den Bremsweg:

$$s = (27{,}78 \text{ m/s})^2 / (2 \cdot 0{,}9 \cdot 9{,}81 \text{ m/s}^2) = 43{,}70 \text{ m}.$$

Ein Fahrer reagiert bei einem auftauchenden Hindernis schnell und hat das Bremspedal schon in 0,5 s durchgetreten. Inzwischen ist das Fahrzeug um

$$s_0 = 0{,}5 \cdot 27{,}78 \text{ m} = 13{,}89 \text{ m}$$

ungebremst weitergefahren. Der Anhalteweg beträgt also insgesamt

$$S = s_0 + s = 13{,}89 \text{ m} + 43{,}70 \text{ m} = 57{,}59 \text{ m}$$

(bei nasser Fahrbahn über 110 m!). Kommt erst dort das Hindernis (z. B. ein umgestürzter Baum), hat der Fahrer Glück gehabt.

Was aber, wenn er 110 km/h fährt? Rechnen wir neu: Bei 110 km/h $= 30{,}56$ m/s ergibt sich unter gleichen Bedingungen ein Anhalteweg von 68,15 m. Die zur Verfügung stehenden 57,59 m sind davon 84,5 %. Genau dieser Anteil ist von der Bewegungsenergie erst in innere Energie der Umgebung gewandelt worden, 15,5 % der Energie sind immer noch Bewegungsenergie.

Wie schnell ist das Auto dann noch beim Aufprall? Das Verhältnis der Restenergie zur Anfangsenergie ist gleich dem Verhältnis der Geschwindigkeitsquadrate, also folgt:

$$\frac{v_{\text{Rest}}^2}{v_0^2} = 0{,}155 \Rightarrow \frac{v_{\text{Rest}}}{v_0} = \sqrt{0{,}155} \Rightarrow v_{\text{Rest}} = \sqrt{0{,}155} \cdot v_0.$$

Mit $v_0 = 110$ km/h erhalten wir dann $v_{\text{Rest}} = 43{,}3$ km/h ($= 12{,}03$ m/s)! Ab jetzt stehen nur noch ca. 0,8 m Knautschzone und Gurtdehnung zur Verfügung, ein erschreckend kurzer Bremsweg für den Körper. Die Bilanzstrategie ($F \cdot s = \frac{1}{2} m \cdot v^2$) sagt Ihnen, welche Kraft man für den „Crash" ertragen muss. Sie können selbst nachrechnen, dass dies bei einer Körpermasse von 70 kg eine Kraft vom Betrag 6332 N ist. Diese Kraft muss der Gurt aushalten, damit man wie der Dummy im Airbag landet und nicht gegen die Frontscheibe fliegt.

C. Ein Crashtest prüft die geplante Wirkung

Zur Erforschung von Knautschzonen und anderen konstruktiven Sicherheitsmaßnahmen werden Testunfälle im Labor durchgeführt. Testperson ist ein „Dummy", ausgerüstet mit Beschleunigungssensoren für x-, y- und z-Richtung. Nach genormten Verfahren werden die drei Messkurven zu einer Standardkurve zusammengefasst:

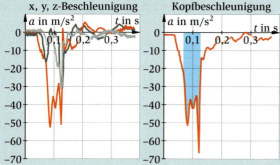

Uns fällt auf, dass die Kurve etwas breit gezogen ist und dazu noch einzelne Zacken aufweist. Wir ahmen den Versuch im Schullabor nach → **V1**.

D. Der Kopf braucht besonderen Schutz

Der Kopf kann nicht angeschnallt werden. Beim Crash fliegt er aufgrund seiner Trägheit ungehindert weiter. Dabei werden Bänder und Muskeln der Halswirbelsäule stark überdehnt, schließlich schlägt der Schädel noch auf das Lenkrad und wird erst dort mit riesigen Kräften gebremst: Schwerste Verletzungen sind die Folge. Um dies zu vermeiden, haben Techniker die zusammenschiebbare Lenksäule und den Airbag entwickelt. Dieser wird im Kollisionsfall schlagartig → **B2** mit Treibgas gefüllt und liefert so einen etwa 30 cm langen Bremsweg für den Kopf. Wird man selbst von hinten angefahren, sorgen Kopfstütze und Rückenlehne dafür, dass Kopf und Körper gleich stark beschleunigt werden; die Halswirbelsäule wird geschont.

V1 Ein Laborwagen mit Zusatzmasse (insgesamt 450 g) fährt eine schiefe Ebene hinunter. Die auftretende Beschleunigung wird mit dem Computer aufgezeichnet. Im Fall a) lassen wir den Wagen gegen eine feste Wand prallen. Es entsteht eine kurzzeitige, starke Beschleunigung. Im Fall b) bilden wir vor der Wand eine Knautschzone nach. Der Bremsweg s wird dadurch größer, der Kraftbetrag F kleiner, denn die Arbeit $W = F \cdot s$ bleibt gleich. Als Knautschzone rollen wir ein Stück Schreibpapier oder Alufolie (etwa 10 cm · 10 cm) etwas zusammen. Zuvor haben wir es zerknüllt; dies entspricht den im Autobau üblichen vorbestimmten Blechfalten. Wir lassen nun den Wagen erneut aufprallen. Das rechte Diagramm in → **B1** zeigt, dass der Betrag der Bremsbeschleunigung jetzt im Mittel kleiner ist. Die jetzt kleinere Bremskraft wirkt über einen längeren Zeitraum. Da die Kraft beim Zusammenschieben des Papiers dabei etwas wechselt, entstehen während dieser Zeit unterschiedliche Beschleunigungsspitzen.

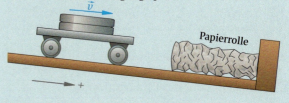

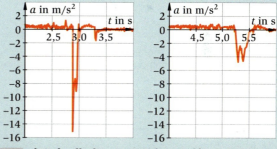

B1 a) Aufprall ohne Knautschzone, b) mit Knautschzone.

B2 Nach 20 ms zündet der Airbag.

Nach etwa 55 ms hat sich der Airbag aufgebläht.

Knapp 90 ms: Die Person wird „weich" abgebremst.

150 ms: Der Aufprall ist glücklich überstanden.

Zusammenfassung

Das ist wichtig

1. Energie
Energie tritt in verschiedenen Formen auf, die sich ineinander umwandeln lassen.
Energie kann übertragen werden: von einem Körper auf einen anderen oder von einem System auf ein anderes.
Energie ist ein Skalar (wie die Masse oder das Volumen), sie hat keine Richtung (im Unterschied zu Kraft oder Geschwindigkeit). Die Einheit der Energie ist 1 Nm = 1 J

2. Mechanische Energieformen
Neben u. a. der inneren Energie, deren Erhöhung im Allgemeinen mit einer Temperaturerhöhung einhergeht, oder der chemischen Energie z. B. der Muskeln gibt es rein mechanische Energieformen:

- Die Höhenenergie W_H eines Körpers im System Erde ist mit dem Betrag G der Gewichtskraft in der Höhe h:

$$W_H = G \cdot h = m \cdot g \cdot h$$

(h ist die Höhe über einem festgelegten Nullniveau).

- Die Bewegungsenergie (kinetische Energie) W_B eines Körpers der Masse m und der Geschwindigkeit $\vec{v}$ ist

$$W_B = \frac{1}{2} m \cdot v^2.$$

v ist der Betrag der Geschwindigkeit.

- Die Spannenergie W_{Sp} einer Feder, die um den Weg s gedehnt ist, beträgt bei der Federkonstanten D:

$$W_{Sp} = \frac{1}{2} D \cdot s^2.$$

Neben diesen Energieformen, die wir als Energiekonten ansehen, gibt es noch Übertragungsformen der Energie, z. B. die elektrische Energie, die mittels eines Stromkreises übertragen wird.

- Die mechanische Übertragungsform ist die sogenannte Arbeit:

$$W = F_s \cdot s.$$

F_s ist der Betrag der Kraft in Wegrichtung.

3. Energieerhaltungssatz der Mechanik
Die Gesamtenergie eines energetisch abgeschlossenen Systems bleibt erhalten. Dies gilt auch bei der Wandlung der verschiedenen Energieformen, auch bei der Übertragung von Energie von einem Körper auf einen anderen und auch bei Reibungsvorgängen innerhalb des Systems.

Ein Sonderfall des Energieerhaltungssatzes ist der Energieerhaltungssatz der Mechanik. Sind bei Energieübertragung und -wandlung ohne Reibung mehrere Körper beteiligt, so bleibt die Summe aus Höhen-, Bewegungs- und Spannenergie konstant:

$$W_H + W_B + W_{Sp} = \text{konstant}.$$

4. Impulserhaltungssatz
In einem abgeschlossenen System kann der Impuls $m_1 \cdot \vec{v}_1$ eines Körpers 1 bei einem geraden Stoß durch Krafteinwirkung eines anderen Körpers 2 geändert werden. Wegen des Prinzips von actio = reactio wird auch der Impuls $m_2 \cdot \vec{v}_2$ von Körper 2 geändert. Die Wechselwirkungskräfte zwischen den beiden Körpern sind innere, nicht von außen einwirkende Kräfte, es können auch Reibungskräfte sein. Im abgeschlossenen System bleibt der Gesamtimpuls $\vec{p}$ erhalten, die Summe der Impulse nach dem Stoß ist gleich der Summe der Impulse vor dem Stoß (Impulserhaltungssatz):

$$\vec{p} = m_1 \cdot \vec{u}_1 + m_2 \cdot \vec{u}_2 = m_1 \cdot \vec{v}_1 + m_2 \cdot \vec{v}_2.$$

$m_1 \cdot \vec{u}_1$ und $m_2 \cdot \vec{u}_2$ sind die Impulse von Körper 1 und Körper 2 nach dem Stoß.

5. Vorhersage bei Wechselwirkungen
Idealisierte Wechselwirkungen sind der (vollkommen) unelastische und der (vollkommen) elastische Stoß.

- Beim geraden unelastischen Stoß haften beide Körper nach der Wechselwirkung aneinander. Ihre dann gemeinsame Geschwindigkeit $\vec{u}$ ist die Geschwindigkeit $\vec{v}_{SP}$ ihres gemeinsamen Schwerpunktes. Es gilt die Wertegleichung:

$$u = \frac{m_1 \cdot v_1 + m_2 \cdot v_2}{m_1 + m_2} = v_{SP}.$$

Kennt man also die Massen und Geschwindigkeiten beider Körper vor dem Stoß, so kann man die Geschwindigkeit ihres gemeinsamen Schwerpunktes berechnen und damit ihre gemeinsame Geschwindigkeit nach dem Stoß.

- Beim geraden elastischen Stoß bleibt die Geschwindigkeit des gemeinsamen Schwerpunktes ebenfalls erhalten. Tritt keine Reibung auf, wird also keine mechanische Energie in innere Energie gewandelt, so bleibt auch die Summe der Bewegungsenergien beider Körper konstant:

$$\frac{1}{2} m_1 \cdot u_1^2 + \frac{1}{2} m_2 \cdot u_2^2 = \frac{1}{2} m_1 \cdot v_1^2 + \frac{1}{2} m_2 \cdot v_2^2.$$

Ein Beobachter im Schwerpunkt sieht dies direkt. Die beiden Körper werden am Schwerpunkt reflektiert, der Betrag der jeweiligen Geschwindigkeit und damit die jeweilige Bewegungsenergie bleiben für ihn gleich. Von außen betrachtet gilt für die Geschwindigkeitswerte u_1 und u_2 nach dem geraden Stoß:

$$u_1 = \frac{2 m_2 \cdot v_2 + (m_1 - m_2) \cdot v_1}{m_1 + m_2} \quad \text{und}$$

$$u_2 = \frac{2 m_1 \cdot v_1 + (m_2 - m_1) \cdot v_2}{m_1 + m_2}.$$

Das können Sie schon

Umgang mit Fachwissen

Sie können den Energieerhaltungssatz der Mechanik und den Impulserhaltungssatz formulieren und in verschiedenen Situationen anwenden.

Sie können erläutern, warum beim unelastischen Stoß zwar der Gesamtimpuls erhalten bleibt, nicht jedoch die Bewegungsenergie. Den Anteil an entwerteter Energie können Sie durch Rechnung vorhersagen.
Beim elastischen Stoß sagen Sie in einfachen Fällen die Geschwindigkeiten nach dem Stoß vorher, indem Sie sich in das System des Schwerpunktes versetzen. In komplizierten Fällen nutzen Sie Formeln, die aus Energieerhaltungs- und Impulserhaltungssatz hergeleitet sind.

Erkenntnisgewinnung

Einen Bremsweg können Sie aus der Reibungskraft der Straße auf die Reifen berechnen, da Sie die Zusammenhänge zwischen Kraft, Beschleunigung, Geschwindigkeit und Weg kennen. Sie haben erfahren, dass geeignete Diagramme die richtige Berechnung erleichtern.

Sie sind aber auch in der Lage, einen Bremsweg über eine Energiebilanzierung zu ermitteln. Sie wissen nämlich, dass die Bewegungsenergie $\frac{1}{2} m \cdot v^2$ als Arbeit $F_s \cdot s$ (über Reibungskraft und Bremsweg) in innere Energie der Umgebung gewandelt wird.

In eigenständig durchgeführten und quantitativ ausgewerteten Experimenten konnten Sie Energieerhaltung und Impulserhaltung im abgeschlossenen System mit theoretischen Überlegungen in Einklang bringen.

Anhand von Modellierungen mit dynamischer Geometriesoftware lernten Sie, die Impulserhaltung eines Systems aus zwei Körpern zu begreifen. Sie können jetzt auch erklären, wie der Energieerhaltungssatz der Mechanik bei Stoßvorgängen den Impulserhaltungssatz ergänzt.

Kommunikation

Stoßvorgänge können Sie in t-s-Diagrammen darstellen und erläutern. Sie unterscheiden dabei zwischen unelastischen und elastischen Stößen, nutzen aber auch das gemeinsame Merkmal der Trägheit des Schwerpunktes.

Den Aufbau, die Durchführung und die mathematische Auswertung von Experimenten zu Energie- und Impulsversuchen tragen Sie unter Benutzung der physikalischen Fachbegriffe und geeigneter Präsentationsmethoden vor.

Bewertung

Sie können begründen, warum bei einem Frontalzusammenstoß zweier Fahrzeuge unterschiedlicher Masse mit anschließendem Stillstand ein bestimmtes Verhältnis der Geschwindigkeitsbeträge vorgelegen haben muss. Sie können auch erklären, warum eine Knautschzone Personenschäden mindert, obwohl keine Energie verloren geht.

Behauptungen wie „doppelte Geschwindigkeit bedeutet doppelte Energie und doppelten Impuls" können Sie argumentativ als falsch entlarven und durch eine richtige Aussage ersetzen.

Sie haben gelernt, die Messgenauigkeit eines selbst durchgeführten Experimentes zu bewerten

Das schafft Überblick

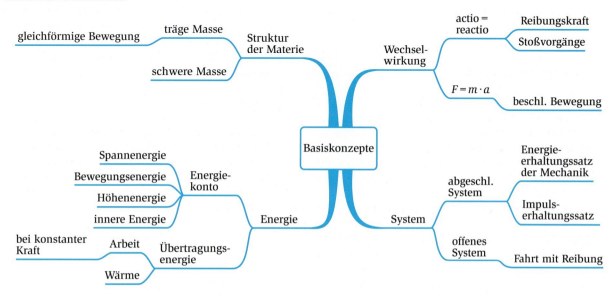

Zusammenfassung

Kennen Sie sich aus?

A1 Beschreiben und unterscheiden Sie die Begriffe
a) Impuls und Bewegungsenergie,
b) Arbeit und Kraftstoß.

A2 Vergleichen Sie den Impuls eines durch den Wald schlendernden Spaziergängers mit der Masse $m = 75$ kg und dem Geschwindigkeitsbetrag $v = 3{,}6$ km/h mit dem einer verirrten Gewehrkugel ($m = 5$ g, $v = 1000$ m/s).
Vergleichen Sie auch deren Bewegungsenergien.

A3 Drei zusammengekoppelte Eisenbahnwaggons von je 20 t stehen auf einem Gleis, ein vierter von gleicher Masse fährt mit 5 m/s auf. Dabei rastet die Kupplung ein.
a) Beschreiben Sie den Vorgang aus der Sicht des gemeinsamen Schwerpunktes.
b) Berechnen Sie den Wert der Geschwindigkeit, mit der die Wagen weiterrollen.
c) Wie viel Bewegungsenergie wurde bei dem Stoß in innere Energie gewandelt?

A4 Der vom ersten auf das zweite Förderband fallende Sand wird von diesem gleich schnell weitertransportiert ($v = 1$ m/s).
a) Begründen Sie, warum das zweite Förderband dazu weniger Energie benötigt als das erste.
b) Es fallen 10 kg Sand pro Sekunde auf das Förderband. Berechnen Sie die pro Sekunde in die Bewegungsenergie des Sandes gewandelte Energie.
c) Berechnen Sie den Betrag des Impulses, den die 10 kg Sand je Sekunde bekommen.
d) Berechnen Sie die Kraft, die das Förderband allein zur waagerechten Beschleunigung des Sandes aufbringen muss.

A5 Nach einem geraden elastischen Stoß eines Wagens auf einen ruhenden Wagen größerer Masse hat dieser einen größeren Impulsbetrag, als der leichte Wagen vor dem Stoß besaß.
a) Begründen Sie, dass dies bei der Energie unmöglich ist.
b) Wie groß kann der Betrag der Impulsänderung des stoßenden Wagens maximal sein? Erläutern Sie den Sachverhalt.

A6 Ein beladener Pkw (2000 kg; 36 km/h) stößt mit einem unbeladenen gleichen Typs (1000 kg) frontal zusammen. Beide kommen im Bereich des unelastischen Aufpralls zur Ruhe.
a) Berechnen Sie den Wert der Geschwindigkeit des unbeladenen PKW vor dem Zusammenstoß.
b) Berechnen Sie die Energie, mit der jeder Wagen zur gesamten Verformung beiträgt.
c) Beide Wagen sind gleich stark verformt. Wären sie es auch, wenn sie gegen eine feste Betonwand geprallt wären? Erläutern Sie dies.

A7 Beschreiben Sie die Vorteile der Verkehrsführung im Kreis a) gegenüber der im Dreieck b). Betrachten Sie die Impulsänderungen und die umgesetzte Energie im Fall eines Zusammenstoßes.

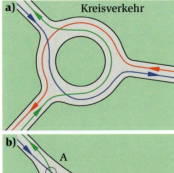

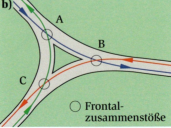

A8 Ein Pendelkörper hängt an einem 0,5 m langen Faden. Er wird um die Strecke $d = 10$ cm horizontal ausgelenkt und losgelassen.
a) Berechnen Sie die Geschwindigkeit, mit der er sich durch die Gleichgewichtslage bewegt. (Hinweis: $h = l - \sqrt{l^2 - d^2}$.)
b) Zwischen der Höhe h und der Auslenkung d gilt die Beziehung $d^2 = (2l - h) \cdot h$. Leiten Sie die Gleichung her.

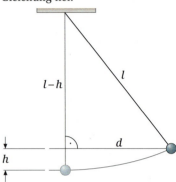

c) Bei kleiner Auslenkung d gilt näherungsweise $d^2 = 2 \cdot l \cdot h$. Welchen Fehler macht man, wenn man diese Näherung in a) verwendet?
d) Zeigen Sie: Bei kleinen Ausschlägen ist die Auslenkung d proportional zur Geschwindigkeit in der tiefsten Lage.

A9 Ein 100 g- und ein 2 kg-Hammer sind bifilar an Fäden aufgehängt. Der leichte Hammer wird bis zu einer Höhe von 1,20 m ausgelenkt, der schwere nur bis zu einer Höhe von 1,5 cm. Nach dem Loslassen schwingen sie zurück und schlagen im tiefsten Punkt horizontal je einen Nagel in einen auf der Unterlage fixierten Styroporkörper.
a) Berechnen Sie für jeden Hammer den Impulswert und die Bewegungsenergie beim Auftreffen auf den Nagel.
b) Vergleichen Sie die Einschlagtiefe der Nägel in den Körper, wenn es sich um gleiche Nägel und Styroporkörper handelt.
c) Erläutern Sie, wo die Bewegungsenergie und der Impuls bleiben.

Projekt

Impuls und Bewegungsenergie – Bilanzgrößen, die man unterscheiden muss

Im Straßenverkehr kommt es leider häufig zu Unfällen zwischen zwei Fahrzeugen. Bei Frontalzusammenstößen oder geraden Auffahrunfällen können Sie mit dem im Unterrichtsgang erworbenen Wissen Zusammenhänge beschreiben und erläutern. Dies ist vor allem von Bedeutung, wenn die Massen und Geschwindigkeiten der beiden Fahrzeuge unterschiedlich sind, Alltagswissen ist dann überfordert.

Der Unterschied zwischen den beiden Bilanzgrößen Bewegungsenergie und Impuls soll in diesem Projekt noch einmal vertieft werden. Im Projekt kehren wir einen unelastischen Zusammenprall aber zeitlich um: Zwei aneinander gefesselte Wagen → **B1** werden durch eine Katapultvorrichtung auseinandergestoßen. Das Gummiband allein liefert die Energie, die A und B später zusammen als Bewegungsenergie erhalten.

Auto A wird nach dem Durchbrennen des Haltefadens von dem gespannten Gummiband nach links beschleunigt, der rollende Fahrbahnwagen B gleichzeitig nach rechts. Kraft (actio) und Gegenkraft (reactio) stimmen in ihren Beträgen überein, nehmen hier während der Beschleunigungsphase jedoch bis auf null ab. A und B haben dennoch gleich große Impulsbeträge. Von der Spannenergie erhält aber der leichtere Wagen A mehr Bewegungsenergie als der schwerere Fahrbahnwagen B. Dieses Ergebnis zeigen auch die Energieberechnung der → **Arbeitsaufträge** und das Versuchsergebnis.

Zum Vergleich der Bewegungsenergien lassen wir A und B auf je einen, am Tisch befestigten Styroporklotz prallen. Die Nadeln von A und B dringen dabei unterschiedlich tief ein. Die Einschlagtiefe ist näherungsweise proportional zur Bewegungsenergie, die über Arbeit $F_s \cdot s$ an Nadel und Styroporklotz übertragen wird.

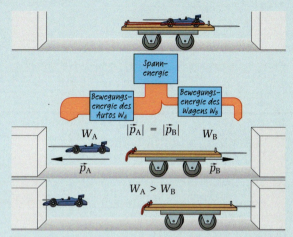

B1 Der kleine Rennwagen und der schwerere Laborwagen werden vom Katapult auseinandergetrieben.

Arbeitsaufträge:

1 Bauen Sie den Versuch gemäß → **B1** auf. Beachten Sie den Haltefaden. (Vorsicht: gespannter Gummi!)

2 Bestimmen Sie die Spannenergie des gespannten Gummibandes (näherungsweise D = konstant).

3 Brennen Sie den Haltefaden durch. Messen Sie die Eindringtiefen der beiden Nadeln.

4 Begründen Sie, dass die Impulse $\vec{p}_A$ und $\vec{p}_B$ zu jedem Zeitpunkt entgegengesetzt gleich groß sind. Leiten Sie daraus das Verhältnis der Maximalgeschwindigkeiten und der Bewegungsenergien W_A und W_B der beiden Wagen her.

5 Berechnen Sie die Bewegungsenergien W_A und W_B. Erläutern Sie, warum die Eindringtiefen s_A und s_B der Nadeln ein Maß für die jeweilige Bewegungsenergie der Wagen sind. Vergleichen Sie das Verhältnis der Eindringtiefen mit dem Verhältnis der Bewegungsenergien.

Kennen Sie sich aus – Hinweise und Lösungen

A1 a), b) Definitionen, Beispiele

A2 p_{SG} = 75 kg · m/s = 75 Ns; p_{GK} = 5 Ns; W_{SG} = 37,5 J; W_{GK} = 2500 J

A3 a) SP liegt auf 1/4 der Verbindungslinie zum bewegten Waggon.
b) $u = v_{SP}$ = 1,25 m/s
c) 187 500 J wurden in innere Energie gewandelt.

A4 a) Welche Beschleunigungsarbeit muss noch zugeführt werden?
b) W_B = 5 J **c)** p_B = 10 kg · m/s

d) F = 10 N

A5 a) Wagen 1 behält einen Rest an Energie, Energieerhaltungssatz
b) Maximal $|\Delta \vec{p}_1| = 2|\vec{p}_1|$

A6 a) v_2 = −20 m/s.
b) W_1 = 100 kJ, W_2 = 200 kJ
c) Jeder Wagen müsste seine eigene Energie in innere Energie wandeln, Wagen 2 wäre stärker verformt als Wagen 1.

A7 Im Dreieck kreuzen sich die Fahrbahnen. Überlegen Sie für Autos gleicher Masse und gleichen Geschwindigkeitsbetrags.

A8 a) $v \approx 0{,}45$ m/s **b)** Satz des PYTHAGORAS **c)** Im Rahmen der gegebenen Genauigkeit kein Fehler.
d) Zeigen Sie $v^2 \sim h \sim d^2$.

A9 a) p_1 = 0,49 Ns; W_1 = 1,18 J; p_2 = 1,09 Ns; W_2 = 0,29 J
b) $s_1 > s_2$
c) Bewegungsenergie → innere Energie von Nagel und Styroporumgebung; Impuls → Erde

Fall- und Wurfbewegungen im Sport

Das können Sie in diesem Kapitel erreichen:

- Sie kennen den freien Fall als Sonderfall einer gleichmäßig beschleunigten Bewegung.

- Sie beschreiben Wurfbewegungen ohne Luftwiderstand als Überlagerung zweier in Koordinatenrichtung gedachter Bewegungen.

- Sie benutzen Bewegungsgesetze der gleichförmigen und der gleichmäßig beschleunigten Bewegung, um Bahnkurven von Wurfbewegungen vorherzusagen.

- Für Fallbewegungen mit Luftwiderstand kennen Sie das Kraftgesetz für die Luftwiderstandskraft; Sie beschreiben das „Spiel der Kräfte" bei der Einstellung der konstanten Fallgeschwindigkeit.

- Mit dem Kraftgesetz für die Luftwiderstandskraft und der Grundgleichung der Mechanik von NEWTON berechnen Sie mit Computerhilfe schrittweise Bewegungsabläufe für Fall- und Wurfbewegungen mit Luftwiderstand.

- Sie benutzen die Videoanalyse, um bei Fall- und Wurfbewegungen theoretische Ergebnisse am Experiment zu überprüfen.

- Sie kennen die Bedeutung von ARISTOTELES, GALILEI und NEWTON für die Entwicklung der heute verwendeten Begriffe und Vorstellungen für Bewegungsvorgänge und für die physikalische Arbeitsweise.

Alles fällt nach unten

A1 Sammeln Sie Beobachtungen über fallende Körper und stellen Sie das Gemeinsame dieser Bewegungen allgemeingültig dar.

A2 Die Momentaufnahmen einer Weitsprungbewegung im → **Bild oben** sind in gleichen Zeitabständen Δt entstanden. Die Hände beschreiben komplizierte Bahnen, der Schwerpunkt des Körpers hat eine einfache Bahnkurve.
Skizzieren Sie diese Bahn.

A3 Stellen Sie mit der Videofunktion der Kamera in Ihrem Handy einen Clip über einen Stein her, der aus der Hand zu Boden fällt. Benutzen Sie ein Programm zur Videoanalyse, um eine Bilderfolge des Vorgangs (wie beim Weitsprung im → **Bild oben**) herzustellen.

A4 Mit Kenntnissen über die erzielte Weite und die Dauer des Weitsprungs im → **Bild oben** kann man näherungsweise die von Teilbild zu Teilbild zurückgelegten Wege bestimmen und die momentanen Geschwindigkeiten nach Richtung und Betrag angeben. Nehmen Sie plausible Werte für die Sprungweite und die Sprungdauer an und führen Sie die genannten Messungen und Berechnungen durch.

A5 Leichter Wind reicht aus, um die Samen des Löwenzahns („Pusteblume") weit zu tragen.

Formulieren Sie Fragen an die Physik, die sich aus dieser Beobachtung ergeben.

A6 a) Begründen Sie: Beim Stabhochsprung ist die Matte dicker als beim Hochsprung.
b) Begründen Sie mithilfe einer Energiebetrachtung:
Mit der Anlaufgeschwindigkeit 9,5 m/s kann ein Sportler ohne den „Handstand auf der Stange" maximal etwa 4,6 m hoch springen.

Fall- und Wurfbewegungen im Sport

Fallbewegungen

"*Citius, Altius, Fortius* – Höher, Schneller, Stärker" heißt seit etwa 100 Jahren das Motto der Olympischen Spiele. „Höher, Schneller, Weiter" heißt die Überschrift eines Berichts über die Leichtathletik-Weltmeisterschaften 2013 in Moskau. Jeder versteht es, jedem fallen Sportarten ein mit Wettbewerben, in denen es genau darum geht: Wer springt höher, wer läuft schneller, wer wirft weiter?
Alles hat auch mit Physik zu tun, aber wie im Sport beginnen wir am besten mit einfachen „Übungen".

1. Der freie Fall ist ein Sonderfall

Auch aus → **V1** kann man einen Wettbewerb machen: Wie sorgt man dafür, dass ein Blatt Papier nach dem Loslassen „von alleine" am schnellsten den Boden erreicht? Und: Schafft man es, dass das Papier den Boden genau so schnell erreicht, wie die Stahlkugel?

Unsere Alltagserfahrung hilft nur teilweise:
1. Das Blatt Papier ist viel mehr als die Stahlkugel dem Luftwiderstand ausgesetzt. Das kann man ändern, indem man aus dem Blatt Papier eine kleine kompakte Kugel macht.
2. Das Blatt Papier wiegt weniger als eine Stahlkugel. Müsste es nicht immer noch langsamer sein als die Stahlkugel – auch wenn der Luftwiderstand keine Rolle mehr spielt? → **V1** weist darauf hin, dass es anders ist.

Mit → **V2** schaffen wir Klarheit: Wenn man die Glasröhre schnell umdreht, beginnen zwei Probekörper zu fallen: Eine Bleikugel und eine Flaumfeder – zunächst durch die umgebende Luft. Alles läuft ab wie erwartet. Dann in der luftleer gepumpten Röhre: Bleikugel und Flaumfeder fallen schneller werdend, beide immer gleich schnell nach unten. Unsere Alltagserfahrung hat uns in die Irre geführt.

Ohne Luftwiderstand fallen verschieden schwere Körper unter Einfluss der Erdanziehung in gleicher Weise beschleunigt nach unten. Diese spezielle beschleunigte Bewegung heißt **freier Fall**.

Für diesen freien Fall können wir die Beschleunigung berechnen, indem wir in $a = F/m$ den Betrag $G = m \cdot g$ der beschleunigenden Kraft einsetzen:
$$a = \frac{F}{m} = \frac{m \cdot g}{m} = g.$$
Wir kennen g als Ortsfaktor $g = 9{,}81$ N/kg. Unsere Herleitung liefert: Der Betrag a der Fallbeschleunigung ist g.
Also $a = g = 9{,}81$ N/kg $= 9{,}81$ (kg $\cdot$ (m/s²))/kg $= 9{,}81$ m/s².
Die Einheiten passen zusammen. Die Größe werden wir gleich im Experiment überprüfen.

Die **Masse** hat beim freien Fall keinen Einfluss auf die Beschleunigung, siehe → **Vertiefung**.

> **Merksatz**
> Die Fallbewegung eines Körpers, auf den alleine seine Gewichtskraft wirkt, heißt freier Fall.
> Die Fallbeschleunigung aller Körper ist am selben Ort gleich groß und gleich dem Ortsfaktor. Für die Erdoberfläche gilt also: $g = 9{,}81$ N/kg $= 9{,}81$ m/s².

V1 Aus einer Hand wird eine Stahlkugel losgelassen, aus der anderen ein Blatt Papier. Beide fallen zu Boden, das Papier allerdings taumelt auf immer anderen Wegen und benötigt viel mehr Zeit als die Stahlkugel.

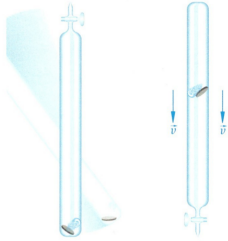

V2 In einer luftleer gepumpten Fallröhre kann man Fallbewegungen unter vereinfachten Bedingungen beobachten: Das Bleiklümpchen fällt genau so schnell nach unten wie die Flaumfeder.

> **Vertiefung**
>
> **Masse – sowohl schwer wie träge**
> Bei Fallbewegungen spielt die Masse eine Doppelrolle:
> Für die beschleunigende Kraft gilt gemäß der Gleichung von NEWTON $F = m \cdot a$. Hier bezeichnet m die „träge" Masse, also die Eigenschaft des Körpers, träge zu sein. Ist ein Körper doppelt so schwer wie ein anderer, so reden wir über seine „schwere" Masse. Ein doppelt schwerer Körper ist allerdings in Experimenten auch doppelt so träge.
> Man hat deshalb der „trägen" wie der „schweren" Masse gleiche Maßzahl und Einheit gegeben – man spricht nur noch von der Masse.

2. Messung der Fallbeschleunigung

Wir wissen jetzt: Der freie Fall ist eine spezielle Fallbewegung, geradlinig und konstant beschleunigt. Für solche Bewegungen kennen wir Bewegungsgesetze – fertige Formeln, die wir auf den freien Fall übertragen können:

(1) $a = g$ (2) $v = g \cdot t$ (3) $s = \frac{1}{2} g \cdot t^2$.

Dabei zeigt die positive Richtung des Ortsmaßstabes nach unten in Richtung der Fallbewegung. Als Beschleunigung tritt die immer positive Konstante g auf.

Wir kennen g als Ortsfaktor 9,81 N/kg und haben auch schon geprüft, ob die für Ortsfaktor und Fallbeschleunigung unterschiedlichen Einheiten zusammenpassen.

Wir wollen jetzt mit ➔ V1 die Fallbeschleunigung im Experiment ermitteln. Dazu messen wir für eine fallende Stahlkugel die Fallzeiten für verschiedene Fallwege ➔ T1 . Unsere Theorie für den freien Fall kontrollieren wir auf zwei Wegen:

a) Wir formen die für den freien Fall vorhergesagte Bewegungsgleichung $s = \frac{1}{2} g \cdot t^2$ um in $a = 2 s/t^2$ und berechnen in ➔ T1 für jedes gemessene t-s-Paar den Quotienten $2 s/t^2$.

Die in der dritten Spalte von ➔ T1 berechneten Werte stimmen recht gut überein. Die Fallbewegung ist gleichmäßig beschleunigt mit einem Betrag der Fallbeschleunigung zwischen 9,8 m/s² und 9,9 m/s². Als Mittelwert der berechneten Fallbeschleunigungen berechnen wir g = 9,83 m/s². Genauere Messungen liefern den Literaturwert 9,81 m/s².

b) Zu der vorhergesagten Bewegungsgleichung $s = \frac{1}{2} g \cdot t^2$ zeichnen wir in ➔ B1 mit dem (behaupteten) Fallbeschleunigungsbetrag g = 9,81 m/s² das t-s-Diagramm für die fallende Kugel.
In dieses Diagramm tragen wir die gemessenen Wertepaare (➔ T1 , Spalten 1 und 2) ein. Die Messpunkte liegen ziemlich gut auf der vorhergesagten Kurve.

Merksatz
Für den freien Fall aus der Ruhe mit konstantem Beschleunigungsbetrag $a = g$ = 9,81 m/s² gelten die Fallgesetze:
Zeit-Ort-Gesetz: $s = \frac{1}{2} g \cdot t^2$,
Zeit-Geschwindigkeit-Gesetz: $v = g \cdot t$.

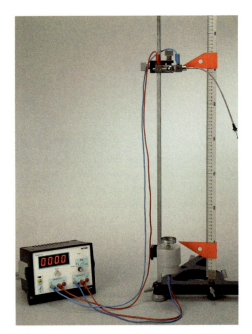

V1 Die oben eingeklemmte Stahlkugel schließt einen elektrischen Kontakt. Beim Freigeben der Kugel wird er unterbrochen und damit die elektrische Uhr gestartet. Die fallende Kugel trifft unten auf einen Teller; die Uhr stoppt.

Fallweg s in m	Fallzeit t in s	Fallbeschleunigung g in m/s²
0,20	0,201	9,90
0,40	0,286	9,78
0,80	0,404	9,80

T1 Vorne stehen die Messergebnisse des ➔ V1 . Es gilt $s = \frac{1}{2} g \cdot t^2$, daraus folgt für die Fallbeschleunigung: $g = 2 s/t^2$. Für jedes Wertepaar (t, s) wird damit g berechnet. Der Mittelwert dieser Messungen ist g = 9,83 m/s². Genauere Messungen liefern für Europa den Mittelwert g = 9,81 m/s². Am Nordpol ist der Wert größer, am Äquator kleiner. Auf dem Mond ergäbe die Auswertung von Fallversuchen den Wert g_{Mond} = 1,62 m/s².

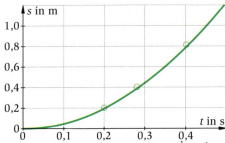

B1 Die grüne Kurve ist gemäß $s = \frac{1}{2} g \cdot t^2$ gezeichnet. Die Messpunkte aus ➔ T1 liegen auf der Kurve.

Vertiefung

Energiebilanz beim freien Fall
Beim freien Fall mit dem Höhenverlust s nimmt die Höhenenergie des Fallkörpers um $W = G \cdot s$ ab. Also um
$W = m \cdot g \cdot s = m \cdot g \cdot \frac{1}{2} g \cdot t^2$.
Man kann zusammenfassen und findet: $W = \frac{1}{2} m \cdot (g \cdot t)^2$
oder $W = \frac{1}{2} m \cdot v^2$. Auch dieses Ergebnis darf uns nicht überraschen. Wir erwarten die Energie auf dem Konto für Bewegungsenergie des Körpers. Diese wächst mit v^2.

Fallbewegungen

3. Fallbewegung mit Luftwiderstand

In → V2 beobachten wir den Fall eines Papierhütchens und vergleichen ihn mit dem freien Fall einer Stahlkugel. Der Fallweg weist bei beiden Körpern senkrecht nach unten, die Fallzeit des Hütchens ist aber merklich größer. Die Fallbewegung des Hütchens ist kein freier Fall mehr.

Die Videoanalyse ermöglicht genaue Beobachtung:
- Bei der Kugel wird der zwischen zwei Momentaufnahmen zurückgelegte Weg immer größer, die Geschwindigkeit nimmt ständig zu.
- Beim Hütchen wachsen die Abstände nur auf dem ersten Stück, erst mehr, dann immer weniger, dann sind sie konstant. Die Geschwindigkeit nimmt also zunächst zu – erst mehr, dann weniger –, dann ändert sie sich nicht mehr.

Die t-v-Diagramme in → B2 präzisieren diese Beschreibung.

Mit NEWTONs Grundgesetz schließen wir von der beobachteten Geschwindigkeitsänderung auf die resultierende Kraft:

	Geschwindigkeit	Beschleunigung und resultierende Kraft
(a)	nimmt gleichmäßig zu	ungleich null und konstant
(b)	nimmt ungleichmäßig zu, erst mehr, dann weniger	ungleich null und kleiner werdend
(c)	ändert sich nicht	null

Für den freien Fall der Stahlkugel wissen wir: Stets gilt Fall (a). Die beim Papierhütchen beobachtete Bewegung entspricht zu Anfang Fall (b), dann gilt Fall (c).

Beim Hütchenfall kann also die konstante Gewichtskraft nicht allein die resultierende Kraft sein. Es muss eine weitere Kraft auf das Hütchen wirken, die der Gewichtskraft entgegenwirkt. Offenbar dürfen wir bei dem leichten Papierhütchen mit großer Fläche den Einfluss der Luft nicht vernachlässigen. Wer im fahrenden Auto die Hand aus dem Fenster hält, spürt die gegen die Bewegung gerichtete Luftwiderstandskraft $\vec{F}_L$. Die Erfahrung zeigt: Diese Kraft wächst mit der Geschwindigkeit.

Im Bild zu → V2 sind für das Papierhütchen und die Stahlkugel an mehreren Stellen längs des Fallweges die Kräfte $\vec{F}_L$ und $\vec{G}$ eingezeichnet. Beim freien Fall der Stahlkugel nehmen wir überall $\vec{F}_L = \vec{0}$ an, sie wird gleichmäßig beschleunigt. Beim Papierhütchen nimmt die Luftwiderstandskraft mit der Geschwindigkeit zu, also wird die Resultierende aus $\vec{F}_L$ und $\vec{G}$ kleiner. Die Geschwindigkeit des Hütchens wächst so lange, bis $\vec{F}_L$ und $\vec{G}$ gleiche Beträge haben. $\vec{F}_L$ und $\vec{G}$ sind gegengleich, die resultierende Kraft ist $\vec{0}$, die Geschwindigkeit konstant.

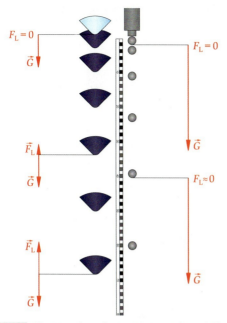

V2 Ein Kugel und ein Papiertrichter fallen entlang dem nach unten gerichteten Maßstab. Von dem Vorgang wird eine Videoaufnahme gemacht und mit einem Programm zur Videoanalyse ausgewertet.
Die durch Nachdenken gefundenen Kräftebilanzen sind zusätzlich eingezeichnet.

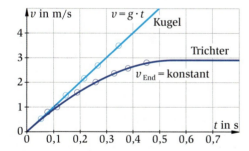

B2 Das Programm zur Videoanalyse liefert Wertepaare für die t-v-Diagramme bei Stahlkugel und Papierhütchen.
Die Stahlkugel fällt gleichmäßig beschleunigt, der Papiertrichter fällt nach wenigen Zehntelsekunden gleichförmig mit konstanter Endgeschwindigkeit.

A1 Berechnen Sie den Fallweg eines Steines für die Fallzeit 0,1 s, 0,2 s, 0,3 s und die Geschwindigkeit nach 0,75 m Fallweg.

A2 Schätzen und berechnen Sie, aus welcher Höhe ein Auto frei fallen müsste, damit es die Geschwindigkeit 50 km/h erreicht.

A3 Ein Bergführer lässt an einer angeblich 150 m tiefen Steilwand Eiswürfel fallen. Ein Tourist misst die Zeit, bis er den Aufschlag sieht: 4,5 s. Überprüfen Sie die Angaben des Bergführers.

A4 Vergleichen Sie im Freihandversuch die Fallbewegungen eines Federballs und eines Radiergummis.

Methoden – Stationenlernen

Fallbewegung

Teilen Sie Ihren Kurs in sechs Gruppen auf. Beginnen Sie in jeder Gruppe mit einem der beschriebenen Experimente. Nach der vereinbarten Zeit wechseln alle zur nächsten Station.
Fertigen Sie zu jeder Station ein Protokoll mit Versuchsskizze, Beschreibung, Versuchsergebnissen und Auswertung bzw. Deutung an.

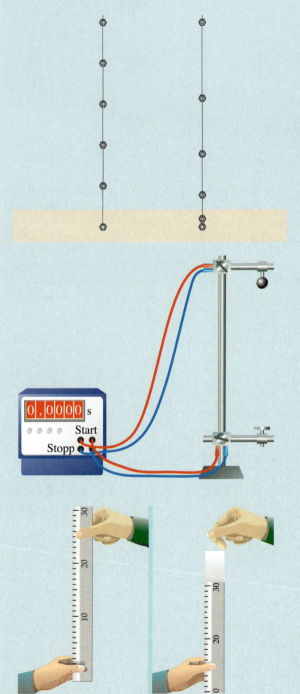

1. Station – Fallschnüre
Material: 10 Schraubenmuttern (mindestens M10), Wollfaden, Maßstab

Auftrag: Die Muttern werden als Fallkörper an vorher bestimmten Stellen in eine Schnur geknotet. Die Schnur wird dann wie im Bild gehalten und losgelassen. Man hört die Muttern nacheinander auf den Boden treffen: tak – tak – tak – tak - ...
Von Galileo GALILEI stammt die Idee, Bleikugeln in einer Schnur so anzuordnen, dass sie in festem Rhythmus auf den Boden klopfen. Planen Sie und fertigen Sie eine solche Fallschnur zum Gebrauch in einem Treppenhaus. Vorsicht: Schützen Sie den Fußboden an der Auftreffstelle durch eine geeignete Unterlage.

2. Station – Zeit-Ort-Messreihe
Material: Fallstrecke mit Start- und Auffangvorrichtung, Kurzzeitmesser, Kugel, Messlatte für Fallstrecken bis 100 cm; Einweisung in die Bedienung des Kurzzeitmessers durch den Lehrer oder die Lehrerin

Auftrag: Messen Sie die Fallzeiten z. B. für 10 cm, 40 cm, 90 cm. Wiederholen Sie jede Messung und bilden Sie für jede Fallstrecke den Mittelwert der Fallzeiten.
Fertigen Sie ein t-s-Diagramm an.
Berechnen Sie aus den Messdaten jeweils den Betrag g der Fallbeschleunigung. Bilden Sie den Mittelwert der Messwerte von g und vergleichen Sie ihn mit dem Literaturwert aus dem Buch. Geben Sie gegebenenfalls Gründe für Abweichungen an.

3. Station – Reaktionszeit
Material: Lineal (Längenmaßstab genügender Länge)

Auftrag: a) Ein Partner hält das Lineal am oberen Ende fest. Ein zweiter Schüler umfasst mit Mittelfinger und Daumen das untere Ende des Lineals, ohne es aber zu berühren. Die erste Person lässt das Lineal ohne Vorwarnung fallen. Die zweite Person greift sofort zu.
b) Stellen Sie eine Formel auf für den Zusammenhang zwischen Fallstrecke und Reaktionszeit.
Bestimmen Sie mit ihrer Hilfe die Reaktionszeit der Gruppenmitglieder. Bauen Sie mit diesen Kenntnissen ein Zeitlineal.

Fallbewegungen

4. Station – *g*-Messung mit Computer
Material: Computer mit Interface, Lichtschranke, Schlitzplatte, sogenannte *g*-Leiter; Stegabstand 1 cm

Auftrag: Die Lichtsschranke wird mit einem Computerinterface verbunden. In der Software wird Wegmessung eingestellt mit Wegintervall Δs = 1 cm. Der Zeitpunkt wird später bei jeder Unterbrechung der Lichtschranke vom Computer protokolliert. So gewinnen Sie im Versuch ein *t-s*-Diagramm der fallenden *g*-Leiter.
Starten Sie die Auswertesoftware und lassen Sie die *g*-Leiter durch die Lichtsschranke fallen.
Erzeugen Sie nach dem Versuch mithilfe der Software auch ein *t-v*- und ein *t-a*-Diagramm.
Bilden Sie den Mittelwert der *a*-Werte und erhalten Sie so den Wert *g*.
Fügen Sie zwei *g*-Leitern mit einem Klebefilm zusammen und wiederholen Sie den Versuch. Deuten Sie das Ergebnis.

5. Station – Besonderer Fall mit Filmauswertung
Material: Wurfgerät, Kugel (möglichst farbig, z. B. Golfball), Videokamera oder digitale Fotokamera, Computer mit Programm zur Videoanalyse

Auftrag: Filmen Sie aus einiger Entfernung einen senkrechten Wurf nach oben. Übertragen Sie die Videodatei auf den Computer und ermitteln Sie mithilfe der Analysesoftware eine *t-v*-Wertetabelle und ein *t-v*-Diagramm. Interpretieren Sie das Diagramm und ermitteln Sie den konstanten Wert der Beschleunigung.

6. Station – Fallende Hütchen mit Videoanalyse
Material: Kreisscheiben aus Papier, Schere, Klebstoff, Maßstab, Videokamera oder Handy mit Videofunktion. Programm zur Videoanalyse.

Auftrag: Stellen Sie aus den Kreisscheiben Papierhütchen her, die geradlinig, aber möglichst langsam, nach unten fallen.
Fertigen Sie einen Videofilm über ein fallendes Hütchen an. Übertragen Sie die Videodatei auf den Computer und ermitteln Sie mithilfe der Analysesoftware das *t-v*-Diagramm der Fallbewegung.
Untersuchen Sie die Behauptung: Nach einer kurzen „Anlaufstrecke" bewegt sich das Hütchen mit konstanter Geschwindigkeit. Deuten Sie das Ergebnis.
Stecken Sie zwei, drei oder vier Hütchen ineinander und vergleichen Sie mithilfe der Videoanalyse die Fallbewegung eines solchen Päckchens mit der Fallbewegung eines einzelnen Hütchens.

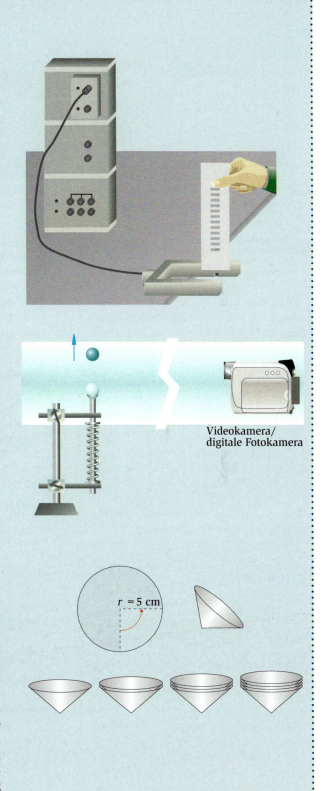

Videokamera/
digitale Fotokamera

r = 5 cm

Fallschirmsprung im Rechenmodell

B1 a) Noch ist der Fallschirm nicht geöffnet, der Sportler genießt den Kick der „Freifallphase". b) Beim zweiten Teil des Sprungs sinkt der Springer mit mäßiger Geschwindigkeit. Später landet er – punktgenau und ohne gefährlichen Aufprall.

Methode – Abschätzungen

Prüfen einer Werbebotschaft
Das verspricht die Werbung:
Über 3000 Meter Höhe, fast eine Minute freier Fall und ca. 200 km/h Geschwindigkeit im Flug sind die perfekten Zutaten für ein unvergessliches Erlebnis mit dem Fallschirm. Unter Fallschirmspringen versteht man die Aktionen Absprung, Freifall, Landung mithilfe eines Fallschirms.

Dies sind die physikalischen Fakten eines typischen Fallschirmsprungs:
- Absprung aus 3500 m Höhe,
- 40 s Fall mit 200 km/h,
- 5 min Gleitflug mit 20 km/h.

Wir rechnen um in Meter und Sekunde und skizzieren ein t-v-Diagramm:

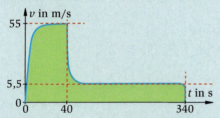

Den zurückgelegten Weg berechnen wir als Fläche unter der Kurve. Ganz grob, als Summe zweier Rechtecke:
$s \approx 40\,\text{s} \cdot 55\,\text{m/s} + 300\,\text{s} \cdot 5{,}5\,\text{m/s} = 3850\,\text{m}$.
Die Zahlen passen zusammen und weisen darauf hin, dass auch in der Freifallphase die Fläche unter der Kurve sich nicht allzu sehr von einem Rechteck unterscheidet. Die Endgeschwindigkeit von 200 km/h wird schnell erreicht.

Unsere physikalische Definition des freien Falls ist anders als die der Fallschirmsportler. In → **B1a** von der „Freifallphase" eines Fallschirmsprungs sieht man, dass keineswegs allein die Gewichtskraft auf den Sportler einwirkt: Der Luftwiderstand zerrt an den Kleidern und am Gesicht. Die Bewegungsgesetze des freien Falls dürfen wir also für den Fallschirmsprung nicht anwenden; um auf anderen Wegen rechnerische Vorhersagen machen zu können, fehlt uns noch mehr Wissen über die **Luftwiderstandskraft**.

1. Kraftgesetz für den Luftwiderstand

Aus Erfahrung wissen wir, dass die Luftwiderstandskraft mit der Geschwindigkeit zunimmt. Mit den schon benutzten Papierhütchen kann man experimentell nachweisen, dass der Betrag der Luftwiderstandskraft F_L proportional zu v^2 ist (→ **Vertiefung**, nächste Doppelseite). Bei doppelter Geschwindigkeit hat sie den vierfachen Wert. Die Betragsgleichung für die Luftwiderstandskraft

$$F_L = C \cdot v^2$$

sagt nichts über ihre Richtung aus. Diese wird in der Wertegleichung berücksichtigt:

$$F_L = C \cdot |v| \cdot (-v).$$

Mit $|v| \cdot (-v)$ statt v^2 wird ins Spiel gebracht, dass $\vec{F}_L$ der Geschwindigkeit $\vec{v}$ stets entgegengerichtet ist. Stets erhält man verschiedene Vorzeichen für die Werte F_L und v.

Wenn beim Fall mit Luftreibung die Endgeschwindigkeit $\vec{v}_{\text{End}}$ erreicht ist, gilt für die resultierende Kraft $\vec{F}_{\text{res}} = \vec{G} + \vec{F}_L = \vec{0}$. Daraus folgt dann die Betragsgleichung $G = C \cdot v_{\text{End}}^2$.

Merksatz
Für die Luftwiderstandskraft gilt die Betragsgleichung $F_L = C \cdot v^2$. Die Richtung wird in der Wertegleichung berücksichtigt:

$$F_L = C \cdot |v| \cdot (-v).$$

C hängt vor allem von Form und Größe des bewegten Körpers ab. Für die Endgeschwindigkeit $\vec{v}_{\text{End}}$ des Falls mit Luftwiderstand gilt $G = C \cdot v_{\text{End}}^2$.

72 Fall- und Wurfbewegungen im Sport

2. Endgeschwindigkeiten beim Fallschirmsprung

Der Fallschirmspringer in → **B1a** ist in 3500 m Höhe ausgestiegen. Seine Gewichtskraft beschleunigt ihn nach unten, die mit der Geschwindigkeit zunehmende Luftreibungskraft wirkt dem entgegen. In der sogenannten X-Haltung erreicht er seine konstante Fallgeschwindigkeit mit $v_{End} = 55$ m/s (≈ 200 km/h).
Bei diesem Bewegungszustand gilt für die Beträge:

$m \cdot g = G = F_L$, $\quad F_L = C \cdot v^2$,   daraus folgt:
$m \cdot g = C \cdot v^2$ oder $C = (m \cdot g)/v^2$.

Mit $m = 80$ kg und $v = 55$ m/s berechnet man $C = 0{,}26$ N/(m/s)^2.

Wir haben früher schon Bewegungsvorgänge ausgehend von den Startbedingungen alleine mit NEWTONs Kraftgesetz schrittweise berechnet → www. Diese Methode können wir jetzt anwenden. Weil sich die resultierende Kraft ständig ändert, müssen wir aber die momentan gültige Beschleunigung immer wieder neu ausrechnen:

$a = \dfrac{F_{res}}{m}$ mit $F_{res} = G + C \cdot |v| \cdot (-v)$.

$t_{neu} = t_{alt} + \Delta t$
$F_L = C \cdot |v| \cdot (-v)$
$F_{res} = F_L + G$
$a = \dfrac{F_{res}}{m}$
$v_{neu} = v_{alt} + a \cdot \Delta t$

So wie nebenstehend abgebildet sieht dann die Rechenschleife aus, die in der Tabelle von → **B2** Zeile für Zeile gerechnet wird.

Der Computer zeichnet auch das Diagramm → **B3**. Nach etwa 10 s nimmt die Geschwindigkeit kaum mehr zu. Im physikalisch freien Fall wäre ein Körper nach 10 s etwa 100 m/s schnell und würde auch weiterhin immer schneller werden.

Das Rechenprogramm zeigt auch, dass beim Fall mit Luftreibung die Masse des Fallkörpers eine Rolle spielt. Bei einem Tandemsprung mit doppelter Masse und ähnlicher Körperform berechnet der Computer einen deutlich weiteren Anstieg der Geschwindigkeit → **B3**. Bei Tandemsprüngen benutzt man deshalb einen kleinen Bremsschirm, der den C-Wert für das Tandem vergrößert und in der Freifallphase die Geschwindigkeit auf 200 km/h begrenzt.

Unser Programm leistet noch mehr: Wir können (wieder für die Masse 80 kg) 55 m/s als Startgeschwindigkeit einsetzen und den C-Wert deutlich vergrößern: Der Fallschirmsportler zieht die Reißleine! In weniger als einer Zehntelsekunde – sagt der Computer – sinkt die Geschwindigkeit auf weniger als 10 m/s → **B4**.
Diesen „Bremsruck" sieht man auf Videos, die Fallschirmsportler mit einer Helmkamera machen: Wenn sie ihren Schirm öffnen, „reißt es" mitfallende Sportler aus dem Bild.

Nach 1 Sekunde ist dann der Zustand gleichförmigen Sinkens erreicht. Die neue Endgeschwindigkeit sollte ein Zehntel der Freifall-Geschwindigkeit sein, für den C-Wert mussten wir bei den Konstanten im Computerprogramm 26 N/(m/s)^2 einsetzen, das Hundertfache des vorher benutzten Wertes.

F_L erhält man jetzt aus 26 N/(m/s)$^2 \cdot (5{,}5$ m/s$)^2$ statt aus $0{,}26$ N/(m/s)$^2 \cdot (55$ m/s$)^2$.

B2 Tabellenblatt für Fallbewegungen mit Luftreibung. Als Konstante und Startwerte sind die Bedingungen für die Freifallphase eines Fallschirmsprungs eingestellt.

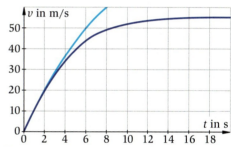

B3 t-v-Diagramm für die Bedingungen von → **B2**. In X-Haltung ($C = 0{,}26$ N/(m/s)^2) erreicht der Fallschirmsportler nach etwa 20 s die Endgeschwindigkeit $v_{End} = 55$ m/s (200 km/h). Hellblau eingezeichnet ist der Anfang der Kurve für einen Tandemsprung ($m = 160$ kg).

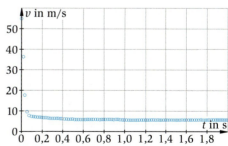

B4 Wenn bei $t = 0$ s der Fallschirm geöffnet wird, sinkt die Geschwindigkeit in wenigen Zehntelsekunden auf die übliche Sinkgeschwindigkeit 5,5 m/s. C ist jetzt 100-mal so groß wie in der Freifallphase, die neue Endgeschwindigkeit beträgt ein Zehntel der Geschwindigkeit davor.

Vertiefung

Bewegungen mit Luftwiderstand

A. Kraftgesetz für den Luftwiderstand

Wir wiederholen die Fallversuche mit Papierhütchen und erhöhen die Gewichtskraft, indem wir mehrere gleiche Exemplare ineinander stecken. Form und Fläche, die den Luftwiderstand beeinflussen, ändern sich dabei nicht. Nur eine höhere Fallgeschwindigkeit kann für die größere Luftwiderstandskraft sorgen, die der größeren Gewichtskraft gegengleich ist.

Die Auswertung mithilfe der Videoanalyse bestätigt die Vermutung. Allerdings ist die erreichte Endgeschwindigkeit erst bei vier ineinandergesteckten Hütchen doppelt so groß wie bei einem einzelnen Hütchen.

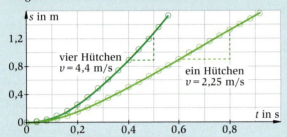

Also ist $F_L \sim v^2$. Diese Proportionalität gilt allgemein. Mit dem Proportionalitätsfaktor C kann man das Kraftgesetz für die Luftwiderstandskraft als Betragsgleichung schreiben: $F_L = C \cdot v^2$.

Die Größe C wird u.a. von der Fläche A bestimmt, die der Körper der Luft anbietet. Es gilt ein einfacher Zusammenhang: C ist proportional zu A, d.h. doppelte Fläche ergibt doppeltes C. Mit dem Widerstandsbeiwert c_w („cw-Wert") und der Dichte der Luft ρ schreibt man

$$C = \tfrac{1}{2} c_w \cdot \rho \cdot A.$$

Die vollständige Formel für den Betrag der Luftwiderstandskraft heißt dann:

$$F_L = \tfrac{1}{2} c_w \cdot \rho \cdot A \cdot v^2.$$

Die folgende Tabelle nennt einige typische c_w-Werte.

Scheibe	1,1	Pkw	0,15 – 0,7
Kugel	0,45	Lkw	0,8 – 1,0
Mensch/Läufer	1,2	Flugzeug	0,08

Allein sagt der c_w-Wert nichts über die Größe der Luftwiderstandskraft aus. Erst nach Multiplikation mit der Stirnfläche des bewegten Körpers sind Vergleiche zulässig. Autofahrer, die mit dem c_w-Wert ihres Fahrzeugs prahlen, vergessen dies manchmal.

Die Fläche allein sagt auch noch nichts über die Größe der Luftwiderstandskraft aus. Ein Schalenanemometer funktioniert nur deshalb, weil die konvexe Seite einer Halbkugelschale den c_w-Wert 0,34, die konkave aber den c_w-Wert 1,33 hat.

B. Hagelkörner und Regentropfen

Hagelkörner so groß wie Hühnereier oder gar Tennisbälle prasselten am Sonnabend gegen 17 Uhr aus düsteren Wolken herab. Der Hagel schlug mit großer Wucht ein. Menschen brachten sich hastig unter Dächern in Sicherheit und mussten mitansehen, wie der Hagel ihre Dächer zerschmetterte oder Dellen in ihre Autos schlug.

Hagelkörner haben Kugelform, bestehen aus gefrorenem Wasser und fallen durch die Luft nach unten. Wir wenden unser Physikwissen auf diese Situation an.

„Hühnereigroß" sagen die Meteorologen, wenn die Hagelkörner etwa 5 cm Durchmesser haben. Wir wollen ausrechnen, mit welcher Geschwindigkeit sie den Erdboden erreichen. Dazu benutzen wir die (Betrags-)Gleichung $G = C \cdot v_{End}^2$, in der wir C durch $\tfrac{1}{2} c_w \cdot \rho_{Luft} \cdot A$ ersetzen.

$G = m \cdot g$ ermitteln wir über

$$m = \tfrac{4}{3} \pi \rho_{Eis} \cdot r^3 = \tfrac{4}{3} \pi \cdot 917 \, \tfrac{kg}{m^3} \cdot (0{,}025 \, m)^3,$$

also $m = 0{,}060$ kg und $G = m \cdot g = 0{,}59$ N.

Die Querschnittsfläche berechnen wir aus $A = \pi \cdot (0{,}025 \, m)^2$, also $A = 0{,}0020 \, m^2$.

Mit der Dichte der Luft $\rho_{Luft} \approx 1{,}25 \, kg/m^3$ und dem c_w-Wert 0,45 für eine Kugel erhalten wir

$$0{,}59 \, N = \tfrac{1}{2} \cdot 0{,}45 \cdot 1{,}25 \, kg/m^3 \cdot 0{,}0020 \, m^2 \cdot v_{End}^2.$$

Aus $0{,}59 \, N = 0{,}00056 \, kg/m \cdot v_{End}^2$ folgt dann

$$v_{End} = 32 \, m/s \text{ (oder 117 km/h!).}$$

Versicherungsgesellschaften geben 31 m/s an.

Mit „Wucht" ist im Zeitungsartikel wahrscheinlich die Bewegungsenergie eines Hagelkorns gemeint: $W_{Bew} = \tfrac{1}{2} \cdot 0{,}060 \, kg \cdot (32 \, m/s)^2 = 31 \, J.$

Ein Stein der Masse 4 kg, der jemandem aus 80 cm Höhe auf den Fuß fällt, liefert die gleiche Energie.

Man kann die Rechnung für das hühnereigroße Hagelkorn für andere Radien wiederholen. Der Computer liefert dazu schnell eine → **Tabelle** – und die interessante Entdeckung, dass das Quadrat v_{End}^2 der Endgeschwindigkeit proportional zum Radius der Hagelkörner wächst → **www**. Dieser Zusammenhang steckt schon in der von uns benutzten Betragsgleichung

$$G = \tfrac{1}{2} c_w \cdot \rho_{Luft} \cdot A \cdot v_{End}^2.$$

Fallschirmsprung im Rechenmodell

r in m	G in N	A in m²	C in N/(m/s)²	vEnd² in (m/s)²	vEnd in m/s
0,001	0,000028	0,0000031	0,0000009	32	5,7
0,002	0,000226	0,0000126	0,0000035	64	8,0
0,004	0,001809	0,0000503	0,0000141	128	11,3
0,008	0,014470	0,0002011	0,0000565	256	16,0
0,016	0,115757	0,0008042	0,0002262	512	22,6
0,032	0,926058	0,0032170	0,0009048	1024	32,0

Bei einer Kugel mit dem Radius r ist das Volumen und damit auch die Gewichtskraft proportional zu r^3, dagegen ist die Fläche proportional zu r^2. Der Quotient G/A ist deshalb proportional zum Radius r. Weil $G/A \sim v_{End}^2$, gilt daher für Fallkörper bei gleichem c_w-Wert:

$$v_{End}^2 \sim r.$$

Alle unsere Überlegungen gelten auch für Regentropfen, die Zahlen weichen jedoch etwas ab, weil die Dichte von Wasser mit 1000 kg/m³ etwas größer ist als die von Eis (917 kg/m³). Große Regentropfen fallen also mit Geschwindigkeiten bis 10 m/s zur Erde, hundert mal kleinere Tropfen fallen mit 1 m/s.

C. 100-m-Lauf – Luftwiderstand ist nicht alles → www

Das durch Messung ermittelte t-v-Diagramm eines 100-Meter-Laufs → B1a erinnert an Fallbewegungen mit Luftwiderstand (Laufrichtung hier positiv). Die Bewegung beginnt mit dem Beschleunigungswert

$$a = 12 \text{ (m/s)}/(1{,}25 \text{ s}) = 9{,}6 \text{ m/s}^2.$$

Auf den 80 kg schweren Athleten wirkt also die „Antriebs"-Kraft mit dem Wert

$$F_{Ant} = m \cdot a = 80 \text{ kg} \cdot 9{,}6 \text{ m/s}^2 \approx 770 \text{ N}.$$

Nehmen wir diese Kraft als konstant für den gesamten Lauf an, so muss es eine mit der Geschwindigkeit zunehmende und gegen die Bewegung gerichtete Kraft geben. Nur so können resultierende Kraft und Beschleunigung kleiner werden.
Der Athlet erfährt eine Luftwiderstandskraft mit dem negativen Wert

$$F_L = \tfrac{1}{2} c_w \cdot \rho \cdot A \cdot |v| \cdot (-v).$$

Mit $A = 0{,}8$ m², $\rho = 1{,}25$ kg/m³ und dem c_w-Wert 1,2 schreiben wir für den Wert der Luftwiderstandskraft $F_L = C \cdot |v| \cdot (-v)$ mit $C = 0{,}6$ N/(m/s)². Wenn wir mit diesem C-Wert und der konstanten Antriebskraft $F_{Ant} = 770$ N unser Rechenprogramm für den Fallschirmsprung einrichten, dann zeichnet der Computer ein t-v-Diagramm, das mit den Messwerten für den 100-m-Lauf nichts mehr zu tun hat → B1b.

Mit $C = 0{,}6$ N/(m/s)² und der realen Endgeschwindigkeit $v_{End} = 12$ m/s berechnen wir die Luftwiderstandskraft zu $F_L = -86$ N. Das entspricht etwa 10 % der Kraft, die dem Läufer als Antriebskraft zur Verfügung stehen.

Physiker aus Mexiko haben in einem Aufsatz (J.J. Hernández Gómez et al, *Eur. J. Phys.* **34** 1227) vorgeschlagen, die beim Start beobachtete Antriebskraft um einen geschwindigkeitsabhängigen Term zu verkleinern:

$$F_{Res1} = F_{Ant} + B \cdot (-v), \text{ also } F_{Res1} = 770 \text{ N} - B \cdot v.$$

In dem Term fassen die Autoren „the basic effects of resistance" zusammen. Daneben rechnen sie wie wir mit der Luftwiderstandskraft – „hydrodynamic drag". Der Wert der Resultierenden aller Kräfte lautet dann

$$F_{Res} = F_{Ant} + B \cdot (-v) + C \cdot |v| \cdot (-v).$$

Mit $C = 0{,}6$ N/(m/s)² und $B = 56$ N/(m/s) liefert das veränderte Rechenprogramm gute Übereinstimmung mit den Messwerten → B1c.
Die allein für die Körperbewegung zu kompensierenden $B \cdot (-v) = 56$ N/(m/s) $\cdot (-12$ m/s$) \approx -670$ N entsprechen schon einem Großteil (90 %) der Antriebskraft von 770 N. Nur 10 % wendet der Sprinter auf, um durch die „hinderliche" Luft voranzukommen.

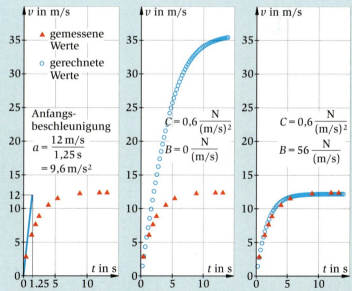

B1 a) t-v-Diagramm eines 100-m-Laufs mit Messwerten und Anfangsbeschleunigung b) Die Simulation nur mit Luftwiderstandskraft gibt die Messwerte nicht wieder. c) Erst mit einem zusätzlichen geschwindigkeitsabhängigen Term stimmen Messwerte und Simulation überein.

Auf der schiefen Ebene

1. Konstante Kraft auf der schiefen Ebene

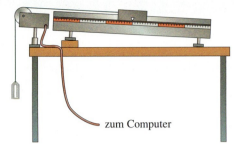

V1 Die Luftkissenbahn wurde durch Unterlegen eines 20 mm starken Brettchens geneigt. Der Schlitten gleitet beschleunigt nach unten. Der Bewegungsablauf wird aufgezeichnet.

Um den Schlitten auf der Luftkissenbahn in → **V1** in Ruhe zu halten, bedarf es einer Kraft in Bahnrichtung – „bergauf", gegen die Hangabtriebskraft. Lässt man den Schlitten los, so wirkt die Hangabtriebskraft als beschleunigende Kraft: $\vec{F}_H = m \cdot \vec{a}$.

Die Größe der Hangabtriebskraft ermitteln wir durch Komponentenzerlegung. Die Richtungen der Komponenten sind durch die Situation gegeben: senkrecht zur Bahn (Normalkraft) und parallel zur Bahn (Hangabtriebskraft).

Wir konstruieren in → **B1** den grünen Lageplan mit der um h angehobenen Bahn der Länge l und das Kräfteparallelogramm für die Zerlegung $\vec{G} = \vec{F}_H + \vec{F}_N$, den roten Kräfteplan. → www

Bei → **B1** ist erklärt, warum Lageplan und Kräfteplan immer ähnliche Dreiecke liefern. Für den Betrag der Hangabtriebskraft ist dort auch hergeleitet:

$$F_H = G \cdot \frac{h}{l}, \text{ also gilt auch } F_H = m \cdot g \cdot \frac{h}{l}.$$

Die Ähnlichkeit der Dreiecke von Lageplan und Kräfteplan kann man mit einem Geometrieprogramm (GeoGebra) durch Anheben des Punktes C für verschiedene Neigungen der Bahn vorführen.
Bei fester Neigung liefert die Komponentenzerlegung an jeder Stelle der Bahn die gleiche Hangabtriebskraft. Der Schlitten gleitet gleichmäßig beschleunigt nach unten. Die Auswertung von → **V1** bestätigt dies: Die für verschiedene Neigungen der Bahn registrierten t-v-Diagramme in → **B2** sind Geraden.

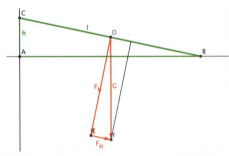

B1 Lageplan und Kräfteplan zu → **V1** (mit GeoGebra). ΔABC und ΔDEF sind ähnliche Dreiecke, weil die einander entsprechenden Seiten jeweils senkrecht aufeinander stehen. Die aus einander entsprechenden Seiten gebildeten Quotienten sind alle gleich: $F_H : G = h : l$. Daraus folgt $F_H = G \cdot h/l$.

Aus der NEWTON-Gleichung $F = m \cdot a$ wird bei der schiefen Ebene die Gleichung $F_H = m \cdot a$ mit $F_H = m \cdot g \cdot h/l$.
Durch Einsetzen erhalten wir $m \cdot g \cdot h/l = m \cdot a$ oder $a = g \cdot h/l$. Wie beim freien Fall ist die Beschleunigung auf der schiefen Ebene von der Masse unabhängig.

Die Dreiecke im Lageplan und Kräfteplan sind rechtwinklige Dreiecke. h ist Gegenkathete zum Neigungswinkel α, l ist Hypotenuse. Mit der Sinusfuktion gilt $\sin \alpha = h/l$. Also gilt auch: $a = g \cdot \sin \alpha$.

Merksatz
Bei reibungsloser Bewegung auf der schiefen Ebene hängt die Beschleunigung allein von der Neigung der Bahn ab. Es gilt

$$a = g \cdot h/l \quad \text{oder} \quad a = g \cdot \sin \alpha.$$

Dabei ist h die Höhendifferenz zwischen Anfang und Ende der Bahn mit der Länge l; α ist der so erzeugte Neigungswinkel.

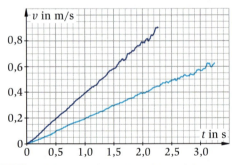

B2 t-v-Diagramme zweier Schlittenfahrten

A1 Bestimmen Sie in → **B2** die Beschleunigungen der beiden Bewegungen auf der $l = 2$ m langen Bahn und bestätigen Sie:
Fall a: $h = 40$ mm, $\alpha = 1{,}15°$,
Fall b: $h = 80$ mm, $\alpha = 2{,}28°$.

A2 Die Gleichung $F_H = m \cdot g \cdot h/l$ kann man umformen:
$F_H \cdot l = m \cdot g \cdot h$.
Diese „neue" Gleichung kann man mit der „Energiebrille" lesen. Beschreiben Sie die Energiebilanz einer Schlittenfahrt.

A3 Bei Bergstraßen sind „10% Steigung" nicht ungewöhnlich. Das ist eine Bahnneigung von etwa 6°. Kontrollieren Sie diese Umrechnung und bestimmen Sie Hangabtriebskraft und Beschleunigung für einen 40-Tonner-Lkw.

Auf der schiefen Ebene

Physik und Geschichte

Freier Fall und schiefe Ebene bei Galileo GALILEI

„Auf einem Holzbrette von 12 Ellen Länge, bei einer halben Elle Breite und drei Zoll Dicke, war auf dieser letzten schmalen Seite eine Rinne von etwas mehr als einem Zoll Breite eingegraben. Dieselbe war sehr gerade gezogen, und, um die Fläche recht glatt zu haben, war inwendig ein sehr glattes und reines Pergament aufgeklebt. In dieser Rinne ließ man eine sehr harte völlig runde und glattpolierte Messingkugel laufen. …"

GALILEIs Versuchprotokoll (Auszug)
GALILEIs Laboratorium (Nachbau)

A. „Was man sieht, wird durch die Theorie bestimmt." Diesen Satz hat Albert EINSTEIN (1879–1955) über eine Schwierigkeit bei der Erkenntnissuche gesagt. Man sieht vor allem das Erwartete und es fällt schwer, die Versuchsergebnisse ohne Vor-Urteile zu betrachten.

B. Eine erste Theorie der Bewegungen hat ARISTOTELES (384–322 v. Chr.) vor 2500 Jahren begründet. Er teilte Bewegungen in zwei Klassen ein,
- die natürlichen Bewegungen der Himmelskörper, die ihren Bewegungsantrieb in sich selbst haben,
- die künstlichen Bewegungen, die zu ihrer Aufrechterhaltung ständiger Anstrengungen von außen bedürfen. Die künstliche Bewegung eines Ochsenkarrens hört auf, wenn die Verbindung von Ochsenkraft und Karren gelöst wird.

ARISTOTELES vermittelte in seiner Lehre eine unmittelbar einleuchtende Regel: *Bewegung bedarf der Begründung, Ruhe nicht.*

Mit dieser Theorie im Kopf versucht heute noch mancher zu erklären, dass z.B. eine auf ebener Bahn rollende Kugel von alleine zur Ruhe kommt.

C. 2000 Jahre später hat Isaac NEWTON (1643–1727) seine Theorie der Bewegungen auf den Kraftbegriff gestützt:
Bewegung bedarf keiner Kraft. – Jede Änderung der Bewegung bedarf einer Kraft.

Für NEWTON sind Ruhe und gleichförmige Bewegung ein- und dasselbe. Wer NEWTONs Theorie im Kopf hat, „sieht" bei der rollenden Kugel die Reibungskraft, die sie langsamer werden lässt.

Auf der Grundlage der newtonschen Gesetze erklären Physiker seither die Bewegungsabläufe auf der Erde ebenso wie die Planetenbahnen im Weltall. Die auf einen Apfel wirkende Gewichtskraft gehorcht demselben Gesetz wie die Kraft, die den Mond auf seiner Bahn um die Erde hält.

D. Galileo GALILEI (1564–1642) war – 100 Jahre vor NEWTON – noch der Lehre ARISTOTELES' verpflichtet. Er hat aber als Physiker genau beobachtet und gezielt experimentiert. Er hat auch genau Protokoll geführt.

Die aristotelische Unterscheidung von natürlicher und gewaltsamer Bewegung erschien GALILEI fraglich. Er hielt auch die Fallbewegung für natürlich und ging von der *Annahme* aus, dass die beschleunigte Bewegung einer fallenden Kugel nach einfachen Gesetzen ablaufen müsste. Was wäre einfacher als die gleichmäßige Zunahme der Geschwindigkeit mit der Zeit?
Aus dem behaupteten Zeit-Geschwindigkeit-Gesetz $v \sim t$ leitete er dann her, dass die von frei fallenden Körpern zurückgelegten Wege sich verhalten wie die Quadrate der Zeiten. In unserer Schreibweise: $s \sim t^2$.

Die experimentelle Bestätigung seiner These an Fallbewegungen war ihm nicht möglich; er konnte keine kleinen Zeiten messen. Er überwand diese Schwierigkeit, in dem er sich einer schiefen Ebene bediente (oben). Auch das Herabrollen einer Kugel sah er als natürliche Bewegung an. Für diese „Fallbewegung in Zeitlupe" erfand er eine raffinierte Methode der Zeitmessung:

„Zur Ausmessung der Zeit stellten wir einen Eimer voll Wasser auf, in dessen Boden ein enger Kanal angebracht war, durch den ein feiner Wasserstrahl sich ergoss, der mit einem kleinen Becher aufgefangen wurde. … Das dieser Art aufgefangene Wasser wurde auf einer sehr genauen Waage gewogen. … So erhielten wir die Verhältnisse der Zeiten, und zwar mit solcher Genauigkeit, dass die zahlreichen Beobachtungen niemals merklich voneinander abwichen."

GALILEI hat für den freien Fall eine gleichmäßig beschleunigte Bewegung *behauptet*, auf mathematischem Wege ein Zeit-Ort-Gesetz *abgeleitet* und dieses experimentell *bestätigt*.
So gehen Physikerinnen und Physiker auch heute vor.

Waagerechter Wurf

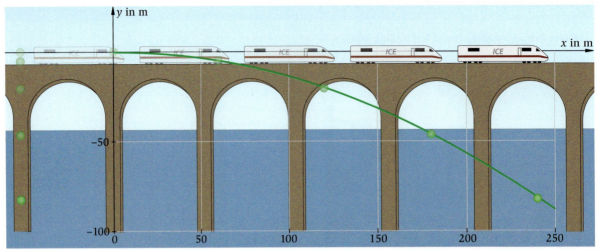

B1 Zwei Kugeln fallen, links losgelassen vom ruhenden Beobachter, rechts losgelassen vom Beobachter, der im ICE mit 216 km/h über die Brücke fährt. Den fahrenden ICE und die fallenden Kugeln sieht man in sechs Momentaufnahmen.

Vertiefung

Beschleunigter Beobachter

Die Beobachterin sitzt im fahrenden Zug, balanciert ein Tablett, auf dem eine Kugel liegt. Sie hält das Tablett waagerecht – die Kugel bleibt in Ruhe. Sie kann schiefe Ebenen einstellen, die Kugel rollt beschleunigt bergab, sie kann das Tablett wieder waagerecht ausrichten – die Kugel rollt mit konstanter Geschwindigkeit weiter. Für die Beobachterin im *gleichförmig bewegten* System ist alles so wie im häuslichen Labor oder wie in einem Zug, der auf dem Bahnhof steht.
Ungewöhnlich werden die Beobachtungen im Zuglabor nur dann, wenn der Zug anfährt oder bremst, also für den Beobachter im *beschleunigten* System. Dann rollt die Kugel auf waagerechtem Tablett unvermutet nach vorne oder nach hinten. Ein außenstehender und ruhender Beobachter wundert sich überhaupt nicht: Auch wenn der Zug seine Geschwindigkeit ändert, bewegt sich die Kugel nach NEWTON mit konstanter Geschwindigkeit weiter.
Immer wenn der Beschleunigungssensor im Smartphone des Zugreisenden Alarm gibt, sollte dieser seine physikalischen Versuche besser unterbrechen.

1. Das Gesetz des freien Falls gilt auch im ICE

Ein Reisender hat im gleichförmig fahrenden ICE → **B1** das Gefühl zu ruhen. Er befindet sich in einem nicht beschleunigten System, wie der auf der Brücke stehende Beobachter, an dem der Zug vorbeifährt → **Vertiefung**.

Führt der Reisende in seinem Bezugssystem, also im für ihn ruhenden Abteil, die uns bekannten Versuche zum freien Fall durch, so beobachtet er eine nach unten gerichtete gleichmäßig beschleunigte Bewegung und misst (mit positiver Achse nach oben) als Fallbeschleunigung $a = -9{,}81 \text{ m/s}^2$, genauso wie ein ruhender Beobachter. Beide, ruhender und bewegter Beobachter beobachten für ihren Fallkörper als einzige Kraft die Gewichtskraft (Betrag $G = m \cdot g$) senkrecht nach unten. Beide erwarten nach der Grundgleichung der Mechanik den Beschleunigungswert $a = -g$.

2. Der ruhende Beobachter sieht eine Parabelbahn

Der neben den Schienen stehende, ruhende Beobachter sieht die „mitreisende" Kugel im weiten Bogen nach rechts fallen. Für diesen **waagerechten Wurf** beschreibt er den Ort der Kugel in seinem x-y-Koordinatensystem → **www**:

- Die Kugel befindet sich immer genau unterhalb der Hand des reisenden Beobachters, der sie losgelassen hat. Dieser Startpunkt bewegt sich mit der Geschwindigkeit des ICE gleichförmig nach rechts, in positive x-Richtung. Es gilt $v_x = v_0 = 60$ m/s. Dass die Kugel sich mit diesem Geschwindigkeitswert gleichförmig nach rechts bewegt, ist zu erwarten, denn in diese Richtung wirkt auf sie keine beschleunigende Kraft – wir vernachlässigen den Luftwiderstand. Den zurückgelegten Weg messen wir vom Koordinatenursprung, es gilt also $x = v_0 \cdot t$.
- Der bewegte Beobachter im ICE berichtet, dass die Kugel einen freien Fall ausübt (ebenfalls ohne Luftwiderstand). In y-Richtung (positive Richtung nach oben gewählt) gelten deshalb die Wertegleichungen $v_y = -g \cdot t$ und $y = -\frac{1}{2} g \cdot t^2$.

Waagerechter Wurf

Wir verlegen die Situation von → B1 ins Labor. → V1 zeigt unmittelbar, dass die waagerecht geworfene Kugel und die frei fallende Kugel sich immer in gleicher Höhe befinden. Obwohl die geworfene Kugel auf ihrer Parabelbahn den größeren Weg zurücklegt, trifft sie gleichzeitig mit der fallenden Kugel auf dem Boden auf. Man hört es, bei jeder möglichen Fallhöhe. Die waagerechte Bewegung der geworfenen Kugel hat keinen Einfluss auf die Fallbewegung unter Einfluss der Gewichtskraft.

Die Videoanalyse liefert im 1/25-Sekunden-Takt die x- und y-Koordinaten der geworfenen Kugel. In → T1 vergleichen wir die Messwerte mit den behaupteten Bewegungsgleichungen und finden gute Übereinstimmung.

V1 Ein mit einer Feder gespannter Bolzen stößt nach rechts. Die rechte Kugel wird waagerecht abgeworfen, die linke Kugel gleichzeitig frei gelassen; sie fällt nach unten.
Beide Kugeln schlagen gleichzeitig auf.
Eine Videoaufnahme wird angefertigt und anschließend ausgewertet.

Merksatz

Beim waagerechten Wurf wird ein Körper waagerecht mit der Anfangsgeschwindigkeit $\vec{v}_0$ abgeworfen. Ein ruhender Beobachter beschreibt Ort und Geschwindigkeit mit den Wertegleichungen

$x = v_0 \cdot t,$ $\qquad y = -\frac{1}{2} g \cdot t^2,$

$v_x = v_0,$ $\qquad v_y = -g \cdot t.$

Die positiven Richtungen der Koordinatenachsen sind nach rechts und nach oben festgelegt, der Abwurf erfolgt im Koordinatenursprung. Der Luftwiderstand ist vernachlässigt.

t in s	x in m	y in m	x = v0*t in m	y=-0,5*g*t² in m
0,00	0,000	0,000	0,000	0,000
0,04	0,080	-0,007	0,079	-0,008
0,08	0,166	-0,031	0,158	-0,031
0,12	0,238	-0,070	0,236	-0,071
0,16	0,317	-0,124	0,315	-0,126
0,20	0,398	-0,198	0,394	-0,196
0,24	0,475	-0,284	0,473	-0,283
0,28	0,552	-0,387	0,552	-0,385

T1 Mit Videoanalyse sind die Koordinaten der geworfenen Kugel in → V1 ermittelt worden; zum Vergleich wurden die Koordinaten berechnet mit $v_0 = 0{,}552$ m/$0{,}28$ s $= 1{,}97$ m/s und $g = 9{,}81$ m/s².

3. Geschwindigkeit während des Wurfs

Wir können jetzt die Bahnkurve eines waagerechten Wurfs punktweise berechnen und danach zeichnen. Der geworfene Körper bewegt sich längs dieser Bahnkurve, der Geschwindigkeitsvektor schmiegt sich der Bahnkurve tangential an.

Die Geschwindigkeit setzt sich vektoriell aus den Geschwindigkeiten in x- und y-Richtung zusammen. Die Länge des resultierenden Vektors berechnen wir mithilfe des Satzes von PYTHAGORAS aus $v_x = v_0$ und $v_y = -g \cdot t$:

$v = \sqrt{v_x^2 + v_y^2} = \sqrt{v_0^2 + (-g \cdot t)^2}.$

In → B2 sind die Geschwindigkeitsvektoren für verschiedene Zeitpunkte des Wurfs gezeichnet. Man sieht auch dort, wie die Zunahme der Geschwindigkeit in y-Richtung für die Zunahme der Bahngeschwindigkeit sorgt.

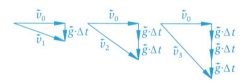

B2 Entwicklung der Bahngeschwindigkeit beim waagerechten Wurf

---

Der Einfluss des Luftwiderstands soll bei allen Aufgaben vernachlässigt werden.

A1 Die Feuerwehr löscht von einer Leiter in 12 m Höhe mit waagerechtem Strahl ein Feuer. Der Strahl trifft ein Fenster in 7 m horizontaler Entfernung und 9 m Höhe. Berechnen Sie die Wassergeschwindigkeit an der Düse.

A2 Ein Versorgungsflugzeug soll in 500 m Höhe mit einer Horizontalgeschwindigkeit von 360 m/s ein Paket abwerfen.
Bestimmen Sie den Ort, über dem der Pilot den Abwurf auslösen soll, damit das Paket im vereinbarten Zielbereich auftrifft.

A3 Ein Tennisball soll von der Grundlinie aus in 2 m Höhe waagerecht so ab„geschossen" werden, dass er maximal 50 cm vor dem Ende des gegnerischen Aufschlagfeldes auftrifft.
a) Berechnen Sie den „erlaubten" Bereich für die Abschussgeschwindigkeit.
b) Berechnen Sie die Koordinaten des optimalen Aufschlags, zeichnen Sie maßstäblich die Wurfbahn und berechnen Sie die Auftreffgeschwindigkeit.

Schiefer Wurf

1. Erweiterung einer erfolgreichen Methode

Beim waagerechten Wurf haben wir überlegt und bestätigt, dass die waagerechte Bewegung einer geworfenen Kugel keinen Einfluss auf ihre Fallbewegung hat. So konnten wir die Bahnkurve punktweise bestimmen.
Der Gedanke, die Wurfbahn aus gleichförmiger Bewegung in Wurfrichtung und beschleunigter Bewegung senkrecht nach unten zusammengesetzt zu denken, ist in → B1 in allgemeiner Form realisiert. Man kann den Wasserstrahl in beliebige Richtungen ausströmen lassen. Es gibt nicht nur den waagerechten Wurf, sondern auch den **schiefen Wurf.**

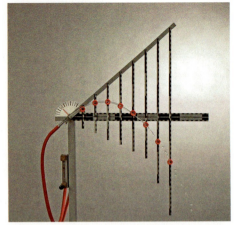

V1 Ein Wassermodell für Wurfbewegungen. Der Wasserstrahl kann waagerecht ausströmen, man kann aber auch andere Richtungen einstellen. Die Abweichung von der Anfangsrichtung wird mit den regelmäßig angebrachten Maßstäben gemessen, die senkrecht nach unten hängen.

Wir denken uns die Gewichtskraft ausgeschaltet. Dann würden die Wasserteilchen sich geradlinig und gleichförmig bewegen, mit der Ausströmgeschwindigkeit in Ausströmrichtung. Bei bekanntem v_0 können wir berechnen, wann die regelmäßig angeordneten Nullpunkte der aufgehängten Maßstäbe erreicht werden.
Bei eingeschalteter Gewichtskraft haben sich die Wasserteilchen gleichzeitig von der schiefen Ebene aus gesehen nach unten wegbewegt um den Wert $-\frac{1}{2} g \cdot t^2$. Auf diese neuen Werte wurden die roten Markierungen auf den Maßstäben eingestellt. Der Wasserstrahl folgt diesen vorausberechneten Bahnpunkten, egal welcher Winkel für den schiefen Wurf eingestellt wurde.

2. Computermodell mit dynamischer Geometrie

Wir kehren noch einmal zu dem in einem Zug bewegten Beobachter zurück und lassen ihn in einer Bergbahn gleichförmig bergauf fahren. Wieder befindet er sich in einem nicht beschleunigten System und findet alle Experimente, die er anstellt in voller Übereinstimmung mit NEWTONs Gesetzen. Wir als ruhende Beobachter sehen die im bewegten Labor fallende Kugel auf der Bahn eines schiefen Wurfs. Mit einem Programm für dynamische Geometrie führt der Computer die notwendigen Konstruktionen durch → B2.
Wie beim (analogen) mechanischen Modell mit Wasserstrahl und hängenden Maßstäben → B1 können wir mit diesem Rechenmodell den Einfluss der verschiedenen Parameter auf die Wurfbahn untersuchen. – Gibt man z.B. die Fallbeschleunigung auf der Mondoberfläche ein ($\approx \frac{1}{6} g$), dann zeichnet der Computer Bahnpunkte für den schiefen Wurf auf dem Mond.

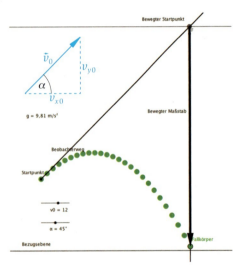

B2 → www GeoGebra-Modell für Wurfbewegungen. Der bewegte Beobachter bewegt sich vom Startpunkt aus gleichförmig längs der blauen Geraden (Beobachterweg). Der Computer zeichnet zu vorgegebenen Zeitpunkten t den bewegten Startpunkt im Abstand $v_0 \cdot t$ vom Startpunkt. Mit dem bewegten Startpunkt bewegt sich der grüne Maßstab. Der Computer zeichnet die fallende Kugel auf dem bewegten Maßstab im Abstand $\frac{1}{2} \cdot g \cdot t^2$ vom bewegten Startpunkt. So entsteht für den ruhenden Beobachter die Spur der Kugelorte als Bahnkurve des schiefen Wurfs.
Der Startwinkel α und der Betrag v_0 der Startgeschwindigkeit können mit Schiebereglern eingestellt werden.

3. Bewegungsgleichungen für den schiefen Wurf

Der Startpunkt in → B2 habe Ortswerte 0 und y_0. Die Kugel wird unter dem Winkel α mit der Geschwindigkeit $\vec{v}_0$ gestoßen. Die Werte des Geschwindigkeitsvektors sind v_{x0} und v_{y0}.
Es gilt: $v_{x0} = v_0 \cdot \cos\alpha$ und $v_{y0} = v_0 \cdot \sin\alpha$ (wie in → B2 gezeigt).
Wir fassen die getrennt gedachten Bewegungen in Bewegungsgleichungen für x- und y-Richtung zusammen und können damit Punkte der Bahnkurve koordinatenweise berechnen:

$$x = v_{x0} \cdot t = (v_0 \cdot \cos\alpha) \cdot t,$$

$$y = y_0 + v_{y0} \cdot t - \frac{1}{2} g \cdot t^2 = y_0 + (v_0 \cdot \sin\alpha) \cdot t - \frac{1}{2} g \cdot t^2.$$

Auch hier soll die positive Richtung y-Achse nach oben zeigen.

Schiefer Wurf

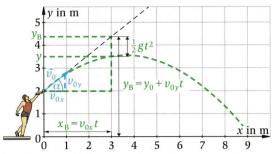
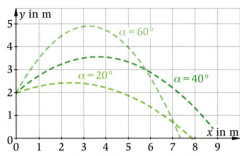

B3 **a)** Ein Kugelstoß ist ein schiefer Wurf. v_{x0} und v_{y0} sind die Startwerte für die punktweise Berechnung der Bahnkurve mithilfe der Bewegungsgleichungen. **b)** Hier sind die Wurfbahnen bei gleichem Betrag der Stoßgeschwindigkeit für verschiedene Stoßwinkel berechnet worden.

4. Wie gewinnt man beim Kugelstoßen?

Beim Kugelstoßen kommt es auf große Stoßweiten an. Sportlerinnen und Sportler wissen, dass neben dem Betrag der Stoßgeschwindigkeit die Stoßrichtung eine wichtige Rolle spielt. Mit dem in der Physik entwickelten Handwerkszeug wollen wir nun prüfen, ob der Sportler in → **B3a** den richtigen Abwurfwinkel trainiert hat.

In dem gewählten Koordinatensystem beginnt die Wurfbahn der Kugel bei (0; 2 m). Wir nehmen als Abstoßgeschwindigkeit v_0 = 8,5 m/s an und lassen den Computer für verschiedene Abstoßwinkel die Wurfbahnen darstellen → **B3b**. Bei den ausgewählten Winkeln liefert α = 40° die größte Wurfweite.

Um den Zusammenhang zwischen Stoßwinkel und Stoßweite bei fester Abstoßgeschwindigkeit genauer zu betrachten, erzeugen wir das Diagramm in → **B4**. Im Bereich von α = 40° hat die Kurve ein Maximum, dort ändert sich die Stoßweite nur wenig. Daraus folgt ein erster Rat fürs richtige Training: Man muss mit etwa 40° abstoßen, kleine Abweichungen vom optimalen Winkel ändern die Stoßweite kaum.

Stellt man mithilfe des Computers ein Diagramm dar, das bei festem Stoßwinkel den Zusammenhang zwischen Stoßgeschwindigkeit und Stoßweite zeigt → **B5**, liefert der zunehmende Anstieg der Kurve einen zweiten Rat für das richtige Kugelstoßtraining: Anfangsgeschwindigkeit ist fast alles. Es lohnt, die Stoßtechnik so zu verbessern, dass die Kugel die Hand mit möglichst großer Geschwindigkeit verlässt.

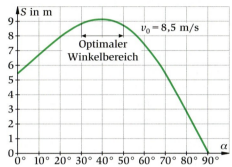

B4 Stoßweite S in Abhängigkeit vom Stoßwinkel. Der optimale Winkelbereich liegt zwischen 30 und 50°.

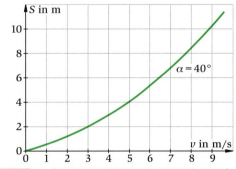

B5 Stoßweite in Abhängigkeit von der Stoßgeschwindigkeit

A1 Bestimmen Sie (wie beim waagerechten Wurf) die Geschwindigkeitswerte v_x und v_y beim schiefen Wurf.

A2 Begründen Sie: Wenn man die Wurfweite in der Höhe des Startpunkts misst, ist der optimale Stoßwinkel α = 45°.

A3 → www Richten Sie ein Computerprogramm für den schiefen Wurf so ein, dass es die Bahnkurve des hier abgebildeten Korbwurfs anzeigt. Prüfen Sie, ob man beim Basketballwurf den Luftwiderstand vernachlässigen darf. Messwerte:

x in Metern	y in Metern
0,00	2,02
0,30	2,53
0,71	2,92
1,18	3,26
1,72	3,48
2,28	3,50
2,88	3,34

5. Geschichte der Wurfbewegungen: GALILEI …

Unterredungen und Mathematische Demonstrationen über zwei neue Wissenszweige, die Mechanik und die Fallgesetze betreffend hat Galileo GALILEI ein 1638 erschienenes Buch genannt. In diesen *Discorsi* treten die gleichen Gesprächspartner auf wie in dem sechs Jahre vorher erschienenen *Dialogo*, dem *Dialog über die beiden hauptsächlichsten Weltsysteme, das ptolemäische und das kopernikanische*. In beiden Büchern treten drei Personen auf:
Salviati vertritt GALILEIs Erkenntnis, *Sagredo* ist sein intelligenter Gesprächspartner. *Simplizio* ist der überzeugte Anhänger der aristotelischen Lehre. Im betrachteten Textauszug ➔ B1 über die Wurfbewegung wird *Simplicio* von den beiden anderen etwas von oben herab behandelt, während *Salvatio* dem lernbegierigen *Sagredo* in aller Ausführlichkeit die Theorie des waagerechten Wurfs erklärt. Er tut dies so gründlich, dass auch wir seine Überlegungen gut nachvollziehen können.
Sagredo spart nicht mit Anerkennung für die Theorie und ihre Überlegenheit gegenüber dem Erfahrungswissen: „Erstaunlich und entzückend ist die Macht zwingender Beweise […]. Ich kannte schon nach Aussage der Bombenwerfer die Tatsache, dass von allen Kanonen- oder Mörserschüssen, die unter einem halben rechten [Winkel] abgeschossene Kugel am weitesten fliege […]; Aber das Verständnis des inneren Zusammenhanges wiegt unendlich viel mehr, als die einfache Versicherung Anderer, und selbst mehr als der häufig wiederholte Versuch."

Vierter Tag.

Salv. Da kommt ja Herr *Simplicio* noch zu rechter Zeit. So wollen wir denn ohne weiteres zur Bewegung übergehen. Hier ist der Text unseres Autors:

Ueber die Wurfbewegung.

Wir haben bisher die gleichförmige Bewegung und die natürlich beschleunigte, längs geneigten Ebenen, behandelt. Im Nachfolgenden wage ich es, einige Erscheinungen und einiges Wissenswerthe mit sicheren Beweisen vorzutragen über Körper mit zusammengesetzter Bewegung, einer gleichförmigen nämlich und einer natürlich beschleunigten; denn solcher Art ist die Wurfbewegung und so lässt sie sich stets erzeugt denken.

Wenn ein Körper ohne allen Widerstand sich horizontal bewegt, so ist aus allem Vorhergehenden, ausführlich Erörterten bekannt, dass diese Bewegung eine gleichförmige sei und unaufhörlich fortbestehe auf einer unendlichen Ebene: ist letztere hingegen begrenzt und ist der Körper schwer, so wird derselbe, am Ende der Horizontalen angelangt, sich weiter bewegen, und zu seiner gleichförmigen unzerstörbaren Bewegung gesellt sich die durch die Schwere erzeugte, so dass eine zusammengesetzte Bewegung entsteht, die ich Wurfbewegung (*projectio*) nenne und die aus der gleichförmigen horizontalen und aus der gleichförmig beschleunigten zusammengesetzt ist. Hierüber wollen wir einige Betrachtungen anstellen.

Theorem I. Propos. I.

Ein gleichförmig horizontaler und zugleich gleichförmig beschleunigter Bewegung unterworfener Körper beschreibt eine Halbparabel.

Sagr. Wir müssen, Herr *Salviati*, um meinet- und wohl, wie ich glaube, Herrn *Simplicio*'s willen, ein wenig Halt machen, da ich nicht so tief in die Geometrie eingedrungen bin, dass ich

[… hier folgt ein längerer Abschnitt mit Mathematik zur Parabel …]

Jetzt können wir auf unseren Text zurückkommen, wo im ersten Theorem behauptet wird, die aus der gleichförmigen horizontalen und aus der natürlich beschleunigten Bewegung zusammengesetzte Linie sei eine Halbparabel.

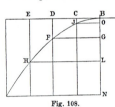

Fig. 108.

Man denke sich eine Horizontale oder eine horizontale Ebene *AB* (Fig. 108), längs welcher ein Körper sich gleichförmig bewege. Am Ende derselben fehlt die Stütze, und der Körper in Folge seiner Schwere unterliegt einer Bewegung längs der Senkrechten *BN*. Man denke sich *AB* nach *E* hin fortgesetzt, und theile gewisse gleiche Strecken *BC*, *CD*, *DE* ab. Von den Punkten *B*, *C*, *D*, *E* ziehe man Linien parallel *BN* in gleichen Abständen. In der ersten von *C* aus nehme man eine beliebige Strecke *CJ*, in der folgenden das vierfache *DF*, dann das neunfache *EH*, u. s. f. Stücke, die den Quadraten entsprechen. Wenn der Körper von *B* gleichförmig nach *C* gelangte, so denken wir uns das durch den Fall bedingte Stück *CJ* angefügt; der Körper wird in der Zeit *BC* im Puncte *J* sich befinden. Weiter würde er in der Zeit *DB*, gleich 2*BC*, die Fallstrecke gleich 4 *CJ* sein, denn in der vorigen Abhandlung ist bewiesen, dass die bei gleichförmig beschleunigter Bewegung zurückgelegten Strecken sich wie die Quadrate der Zeiten verhalten. Aehnlich wird *EH* in der Zeit *BE* durchlaufen, gleich 9 *CJ*, da *EH*, *DF*, *CJ* sich verhalten wie die Quadrate der Linien *EB*, *DB*, *CB*.

[… der quadratische Zusammenhang zwischen waagerechten und senkrechten Teilstrecken in Fig. 108 wird noch ausführlicher dargestellt …]

Folglich liegen die Punkte *J*, *F*, *H* in einer Halbparabel. Aehnlich wird bei Annahme irgend welcher anderer beliebiger Strecken und entsprechender Zeitgrössen bewiesen, dass die in ähnlicher Weise bestimmten Orte stets in einer und derselben Parabel liegen, womit das Theorem bewiesen ist.

V1 Beginn von „Vierter Tag" in GALILEIs *Discorsi*, 1891 von Arthur VON OETTINGEN aus dem Lateinischen und Italienischen übersetzt und herausgegeben.
GALILEI benutzt gleichlange Teilwege einer gleichförmigen Bewegung als Zeitmaß. So versteht man die Feststellung, dass die *Strecke* EH in der *Zeit* BE durchlaufen wird.

6. … und frühere Vorstellungen

Wie sehr Erfahrungswissen von falschen Vorstellungen überlagert werden kann, zeigt dieser Holzschnitt aus dem Jahr 1561:
Streng nach der Lehre des ARISTOTELES folgt die abgeschossene Kanonenkugel in gerader Linie der ihr aufgezwungenen Bewegung, bis ihre Bewegung auf null abgenommen hat. Dann erst wirkt ihr Bestreben, wie jeder schwere Körper zum Weltzentrum zu gelangen. Dass die gezeichnete Bahnkurve gar nichts mit möglichen Beobachtungen zu tun hat, war in jener Zeit unwichtig.

7. GALILEIs Bedeutung für die Naturwissenschaften

GALILEI hat bei der *Parabelform der Wurfbewegung* eine neue Methode angewendet und den künftigen Physikerinnen und Physikern den Weg zu einer guten Theorie gezeigt: Er suchte eine Vorstellung, die die Merkmale der untersuchten Erscheinung berücksichtigt und die eine mathematische Beschreibung möglich macht. Er stellte sich vor, dass bei einem geworfenen Körper zwei Bewegungen unabhängig voneinander stattfinden: $s \sim t$ und $s \sim t^2$.
Mit der gleichen Methode und zusätzlichem Wissen über Kraft und Beschleunigung (NEWTON, 100 Jahre später) haben wir die Theorie weiter entwickelt und Bewegungsgleichungen gefunden.

Schiefer Wurf

Vertiefung

Energie und Impuls bei Wurfbewegungen

A. Energieerhaltung beim schiefen Wurf

Am Anfang der Bahn, in der Höhe y_0 hat der mit v_0 geworfene Körper Höhenenergie und Bewegungsenergie. Die Summe aus beiden bleibt während des Wurfs unverändert:

$W_H + W_B = $ const.

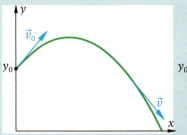

Für einen Bahnpunkt mit der Höhe y gilt:

$m \cdot g \cdot y + \frac{1}{2} m \cdot v^2 = m \cdot g \cdot y_0 + \frac{1}{2} m \cdot v_0^2$.

Umformung ergibt:

$\frac{1}{2} m \cdot v^2 = \frac{1}{2} m \cdot v_0^2 - m \cdot g \cdot y + m \cdot g \cdot y_0$,
$\frac{1}{2} m \cdot v^2 = \frac{1}{2} m \cdot v_0^2 - m \cdot g \cdot (y - y_0)$,
$v^2 = v_0^2 - 2g \cdot (y - y_0)$, $v = \sqrt{v_0^2 - 2g \cdot (y - y_0)}$.

Wie erwartet, bestimmt also außer v_0 allein der Höhenunterschied zum Startpunkt die Bahngeschwindigkeit in einem Bahnpunkt. Der Startwinkel spielt keine Rolle.
Übrigens: Durch Einsetzen von $y = y_0 - \frac{1}{2} g \cdot t^2$ erhält man die früher auf anderem Wege ermittelte Bahngeschwindigkeit.

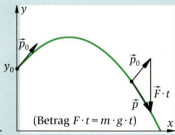

B. Impulsänderung beim schiefen Wurf

Für den Impuls gilt das NEWTON-Gesetz:
$\overrightarrow{\Delta p} = \vec{F} \cdot \Delta t$.
Der mit dem Startimpuls $\vec{p}_0$ geworfene Körper hat also nach der Zeit t den Impuls

$\vec{p} = \vec{p}_0 + \vec{F} \cdot t$.

Wir können damit den geänderten Impuls in einem Vektordiagramm zeichnerisch ermitteln.
Die Impulsänderung $\vec{F} \cdot t$ ist nach unten gerichtet und hat den Betrag $F \cdot t = m \cdot g \cdot t$.
Übrigens: Solange man nur die geworfene Kugel betrachtet, kann von Impuls*erhaltung* keine Rede sein. Nach actio = reactio gibt es aber einen zweiten Körper, auf den die gegengleiche Kraft wirkt → **Unser Planetensystem**.

Methode – Berechnen mit kleinen Schritten

Modellierung mit dynamischer Geometrie

Um Bewegungsabläufe allein mit dem NEWTON-Gesetz schrittweise zu berechnen, haben wir häufig Programme zur Tabellenkalkulation benutzt. Diese Möglichkeit steht auch bei GeoGebra zur Verfügung.
Um die Bahnkurve eines waagerechten Wurfs darzustellen, benutzen wir Tabellen- und Grafikansicht → www.
Konstanten und Startwerte stellt man in der Grafikansicht als Schieberegler dar und verweist auf sie in Zeile 2 der Spalten A bis D in der Tabellenansicht:

`A2: =vx0   B2: =0   C2: =0   D2: =sy0`

In Zeile 3 der Tabellenansicht sind die Gleichungen der Rechenschleife in Tabellenformeln übersetzt:

A3 $v_x = v_{x0}$ `=vx0`
B3 $v_{y,neu} = v_{y,alt} - g \cdot \Delta t$ `=B2-g*dt`
C3 $x_{neu} = x_{alt} + v_x \cdot \Delta t$ `=C2+A3*dt`
D3 $y_{neu} = y_{alt} + v_y \cdot \Delta t$ `=D2+B3*dt`

Diese Zeile wird dann nach unten kopiert.

Neu gegenüber anderer Tabellenkalkulation ist die Spalte E. Hier sind die zeilenweise berechneten Koordiaten der Bahnpunkte als Koordinatenpaare eingetragen:

`E2: (=C2,=D2), E3: (=C3,=D3), E4: (=C4,=D4),…`

Nach Markieren dieser Spalte kann man mit *Eigenschaften, Objekt anzeigen* das Bild in der Grafikansicht abrufen.

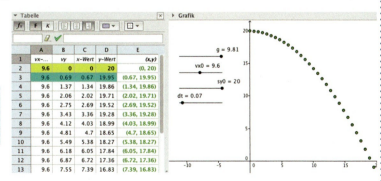

Vertiefung

Schiefer Wurf mit Luftwiderstand

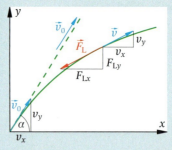

Beträge:
$$\frac{F_{Lx}}{v_x} = \frac{F_L}{v} \; ; \; \frac{F_{Ly}}{v_y} = \frac{F_L}{v}$$

Werte:
$$F_{Lx} = -v_x \frac{F_L}{v}$$
$$F_{Ly} = -v_y \frac{F_L}{v}$$

Der Federball (Badmintonball) soll mit einem „Unterhandschlag" über das Netz gebracht werden, seine Bahnkurve wird mit Videoanalyse punktweise vermessen und im x-y-Diagramm dargestellt → **Grafik unten**. Auch ohne die zusätzlich eingezeichneten gestrichelten Hilfslinien sieht man, dass es sich nicht um die Wurfparabel handelt. Die Kurve ist nicht symmetrisch, der Anstieg bis zum höchsten Punkt G nimmt längs der x-Achse mehr Raum ein als der „Absturz" danach. Anderseits sieht man am Abstand der mit $\Delta t = 0{,}04$ s ermittelten Wegpunkte, dass die Bahngeschwindigkeit schnell kleiner wird und während der Abwärtsbewegung auch nicht wieder zunimmt.

Man kann dem Bild die Startrichtung und die Startgeschwindigkeit entnehmen und damit für einen Körper beliebiger Masse die Wurfbahn eines reibungsfreien Wurfs berechnen. Die Rechenwerte sind im Bild zusätzlich eingezeichnet (•), die Abweichung ist drastisch.

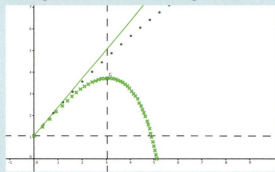

Ganz offenbar ist beim Badmintonball Reibung im Spiel, die bei physikalischer Betrachtung nicht vernachlässigt werden kann. Wir wollen nun die bewährte Methode der Modellierung einer Wurfbahn auf die reale Bahn des Federballs übertragen. Die Bewegung spielt sich in der Ebene ab, die entscheidenden Größen sind Vektoren, die wir durch ihre Koordinaten beschreiben.
Für den Startvektor $\vec{v}_0$ schreiben wir
$$\vec{v}_0 = (v_x, v_y) = (v_0 \cdot \cos\alpha, v_0 \cdot \sin\alpha).$$

„Unterwegs" schmiegen sich die Vektoren von Geschwindigkeit ($\vec{v}$) und Luftwiderstandskraft ($\vec{F}_L$) gegensinnig an die Wurfbahn. Ihre Koordinatenpaare bilden ähnliche Dreiecke und liefern so Verhältnisgleichungen für die Beträge. Wir machen daraus Wertegleichungen für F_{Lx} und F_{Ly} → **Grafik oben**.
In diesen Wertegleichungen kommen die Beträge v und F_L vor.
v berechnen wir mit dem Satz des PYTHAGORAS:
$$v = \sqrt{v_x^2 + v_y^2}.$$

Für F_L benutzen wir die Betragsgleichung
$$F_L = C \cdot v^2.$$

Damit gilt: $F_{Lx} = -v_x \cdot C \cdot v$ und $F_{Ly} = -v_y \cdot C \cdot v$.
Nach diesen Vorbereitungen übertragen wir die beim Fallschirmsprung bewährte Rechenschleife für den senkrechten Fall mit Reibung auf die Wurfbewegung mit Reibung (die Indizes „alt" und „neu" lassen wir weg):

$F_L = C \cdot |v| \cdot (-v)$ $(F_{Lx}, F_{Ly}) = (-v_x \cdot C \cdot v, -v_y \cdot C \cdot v)$

$F_{res} = F_L + G$ $(F_{resx}, F_{resy}) = (F_{Lx}, F_{Ly}) + (0, -mg)$

$a = \dfrac{F_{res}}{m}$ $(a_x, a_y) = \left(\dfrac{F_{resx}}{m}, \dfrac{F_{resy}}{m}\right)$

$v = v + a \cdot \Delta t$ $(v_x, v_y) = (v_x + a_x \cdot \Delta t, v_y + a_y \cdot \Delta t)$

$\qquad\qquad v = \sqrt{v_x^2 + v_y^2}$

$s = s + v \cdot t$ $(s_x, s_y) = (s_x + v_x \cdot \Delta t, s_y + v_y \cdot \Delta t)$

Die Zeile zur fortlaufenden Berechnung von t fehlt, weil die Bahnkurve im $(x-y)$-Koordinatensystem dargestellt werden soll, und die Zeile zur Berechnung des Geschwindigkeitsbetrags haben wir eingefügt, weil sonst die Formeln für die Koordinaten der Luftreibungskraft zu unübersichtlich würden.
In der Tabellenansicht von GeoGebra kann man Koordinatenpaare in die Zellen schreiben, das erleichtert die Übertragung unserer Rechenschleife in das Tabellenblatt. → **www**

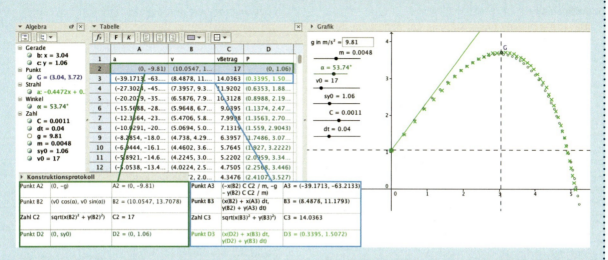

Im Konstruktionsprotokoll kann man kontrollieren, ob Konstanten und Startwerte in der Zeile 2 und die Formeln der Rechenschleife in der Zeile 3 der Tabelle richtig eingetragen sind. Korrekturen nimmt man im Kontextmenu der jeweiligen Tabellenzelle vor (rechte Maustaste, *Eigenschaften*).

In der Geometrieansicht kann man dann die in Spalte D der Tabelle berechneten Punkte der Wurfbahn darstellen. Die Bahnkurven mit gerechneten Koordinaten (○) und mit gemessenen Koordinaten (×) stimmen nicht sofort überein. Konstanten und Startwerte müssen angepasst werden.

Am besten geht man so vor: Als Δt wählt man 0,04 s, die Taktzeit der Videokamera. Den Startort $(0, s_{y0})$ entnimmt man der gemessenen Bahnkurve.
Die Masse des Badmintonballs beträgt regelgerecht 4,7 bis 5,5 g. Wir tragen 0,005 kg ein. Den Startwinkel und die Startgeschwindigkeit stellt man mit den Schiebereglern so ein, dass die ersten der gerechneten Bahnpunkte mit den Messpunkten übereinstimmen. Dann kann man mit dem Schieberegler für C „spielen", um die Kurven so gut wie möglich in Deckung zu bringen. Dabei sind dann kleinere Korrekturen bei α und v_0, aber auch bei m hilfreich.
Bei $C = 0{,}0011$ N/(m/s)^2 finden wir gute Übereinstimmung zwischen der gemessenen und der gerechneten Bahnkurve. Die Kleinheit des Wertes täuscht: Bei $v = 10$ m/s berechnet man eine Luftwiderstandskraft von ca. 0,1 N – das ist das Zwanzigfache der Gewichtskraft des Badmintonballes. Rechnen Sie nach!

Bei kleinen kompakten Körpern – so haben wir früher gesagt – wirkt bei Fall- und Wurfbewegungen allein die Gewichtskraft. Der Badmintonball ist wegen seiner Hühnerfedern alles andere als klein und kompakt!

Weil Badmintonbälle sich herstellungsbedingt unterschiedlich verhalten, werden vor einem Wettkampf die angebotenen Bälle getestet. „Durchschlagen" heißt die Prozedur: Der Ball wird mit *kraftvollem* Unterhandschlag von der hinteren Grundlinie flach über das Netz geschlagen. Wenn er kurz vor der ca. 13 m entfernten gegenüberliegenden Grundlinie landet, ist er geeignet.
Im Rechenmodell stellen wir einen flachen Winkel ein und vergrößern die Startgeschwindigkeit solange bis die Wurfweite ca. 13 m beträgt.
Die Konstante C ändern wir nicht. Sie wurde ja durch Vergleich mit einer gemessenen Bahnkurve angepasst. Aber wir wählen ein deutlich kleineres Δt, damit bei großer Geschwindigkeit die Genauigkeit nicht leidet.

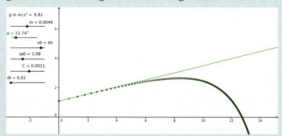

Der Schieberegler für v muss auf 90 m/s gestellt werden, damit der Ball 13 m weit fliegt. Das sind mehr als 300 km/h! Kann das sein? Nun, Ballgeschwindigkeiten bis zu 300 km/h sind im sportlichen Badmintonspiel normal, andererseits wäre es auch hilfreich, wenn man Messwerte für einen so kraftvollen Schlag aufnehmen würde – mit einer Hochgeschwindigkeitskamera – und daran das Modell noch einmal testen könnte.

NEWTONs Kraftgesetz gilt gewiss auch für den schnellen Badmintonball. Ob das von uns benutzte Kraftgesetz für den Betrag der Luftwiderstandskraft $F_L = C \cdot v^2$ genau so universell ist, darf bezweifelt werden.

Zusammenfassung

Das ist wichtig

1. Freier Fall

Die Fallbewegung eines Körpers, auf den allein die Gewichtskraft wirkt, wird freier Fall genannt. Weil die Kraft konstant ist, bewegt sich der Körper mit konstanter Beschleunigung.

An ein und demselben Ort beobachtet man für alle Körper beim freien Fall die gleiche Beschleunigung; ihr Betrag ist gleich dem Ortsfaktor g.

In Europa gilt $g = 9{,}81$ N/kg $= 9{,}81$ m/s^2.

Mit diesem Wert werden Bewegungsgleichungen der gleichmäßig beschleunigten Bewegung zu den Fallgesetzen für den freien Fall aus der Ruhe:

Zeit-Ort-Gesetz: $\qquad s = \frac{1}{2} g \cdot t^2$,

Zeit-Geschwindigkeit-Gesetz: $\quad v = g \cdot t$.

2. Freier Fall in Zeitlupe

Bei reibungsloser Bewegung auf einer schiefen Ebene hängt die Beschleunigung allein von der Neigung der Bahn und der örtlichen Fallbeschleunigung ab. Für den Betrag gilt:

$a = g \cdot \dfrac{h}{l}$ oder

$a = g \cdot \sin \alpha$.

Galileo GALILEI, der um das Jahr 1600 herum Fallbewegungen experimentell untersuchen wollte, konnte mit seinen Mitteln die kurzen Fallzeiten nicht messen. Er ging deshalb von der kühnen Behauptung aus, der freie Fall würde ähnlichen Gesetzen folgen wie die Bewegung einer Kugel auf einer schiefen Ebene.

3. Bewegungen mit Luftwiderstand

Bei Bewegungen mit Luftwiderstand muss die auf den bewegten Körper wirkende Luftwiderstandskraft $\vec{F}_L$ berücksichtigt werden. Diese ist der Geschwindigkeit $\vec{v}$ entgegengerichtet, ihr Betrag ist proportional zu v^2. Die Betragsgleichung für die Luftwiderstandskraft heißt:

$F_L = C \cdot v^2$.

Der Proportionalitätsfaktor C hängt von der Form und Größe des bewegten Körpers und von der Dichte der Luft ab.

Für Computerberechnungen geradliniger Bewegungen ist die Wertegleichung für die Luftwiderstandskraft hilfreich, sie liefert das richtige Vorzeichen:

$F_L = C \cdot |v| \cdot (-v)$.

4. Fallbewegungen mit Luftwiderstand

Bei Fallbewegungen mit Luftwiderstand bestimmt ständig die Resultierende aus Gewichtskraft $\vec{G}$ und Luftwiderstandskraft $\vec{F}_L$ die momentane Beschleunigung $\vec{a}$.

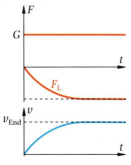

Solange für die Beträge $F_L < G$ gilt, nimmt die Fallgeschwindigkeit zu. Je mehr der Zustand $F_L = G$ erreicht wird, desto weniger wächst v.

Schließlich, bei $F_L = G$, ist die konstante Endgeschwindigkeit mit Betrag v_{End} erreicht. Dann gilt

$G = C \cdot v_{\text{End}}^2$, also $v_{\text{End}} = \sqrt{G/C}$.

Wenn man v_{End} gemessen hat, kann man für einen Körper die Konstante C berechnen.

5. Wurfbewegungen

Bewegungen können von verschiedenen Bezugssystemen aus betrachtet werden. Bei Wurfbewegungen ist diese Strategie erfolgreich: Was der eine Beobachter als Wurf in einer Ebene sieht, beobachtet ein anderer, gleichförmig bewegter Beobachter als geradlinige Fallbewegung.

Für die punktweise Beschreibung der Wurfbahn führt man die Beschreibungen der Beobachter in Gleichungen für die Koordinaten der Bahnpunkte zusammen.

Bewegungsgleichungen in Werteform ($x_0 = 0$; $y_0 = 0$) für den waagerechten Wurf:

$x = v_0 \cdot t$,

$y = -\dfrac{1}{2} g \cdot t^2$,

$v_x = v_0$,

$v_y = -g \cdot t$;

für den schiefen Wurf:

$x = v_{0x} \cdot t$,

$y = v_{0y} \cdot t - \dfrac{1}{2} g \cdot t^2$.

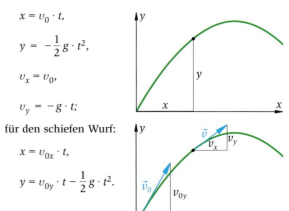

Die positiven Richtungen der Koordinatenachsen sind nach rechts und nach oben festgelegt.

Das können Sie schon

Umgang mit Fachwissen

Sie haben gelernt, Fallbewegungen ohne Luftwiderstand als gleichmäßig beschleunigte Bewegungen zu beschreiben. Sie haben die Gewichtskraft als konstante Antriebskraft erkannt und NEWTONs Gesetze genutzt, um Bewegungsgleichungen für den freien Fall zu erhalten.

Sie zerlegen Wurfbewegungen ohne Luftwiderstand in eine gleichförmige Bewegung längs der Anfangsrichtung und eine Fallbewegung in Richtung der Gewichtskraft. Sie wenden bekannte Bewegungsgesetze an, um Bewegungsgleichungen für Wurfbewegungen ohne Luftwiderstand zu ermitteln.

Für Fall- und Wurfbewegungen mit Luftwiderstand können Sie die auf den Körper wirkenden Kräfte beschreiben und Sie haben gelernt, die Bahnkurven der Bewegungen mithilfe der Gesetze NEWTONs punktweise zu berechnen.

Erkenntnisgewinnung

Sie können Fall- und Wurfbewegungen modellieren, indem Sie die punktweise Berechnung und Darstellung der Bahnkurven mittels Tabellenkalkulation oder dynamischer Geometriesoftware automatisieren.

Sie können das Herabrollen einer Kugel auf schiefer Bahn als „Fallbewegung in Zeitlupe" deuten. Damit erklären Sie, wie GALILEI experimentelle Probleme bei der Erforschung gleichmäßig beschleunigter Bewegungen löste.

Kommunikation

Sie haben Zeit-Ort-Diagramme, mit denen geradlinige Bewegungen beschrieben werden, benutzt, um Fallbewegungen darzustellen, und haben die Beziehung solcher Diagramme mit zugehörigen Zeit-Geschwindigkeit-Diagrammen und Zeit-Kraft-Diagrammen hergestellt.

Sie erklären bei Bewegungen mit Luftwiderstand den dynamischen Zusammenhang zwischen wachsender Geschwindigkeit und abnehmender Beschleunigung.

Sie haben gelernt, dass man die Zeit-Ort-Beziehung für eine Wurfbewegung durch die Bahnkurve in der x-y-Ebene darstellt. Zu jedem Zeitpunkt gehört ein Punkt der Bahnkurve.

Bei Wurfbewegungen haben Sie gelernt, die Zusammenhänge zwischen Kraft und Geschwindigkeitsänderung in Vektorbildern darzustellen und für gewünschte Berechnungen die Vektoren koordinatenweise zu beschreiben.

Sie haben an einem historischen Text gesehen, dass GALILEI seine Überlegungen zum waagerechten Wurf ohne Luftwiderstand auch schon durch Zerlegung in Bewegungen längs der Koordinatenachsen begründet hat.

Bewertung

Sie können begründen, warum bei realen Fallbewegungen die Zunahme der Geschwindigkeit prinzipiell beschränkt ist.

Das schafft Überblick

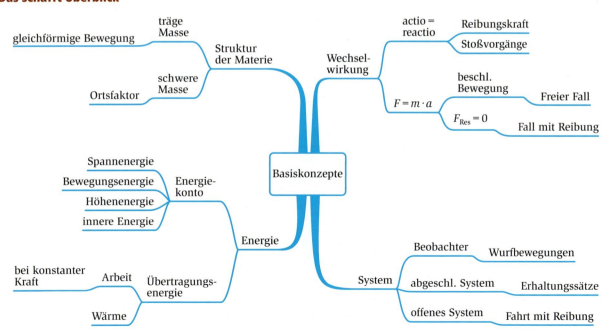

Zusammenfassung

Kennen Sie sich aus?

A1 Für frei fallende Körper gibt es folgende Faustregel: In der ersten Sekunde etwa 5 m, in jeder weiteren Sekunde 10 m mehr.
Bestimmen Sie mit dieser Faustregel Fallwege für 1 s, 2 s, 3 s.
Vergleichen Sie mit einer genauen Berechnung.

A2 Ein Körper fällt frei aus der Ruhe. Bestimmen Sie die Zeit
a) für das Erreichen der Geschwindigkeit von 25 km/h,
b) für den Fallweg 10 m.

A3 Sie beobachten als ruhender Beobachter eine senkrecht nach oben geworfene Kugel: Sie kommt zurück!
Es gibt eine andere Beobachterin, die für diese Kugel nur eine Fallbewegung beobachtet.
Beschreiben Sie die Bewegung dieser Beobachterin.

A4 Bestimmen Sie, wie hoch man Wasser spritzen kann, das mit 15 m/s die Düse verlässt.

A5 Diskutieren Sie, wie die Antriebskraft eines Fahrzeugs gesteigert werden muss, wenn mit Luftwiderstand die Endgeschwindigkeit verdoppelt werden soll.

A6 Ein Wagen rollt eine schiefe Ebene ($\alpha = 30°$) hinab. Modellieren Sie die Bewegung während der ersten drei Sekunden mit $m = 15$ kg, $v_0 = 0$ m/s (-2 m/s).
a) ohne Luftwiderstandskraft,
b) mit Luftwiderstandskraft, $C = 0{,}5$ N/(m²/s²).

A7 Ein Burgführer lässt in einen (innen beleuchteten) Brunnen, der angeblich 150 m tief ist, Eiswürfel oder Steinchen fallen. Ein Tourist misst die Zeit, bis er den Aufschlag sieht: 4,5 s.
a) Kontrollieren Sie die Angabe über die Tiefe des Brunnens.
b) Warum hat der Tourist die Fallzeit nicht nach Gehör bestimmt?

A8 Auf dem Mond wird ein 500 g-Körper senkrecht nach oben geschleudert. Zeichnen Sie das t-s- und das t-v-Diagramm. Wählen Sie selbst einen Wert für den Betrag v_0 der Abwurfgeschwindigkeit.

A9 Ein Wasserstrahl steigt senkrecht 8 m hoch.
a) Weisen Sie die Ausflussgeschwindigkeit von 12,53 m/s nach.

b) Man hält nun in 1,25 m Höhe die Schlauchdüse waagerecht. Bestimmen Sie die horizontale Entfernung, in der das Wasser bei diesem waagerechten Wurf auf den Boden trifft. Bestimmen Sie auch den Auftreffwinkel.

A10 Ein Skater springt vor dem Hindernis von dem rollenden Board nach oben ab. Hinter dem Hindernis landet er wieder auf dem Board. „Ist doch ganz einfach", sagt er dem staunenden Reporter, „das Board ist doch ständig unter mir". Was sagt die Physik zu dieser Behauptung? Nehmen Sie Stellung.

A11 Die Rettungsfliegerin fliegt in 500 m Höhe mit 55 m/s auf einen Punkt direkt über dem Schiffbrüchigen zu. Sie möchte eine Rettungskapsel so abwerfen, dass sie nahe dem Schiffbrüchigen auftrifft.

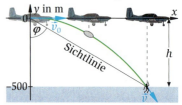

Sie fragt ihren Navigator nach dem Winkel φ der Sichtlinie zum Schiffsbrüchigen für den Moment des Abwurfs. Dies ist der Rechenzettel des Navigators:

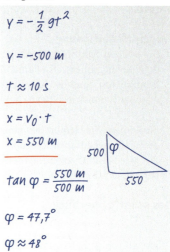

a) Erläutern Sie den Lösungsweg, kontrollieren Sie das Ergebnis.
b) Wenn Ihnen „tan φ" aus dem Mathematikunterricht nicht bekannt ist: Erzeugen Sie mit GeoGebra eine „GeoApp" für den Navigator, auf dem dieser Fluggeschwindigkeit und Flughöhe einstellt und sofort den Peilwinkel φ ablesen kann.
Etwa so:

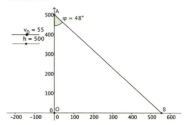

A12 Ein Körper der Masse $m = 0{,}2$ kg wird zum Zeitpunkt $t = 0$ s schief abgeworfen. Sein Anfangsimpuls $\vec{p}_0$ hat den Betrag 5 kg·m/s. Wählen Sie einen passenden Maßstab und zeichnen Sie den Anfangsimpuls $\vec{p}_0$. Ermitteln Sie dann zeichnerisch den Impuls, den der Körper bei $t = 1$ s, $t = 2$ s, $t = 3$ s hat (ohne Luftwiderstand).

A13 Für Wurfbahnen haben wir Bewegungsgleichungen für die Koordinaten des Orts aufgeschrieben:
waagerechter Wurf:
$x = v_0 \cdot t$,
$y = -\tfrac{1}{2} g \cdot t^2$,
schiefer Wurf:
$x = (v_0 \cdot \cos \alpha) \cdot t$,
$y = y_0 + (v_0 \cdot \sin \alpha) \cdot t - \tfrac{1}{2} g \cdot t^2$.

Für den waagerechten Wurf haben wir auch Gleichungen für die Koordinaten der Geschwindigkeit ermittelt und den Betrag der Geschwindigkeit berechnet.
Bestimmen Sie die Gleichungen für die Geschwindigkeitskoordinaten und den Betrag der Geschwindigkeit. Zeichnen Sie ein Vektorbild für $\vec{v}_0$ und $\vec{v}(t)$.

Projekt

Auf Physik kann man sich verlassen

Jeder Schuss ist ein Treffer – wenn die Dose im richtigen Augenblick losgelassen wird.

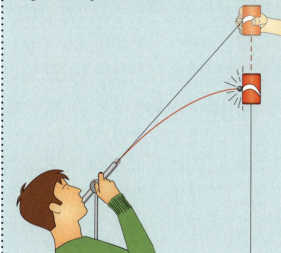

Arbeitsaufträge:

1 Aktivieren Sie Ihr Physikwissen über die Bahn der mit dem Blasrohr abgeschossenen Kügelchen. Gehen Sie dabei davon aus, dass der Luftwiderstand vernachlässigt werden kann und berücksichtigen Sie, dass die Abschussgeschwindigkeit bei jedem Schuss eine andere sein kann.

2 Formulieren und begründen Sie die Regel für den „richtigen Augenblick" beim Loslassen der Dose.

3 Realisieren Sie das Experiment. Organisieren Sie und üben Sie in der Gruppe die Durchführung des Experiments, bis (fast) jeder Schuss ein Treffer ist.

4 Erfinden und realisieren Sie (mit Material aus der Physiksammlung) technische Lösungen für das Loslassen der Dose im richtigen Augenblick.

5 Bereiten Sie Theorie und praktische Erfahrungen so auf, dass Sie damit bei einem Schulfest oder einer Informationsveranstaltung auftreten und für Physik werben können: Auf Physik kann man sich verlassen.

Kennen Sie sich aus – Hinweise und Lösungen

A1 Nachrechnen mit der Näherung $s \approx 5$ m/s² · t^2.

A2 a) 2,5 s (TR: 2,548 419 98)
b) 2,3 s (TR: 2,257 618 2)

A3 Mit Startgeschwindigkeit gleichförmig nach oben.

A4 11,5 m – mit Kausalstrategie: erst t aus $v = g \cdot t$, dann s aus $s = \tfrac{1}{2} g \cdot t^2$. Oder mit Bilanzstrategie: Bewegungsenergie wird zu Höhenenergie.

A5 Vierfache Luftwiderstandskraft erfordert vierfache Antriebskraft.

A6 Rechenschleife wie bei Fallbewegungen, Kraftgesetz:
a) $F = m \cdot g \cdot \sin \alpha$,
b) $F = m \cdot g \cdot \sin \alpha + C \cdot |v| \cdot (-v)$
→ www

A7 a) Werte ins Fallgesetz einsetzen,
b) Schallausbreitung beachten.

A8 Diagramme wie auf der Erde, Hochachse etwa sechsfach gestreckt; Abwurfgeschwindigkeit entsprechend kleiner wählen als auf der Erde.

A9 Es muss gelten: $s_G = \tfrac{1}{2} g \cdot (v_0/g)^2$

A10 Man kann als ruhender Beobachter die Bewegung des Skateboarders in zwei Bewegungen zerlegt denken.

A11 a) Wurfzeit aus Fallhöhe, Wurfweite, Dreieck mit Sichtwinkel
b) → www

A12

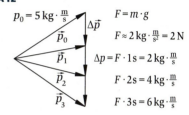

A13 $v_x = v_0 \cdot \cos \alpha$ und
$v_y = v_0 \cdot \sin \alpha - g \cdot t$
$v = \sqrt{v_x^2 + v_y^2}$

Unser Planetensystem

Das können Sie in diesem Kapitel erreichen:

- Sie begründen die gleichförmige Kreisbewegung mit dem Wirken einer Zentripetalkraft.

- Sie erkennen, dass alle Körper Gravitationskräfte aufeinander ausüben und vollziehen NEWTONs Herleitung des Gravitationsgesetzes nach.

- Sie verstehen, wie man die Masse der Erde und die Masse anderer Himmelskörper bestimmen kann.

- Sie entdecken die KEPLER-Gesetze zur Planetenbewegung mit Computerhilfe.

- Sie berechnen die Energie, die notwendig ist, um einen Körper im Gravitationsfeld anzuheben.

- Sie kennen die Bedeutung von ARISTOTELES, PTOLEMÄUS, KOPERNIKUS, GALILEI, KEPLER und NEWTON für die Entwicklung der Vorstellung von unserem Planetensystem.

Himmelskörper

A1 a) Nennen Sie die Planeten vom sonnennächsten bis zum sonnenfernsten. Finden Sie einen Spruch, mit dem Sie sich die Reihenfolge merken können.
b) Nennen Sie weitere Himmelskörper, die zu unserem Planetensystem gehören.

A2 Bestimmen Sie mit einem Cent-Stück den Durchmesser des Mondes. Peilen Sie dazu durch ein Papierblatt mit einem feinen Loch den Vollmond an, sodass er gerade durch das Centstück verdeckt ist, und messen Sie den Abstand Cent–Loch.

A3 a) Der Abstand zwischen Sonne und Erde beträgt $1{,}5 \cdot 10^8$ km. Berechnen Sie, wie lange das Licht von der Sonne bis zur Erde unterwegs ist (Lichtgeschwindigkeit $c = 3{,}0 \cdot 10^8$ m/s). Schätzen Sie zunächst.
b) Wie lange braucht das Licht von der Sonne bis zum Neptun (Abstand Sonne–Neptun: $4{,}5 \cdot 10^9$ km)?

A4 a) Die Erde hat einen Radius von etwa 6400 km. Zeichnen Sie die Erde als Kreis in einem geeigneten Maßstab. Schätzen Sie, wo in Ihrer Zeichnung sich die Bahn der Internationalen Raumstation ISS befindet.
b) Recherchieren Sie, in welcher Höhe die ISS die Erde umkreist und zeichnen Sie die Bahn in Ihre Zeichnung ein.

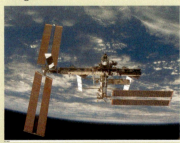

A5 Auf dem Mond erfahren Körper eine kleinere Gewichtskraft als auf der Erde. Nennen Sie Konsequenzen, die sich daraus für Bewegungen auf dem Mond ergeben.

A6 a) Erklären Sie anhand einer Zeichnung, wie die Mondphasen entstehen.
b) Zu welcher Tageszeit kann man den abnehmenden, zu welcher den zunehmenden Mond am Himmel beobachten?

A7 Schleudern Sie einen Ball an einer Schnur waagerecht im Kreis.
a) Welche Richtung hat die Kraft, die Sie ausüben müssen?
b) Wie verändert sich der Betrag der Kraft, wenn Sie einen schwereren Ball nehmen, wenn Sie eine längere Schnur nehmen oder wenn Sie schneller schleudern?

Kreisbewegung und Zentripetalkraft

1. Wie bewegt sich die Erde?

Die Erde bewegt sich wie auch alle anderen Planeten um die Sonne. Schon vor langer Zeit haben Astronomen herausgefunden, dass die Bahn der Erde ellipsenförmig ist. Sie unterscheidet sich aber so wenig von einer Kreisbahn, dass wir im Folgenden die Bahn der Erde als kreisförmig annehmen.

Durchläuft ein Körper auf einer Kreisbahn in gleichen Zeitabschnitten Δt gleich lange Bögen Δb, dann ist der Quotient $\Delta b/\Delta t$ konstant. Dieser Quotient ist bei der Kreisbewegung der Betrag der **Bahngeschwindigkeit.** Ist er konstant, so sprechen wir von einer **gleichförmigen Kreisbewegung.**
Bei krummlinigen Bewegungen zeichnen wir den Geschwindigkeitsvektor tangential zur Bahn. Dabei ändert sich die Richtung des Geschwindigkeitsvektors im Laufe der Bewegung ständig. Dies haben wir bereits beim waagerechten Wurf erfahren.

Die Astronomen haben herausgefunden, dass sich die Erde nahezu gleichförmig auf ihrer Bahn um die Sonne bewegt. Wir gehen daher vereinfachend davon aus, dass es sich um eine gleichförmige Kreisbewegung handelt. In → **B1** sind daher alle eingezeichneten Geschwindigkeitspfeile gleich lang.

2. Ohne Kraft keine Kreisbahn

Wir wissen schon, dass ein Körper, auf den keine Kraft wirkt, sich geradlinig gleichförmig bewegt. Damit also die Erde eine Kreisbahn durchläuft, muss auf sie ständig eine äußere Kraft einwirken. Welche Richtung hat diese Kraft?

Wird ein Ball an einer Schnur im Kreis herumgeschleudert, kann die äußere Kraft auf den Ball nur von der Schnur aufgebracht werden. Diese kann aber eine Zugkraft nur in ihrer Längsrichtung ausüben. Also ist die am Ball angreifende Kraft ständig zum Kreismittelpunkt hin gerichtet und steht senkrecht zum jeweiligen Geschwindigkeitsvektor $\vec{v}$. Man nennt diese Kraft **Zentripetalkraft** $\vec{F}_z$. In → **V1** messen wir diese Kraft und stellen fest, dass ihr Betrag bei einer gleichförmigen Kreisbewegung in jedem Punkt der Kreisbahn gleich groß ist.
In → **V2** bewegt sich ein Gummistopfen zunächst auf einer Kreisbahn. Dann „schalten wir die Zentripetalkraft ab" und stellen fest, dass der Stopfen tangential wegfliegt. Dies bestätigt, dass die momentane Geschwindigkeit eines kreisenden Körpers immer tangential zur Kreisbahn gerichtet ist.
Auch zum Mittelpunkt der Kreisbahn der Erde muss eine Zentripetalkraft wirken → **B1**. Da sich dort die Sonne befindet, kann nur sie Ursache für diese Kraft sein. Die Anziehungskraft der Sonne wirkt auf jeden Körper in ihrer Umgebung. Sie benötigt dafür allerdings keine Schnur.

Merksatz
Die Kreisbewegung eines Körpers heißt gleichförmig, wenn der Betrag seiner Geschwindigkeit konstant ist. Dabei wirkt auf ihn in jedem Punkt der Kreisbahn eine zum Kreismittelpunkt hin gerichtete Zentripetalkraft $\vec{F}_z$, deren Betrag konstant ist.

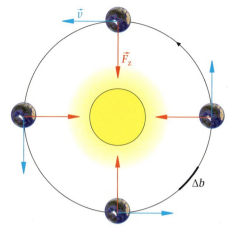

B1 Die Erde bewegt sich auf einer (fast) kreisförmigen Bahn um die Sonne.

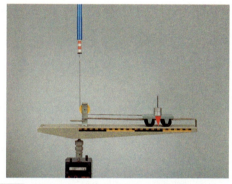

V1 Ein Wagen führt auf einem Schlitten eine gleichförmige Kreisbewegung aus. Er wird dabei von einer Schnur gehalten, die mit einem Kraftmesser verbunden ist. Der Kraftmesser zeigt einen konstanten Ausschlag.

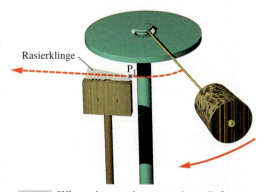

V2 Wir zwingen einen an einen Faden gebundenen Gummistopfen auf eine Kreisbahn. Dazu befestigen wir den Faden an einer rotierenden horizontalen Scheibe. Wir nähern dem Faden von unten eine schräg gehaltene Rasierklinge im Punkt P_1; sie schneidet den Faden durch. Der Gummistopfen fliegt tangential weg.

Eine Formel für die Zentripetalkraft

1. Unterschiedliche Planeten – unterschiedliche Kräfte

Wir haben erkannt, dass auf die Erde eine Zentripetalkraft wirken muss, damit sie eine (nahezu) gleichförmige Kreisbewegung um die Sonne ausführen kann. Dasselbe gilt auch für die anderen Planeten.

Ist der Betrag der Zentripetalkraft eigentlich bei allen Planeten gleich groß? Vermutlich nicht, denn die Planeten und ihre Bahnen um die Sonne sind sehr unterschiedlich. Größen, von denen die Zentripetalkraft abhängen könnte, sind
- die Masse m des Planeten;
- der Radius r der Kreisbahn;
- der Betrag v der Bahngeschwindigkeit des Planeten; man kann ihn aus der Zeit berechnen, die der Planet für einen Umlauf auf der Kreisbahn braucht → **B1**. Diese Zeit nennt man **Umlaufdauer** T. Es gilt: $v = 2\pi r / T$.

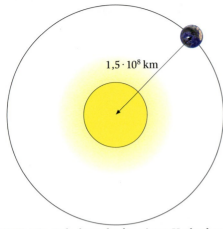

B1 Die Erde braucht für einen Umlauf um die Sonne ein Jahr. In dieser Zeit $\Delta t = T$ durchläuft die Erde den Kreisumfang $\Delta b = 2\pi r$. Demnach ist

$$v = \frac{\Delta b}{\Delta t} = \frac{2\pi r}{T} = \frac{2\pi \cdot 1{,}5 \cdot 10^8 \text{ km}}{1 \text{ a}}$$
$$= 110\,000 \text{ km/h.}$$

Wir versuchen zunächst, Zusammenhänge der vier Größen F_z, v, r und m in der „Je-desto-Form" zu finden. Dabei stellen wir uns eine Kreisbewegung vor, die wir schon einmal erlebt haben, nämlich die Fahrt eines Autos durch eine Kurve.

- Zieht das Auto einen Anhänger, dann muss zusätzlich zu der Zentripetalkraft auf das Auto auch eine Zentripetalkraft auf den Anhänger wirken. Der Betrag der Kraft auf das Gespann ist daher insgesamt größer als der Betrag der Kraft auf das Auto alleine.
  Je größer m, desto größer F_z, falls r und v konstant.
- Ist der Radius der Kurve sehr groß, dann fährt das Auto fast geradeaus. Für das Geradeausfahren ist keine Zentripetalkraft notwendig.
  Je größer r, desto kleiner F_z, falls m und v konstant.
- Fährt das Auto mit sehr geringer Geschwindigkeit, so ist fast keine Zentripetalkraft nötig.
  Je größer v, desto größer F_z, falls m und r konstant.

Wir vermuten, dass diese Zusammenhänge zwischen den Größen F_z, v, r und m auch für die Planetenbewegung und jede andere gleichförmige Kreisbewegung gelten.

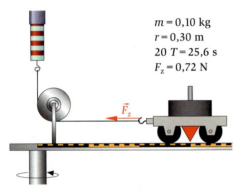

$m = 0{,}10$ kg
$r = 0{,}30$ m
$20\ T = 25{,}6$ s
$F_z = 0{,}72$ N

V1 Ein Wagen kann sich auf der Schiene bewegen und ist mit einem Faden über eine Umlenkrolle und ein Kugelgelenk an einem Federkraftmesser befestigt. Lässt man die Schiene gleichförmig rotieren, so beschreibt der Wagen eine Kreisbahn mit festem Radius r, den man an der Schiene ablesen kann. Der Kraftmesser übt über den Faden die notwendige Zentripetalkraft $\vec{F}_z$ auf den Wagen aus. Wenn man die im Bild angegebenen Messwerte für m, r und T einsetzt, erhält man:

$$v = \frac{2\pi r}{T} = 1{,}47 \frac{\text{m}}{\text{s}}$$

und damit

$$F_z = m \cdot \frac{v^2}{r} = 0{,}72 \text{ N,}$$

also den gemessenen Wert für F_z.
Auch bei anderen Versuchsbedingungen stimmt der aus m, r und T berechnete F_z-Wert mit dem gemessenen F_z-Wert überein.

2. Ausschau nach einer Formel

Um zu berechnen, wie groß die Beträge der Zentripetalkräfte auf die Planeten sind, genügen unsere „Je-desto-Zusammenhänge" nicht. Wir befinden uns in der gleichen Lage wie eine Person, die für ihre physikalische Tätigkeit zwar die zugehörigen Grundkenntnisse hat – aber kein Fachwissen aus einem Spezialgebiet. Also durchsuchen wir die Fachliteratur und finden z. B. in einer Formelsammlung

Betrag der Zentripetalkraft: $F_z = m \cdot \dfrac{v^2}{r}$.

Diese Formel passt zu unseren Erwartungen:
$F_z \sim m$ („größer/größer"), falls r und v konstant,
$F_z \sim 1/r$ („größer/kleiner"), falls m und v konstant,
$F_z \sim v^2$ („größer/größer"), falls m und r konstant.

In → **V1** messen wir selber nach.

Eine Formel für die Zentripetalkraft

3. Die Kreisbewegung ist beschleunigt

Die Formel für den Betrag $F_z = m \cdot v^2/r$ der Zentripetalkraft erinnert an die Grundgleichung $F = m \cdot a$. Der Term v^2/r entspricht dabei einer Beschleunigung. Ihr Name ist **Zentripetalbeschleunigung** mit der Bezeichnung a_z. Die Maßeinheit müsste wie bei jeder Beschleunigung 1 m/s² sein. Dies ist bei v^2/r mit der Einheit 1 (m/s)²/m in der Tat erfüllt.

Aber wieso überhaupt „Beschleunigung", ist denn der Körper auf der Kreisbahn nicht immer gleich schnell? Die Geschwindigkeit ist ja eine Vektorgröße. Sie ändert sich ständig, zwar nicht im Betrag, aber in der Richtung. Die gleichförmige Kreisbewegung ist also eine beschleunigte Bewegung!
Die Zentripetalbeschleunigung $\vec{a}_z$ ist eine Vektorgröße. Sie ist – wie die Zentripetalkraft – stets zum Mittelpunkt gerichtet → B2.

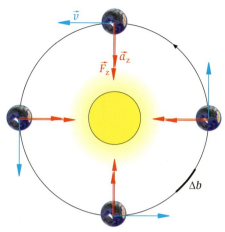

B2 Die Geschwindigkeit ist tangential zur Kreisbahn gerichtet, Zentripetalkraft und -beschleunigung zum Kreismittelpunkt.

Mit einer Geometrie-Software → www kann man die Zentripetalkraft und die Zentripetalbeschleunigung auch für andere Zentralkörper und umlaufende Körper berechnen und grafisch darstellen, also für verschiedene Radien, Massen und Bahngeschwindigkeiten.

> **Merksatz**
> Die gleichförmige Kreisbewegung ist eine beschleunigte Bewegung. Zentripetalbeschleunigung $\vec{a}_z$ und Zentripetalkraft $\vec{F}_z$ sind in jedem Punkt der Bahn zum Kreismittelpunkt hin gerichtet und haben einen konstanten Betrag.
> Es ist
> $$a_z = \frac{v^2}{r} \quad \text{und} \quad F_z = m \cdot \frac{v^2}{r}.$$

Vertiefung

Zentripetalkraft oder Zentrifugalkraft?

Haben wir nicht etwas falsch gemacht, als es um die Richtung der Zentripetalkraft ging? Sie haben vielleicht argumentiert: „Wenn ich mit dem Auto durch eine Kurve fahre, drückt es mich doch nach außen. Wir haben es mit einer vom Kreismittelpunkt weg gerichteten Kraft zu tun, der Zentrifugalkraft!" Vorsicht! Bedenken Sie, von wo aus Sie eine Bewegung beschreiben. Bisher haben wir dies von außen getan, also als *ruhender Beobachter*. Im Auto sind wir aber *beschleunigter Beobachter*. Folglich erscheint uns vieles anders.

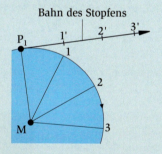

Bahn des Stopfens

Um dies genauer zu verstehen, betrachten wir noch einmal den Gummistopfen in dem Versuch, bei dem der Faden durchtrennt wird.
Kurz nachdem der Faden durchschnitten ist, sieht ein außenstehender Beobachter den Stopfen entsprechend dem Trägheitsgesetz tangential und unbeschleunigt wegfliegen (Punkte 1', 2', 3' usw.)
Ein auf der Scheibe mitbewegter Beobachter bewegt sich währenddessen auf dem Kreisbogen (Punkte 1, 2, 3 usw.). Von ihm aus gesehen entfernt sich der Stopfen nach außen. Dies führt zur Annahme einer nach außen gerichteten Zentrifugalkraft.

Wir nehmen immer den Standpunkt des außenstehenden, ruhenden Beobachters ein. *Eine Zentrifugalkraft gibt es für uns dann nicht!*

A1 Suchen Sie Beispiele aus dem Alltag, bei denen man das Ablösen von Teilchen von einer Kreisbahn beobachtet.

A2 Berechnen Sie Bahngeschwindigkeit, Zentripetalkraft und Zentripetalbeschleunigung für Merkur und Jupiter.

A3 Ein Käfer ($m = 1$ g) rotiert windgeschützt auf der Flügelspitze ($r = 15$ m) eines Windrades mit. Er muss sich mit der Kraft von 0,15 N festhalten.
Bestimmen Sie die Geschwindigkeit der Flügelspitzen und die Umlaufdauer der Rotorblätter.

A4 Entscheiden Sie begründet, ob die gleichförmige Kreisbewegung eine Bewegung mit konstanter Geschwindigkeit oder eine mit konstanter Beschleunigung ist.

A5 Leiten Sie ausgehend von der Formel $F_z = m \cdot v^2/r$ den Zusammenhang $F_z = 4\pi^2 m \cdot r/T^2$ her.

Kreisbewegungen auch auf der Kirmes

1. Auf dem Kettenkarussell

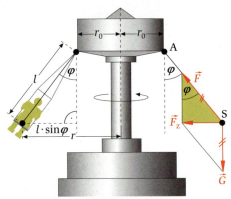

B1 Kräfteaddition beim Kettenkarussell

Das Kettenkarussell → B1 ist ein Beispiel einer Kreisbewegung mit *vertikaler Achse*. Der Sitz S mit dem Fahrgast hat vom Aufhängepunkt A den Abstand l und A von der Drehachse den Abstand r_0. Rotiert das Karussell gleichförmig, so bilden die Ketten einen konstanten Winkel φ mit der Vertikalen. Die Kette hält den Sitz mit Fahrgast durch die schräg nach oben gerichtete von der Aufhängung aufgebrachte Kraft $\vec{F}$. $\vec{F}$ und $\vec{G}$ haben als Resultierende die notwendige Zentripetalkraft $\vec{F}_z$. Das System stellt sich so ein, dass $\vec{F}_z$ waagerecht verläuft. In dem gelben Dreieck in → B1 gilt:

$$\tan\varphi = \frac{F_z}{G} = \frac{mv^2}{rmg} = \frac{v^2}{rg} \quad \text{mit} \quad r = r_0 + l \cdot \sin\varphi.$$

2. Im Rotor

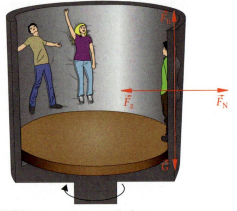

B2 Rotor auf dem Volksfest

Der Rotor auf dem Volksfest → B2 ist eine große um ihre *vertikale Achse* drehbare Trommel von etwa 5 bis 10 m Durchmesser. Bei schneller Rotation bleibt eine Person an der Wand hängen, auch wenn sich der Boden senkt. Wegen ihrer Trägheit würde sie ohne Krafteinwirkung tangential weiterfliegen. Sie verformt etwas die Wand durch eine auf diese gerichtete Normalkraft $\vec{F}_N$ → B2. $\vec{F}_N$ greift an der Wand an. Dann muss die Wand auf die Person eine gleich große, entgegengesetzt wirkende reactio ausüben. Diese wirkt als Zentripetalkraft $\vec{F}_z$.
Infolge der Normalkraft $\vec{F}_N$ greift an der Person eine Haftkraft $\vec{F}_h$ an. Diese wirkt der Gewichtskraft entgegen. Die Person rutscht nicht ab, wenn $G \leq F_{h,\max}$ ist, d. h. wenn gilt:

$$mg \leq f_h F_N = f_h F_z = \frac{f_h m v^2}{r} \Rightarrow v^2 \geq \frac{rg}{f_h}.$$

A1 Bei einem Kettenkarussell → B1 ist $r = 6{,}0$ m, $l = 5{,}0$ m und $\varphi = 55°$. Es dreht sich gleichförmig.
a) Berechnen Sie den Betrag der Geschwindigkeit v des Fahrgastes sowie die Umlaufdauer.
b) Berechnen Sie den Betrag der Kraft, welche im Aufhängepunkt der Kette angreift ($m = 85$ kg).

A2 Berechnen Sie, ab welchem Betrag v der Bahngeschwindigkeit eine Person ($m = 75$ kg) an der Wand des Rotors → B2 mit 4,20 m Durchmesser hängen bleibt ($f_h = 0{,}5$; Abstand Schwerpunkt der Person–Wand: 10 cm).

A3 Ein Eimer mit Wasser wird an einer Schnur in einem vertikalen Kreis mit $r = 1{,}0$ m gleichförmig geschwungen. Im obersten Punkt der Kreisbahn zeigt die Öffnung des Eimers nach unten. Trotzdem fließt bei nicht zu langsamem Kreisen kein Wasser aus.
a) Diskutieren Sie in der Gruppe, welche Kraft im obersten Punkt der Bahn die Zentripetalkraft darstellt, und erklären Sie, warum bei schnellem Kreisen kein Wasser ausläuft. Fertigen Sie eine Zeichnung mit den im obersten Punkt wirkenden Kräften an. Notieren Sie die Bedingung für das Nichtauslaufen in Form einer Ungleichung.
b) Fertigen Sie eine Zeichnung mit den im untersten Punkt wirkenden Kräften an. Notieren Sie die Unterschiede zu den Kräften im obersten Punkt.
c) Führen Sie das Experiment durch. Vergleichen Sie qualitativ die Kraft, die Sie ausüben müssen, wenn sich der Eimer im obersten und untersten Punkt der Bahn befindet. Vergleichen Sie Ihre Beobachtung mit Ihren Überlegungen zu den Aufgabenteilen a) und b).

Interessantes

Nicht immer ist die Kreisbahn sinnvoll

A. In der Autobahnausfahrt

Schaut man sich eine Autobahnausfahrt von oben an, so erkennt man, dass der Straßenverlauf nicht kreisförmig ist. Dies hat einen Grund: Für den Autofahrer bedeutete ein kreisförmiger Verlauf, dass das Lenkrad beim Einfahren in die Autobahnausfahrt plötzlich eingeschlagen werden müsste.

Schauen wir uns außerdem mal die Kräfte an, wenn sich an eine gerade Autobahn eine kreisförmige Ausfahrt anschlösse. In der Simulation ➔ www sehen wir, dass im Übergangspunkt zwischen Gerade und Kreis schlagartig eine Zentripetalkraft nötig ist. Dies ist nicht verwunderlich, denn bei einer geradlinigen Bewegung tritt keine Zentripetalkraft auf. Beim weiteren Durchfahren der Kurve bleibt der Betrag der Zentripetalkraft konstant, wenn wir von konstanter Fahrgeschwindigkeit ausgehen.

Sinnvoller ist es, dass die Krümmung der Straße stetig zunimmt, sodass der Lenkeinschlag und die Kraft gleichmäßig zunehmen können. Für den Autofahrer ist das angenehmer. Mathematiker haben den optimalen Straßenverlauf berechnet. Man nennt die daraus entstehende Kurvenform **Klothoide**.

B. Im Looping

Welche Mindestgeschwindigkeit muss ein Wagen im höchsten Punkt eines Loopings haben, damit er nicht aus der Bahn fällt? Um diese Frage zu beantworten, gehen wir zunächst davon aus, dass es sich bei der Fahrt durch einen Looping um eine Kreisbewegung handelt. Würde der Wagen im höchsten Punkt losgelassen, so fiele er nicht etwa senkrecht herunter, sondern bewegte sich auf einer Wurfparabel. Ist die Gewichtskraft größer als die benötigte Zentripetalkraft, würde sich der Wagen tatsächlich auf einer Parabel nach innen von der Kreisbahn entfernen. Damit dies nicht passiert, muss also $F_z \geq G$ gelten. Der Wagen bewegt sich dann nicht auf einer Parabel, sondern wird auf die Kreisbahn gezwungen.

Die Zentripetalkraft wird zum Teil von der Gewichtskraft aufgebracht, die zusätzlich nötige Kraft $F_1 = F_z - G$ wird von den Schienen ausgeübt.
Damit der Wagen im höchsten Punkt nicht herabfällt, muss folgende Betragsungleichung erfüllt sein:

$$F_z = m \cdot \frac{v^2}{r} \geq m \cdot g.$$

Damit ergibt sich für die Bahngeschwindigkeit:

$$v \geq \sqrt{g \cdot r}.$$

Fährt der Wagen anschließend die Bahn hinab, so nimmt seine Höhenenergie ab und somit seine Bewegungsenergie zu. Die Bahngeschwindigkeit im tiefsten Punkt der Bahn ist daher größer als im höchsten Punkt. Es handelt sich nicht um eine gleichförmige Kreisbewegung.
Im tiefsten Punkt der Bahn wird die Zentripetalkraft vollständig von den Schienen ausgeübt. Zudem müssen die Schienen die Gewichtskraft ausgleichen. Die Schienen üben auf den Wagen insgesamt eine Kraft mit dem Betrag $F_1 = F_z + G$ aus.

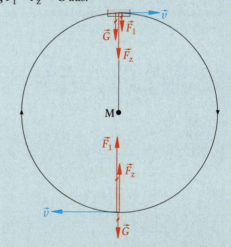

Reale Loopingbahnen sind nicht kreisförmig. Ähnlich wie bei der Autobahnausfahrt nimmt die Krümmung der Bahn ständig zu. Dies ermöglicht einen sanfteren Übergang bei der Ein- und Ausfahrt aus dem Looping. Ein kreisförmiger Verlauf hätte ein schlagartiges Einsetzen der Zentripetalkraft zur Folge, was zu erheblichen Wirbelsäulenverletzungen führen könnte.

In drei Schritten zum Gravitationsgesetz

1. NEWTONs Mondrechnung

Wir haben schon vermutet, dass die Anziehungskraft der Sonne die für die Bewegung der Erde um die Sonne notwendige Zentripetalkraft ist. Auch der Mond bewegt sich (nahezu) auf einer Kreisbahn. In ihrem Mittelpunkt steht die Erde. Man kann daher vermuten, dass auch die Erde den Mond anzieht.

NEWTON hatte als Erster die Idee, dass die Kräfte, die Himmelskörper aufeinander ausüben, die gleiche Ursache haben wie die Gewichtskraft. Er verglich die Kraft, mit der die Erde auf den Mond wirkt, mit der Gewichtskraft, die irdische Körper erfahren.

NEWTON konnte dabei auf kluge Überlegungen aus früherer Zeit zurückgreifen. Schon lange vor NEWTON hatte man herausgefunden, dass der Abstand r der Mittelpunkte von Erde und Mond gleich dem Sechzigfachen des Erdradius R ist. Es gilt also $r = 60\,R$ → **Vertiefung**.

Die Überlegungen von NEWTON wollen wir im Prinzip nachvollziehen. Dazu betrachten wir Mondgestein ($m = 1$ kg), das auf der Mondbahn die Erde umkreist. Für diese Kreisbahn muss auf den Stein eine Zentripetalkraft $\vec{F}_z$ wirken. Aus dem Mondbahnradius r und seiner Umlaufdauer T erhält man den Betrag F_z dieser Zentripetalkraft:

$$F_z = m \cdot \frac{v^2}{r} = m \cdot \frac{4\pi^2 r^2}{T^2 \cdot r} = m \cdot \frac{4\pi^2 r}{T^2} = m \cdot \frac{4\pi^2 \cdot 60\,R}{T^2}$$

$$= 1\text{ kg} \cdot \frac{4\pi^2 \cdot 60 \cdot 6400 \text{ km}}{(27{,}3 \text{ d})^2} = 0{,}00272 \text{ N}.$$

Verglichen mit der Gewichtskraft 9,81 N auf der Erdoberfläche ist das eine winzige Kraft. Sie beträgt etwa 1/3600 von 9,81 N. Nun ist $3600 = 60^2$. Das kann doch kein Zufall sein! NEWTON schloss, dass die Anziehungskraft der Erde umgekehrt proportional zum Quadrat des Abstands r ist: $F \sim 1/r^2$. Der Abstand r der Körper wird dabei zwischen ihren Mittelpunkten gemessen.

Weiterhin folgerte er aus der Gleichung für die Zentripetalkraft, dass F auch proportional zur Masse m des kreisenden Körpers ist: $F \sim m$. Aus $F \sim 1/r^2$ und $F \sim m$ folgt $F \sim m/r^2$. NEWTON nannte die Kraft **Gravitationskraft.**

Stellen wir in Gedanken neben die Erde eine zweite, genau gleiche; dann dürfen wir erwarten, dass beide zusammen (doppelte Masse M) auf den Mond auch die doppelte Kraft ausüben. Die Anziehungskraft ist daher auch proportional zu der Masse M des Zentralkörpers, also $F \sim M \cdot m / r^2$. Als Proportionalitätskonstante benutzt man γ, die sogenannte **Gravitationskonstante.** Damit lautet das **Gravitationsgesetz**

$$F = \gamma \cdot \frac{M \cdot m}{r^2}.$$

Die beiden Körper sind nun in dem Produkt $M \cdot m$ ihrer Massen gleichberechtigt vertreten; man kann M und m vertauschen. Die Erde zieht den Mond an. Gemäß actio = reactio zieht der Mond die Erde mit einer gleich großen, entgegengesetzt gerichteten Kraft an.

Vertiefung

Vermessung von Erde und Mond

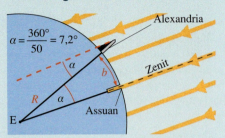

B1 So hat ERATOSTHENES (* zwischen 276 und 273 v. Chr., † um 194 v. Chr.) den Erdradius R gemessen: Nahe *Assuan* (Südägypten) scheint die Sonne jedes Jahr bei ihrem Höchststand bis auf den Grund eines tiefen Brunnens. Sie steht für dortige Beobachter in der Verlängerung des Erdradius, im Zenit. Zur gleichen Zeit jedoch wirft nördlich davon in Alexandria ein Obelisk einen Schatten nach Norden. Mit dem dortigen Erdradius bilden die Sonnenstrahlen den Winkel $\alpha = 7{,}2°$, der $\frac{1}{50}$ des vollen Winkels 360° beträgt. Da die Strahlen der Sonne fast parallel einfallen, bilden auch die Erdradien für Assuan und Alexandria den Winkel α. Beide Orte sind $b = 800$ km voneinander entfernt. Also ist der Vollkreis (Erdumfang) 50-mal so groß. Er misst somit $U = 50 \cdot 800$ km $= 40\,000$ km. Der Radius R beträgt $R = U/(2\pi) = 6400$ km.

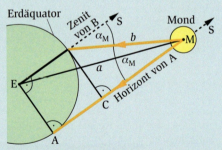

B2 Für Beobachter A geht soeben der Mond auf – zusammen mit dem Fixstern S. Beobachter B ist um $\frac{1}{4}$ des Erdumfangs entfernt. Wäre der Mond ähnlich weit entfernt wie der Stern S, so müsste er in diesem Augenblick für B genau im Zenit neben S stehen. B sieht den Mond jedoch um fast zwei Vollmondbreiten, um $\alpha_M = 0{,}967°$, von S entfernt. Aus dem rechtwinkligen Dreieck BCM ergibt sich $b = R/\sin\alpha_M = 59\,R$. Also ist der Mittelpunktsabstand Erde – Mond $60\,R$.

2. Gilt die Gravitationskraft auch für Planeten?

Wenn die Formel für die Gravitationskraft allgemeingültig ist, dann muss sie auch für Planeten → B3 gelten.

Wir prüfen an den acht Planeten unseres Planetensystems, ob die benötigte Zentripetalkraft durch die vermutete Gravitationskraft des Zentralkörpers Sonne aufgebracht wird. Hierzu müsste bei den Planeten gelten

$$\frac{4\pi^2 m \cdot r}{T^2} = \gamma \cdot \frac{M \cdot m}{r^2}.$$

Formen wir den Term um, so erhalten wir

$$\frac{r^3}{T^2} = \frac{\gamma \cdot M}{4\pi^2} = C \quad (C \text{ ist eine Konstante}).$$

In der rechten Spalte von → T1 ist der Quotient r^3/T^2 aus den Messdaten berechnet. Wie schon der Astronom Johannes KEPLER fand, ist er für alle Planeten konstant. Wenn nicht die Sonne, sondern die Erde Zentralkörper ist, hat der Quotient einen viel kleineren Wert → T1. Dies ist nicht verwunderlich, da die Masse der Erde viel kleiner als die der Sonne ist.

Die gefundene Gleichung bewährt sich also auch bei der Anziehungskraft der Planeten durch die Sonne.

Merksatz

Gravitationsgesetz:
Körper üben aufeinander Gravitationskräfte aus. Zwei kugelsymmetrische Körper der Masse m und M, deren Mittelpunkte voneinander den Abstand r haben, ziehen sich mit der Gravitationskraft $\vec{F}$ an, für deren Betrag gilt:

$$F = \gamma \cdot \frac{M \cdot m}{r^2}.$$

B3 Die Venus umkreist die Sonne.

Name	Bahn-radius r in 10^6 km	Umlauf-dauer T in Jahren	$C = r^3/T^2$ in 10^{18} m$^3 \cdot$ s^{-2}
Merkur	57,91	0,2408	3,363
Venus	108,21	0,6152	3,362
Erde	149,60	1,0000	3,362
Mars	227,94	1,8810	3,361
Jupiter	778,34	11,8610	3,366
Saturn	1427,01	29,4560	3,363
Uranus	2869,60	84,0090	3,362
Neptun	4496,70	164,7870	3,362
Mond	0,384	0,0748	$1,019 \cdot 10^{-5}$
Erdsatellit	0,04215	1/366,26	$1,009 \cdot 10^{-5}$

T1 Der Zentralkörper bestimmt die Konstante C.

Interessantes

Unser Planetensystem

Unser Planetensystem besteht aus einer großen Anzahl von verschiedenartigen Himmelskörpern.

Um die Sonne bewegen sich acht Planeten auf nahezu kreisförmigen Bahnen: Merkur, Venus, Erde, Mars, Jupiter, Saturn, Uranus und Neptun. Genau genommen kreisen Millionen von Planeten um die Sonne. Neben den acht großen Planeten und einigen Zwergplaneten gibt es Hunderttausende kleinerer Himmelskörper, Planetoiden oder Asteroiden genannt. Es sind unterschiedlich geformte Felsbrocken, die bis zu ein paar hundert Kilometer groß sein können.

Daneben gibt es eine Reihe von Begleitern dieser Planeten. Am bekanntesten und auch intensiv untersucht sind die Monde der großen Planeten. Wir kennen heute weit über 100 Monde in unserem Planetensystem.

Eine weitere Gruppe von Kleinkörpern stellen die Kometen dar. Sehr oft umkreisen sie die Sonne auf weiten elliptischen Bahnen, so dass sie in regelmäßigen, wenn auch sehr großen Zeitabständen auftauchen, wie dies etwa beim berühmten halleyschen Kometen der Fall ist. Meteoroide sind die festen Teilchen in unserem Planetensystem, die zu klein sind, als dass man sie noch als Planetoiden bezeichnen könnte. Wenn ein solcher Meteorid in die Erdatmosphäre eintritt, so entsteht eine Leuchterscheinung, die als Meteor oder Sternschnuppe bekannt ist.

Der alles beherrschende Körper aber ist die Sonne. Sie enthält mehr als 99 % der Masse des ganzen Systems.

Wir verdanken es NEWTON, dass wir die Bewegungen all dieser Himmelskörper berechnen können. Ihre Bewegungen folgen alle dem Gravitationsgesetz. So können wir heute beispielsweise voraussagen, wann ein Komet wieder in die Nähe der Erde kommen wird oder ob ein Himmelskörper droht, mit der Erde zusammenzustoßen.

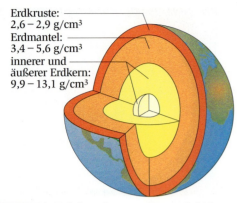

Erdkruste: 2,6 – 2,9 g/cm³
Erdmantel: 3,4 – 5,6 g/cm³
innerer und äußerer Erdkern: 9,9 – 13,1 g/cm³

B1 Die Erde besteht aus mehreren Schichten, deren Dichte von der Erdkruste bis zum Erdkern zunimmt.

A1 Berechnen Sie, wie groß die Gravitationskraft ist, die zwei Menschen mit der Masse 70 kg im Abstand von 1 m aufeinander ausüben. Bewerten Sie das Ergebnis.

A2 Geben Sie an, in welcher Höhe über dem Erdboden ein Kilogrammstück die Gewichtskraft $\frac{1}{4} \cdot 9{,}81$ N erfährt.

A3 Stellen Sie den Betrag g der Fallbeschleunigung in Abhängigkeit vom Abstand r zum Erdmittelpunkt im Bereich $R \leq r \leq 10\,R$ grafisch dar.

A4 Entnehmen Sie im Garten ein wenig Erde und ermitteln Sie die Dichte. Vergleichen Sie sie mit der mittleren Dichte der Erde von 5,5 g/cm³. Erklären Sie die Abweichung.

A5 Schätzen Sie aus den Bahndaten der Erde die Masse der Sonne ab.

A6 Die Masse des Mondes beträgt $m_M = 7{,}349 \cdot 10^{22}$ kg. Berechnen Sie die Bahngeschwindigkeit und Umlaufdauer einer Mondfähre, die den Mond im Abstand $r = 1848$ km vom Mondmittelpunkt umkreist.

A7 Bestimmen Sie den Ortsfaktor für die Mondoberfläche (Mondradius $r_M = 1738$ km, Mondmasse $m_M = 7{,}349 \cdot 10^{22}$ kg).

A8 Geostationäre Satelliten befinden sich immer über demselben Punkt der Erdoberfläche. Sie werden zum Beispiel zur Wetterbeobachtung genutzt.
a) Geostationäre Satelliten können sich nur in einer bestimmten Höhe über der Erdoberfläche bewegen. Berechnen Sie diese Höhe.
b) Begründen Sie, was physikalisch dagegen spricht, dass sich ein geostationärer Satellit über der Stadt Essen befindet.
c) Recherchieren Sie, welche Aufgaben Satelliten außer der Wetterbeobachtung wahrnehmen. In welchen Fällen nutzt man geostationäre Satelliten?

3. Bestimmung der Gravitationskonstanten

Bisher konnten wir die Gravitationskonstante γ im Gravitationsgesetz nicht angeben, da wir die Masse des Zentralkörpers, also der Erde oder der Sonne, nicht kannten. Um γ zu bestimmen, muss man ins Labor gehen und Gravitationskräfte messen, die zwischen Körpern bekannter Masse wirken. Dies gelang erst über 100 Jahre nach Entdeckung des Gravitationsgesetzes dem Engländer Henry CAVENDISH (1731–1810) → **Vertiefung**. Er ließ einen frei beweglich aufgehängten Körper mit Masse m durch einen anderen mit Masse M anziehen und ermittelte die eintretende Beschleunigung $\vec{a}$. Mit der Gleichung $F = m \cdot a$ konnte er nun den Betrag der Gravitationskraft ermitteln. Mit dem jetzt bekannten Wert von F konnte γ aus dem Gravitationsgesetz berechnet werden:

$$\gamma = \frac{F \cdot r^2}{m \cdot M} = \frac{a \cdot r^2}{M}.$$

Die Ermittlung der Gravitationskonstanten durch CAVENDISH war eine herausragende experimentelle Leistung. Auch heute noch ist die genauere Bestimmung von γ eine Herausforderung. γ ist die am wenigsten genau bestimmte Naturkonstante.

> **Merksatz**
> Der Proportionalitätsfaktor im Gravitationsgesetz heißt Gravitationskonstante γ und hat den Wert
> $$\gamma = 6{,}674 \cdot 10^{-11}\, \frac{\text{m}^3}{\text{kg} \cdot \text{s}^2}.$$
> γ ist eine universelle Naturkonstante.

4. Bestimmung der Masse der Erde

Mithilfe des Gravitationsgesetzes und der Gravitationskonstanten lässt sich nun die Masse der Erde berechnen: Wir wissen, dass Körper der Masse m an der Erdoberfläche eine Kraft vom Betrag $F = m \cdot g$ erfahren. Diese Kraft, die wir bisher Gewichtskraft genannt haben, ist aber nichts anderes als die Gravitationskraft. Daher gilt:

$$m \cdot g = \gamma \cdot \frac{m \cdot M_E}{r^2}.$$

Dabei ist $r = R = 6370$ km der Erdradius. Formt man nach M_E um, so erhält man:

$$M_E = \frac{g \cdot R^2}{\gamma} = \frac{9{,}81\, \text{m} \cdot \text{s}^{-2} \cdot (6370 \cdot 10^3)^2\, \text{m}^2}{6{,}67 \cdot 10^{-11}\, \text{m}^3 \cdot \text{kg}^{-1} \cdot \text{s}^{-2}}$$

$\Rightarrow M_E = 6 \cdot 10^{24}$ kg (genauer $5{,}97 \cdot 10^{24}$ kg).

Das Volumen der Erde ist $V = \frac{4}{3}\pi R^3 = 1{,}08 \cdot 10^{21}$ m³.
Für die mittlere Dichte ρ erhält man

$$\rho = \frac{M_E}{V} = 5{,}5\, \frac{\text{g}}{\text{cm}^3}.$$

Die Dichte der uns zugänglichen oberen Gesteinsschicht liegt bei etwa 3,4 g/cm³. Geologen schreiben deshalb dem Erdinneren eine bedeutend höhere Dichte zu → **B1**. Es besteht wahrscheinlich aus Eisen und Nickel bei einem Druck von $3{,}5 \cdot 10^6$ bar.

In drei Schritten zum Gravitationsgesetz

Vertiefung

Der Versuch von CAVENDISH zur Bestimmung der Gravitationskonstanten → www

A. Prinzip der Messung

Mit der abgebildeten **Gravitationsdrehwaage** kann man die winzige Kraft zwischen zwei Kugeln im Labor nachweisen. Die Kraft ist so klein, dass man sie mit Federkraftmessern gar nicht bemerken würde. Um sie aufzuspüren und zu messen, benutzen wir deshalb eine raffinierte, sehr empfindliche Versuchsanordnung.

Zwei kleine Kugeln hängen mit ihrer waagerechten Verbindungsstange an einem dünnen Draht, damit sie nicht nach unten fallen. Er befindet sich gut geschützt in dem weißen Rohr oberhalb des Gehäuses. Auf der Verbindungsstange ist ein kleiner Spiegel angebracht. Dieser reflektiert einen Lichtstrahl. In einiger Entfernung – z.B. an einer gegenüberliegenden Wand – verrät der Lichtstrahl jeden kleinen Schwenk der kleinen Hantel.

Zunächst sind die großen Kugeln symmetrisch zu den kleinen angebracht. Die Gravitationskräfte, mit denen die großen Kugeln die kleinen anziehen, drehen die Hantel noch nicht. Alles ist in Ruhe.

Dann schwenken wir die beiden großen Kugeln aus ihrer neutralen Position. Die kleinen Kugeln fallen nun auf die großen beschleunigt zu – im Prinzip wie ein Apfel zur Erde. Ihre Verbindungsstange und der daran befestige Spiegel drehen sich. Der Draht wird zunehmend verdrillt. Der am Spiegel reflektierte Lichtstrahl dreht sich mit. Durch die große Entfernung zwischen Drehwaage und Wand wird die Bewegung des Lichtstrahls an der Wand deutlich sichtbar. Mithilfe einer an der Wand angebrachten Skala kann man die Auslenkung des Lichtzeigers sogar messen.

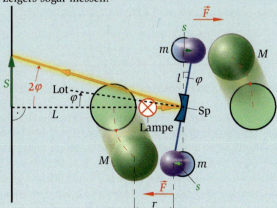

B2 Gravitationsdrehwaage in Draufsicht

B. Auswertung der Messung

Versuchsdaten:

Masse einer großen Kugel:	$m = 1{,}5$ kg
Länge der horizontalen Stange:	$2l = 10$ cm
Länge des Lichtzeigers:	$L = 13{,}5$ m
Abstand der Kugelmitten nach dem Annähern der großen Kugeln:	$r = 4{,}6$ cm

Jede kleine Kugel erfährt eine beschleunigende Kraft von

$$m \cdot a = \gamma \cdot \frac{m \cdot M}{r^2}, \quad \text{also ist} \quad \gamma = \frac{a \cdot r^2}{M}.$$

Dabei ist der Wert a der Beschleunigung gering. Deshalb ist der Weg s, um den sich die kleinen Kugeln in z.B. einer Minute bewegen, gegenüber dem Abstand r der beiden Kugelmittelpunkte sehr klein. Wir können deshalb unsere Rechnung vereinfachen, indem wir von einer konstanten Kraft ausgehen. Die Bewegung werten wir dann als gleichmäßig beschleunigt, es gilt $a = 2s/t^2$. Den Weg s messen wir nicht direkt, sondern berechnen ihn aus der Auslenkung S des Lichtzeigers an der Wand: Die Verbindungsstange der kleinen Kugeln dreht sich um den Winkel $\varphi = s/l$ (Bogenmaß) und mit ihr das Einfallslot für den reflektierten Lichtstrahl. Dieser wird um den Winkel $2\varphi = 2s/l$ abgelenkt. Für die Auslenkung S auf der Skala im Abstand L gilt: $\tan 2\varphi = S/L$. Bei den kleinen Winkeln gilt mit großer Genauigkeit $\tan 2\varphi \approx 2\varphi$. Daraus folgt:

$$\frac{S}{L} = \frac{2s}{l} \quad \text{oder} \quad s = \frac{S \cdot l}{2L}.$$

Insgesamt erhalten wir für γ folgende Gleichung:

$$\gamma = \frac{a \cdot r^2}{M} = \frac{r^2 \cdot 2s}{M \cdot t^2} = \frac{r^2 \cdot S \cdot l}{M \cdot t^2 \cdot L}.$$

Mit den Messungen für t und S erhalten wir:

Auslenkung S in mm	Zeit t in s	Gravitationskonstante γ in 10^{-11} m$^3 \cdot$ kg$^{-1} \cdot$ s^{-2}
10	28	6,7
20	42	5,9
30	52	5,8

Der Mittelwert ist

$$\gamma = 6{,}1 \cdot 10^{-11} \frac{\text{m}^3}{\text{kg} \cdot \text{s}^2}.$$

Dieser Wert ist etwas zu klein. Wir haben nämlich weder berücksichtigt, dass der Draht zunehmend verdrillt wird, noch dass jede der beiden großen Kugeln auch auf die entfernter liegende kleine Kugel eine Kraft ausübt. Beides wirkt der beobachteten Drehbewegung entgegen.

Die Kepler-Gesetze

1. Wir untersuchen Satellitenbahnen

Im Abstand 42 200 km vom Erdmittelpunkt befinde sich ein Satellit. Welche Geschwindigkeit senkrecht zur y-Achse in einer Simulation muss man ihm geben, damit er auf einem Kreis umläuft?

Aus $\dfrac{m \cdot v^2}{r} = \gamma \cdot \dfrac{m \cdot M_E}{r^2}$ erhält man $v^2 = \gamma \cdot \dfrac{M_E}{r}$ und $v = 3070$ m/s.

Simulieren wir mit dieser Anfangsbedingung die Satellitenbewegung mit einer Geometrie-Software → www, erhalten wir tatsächlich einen Kreis. Genauer gesagt, wir erhalten Punkte, die auf einem Kreis liegen, da der Computer nur Bahnpunkte für Zeitabstände von 1000 s Satellitenlauf zeichnen soll → B1. Der Abstand der Punkte ist somit auch ein Maß für die Bahngeschwindigkeit.

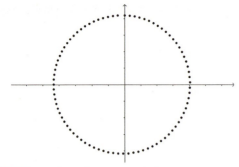

B1 Satellit auf einer Kreisbahn

Was geschieht aber, wenn wir für den Satelliten den Betrag der Bahngeschwindigkeit vergrößern und die senkrechte Richtung zur Verbindungslinie beibehalten? Die Simulation zeigt uns → B2, dass die Bahn anscheinend die Form einer Ellipse → B3 hat. Die Erde steht in einem der Brennpunkte der Ellipse.

Aus unserem Diagramm kann man aber noch mehr ablesen: Im erdfernsten Punkt (Aphel) liegen die gezeichneten Punkte wesentlich dichter beisammen als im erdnächsten Punkt (Perihel). Das heißt, die Geschwindigkeit im Aphel ist viel kleiner als im Perihel. Wir versuchen nun, einen Zusammenhang zwischen den beiden Geschwindigkeiten zu ermitteln.

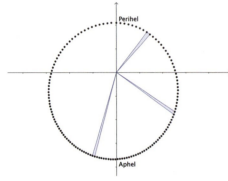

B2 Der Satellit mit einer größeren Startgeschwindigkeit als in → B1 fliegt auf einer ellipsenförmigen Bahn.

Zeichnen wir mit der Software Dreiecke, deren Ecken zwei benachbarte Punkte sowie die Erde sind, so stellen wir fest, dass ihre Flächeninhalte alle gleich sind. Man sagt auch, der Fahrstrahl, also die Verbindungslinie von der Erde zum Satelliten, überstreicht in gleichen Zeiten gleiche Flächen. Der Flächeninhalt eines solchen Dreiecks ergibt sich aus der etwa gleichen Entfernung r der beiden Punkte von der Erde und dem Abstand Δs der Punkte: $A = \frac{1}{2} r \cdot \Delta s$.

Da der Abstand zweier benachbarter gezeichneter Punkte klein ist, kann man die Bahn des Satelliten zwischen diesen Punkten durch die Strecke zwischen den Punkten annähern. Die Geschwindigkeit erhalten wir daher als Quotient aus Δs und der vom Satelliten für diese Strecke benötigten Zeit $\Delta t = 1000$ s. Daraus ergibt sich

$$r \cdot v = r \cdot \dfrac{\Delta s}{\Delta t} = r \cdot \dfrac{2A}{r \cdot \Delta t} = \dfrac{2A}{\Delta t}.$$

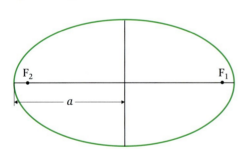

B3 Eine Ellipse ist die Menge aller Punkte, für die die Summe der Entfernungen von zwei gegebenen Punkten, den sogenannten Brennpunkten F_1 und F_2, konstant ist. Die Strecke a heißt große Halbachse.

Das heißt, das Produkt aus Abstand von der Erde r und der Bahngeschwindigkeit v ist an jeder Stelle einer Satellitenbahn gleich.

Weiter sehen wir, dass bei der größeren Startgeschwindigkeit neben der großen Halbachse a (halbe Strecke zwischen Aphel und Perihel) die Anzahl der Punkte für einen Umlauf und damit die Umlaufdauer T größer wird. Verändert man die Startgeschwindigkeit und bestimmt jeweils die große Halbachse sowie die Umlaufdauer, so findet man, dass T stärker als linear und schwächer als mit dem Quadrat der Halbachse anwächst. Genauere Untersuchungen zeigen, dass $T \sim a^{3/2}$ ist → T1. Dies ist äquivalent dazu, dass $T^2 \sim a^3$ ist oder dass der Quotient a^3/T^2 für alle Satelliten den gleichen Wert hat.

v in m/s	große Halbachse a in 10^7 m	Umlaufdauer T in h	a^3/T^2 in 10^{20} m³/h²
3070	4,2	24,2	1,3
3300	5,0	31,0	1,3
3600	6,7	48,1	1,3

T1 Die Umlaufdauer von Erdsatelliten in Abhängigkeit von ihrer großen Halbachse. Die Umlaufdauer wurde durch Zählen der Punkte in der Simulation bestimmt (zeitlicher Abstand zwischen zwei Punkten: 1000 s).

Die Kepler-Gesetze

2. KEPLER entdeckte die Ordnung am Himmel

Der Astronom Johannes KEPLER (1571–1630) kannte das Gravitationsgesetz nicht und hatte natürlich auch keinen Computer. Er besaß aber – als unglaublich wertvollen Schatz – die für die damalige Zeit äußerst präzisen Messungen des Dänen Tycho BRAHE (1546–1601) an der Bahn des Planeten Mars → **B4**. Nach mühsamen Rechnungen fand KEPLER für den Mars diejenigen Gesetzmäßigkeiten, die wir mit dem PC für die Satellitenbahn gefunden haben. KEPLER verallgemeinerte seine Gesetze auf alle Planeten. Sie gelten sogar für alle vergleichbaren Systeme.

Merksatz

Erstes Kepler-Gesetz: Trabanten bewegen sich auf Ellipsen, in deren einem Brennpunkt der Zentralkörper (z. B. die Sonne) steht.

Zweites Kepler-Gesetz (Flächensatz): Der Fahrstrahl Zentralkörper–Trabant überstreicht in gleichen Zeiten gleiche Flächen.

Drittes Kepler-Gesetz: Die Quadrate der Umlaufdauern T_1 und T_2 zweier Trabanten um den gleichen Zentralkörper verhalten sich wie die dritten Potenzen der großen Halbachsen a_1 und a_2:

$$\frac{T_1^2}{T_2^2} = \frac{a_1^3}{a_2^3} \quad \text{oder} \quad \frac{a^3}{T^2} \text{ ist konstant.}$$

Aus dem dritten Kepler-Gesetz folgt, dass die Umlaufdauer T allein durch die große Halbachse a bestimmt ist. Deshalb ist T bei einer Kepler-Ellipse genauso groß wie bei einer Kreisbahn über der großen Ellipsen-Halbachse ($r = a$). Wenn man dies weiß, kann man sofort nach

$$\gamma \cdot \frac{m \cdot M}{r^2} = \frac{m \cdot v^2}{r} \quad \text{oder} \quad M = \frac{v^2 \cdot r}{\gamma} = \frac{4\pi^2 r^3}{\gamma \cdot T^2}$$

die Masse des Zentralkörpers M berechnen, wenn man die Umlaufdauer T und die große Halbachse a eines Trabanten kennt und $r = a$ setzt.

B4 Der Planet Mars wurde von zahlreichen Sonden erforscht, u. a. der ESA-Sonde Mars Express.

Beispiel **Rechnen mit KEPLER**

Berechnen Sie Umlaufdauer T und Geschwindigkeitsbetrag v eines Satelliten, der die Erde auf einer elliptischen Bahn mit der großen Halbachse a = 6700 km umläuft. Benutzen Sie die Tatsache, dass der Mond (r_M = 384 000 km) die Erde in 27,3 Tagen (T_M) umläuft.

Lösung: Das dritte Kepler-Gesetz liefert für den Satelliten und den Mond $T^2/a^3 = T_M^2/a_M^3$. Da der Mond nahezu auf einer Kreisbahn umläuft, gilt $a_M = r_M$. Also ist

$$T = \sqrt{\frac{a^3}{r_M^3}} \cdot T_M.$$

Daraus folgt T = 5440 s = **91 min.**

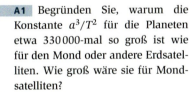 **A1** Begründen Sie, warum die Konstante a^3/T^2 für die Planeten etwa 330 000-mal so groß ist wie für den Mond oder andere Erdsatelliten. Wie groß wäre sie für Mondsatelliten?

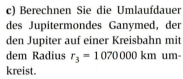 **A2** a) Der Jupitermond Io läuft auf einem Kreis mit Radius r_1 = 420 000 km in T_1 = 1,77 d um. Berechnen Sie die Masse des Jupiters. Können Sie hieraus auch die Masse dieses Mondes bestimmen?
b) Der Jupitermond Europa hat den Bahnradius r_2 = 670 000 km und die Umlaufdauer T_2 = 3,55 d. Prüfen Sie das dritte Kepler-Gesetz, bestimmen Sie r^3/T^2 und vergleichen Sie mit → **A1** .

c) Berechnen Sie die Umlaufdauer des Jupitermondes Ganymed, der den Jupiter auf einer Kreisbahn mit dem Radius r_3 = 1 070 000 km umkreist.
d) Berechnen Sie die Bahngeschwindigkeiten aller drei Monde.

A3 Ein Satellit bewegt sich auf einer Ellipsenbahn um die Erde. Sein erdnächster Abstand beträgt 300 km, sein größter Abstand 2000 km. Berechnen Sie das Verhältnis der Geschwindigkeiten an diesen Stellen.

A4 Der russische Sputnik 1 war der erste künstliche Erdsatellit. Im erdnächsten Punkt seiner Bahn (Höhe über der Erdoberfläche 250 km) war seine Geschwindigkeit etwa 8 km/s. Bestimmen Sie seine Geschwindigkeit im erdfernsten Punkt (Höhe 900 km).

A5 Der halleysche Komet hat eine Umlaufdauer von 75,6 Jahren. Die Entfernung zur Sonne beträgt im Perihel $8,5 \cdot 10^7$ km, seine Bahngeschwindigkeit dort 55 km/s. Berechnen Sie seine Entfernung und Bahngeschwindigkeit im Aphel.

A6 Entwerfen Sie ein Modell des Sonnensystems im Längenmaßstab $1 : 10^9$ (Daten → **Tabellenanhang**). Bestimmen Sie Größe und Abstände der Modellkörper. Welche Masse hätten sie mit der Originaldichte?

Methode – Bahnberechnung in kleinen Schritten

Mit dem PC auf den Spuren KEPLERS

Um Satellitenbahnen mit der Grundgleichung der Mechanik schrittweise zu berechnen, werden wir wie beim freien Fall mit Luftwiderstand die Geometriesoftware GeoGebra benutzen → www. Wir benutzen die Algebra-, die Tabellen- und die Grafikansicht.

Zunächst legen wir die Zeitintervalle $\Delta t = 1000$ s fest, indem wir dt=1000 in die Eingabezeile eintragen. Ebenso definieren wir die Koordinaten des Startpunktes $x_0 = 0$ m und $y_0 = 42\,000\,000$ m. Unsere eingegeben Werte können wir in der Algebraansicht überprüfen.
Die Startrichtung soll die positive x-Richtung sein, daher ist $v_{y0} = 0$ m/s. Um den Betrag der Startgeschwindigkeit variabel zu halten, stellen wir v_{x0} als Schieberegler dar. Zunächst stellen wir den Wert $v_{x0} = 3070$ m/s ein. Auch die Masse m des Satelliten definieren wir als Schieberegler.

In der Tabellenansicht werden wir später die auf den Satelliten wirkende Kraft berechnen. Ihr Betrag ergibt sich aus
$$F = \gamma \cdot \frac{m \cdot M}{r^2}.$$
Da wir die Position des Satelliten koordinatenweise berechnen, müssen wir auch die Kraft in eine x- und y-Koordinate zerlegen → Grafik. Für die x-Koordinate gilt:
$$F_x = -\gamma \cdot \frac{m \cdot M}{r^2} \cdot \sin\alpha = -\gamma \cdot \frac{m \cdot M}{r^2} \cdot \frac{x}{r}.$$
Das Minuszeichen wird benötigt, da $\vec{F}$ zum Kreismittelpunkt und damit entgegen der x-Richtung zeigt.

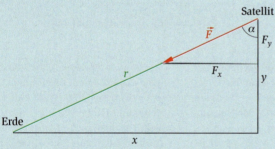

Das Produkt der Gravitationskonstanten γ mit der Masse M der Erde fassen wir zu einer Konstanten k zusammen:
$$k = \gamma \cdot M = 6{,}67 \cdot 10^{-11}\,\frac{m^3}{kg \cdot s^2} \cdot 5{,}97 \cdot 10^{24}\,kg$$
$$= 3{,}98 \cdot 10^{14}\,\frac{m^3}{s^2}.$$
Diese Konstante definieren wir durch Eintragen in die Eingabezeile: k=398000000000000.
Für F_x und F_y ergibt sich damit:
$$F_x = -k \cdot m \cdot \frac{x}{r^3} \quad \text{und} \quad F_y = -k \cdot m \cdot \frac{y}{r^3}.$$

Nach diesen Vorbereitungen füllen wir die Tabelle aus. In die erste Zeile der Tabelle tragen wir die benötigten Größen mit Einheiten ein:
dt in s, Fx in N, Fy in N, F in N, ax in m/s², ay in m/s², vx in m/s, vy in m/s, v in m/s, x in m, y in m, r in m und (x,y) als Bahnpunkt.

Die festgelegten Startwerte werden in die zweite Zeile der Tabelle übernommen:
A2: =0 G2: =vx0 H2: =vy0 J2: =x0 K2: =y0
In L2 wird der Abstand r des Satelliten von der Erde mit dem Satz des PYTHAGORAS berechnet: =sqrt(J2²+K2²).
Um kleinere Maßzahlen für die Koordinaten des ersten Bahnpunktes zu erhalten, dividieren wir sie durch 10^7. Diese Werte tragen wir als Koordinatenpaar in M2 ein: =(J2/10000000,K2/10000000). Nach Markieren der Spalte M können wir mit *Eigenschaften, Objekt anzeigen* das Bild in der Grafikansicht abrufen.

In Zeile 3 werden die Gleichungen der bewährten Rechenschleife in Tabellenformeln übersetzt:

A3	$t_{neu} = t_{alt} + \Delta t$	=A2+dt
B3	$F_x = k \cdot m \cdot x / r^3$	=-k*m*J2/L2³
C3	$F_y = k \cdot m \cdot y / r^3$	=-k*m*K2/L2³
D3	$F = \sqrt{F_x^2 + F_y^2}$	=sqrt(B3²+C3²)
E3	$a_x = F_x/m$	=B3/m
F3	$a_y = F_y/m$	=C3/m
G3	$v_{x,neu} = v_{x,alt} + a_x \cdot \Delta t$	=G2+E3*dt
H3	$v_{y,neu} = v_{y,alt} + a_y \cdot \Delta t$	=H2+F3*dt
I3	$v = \sqrt{v_x^2 + v_y^2}$	=sqrt(G3²+H3²)
J3	$x_{neu} = x_{alt} + v_x \cdot \Delta t$	=J2+G3*dt
K3	$y_{neu} = y_{alt} + v_y \cdot \Delta t$	=K2+H3*dt
L3	$r = \sqrt{x^2 + y^2}$	=sqrt(J3²+K3²)

In M3 wird der nächste Bahnpunkt als Koordinatenpaar eingetragen: =(J3/10000000,K3/10000000).
Die dritte Zeile wird dann soweit nach unten kopiert, bis sich in der Grafikansicht eine geschlossene Bahnkurve ergibt.

Wir erkennen in der Grafikansicht, dass die Satellitenbahn (nahezu) kreisförmig ist → B1. In Spalte D bzw. Spalte I der Tabellenansicht lesen wir außerdem ab, dass der Betrag der Zentripetalkraft sowie der Betrag der Bahngeschwindigkeit nahezu konstant sind.

Die Kepler-Gesetze

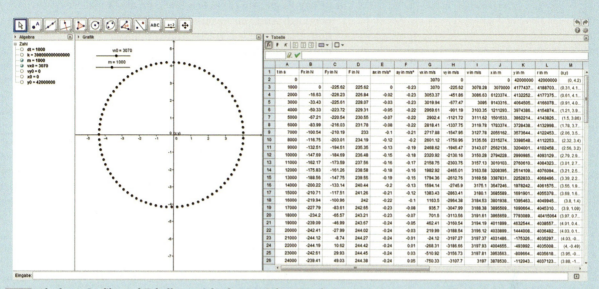

B1 Algebra-, Grafik- und Tabellenansicht der GeoGebra-Simulation

Wir untersuchen, wie sich die Änderung einzelner Größen auf die Bahnkurve auswirkt. Zunächst ändern wir die Masse und stellen fest, dass dies keine Auswirkungen auf die Bahnkurve hat. In der Tabelle ändern sich nur die Spalten B, C und D, die die Koordinaten der Gravitationskraft und ihren Betrag enthalten.

Nun ändern wir v_{x0}. Um eine geschlossene Kurve zu erhalten, müssen wir in der Tabelle eventuell noch Zeilen hinzufügen. Die Bahnkurve ist nicht mehr kreis-, sondern ellipsenförmig. Mit dem Werkzeug *Ellipse* lässt sich tatsächlich eine Ellipse durch die Bahnkurve anpassen. Dazu klicken wir als ersten Brennpunkt den Punkt (0,0) an, als zweiten Brennpunkt zunächst einen beliebigen Punkt B auf der y-Achse und als Ellipsenpunkt einen beliebigen Punkt auf der Ellipse. Durch Verschieben des Punktes B auf der y-Achse lässt sich erreichen, dass die gezeichnete Ellipse mit der Bahnkurve nahezu übereinstimmt → **B2**. Eine bessere Übereinstimmung erhalten wir, indem wir das Zeitintervall Δt verkleinern.
Damit bestätigt unsere Simulation das erste Kepler-Gesetz.

Wir versuchen, mit unserer Simulation auch das zweite Kepler-Gesetz zu belegen. Dazu zeichnen wir mehrere Dreiecke, deren Ecken zwei benachbarte Punkte der Ellipse sowie der Punkt (0,0) sind. In der Algebraansicht wird direkt der Flächeninhalt der Dreiecke angezeigt. Wie vom zweiten Kepler-Gesetz gefordert, stimmen diese Flächeninhalte überein. Das bleibt auch so, wenn wir v_{x0} ändern → **B3**.

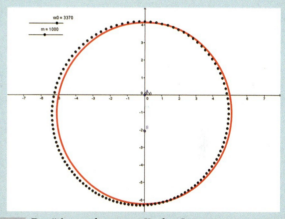

B2 Bestätigung des ersten Kepler-Gesetzes

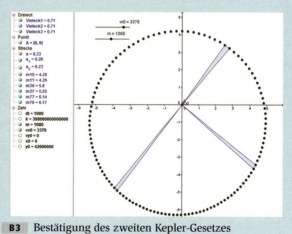

B3 Bestätigung des zweiten Kepler-Gesetzes

Energie im Gravitationsfeld

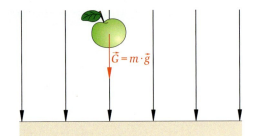

B1 Ein Apfel fällt immer senkrecht nach unten.

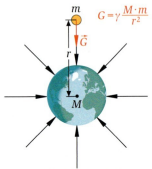

B2 Das radiale Feld der Erde

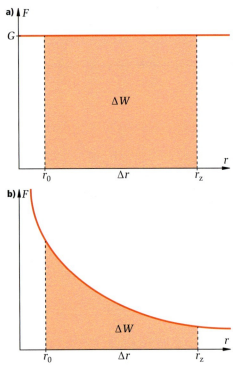

B3 a) Bei kleinen Höhenunterschieden ist die Gravitationskraft hinreichend konstant. Die zugeführte Arbeit entspricht dem Flächeninhalt des Rechtecks im Ort-Kraft-Diagramm. **b)** Mit zunehmender Höhe nimmt die Kraft ab.

1. Wir leben in Schwerefeldern

An jeder Stelle auf unserer Erde fallen Körper senkrecht nach unten → **B1**. Es gibt aber kein Seil, mit dem die Erde diese Kraftwirkung überträgt. Auch im Vakuum zieht die Erde jeden Gegenstand an. Einen Raum, in dem solche Kraftwirkungen auftreten, nennen wir **Gravitationsfeld.** Sie kennen bereits magnetische Felder. Dort haben wir uns Feldlinien vorgestellt, die in jedem Punkt des Feldes die Richtung angeben, in die sich der Nordpol eines kleinen Magneten ausrichtet. Die Richtung der Kraft auf den Nordpol des kleinen Magneten stimmt also mit der Richtung der Feldlinie in diesem Punkt überein.

In einem kleinen Bereich (z.B. in einem Zimmer) sind die Gewichtskräfte $\vec{G}$ hinreichend parallel zueinander. Wir zeichnen die Feldlinien daher parallel. Das Gravitationsfeld ist in diesem Bereich nahezu homogen. Damit meint man, es sei auch überall gleich „stark". Was heißt das?

Nehmen wir einen beliebigen Gegenstand mit der Masse m, also mit dem Betrag der Gewichtskraft $G = m \cdot g$. Im homogenen Feldbereich ist der Quotient $g = G/m$ konstant und für alle Körper gleich. Betrachtet man dagegen größere Bereiche, so nimmt der Quotient z.B. mit der Höhe ab; g heißt Ortsfaktor oder – wie wir jetzt sagen – **Feldstärke** des Gravitationsfeldes (vom geringen Einfluss der Zentripetalkraft wegen der Erdrotation sei abgesehen).

Im Ganzen betrachtet, ist das Gravitationsfeld der Erde nach → **B2** *radial*, d.h. die Feldlinien zeigen überall zum Erdmittelpunkt. Nach $G = m \cdot g = \gamma \cdot m \cdot M/r^2$ nimmt die Feldstärke g wie die Gewichtskraft eines Körpers nach außen gemäß $1/r^2$ ab.

2. Mit Energie in den Himmel

Wenn wir einen Stein der Masse m vom Fußboden auf einen Tisch der Höhe Δr heben, so brauchen wir zum Heben die Arbeit $\Delta W = G \cdot \Delta r = m \cdot g \cdot \Delta r$. Der Betrag G der Gewichtskraft und die Feldstärke g sind auf dem Weg hinreichend konstant. In einem Ort-Kraft-Diagramm entspricht diese Arbeit dem Flächeninhalt eines Rechtecks → **B3a**. Dabei ist es egal, ob man den Stein senkrecht nach oben oder auf anderem Wege auf den Tisch hebt.

Komplizierter ist es, die Energie zu berechnen, die man braucht, um einen Satelliten in seine Umlaufbahn zu heben. Die Gravitationskraft ist nicht mehr konstant, sondern nimmt nach $F = \gamma \cdot M \cdot m/r^2$ ab → **B3b**. Benutzen wir dieselbe Formel wie beim Hochheben des Steins mit $g = 9{,}81$ m/s², so erhielten wir daher einen viel zu großen Wert.

Die Herleitung in der → **Vertiefung** ergibt, dass die zuzuführende Arbeit auch hier wegunabhängig ist und mit der Gleichung

$$\Delta W = \gamma \cdot m \cdot M \left(\frac{1}{r_0} - \frac{1}{r_Z} \right)$$

berechnet werden kann, wobei r_0 und r_Z die Entfernungen von Start- und Zielort zum Erdmittelpunkt sind.

Energie im Gravitationsfeld

Vertiefung

Herleitung der Formel für die Energieberechnung im Gravitationsfeld

Will man einen Körper der Masse m vom Punkt P_0 in einen höheren Punkt P_z heben, so ist die Gravitationskraft auf dem Weg nicht konstant, sondern nimmt ab. Wir können aber nur mit konstanten Kräften rechnen, deshalb unterteilen wir die Wegstrecke von P_0 bis P_z in sehr viele Radienstücke Δr, von P_0 nach P_1, von P_1 nach P_2, von P_2 nach P_3 usw. bis hin zum Zielpunkt P_z. Wir machen dabei Δr so klein, dass F sich innerhalb eines Intervalls nur wenig ändert.

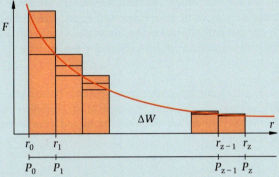

Beim ersten sich an P_0 anschließenden Stück $\Delta r = r_1 - r_0$ hat die Kraft den Betrag

in P_0: $F_0 = \gamma \cdot m \cdot M/r_0^2$, in P_1: $F_1 = \gamma \cdot m \cdot M/r_1^2$.

$F_0 \cdot \Delta r$ gibt einen zu großen, $F_1 \cdot \Delta r$ einen zu kleinen Wert für die Arbeit. Um eine gute Näherung für die Arbeit zu erhalten, nehmen wir für die Kraft einen Wert zwischen F_0 und F_1. Dabei macht es die weitere Rechnung einfacher, wenn wir das Produkt $r_0 r_1$ benutzen. Es ist etwas größer als r_0^2 und etwas kleiner als r_1^2. Für den Betrag der Kraft erhalten wir so die Näherung $F_1' = \gamma \cdot m \cdot M/(r_1 \cdot r_0)$. Die zugeführte Energie beträgt daher auf dem Weg $\Delta r = r_1 - r_0$ in guter Näherung

$$\Delta W_1 = F_1' \cdot \Delta r = \frac{\gamma \cdot m \cdot M}{r_1 \cdot r_0}(r_1 - r_0) = \gamma \cdot m \cdot M \left(\frac{1}{r_0} - \frac{1}{r_1}\right).$$

Für die Abschnitte r_1 bis r_2, r_2 bis r_3, ..., r_{z-1} bis r_z erhalten wir entsprechende Beiträge.

Erfreulicherweise bleiben beim Addieren nur die Terme mit den Eckwerten r_0 und r_z übrig:

$$\Delta W = \gamma \cdot m \cdot M \left\{\left(\frac{1}{r_0} - \frac{1}{r_1}\right) + \left(\frac{1}{r_1} - \frac{1}{r_2}\right) + \ldots + \left(\frac{1}{r_{z-1}} - \frac{1}{r_z}\right)\right\}$$

$$= \gamma \cdot m \cdot M \cdot \left(\frac{1}{r_0} - \frac{1}{r_z}\right).$$

Die zugeführte Energie und damit die Zunahme der Höhenenergie (auch Lageenergie oder potentielle Energie genannt) ist also

$$\Delta W_{pot} = \gamma \cdot m \cdot M \cdot \left(\frac{1}{r_0} - \frac{1}{r_z}\right).$$

Hebt man den Körper nicht radial hoch, sondern entlang einer gekrümmten Bahn, so zerlegt man die Kurve in kleine Stückchen entlang der Feldlinien und in Bogenstücke quer dazu. Nur längs der Feldlinien (1) muss man Energie aufbringen, auf den Querstücken (2) nicht, da die Kraft senkrecht zur Bewegungsrichtung steht. Da nur die radialen Wegstücke beitragen, muss wie bei unseren obigen Überlegungen die Summe $\Delta W_1 + \ldots + \Delta W_z$ gebildet werden. Das Resultat ist dasselbe wie oben.

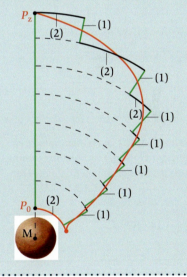

A1 a) Erläutern Sie, wie man die Gravitationsfeldstärke g am Eräquator aus dem Gravitationsgesetz berechnen kann.
b) Berechnen Sie, wie groß dort die Zentripetalkraft für einen Körper der Masse 1 kg ist. Wie viel Prozent der Gravitationskraft sind es?

A2 a) Bestimmen Sie den Betrag v der Geschwindigkeit und die Bewegungsenergie eines Erdsatelliten ($m = 1000$ kg), der in 1000 km Höhe eine Kreisbahn beschreibt.
b) Berechnen Sie, welche Energie man braucht, um ihn von der als ruhend gedachten Erdoberfläche in die Umlaufbahn zu bringen.
c) Begründen Sie, weshalb man Satelliten nahe am Äquator und nach Osten abschießt.

A3 Begründen Sie, dass sich der Betrag der Gravitationskraft nicht als Maß für die Stärke des Gravitationsfeldes eignet.

A4 Die Internationale Raumstation ISS kreist in etwa 350 km Höhe um die Erde. Berechnen Sie die Gravitationsfeldstärke in der Höhe der ISS und vergleichen Sie sie mit der Feldstärke an der Erdoberfläche.

Vertiefung

Festlegung des Nullniveaus

Die Energie, die man einem Körper der Masse m zuführen muss, um ihn aus einer beliebigen Entfernung r vom Erdmittelpunkt ins Unendliche zu bringen ($r_Z \to \infty$), beträgt

$$\Delta W_{pot} = \gamma \cdot m \cdot M \left(\frac{1}{r} - \frac{1}{r_Z}\right) = \gamma \cdot m \cdot M \cdot \frac{1}{r}.$$

Die Festlegung des Nullniveaus fordert für die potentielle Energie W_{pot} des Körpers in der Entfernung r vom Erdmittelpunkt $W_{pot} + \gamma \cdot m \cdot M/r = 0$, also $W_{pot} = -\gamma \cdot m \cdot M/r$.

Beispiel Potentielle Energie eines Satelliten

Ein Satellit ($m = 1000$ kg) soll von der Erdoberfläche ($r_0 = 6370$ km) durch eine Rakete um 6370 km, d. h. auf die Höhe $r_Z = 12\,740$ km „angehoben" werden. Wie ändert sich dabei seine potentielle Energie und welche Arbeit muss ihm zum Anheben zugeführt werden?

Lösung:
Die Änderung der potentiellen Energie ist:

$$\Delta W_{pot} = W_{pot}(r_Z) - W_{pot}(r_0)$$
$$= -\frac{\gamma \cdot m \cdot M}{r_Z} + \frac{\gamma \cdot m \cdot M}{r_0}$$
$$= -\gamma \cdot m \cdot M \left(\frac{1}{2R} - \frac{1}{R}\right)$$

Diese (positive) Arbeit muss man zuführen, um den Körper zu heben. Das Ergebnis stimmt mit dem uns bereits bekannten Ergebnis überein.
Einsetzen der Werte ergibt

$$\Delta W_{pot} = 3{,}14 \cdot 10^{10}\text{ J}.$$

3. Wohin mit dem Nullniveau?

Wie wir wissen, ist die Höhenenergie erst festgelegt, wenn man sich auf ein Nullniveau geeinigt hat. Höhenenergie nennt man in der Physik auch **potentielle Energie.** Das Nullniveau der potentiellen Energie können wir nicht in den Erdmittelpunkt legen, denn für $r = 0$ m ist $1/r$ nicht definiert. Sehr weit von der Erde, im „Unendlichen", ist die Gravitationskraft auf jeden Körper null. Man vereinbart daher, dass dort auch die potentielle Energie ihren Nullpunkt hat. Daraus ergibt sich für die potentielle Energie in einer beliebigen Entfernung r vom Erdmittelpunkt $W_{pot} = -\gamma \cdot m \cdot M/r$ ➔ **Vertiefung**.

Das hat zur Folge, dass die potentielle Energie stets negativ ist. Dies mag Ihnen seltsam erscheinen. Meistens kommt es jedoch nur auf Energiedifferenzen an. Will man einen Körper der Masse m vom Abstand r_0 auf den größeren Abstand r_Z anheben, so ist seine Energieänderung wie zu erwarten positiv, wie das ➔ **Beispiel** zeigt.

Merksatz

Das Nullniveau der potentiellen Energie legt man ins Unendliche. Im radialen Schwerefeld eines Körpers der Masse M hat ein anderer Körper mit der Masse m und dem Mittelpunktsabstand r die negative potentielle Energie

$$W_{pot} = -\gamma \cdot \frac{m \cdot M}{r}.$$

4. Fluchtgeschwindigkeit

Mit unserem Wissen über die potentielle Energie im Gravitationsfeld können wir nun z. B. berechnen, mit welcher Geschwindigkeit ein Körper der Masse m von der Erdoberfläche abgeschossen werden müsste, um ins „Unendliche" zu fliegen. Dabei sehen wir von Reibung in der Atmosphäre ab.
Dem Körper muss dazu mindestens die Energie $W = \gamma \cdot m \cdot M/R$ (R = Radius der Erde) zugeführt werden. Eine Kanone müsste ihm diese Energie in einem Schuss als Bewegungsenergie $\frac{1}{2} m \cdot v^2$ geben. Hieraus folgt:

$$\frac{1}{2} m \cdot v^2 = \gamma \cdot m \cdot M/R \quad \text{oder} \quad v = \sqrt{2\gamma \cdot M/R} = 11{,}2\text{ km/s}.$$

Man nennt 11,2 km/s die **Fluchtgeschwindigkeit** für die Erde.

A1 a) Eine Rakete wird senkrecht nach oben mit einer Anfangsgeschwindigkeit von $v = 100$ m/s abgeschossen. Ermitteln Sie, wie hoch die Rakete fliegt, wenn der Ausgangspunkt der Bewegung den Abstand R ($R = 6370$ km), $2R$, $10R$ vom Erdmittelpunkt hat.
b) Eine Rakete wird von der Erdoberfläche senkrecht nach oben abgeschossen. Berechnen Sie die Anfangsgeschwindigkeit, die die Rakete haben muss, um die Höhe 1000 km über der Erdoberfläche zu erreichen. (Von Reibungskräften ist abzusehen.)
A2 a) Ein Erdsatellit hat außer der potentiellen Energie im Gravitationsfeld der Erde auch eine Bewegungsenergie. Zeigen Sie, dass die Gesamtenergie sich durch $W = -\gamma \cdot m \cdot M/2r$ berechnen lässt.
b) Berechnen Sie die Gesamtenergie eines Satelliten der Masse 1200 kg in einer Umlaufbahn 300 km über der Erdoberfläche.
c) Durch die winzige Luftreibung verringert sich die Gesamtenergie des Satelliten. Zeigen Sie, dass dabei sein Bahnradius r sinkt und seine Geschwindigkeit v größer wird (Minuszeichen bei der Gesamtenergie beachten!).
A3 Berechnen Sie die Fluchtgeschwindigkeit für den Mond und die Sonne.

Energie im Gravitationsfeld

Interessantes

Völlig losgelöst von der Erde …

A. Am Ende des Gravitationsfeldes?

Wenn Raumfahrer scheinbar schwerelos durch oder um ihre Raumstation schweben → **Bild**, sagt man häufig, sie haben das Schwerefeld der Erde verlassen und befinden sich im schwerefreien Raum. So weit brachte es jedoch noch kein Raumfahrer. In der Höhe der Internationalen Raumstation ISS beträgt die Gravitationskraft auf einen Körper der Masse 1 kg noch 8,8 N. Dies sind noch 90 % der Kraft, die auf denselben Körper an der Erdoberfläche wirkt. Die Gravitationskraft der Erde reicht, wie wir wissen, ins Unendliche. Ein Ende gibt es also nicht. Zudem gibt es noch die Anziehung durch die Sonne und den Mond. Für uns ist ein schwerefreier Raum nur in Gedanken erreichbar. Einfacher wäre es, den schwerefreien Punkt zwischen Erde und Mond aufzusuchen, in dem sich die Gravitationskräfte beider Himmelskörper das Gleichgewicht halten. In ihm ist aber noch die Gravitationskraft der Sonne wirksam. Doch gibt es sicherlich Punkte, in denen sich die verschiedenen Gravitationskräfte aufheben. Dies ist gleichbedeutend mit echter Schwerelosigkeit – aber nur in einzelnen Punkten.

B. Ein Sprung – und die Schwerkraft „verschwindet"

Steigen Sie auf einen Tisch – oder den 3 m-Turm im Schwimmbad – und halten einen Stein ruhig in der Hand. Beim Sprung in die Tiefe spüren Sie dessen Gewichtskraft nicht mehr. Sie fühlen auch sich selbst schwerefrei. Dabei ist es unwichtig, ob Sie sich senkrecht nach unten plumpsen lassen oder mit einem kühnen Anlauf abspringen. Für einen danebenstehenden Beobachter ist die Beschreibung klar: Der Stein braucht seine ganze Gewichtskraft, um sich selbst zu beschleunigen. Er beschwert die Hand nicht.
Auch die Astronauten in einem Raumschiff sind in diesem Sinne schwerefrei. Es spielt keine Rolle, ob sie auf die Erde im freien Fall zustürzen, die Erde auf einer Kreisbahn umrunden oder sich auf einem Flug zum Mond befinden, falls sie den Raketenantrieb schon abgeschaltet haben.

Warum betreibt die Menschheit überhaupt Raumstationen? Einen Teil ihrer Zeit verbringen die Astronauten mit Experimenten. So untersuchen sie z. B. das Verhalten von Pflanzen in der Schwerelosigkeit oder wie sich Flüssigkeiten in der Schwerelosigkeit vermischen.

C. Parabelflug und Fallturm

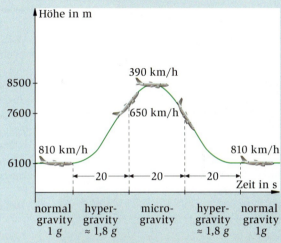

Man kann diese Art der Schwerelosigkeit auf der Erde für einige Zeit simulieren, wenn man Flugzeuge auf Wurfparabeln fliegen lässt → **Grafik** und den Luftwiderstand genau durch die Triebwerke ausgleichen lässt. Dabei muss man nicht nur die richtige Bahnkurve, sondern auch die zugehörigen Geschwindigkeiten und vor allem Beschleunigungen präzise einhalten. Während der Phase der Schwerelosigkeit führt man auch wissenschaftliche Versuche durch.

Der Fallturm in Bremen bietet eine andere Möglichkeit, Experimente praktisch ohne Schwere durchzuführen. In einer evakuierten Röhre können Fallkapseln 110 m frei fallen. Wird die Kapsel vom Boden aus in die Höhe geschossen, so ist die Zeit der Schwerelosigkeit verdoppelt.

Von ARISTOTELES bis NEWTON

B1 Schema des geozentrischen Weltbilds der griechischen Kosmologie

1. Vom Mythos zur Wissenschaft

Seit Urzeiten ranken sich um das Geschehen am Himmel mythische Vorstellungen: Sonne und Mond werden bei ihrem Untergang im Westen von Ungeheuern verschlungen, müssen sich durch die Unterwelt kämpfen oder – wie bei den Azteken – durch Menschenblut am Leben gehalten werden.

Erst in Griechenland erreichte die Astronomie eine neue Entwicklungsstufe. Die Grundvorstellung der griechischen Kosmologie war folgende: Die Erde ruht im Zentrum der Welt und von hier aus steigt man zu immer höheren Sphären, bis man die Fixsternsphäre erreicht → B1.

ARISTOTELES erweiterte diese Vorstellungen. Er unterteilte die Welt in eine sublunare (unter dem Mond) und eine supralunare (jenseits des Mondes) Sphäre. Alles oberhalb des Mondes zählte zum Himmlischen, Überirdischen, was sich durch absolute Vollkommenheit auszeichnet. Da Kugel und Kreis als vollkommen galten, war für Aristoteles klar, dass die Himmelskörper perfekte Kugeln sind und sich auf vollkommenen Kreisbahnen bewegen.

Claudius PTOLEMÄUS verfeinerte das aristotelische Weltbild und erklärte die damals schon bekannten Schleifenbahnen der Planeten durch seine Epizykel-Theorie.

2. Die kopernikanische Wende

Nikolaus KOPERNIKUS → B2 gab in seinem berühmten Werk *De revolutionibus orbium coelestium* (Über die Umdrehung der Himmelskreise) den geozentrischen Standpunkt auf. Er beließ aber noch die Kreisbahnen. Sein heliozentrischer Standpunkt war für die meisten Gelehrten und Theologen unannehmbar. Die Einwendungen gegen KOPERNIKUS waren groß und scheinbar berechtigt. Ein Gegenargument des genauen Beobachters Tycho BRAHE war: Wenn die Erde um die Sonne läuft, so müssen wir die Fixsterne im Abstand von einem halben Jahr von zwei entfernten Stellungen aus etwas gegeneinander verschoben sehen. Diese **Parallaxe** konnte jedoch wegen der großen Entfernung der Fixsterne erst im 19. Jahrhundert gemessen werden. Zu Zeiten von KOPERNIKUS aber fand man keine Fixsternparallaxe und hielt das heliozentrische Weltbild für widerlegt. Ohne Fernrohr waren damals keine genaueren Beobachtungen möglich.

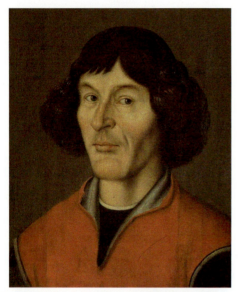

B2 Nikolaus KOPERNIKUS (1473–1543)

3. GALILEI sucht Beweise mit dem Fernrohr

Galileo GALILEI → B3 war ein eifriger Verfechter der kopernikanischen Lehre. Mit einem von ihm gebauten Fernrohr beobachtete er, dass der Planet Jupiter von Monden umkreist wird, also ein Planetensystem im Kleinen darstellt. ARISTOTELES lehrte dagegen, dass etwas Bewegtes nicht selbst Zentrum von Bewegtem sein kann. Das Fernrohr zeigte GALILEI auch die Gebirge des Mondes. Dieser hat nicht die vollkommene Kugelgestalt, wie die Lehre des ARISTOTELES es verlangt. Mit diesen Argumenten und Beweisen trat er öffentlich gegen das von der Kirche anerkannte ptolemäisch-aristotelische Weltbild auf. GALILEI wurde der Ketzerei angeklagt und unter Hausarrest gestellt. Er musste sich zum Widerruf der kopernikanischen Lehre verpflichten und erhielt Schreibverbot.

B3 Galileo GALILEI (1564–1642)

4. Erst KEPLER verlässt die Kreisbahn

Johannes KEPLER ➔ B4 wandte sich nach einem Theologiestudium der Astronomie zu. Dabei lernte er die kopernikanischen Lehren kennen. Er wurde ein begeisterter Anhänger der Theorie und gründete seine eigenen Forschungen auf der Grundlage des Heliozentrismus. Er zog zu Tycho BRAHE nach Prag und wertete dessen sehr umfangreiche und genaue Beobachtungen aus. In der *Astronomia Nova* (Neue Astronomie) und der *Harmonices Mundi* (Weltharmonik) schrieb er die nach ihm benannten Kepler-Gesetze nieder, die zu den ersten mathematisch formulierten, auf Beobachtungen beruhenden Naturgesetzen gehören.

Mit den KEPLER-Gesetzen gelangte man zu wesentlich genaueren Vorausberechnungen der Planetenbahnen. Das Vertrauen in die Richtigkeit des heliozentrischen Systems stieg.

5. NEWTON sah Erde und Himmelskörper als Einheit an

Isaac NEWTON ➔ B5 führte die Mechanik auf wenige Grundgesetze (Axiome) zurück. Er erkannte als erster die gemeinsame Ursache der Bewegungen der Himmelskörper und irdischer Körper. Mithilfe des von ihm gefundenen Gravitationsgesetzes konnte er die KEPLER-Gesetze auf mathematischem Wege herleiten. In seinem bahnbrechenden Werk *Philosophiae Naturalis Principia Mathematica* (sinngemäß übersetzt: Mathematische Grundlagen der Physik) werden zahlreiche bis heute übliche Begriffe der Mechanik wie Masse, Kraft und Gravitation benutzt. Seine Auffassung, das Gewicht sei nichts weiter als eine allgemeine Massenanziehung, erntete lange Zeit Widerspruch und Spott.

NEWTONS Mechanik bewährte sich jedoch glänzend. So zeigten sich zu Beginn des 19. Jahrhunderts Abweichungen des Planeten Uranus von der berechneten Bahn. Das brachte den französischen Astronomen Urbain LE VERRIER (1811–1877) auf die Idee, dass es einen noch unbekannten Planeten gibt, der die Bahn des Uranus stört. Über ein Jahr benötigte er für die Berechnung der Position dieses Planeten. 1846 schickte er das Ergebnis seiner mühsamen Rechnung dem deutschen Astronomen Johann Gottfried GALLE (1812–1910) und bat ihn, den entsprechenden Himmelsabschnitt abzusuchen. Noch in derselben Nacht fand GALLE den Planeten Pluto an der berechneten Position.

B4 Johannes KEPLER (1571–1630)

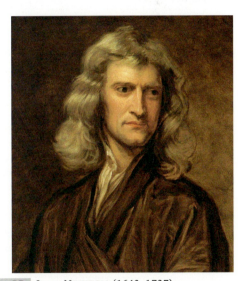

B5 Isaac NEWTON (1643–1727)

A1 Um die „geheiligten Kreise" zu retten, erfand PTOLEMÄUS die Epizykel-Theorie. Recherchieren Sie, wie er damit die Anomalien der Planetenbewegungen erklären konnte und halten Sie einen Vortrag darüber.

A2 Recherchieren Sie die Namen der sogenannten galileischen Jupitermonde. Erläutern Sie, inwieweit die Entdeckung dieser Monde durch GALILEI dem ptolemäisch-aristotelischen Weltbild widersprach.

A3 GALILEI entdeckte mit seinem Fernrohr die sogenannten Venusphasen. Recherchieren Sie, worum es sich dabei handelt und warum die Entdeckung dem geozentrischen Weltbild widersprach.

A4 GALILEI untersuchte auch die Arten und Gesetzmäßigkeiten von Bewegungen. Recherchieren Sie, welche Experimente GALILEI durchgeführt hat und zu welchen Erkenntnissen er dadurch gekommen ist.

A5 Einer Legende zufolge hatte NEWTON die entscheidende Idee für sein Gravitationsgesetz, als er unter einem Apfelbaum lag. Recherchieren Sie den Inhalt dieser Legende.

A6 Nennen Sie die wichtigsten Stufen in der Entwicklung der Astronomie von der griechischen Kosmologie bis zum Gravitationsgesetz. Nennen Sie jeweils die Wissenschaftler, die an der Entwicklung maßgeblich beteiligt waren.

Zusammenfassung

Das ist wichtig

1. Gleichförmige Kreisbewegung
- Die Kreisbewegung eines Körpers heißt gleichförmig, wenn der Betrag der Bahngeschwindigkeit v konstant ist. Ist r der Radius des Kreises und T die Umlaufdauer, so gilt:

$$v = \frac{2\pi r}{T}.$$

- Die Geschwindigkeit $\vec{v}$ ist in jedem Punkt der Kreisbewegung tangential zur Kreisbahn gerichtet.

2. Zentripetalkraft und Zentripetalbeschleunigung
- Damit ein Körper eine Kreisbahn gleichförmig durchläuft, muss auf ihn in jedem Punkt der Bahn eine zum Kreismittelpunkt gerichtete Zentripetalkraft $\vec{F}_z$ einwirken, deren Betrag konstant ist.
- Die Zentripetalkraft erzeugt am Körper eine ebenfalls zum Kreismittelpunkt gerichtete Zentripetalbeschleunigung $\vec{a}_z$. Dafür gilt die Grundgleichung der Mechanik:

$$\vec{F}_z = m \cdot \vec{a}_z.$$

- Für die Beträge a_z und F_z gilt:

$$a_z = \frac{v^2}{r} \quad \text{sowie} \quad F_z = m \cdot a_z = m \cdot \frac{v^2}{r}.$$

3. Gravitationsgesetz
Alle Körper üben aufeinander Gravitationskräfte aus. Zwei kugelsymmetrische Körper der Massen m und M, deren Mittelpunkte voneinander den Abstand r haben, ziehen sich gegenseitig mit der Gravitationskraft $\vec{F}$ an, für deren Betrag gilt:

$$F = \gamma \cdot \frac{m \cdot M}{r^2}.$$

Der Proportionalitätsfaktor im Gravitationsgesetz heißt Gravitationskonstante γ und hat den Wert

$$\gamma = 6{,}674 \cdot 10^{-11}\,\frac{\text{m}^3}{\text{kg} \cdot \text{s}^2}.$$

4. KEPLER-Gesetze
- Trabanten bewegen sich auf Ellipsenbahnen, in deren einem Brennpunkt der Zentralkörper steht.
- Der vom Zentralkörper zum Trabanten gezogene Fahrstrahl überstreicht in gleichen Zeiten Flächen mit gleichem Inhalt.
- Die Quadrate der Umlaufdauern T_1 und T_2 zweier Trabanten um den gleichen Zentralkörper verhalten sich wie die dritten Potenzen der großen Halbachsen a_1 und a_2:

$$\frac{T_1^2}{T_2^2} = \frac{a_1^3}{a_2^3} \quad \text{oder} \quad \frac{a^3}{T^2} \text{ ist konstant.}$$

5. Gravitationsfeld
Einen Raum, in dem Gravitationskräfte auftreten, nennt man Gravitationsfeld. An jedem Punkt des Feldes wirkt auf Körper eine Gravitationskraft $\vec{G}$. Der Quotient aus dem Betrag von $\vec{G}$ und der Masse m ist für alle Körper gleich. Man nennt ihn Gravitationsfeldstärke g:

$$g = \frac{G}{m}.$$

6. Potentielle Energie
Die Änderung der potentiellen Energie ΔW_{pot} von P_0 nach P_Z im Gravitationsfeld ist unabhängig von der Form des Weges zwischen Anfangs- und Endpunkt. Sie hängt nur von den Abständen r_0 und r_Z vom Mittelpunkt des anziehenden Himmelskörpers ab. Die Energie, die man zuführen muss, um einen Körper der Masse m im Gravitationsfeld eines Körpers der Masse M von r_0 nach r_Z anzuheben, ist:

$$\Delta W_{\text{pot}} = \gamma \cdot m \cdot M \cdot \left(\frac{1}{r_0} - \frac{1}{r_Z}\right).$$

Das Nullniveau der potentiellen Energie legt man ins Unendliche. Im radialen Schwerefeld eines Körpers der Masse M hat ein anderer Körper der Masse m und dem Mittelpunktsabstand r die negative potentielle Energie

$$W_{\text{pot}} = -\gamma \cdot \frac{m \cdot M}{r}.$$

7. Fluchtgeschwindigkeit
Als Fluchtgeschwindigkeit bezeichnet man die Geschwindigkeit, die ein Körper mindestens haben muss, um von der Oberfläche eines Himmelskörpers mit der Masse M und dem Radius R ins Unendliche zu gelangen (ohne Luftwiderstand). Für den Betrag gilt:

$$v = \sqrt{\frac{2\gamma \cdot M}{R}}.$$

8. Entwicklung des Weltbildes
Die Entwicklung von ersten Himmelsbeobachtungen bis zum Gravitationsgesetz dauerte mehrere Jahrtausende. Das aristotelisch-ptolemäische Weltbild ging davon aus, dass sich alle Himmelskörper auf perfekten Kreisbahnen um die Erde bewegen. Erst KOPERNIKUS vermutete, dass die Sonne im Mittelpunkt steht. GALILEI konnte diese Vermutung durch Beobachtungen mit dem Fernrohr unterstützen. KEPLER fand auf der Grundlage genauer Beobachtungen Tycho BRAHEs heraus, dass sich die Planeten nicht auf Kreisbahnen, sondern auf Ellipsenbahnen um die Sonne bewegen. Die Ursache für die Planetenbewegungen fand dann NEWTON mit seinem Gravitationsgesetz.

Das können Sie schon

Umgang mit Fachwissen

Sie beschreiben eine gleichförmige Kreisbewegung mithilfe der Begriffe Radius r, Umlaufdauer T und Bahngeschwindigkeit $\vec{v}$. Sie geben den Zusammenhang zwischen diesen Größen mittels der Gleichung $v = 2\pi r/T$ an. Sie kennzeichnen die gleichförmige Kreisbewegung als beschleunigte Bewegung mit ständig sich ändernder Geschwindigkeitsrichtung. Als Ursache nennen Sie die stets zum Kreismittelpunkt gerichtete Zentripetalkraft.

Ihnen ist bekannt, dass alle Körper aufeinander Gravitationskräfte ausüben. Die vom Zentralkörper ausgeübte Gravitationskraft erkennen Sie als die für die Bewegung der Trabanten notwendige Zentripetalkraft. Sie berechnen, welche Arbeit einem Körper zugeführt werden muss, um ihn im Gravitationsfeld anzuheben.

Sie wissen, dass es lange gedauert hat, die heutige Vorstellung des Planetensystems zu entwickeln, und können die wichtigsten Stufen der Entwicklung angeben.

Erkenntnisgewinnung

Sehen Sie bei einem Körper eine Kreisbewegung, so suchen Sie nach der notwendigen Zentripetalkraft. Diese kann z.B. durch die Gravitationskraft eines Zentralkörpers gegeben sein. Sie berechnen den Betrag der Zentripetalkraft mit der Formel $F_z = m \cdot v^2/r$.

Sie ermitteln mithilfe des Gravitationsgesetzes oder der KEPLER-Gesetze die Masse des Zentralkörpers oder andere astronomische Größen.

Sie beschreiben Veränderungen im Weltbild und in der Arbeitsweise der Naturwissenschaften, die durch die Arbeiten von KOPERNIKUS, KEPLER, GALILEI und NEWTON initiiert wurden.

Kommunikation

Sie begründen argumentativ Vermutungen, von welchen Größen die Zentripetalkraft abhängt und stellen Je-desto-Aussagen auf.

In Diskussionen sind Sie in der Lage, Aussagen zu Kreisbewegungen mit physikalischen Argumenten zu belegen. Sie ziehen dabei erarbeitetes Wissen sowie Messergebnisse heran.

Bewertung

Wenn Sie lesen, dass sich Astronauten in der Schwerelosigkeit befinden, wissen Sie, was gemeint ist. Die Astronauten befinden sich nämlich noch so nah an der Erde, dass die Wirkung des Gravitationsfeldes nicht viel geringer ist als an der Erdoberfläche. Stattdessen befinden sie sich auf einer Wurfbahn und sind im selben Sinne schwerelos wie jemand, der vom 3-Meter-Brett springt.

Das schafft Überblick

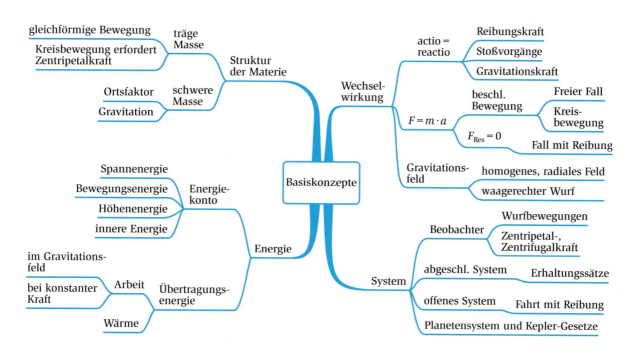

Zusammenfassung

Kennen Sie sich aus?

A1 Sie fahren mit Ihrem Fahrrad eine Kurve. Erklären Sie, weshalb sich Ihr Fahrrad beschleunigt bewegt, selbst wenn der Tachometer immer dieselbe Geschwindigkeit anzeigt.

A2 a) Die Erde bewegt sich etwa auf einer Kreisbahn mit dem Radius $r = 1{,}5 \cdot 10^{11}$ m um die Sonne. Berechnen Sie ihre Bahngeschwindigkeit.
b) Die Erde (r_E = 6370 km) rotiert in etwa einem Tag einmal um ihre Achse. Berechnen Sie die Geschwindigkeit eines Punktes am Äquator und an ihrem Heimatort.

A3 Berechnen Sie, mit welcher Geschwindigkeit Späne von Werkzeugschleifscheiben (r = 10 cm) wegfliegen können, wenn die Scheiben 2800-mal in der Minute rotieren.

A4 Erklären Sie, weshalb ein rasanter Autofahrer, der seine Geschwindigkeit nicht drosseln möchte, eine Kurve „schneiden" muss.

A5 Eine Skifahrerin (m = 50 kg) fährt mit 50 km/h durch eine Mulde und über eine Welle (Radius jeweils 20 m)
a) Berechnen Sie, welche Kraft der Boden im tiefsten Punkt der Mulde auf die Skifahrerin ausübt.
b) Erklären Sie, was im höchsten Punkt der Welle geschieht.

A6 Ein Skateboardfahrer (m = 65 kg) übt in einer halbkreisförmigen Rinne (r = 2,0 m) seine Kunststücke. Er fährt bei A aus der Ruhe los. Bestimmen Sie die Kraft, die die Wand auf ihn in B ausübt.

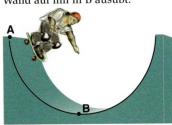

A7 Wenn Sie mit Ihrer Hand H einen Ball P an einer Schnur der Länge l im Kreis herumschleudern, beschreiben Sie automatisch mit Ihrer Hand einen kleinen Kreis. Die Hand eilt dabei dem Ball um etwa 90° voraus. Erklären Sie diesen Sachverhalt. Hinweis: Die Kraft $\vec{F}$ hat dann eine Tangentialkomponente $\vec{F}_t$. Wozu ist diese nötig?

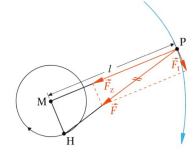

A8 In der Formelsammlung können Sie nachlesen, dass die Masse der Erde $5{,}97 \cdot 10^{24}$ kg und die der Sonne $1{,}99 \cdot 10^{30}$ kg beträgt. Erläutern Sie, wie man diese Werte bestimmen kann, und führen Sie die entsprechenden Berechnungen durch.

A9 Berechnen Sie, in welcher Entfernung vom Erdmittelpunkt sich die von Erde und Mond ausgeübten Gravitationskräfte aufheben. Die benötigten astronomischen Daten finden Sie im → **Tabellenanhang**.

A10 Berechnen Sie die Gravitationsfeldstärke an der Marsoberfläche. Die dazu benötigten astronomischen Daten finden Sie im → **Tabellenanhang**.

A11 Ein Meteor der Masse m = 1000 kg falle aus einer Entfernung von 9 r_E auf die Erdoberfläche (r_E = 6370 km). Seine Geschwindigkeit in der Entfernung 9 r_E betrage 10 km/s.
a) Berechnen Sie, wie sich dabei seine potentielle Energie ändert.
b) Berechnen Sie seine Geschwindigkeit beim Auftreffen, wenn man vom Luftwiderstand absieht.

A12 Berechnen Sie, welche Geschwindigkeit eine Kanonenkugel mindestens haben muss, um von der Erde aus die Höhe 1000 km zu erreichen.

A13 Ein Planet bewegt sich auf einer elliptischen Bahn um die Sonne. Entscheiden Sie begründet, ob seine Geschwindigkeit im Punkt A oder im Punkt B größer ist.

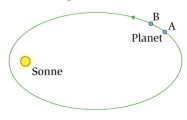

A14 Der Jupitermond Kallisto läuft auf einer Ellipse mit der großen Halbachse a = 1 880 000 km in T = 16,7 d um.
a) Berechnen Sie aus diesen Angaben die Masse des Jupiter.
b) Begründen Sie, dass der Betrag von Kallistos Bahngeschwindigkeit nicht konstant sein kann.
c) Geben Sie an, was man unter dem Begriff „Fluchtgeschwindigkeit" versteht. Leiten Sie mit erläuterndem Text die Formel für die Fluchtgeschwindigkeit her. Berechnen Sie die Fluchtgeschwindigkeit für den Mond Kallisto ($m = 1{,}08 \cdot 10^{23}$ kg, R = 2400 km).

A15 Kepler-37 ist ein etwa 210 Lichtjahre von der Erde entfernter Stern. Im Jahre 2013 wurden drei Planeten entdeckt, die ihn umlaufen:

Planet	a in m	T in d
Kepler-37a	$1{,}50 \cdot 10^{10}$	13,4
Kepler-37b	$2{,}05 \cdot 10^{10}$	21,3
Kepler-37c	$3{,}11 \cdot 10^{10}$	39,8

a) Zeigen Sie, dass für das Planetensystem das dritte Kepler-Gesetz gilt.
b) Recherchieren Sie, wie man sogenannte Exoplaneten findet, und halten Sie einen Vortrag darüber.

A16 Begründen Sie, dass in jedem Planetensystem weiter außen umlaufende Planeten die größere Umlaufdauer haben.

A17 Die bemannte Raumstation ISS ist der derzeit größte künstliche Erdsatellit. Die ISS wurde nicht im Ganzen in ihre Umlaufbahn in etwa 400 km Höhe gebracht. Vielmehr wurden einzelne Baugruppen von Trägerraketen und Raumfähren in den Orbit gebracht und dort zusammengebaut. Im Jahr 2008 wurde das europäische Labormodul Columbus (m = 10 t) an die Raumstation montiert.
a) Berechnen Sie, welche Energie nötig war, um das Columbus-Modul zur ISS zu bringen.
b) Die → **Grafik** zeigt Astronauten bei ihrer Arbeit im Modul. Erläutern Sie, warum dort „Schwerelosigkeit" herrscht.
c) Recherchieren Sie, welche Forschungsprojekte in der ISS durchgeführt werden. Diskutieren Sie mit Ihren Mitschülerinnen und Mitschülern, ob der Aufwand für die Raumstation gerechtfertigt ist.

Projekt

Planetenbeobachtung

Schon früh war den Menschen aufgefallen, dass es am Nachthimmel Objekte gibt, die ihre Position von Nacht zu Nacht gegenüber den Fixsternen verändern. Die Griechen gaben ihnen den Namen Planeten (Wanderer). Die Planeten Venus, Mars, Jupiter und Saturn kann man auch gut mit bloßem Auge beobachten.

Arbeitsaufträge:

1 Suchen Sie im Internet eine drehbare Sternenkarte zum Selberbasteln. Sie zeigt Ihnen zu einem vorgegebenen Zeitpunkt den sichtbaren Teil des Himmels. Suchen Sie sich in einer sternenklaren Nacht einen Ort, an dem Sie freie Sicht auf den Himmel haben und an dem es nicht zu hell ist. Versuchen Sie, die Sterne auf der Karte am Himmel wiederzufinden. Das gelingt vielleicht nicht sofort, aber mit ein bisschen Übung können Sie sich bald gut am Himmel orientieren.

2 Recherchieren Sie, ob einer der Planeten Venus, Mars, Jupiter oder Saturn aktuell am Nachthimmel sichtbar ist und wo er sich etwa befindet. Versuchen Sie nun, den Planeten am Himmel zu entdecken. Planeten sind oft sehr hell, sie funkeln nicht und sind nicht auf der Sternenkarte eingezeichnet.

3 Zeichnen Sie die Position des Planeten in die Sternenkarte ein. Wiederholen Sie Ihre Beobachtung auch in den folgenden sternenklaren Nächten. Mit der Zeit erhalten Sie die Bahn des Planeten vor den Fixsternen. Macht der Planet sogar eine Schleife? Den Grund dafür können Sie sich im heliozentrischen Weltbild erklären.

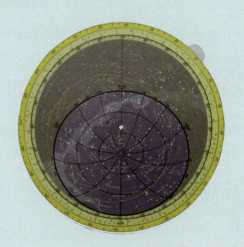

Kennen Sie sich aus – Hinweise und Lösungen

A1 Bedenken Sie, dass die Geschwindigkeit ein Vektor ist.
A2 a) v = 30 000 m/s **b)** Am Äquator: v = 460 m/s. Beachten Sie den Breitengrad Ihres Heimatortes.
A3 v = 29 m/s
A4 Überlegen Sie, welche Kraft die Zentripetalkraft darstellt und was ein größerer Kurvenradius beim „Schneiden" bewirkt.
A5 a) F = 970 N **b)** Vergleichen Sie G mit F_z.
A6 F = 1900 N
A7 Überlegen Sie, was eine Kraft in Bewegungsrichtung bewirkt.
A8 Erde: → **In drei Schritten zum Gravitationsgesetz**, Sonne: → **Die Kepler-Gesetze**
A9 r = 346 000 km
A10 g = 3,69 m/s²
A11 a) ΔW_{pot} = − 5,5 · 10¹⁰ J **b)** v = 21 km/s
A12 v = 4100 m/s
A13 Zweites KEPLER-Gesetz.
A14 a) m = 1,9 · 10²⁷ kg
b) Benutzen Sie das zweite Kepler-Gesetz.
c) → **Energie im Gravitationsfeld**, v = 2500 m/s
A15 a) Für alle Planeten gilt a^3/T^2 = 1,9 · 10²⁸ m³/d².
b) Suchwort „Exoplaneten".
A16 Benutzen Sie das dritte Kepler-Gesetz.
A17 a) W = 3,7 · 10¹⁰ J
b) → **Energie im Gravitationsfeld**

Schwingungen und Wellen bei Musikinstrumenten

Das können Sie in diesem Kapitel erreichen:

- Sie können eine Schwingung als besondere Bewegungsform beschreiben.

- An Diagrammen erkennen Sie periodische und harmonische Bewegungen.

- Sie entdecken in Experimenten erzwungene und freie Schwingungen.

- Als Ursache einer Schwingung erkennen Sie das Zusammenspiel von Rückstellkraft und Trägheit.

- Sie werden verstehen, wie es zur Resonanz kommt und welche Bedeutung sie für die Musikinstrumente hat.

- Eine Welle können Sie als zeitlich und räumlich periodischen Vorgang einer Kette von erzwungenen Schwingungen beschreiben.

- Schwingungen und Wellen modellieren Sie mit dynamischer Geometriesoftware.

- Schallausbreitung identifizieren Sie als Wellenausbreitung, die Schallgeschwindigkeit messen Sie.

- In Experimenten entdecken Sie Eigenschwingungen und ihre Gesetzmäßigkeiten.

- Die Bedeutung der Eigenschwingungen bei Musikinstrumenten weisen Sie mittels Frequenzanalyse nach.

- Das Wesen der Eigenschwingungen können Sie durch stehende Wellen erklären.

Überall Schwingungen und Wellen

A1 a) Recherchieren Sie, was in der Physik eine „mechanische Schwingung" ist. Stellen Sie die Merkmale zusammen. Notieren Sie einige Beispiele. Führen Sie ein einfaches Beispiel vor.
b) Im → **Bild oben** ist das Jugendsinfonieorchester Recklinghausen zu sehen. Erkundigen Sie sich, was bei den verschiedenen Instrumenten schwingt.
c) Recherchieren Sie, wie eine Spielerin die Tonhöhe ihres Instrumentes festlegt.

A2 Bringen Sie ein geeignetes Glas (Wein- oder Cognacglas) durch Überstreichen des Randes mit einem angefeuchteten Finger in Schwingungen („Glasharfe").

a) Recherchieren Sie z. B. auf YouTube® nach Beispielen für die Spielweise einer solchen Glasharfe.
b) Untersuchen Sie die Abhängigkeit der Tonhöhe vom Wasserfüllstand. Stellen Sie eine Je-Desto-Aussage auf.
c) Wenn Sie einen Computer mit Soundkarte und Mikrofon besitzen (z. B. ein Notebook), untersuchen Sie den Klang des Glases mit einer Software zur FFT (Fast Fourier-Transformation, Software z. B. Audicity oder GoldWave). Beschreiben Sie die Frequenzen eines einzigen Klanges.
d) Führen Sie Ihre Experimente vor und berichten Sie von den Ergebnissen. Suchen Sie gemeinsam nach einer Erklärung.

A3 Erklären Sie, welche Bedeutung die vier Saiten der Geige, die Wirbel und das Griffbrett haben.

A4 Möglicherweise haben Sie ein Smartphone mit einer App zur Spektralanalyse von Klängen. (z. B. Spectrum Analyzer). Testen Sie die Funktion, indem Sie einzelne gleichbleibende Töne erzeugen. Berichten Sie, was Ihnen dabei aufgefallen ist.

A5 Es gibt Staubsaugerrohre, die wie ein Teleskop ausziehbar sind.
a) Halten Sie ein Ende an das Ohr und achten Sie auf das Geräusch.
b) Verändern Sie nun die Länge des Rohres und wiederholen den Versuch. Schildern Sie Ihre Wahrnehmungen.

A6 a) Erkundigen Sie sich nach Schwingungen hoher Fernsehtürmen, Windradmasten oder langer Brücken.
b) Berichten Sie von den Gefahren, die bei falscher Konstruktion entstehen können.

A7 Balancieren Sie eine 1 m lange Stativstange in deren Mitte. Halten Sie die Stange dort dann fest zwischen zwei Fingern. Schlagen Sie nun mit einem kleinen Hammer
a) an einem Ende seitlich gegen die Stange,
b) am gleichen Ende stirnseitig (vor Kopf) gegen die Stange.
Warten Sie jeweils einen Moment, bis ein klarer Ton zu hören ist. Wenn möglich, betrachten Sie sein Spektrum mit z. B. GoldWave. Diskutieren Sie mit dem Kurs, was die Ursache für die völlig unterschiedlichen Töne sein kann.

Mechanische Schwingungen

1. Bekannte Bewegungen

Sie kennen geradlinige Bewegungen, Würfe und Kreisbewegungen und können diese mit physikalischen Größen beschreiben.

Bei geradlinigen Bewegungen → B1 bewegt sich ein Körper auf einer Geraden. Die Geschwindigkeit hat immer die gleiche Richtung. Wenn der Betrag der Geschwindigkeit konstant ist, liegt eine geradlinig gleichförmige Bewegung vor. Ändert sich der Betrag der Geschwindigkeit hingegen, so spricht man von einer geradlinig beschleunigten Bewegung.
Bei einer gleichförmigen Kreisbewegung → B2 bewegt sich ein Körper auf einer Kreisbahn. Die Geschwindigkeit ändert ihre Richtung ständig, der Betrag der Geschwindigkeit bleibt dabei gleich.

B1 ICE in gleichförmiger Fahrt

2. Die Schwingung – eine neue Bewegungsform

In unserer Umwelt gibt es viele natürliche und technische Vorgänge, die sich ständig in gleichen Zeitabständen in der gleichen Art und Weise wiederholen. Solche Vorgänge nennt man **periodische** Vorgänge. Die Kreisbewegung gehört dazu.

B2 Die Figuren einer Weihnachtspyramide bewegen sich gleichmäßig auf einem Kreis.

Periodische Bewegungen finden wir auch bei Instrumenten, die Töne erzeugen. So bewegt sich als Beispiel ein Band (u. a. das Stimmband), eine Saite (z. B. beim Klavier), eine Blattfeder (Zunge in der Mundharmonika oder dem Akkordeon) oder die Luft (bei der Flöte). Die angeschlagene Stimmgabel erzeugt in → B3 einen Zeit-Ort-Graphen, der mit seinem regelmäßigen Auf- und Ab an eine Sinuskurve erinnert.

B3 t-s-Graph der Schwingung einer Stimmgabel

Direkt sehen können wir die periodische Bewegung eines schaukelnden Kindes. In → B4 wird es aus der **Gleichgewichtslage** (tiefster Punkt) ausgelenkt. Nach dem Loslassen pendelt es zwischen zwei **Umkehrpunkten** hin und her. Die Geschwindigkeit ist im Umkehrpunkt null, sie vergrößert sich bis zum tiefsten Punkt und nimmt schließlich wieder ab, so dass sie im Umkehrpunkt wieder null ist. Nun beginnt der gleiche Vorgang erneut in umgekehrter Richtung, mit entgegengesetzter Geschwindigkeit.

Eine periodische Hin- und Herbewegung mit ständig sich ändernder Geschwindigkeit nennt man **Schwingung.** Bei einer mechanischen Schwingung bewegt sich ein Körper periodisch um seine **Gleichgewichtslage.** Ist die Schwingung sogar sinusförmig, so nennt man sie **harmonisch.**

B4 Freie Schwingung einer Schaukel

> **Merksatz**
> Eine mechanische Schwingung ist eine periodische Hin- und Herbewegung eines Körpers um seine Gleichgewichtslage.

Bei der Schaukel → B4 wird einmal Energie zugeführt und die Schaukel bestimmt danach ihren Rhythmus selbst. Dies gilt auch für die Stimmgabel in → B3 . Eine solche Schwingung heißt **freie Schwingung.** Die Lautsprechermembran → B5 dagegen führt eine vom elektrischen Generator vorgegebene Schwingung aus. Diese Schwingung heißt deshalb **erzwungene Schwingung.** Musikinstrumente sind geprägt von freien Schwingungen.

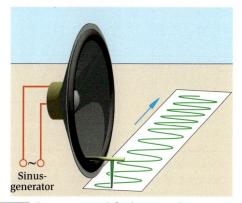

B5 Erzwungene Schwingung einer Lautsprechermembran

Ursache und Beschreibung von Schwingungen

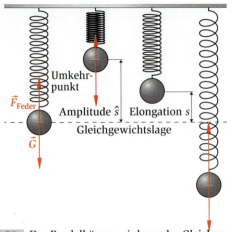

B1 Der Pendelkörper wird aus der Gleichgewichtslage angehoben und losgelassen.

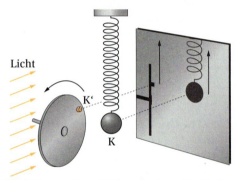

V1 Ein Korken läuft auf einer Kreisbahn gleichmäßig um. Sein Schatten schwingt auf der Leinwand auf und ab. Bei passend eingestellter Winkelgeschwindigkeit bewegen sich die Schatten von Pendelkugel und Korken synchron.

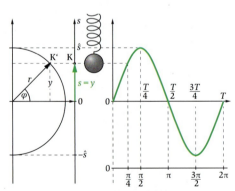

B2 → www Der gegen den Uhrzeigersinn rotierende Zeiger beschreibt eine harmonische Schwingung. Seine y-Koordinate ist die Elongation s. Die Zeigerlänge ist die Amplitude $\hat{s}$. φ ist der Phasenwinkel. Ein vollständiger Umlauf entspricht dem Phasenwinkel 2π und der Periodendauer T.

1. Störung des Gleichgewichts liefert eine Schwingung

In → **B1** hängt eine Kugel an einer Stahlfeder. Hebt man sie aus der Gleichgewichtslage an und lässt sie los, so vollführt sie eine vertikale Schwingung um die Gleichgewichtslage. Die **Auslenkung** s des schwingenden Körpers nennt man **Elongation**. Die maximale (positive) Elongation heißt **Amplitude** $\hat{s}$. Was veranlasst dieses Federpendel zur Schwingung?

Zunächst herrscht an der Kugel in → **B1** Kräftegleichgewicht zwischen Feder- und Gewichtskraft. Bewegen wir die Kugel aus dieser Gleichgewichtslage nach oben, so spüren wir eine zunehmende resultierende Kraft nach unten, bei einer Auslenkung nach unten eine zunehmende nach oben. Da sie den Körper immer zur Gleichgewichtslage zieht, heißt sie **Rückstellkraft**. Oberhalb der Gleichgewichtslage beschleunigt sie die Kugel nach unten. In der Gleichgewichtslage kommt diese aber nicht zur Ruhe. Wegen ihrer Trägheit bewegt sie sich weiter. Die von nun an nach oben wirkende Kraft beschleunigt die Kugel ständig gegen die Bewegungsrichtung, bis die Kugel im unteren Umkehrpunkt ruht. Da die Kraft ihre Richtung nach oben beibehält, beginnt das Spiel nun in umgekehrter Richtung. Ursache für eine Schwingung ist also das Zusammenspiel von Rückstellkraft und Trägheit.

2. Harmonische Schwingung

Die schon untersuchte Stimmgabel erzeugte einen klaren Ton. Ihr t-s-Graph erinnerte an eine Sinuskurve. Schwingt das Federpendel sinusförmig? Wir prüfen dies anhand der Definition: Der Sinuswert ist der y-Wert eines auf dem Einheitskreis liegenden Punktes. In → **V1** vergleichen wir deshalb die Kugelbewegung mit der Projektion einer gleichmäßigen Kreisbewegung. Der Schatten des Kreispunktes und die Kugel schwingen tatsächlich deckungsgleich. Das Federpendel schwingt also harmonisch.

In → **B2** ist dies schematisch mithilfe eines rotierenden **Zeigers** dargestellt. An ihm sehen wir die Größen einer harmonischen Schwingung auf einen Blick. Mit $s = y$, $\hat{s} = r$ gilt $s = \hat{s} \cdot \sin \varphi$. Der Winkel φ heißt auch **Phasenwinkel**. Nun gilt mit der Umlaufdauer T die Verhältnisgleichung

$$\frac{\varphi}{2\pi} = \frac{t}{T} \quad \text{und damit} \quad \varphi = \frac{2\pi}{T} \cdot t.$$

Die Umlaufdauer ist hier die Dauer einer vollständigen Hin- und Herbewegung, die **Periodendauer** T → **Methode**. Die **Frequenz** f einer Schwingung ist der Quotient aus Anzahl n der Perioden und benötigter Zeit, also $f = n/t$. Die Einheit ist $1/s = 1$ Hz (Hertz). Für *eine* Periode gilt $f = 1/T$. Mit diesen Größen lautet das t-s-Gesetz der harmonischen Schwingung:

$$s(t) = \hat{s} \cdot \sin(2\pi/T \cdot t) = \hat{s} \cdot \sin(2\pi f \cdot t).$$

Merksatz

Die Schwingung eines Federpendels ist eine harmonische Schwingung. Für sie gilt das Zeit-Elongation-Gesetz:

$$s(t) = \hat{s} \cdot \sin\left(\frac{2\pi}{T} \cdot t\right) = \hat{s} \cdot \sin(2\pi f \cdot t).$$

Ursache und Beschreibung von Schwingungen

Methode – Mathematik in der Physik

Gesetze der harmonischen Schwingung

A. Die Rückstellkraft

Für unser Federpendel werten wir die Elongation nach oben positiv (im y-F-Diagramm nach rechts → **B3**). Die Kraftachse ist nach oben positiv. Wir hängen einen geeigneten Körper an die entspannte Feder und senken ihn langsam ab. Die Feder verlängert sich um y nach unten ($y < 0$), die nach oben ziehende Federkraft (es sind immer die Kraftwerte gemeint) $F_{\text{Feder}} > 0$ nimmt proportional zur Verlängerung y zu. Es gilt das hookesche Gesetz:

$$F_{\text{Feder}} = -D \cdot y; \quad D = \text{Federkonstante}.$$

Schließlich wird für $F_{\text{Feder}} = F_0 = G$ der neue Gleichgewichtsort y_0 erreicht mit der resultierenden Kraft $F = 0$. Der Punkt $(y_0; F_0)$ markiert den Ursprung $(0; 0)$ eines neuen s-F-Koordinatensystems → **B3**. In ihm gilt wieder das hookesche Gesetz, d.h. Elongation s und Kraft F sind proportional mit dem gleichen Proportionalitätsfaktor D:

$$F = -D \cdot s.$$

Die Rückstellkraft bei einer harmonischen Schwingung gehorcht dem linearen Kraftgesetz.

B. Die Periodendauer

Jede Bewegung gehorcht der Grundgleichung der Mechanik $\vec{F} = m \cdot \vec{a}$. Beim Federpendel gilt für die Kraft $F = -D \cdot s$. Mit $m \cdot a = -D \cdot s$ bzw. $a = -(D/m) \cdot s$ wird die Bewegung nun modelliert → **www**:

Konstanten (Eingabewerte)
  $m = 0{,}5$ kg; $D = 5$ N/m; $\Delta t = 0{,}1$ s (Zeitintervall)

Startwerte
  $t = 0$ s; $v = 8$ m/s; $s = 0$ m

Rechenschleife
  Wiederhole bis $t = 4$ s
  $t_{\text{neu}} = t_{\text{alt}} + \Delta t$
  $a = -(D/m) \cdot s$
  $\Delta v = a \cdot \Delta t$
  $v_{\text{neu}} = v_{\text{alt}} + \Delta v$
  $\Delta s = v \cdot \Delta t$ (da $v = \Delta s / \Delta t$)
  $s_{\text{neu}} = s_{\text{alt}} + \Delta s$

Die entstehende Periodendauer des Federpendels bestätigt die Formel aus der Literatur:

$$T = 2\pi \sqrt{\frac{m}{D}}.$$

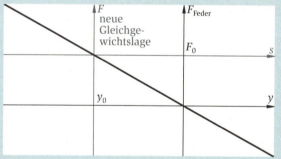

B3 Im Koordinatensystem der Gleichgewichtslage gilt $F \sim s$, also das hookesche Gesetz $F = -D \cdot s$.

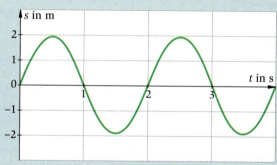

B4 t-s-Diagramm einer modellierten Federschwingung; $T = 2$ s entspricht der berechneten Periodendauer.

A1 Zeichnen Sie einen Einheitskreis und ermitteln Sie zeichnerisch die Elongation s für jeden der Phasenwinkel $\varphi_1 = 90°$, $\varphi_2 = 120°$, $\varphi_3 = 150°$, $\varphi_4 = 180°$ und $\varphi_5 = 210°$. Für die Amplitude soll gelten $\hat{s} = 5$ cm.

A2 Zeichnen Sie die Zeigerdarstellungen für folgende Fälle:
a) Gleichgewichtslage,
b) oberer Umkehrpunkt,
c) unterer Umkehrpunkt,
d) die Elongation ist gleich der halben Amplitude,
e) die Elongation beträgt ein Zehntel der Amplitude.
Wählen Sie die Amplitude $\hat{s}$ selbst.

A3 In dem unten dargestellten t-s-Diagramm sind drei verschiedene harmonische, mechanische Schwingungen gezeigt.

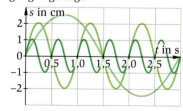

a) Lesen Sie aus dem Diagramm für jede Schwingung die Amplitude $\hat{s}$ und die Periodendauer T ab.
b) Berechnen Sie jeweils die Frequenz f aus der Periodendauer T.

A4 Zeigen Sie anhand eines Diagramms, dass → **B1** verschiedene Momente einer Schwingung beschreiben kann:
a) $\hat{s}$ ist die maximale Elongation,
b) s ist kleiner als diese,
c) die Kugel bewegt sich nach oben,
d) die Kugel bewegt sich nach unten.

Energie einer Schwingung

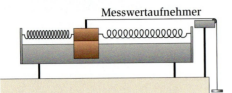

V1 a) Der Schlitten des horizontalen Federschwingers wird nach links ausgelenkt und dann losgelassen. Die anschließende Bewegung – hier eine gedämpfte harmonische Schwingung – wird mit einem Messwerterfassungssystem aufgezeichnet → B1a.
b) Am Luftkissenschlitten wird nun auf jeder Seite ein kleiner Neodymmagnet angebracht. Die Magnete bilden mit der Aluminiumbahn zusammen eine Wirbelstrombremse. Jetzt nimmt die Amplitude der Schwingung sehr stark mit der Zeit ab → B1b.

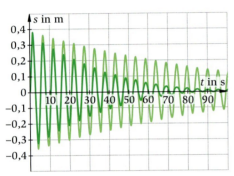

B1 a) *t-s*-Graph der schwach gedämpften Federschwingung auf der Fahrbahn.
b) *t-s*-Graph der stark gedämpften Schwingung; die Amplitude nimmt deutlich ab, von Periode zu Periode immer weniger.

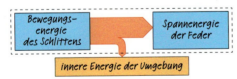

B2 EÜK einer gedämpften Federschwingung

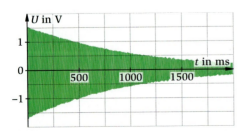

B3 Schwingung einer Stimmgabel, Langzeitaufnahme mit Mikrofon und Computer; man sieht die Abnahme der Amplitude, man hört, wie der Ton leiser wird.

1. Spannenergie wird zu Schwingungsenergie

Ein System aus Feder und angehängtem Körper ergibt ein vertikales Federpendel. Einmal ausgelenkt und sich danach selbst überlassen, führt der Körper eine Schwingung aus – wie wir mittlerweile wissen, ist es eine harmonische Schwingung. Wie viel Energie steckt in einem Federpendel?

Im Moment des Spannens der Feder ist noch keine Bewegungsenergie vorhanden, nur Spannenergie. Diese ist maximal bei der größten Elongation, also der Amplitude $\hat{s}$ der dann folgenden Schwingung. Die **Energie** einer **mechanischen Schwingung** ist also proportional zum Quadrat der Schwingungsamplitude:

$$W_{\text{Schwingung}} = \frac{1}{2} D \cdot \hat{s}^2.$$

Nach dem Energieerhaltungssatz bleibt die Gesamtenergie des Systems konstant. Die Energie nimmt während der Schwingung aber andere Formen an. Beim Federpendel wird abwechselnd das Konto Spannenergie und das Konto Bewegungsenergie gefüllt, die Summe beider Konten bleibt im reibungsfreien Fall konstant.

Das Konto Höhenenergie brauchen wir beim *vertikalen* Federpendel nicht zu beachten, wenn wir die Spannenergie über die Elongation aus der *neuen* Gleichgewichtslage der belasteten Feder berechnen, also als Elongationsenergie. Dann nämlich gilt beim vertikalen Federpendel das hookesche Gesetz.

2. Energie verlässt das System – gedämpfte Schwingung

In der Realität tritt bei jeder Bewegung Reibung auf. Dies gilt auch für das *horizontale* Federpendel in → V1a, bei dem wir die Bremswirkung sogar noch steuern können → V1b, → B1. Es gilt aber auch für eine Stimmgabel und andere Musikinstrumente. Diese geben zusätzlich noch über die umgebende Luft Energie in alle Richtungen ab, sodass z. B. auch unser Trommelfell in Schwingung gerät. Beide Mechanismen sorgen für eine **gedämpfte Schwingung:** Energie verschwindet nach und nach aus dem System und vergrößert die innere Energie der Umgebung → B2.

Das erklärt, warum das Federpendel irgendwann zum Stillstand kommt. Es erklärt auch, warum die Amplitude bei einer Stimmgabel oder einer Klaviersaite nach dem Anschlagen immer abnimmt. Im Bereich der Musik können wir es deutlich hören: Der Ton des Instruments wird leiser!

Stellen wir eine schwingende Stimmgabel auf die Tischplatte, wird der Ton im gleichen Moment sehr laut. Das heißt aber, dass jetzt jede Sekunde viel Energie das System verlässt. Entsprechend schnell kommt die Stimmgabel zur Ruhe → B3 – es wird still.

Merksatz

Die Energie einer mechanischen Schwingung ist proportional zum Quadrat der Amplitude.

In der Realität ist jede Schwingung gedämpft, ihre Energie nimmt ab. Die innere Energie der Umgebung steigt.

Energie einer Schwingung

3. Energiezufuhr gleicht die Dämpfung aus

Eine ungedämpfte mechanische Schwingung gibt es wegen der immer unvermeidlichen Reibung in Wirklichkeit nicht. Wie ein Kind bei einer Schaukel muss man im richtigen Rhythmus Energie zuführen. An einem Fadenpendel können wir diese „Entdämpfung" leicht nachvollziehen → A1.

Beim horizontalen Federschwinger in → V2 wird die Rolle des Kindes von einem Schwingungserreger übernommen. Dieser wird auf die Frequenz f_0 der freien Schwingung eingestellt. Die Anregungsschwingung eilt dann der des Schlittens um den Phasenwinkel $\Delta\varphi = \pi/2$ voraus. So wird dem System viel Energie in Form von Arbeit zugeführt. In → B4 fällt die große Amplitude bei $f_0 = 0{,}81$ Hz auf. Man nennt f_0 auch **Eigenfrequenz**.

4. Die Resonanz

Was geschieht, wenn man eine andere Anregungsfrequenz wählt? Um dies herauszufinden, beginnen wir mit einer kleinen Anregungsfrequenz $f < f_0$ und erhöhen sie dann sehr langsam. In → B4 sehen wir das Ergebnis:
- Für $f < f_0$ sind Schwingungserreger und Schlitten nahezu *synchron*, die Amplitude der Schlittenschwingung ist klein, steigt aber mit zunehmender Frequenz.
- Bei einer Frequenz $f > f_0$ deutlich oberhalb der Eigenfrequenz sind Schwingungserreger und Schlitten im *Gegentakt*, die Amplitude ist praktisch null.
- Die Anregung mit der Eigenfrequenz f_0 kennen wir schon mit maximaler Amplitude und dem Phasenwinkel $\Delta\varphi = \pi/2$.

Die Anregung eines Systems mit seiner Eigenfrequenz lässt die Schwingung solange aufschaukeln, bis die Reibungsverluste die Energiezufuhr ausgleichen. Sie kennen diesen Fall: Finden Sie bei Ihrem Morgengesang unter der Dusche die richtige Tonhöhe, antwortet der Raum sehr laut. Man nennt diese Erscheinung deshalb auch **Resonanz** (*resonare*, lat. widerhallen) → B5.

Merksatz
Die Anregung eines schwingungsfähigen Systems mit der Eigenfrequenz führt zur Resonanz.

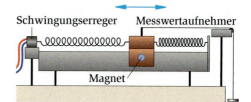

V2 Am Luftkissenschlitten sind wie in → V1 kleine Neodymmagnete angebracht. Ein Ende einer Feder ist jetzt mit einem Schwingungserreger verbunden. Bei der Anregung stellt sich nach einiger Zeit eine Schwingung mit gleichbleibender Amplitude ein. Ihre Größe hängt von der Anregungsfrequenz f ab.

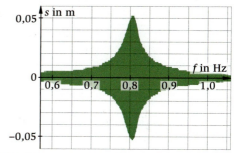

B4 f-s-Graph der Schlittenschwingung; bei der Eigenfrequenz $f_0 = 0{,}81$ Hz ist die Amplitude maximal, es herrscht Resonanz.

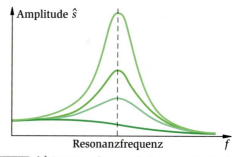

B5 f-$\hat{s}$-Resonanzkurven bei unterschiedlich starker Dämpfung

---

A1 Bauen Sie ein Fadenpendel aus Faden (z. B. $l = 0{,}8$ m) und Pendelkörper (schwere Schraubenmutter o. ä.).
a) Halten Sie nun das Pendel am oberen Ende und bewegen die Hand langsam periodisch hin und her. Steigern Sie behutsam die Frequenz der Handbewegung. Schildern Sie Ihre Beobachtung hinsichtlich Amplitude und Phasenwinkel zwischen Hand- und Pendelschwingung.

b) Erläutern Sie den Resonanzfall. Gehen Sie auf die Phasenbeziehung von Hand- und Pendelschwingung und auf den energetischen Aspekt ein.

A2 Die t-s-Graphen der gedämpften Schwingung in → B1 und → B3 zeigen Amplituden, deren Einhüllende an eine Exponentialfunktion erinnern. Überprüfen Sie dies, indem Sie einen Ton künstlich erzeugen. Dies gelingt z. B. mit der Software GoldWave.

a) Öffnen Sie eine neue Datei (New). Geben Sie unter dem Button f(x) den Funktionsterm des gewünschten Tons ein, hier z. B. `0.5*sin(2*pi*f*t)`. Nach OK spielen Sie den Ton ab. Variieren Sie dann Vorfaktor und Frequenz.

b) Verändern Sie die Amplitude durch einen exponentiellen Vorfaktor: `exp(-1*t)*0.5*sin(2*pi*f*t)`. Variieren Sie hier das Argument der Exponentialfunktion. Deuten Sie die Ergebnisse. → www

Schwingungen und Eigenschwingungen

Methode – Stationenlernen

Experimente und Theorie zu Schwingungen und Wellen

Teilen Sie Ihren Kurs in sechs Gruppen auf. Beginnen Sie in jeder Gruppe mit einem der beschriebenen Experimente. Nach der vereinbarten Zeit wechseln alle zur nächsten Station.
Fertigen Sie zu jeder Station ein Protokoll mit Versuchsskizze, Beschreibung, Versuchsergebnissen und Auswertung bzw. Deutung an.

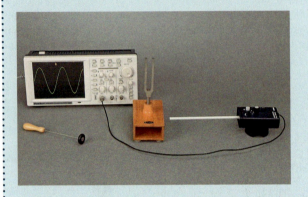

1. Station – T-Messung mit dem Oszilloskop
Material: Stimmgabel (z. B. 440 Hz), Mikrofon (möglichst mit Vorverstärker), Oszilloskop

Auftrag: Verbinden Sie das Mikrofon mit dem Oszilloskop (bei einem Zweikanaloszilloskop an Kanal I). Stellen Sie den Schalter „Triggerung" auf Kanal I, sie erhalten dann nach dem Anschlagen der Stimmgabel ein „stehendes" t-s-Diagramm der Schwingung. Wählen Sie die Schnelligkeit der Ablenkung des Elektronenstrahls an der Zeitbasis (timebase) so, dass eine Periodendauer vollständig zu sehen ist. Ermitteln Sie aus der abgelesenen Periodendauer rechnerisch die Frequenz.

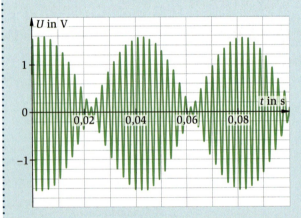

2. Station – Schwebung benachbarter Töne
Material: Stimmgabeln, Zusatzgewichte, Mikrofon, Messwerterfassungssystem, GeoGebra

Auftrag: Als Schwebung bezeichnet man das Auf- und Abschwellen der Amplitude einer Schwingung, die durch Überlagerung zweier Schwingungen mit kleinem Frequenzunterschied entsteht. Zeichnen Sie die Schwebung mit dem Computer auf. Prüfen Sie die Gleichung

$$f_{\text{Schwebung}} = f_2 - f_1.$$

Vergleichen Sie mit der Modellierung der Schwebung mittels zweier rotierender Zeiger → www. Erläutern Sie die Schwebung schriftlich.

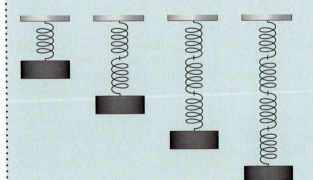

3. Station – Parameter beim Federpendel
Material: Vier gleiche Federn, vier gleiche Wägestücke mit Haken, Stativmaterial, Stoppuhr

Auftrag: Zeigen Sie, dass die Periodendauer T nicht von der Amplitude $\hat{s}$ abhängt.
Führen Sie eine Messreihe zur Abhängigkeit der Periodendauer von Masse (m = konst.) und Federkonstante (D = konst.) durch. Messen Sie jeweils 10 Perioden, um eine größere Genauigkeit zu bekommen. Werten Sie die Messergebnisse mit einer Tabellenkalkulation aus. Erzeugen Sie folgende Diagramme: m-T (D konst.); $\sqrt{m}$-T (D konst); D-T (m konst.) und $\sqrt{D}$-T (m konst.). Bewerten Sie die Ergebnisse.

4. Station – Dämpfung einer Schwingung

Material: Feder 3 N/m, Wägestück (z. B. 50 g), Aluminiumbecher („Faradaybecher"), Neodymmagnet unter Wägestück, Messwerterfassungssystem, Bewegungssensor, Computer

Auftrag: Stellen Sie den Becher so, dass das Wägestück mit Magnet in seiner Mitte hängt. Mit dem Computer zeichnen Sie das t-s-Diagramm auf. Anschließend erzeugen Sie nach Anweisung der Software eine Einhüllende („e^{-x}") zur Messkurve. Die Funktion $a \cdot e^{-b \cdot t}$ der Einhüllenden wird daraufhin angezeigt. Bestätigen Sie damit, dass die harmonische Schwingung bei dieser Dämpfung exponentiell abnimmt.

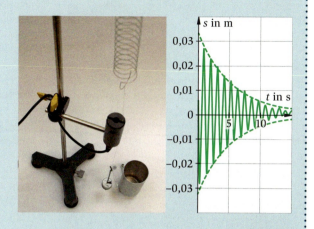

5. Station – eine Saite, viele Töne

Material: Monochord, Lichtschranke, Frequenzmesser, Bandmaß

Auftrag: (1) Untersuchen Sie die Abhängigkeit der Tonfrequenz von der Länge der Saite. Sie beginnen mit der ganzen Saitenlänge l_0 und ermitteln die Frequenz f_0. Danach wählen Sie $l = l_0/2$, $l = l_0/3$, $l = l_0/4$, $l = l_0/5$. Formulieren Sie die Gesetzmäßigkeit.
(2) Anschließend zupfen Sie wieder die ganze Saite an und berühren dann kurz die Saitenmitte ($l = l_0/2$). Notieren Sie Ihre Beobachtung. Zupfen Sie erneut an und berühren bei genau $l_0/3$, schließlich bei $l_0/4$. Notieren und deuten Sie das Ergebnis.

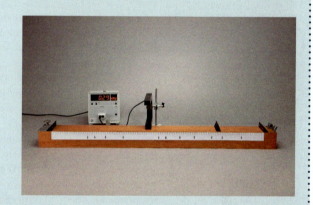

6. Station – Eigenschwingungen und Resonanz

Material: Funktionsgenerator, Schwingungserreger/Lautsprecher, Klangfigurenplatten, Seesand, Frequenzmesser, Lautsprecher, Rohr ($l \approx 0{,}64$ m)

Auftrag: Montieren Sie eine Figurenplatte wie im Foto und bestreuen Sie die Platte gleichmäßig mit ein wenig Seesand. Erzeugen Sie mithilfe des Funktionsgenerators und des Schwingungserregers eine Sinusschwingung an der Platte. Erhöhen Sie langsam die Frequenz. Notieren Sie diejenigen Frequenzen (Eigenfrequenzen), bei denen Teile der Platte in Resonanz schwingen.
Falls noch Zeit ist: Wiederholen Sie den Vorgang mit Lautsprecher und Rohr. Ermitteln Sie die Eigenfrequenzen der Rohrluftsäule anhand der dann größeren Schwingungsamplitude. Versuchen Sie eine Gesetzmäßigkeit für die Resonanzfrequenzen zu formulieren.

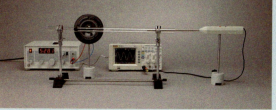

Fortschreitende Welle

V1 Die lange Feder liegt auf dem Boden. An ihrem Anfang bewegt man sie einmal kurz hin- und her. Diese transversale Störung läuft quer zur Feder und zur Ausbreitungsrichtung nach und nach durch die ganze Feder.

V2 Diesmal wird der Anfang derselben Feder einmal kurz vor- und zurückbewegt, also in Richtung der Federachse. Auch diese longitudinale Störung läuft nach und nach durch die ganze Feder.

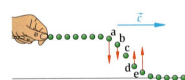

B1 Hochreißen (in der Zeichnung) des ersten Teilchens einer Federkette stört das Gleichgewicht der Kräfte dort. Die Störung ist inzwischen in der Mitte angekommen. Auf Teilchen a wirkt eine große resultierende Kraft (roter Vektor) nach unten und bremst die Aufwärtsbewegung. Bei b ist die Bremswirkung kleiner, da die Abstände zu Nachbarteilchen sich nicht stark unterscheiden. Bei Teilchen d wirkt eine entsprechende Kraft nach oben, bei Teilchen e ist sie groß.

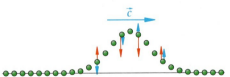

B2 Auf- und Abbewegen schickt einen Wellenberg auf die Reise. Auf der Vorderseite (rechts) des Wellenberges bewegen sich die Teilchen nach oben, auf der Rückseite nach unten. Die resultierenden Kräfte (rot) sorgen für positive und negative Beschleunigung.

1. Die Schwingung wandert durch die Materie

Eine Stimmgabel wird angeschlagen und wir hören einen Ton. Ist dies so selbstverständlich? Schließlich schwingt ja zunächst nur die Gabel, zum Hören muss aber unser Trommelfell schwingen. Also muss die Schwingung durch die Luft zu unserem Ohr gelangt sein. Was dabei geschieht, schauen wir uns zunächst in Modellversuchen an.

2. Wellen – transversal und longitudinal

In → **V1** wird der Anfang der ausgelegten Feder senkrecht zur Federachse hin- und herbewegt. Nach und nach folgt eine Windung der Feder nach der anderen – alle führen zeitversetzt dieselbe seitliche Schwingung aus. Es ist eine **Welle** entstanden. Die Elongation steht an jeder Stelle der Feder senkrecht zur Ausbreitungsrichtung der Welle, es ist eine **Transversalwelle**.

Der Anfang derselben Feder wird in → **V2** nun in Längsrichtung vor- und zurückbewegt. Wieder folgen alle Windungen nach und nach und schwingen in Ausbreitungsrichtung. Man sieht es an den Verdichtungen und den nachfolgenden Verdünnungen der Federwindungen. Eine Welle, bei der die Elongation an jeder Stelle in Ausbreitungsrichtung erfolgt, heißt **Longitudinalwelle**.

Die Ausbreitungsgeschwindigkeit der Störung, die **Wellengeschwindigkeit** $\vec{c}$, ist beim selben elastischen Wellenträger – bei uns die Feder – für die Transversalwelle normalerweise anders als für die Longitudinalwelle, auch das muss mit der Ursache für das Entstehen einer Welle zusammenhängen.

3. Die Welle – eine wandernde Störung

Um die Ursache der Wellenbewegung zu ergründen, wählen wir in unserer Überlegung als einfache Störung eine einmalige Auslenkung. In → **B1** hat sie die Mitte des elastischen Trägers erreicht. Hier sind die Teilchen nicht mehr gleichmäßig verteilt. Dies führt in diesem Bereich dazu, dass auf jedes Teilchen eine von der Position abhängige resultierende Kraft in Elongationsrichtung wirkt. Teilchen a und b werden in ihrer Aufwärtsbewegung schon wieder abgebremst, da der Abstand zu den nachfolgenden Teilchen größer ist als zum jeweils davorliegenden. Für Teilchen a ist die bremsende Wirkung gerade maximal, während Teilchen e noch maximal nach oben beschleunigt wird.

Entsprechende Überlegungen zu Wechselwirkungen zwischen benachbarten Teilchen führen auch bei einer longitudinalen Störung zum gleichen Ergebnis: In einem elastischen Medium führen nach und nach alle Teilchen dieselbe Bewegung aus wie der Erreger – es entsteht eine Welle.

> **Merksatz**
> Bei einer mechanischen Welle führt ein Teilchen nach dem anderen die Bewegung aus, die ihm vom Erreger vorgeschrieben wird. Je weiter ein Teilchen vom Erreger entfernt ist, desto später wird es von dieser Bewegung erfasst.

Fortschreitende Welle

4. Modellierung – die Welle im Zeigerbild

In den Versuchen → **V1** und → **V2** wanderte eine sinusförmige Schwingung als Störung durch den Wellenträger. Bei diesen und bei allen anderen mechanischen Wellen führen dabei nach und nach alle untereinander elastisch gekoppelten Teilchen dieselbe, ihnen vom Erreger aufgezwungene Schwingung aus. Allen diesen Teilchen können wir also gleichartige rotierende Zeiger zuordnen – bei einer transversalen wie auch einer longitudinalen Welle. Dies führt zu der modellhaften Darstellung der Welle in → **B3**. Sie können die Grafik auf unterschiedliche Weise lesen:

a) Zeitlicher Durchblick an einem Ort: Nehmen Sie ein Lineal und halten Sie es parallel zur s-Achse an den Punkt A. Wenn Sie Ihren Blick jetzt von oben nach unten gleiten lassen, sehen sie die Rotation des ersten Zeigers. Seine y-Koordinate stellt die Schwingung des Erregers dar (z. B. die der hin- und hergeführten Hand mit der Amplitude $\hat{s} = 0{,}2$ m). Zum Zeitpunkt $t = 0$ gilt für die Elongation $s = 0$. Bei z. B. $t = 5/8\,T$ ist sie negativ, hier $s = -0{,}14$ m.

b) Räumlicher Durchblick zu einem Zeitpunkt: Legen Sie jetzt das Lineal waagerecht unter z. B. die Zeile zu $t = 4/8\,T$. Sie sehen beim Blick von links nach rechts nun eine Momentaufnahme der Welle (wie auf einem Foto). Je weiter Sie nach rechts gehen, desto mehr liegen die Schwingungen in ihrer Phase zurück.

c) Diagonaler Durchblick: Längs der eingezeichneten Diagonalen erkennen Sie, wie eine bestimmte Schwingungsphase (hier $\varphi = 0$) weiterläuft. Dies nehmen wir als auffällige Wellenbewegung war. Die Ausbreitungsgeschwindigkeit einer Welle heißt deshalb auch **Phasengeschwindigkeit** $\vec{c}$. Zwischen A und B liegen alle bisherigen Schwingungsphasen gleichmäßig aufgereiht. Davor und dahinter wiederholt sich alles. Zur zeitlichen Periodizität der Schwingung an einem Ort kommt bei der Welle also die räumliche Periodizität längs der Ausbreitungsrichtung. Die Periodenlänge ist der Abstand zwischen A und B. Man nennt sie **Wellenlänge** λ. Die Ausbreitung der Phase hat für den Weg λ genau die Zeit T benötigt. Also gilt für die Geschwindigkeit einer Welle: $c = \lambda/T$.

> **Merksatz**
> Die Schwingungsphase schreitet bei einer Welle mit der Geschwindigkeit $\vec{c}$ fort. Innerhalb einer Periodendauer T legt sie dabei eine Wellenlänge λ zurück. Es gilt:
>
> $c = \lambda/T$.

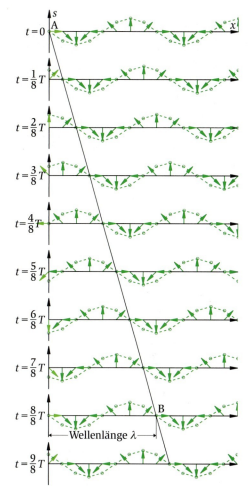

B3 → www Je weiter das schwingende Teilchen vom Erreger A entfernt ist, desto mehr liegt sein rotierender Zeiger im Phasenwinkel zurück. Im vorletzten Bild hat der Zeiger des Erregers A eine vollständige Umdrehung vollführt, sein Phasenwinkel ist $\varphi = 2\pi$. In der gleichen Zeit $\Delta t = T$ ist seine anfängliche Phase $\varphi = 0$ längs des Wellenträgers bis zum Punkt B gekommen. Die Welle ist um eine Wellenlänge λ vorangeschritten.
Bei einer Longitudinalwelle gelten die gleichen Überlegungen. Die Elongationen liegen bei ihr aber in x-Richtung.

A1 Betrachten Sie → **B1**.
Begründen Sie mithilfe der Zeichnung, dass die resultierende Kraft auf Teilchen c gerade null, seine Geschwindigkeit nach oben aber maximal ist.

A2 Erläutern Sie die unterschiedlichen Richtungen von Kraft- und Geschwindigkeitspfeilen in → **B2**.

A3 Kann ein Astronaut auf dem Mond ohne elektronische Hilfsmittel etwas hören? Begründen Sie Ihre Aussage.

A4 Bestimmen Sie die Ausbreitungsgeschwindigkeit der transversalen Federwelle aus → **V1** durch
a) eine t-s-Messung,
b) eine T-λ-Messung (mit Foto).

A5 a) Erklären Sie Ihrem Banknachbarn die Teilchenschwingung an einem bestimmten Ort (z. B. des siebten Zeigers) anhand von → **B3**.
b) Lassen Sie sich von Ihrem Nachbarn die Schwingungsphasen in Ausbreitungsrichtung der Welle erläutern – z. B. in der Darstellung zu $t = 6/8\,T$. → **www**

Die Schallgeschwindigkeit in Luft

1. Schall ist eine Welle

Sie sehen den Blitz in der Ferne. Im gleichen Moment dehnt sich die Luft um den Blitzkanal explosionsartig aus und fällt kurz darauf wieder zusammen – eine gewaltige Störung ist entstanden. In der Ferne hören Sie noch nichts, erst Sekunden später hören Sie die Störung als Donner. Dass die Störung Sie nicht im gleichen Moment erreicht, ist ein Indiz für eine Welle.

B1 Vom Gewitter weiß man: Schall benötigt etwa drei Sekunden für einen Kilometer.

Ist Luft so beschaffen, dass eine Welle entstehen kann? Wenn man eingeschlossene Luft zusammendrückt (wie bei einer Luftpumpe), entsteht ein Überdruck. Auf die Begrenzungswände wirken dann resultierende Kräfte nach außen. Lässt man der Luft umgekehrt mehr Platz (Herausziehen des Pumpenstempels bei zugehaltener Öffnung), so entsteht ein Unterdruck. Die resultierenden Kräfte wirken jetzt auf die Wände nach innen. Luft hat also Eigenschaften, die an die Elastizität der Schraubenfeder in Längsrichtung erinnern → **B2** . Dort können Longitudinalwellen entstehen, das können wir bei der Luft also auch erwarten.

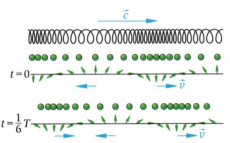

B2 Die Schallwelle ist eine Longitudinalwelle. Die x-Koordinaten der grünen Zeiger entsprechen der Elongation in Ausbreitungsrichtung der Welle.

2. Messung der Schallgeschwindigkeit aus Weg und Zeit ...

Die Messung der Schallgeschwindigkeit läuft ähnlich ab wie bisher bei einer gleichförmigen Bewegung, also über eine Weg- und eine Zeitmessung. Für die Messung der Geschwindigkeit des Schalls wählen wir ein kurzes, lautes Signal, einen Knall → **V1** . Diese Störung läuft nun durch die Luft an einem Mikrofon vorbei. Dieses löst die elektrische Uhr aus. Geringfügig später erreicht die Störung ein zweites Mikrofon, welches die Uhr stoppt. Aus Weg und Zeit ergibt sich der Betrag der Schallgeschwindigkeit zu etwa c = 340 m/s. Dieser Wert bestätigt sich auch bei längeren oder kürzeren Messwegen.

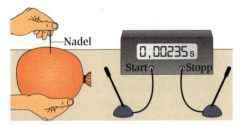

V1 Im Labor messen wir die Laufzeit des Schalls auf kurzer Strecke. Für z. B. Δs = 0,8 m ergibt sich Δt = 0,00235 s.

3. ... und aus der Phasengeschwindigkeit

Die Phase der Erregerschwingung wandert durch den Wellenträger. Der Betrag der Phasengeschwindigkeit ist $c = \lambda/T$. Bei hörbarem Schall ist die Periodendauer T sehr klein. Man misst dann vorzugsweise die Frequenz f. Sie ist – wie schon bekannt – der Quotient aus Anzahl der Perioden und Dauer der Messung, also $f = n/t = 1/T$. Wir können somit $1/T$ in der Geschwindigkeitsformel durch die Frequenz f ersetzen. Also gilt:

$$c = \lambda \cdot f.$$

In → **V2** nutzen wir diese Gleichung aus. Ein Lautsprecher wird von einem Generator angeregt. Ein angeschlossenes Oszilloskop zeigt dies im Kanal I als sinusförmiges t-s-Diagramm. Vom Lautsprecher hören wir einen Ton. Im Kanal II erkennt man das Ausgangssignal des Mikrofons – mit gleicher Periode wie die des Generators, aber phasenverschoben. Je weiter wir das Mikrofon vom Lautsprecher entfernen, desto größer wird die Phasenverschiebung. Bei $\Delta \varphi = 2\pi$, am Bildschirm erkennbar an $\Delta t = T$, hat sich die Entfernung zum Lautsprecher um $\Delta s = \lambda$ vergrößert. Aus den gemessenen Werten ergibt sich:

$$c = \lambda \cdot f = 0{,}43 \text{ m} \cdot 800\,\frac{1}{\text{s}} = 344 \text{ m/s}.$$

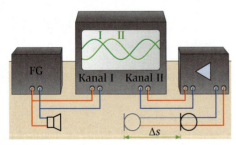

V2 Ein Lautsprecher erzeugt einen Ton (f = 800 Hz), ein Mikrofon fängt ihn auf. Je weiter das Mikrofon vom Lautsprecher entfernt wird, desto mehr verschiebt sich das Mikrofonsignal (Kanal II) im t-s-Diagramm nach rechts. Bei $\Delta s = \lambda$ = 0,43 m verspäten sich alle Phasen um $\Delta t = T$. Das t-s-Diagramm wirkt wie unverschoben.

Die Schallgeschwindigkeit in Luft

Projekt

Abschätzung der Schallgeschwindigkeit

A. Messung mit Stoppuhr …

Eine Person liefert gleichzeitig ein optisches und ein akustisches Signal. Als Instrument eignet sich z. B. eine Startklappe aus der Leichtathletik. In einiger Entfernung (mindestens 100 m) stehen zwei Gruppen von Schülerinnen und Schülern mit Stoppuhren. Beide starten die Uhren auf Kommando gleichzeitig. Dies hat den Vorteil, dass man sich anschließend auf nur ein Ereignis konzentrieren muss. Jetzt wird das Signal gegeben. Die erste Messgruppe stoppt beim optischen Signal (man sieht, dass die Klappen schließen). Die zweite Gruppe stoppt – mit geschlossenen Augen – beim akustischen Signal (man hört den Knall). Beide Messzeiten werden jeweils gemittelt.

Aus dem Weg Δs und der aus den beiden Mittelwerten gewonnenen Laufzeit Δt wird nun die Schallgeschwindigkeit ermittelt. Der Versuch wird für andere Entfernungen wiederholt.

B. … und Taktgefühl

Suchen Sie eine freie, gut reflektierende Wand. Stellen Sie sich in einiger Entfernung s vor der Wand auf. Nun klatscht ein musikalisches Mitglied Ihres Kurses (Schlagzeugerin oder Schlagzeuger wäre ideal) regelmäßig in die Hände. Sie werden das Echo in den Klatschpausen hören. Erhöhen Sie nun die Frequenz des Klatschens solange, bis das direkt gehörte „Klack" und das zugehörige Echo zusammenfallen. Die Umstehenden messen die Zeit für z. B. 10 „Klacks" und ermitteln daraus die Laufzeit Δt des Schalls für einen Hin- und Rückweg $\Delta s = 2 \cdot s$. Für die Schallgeschwindigkeit ergibt sich $c = (2 \cdot s)/\Delta t$.

Projekt

Präzisionsmessung der Schallgeschwindigkeit

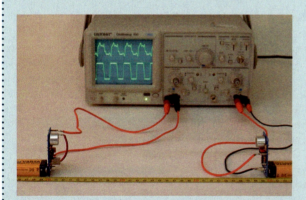

Links im → **Bild** steht ein kleiner Ultraschallsender. Der Sender hat keinen normalen Lautsprecher, sondern einen Schwingquarz, der durch ein Generatorsignal passender Frequenz zu sinusförmigen Resonanzschwingungen großer Amplitude angeregt wird. Das Generatorsignal ist in der oberen Hälfte des Bildschirms, im Kanal I, zu sehen. In der unteren Hälfte des Bildschirms, im Kanal II, wird das Signal des Ultraschallempfängers dargestellt. Es ist erheblich verstärkt, sodass der obere und der untere Teil der Sinusschwingung abgeschnitten sind. Dadurch bekommt man steile Signalflanken, deren Nulldurchgang man am Oszilloskop sehr genau ablesen kann.

Auf dem Bildschirm werden beide Signale sehr schnell von links nach rechts „geschrieben".

Nach jedem Durchgang stoppt die Horizontalablenkung des Elektronenstrahls, bis der Vertikalwert von Kanal I gerade von Minus nach Plus wechselt. Danach wird die t-s-Kurve erneut „geschrieben". So kommt es zu dem ruhenden Bild im oberen Teil des Bildschirms. Man sagt: „Das Oszilloskop ist über Kanal I getriggert".

Nun beginnt der eigentliche Versuch: Wir ziehen den Empfänger langsam vom Sender weg. Am Bildschirm (Kanal II) wandert gleichzeitig jede Schwingungsphase (z. B. die Elongation bei $\varphi = 0$) im t-s-Diagramm nach rechts. Bis zum nächsten Nulldurchgang müssen wir den Empfänger um eine Wellenlänge verschieben. Fünfzig Nulldurchgänge liefern $\Delta s = 50 \cdot \lambda = 0{,}424$ m, also $\lambda = 0{,}00848$ m. Ein Frequenzmesser misst die Frequenz des Senders zu $f = 40644$ Hz. Aus beiden Größen ergibt sich der Betrag der Schallgeschwindigkeit:

$$c = \lambda \cdot f = 0{,}00848 \text{ m} \cdot 40644 \text{ 1/s} = 345 \text{ m/s}.$$

Die Raumtemperatur während der Messzeit betrug 22,4 °C.

Arbeitsaufträge:

1 Recherchieren Sie, nach welcher Gesetzmäßigkeit die Schallgeschwindigkeit in Luft von der Temperatur abhängt. Bewerten Sie dann das obige Versuchsergebnis.

2 Recherchieren Sie die Schallgeschwindigkeiten in festen Stoffen. Formulieren Sie eine begründete Vermutung, warum sie deutlich höher sind als in Gasen.

Töne und Klänge

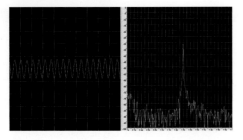

V1 Ein mit den Lippen erzeugter Flötton – links die Schwingung, rechts das zugehörige f-$\hat{s}$-Diagramm, aufgenommen mit GoldWave. Man erkennt den Flötton bei etwa 1600 Hz. Erhöht man den Ton, wandert der Peak auf der Frequenzachse nach rechts.

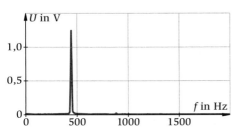

V2 Das f-$\hat{s}$-Diagramm einer schwingenden Stimmgabel. Es liegt eine reine Sinusschwingung vor mit der Frequenz 440 Hz.

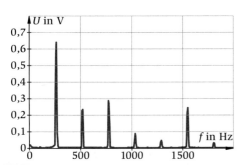

V3 Aufnahme mit einem Messwerterfassungssystem; die angezupfte Saite des Monochords erzeugt gleichzeitig mehrere Töne mit einfachen Frequenzverhältnissen: $f_k = k \cdot f_1$.

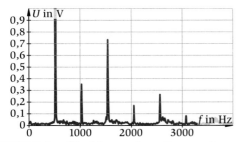

V4 Beim Überblasen eines Reagenzglases entsteht ein Klangspektrum, in dem die ungeradzahligen Vielfachen der Grundschwingung dominieren: $f_k = (2k - 1) \cdot f_1$.

1. Schall ist noch keine Musik

Auch wenn Sie bis zu diesem Zeitpunkt schon einiges über Schwingungen und Wellen erfahren haben, so reicht dies doch noch nicht, die Funktionsweise von Musikinstrumenten zu verstehen. Beim Stationenlernen gab es allerdings schon Erkenntnisse, die uns der Funktionsweise der Instrumente nähern: Eine Saite, eine Luftsäule, auch eine Platte, also die verschiedensten Körper sind zu mehreren, unterschiedlichen Eigenschwingungen fähig. Dies untersuchen wir nun noch genauer.

2. Frequenzanalyse

Wir erzeugen mit den Lippen einen Flötton. In **→ V1** untersuchen wir ihn z. B. mit der Software GoldWave. Sie nutzt die **Fourieranalyse**, eine schnelle, mathematische Analysemethode nach Jean Baptiste Joseph FOURIER. Mit ihr finden wir die Frequenzen der gleichzeitig ablaufenden Schwingungen und deren Amplituden. Als Vorbereitung schließen wir ein Mikrofon an das Notebook. Mit GoldWave starten wir die Aufnahme des Flöttons. Schon während der Aufnahme erkennen wir das t-s-Diagramm des Mikrofonsignals und im f-$\hat{s}$-Diagramm des Nebenfensters einen „Peak". Er zeigt, dass beim Flöten eine Sinusschwingung mit ablesbarer Frequenz vorlag. Flöten wir einen Sirenenton, wandert der Peak abwechselnd nach rechts und links. Flöten zwei Personen zwei Töne, so sieht man zwei Peaks.

3. Der Klang – vielfach gestaffelte Töne

Präzisere und als Diagramm ausdruckbare Analyseergebnisse gewinnen wir mit einem Messwerterfassungssystem. Das Ergebnis sehen wir dort nach Beendigung der Aufnahme. Als Instrument wählen wir in **→ V2** eine Stimmgabel. Subjektiv nehmen wir ihren Ton klar und rein wahr. Die objektive Messung des Mikrofonsignals liefert eine einzige Sinusschwingung mit $f = 440$ Hz. So war es im Vergleich zum Flötton auch zu erwarten.

Spannender wird die Untersuchung am Monochord. Im früheren **→ Stationenlernen** hatte sich gezeigt, dass eine eingespannte Saite mit mehreren Frequenzen schwingen kann. Die Fourieranalyse in **→ V3** bestätigt dies. Das aufgenommene Signal ist periodisch, aber ziemlich kompliziert, also keine reine Sinusschwingung mehr. Die Fourieranalyse liefert den Grund dafür: Neben der Frequenz $f_1 = 259$ Hz – wir nehmen die Schwingung als Ton des Monochords wahr – finden wir $f_2 = 518$ Hz, $f_3 = 777$ Hz usw., also allgemein $f_k = k \cdot f_1$ ($k = 1; 2; 3; ...$). Man nennt diese Schwingungen auch **Harmonische** oder **Oberschwingungen** (Obertöne) zur **Grundschwingung** (Grundton) mit der Frequenz f_1. Das f-$\hat{s}$-Diagramm nennt man in Anlehnung an das Spektrum einer Lichtquelle mit mehreren Farben auch **Klangspektrum**. **→ www**

Nach dem Saiteninstrument untersuchen wir als „Blasinstrument" ein Reagenzglas **→ V4**. Bei dieser Vorstufe der Panflöte ergibt sich eine andere Gesetzmäßigkeit: Neben der Grundfrequenz f_1 sind ihre ungeradzahligen Vielfachen $f_k = (2k - 1) \cdot f_1$ kräftig ausgeprägt. Dieser Eigenart müssen wir noch nachgehen.

Töne und Klänge

4. Zwei feste Enden oder zwei freie Enden

Die festgestellten Gesetzmäßigkeiten können kein Zufall sein. Den Hintergrund erhellen wir durch Untersuchung der Eigenfrequenzen schwingender linearer Körper. Beim schwingenden Gummiband in → V5 sehen wir eindrucksvoll, wie sich durch Anregung bei bestimmten Frequenzen f_k Resonanz einstellt. Die Resonanzfrequenzen gehorchen genau dem Gesetz, das wir bei den Oberschwingungen einer Saite gefunden haben: $f_k = k \cdot f_1$. Bei f_1 schwingt das Band mit einem **Schwingungsbauch** in der Mitte, die nicht schwingenden Punkte an den festen Enden nennt man **Schwingungsknoten**. Bei f_2 schwingt das Band mit zwei Bäuchen, in der Mitte ist ein zusätzlicher Knoten entstanden, bei f_3 sind es drei Bäuche und vier Knoten usw.

In → V5 werden die Eigenschwingungen nacheinander einzeln zur Resonanz angeregt, bei der angezupften Monochordsaite sind sie gleichzeitig vorhanden. Bei einer Geige → B1 werden die Saiten mit dem Bogen gestrichen. Aber auch dabei bildet sich der Klang durch Grundton und Obertöne nach demselben Gesetz:

$$f_k = k \cdot f_1.$$

Das Klangspektrum einer beidseitig offenen Orgelpfeife (freie Enden) → B2 folgt diesem Gesetz ebenfalls. Allerdings ist das Verhältnis der Amplituden zueinander anders. Die Orgelpfeife hat eine andere „**Klangfarbe**" als die Geige – das hört man ja auch.

5. Ein festes und ein freies Ende

Das Klangspektrum unseres Reagenzglases ist damit aber noch nicht geklärt. Es ist aber zu vermuten, dass auch die Luftsäule im Reagenzglas zu bestimmten Eigenschwingungen fähig ist. In → V6 wählen wir ein großes Glasrohr ($l = 0{,}64$ m) mit einem geschlossenen und einem offenen Ende. Mit Generator und Lautsprecher erzeugen wir einen tiefen Ton. Die Frequenz erhöhen wir langsam. Bei $f_1 = 132$ Hz entsteht zum ersten Mal Resonanz. Das Zweifache davon wäre eine Frequenz von 264 Hz. Bei dieser entsteht aber keine Resonanz, sondern erst wieder bei $f_2 = 397$ Hz. Das ist das Dreifache von f_1. Das Vierfache von f_1 führt wieder nicht zur Resonanz, sondern erst wieder das Fünffache: Gemessen werden $f_3 = 664$ Hz. Auch die weiteren Messungen liefern nur ungeradzahlige Vielfache der Grundfrequenz. Für die Eigenschwingungen bei einem festen Ende und einem freien Ende gilt also:

$$f_k = (2k - 1) \cdot f_1.$$

Bei Instrumenten mit einem festen und einem freien Ende treten diese Eigenschwingungen gleichzeitig als Resonanzschwingungen auf. Dies erkennt man z. B. auch im Klangspektrum der einseitig geschlossenen Orgelpfeife in → B3.

Merksatz
Der Klang eines Instrumentes entsteht durch Grundton und Obertöne. Für die Frequenzen dieser Töne gilt (für $k = 1; 2; 3; ...$)

bei beidseitig festen oder freien Enden $f_k = k \cdot f_1$,

bei einem festen und einem freien Ende $f_k = (2k - 1) \cdot f_1$.

V5 Ein beidseitig eingespanntes Gummiband wird vom Schwingungserreger links zu Schwingungen gezwungen. Die Frequenz wird langsam erhöht. Bei bestimmten Frequenzen, den Eigenfrequenzen, kommt es an manchen Stellen zu großen Amplituden (Bäuchen), andere verharren in Ruhe (Knoten). Im Bild ist Resonanz bei $f_3 = 3 \cdot f_1 = 33{,}67$ Hz.

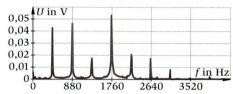

B1 Klangspektrum einer Geige: Grund- und Obertöne mit $f_k = k \cdot f_1$ sind erkennbar.

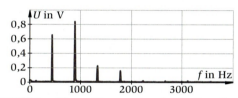

B2 Das Klangspektrum einer beidseitig offenen Orgelpfeife mit $f_k = k \cdot f_1$. Die Amplitudenverteilung ist anders als bei der Geige.

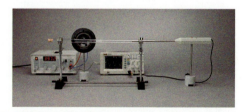

V6 Das Glasrohr ist links mit einem Korken verschlossen (fest), das rechte Ende ist frei. Die Sonde eines Messmikrofons ragt etwas in diese Öffnung. Bei $f_1 = 132$ Hz, $f_2 = 397$ Hz, $f_3 = 664$ Hz, $f_4 = 926$ Hz und $f_5 = 1200$ Hz stellt sich Resonanz ein.

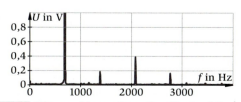

B3 Klangspektrum einer einseitig geschlossenen, so genannten gedackten Orgelpfeife

Stehende Wellen

Vertiefung

Wellen werden am Rand reflektiert

In den letzten Abschnitten sind uns mehrere Phänomene begegnet:
- Eine Schwingung wandert durch einen linearen Wellenträger, es entsteht eine fortschreitende Welle. Je nach Art des Trägers und nach Art der Schwingungserregung kann es eine transversale oder eine longitudinale Welle sein. Die Phasengeschwindigkeit hängt von verschiedenen Faktoren ab.
- Allseitig begrenzte Körper sind zu Eigenschwingungen fähig. Werden sie mit einer Frequenz angeregt, die einer der Eigenschwingungen entspricht, so schwingen sie mit großer Amplitude in Resonanz.
- Sind die Begrenzungsenden – man sagt auch die **Ränder** – gleich, so haben die Eigenschwingungen linearer Wellenträger die Frequenz $f_k = k \cdot f_1$. Sind die Ränder verschiedenartig, so gilt $f_k = (2k - 1) \cdot f_1$.

Die beiden letzten Erscheinungen sind für die Musikinstrumente fundamental, aber wir kennen bisher nicht ihre Ursache. Wir können auch die Grundfrequenz noch nicht vorhersagen. Beides soll nun hinterfragt werden.

A. Wellenträger mit freiem Ende

Wir setzen voraus, dass bei jeder Anregung eines Wellenträgers eine Welle entsteht, auch wenn wir z.B. auf einer Gitarrensaite noch keine Wellen wahrgenommen haben. Davon ausgehend wollen wir untersuchen, was passiert, wenn die Welle an das Ende des Wellenträgers gelangt. Wir beginnen mit einem freien Ende.

In → **B1a** läuft ein Wellenberg auf das freie Ende zu. Das markierte Teilchen wird in ① gerade von der Aufwärtsschwingung erfasst, es erfährt eine starke Kraft (roter Pfeil) vom linken Nachbarteilchen nach oben. Trotz der einwirkenden Kraft ist die Geschwindigkeit noch klein. In ② ist es umgekehrt, die Geschwindigkeit ist schon groß, die Kraft fast schon null. Aufgrund seiner Trägheit fliegt das Teilchen weiter nach oben und in ④ sogar über die Amplitude des Wellenberges hinaus (wie beim Peitscheneffekt), da rechts die nach unten ziehenden Teilchen fehlen.

Mittlerweile hat die vorhandene Kraft solange eingewirkt, dass sich das Teilchen schon wieder schnell nach unten bewegt ⑤. Sein linkes Nachbarteilchen wird von ihm mitgerissen, d.h. der Wellenberg läuft jetzt nach links. Ab ⑥ wird es schon wieder abgebremst, da eine resultierende Kraft nach oben wirkt, diese ist in ⑦ zwar klein, sorgt aber gerade noch dafür, dass das Teilchen zur Ruhe kommt. Im letzten Bild ⑧ entfernt sich der Wellenberg weiter vom freien Ende weg.

B. Wellenträger mit festem Ende

Das letzte Teilchen in → **B1b** ist jetzt am Ende fixiert, es hat dauerhaft die Elongation null. Sobald die davor liegenden Teilchen sich aufwärts bewegen, nehmen die Abstände zwischen ihnen stark zu, entsprechend groß werden die Kräfte zwischen den Teilchen. Im ersten Bild ① ist der Wellenberg schon längst angekommen. Wegen der großen resultierenden Kraft auf das markierte Teilchen, wird dieses die Maximalamplitude gar nicht mehr erreichen. Stattdessen wird es so stark nach unten beschleunigt, dass es sogar ab ④ über die Ausgangsposition hinausschwingt. Danach wird es schon wieder gebremst, hat aber inzwischen die links vor ihm liegenden Teilchen schon mitgerissen. So wird diesmal der Wellenberg als Wellental zurückgeworfen.

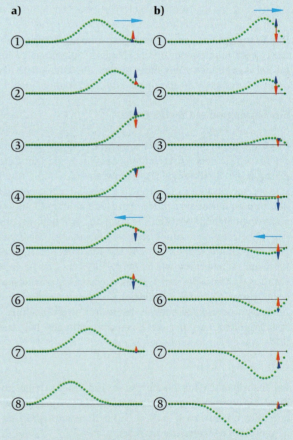

B1 Am viertletzten Teilchen des Wellenträgers sind Kraft und Teilchengeschwindigkeit eingezeichnet.
a) Bei der Reflexion eines Wellenberges am freien Ende kommt ein Wellenberg als Wellenberg zurück.
b) Bei der Reflexion eines Wellenberges am festen Ende kommt ein Wellenberg als Wellental zurück.

Stehende Wellen

1. Ergebnis der Reflexion einer Welle

Ein Wellenberg wird am Ende des Wellenträgers reflektiert → **Vertiefung**. Am freien Ende kommt ein Wellenberg als Wellenberg zurück, für ein Wellental gilt dies aus Symmetriegründen entsprechend. Läuft eine sinusförmige Welle auf das Ende zu, so wird sie ebenfalls reflektiert. Ankommende und reflektierte Welle müssen sich dann überlagern. Bei der Untersuchung einer Schwebung haben wir gelernt, dass das Ergebnis durch Addition der beiden Schwingungszeiger vorhergesagt werden kann. Das wollen wir jetzt auf die Zeiger der beiden Wellen anwenden.

Die Überlagerung der beiden Wellen modellieren wir mit GeoGebra → **www**. Das Ergebnis zeigt → **B2**: Bei der Überlagerung bilden sich an bestimmten Stellen **Wellenknoten.** Hier ist die Elongation dauerhaft null. Zwischen zwei Knoten ist ein **Wellenbauch** mit gleichphasigen Schwingungen und unterschiedlichen Amplituden. Zum Nachbarbauch besteht jeweils ein Phasensprung von $\Delta\varphi = \pi$. Der Abstand zweier Knoten beträgt $\Delta s = \lambda/2$.

Die Art des Endes bestimmt dort die Phasenbeziehung:
- Am freien Ende schwingt das Teilchen mit größerer Amplitude → **Vertiefung**. In unserer Modellierung bedeutet dies, dass die Welle dort keinen Phasensprung aufweist. Es entsteht dort in der Überlagerung der beiden Wellen – Berg überlagert sich mit Berg und Tal mit Tal – die Mitte eines *Bauches*.
- Am festen Ende ist die Elongation dauerhaft null. In der Modellierung setzen wir dort einen Phasensprung ($\Delta\varphi = \pi$) zwischen reflektierter und ankommender Welle. So erklären wir den dort bei der Überlagerung entstehenden *Knoten*.

2. Wellen bei beidseitiger Begrenzung

Ein Sonderfall liegt vor bei einem linearen Wellenträger mit zwei Enden. Unterscheiden müssen wir nach der Art der Begrenzung → **B3**:
- fest – fest: Eine stehende Welle kann sich nur ausbilden, wenn an jedem Ende ein Knoten ist. Dazu muss erfüllt sein: $l = k \cdot \lambda_k/2$. Mit $c = \lambda \cdot f$ folgt: $f_k = k \cdot c/(2l)$. Das ist die von uns experimentell gefundene Gesetzmäßigkeit für Grundton und Obertöne bei Saitenschwingungen mit $f_1 = c/(2l)$.
- frei – frei: Hier gilt die gleiche Bedingung $l = k \cdot \lambda_k/2$, also auch $f_k = k \cdot c/(2l)$, wie wir es beim beidseitig offenen Rohr gefunden haben.
- fest – frei: Eine stehende Welle kann nur existieren, wenn am festen Ende ein Knoten und am freien Ende ein Bauch ist. Es muss also gelten $l = (2k-1) \cdot \lambda_k/4$. Die Eigenfrequenzen sind $f_k = (2k-1) \cdot c/(4l)$ mit $f_1 = c/(4l)$.

Diese nur bei bestimmten f_k sich ausbildenden stehenden Wellen sind die Eigenschwingungen.

> **Merksatz**
> Die Eigenschwingungen auf beidseitig begrenzten linearen Wellenträgern sind stehende Wellen.
> An einem festen Ende ist immer ein Wellenknoten, an einem freien Ende ein Wellenbauch.

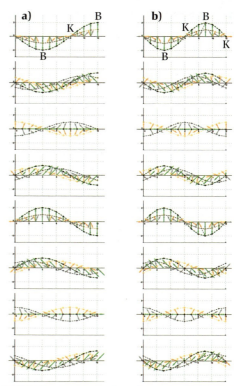

B2 Eine Welle wird am Ende des Wellenträgers reflektiert. Sie und die reflektierte Welle überlagern sich zu einer stehenden Welle mit Wellenknoten und Wellenbäuchen. **a)** Am freien Ende (rechts) bildet sich ein Wellenbauch mit doppelter Amplitude. **b)** Am festen Ende (rechts) entsteht ein Wellenknoten.

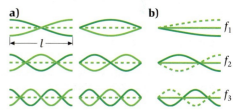

B3 a) Eigenschwingungen bei gleichen Enden: $l = k \cdot \lambda_k/2$. **b)** Bei verschiedenartigen Enden gilt: $l = (2k-1) \cdot \lambda_k/4$.

A1 Die Posaune hat einen verschiebbaren „Zug". Begründen Sie, dass durch Herausziehen des Zuges ein tieferer Grundton entsteht.

A2 a) Überblasen Sie ein kurzes Glasröhrchen. Halten Sie nun das untere Ende zu und erzeugen wieder einen Ton. Beobachten Sie z. B. mit GoldWave jeweils das Spektrum. Notieren und deuten Sie die Frequenzen der Eigenschwingungen.
b) Berechnen Sie die Frequenzen aus der Rohrlänge. Vergleichen Sie mit der Messung.

Zusammenfassung

Das ist wichtig

1. Periodischer Vorgang
Periodisch nennt man eine Erscheinung, die sich immer wieder in gleicher Art wiederholt. Ein Muster kann räumlich periodisch sein wie z. B. bei Bienenwaben. Eine Bewegung kann zeitlich periodisch verlaufen wie z. B. beim Pendel einer Standuhr.

2. Mechanische Schwingungen
Eine mechanische Schwingung ist eine periodische Bewegung um eine Gleichgewichtslage. Physikalische Größen zur Beschreibung einer Schwingung sind:
- Elongation $s(t)$: die jeweilige Auslenkung aus der Gleichgewichtslage,
- Amplitude $\hat{s}$: die maximale Elongation am Umkehrpunkt,
- Perioden- oder Schwingungsdauer T: die Zeit für eine vollständige Hin- und Herbewegung,
- Frequenz f: die Anzahl der Perioden dividiert durch die Messzeit, Einheit 1/s = 1 Hz. Es gilt:

$$f = \frac{n}{t} = \frac{1}{T}.$$

Bei einer freien Schwingung genügt es, einmal auszulenken. Die Schwingung läuft danach mit eigener, nur von dem System abhängender Frequenz ab. Man nennt deshalb diese Schwingung auch Eigenschwingung. Deren Frequenz heißt Eigenfrequenz.

Eine erzwungene Schwingung wird von außen mit beliebiger Frequenz aufgeprägt. Bei einer Lautsprechermembran wäre eine freie Schwingung nicht sinnvoll.

3. Harmonische Schwingung
Eine Schwingung mit sinusförmigem Zeit-Elongation-Diagramm heißt auch harmonisch. Die Schwingungsgleichung wird aus dem Vergleich mit einem rotierenden Zeiger gewonnen (Zeigermodell):

$$s(t) = \hat{s} \cdot \sin\left(\frac{2\pi}{T} \cdot t\right) = \hat{s} \cdot \sin(2\pi f \cdot t).$$

In einem System ist die Schwingung harmonisch, wenn das Kraftgesetz nach HOOKE gilt. Dies ist beim Federpendel erfüllt. Für seine Schwingungsdauer gilt (m = Masse des Körpers, D = Federkonstante):

$$T = 2\pi \cdot \sqrt{\frac{m}{D}}.$$

4. Eigenschwingungen und Resonanz
Auf linearen Trägern können mehrere Eigenschwingungen existieren. Die Gesetzmäßigkeiten für die Eigenfrequenzen richten sich nach der Art der Trägerenden:
- fest–fest: Es gilt $f_k = k \cdot f_1$ (k = 1; 2; 3; ...). Beispiele sind die Saiten von Geige, Gitarre, Klavier.
- frei–frei: Es gilt ebenfalls $f_k = k \cdot f_1$. Beispiele sind die Luftsäulen beidseitig offener Orgelpfeifen, Posaunen, Trompeten.
- fest–frei: Hier gilt $f_k = (2k - 1) \cdot f_1$. Idealisierte Beispiele sind Saxophon, einseitig geschlossene Panflöte, gedackte Orgelpfeife.

Wird ein schwingungsfähiges System mit einer seiner Eigenfrequenzen angeregt, so entsteht Resonanz (Mittönen). Die Amplitude wird dabei deutlich größer als die Amplitude der Anregungsschwingung. Bei Musikinstrumenten sorgt die Resonanz für die benötigte Lautstärke.

5. Mechanische Wellen
Wird die Schwingung eines Schwingungserregers durch einen Wellenträger (elastischer Körper) nach und nach weitergereicht, so spricht man von einer Welle.
- Bei einer Transversalwelle erfolgt die Elongation an jeder Stelle senkrecht zur Ausbreitungsrichtung. Eine Seilwelle z. B. ist transversal.
- Bei einer Longitudinalwelle erfolgt die Schwingung an jeder Stelle längs der Ausbreitungsrichtung. Die Schallwelle ist eine Longitudinalwelle.

An jedem Ort des Wellenträgers gibt es die zeitliche Periodizität der Schwingung. Längs des Wellenträgers liegt eine räumliche Periodizität der Schwingungsphase vor. Die räumliche Periodenlänge heißt Wellenlänge λ. Die Phasengeschwindigkeit wird mit $\vec{c}$ bezeichnet. Für ihren Betrag gilt:

$$c = \frac{\Delta s}{\Delta t} = \frac{\lambda}{T} = \lambda \cdot f.$$

Der Betrag der Schallgeschwindigkeit in Luft ist etwa c = 340 m/s (bei 20 °C).

6. Energie mechanischer Schwingungen und Wellen
Die Energie einer mechanischen Schwingung ist proportional zum Quadrat der Amplitude. Eine Welle transportiert die Schwingungsenergie mit der Phasengeschwindigkeit. Die Energie einer Schwingung nimmt mit der Zeit wegen der Dämpfung ab. Die innere Energie der Umgebung steigt dabei.

7. Stehende Wellen
Überlagern sich gegenläufige, aber ansonsten gleichartige Wellen, ist das Ergebnis eine stehende Welle. Im Bereich vor einer reflektierenden Wand (festes oder freies Ende) findet man deshalb immer eine stehende Welle, bei beidseitig begrenzten Trägern nur für die Eigenfrequenzen. Merkmale einer stehenden Welle sind Wellenknoten (Elongation dauerhaft null) und Wellenbäuche (Bereich zwischen den Knoten). Innerhalb eines Bauches schwingen alle Teilchen in gleicher Phase. In seiner Mitte ist die Amplitude maximal. Schwingungen benachbarter Bäuche weisen einen Phasensprung von $\Delta\varphi = \pi$ auf.

Das können Sie schon

Umgang mit Fachwissen
Eine freie Schwingung beschreiben Sie als Folge einer immer zur Gleichgewichtslage zeigenden Kraft auf einen Körper nach einer Störung des Gleichgewichts.

Sie nennen die Wechselwirkung zwischen schwingenden Teilchen und ihren direkten Nachbarn als Ursache einer Welle.

Das Auftreten von Resonanz bei Anregung mit einer Eigenfrequenz begründen Sie mit einem Überschuss an zugeführter Energie im Vergleich zum Dämpfungsverlust, solange noch kein Ausgleich erzielt ist.

Erkenntnisgewinnung
Ob sich auf einem Wellenträger eine Transversalwelle oder eine Longitudinalwelle bildet, entscheiden Sie mit den Eigenschaften des Ausbreitungsmediums. Mit den Eigenschaften der Luft können Sie vorhersagen, dass eine Schallwelle eine Longitudinalwelle ist.

Selbstständig planen sie Experimente zur Messung von Wellenlänge, Frequenz und Schallgeschwindigkeit und werten sie aus. Sie besitzen Sicherheit im Umgang mit Oszilloskop, Frequenzmesser und computergestützten Messgeräten.

Kommunikation
Das Zeit-Ort-Diagramm einer harmonischen Schwingung interpretieren Sie als Zeit-Ort-Diagramm der y-Koordinate eines gleichmäßig umlaufenden Kreispunktes. Sie zeigen, wie man daraus die Sinusfunktion der Schwingung gewinnt. Mit eigenen Skizzen oder mit GeoGebra können Sie das Zeigermodell einer harmonischen Schwingung präsentieren.

Sie erläutern anhand einer Grafik die Entsprechungen:
- y-Wert des Kreispunktes und Elongation $s(t)$,
- Kreisradius r und Schwingungsamplitude $\hat{s}$,
- Vollwinkel 2π (360°) und Periodendauer T,
- Verhältnisgleichung von Phasenwinkel und Zeit:
$$\frac{\varphi}{2\pi} = \frac{t}{T}.$$

Eine stehende Welle deuten Sie als Überlagerung zweier gegenläufiger, ansonsten gleicher Wellen, deren Zeiger sich an jedem Ort zum resultierenden Zeiger addieren.

Bewertung
Sie können Experimente aufzeigen, mit denen man Aussagen z. B. zur Schallgeschwindigkeit überprüfen kann. Zur objektiven Untersuchung von Klängen bei Musikinstrumenten schlagen Sie die Fourieranalyse als geeignetes Verfahren vor.

Das schafft Überblick

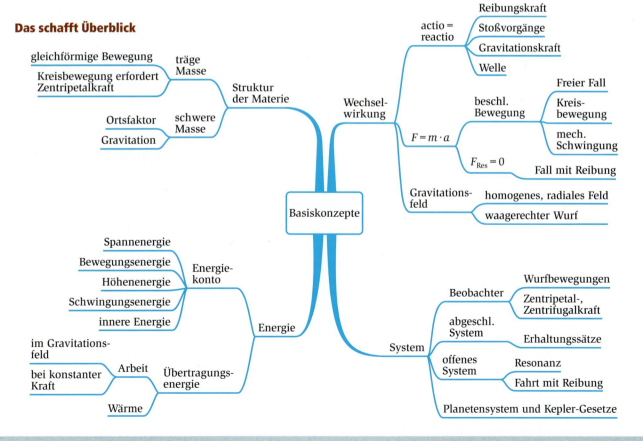

Zusammenfassung

Kennen Sie sich aus?

A1 a) Führen Sie in einem einfachen Versuch ein Beispiel für harmonische Schwingungen vor.
b) Stellen Sie an diesem Beispiel die Größen Gleichgewichtslage, Periodendauer, Elongation, Amplitude, Frequenz, Schwingungsenergie dar.

A2 Welcher Vorgang ist periodisch: Die Bewegung eines Uhrpendels, das Aufticken eines Tischtennisballs nach dem freien Fall, die Bewegung der Erde um die Sonne, das Singen der Tonleiter, das Knacken des Metronoms, der Puls beim Treppensteigen. Begründen Sie Ihre Antwort.

A3 a) Beschreiben Sie mit eigenen Worten, was man in der Physik unter einer harmonischen Schwingung versteht.
b) Begründen Sie, dass ein auf dem Klavier angeschlagener und sehr „harmonisch" klingender Akkord keine harmonische Schwingung darstellt.

A4 a) Ein Ball wird auf einer Doppelrampe losgelassen. Stellen Sie dar, welche Bewegung der Ballmittelpunkt ausführen wird (ohne Reibung).

b) Skizzieren Sie ein t-v-Diagramm der Bewegung (positive Achse nach rechts).
c) Beurteilen Sie die Behauptungen „die Bewegung ist periodisch" und „die Bewegung ist eine harmonische Schwingung".

A5 → **Periodendauer** Eine Schraubenfeder wird durch Anhängen eines Wägestücks der Masse $m = 0{,}2$ kg um $\Delta s = 0{,}12$ m ausgelenkt. Nach weiterem Auslenken mit der Hand und anschließendem Loslassen beginnt eine Schwingung. Bestimmen Sie die Frequenz dieser Schwingung.

A6 Modellieren Sie den rotierenden Zeiger zu einer harmonischen Schwingung mit GeoGebra. Lassen Sie zusätzlich das t-s-Diagramm zeichnen. → www

A7 Eine Kugel ($m = 0{,}1$ kg) hängt an einer Feder und schwingt mit der Periodendauer $T = 2{,}5$ s und einer Amplitude $\hat{s} = 0{,}16$ m.
a) Berechnen Sie die Frequenz f der Schwingung.
b) Bestimmen Sie die maximale Geschwindigkeit der Kugel.
c) Nach einer Minute ist die Amplitude auf die Hälfte zurückgegangen. Berechnen Sie die Energie, die inzwischen in die Umgebung übertragen wurde.
d) Modellieren Sie die Schwingung mit einem Tabellenkalkulationsprogramm. → www

A8 a) Erläutern Sie die Begriffe Welle, Transversalwelle, Longitudinalwelle, Wellenlänge, Phasengeschwindigkeit.
b) In 85 m Entfernung hören sie den Ton einer Stimmgabel mit $f = 680$ Hz. Berechnen Sie die Laufzeit des Schalls zwischen Stimmgabel und Ihrem Standort.
c) Bestimmen Sie die Phasenverschiebung der Sinusschwingung an Ihrem Ohr im Vergleich zur Sinusschwingung an der Quelle.

A9 a) Befestigen Sie eine $l = 1$ m lange Stativstange wie im Bild. Stellen Sie stirnseitig ein Mikrofon vor die Stange (ohne direkte Berührung). Dieses verbinden Sie mit einem Frequenzmessgerät. Schlagen Sie mit einem leichten Hammer gegen die andere Stirnseite. Warten Sie einen Moment, bis der Ton klar erklingt. Messen Sie jetzt die Tonfrequenz.

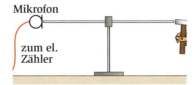

b) Ermitteln Sie mit der Länge l der Stange und der Frequenz f des Tones die Phasengeschwindigkeit des Schalls in der Eisenstange. Vergleichen Sie mit dem Literaturwert. Führen Sie den Versuch vor und stellen Sie Ihre Lösung vor der Gruppe dar.

A10 Öffnen Sie den Deckel eines Flügels. Lassen Sie jemanden das Entdämpferpedal treten. Rufen Sie nun laut den Vokal „e" in den Flügel. Deuten Sie die „Antwort".

A11 Die Bilder zeigen unterschiedliche Eigenschwingungen einer Gitarrendecke. Sie schwingt bei entsprechender Anregung jeweils in Resonanz. Ordnen Sie die Bilder begründet nach aufsteigenden Eigenfrequenzen.

A12 Zwei Lautsprecher strahlen gleich laut Töne ab. Der eine liefert einen Ton mit $f_1 = 500$ Hz, der andere mit $f_2 = 505$ Hz. In einiger Entfernung steht eine Person und nimmt eine Schwebung wahr. Die Person kommt ins Grübeln: Immer wieder ist die Lautstärke am Ohr null, die Lautsprecher sind aber weiter in Betrieb. Wird in diesem Experiment der Energieerhaltungssatz verletzt? Erörtern Sie den Sachverhalt in der Gruppe. Dokumentieren Sie ihr Ergebnis.

Projekt

Eigenschwingung beim Helmholtz-Resonator

Der Physiologe und Physiker Hermann von HELMHOLTZ (1821–1894) arbeitete während seiner wissenschaftlichen Laufbahn auf vielen unterschiedlichen Gebieten. Die meisten erwuchsen aus seiner Tätigkeit als Physiologe. Auch seine Beschäftigung mit der Energie stammte daher. Unabhängig von Julius Robert von MAYER (1814–1878), der den „Erhaltungssatz der Kraft" (im heutigen Sinne „Erhaltungssatz der Energie") formulierte, fand HELMHOLTZ eine alle Gebiete der Physik umfassende, auch mathematische Beschreibung des Energieerhaltungssatzes (1847 „Über die Erhaltung der Kraft").

In diesem Projekt geht es um seine Untersuchung von „Tonmassen", heute Klängen. Zur Analyse benutzte er das empfindliche „Mitschwingen" (Resonanz) bestimmter Körper, denn elektronische Hilfsmittel standen noch lange nicht zur Verfügung. Als bestmögliche Resonanzkörper mit deutlichem Grundton erwiesen sich kugelförmige Gebilde mit kleiner Öffnung für das Ohr. Je größer ein solcher Resonator ist, desto tiefer ist die Resonanzfrequenz der schwingenden Luft. Da echte Helmholtz-Resonatoren kaum noch vorhanden sind, nehmen Sie im Projekt stattdessen mehrere Rundkolben mit zylindrischem Hals. Nach der Theorie lässt sich die Resonanz im Grundton vergleichen mit der Eigenschwingung eines Federpendels: Die Luft im Hals des Kolbens ist der schwingende Körper, die elastische Luft in der Kugel ist die Feder. Entsprechend wird auch eine Formel angegeben, die derjenigen der Eigenfrequenz eines Federpendels ähnelt:

$$f = \frac{1}{2\pi} \cdot \sqrt{\frac{D}{m}} \quad \text{wird zu} \quad f = \frac{c}{2\pi} \cdot \sqrt{\frac{A_H}{l_H \cdot V_K}}.$$

Darin ist V_K das Luftvolumen der Kugel, l_H Länge des Halses, $A_H = \pi \cdot r_H^2$ Querschnittsfläche des Halses, c der Betrag der Schallgeschwindigkeit in Luft. Eine verbesserte Theorie liefert die „Mündungskorrektur": Statt l_H wird $l_{Hk} = l_H + 0{,}8 \cdot 2 \cdot r_H$ eingesetzt.

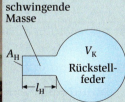

Arbeitsaufträge:

1 Bauen Sie den Versuch gemäß Foto auf. Das dünne Rohr von links gehört zum Mikrofon, das mit einem Oszilloskop verbunden ist. Der Lautsprecher ist an den Funktionsgenerator angeschlossen.

2 Starten Sie das Experiment mit etwa 100 Hz und erhöhen Sie langsam die Frequenz, bis Sie am Bildschirm die Resonanz erkennen. Berechnen Sie die Frequenz nach der Theorie. Bestimmen Sie die relative Abweichung des Messwertes vom Theoriewert.

3 Wiederholen Sie den Versuch mit Rundkolben anderen Volumens. Durch Einfüllen von Wasser können Sie zusätzlich das Volumen verändern.

4 Arbeiten Sie ein Referat aus über das Leben von Hermann von HELMHOLTZ und über einige seiner wissenschaftlichen Erkenntnisse.

5 Recherchieren Sie moderne Anwendungen der Helmholtz-Resonatoren. Suchen Sie u. a. mit den Stichworten „Bauakustik", „Lautsprecher", „Automobilakustik" (z. B. Reifenrollgeräusche).

Kennen Sie sich aus – Hinweise und Lösungen

A1 a) Statt einer Feder können Sie auch ein Gummiband nehmen.
b) Schwingungsenergie: Gehen Sie auf Elongations- und Bewegungsenergie ein.

A2 Achten Sie auf gleichbleibende Abläufe.

A3 a) Form und Ursache
b) Unterscheiden Sie Umgangssprache und physikalische Definition.

A4 a) Konzentrieren Sie sich zunächst auf die linke Rampe.
b) Die Geschwindigkeit nimmt im ersten Abschnitt gleichmäßig zu.

c) Denken Sie an die Voraussetzung für eine harmonische Schwingung im physikalischen Sinn.

A5 Bestimmen Sie zunächst die Federkonstante D; $f = 1{,}44$ Hz.

A6 Modellieren Sie zunächst einen umlaufenden Kreispunkt P. Erzeugen Sie dann den Zeiger vom Mittelpunkt M zu P.

A7 a) $f = 0{,}4$ Hz
b) Nutzen Sie $T = 2\pi \cdot \sqrt{m/D}$ zur Berechnung von $D = 0{,}63$ N/m. Aus der Energiebilanz folgt dann $\hat{v} = 0{,}4$ m/s.
c) $W_{Verlust} = 0{,}006$ J.

d) Beginnen Sie mit der Kraft $F(s)$, dann Beschleunigung $a = F/m$, dann $\Delta v = a \cdot \Delta t$ usw.

A8 b) $c = 340$ m/s, $\Delta t = 0{,}25$ s.
c) Berechnen Sie erst die Wellenlänge; $\Delta \varphi = 170 \cdot 2\pi$, bzw. 0.

A9 b) $c \approx 5172$ m/s;

A10 Die Antwort ist wieder „e". Überlegen Sie, welche Resonanzschwingungen entstehen.

A11 Denken Sie an Knoten und Bäuche einer stehenden Seilwelle.

A12 Beachten Sie, dass nur ein Punkt im Raum beschrieben wird, es gibt aber noch andere.

Quantenobjekte

Das können Sie in diesem Kapitel erreichen:

- Sie erläutern an Beispielen die Grenzen des geometrischen Lichtmodells.

- Sie können die Entstehung von Interferenzen in der Wellenwanne mihilfe des Zeigermodells erklären.

- Sie benutzen das Huygens-Prinzip zur Erklärung von Beugung, Brechung und Reflexion von Wellen.

- Sie bestimmen aus den geometrischen Verhältnissen beim Doppelspaltversuch und beim Gitter die Wellenlänge des verwendeten Lichts.

- Sie demonstrieren anhand des Fotoeffekts den Quantencharakter von Licht.

- Sie zeigen den Zusammenhang zwischen Energie, Wellenlänge und Frequenz von Photonen auf.

- Sie erläutern den Millikan-Versuch zur Bestimmung der elektrischen Ladung von Elektronen. Sie wissen, dass elektrische Ladungen nur in Vielfachen der Elementarladung e vorkommen.

- Sie führen den Fadenstrahlrohr-Versuch durch und bestimmen die Masse des Elektrons mit mathematischen Verfahren.

- Sie erläutern die De-Broglie-Hypothese und können die Wellenlänge von Materiewellen berechnen.

- Sie erklären Beugungsexperimente mit Elektronen.

- Sie verdeutlichen die Wahrscheinlichkeitsinterpretation der Quantentheorie mit geeigneten Mitteln und sind in der Lage, einige Deutungsfragen der Quantentheorie zu erläutern.

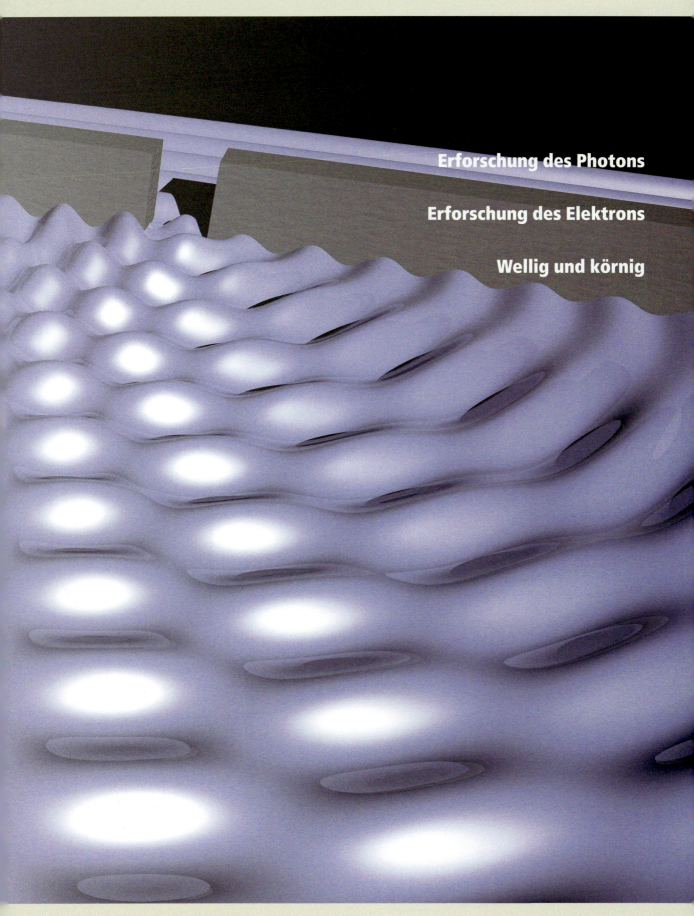

Erforschung des Photons

Erforschung des Elektrons

Wellig und körnig

Erforschung des Photons

A1 Urlaub am Meer – eine wunderschöne Sache. Und wenn wir aufmerksam sind, entdecken wir auch viel Physik um uns herum, insbesondere (aber nicht nur) zum Thema Licht.
Holen Sie aus dem obigen Fotoalbum so viel Physik heraus, wie Sie entdecken können.

A2 Wiederholen Sie, was Sie im bisherigen Physikunterricht, vor allem in der Einführungsphase, zu Schwingungen und Wellen gelernt haben.
Beschreiben Sie in Ihren Worten, was man unter den Begriffen Wellenlänge, Frequenz, Amplitude und Phase versteht.

A3 Zwei lineare Wellen mit den Wellenlängen $\lambda_1 = 4$ cm und $\lambda_2 = 5$ cm sowie den Amplituden $\hat{s}_1 = 1$ cm und $\hat{s}_2 = 2$ cm breiten sich in x-Richtung aus. Beide Wellen haben am Ort $x = 0$ cm die Phase $\varphi = \pi/2$. Bestimmen Sie die resultierende Amplitude aus der Überlagerung beider Wellen am Ort $x = 10$ cm.

A4 Auch hinter einer Lärmschutzwand ist der Verkehrslärm immer noch zu hören, allerdings klingt er deutlich dumpfer als ohne Schutzwand. Begründen Sie, woran das liegen könnte.

A5 Der Bildausschnitt zeigt ungefähr eine Oktave auf einer Klaviertastatur. Manchmal wird der Begriff Oktave auch auf das sichtbare Licht übertragen. Erläutern Sie, was dahinter steckt.

A6 2014 wurde der deutsche Physiker Stefan HELL mit dem Nobelpreis für Chemie ausgezeichnet. Seine Arbeit, für die er gewürdigt wurde, hat mit dem Thema Licht zu tun. Recherchieren Sie die Hintergründe.

Auch viele andere Nobelpreise der vergangenen Jahrzehnte beziehen sich auf die Erforschung des Phänomens Licht. Stellen Sie eine Liste mit möglichst vielen dieser Auszeichnungen zusammen.

A7 Stellen Sie zwei Lautsprecher, die vom gleichen Tongenerator ($f = 2000$ Hz) gespeist werden, im Abstand 50 cm auf. Halten Sie sich nun ein Ohr zu und gehen Sie im Schallfeld der beiden Lautsprecher umher. Beschreiben Sie Ihre Beobachtung. Was ändert sich, wenn Sie einer der beiden Lautsprecher abschalten?

Physik in Bewegung

1. Triumph der klassischen Physik

Was ist Licht? Diese einfach anmutende Frage hat die Physik immer wieder vorangetrieben. Bereits DEMOKRIT spekulierte darüber, dass das Licht aus kleinsten Teilchen bestehe, die – wenn sie auf das Auge treffen – diesem ein Bild einprägen. Damit markierte er den Startpunkt der Auseinandersetzung, inwieweit das Licht aus Teilchen besteht oder nicht. Isaac NEWTON war fest davon überzeugt, dass Licht aus kleinen Korpuskeln besteht, die von der Lichtquelle ausgesandt werden und mit einer bestimmten Geschwindigkeit durch den Raum fliegen. Nachdem Thomas YOUNG mit seinem berühmten → **Doppelspaltversuch** gezeigt hatte, dass sich Licht wie eine Welle verhält, setzte sich im 19. Jahrhundert jedoch das Wellenmodell nach und nach durch – auch wenn zunächst niemand wusste, um welche Art Welle es sich dabei handelte. Das änderte sich erst, als der schottische Physiker James Clerk MAXWELL im Jahr 1856 vermutete, dass es sich bei Licht um eine elektromagnetische Welle handeln müsse. Diese Vorstellung wurde von anderen Physikern akzeptiert, wenn auch zunächst mit einer gewissen Skepsis. Die Vorbehalte verschwanden jedoch, als der deutsche Physiker Heinrich HERTZ die von MAXWELL vorhergesagten Wellen 1886 tatsächlich experimentell nachweisen konnte.

Damit war die **klassische Physik** zu einem gewissen Abschluss gekommen → **Interessantes**. Ihr Universum besteht aus Materie und Strahlung. Für beides stand jeweils eine Theorie zur Verfügung, mit der sich alle bekannten Phänomene erklären ließen:

- *Materie*: In der klassischen Physik ist die Materie aus Teilchen aufgebaut. NEWTONs Bewegungsgesetze, die wir in der Einführungsphase studiert haben, legen Zukunft und Vergangenheit dieser Materieteilchen bzw. eines aus ihnen gebildeten Körpers vollständig fest. Wir haben gesehen: Kennen wir Position und Geschwindigkeit eines Körpers zu einem bestimmten Zeitpunkt, können wir seine weitere Bewegung schrittweise mit dem Kraftgesetz von NEWTON → **B1** modellieren. Mit dem Teilchenmodell der Materie können wir auch das Verhalten und die Eigenschaften von Gasen erklären – so haben wir u.a. die Temperatur als Maß für die Bewegung der Teilchen im Gas eingeführt. MAXWELL und der österreichische Physiker Ludwig BOLTZMANN haben diese Auffasung zu einer mächtigen Theorie der Gase ausgebaut, die es erlaubt, Größen wie Druck und Temperatur als Mittelwert über alle Teilchen zu berechnen → **B2**. Auch Flüssigkeiten lassen sich mit dem Teilchenmodell beschreiben; ihre genaue Untersuchung half dabei, die Vorstellung von Atomen und Molekülen zu festigen.
- *Strahlung*: Die Theorie des Lichts war mit dem Elektromagnetismus von MAXWELL zu einem gewissen Abschluss gekommen. Bekannte Wellenphänomene beispielsweise aus der Akustik (siehe Einführungsphase) ließen sich auf die Lichtausbreitung übertragen. Eine Frage hingegen war noch offen: Schallwellen lassen sich auf die Schwingungen mikroskopisch kleiner Luft- bzw. Gasteilchen zurückführen und Wasserwellen auf die Bewegung von Wassermolekülen – also suchten die Physiker des 19. Jahrhunderts auch nach einem Träger für das Licht bzw. elektromagnetische Wellen, dem sogenannten Äther. Dann hätte man das Licht als Schwingung von Teilchen auch auf die Gesetze der newtonschen Mechanik zurückgeführt.

> **Interessantes**
>
> **Ende der Physik**
>
> *Die wichtigsten Grundgesetze und Grundtatsachen der Physik sind alle schon entdeckt, und diese haben sich bis jetzt so fest bewährt, dass die Möglichkeit, sie wegen neuer Entdeckungen beiseite zu schieben, außerordentlich fern zu liegen scheint [...] Unsere künftigen Entdeckungen müssen wir in der 6. Dezimalen suchen.*
>
> Albert MICHELSON

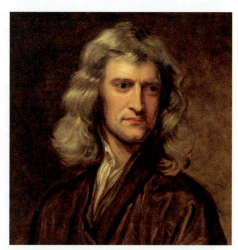

B1 Isaac NEWTON schuf die Grundlagen der klassischen Physik.

B2 Das Verhalten von Billardkugeln ist ein Paradebeispiel der Anwendbarkeit der klassischen Physik. Kennen wir die Positionen der farbigen Kugeln, können wir zumindest im Prinzip berechnen, wohin sie rollen, wenn sie vom weißen Spielball getroffen werden. Billardspieler machen sich genau das ja zunutze. Sind sehr viele Kugeln beteiligt, können wir statistische Aussagen über ihr Verhalten machen – darauf beruht die klassische Gastheorie.

2. Zwei kleine Probleme …

Auch der berühmte Physiker William THOMSON, besser bekannt als Lord KELVIN, hielt die Physik für ein weitgehend abgeschlossenes Gedankengebäude. Er sah nur noch zwei Wolken am „Physikhimmel", die sicher bald beseitigt würden – darin sollte er gewaltig irren. Da war zum einen das negative Ergebnis des Michelson-Morley-Experiments, das es nicht geschafft hatte, den Äther nachzuweisen. Dadurch wurde es zu einem wichtigen Meilenstein auf dem Weg zur
→ **Speziellen Relativitätstheorie**.

Zum anderen gab es ein Problem mit einem recht alltäglichen Phänomen, an dem sich jedoch viele Physiker die Zähne ausbissen: Wie sendet ein sogenannter **schwarzer Körper** in Abhängigkeit von seiner Temperatur elektromagnetische Strahlung aus? Ein schwarzer Körper absorbiert sämtliche auf ihn einfallende Strahlung und reflektiert nichts – deshalb schwarz. Die Strahlung, die ein solcher Körper abgibt, wird Schwarzkörper- oder Hohlraumstrahlung genannt, da ein Hohlkörper mit einem kleinen Loch eine gute Näherung für einen schwarzen Körper ist. Die Wände des erwärmten Hohlkörpers emittieren und absorbieren nun ständig Strahlung, sodass sich im Hohlkörper ein Strahlungsgleichgewicht einstellt, das nur von der Temperatur abhängt. Die Strahlung im Hohlraum setzt sich aus elektromagnetischen Wellen aller Wellenlängen zusammen, bei einer bestimmten Wellenlänge, d. h. bei einer bestimmten Farbe, ist die Strahlung jedoch maximal – eine Mischfarbe mit ähnlichem Farbton nehmen wir bei dem schwarzen Körper wahr. Ohne dieses Wechselspiel zwischen Licht und Materie wäre es ziemlich dunkel um uns herum, auch die Sonne – die sich recht gut durch einen schwarzen Körper nähern lässt – bliebe finster.

B1 Als Max PLANCK (links) im Jahr 1900 die Quanten „erfand", hoffte er, dass dieser „Akt der Verzweiflung" sich bald wieder erledigen würde und auch die Physik weiterhin auf ihren klassischen Gesetzen beruhen könne. Mit seiner Interpretation des → **Fotoeffekts** zeigte Albert EINSTEIN jedoch, dass den Quanten physikalische Realität zukommt.

B2 Niels BOHR (links) und EINSTEIN debattierten leidenschaftlich darüber, was die Quantentheorie letztendlich bedeutet. Während Bohr davon ausging, dass in der Mikrowelt der Zufall wirkt, beharrte Einstein darauf, dass es auch dort „vernünftig" zugeht – dass Gott eben gerade nicht „würfelt".

Nun gab es aber folgenden Widerspruch: Man konnte Ende des 19. Jahrhunderts die Hohlraumstrahlung immer besser und genauer messen, man hatte jedoch keine passende theoretische Beschreibung dazu! Die Suche nach einer solchen Theorie war auch das Arbeitsgebiet von Max PLANCK → **B1**. Er fand schließlich im Jahr 1900 die Formel, die zu den Daten passte. Allerdings musste er eine seltsame Annahme machen: Die Energie einer elektromagnetischen Welle mit einer bestimmten Frequenz konnte nur bestimmte Werte annehmen, und zwar nur Vielfache einer bestimmten Minimalenergie, von Planck *Quantenenergie* getauft! Man schenkte seiner Idee jedoch keine große Aufmerksamkeit, und auch PLANCK selbst nahm sie nicht ernst und betrachtete sie als vorläufige Hilfskonstruktion. Welche Konsequenzen sein Kunstgriff tatsächlich hatte, ahnte er nicht.

Erst Albert EINSTEIN → **B2** stellte 1905 die Hypothese auf, dass es sich bei der Energiequantisierung nicht um einen mathematischen Trick, sondern um eine grundlegende Eigenschaft der elektromagnetischen Strahlung, also auch des Lichts, handelt: Es besteht tatsächlich aus Lichtteilchen, aus Photonen! Einstein wusste um die Radikalität seiner Lichtquantenhypothese und suchte nach experimentellen Belegen. Einen solchen liefert der lichtelektrische Effekt oder → **Fotoeffekt**. Doch noch 1913, als PLANCK und andere führende Physiker EINSTEIN für die Aufnahme in die Berliner Akademie der Wissenschaften empfahlen, glaubten sie, besondere Milde einräumen und EINSTEIN einen Fehlschlag verzeihen zu müssen, eben die Lichtquantenhypothese → **Physik und Geschichte**.

B3 Werner HEISENBERG, einer der „Väter" der Quantenmechanik

3. Siegeszug der Quantenphysik

Doch die neue **Quantenphysik** war nicht aufzuhalten. Während Niels BOHRs halb klassisches, halb „quantenartiges" Atommodell mit seinen willkürlichen Regeln heute nur noch historische Bedeutung hat, zeigte das → Franck-Hertz-Experiment, dass Atome tatsächlich Energien nur in bestimmten Portionen aufnehmen. FRANCK und HERTZ erkannten zunächst nicht die Tragweite ihres Experiments, doch EINSTEIN war klar, dass es die Existenz von Energieniveaus in Atomen bewies. Er selbst konnte mit der Annahme, dass Atome durch Absorption oder Abgabe eines Photons von einem Energieniveau auf ein anderes übergehen können, die plancksche Strahlungsformel ableiten.

Der Fotoeffekt hatte die alte Lichtdebatte „Welle oder Teilchen" dramatisch belebt. Vor allem EINSTEIN und Niels BOHR rangen um die richtige Deutung des Doppelspaltexperiments → B2. Wie lässt sich das Interferenzbild mit der Teilchenhypothese vereinen? Woher „wissen" die Lichtteilchen, welchen Weg sie nehmen müssen, um selbst im Experiment mit einzelnen Photonen (→ Taylor-Experiment) nach und nach ein Interferenzmuster zu erzeugen? Wieso verschwindet die Interferenz, wenn man den Weg eines Photons beobachtet? Kapituliert die Quantenphysik vor dem Doppelspaltexperiment? Keineswegs, sie kann das Interferenzbild sogar präzise vorhersagen – aber nicht den Weg eines einzelnen Teilchens, darüber ist nur eine Wahrscheinlichkeitsaussage möglich. Nicht nur EINSTEIN hatte große Probleme mit dieser Interpretation, doch die Quantentheorie war von den Physikern zu akzeptieren, auch wenn sie in gewisser Weise nicht zu verstehen war und ist.

Dieser „Realitätsverlust" wurde umso deutlicher, als die Quantentheorie in ihre zweite Phase eintrat, in der die klassischen Vorstellungen von Teilchen, Wellen, Bahnen usw. tiefgreifend revidiert werden mussten. Die neue Quantenmechanik, erarbeitet von Physikern wie Werner HEISENBERG → B3, löste den Welle-Teilchen-Dualismus insofern auf, als die Begriffe Welle und Teilchen aus der klassischen Physik ihre Bedeutung verloren. Die Objekte der Quantenphysik sind **Quantenobjekte**, die sich der Anschauung entziehen. Trotzdem besitzen sie messbare Eigenschaften, die im Experiment sehr präzise immer wieder bestätigt werden.

Das radikal Neue an der Quantenphysik wurde vor allem deutlich, als sich in den 1920er-Jahren zeigte, dass nicht nur Licht Teilchen- und Wellenaspekte aufweist, sondern auch Elektronen und andere Elementarteilchen wie Protonen und Neutronen. Auch diese Teilchen lassen sich am Doppelspalt beugen und erzeugen ein Interferenzmuster, wie Claus JÖNSSON 1957 in einem berühmten Experiment nachweisen konnte. 1974 gelang es italienischen Forschern, Interferenzbilder mit nur sehr wenigen Elektronen zu erzeugen, analog zu den Doppelspaltexperimenten mit einzelnen Photonen.

Heute ist die Quantenphysik längst in unserem Alltag angekommen. Laser, Halbleiter, Solarzellen, Digitalkameras, LEDs – all diese Geräte und Technologien funktionieren nach den Regeln der Quantenphysik. Vielleicht sind auch die Computer der Zukunft Quantencomputer. Trotz aller Deutungsprobleme – die Quantenphysik hat für das moderne physikalische Weltbild eine überragende Bedeutung.

Physik und Geschichte

Einsteins Nobelpreis

Für seine Hypothese, dass Licht aus Lichtquanten besteht, erhielt EINSTEIN 1921 den Nobelpreis zugesprochen (die eigentliche Verleihung fand erst im Jahr darauf statt, unter Abwesenheit EINSTEINs), also nicht für die Relativitätstheorie, wie man vielleicht vermuten würde. Dazu konnte und wollte sich das Komitee, das den Preis vergab, nicht durchringen, da ihnen EINSTEINs Hauptwerk zu umstritten war (vielleicht haben sie es auch nicht verstanden). Andererseits war klar, dass EINSTEIN beim Nobelpreis nicht leer ausgehen konnte. Also griffen die Preisverleiher auf seine Arbeiten zum lichtelektrischen Effekt zurück. Das klingt nach einem Coup, ist aber auf jeden Fall gerechtfertigt: EINSTEIN leitete mit seiner Hypothese die Quantenphysik ein, die nicht minder revolutionär als die Relativitätstheorie ist.

Interessantes

Worte zur Quantenphysik

Ich denke, ich kann davon ausgehen, dass niemand die Quantenmechanik versteht.
Richard FEYNMAN

Die Theorie liefert viel, aber dem Geheimnis des Alten (Gott) bringt sie uns doch nicht näher. Jedenfalls bin ich überzeugt davon, dass der nicht würfelt.
Albert EINSTEIN

Die Quanten sind doch eine hoffnungslose Schweinerei.
Max BORN

Wenn es bei dieser verdammten Quantenspringerei bleiben soll, so bedaure ich, mich mit der Quantentheorie überhaupt befaßt zu haben.
Erwin SCHRÖDINGER

Die Welt ist alles, was der Fall ist, und auch alles, was der Fall sein kann.
Anton ZEILINGER

Geometrische Optik – und ihre Grenzen

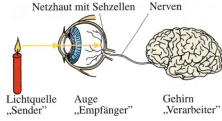

B1 Sehvorgang: das Auge als Empfänger

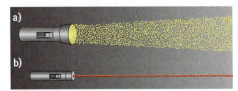

V1 Im verdunkelten Raum wird eine Wand mit **a)** einer Lampe und **b)** einem Laser beschienen. Wird Kreidestaub zwischen Lichtquelle und Wand gestreut, so werden Lichtbündel sichtbar.

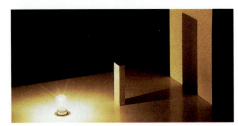

B2 Schatten einer Lichtquelle

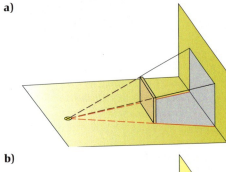

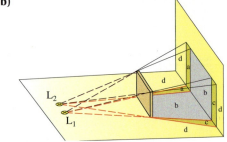

B3 Konstruktion des Schattenbildes mit geradlinigen Begrenzungsstrahlen
a) bei einer Lichtquelle,
b) bei zwei Lichtquellen.

1. Lichtquellen und Sehvorgang

Sonne, Kerze, Glühlampe oder LED sind Beispiele für **Lichtquellen** (Sender). Man sagt: Sie erzeugen Licht und senden es aus. Das Auge ist unser natürlicher **Lichtempfänger** und sehr empfindlich. Es ist zum Beispiel gefährlich, wenn Laserlicht in das Auge gelangt oder die Sonne direkt beobachtet wird. Die Solarzelle und die sogenannte Fotodiode sind künstliche Lichtempfänger.

Der Sehvorgang ist kompliziert und mit der Physik allein nicht zu erklären: Wir sehen einen Gegenstand, wenn er eine Lichtquelle ist und das ausgesendete Licht direkt in unser Auge gelangt oder wenn er beleuchtet wird und Licht in unser Auge streut. Die Kerze kann man als Lichtquelle direkt beobachten, das Bild an der Wand muss von einer Lichtquelle beleuchtet werden, damit wir es erkennen können.

Die Beobachtung einer Kerzenflamme, des Senders, zeigt → **B1**. Das ausgesendete Licht trifft auf den Empfänger, das Auge, und löst dort in den Sehzellen der Netzhaut Reize aus, die über Nerven an das Gehirn weitergeleitet werden. Das Gehirn verarbeitet die Reize; die Interpretation dieser Reize ist nicht immer objektiv und nicht nur mit physikalischen Gesetzen zu erklären. Dies zeigen die sogenannten optischen Täuschungen.

2. Licht und Schatten

Eine Kerze strahlt das Licht nach allen Seiten aus. Eine Taschenlampe oder ein Laser strahlen dagegen **Lichtbündel** → **V1** aus. Lichtbündel sind stets geradlinig begrenzt. Sehr schmale Lichtbündel wie beim Laser bezeichnet man oft als **Lichtstrahlen**, obwohl dies streng genommen falsch ist, da Strahlen gar keine Ausdehnung besitzen.

Eine Reihe von Phänomenen in der Natur lassen sich mit einer einfachen Vorstellung von Licht, dem Modell der **geometrischen Optik**, erklären. In diesem Modell geht man davon aus, dass sich Licht in einem homogenen Medium, wie Luft, Glas oder Wasser, geradlinig vom Sender zum Empfänger ausbreitet.

Bringt man vor eine Lichtquelle einen undurchsichtigen Gegenstand (den **Schattenwerfer**), so ist der Raum dahinter (der **Schattenraum**) dunkel → **B2**. Es gelangt kein Licht dorthin. Auf alle Stellen außerhalb dieses Bereichs fällt Licht der Kerze. Dort ist es hell. Das Schattenbild auf dem Schirm lässt sich konstruieren, wenn man die geraden Begrenzungslinien der Lichtbündel betrachtet, die am Schattenwerfer gerade noch vorbeitreten und den Schirm treffen → **B3a**.

Bei zwei eng zusammenstehenden Lichtquellen gibt es zwei Schattenbereiche → **B3b**: Den Kernschatten; Licht von keiner der beiden Lichtquellen gelangt in diesen Bereich (b). Die Halbschatten; sie sind heller als der Kernschatten und dunkler als der übrige Schirm. Licht von einer der beiden Lichtquellen leuchtet diese Bereiche (a und c) aus. Licht beider Lichtquellen gelangt in die übrigen, hellen Bereiche (d). Auch hier gelingt die Konstruktion der Schattenbereiche mit den Begrenzungslinien der Lichtbündel.

3. Brechung und Reflexion

Im Versuch → V2 machen wir folgende Beobachtung: Sowohl in der Luft wie auch im transparenten Glaskörper breitet sich Licht geradlinig aus. Beim Übergang von Luft in Glas bekommen die Lichtbündel einen Knick; es sei denn, sie treffen senkrecht auf die Glasoberfläche. Dieses Phänomen nennt man **Brechung**.

Eine Untersuchung des Winkels α zwischen dem Lot auf die Oberfläche und dem einfallenden Strahl (**Einfallswinkel**) und des Winkels β zwischen Lot und gebrochenem Strahl (**Brechungswinkel**) mit einem sehr schmalen Lichtbündel, einem Lichtstrahl, führt auf die Messwerte in → B4 . Das sogenannte **Brechungsgesetz** beschreibt den nichtlinearen Zusammenhang zwischen Einfallswinkel α und Brechungswinkel β: $n_{Luft} \cdot \sin\alpha = n_{Glas} \cdot \sin\beta$. Die Parameter $n_{Luft} \approx 1$ und $n_{Glas} \approx 1{,}5$ sind Brechungsindizes. Sie hängen von den Eigenschaften der beiden Medien (Luft, Glas), in denen sich das Licht ausbreitet, ab. Zudem beobachten wir, dass einfallender Strahl und gebrochener Strahl immer in einer Ebene liegen.

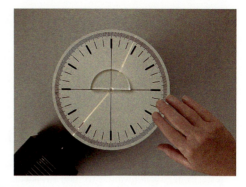

V2 Licht fällt auf einen transparenten Glaskörper und wird an der Grenzfläche gebrochen. Auf der Winkelscheibe lassen sich Einfalls- und Brechungswinkel leicht ablesen.

Ein weiteres Phänomen ist uns aus dem Alltag gut bekannt: die Spiegelung oder **Reflexion**. Ein Lichtstrahl breitet sich in Luft geradlinig aus und trifft wie in → B5 unter dem sogenannten Einfallswinkel α auf eine glatte Oberfläche aus einem anderen Material. Dies kann eine Wasseroberfläche oder eine polierte Metalloberfläche sein. Dort wird das Licht abgelenkt und breitet sich danach erneut geradlinig im Raum aus. Die Ablenkung wird durch den sogenannten Reflexionswinkel β zwischen Strahl und Lot auf der Oberfläche beschrieben.

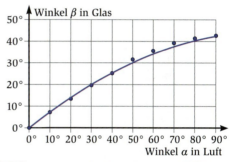

B4 Diagramm der Messwerte aus → V2

Wir finden durch systematisches Experimentieren heraus, dass einfallender Strahl und reflektierter Strahl immer in einer Ebene liegen. Zudem gilt stets: Einfallswinkel ist gleich Reflexionswinkel.

Sind die Oberflächen nicht glatt, sondern „rau", wie bei Milchglasscheiben, wird das einfallende Lichtbündel in alle möglichen Richtungen abgelenkt. Man sagt: Es wird diffus gestreut.

4. Licht, wo kein Licht sein darf – unerklärlich!?

Das Modell der geometrischen Optik ist sehr erfolgreich: Wie wir gesehen haben, lassen sich die Bildung von Schatten, die Reflexion und die Brechung an Oberflächen von Licht beschreiben. Auch Naturphänomene wie die Mond- und Sonnenfinsternis oder die Funktionsweise von Alltagsgegenständen wie Brillen für Weit- und Kurzsichtige lassen sich erklären.

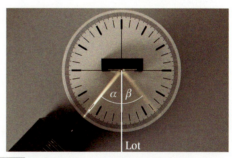

B5 Reflexion

Aber: Es gibt auch Phänomene, deren Erklärung nicht gelingt. Fällt Licht auf eine sehr kleine Lochblende, so beachtet man auf dem Schirm hinter der Lochblende helle Ringe → B6 . Entgegen der Erwartung werden Stellen auf dem Schirm ausgeleuchtet, die eigentlich im Schattenraum liegen müssten. Beobachtet man eine helle, kleine Lampe durch eine engmaschige Gardine, so sieht man ein regelmäßiges Muster gleicher Lampen – warum?
Die Vorstellungen, was Licht ist und wie es sich ausbreitet, müssen also erweitert werden.

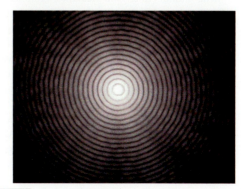

B6 Ansicht des Schirms hinter einer ausgeleuchteten Blende mit sehr kleinem Loch.

Wellenmodell – Wellenwanne

V1 In der Wellenwanne werden Kreiswellen erzeugt: Zwei Stifte sind starr miteinander verbunden und tauchen periodisch in die Wasseroberfläche ein. Die hellen Berge und dunklen Täler der Kreiswellen wandern kontinuierlich nach außen. Graue Linien ruhigen Wassers bilden ein ortsfestes Muster.

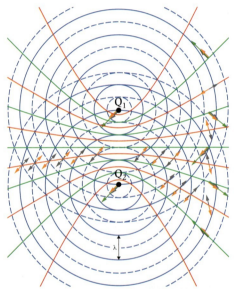

B1 Schematische Darstellung zu → V1. Von den Quellen Q_1 und Q_2 gehen Kreiswellen aus und bilden ein Interferenzfeld. Für verschiedene Punkte innerhalb des Interferenzfelds sind Zeiger der Einzelwellen eingezeichnet: die grauen Zeiger gehören zu Q_1, die gelben zu Q_2. Außerdem ist jeweils der resultierende Zeiger als Ergebnis der Addition der Einzelzeiger in grün dargestellt. Auf den Knotenlinien (rot) zeigen die Einzelzeiger ständig in entgegengesetzte Richtung, der resultierende Zeiger ist ständig null, die Wellen löschen sich aus, es kommt zu destruktiver Interferenz. Auf den Bauchlinien (grün) ist es gerade umgekehrt, hier haben die Schwingungszeiger ständig die gleiche Richtung, die resultierenden Zeiger sind maximal. Es liegt konstruktive Interferenz vor mit maximalen Amplituden.

Im 17. Jahrhundert gab es zwei Auffassungen, was Licht ist. So vertrat Christiaan HUYGENS die Ansicht, dass Licht – wie der Schall – eine Welle sei, die sich im Äther ausbreite. Isaac NEWTON hingegen betrachtete Licht als Strom von Teilchen; damit ließ sich beispielsweise die Reflexion gut erklären. Zunächst setzte sich die Teilchentheorie durch – zu groß war NEWTONs Autorität. Zu Beginn des 19. Jahrhunderts führte jedoch Thomas YOUNG ein Experiment durch, in dem Licht eindeutig Welleneigenschaften zeigte. Und wenn etwas Welleneigenschaften besitzt, dann handelt es sich wohl um eine Welle. Welches sind diese Welleneigenschaften, die die Natur des Lichts entschlüsseln?

1. Wellen

Mechanische Wellen kennen Sie bereits aus dem Physikunterricht der Einführungsphase. Sie entstehen dadurch, dass die Schwingungen eines Schwingungserregers durch einen Wellenträger nach und nach weitergereicht werden. Ein Teilchen des Wellenträgers nach dem anderen führt – zeitlich versetzt – die Bewegung aus, die vom Erreger vorgegeben wird.

Die vertrautesten mechanischen Wellen sind Wasserwellen. Werfen Sie einen Stein ins Wasser, breitet sich eine kreisförmige Welle aus. Was passiert nun, wenn mehrere Wellen sich überlagern?

2. Interferenz in der Wellenwanne

Um das näher zu untersuchen, müssen wir nicht an den Teich gehen, sondern nutzen die Wellenwanne → V1. In ihr senden zwei Erreger kontinuierlich und im gleichen Takt Kreiswellen aus. Beide Kreiswellensysteme überlagern sich. Man sagt auch: sie **interferieren.** Wir sehen die fortschreitenden Wellen, wenn wir sie auf dem Weg nach außen mit dem Auge verfolgen.

Wir sehen aber auch ein ortsfestes Muster grauer Linien, die zwischen den beiden Erregern beginnen – „Straßen" mit praktisch ruhigem Wasser, obwohl sie von den Kreiswellen durchsetzt werden. Obwohl an diesen Punkten Wellen durchlaufen, herrscht hier konstant Ruhe. Auf dieses Phänomen waren wir auch schon in der Einführungsphase bei der Reflexion von Wellen gestoßen, bei der es zu einer Überlagerung von ankommender und reflektierter Welle kommt, mit dem Ergebnis, dass die Welle steht. Eine solche stehende Welle besitzt feste, unbewegliche Wellenknoten mit der Schwingungsamplitude null und dazwischen liegende Schwingungsbäuche.

Dasselbe passiert auch in der Wellenwanne. Im Allgemeinen erreichen die beiden Wellen einen bestimmten Zielpunkt mit unterschiedlichen Phasen. Wie bei den stehenden Wellen ist aber die **Phasendifferenz** an einem bestimmten Zielpunkt konstant. Und dort, wo gerade ein Wellenberg und ein Wellental zusammentreffen (eine halbe Periode später ein Tal und ein Berg), sind beide Wellen in Gegenphase; die **Zeiger** der Einzelschwingungen zeigen ständig in entgegengesetzte Richtungen → B1. Die resultierende Amplitude ist minimal, man beobachtet wie bei Knotenpunkten stehender Wellen **destruktive Interferenz**. Deshalb nennt man die Linien ruhigen Wassers im Überlagerungsgebiet zweier Kreiswellensysteme **Knotenlinien**. Zwischen den Knotenlinien liegen die Orte mit maximaler Verstärkung – hier findet **konstruktive Interferenz** statt → B1.

Wellenmodell – Wellenwanne

3. Wichtige Voraussetzung: Kohärenz

Das „stehende Bild" der Knotenlinien in der Wellenwanne → **V1** entsteht nur dann, wenn die beiden Erreger starr miteinander gekoppelt sind und mit gleicher Frequenz Kreiswellen aussenden. Eine solche Beziehung zwischen zwei Erregern nennt man in der Physik **kohärent** – auch dann, wenn die Sender nicht mit gleicher Phase, sondern nur in konstanter Phasendifferenz (z. B. $\pi/2$) schwingen.

Merksatz
Zwei Sender mit gleicher Frequenz und konstanter Phasendifferenz nennt man kohärent.

4. Der Wegunterschied bestimmt die Phasendifferenz

Kehren wir noch einmal zu → **B1** und zu der Aussage zurück, dass die beiden Wellen einen bestimmten Zielpunkt mit unterschiedlichen Phasen erreichen, dass aber die Phasendifferenz sich im Laufe der Zeit nicht ändert. Von welcher Größe hängt nun ab, *welche* Phasendifferenz an einem bestimmten Punkt vorliegt? Wenn beide Wellen die gleiche Wellenlänge haben, kann die Phasendifferenz nur vom **Wegunterschied** abhängen, den die beiden Wellen an diesem Ort aufweisen. Nehmen wir an, dass die beiden Quellen Q_1 und Q_2 nicht nur kohärent sind, sondern sogar gleiche Phase haben. Dann wird die Amplitude gerade dann minimal, wenn der Wegunterschied einer halben Wellenlänge entspricht – wenn nämlich Wellenberg auf Wellental trifft. Bezeichnen wir den Wegunterschied mit Δx, dann gilt für diese destruktive Interferenz: $\Delta x = \lambda/2$ → **B2**.

Die Phasendifferenz der beiden von Q_1 und Q_2 ausgehenden Wellen → **B3** können wir auch berechnen. Betrachten wir zunächst das Beispiel in → **B4**: Die beiden Wellen sind hier gerade um ein Viertel der Wellenlänge verschoben: $\Delta x = \lambda/4$. Die zugehörigen Zeiger sind um $\Delta\varphi = \pi/2$ gegeneinander verdreht. Da ein vollständiger Zeigerumlauf um 2π gerade einer Verschiebung um eine vollständige Wellenlänge entspricht, können wir folgende Verhältnisgleichung aufstellen:

$$\frac{\pi/2}{2\pi} = \frac{\lambda/4}{\lambda}.$$

Dieses Beispiel können wir verallgemeinern und folgern: Die Phasenverschiebung $\Delta\varphi$ verhält sich immer zu 2π wie der Wegunterschied Δx zur Wellenlänge λ:

$$\frac{\Delta\varphi}{2\pi} = \frac{\Delta x}{\lambda}, \quad \text{also} \quad \Delta\varphi = 2\pi \cdot \frac{\Delta x}{\lambda}.$$

Hier bestätigt sich unsere Überlegung, dass $\Delta\varphi$ bei fester Wellenlänge allein vom Wegunterschied Δx abhängt. Die ortsfeste Verteilung der Amplituden erzeugt ein ortsfestes Muster – das **Interferenzfeld**.

Merksatz
Wenn an einem Zielpunkt Wellen von zwei Quellen ankommen, findet Interferenz statt. Wird die Amplitude am Zielpunkt minimal, liegt destruktive Interferenz vor, wird sie maximal, handelt es sich um konstruktive Interferenz. Das Intereferenzbild ist für zwei kohärente Quellen und Wellen gleicher Wellenlänge ortsfest, d. h. die Phasenverschiebung hängt nur vom Wegunterschied ab:

$$\Delta\varphi = 2\pi \cdot \frac{\Delta x}{\lambda}.$$

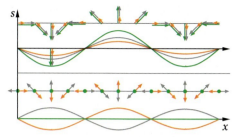

B2 **Oben:** Konstruktive Interferenz: Wellenberg trifft auf Wellenberg. **Unten:** Destruktive Interferenz: Für $\Delta x = \lambda/2$ löschen sich die Wellen bei gleicher Amplitude gegenseitig aus.

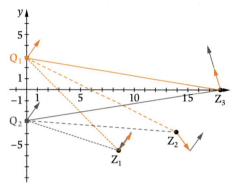

B3 Die Quellen Q_1 und Q_2 sind kohärent, haben sogar gleiche Phase. Für jeden Zielpunkt kann man nun die Phasendifferenz der beiden Wellen berechnen, die sich dort überlagern. Sie hängt – bei fester Wellenlänge – nur von der Differenz der Abstände ab, welche die Quellen jeweils vom Zielpunkt haben.

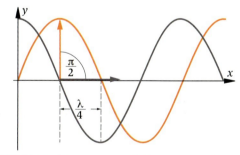

B4 Die Zeiger zweier Wellen mit dem Wegunterschied $\Delta x = \lambda/4$ sind um den Winkel $\Delta\varphi = \pi/2$ gegeneinander verdreht.

A1 a) Q_1 und Q_2 in → **B3** sollen den Abstand $\Delta y = 2$ haben (beliebige Einheiten). Zeichnen Sie für $\lambda = 1$ die relative Lage der beiden Einzelzeiger im Punkt $Z(1{,}5 | -0{,}46)$.
b) Unter → **www** finden Sie die Modellierung einer Zwei-Quellen-Interferenz. „Spielen" Sie mit den verschiedenen Parametern und beschreiben Sie, was Ihnen auffällt.

Beugung, Brechung und Reflexion im Wellenmodell

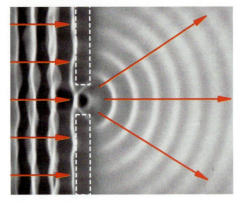

V1 Von links läuft eine Welle mit ebenen Wellenfronten auf eine Blende zu. Hinter der schmalen Öffnung läuft die Wasserwelle radial auseinander – eine Elementarwelle ist entstanden.

B1 Ostseeküste bei Steckelberg, sozusagen eine Wellenwanne in groß: Vom Horizont rollen gerade Wellenfronten auf ein Hindernis mit einer Öffnung zu. Hinter der Öffnung breiten sich jedoch kreisförmige Wellen aus.

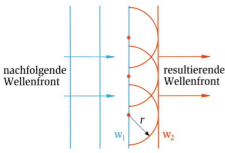

B2 Konstruktion der neuen Wellenfront mit dem Huygens-Prinzip. Am momentanen Ort der Wellenfront W_1 sind drei Elementarzentren gezeichnet. Sie sind Ausgangspunkt von drei kreisförmigen Elementarwellen. Die Einhüllende dieser Elementarwellen ergibt nun wieder eine Wellenfront. In Gedanken kann man zwischen die drei gezeichneten Elementarzentren weitere packen – dann nähert sich die Grenzlinie der Elementarwellen immer mehr eine Geraden.

1. Beugung bei Wasserwellen

Wir sind bei unseren Überlegungen zum Modell „Lichtstrahl" auf die Grenzen des Modells gestoßen: Trifft Licht auf ein Hindernis mit einer kleinen Öffnung, dann ist es auch seitlich hinter der Öffnung hell – was mit Lichtstrahlen nicht zu erklären ist → **B1**. Diese beobachtete Ausbreitung des Lichts in eine „verbotene" Zone hinein zwingt uns, das Modell „Lichtstrahl" zu ersetzen oder zumindest zu erweitern. Wäre das Modell „Lichtwelle" an dieser Stelle eine Alternative?

In der Wellenwanne erzeugen wir gerade Wellenfronten mit einem Blechstreifen als Erreger. Was geschieht nun, wenn diese geraden Wellenfronten auf eine Wand mit einer schmalen Lücke zulaufen → **V1**? Schneidet diese Spaltblende vielleicht wie ein Messer ein Stück aus den ankommenden Wellenfronten heraus, wie es das Modell „Lichtstrahl" voraussagen würde? Wir beobachten ein überraschendes Ergebnis: Vor der Blende sind die **Wellenstrahlen** (sie kennzeichnen die Ausbreitungsrichtung) parallel (rote Pfeile links von der Blende); hinter der Öffnung laufen sie dagegen radial auseinander (rote Pfeile hinter der Blende). Hinter der Blende breitet sich eine Kreiswelle aus, deren Zentrum in der Spaltöffnung liegt. Das Wasser gelangt in eine vom Strahlenmodell „verbotene" Zone → **B1** – das ist genau das Phänomen, auf dessen Spur wir sind.

Weil in der Öffnung eine Richtungsänderung stattfindet, spricht man von **Beugung**. Wie die Kreiswelle entsteht, kann man sich so vorstellen: In der Blendenöffnung schwingt das von der ankommenden Welle erfasste Wasser genau so auf und ab wie ein dort periodisch eintauchender Stift. Die Öffnung wird dadurch zum Zentrum einer Kreiswelle. Die von der schmalen Öffnung ausgehende Kreiswelle wird in der Physik als **Elementarwelle** bezeichnet.

2. Das Huygens-Prinzip

Die Beugung, also die Bildung von Elementarwellen an schmalen Öffnungen, lässt sich bei allen Wellenarten beobachten. Der niederländische Physiker Christiaan HUYGENS hat diese im Experiment beobachtete Eigenschaft von Wellen gedanklich noch weiter entwickelt: Man abstrahiert von der Blendenöffnung und denkt sich alle Punkte einer Wellenfront als mögliche Ausgangspunkte von Elementarwellen. Von diesem **Huygens-Prinzip** werden wir immer wieder Gebrauch machen, weil es für alle Wellenarten gilt.

Wenn nach dem Huygens-Prinzip jeder Punkt einer Wellenfront Ausgangspunkt einer kreisförmigen Elementarwelle ist – wie kann es dann überhaupt zu fortlaufenden Wellenfronten kommen? → **B2** zeigt die Konstruktion. Für die von links ankommenden Wellenfronten sind drei Elementarzentren gezeichnet, von denen Elementarwellen ausgehen. Nach einer gewissen Zeit t haben diese Kreiswellen den Radius $r = ct$ erreicht. HUYGENS deutete die von der geraden Linie W_1 nach W_2 um r fortgeschrittene Wellenfront als **Einhüllende** seiner Elementarwellen. HUYGENS Idee liefert bei gerader Wellenfront W_1 eine gerade Wellenfront W_2, jede Wellenfront erzeugt also sozusagen ihren eigenen Nachfolger. Elementarwellen, die von einer kreisförmigen Wellenfront ausgehen, haben als Einhüllende wiederum eine kreisförmige Wellenfront.

3. Brechung und Reflexion mit dem Huygens-Prinzip

Die Wellentheorie in Form des Huygens-Prinzip liefert also eine Erklärung für die Beugung. Kann man mit dem Prinzip aber auch die Brechung und die Reflexion erklären? Würde das Wellenmodell hier versagen, brächte es uns nicht weiter.

Wir bleiben in der Wellenwanne: Wenn Wasserwellen wie im → V2 schräg auf eine Grenze zwischen tiefem und flachem Wasser treffen, ändert sich ihre Ausbreitungsrichtung. Die im Bild rot eingezeichneten Wellenstrahlen werden zum Einfallslot hin gebrochen. Das Experiment zeigt im flacheren Wasser auch kleinere Abstände der Fronten, sie kommen nur langsamer voran, ihre Ausbreitungsgeschwindigkeit ist dort kleiner: $c_2 = \lambda_2 \cdot f < c_1 = \lambda_1 \cdot f$.

Diese **Brechung** an der Grenze zweier Medien mit unterschiedlichen Ausbreitungsgeschwindigkeiten beschreibt die geometrische Optik mit dem Brechungsgesetz. Doch auch mit dem Huygens-Prinzip können wir die Brechung nun erklären:
In → B3 treffen Wellenfronten mit der Geschwindigkeit c_1 schräg auf eine „Grenze von tief nach flach". Jede Front – so denken wir uns – löst an der Grenze *nacheinander* viele Elementarwellen aus. Im Bild sind drei davon gezeichnet: Zuerst wird bei A eine Elementarwelle ausgelöst, zuletzt bei C. Bei C kommt die Wellenfront um die Zeit t später an als bei A. Während die Wellenfront im tiefen Wasser noch die Strecke $BC = c_1 t$ zurücklegt, hat die von A ausgehende Elementarwelle sich schon auf den Radius $AD = c_2 t$ ausgebreitet. Es gilt $c_2 t < c_1 t$.
Die neue Wellenfront im flachen Wasser ist Einhüllende der Kreiswellen, die während des Zeitraums t von den Punkten zwischen A und C ausgegangen sind. Da hier $c_2 < c_1$ ist, ändern die Wellenstrahlen an der Grenze ihre Richtung, es tritt Brechung zum Lot hin ein.

Aus den geometrischen Verhältnissen in → B3 lässt sich auch das **Brechungsgesetz**

$$\sin\alpha / \sin\beta = n_1 / n_2$$

für Wellen begründen. α und β werden dabei wie in der Optik üblich von der Senkrechten auf der Grenzfläche – „vom Lot" – aus gemessen. Für zwei gegebene Wassertiefen ist $c_1/c_2 = n_1/n_2 = n$ eine Konstante. Diese Konstante n heißt **Brechungszahl**.

Läuft eine Wellenfront mit der Geschwindigkeit c hingegen auf eine Wand zu, tritt **Reflexion** auf. Auch hier denken wir uns, dass jede Front nacheinander viele Elementarwellen auslöst, beginnend im Punkt A und endend in C → B4 . Zu diesem Zeitpunkt hat die in A ausgelöste Elementarwelle bereits die Strecke $AD = ct$ zurückgelegt. Die Einhüllende der Elementarwellen bildet die neue Wellenfront der reflektierten Welle. Die Winkel, die einfallende und reflektierte Welle jeweils mit dem Lot bilden, sind gleich groß: $\alpha = \beta$.

> **Merksatz**
> Für alle Wellenarten gilt das Prinzip von HUYGENS: Jede Stelle einer Wellenfront kann als Ausgangspunkt einer Elementarwelle aufgefasst werden. Damit lassen sich die Phänomene Beugung, Brechung und Reflexion erklären.

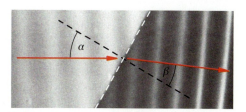

V2 In der Wellenwanne liegt eine dicke Glasplatte, über der nur noch wenig Wasser steht. Wellenfronten, die schräg gegen die Kante der Glasplatte laufen, werden abgeknickt. Über dem Glas ist der Abstand zweier Wellenfronten kleiner, also auch die Ausbreitungsgeschwindigkeit.

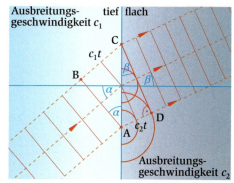

B3 Brechung einer geraden Wellenfront nach dem HUYGENS-Prinzip: Die Wege $BC = c_1 t$ und $AD = c_2 t$ sind verschieden lang. Für die Winkel α und β, die die Wellenstrahlen mit dem Lot auf die Grenzfläche bilden (Einfallslot und Ausfallslot), gilt

$$\sin\alpha = \frac{c_1 \cdot t}{AC} \text{ und } \sin\beta = \frac{c_2 \cdot t}{AC}, \text{ also } \frac{\sin\alpha}{\sin\beta} = \frac{c_1}{c_2}.$$

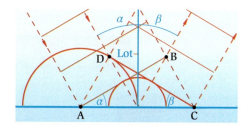

B4 Reflexion nach dem Huygens-Prinzip

A1 Zeichnen Sie → B3 in vergrößertem Maßstab ab. Tragen Sie auf der Strecke AC an mindestens sechs Stellen einen Schwingungszeiger ein. Begründen Sie die jeweilige Phase.

A2 Auf dem offenem Meer folgen Wellen immer der Windrichtung. Am Strand beobachtet man aber meist Wellen, die parallel zum Ufer verlaufen, unabhängig von der Windrichtung. Begründen Sie, woran das liegt.

Doppelspaltversuch

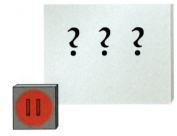

V1 Ein paralleles Lichtbündel – Thomas YOUNG verwendete Sonnenlicht, wir nehmen heutzutage einen Laser – trifft auf zwei sehr nahe beieinander liegende enge Spalte. Was erwarten wir dahinter? Das hängt davon ab, ob wir Licht als Teilchenstrom oder als Welle betrachten.

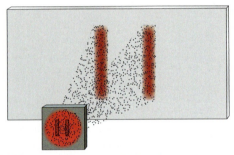

B1 Wenn Licht aus Teilchen bestünde, würde man hinter dem Schirm zwei Streifen mit „Einschlagsdellen" erwarten. Doch das war nicht das, was YOUNG beobachtete.

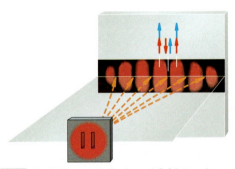

B2 Nach HUYGENS breiten sich hinter einem Doppelspalt zwei Wellensysteme aus, die sich überlagern. Auf den Knotenlinien (rot) liegen Orte mit einander entgegen gerichteten Einzelzeigern (↑↓). Wo die Knotenlinien den Beobachtungsschirm durchstoßen, ist es dunkel. An den Schnittpunkten mit Bauchlinien ist es umgekehrt, hier sind die Einzelzeiger gleich gerichtet (↑↑). An anderen Orten des Schirms kommen alle Phasendifferenzen zwischen 0 und 2π vor.

1. Ein berühmtes Experiment

Im Jahr 1801 führte der englische Augenarzt und Physiker Thomas YOUNG ein Experiment durch, das überzeugende Hinweise auf die Wellennatur des Lichts lieferte. Es gelang ihm sogar, die Wellenlänge des sichtbaren Lichts zu bestimmen.

In → **V1** ist der prinzipielle Aufbau des Experiments gezeigt. Licht aus einer einzigen Lichtquelle – YOUNG benutzte die Sonne, heute nimmt man einen Laser – fällt auf einen Doppelspalt, dessen Spaltöffnungen und Spaltabstand sehr klein sind. Hinter dem Doppelspalt ist ein Schirm aufgestellt. Was kann man auf ihm beobachten?

Fragen wir zunächst, welche Beobachtung man erwarten würde, wenn sich Licht wie ein Teilchenstrom verhielte. Unter dieser Annahme sollten auf dem Schirm zwei mehr oder weniger scharfe Lichtstreifen zu sehen sein – von jedem Spalt einer → **B1**. Stellen wir uns vor, wir würden lauter kleine Metallkugeln auf den Doppelspalt abfeuern: Dann würden sie entweder durch Spalt 1 oder Spalt 2 fliegen, sich von ihrer geradlinigen Bahn aber nicht abbringen lassen. Die Folge: Auf dem Schirm hätte man zwei Bereiche – pro Spalt einen – mit Einschlagsdellen.

YOUNG beobachtete, ähnlich wie wir im Laser-Experiment → **B2**, eine Reihe heller und unscharfer Streifen (wie beobachten eine Reihe roter Flecken). Dieses Muster deutete er als Interferenzmuster. Wieso kam er zu diesem Schluss?

Wenn wir Licht als Welle auffassen, dann trifft in Blickrichtung eine ebene Lichtwellenfront auf den Doppelspalt. Jeder dieser schmalen Spalte ist nach dem Huygens-Prinzip Ausgangspunkt einer Elementarwelle: das Licht wird beim Durchgang durch die Spaltöffnungen gebeugt. Hinter dem Doppelspalt überlagern sich die beiden Wellen, genau wie im Versuch in der Wellenwanne mit zwei Erregern. Sie bilden, ebenfalls ganz analog zu den Wasserwellen, ein Interferenzmuster, mit Stellen, an denen sich die Wellen (also das Licht) verstärken, und solchen Stellen, an denen sie sich auslöschen.

2. Licht + Licht = Dunkelheit

In der Wellenwanne haben wir gesehen, dass das Interferenzmuster eine komplexe Struktur darstellt. Wenn wir nun davon ausgehen, dass die Lichtwellen hinter dem Doppelspalt auch ein solches Interferenzmuster bilden – wie entsteht dann das Streifenmuster auf dem Schirm?

In → **B2** greifen wir auf das Interferenzbild aus der Wellenwanne zurück und untersuchen die Zeigerstellungen an einer vertikalen Schnittlinie in → **B1** (S. 146) – sie entspricht dem Schirm in unserem Experiment. In der Mitte des Schirms addieren sich zwei Einzelzeiger, die in die gleiche Richtung zeigen: Hier trifft Wellenberg auf Wellenberg. Dieser Ort gehört zu dem zentralen Lichtstreifen, den wir beobachten können. Dort, wo auf der Schnittlinie die Einzelzeiger entgegengesetzte Richtung haben und sich zu null addieren, herrscht hingegen Dunkelheit: Hier trifft Wellenberg auf Wellental.

Wir sehen also: Die Schnittpunkte der Bauchlinien (grün) mit der Bildschirmebene sind Punkte mit maximaler Verstärkung der Amplituden; hier liegen die hellen Stellen, die wir im Doppelspaltexperiment beobachten. Dazwischen liegen die Schnittpunkte der Knotenlinien (rot) mit der Bildschirmebene; hier kommt es zur Auslöschung, d. h. auf dem Schirm herrscht Dunkelheit.

Voraussetzung für unsere Argumentation ist, dass die beiden Wellen, wenn sie jeweils ihren Spalt passieren, bereits in Phase sind. Ihr Phasenunterschied ist an jeder Stelle innerhalb des Interferenzfelds konstant. Wieso können wir das voraussetzen? Weil wir die beiden Wellen mithilfe des Huygens-Prinzips aus *einer* ursprünglichen Lichtwelle erzeugt haben → **Vertiefung**. Von den beiden Spalten breiten sich deshalb zwei Wellen aus, die gleiche Frequenz und eine feste Phasenbeziehung haben, also kohärent sind. Würden wir den Versuch mit zwei voneinander unabhängig betriebenen Lichtquellen durchführen, wäre das nicht der Fall.

Die beiden Wellen, die in der Mitte des Schirms ankommen, haben von ihrem Spalt aus die gleiche Entfernung zurückgelegt. Für die nächste helle Stelle auf dem Schirm beträgt der Wegunterschied gerade eine Wellenlänge, für die übernächste helle Stelle zwei Wellenlängen usw. Lichtverstärkung tritt also auf, wenn sich die Lichtwege um $0 \cdot \lambda$, $1 \cdot \lambda$, $2 \cdot \lambda$ usw. unterscheiden. Unterscheiden sich die Lichtwege bis zum Schirm gerade um eine halbe Wellenlänge oder ein ungeradzahliges Vielfaches davon ($\frac{1}{2}\lambda$, $\frac{3}{2}\lambda$, $\frac{5}{2}\lambda$ usw.), löschen sich Lichtwellen aus. Wir können also Orte auf dem Bildschirm geometrisch mit der Wellenlänge verküpfen – das werden wir auf den folgenden Seiten nutzen, um die Wellenlänge zu bestimmen.

> **Merksatz**
> Licht wird beim Durchgang durch sehr schmale Spalte eines Doppelspalts gebeugt. Bei kleinem Spaltabstand entsteht das Muster einer Zwei-Quellen-Interferenz, deren Spuren sich auf einem Schirm beobachten lassen.
> Dies zeigt: Licht verhält sich wie eine Welle.

Physik und Geschichte

Geniale Idee mit Anlaufschwierigkeiten

Thomas YOUNG (1773–1829) galt als Wunderkind, beherrschte mehrere Fremdsprachen, war künstlerisch begabt, studierte Medizin und wurde bereits 1794 Mitglied der Royal Society. Als er 1801 verkündete: „Licht ist eine Welle!", hatten die meisten seiner Kollegen den Standpunkt NEWTONs eingenommen, der Licht als einen Strom von Teilchen auffasste – NEWTONs Autorität galt auch Anfang des 19. Jahrhunderts noch nahezu uneingeschränkt. Der Royal Society, die YOUNGs Arbeiten veröffentlichte, wurde vorgeworfen, „oberflächliche und inhaltslose Werke" publiziert zu haben. YOUNGs Ideen wurden auch deshalb nicht akzeptiert, weil er sie nicht hinreichend mathematisch absichern konnte. EINSTEIN sagte später, YOUNG gehöre zu jenen „fantasiebegabten Geistern, bei welchen die Ausarbeitung ihrer Ideen [...] dem Reichtum ihrer originellen Gedankenwelt nicht Genüge leisten kann." Erst andere Wissenschaftler, vor allem Augustin Jean FRESNEL mit seinen experimentellen und theoretischen Studien, konnten die Wellentheorie durchsetzen.

Vertiefung

Aufteilung der Wellenfront

In der Geschichte der Wellenoptik haben neben dem Doppelspaltversuch von Thomas YOUNG → **Bild a** noch zwei weitere Versuchsanordnungen zur Zwei-Quellen-Interferenz von Augustin Jean FRESNEL Bedeutung bekommen: Die als fresnelscher Doppelspiegel und fresnelsches Biprisma benannten Experimente → **Bild b,c**.

Für alle Interferenzexperimente mit Licht ist es notwendig, die beiden für die Zwei-Quellen-Interferenz erforderlichen kohärenten Quellen Q_1 und Q_2 aus *einer* Lichtquelle Q abzuleiten. Bei diesen historischen Experimenten geschieht dies durch Aufteilung der Wellenfront. YOUNGs Doppelspaltanordnung ist wegen des Verzichts auf Spiegel, Prisma oder Linse auch heute noch aktuell, FRESNEL hat mit seinen Versuchen als Erster die Wellenlänge des verwendeten Lichts gemessen.

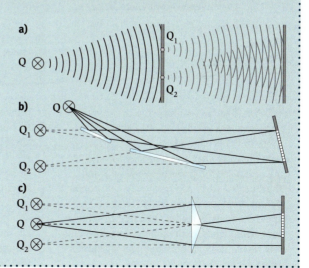

2 Dr. Young's *Experiments and Calculations*

the sun shines, and without any other apparatus than is at hand to every one.

Exper. 1. I made a small hole in a window-shutter, and covered it with a piece of thick paper, which I perforated with a fine needle. For greater convenience of observation, I placed a small looking glass without the window-shutter, in such a position as to reflect the sun's light, in a direction nearly horizontal, upon the opposite wall, and to cause the cone of diverging light to pass over a table, on which were several little screens of card-paper. I brought into the sunbeam a slip of card, about one-thirtieth of an inch in breadth, and observed its shadow, either on the wall, or on other cards held at different distances. Besides the fringes of colours on each side of the shadow, the shadow itself was divided by similar parallel fringes, of smaller dimensions, differing in number, according to the distance at which the shadow was observed, but leaving the middle of the

B1 So beginnt YOUNGs Darstellung seines Doppelspaltexperiments (The Bakerian Lecture: Experiments and calculations relative to physical optics, *Philosophical Transactions of the Royal Society of London* (1804) **94** 1–16). Nur mit Sonnenlicht hätte sein Versuch nicht funktioniert – die Sonne ist eine inkohärente Lichtquelle. Durch das kleine Loch im Fensterladen schrumpfte die Lichtquelle jedoch auf eine Größe, die Kohärenz möglich machte. Auf diese Weise konnte er Interferenz beobachten.

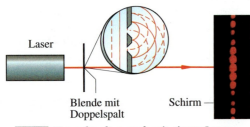

V1 Doppelspaltversuch mit einem Laser

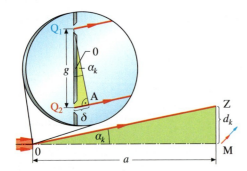

B2 Der Spaltabstand g beträgt Bruchteile eines Millimeters. Nur in der Vergrößerung sieht man, dass zwei Wege mit Wegunterschied δ zum Zielpunkt Z führen.

3. Wellenlängenbestimmung mittels Richtungswinkel

YOUNG war sogar in der Lage, mithilfe eines Loches im Fensterladen, durch das Sonnenlicht fiel, und einer Spielkarte als Doppelspalt, die Wellenlänge des Lichts zu messen → **B1**. Wir machen uns das Leben einfacher und verwenden heutzutage einen Laser → **V1**. Bei Lichtwellen lässt sich Interferenz hinter einem Doppelspalt allerdings nur dann beobachten, wenn man mit sehr kleinen Spaltabständen ($\ll 1\,mm$) experimentiert. Der Abstand zwischen Doppelspalt und Beobachtungsschirm ist im Vergleich dazu sehr groß. Nur einer stark vergrößerten Zeichnung könnte man Weglängen und Wegdifferenzen direkt entnehmen.

Doch gerade dieser große Abstand zwischen Doppelspalt und Beobachtungsschirm, der in der Regel einige Meter beträgt, erweist sich hier als Vorteil, denn dadurch können wir ohne großen Fehler annehmen, dass die beiden Strahlen, die von den Spalten zu einem Zielpunkt laufen, praktisch parallel sind. Das macht die Mathematik sehr viel einfacher, weil beide Strahlen unter demselben Richtungswinkel α den Doppelspalt in Richtung des Zielpunkts Z auf dem Schirm verlassen → **B2**. Damit sind die in → **B2** farbig unterlegten Dreiecke einander ähnlich und *beide* enthalten den Richtungswinkel α zum Zielpunkt. Im kleinen gelben Dreieck Q_1AQ_2 gilt

$$\sin \alpha = \frac{\delta}{g}. \tag{1}$$

Wir zählen nun mit k die Maxima auf dem Schirm ab – beginnend mit $k = 0$ beim Maximum in M – und bezeichnen mit α_k den Winkel zum k-ten Maximum. Wir wissen, dass die Wegunterschiede zu den **Maxima** null oder ganzzahlige Vielfache der Wellenlänge sind. Für das k-te Maximum wird mit $\delta_k = k \cdot \lambda$ aus Gl. (1):

$$\sin \alpha_k = \frac{k \cdot \lambda}{g}. \qquad (k = 0, 1, 2, 3, \ldots). \tag{1a}$$

Minima treten auf, wenn der Wegunterschied $\lambda/2, 3/2\,\lambda, 5/2\,\lambda, \ldots$ beträgt. Für den Richtungswinkel zum k-ten Minimum folgt also

$$\sin \alpha_k = (2k - 1) \cdot \frac{(\lambda/2)}{g} \qquad (k = 1, 2, 3, \ldots). \tag{1b}$$

Merksatz

Beim Doppelspalt gilt für die Richtungswinkel α_k zum

k-ten Maximum: $\quad g \cdot \sin \alpha_k = k\lambda$
$\quad\quad\quad\quad\quad\quad\quad\quad k = 0, 1, 2, \ldots$

k-ten Minimum: $\quad g \cdot \sin \alpha_k = (2k - 1)\frac{\lambda}{2}$
$\quad\quad\quad\quad\quad\quad\quad\quad k = 1, 2, 3, \ldots$.

Um die Wellenlänge zu bestimmen, benötigen wir nun noch die Richtungswinkel α_k. Wir können sie nicht direkt messen, nutzen aber die schon oben erwähnte Tatsache, dass das kleine gelbe Dreieck Q_1AQ_2 und das große grüne Dreieck OMZ in → **B2** ähnliche Dreiecke sind und wir deshalb α_k im grünen Dreieck (das ist die uns zugängliche Außenwelt) berechnen können. Dort gilt

$$\tan \alpha_k = d_k / a.$$

Die Richtungswinkel α_k lassen sich also aus dem Abstand zum Maximum auf dem Schirm und dem Abstand zwischen Doppelspalt und Schirm bestimmen.

4. Wellenlängenbestimmung mittels Streifenabstand

Der in → **B2** den Dreiecken OMZ und Q_1AQ_2 gemeinsame Winkel α_k ist bei Doppelspaltversuchen mit Licht immer sehr klein. Für α_5 wurde in → **V1** im Bogenmaß etwa 0,005 berechnet; also weniger als 0,3°! Für Winkel mit $\alpha < 5°$ zeigt der Taschenrechner, dass $\sin\alpha$ und $\tan\alpha$ sich nur um wenige Promille unterscheiden. Man darf also $\tan\alpha_k = d_k/a$ und $\sin\alpha_k = k\lambda/g$ gleich setzen:

$$\frac{d_k}{a} = \frac{k\cdot\lambda}{g} \Leftrightarrow \lambda = \frac{d_k\cdot g}{a\cdot k} \quad (k = 0, 1, 2, 3, \ldots).$$

d_k ist der auf dem Schirm gemessene Abstand zum k-ten Maximum. Für den Abstand d zwei beliebig benachbarter Maxima folgt

$$d = d_{k+1} - d_k = \frac{(k+1)\cdot\lambda\cdot a}{g} - \frac{k\cdot\lambda\cdot a}{g} = \frac{\lambda\cdot a}{g}$$

und für die Wellenlänge λ

$$\lambda = \frac{d\cdot g}{a}.$$

Der von k unabhängige Abstand d zweier Maxima lässt sich in Interferenzmustern durch Mittelwertbildung recht genau bestimmen. So erhalten wir in → **V1** $d = 4{,}0$ mm; mit g und a ergibt sich die Wellenlänge des Laserlichts zu $\lambda = 634$ nm.

Merksatz
Bei kleinen Richtungswinkeln, d.h. wenn der Abstand a eines Schirms von einem Doppelspalt groß und der Mittenabstand g der Spalte klein ist, lässt sich die zu einem Interferenzmuster gehörende Wellenlänge λ aus dem Abstand d zweier Maxima (oder Minima) einfach berechnen mit

$$\lambda = \frac{d\cdot g}{a}.$$

Beispiel Doppelspalt

Unser Versuch zum Doppelspalt liefert die Messwerte $a = 4{,}1$ m und $d_5 = 20$ mm zum 5. Maximum. Daraus berechnen wir mit dem Taschenrechner (im Gradmaß!) den Richtungswinkel

$$\alpha_5 = \tan^{-1}(20\text{ mm}/4100\text{ mm}) = 0{,}28°.$$

Mit $k = 5$ und $g = 0{,}65\cdot 10^{-3}$ m liefert Gl. (1a)

$$5\lambda = g\cdot\sin\alpha_5 = 3{,}17\cdot 10^{-6}\text{ m},$$
$$\lambda = 6{,}34\cdot 10^{-7}\text{ m}$$
$$= 634\cdot 10^{-9}\text{ m} = 634\text{ nm}.$$

Dies ist die Wellenlänge des verwendeten Laserlichts ($\lambda = 632{,}8$ mm).

Interessantes

Der Doppelspaltversuch und die Interferenz von Licht stellten den ersten „Schlag" gegen das Korpuskularmodell des Lichts dar. Doch es folgten weitere Phänomene, welche das Wellenmodell untermauerten. Dazu zählt die 1808 von Étienne Louis MALUS entdeckte **Polarisation** des Lichts: Unter bestimmten Umständen, z. B. nach einer Reflexion, schwingt Licht nur in einer bestimmten Ebene. Das bedeutet: Mit geeigneten Polarisationsfiltern kann man polarisiertes Licht ausblenden. Das macht man sich u. a. in der Fotografie zunutze, um störende Reflexionen zu unterdrücken.

A1 Der Punkt Z in → **B2** soll 6 mm von M entfernt sein. Außerdem gelte $a = 4{,}1$ m und $g = 0{,}65$ mm.
a) Zeichnen Sie bei der Wellenlänge des He-Ne-Lasers Zeigerbilder für den Punkt Z und den auf der Mitte zwischen M und Z liegenden Punkt.
b) Zeichnen Sie Zeigerbilder für den gleichen Punkt Z bei den Wellenlängen $\lambda_1 = 400$ nm, $\lambda_2 = 500$ nm, $\lambda_3 = 600$ nm.
(*Hinweis*: Nehmen Sie für alle Einzelzeiger eine einheitliche Länge an, es kommt auf die Phasen an!)

A2 Wem die auf dieser Seite vorgenommenen Näherungen („praktisch parallel", „praktisch gleich") nicht „geheuer" sind, kann auch mit dem Satz des Pythagoras die Wellenwege berechnen. Das geht mit Taschenrechner oder Computer – aber nur, wenn genügend Stellen berücksichtigt werden.
Benutzen Sie nachfolgende Skizze, um eine Formel für λ mit dem Satz des Pythagoras zu entwickeln.

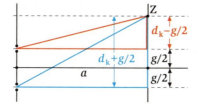

A3 Ein Doppelspalt mit dem Mittenabstand von 0,8 mm wird mit einfarbigem Licht von einer weit entfernten Punktquelle beleuchtet. Auf einem vom Doppelspalt 50 cm entfernten Schirm entsteht ein Interferenzmuster.
a) Der Abstand zwischen zwei benachbarten dunklen Interferenzstreifen beträgt 0,304 mm. Berechnen Sie die Wellenlänge des Lichts.
b) Schätzen Sie den Spaltabstand ab, bei dem das 1. Maximum vom zentralen Maximum 2 mm entfernt wäre.
Begründen Sie Ihr Ergebnis.

Gitter

1. Das Gitter – mehr Spalte schärfen die Linien

Mit dem Doppelspalt haben wir die Wellenlänge λ von Licht bestimmt. Durch seine beiden engen Spalte geht nur wenig Licht. Das Interferenzmuster ist lichtschwach. Zudem sind die Maxima nicht scharf; dazwischen sinkt die Lichtintensität nur allmählich auf Null und steigt wieder an → **B1**. Die Abstände zwischen den Maxima – und damit auch λ – lassen sich nur ungenau ermitteln.

Diese Nachteile des Doppelspalts beseitigt ein Mehrfachspalt, ein **optisches Gitter**. Es besteht aus sehr vielen engen Spalten, die in gleichen Abständen angeordnet sind. Der Abstand zwischen benachbarten Spaltmitten heißt **Gitterkonstante** g. Fällt ein Laserstrahl senkrecht auf ein Gitter, zeigen sich auf dem Schirm scharfe Lichtflecke in fast gleichen Abständen.

Diese Helligkeitsmaxima sind umso schmaler und lichtstärker, je größer die Zahl der an der Interferenz beteiligten Spalte ist → **V1**. Bei fünf Spalten finden sich im Beugungsbild zwischen zwei Helligkeitsmaxima vier Dunkelstellen und drei Nebenmaxima kleiner Intensität. Je kleiner die Gitterkonstante g, desto größer wird der Abstand der Helligkeitsmaxima.

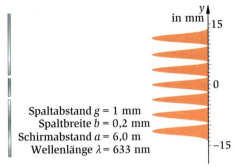

B1 Berechnetes Intensitätsdiagramm für einen idealen Doppelspalt. Ideal bedeutet: Die Spalte sind so schmal, dass jeweils nur eine Elementarwelle an einem Spalt ensteht. In der Praxis sind die Spaltbreiten jedoch größer, sodass bereits an einem einzelnen Spalt viele Elementarwellen starten und dem Interferenzbild das Beugungsbild des Einzelspaltes überlagert ist → **Vertiefung** S. 156.

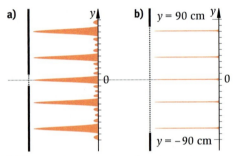

V1 Intensitätsverteilung bei einem Gitter mit **a)** fünf Spalten, **b)** 100 Spalten. Die Gitterkonstante beträgt jeweils $g = 0{,}01$ mm, der Schirmabstand $a = 6{,}0$ m und die Wellenlänge $\lambda = 633$ nm.

Hinter jedem Spalt bildet sich nach dem Huygens-Prinzip eine Elementarwelle aus, das Licht wird gebeugt. Betrachten wir zunächst den Schnittpunkt M der optischen Achse mit dem Schirm → **B2**. Da dieser weit entfernt ist, sind die Strahlen zu M praktisch parallel; ihr Gangunterschied ist $\delta \approx 0$, in M entsteht ein sehr scharfer heller Fleck.

Seitlich davon gibt es weitere Lichtflecke, z. B. in Z. Hier treffen sich Wellenstrahlen, die bezüglich ihrer nächsten Nachbarn den Gangunterschied $\delta_k = k \cdot \lambda$ mit $k = 1, 2, 3, \ldots$ haben. Wie beim Doppelspalt lesen wir als Gangunterschied δ_k zweier Wellenstrahlen aus benachbarten Spalten an den rechtwinkligen Dreiecken in → **B2** ab: $\delta_k = g \cdot \sin\delta_k$. Für die Winkel α_k zum k-ten Helligkeitsmaximum gilt auch hier

$$g \cdot \sin\alpha_k = k \cdot \lambda \quad \text{und} \quad a \cdot \tan\alpha_k = d_k.$$

Die einzelnen Maxima unterscheiden wir durch ihre Ordnungszahl k. Da der Sinus des Winkels α_k höchstens 1 sein kann, ist die Anzahl der Ordnungen und damit der Maxima zumindest durch $k \cdot \lambda/g \leq 1$ auf $k \leq g/\lambda$ beschränkt. Im Gegensatz zum Doppelspalt heben sich in den Bereichen zwischen diesen Maxima die Wellen weitgehend auf.

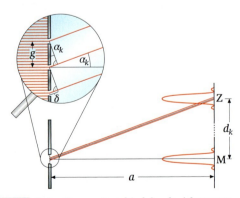

B2 Beim Gangunterschied $\delta = k \cdot \lambda$ kommen alle Wellen in M bzw. Z gleichphasig an, die Amplituden der Wellen addieren sich zur resultierenden Amplitude. In den anderen Richtungen erhält man nur geringe Intensitäten.

> **Merksatz**
>
> Die Gitterkonstante g eines optischen Gitters ist der Abstand benachbarter Spaltmitten. Fällt paralleles Licht der Wellenlänge λ senkrecht auf, so findet man auf einem weit entfernten Schirm scharfe Helligkeitsmaxima unter den Winkeln α_k. Es gilt
>
> $$\sin\alpha_k = \frac{k \cdot \lambda}{g} \quad \text{mit } k = 0, 1, 2, 3, \ldots \text{ und } \frac{k \cdot \lambda}{g} \leq 1, \text{ also } k \leq g/\lambda.$$

Für Gitter und Doppelspalt berechnet man die Lage der Maxima nach derselben Formel. → **V1** zeigt, dass die Maxima umso schärfer erscheinen, je größer die Zahl der beteiligten Spalte ist.

2. Das Gitter ist dem Doppelspalt überlegen

Wir hatten in → **V1a** beobachtet, dass sich beim Gitter mit fünf Spalten zwischen den Hauptmaxima vier Minima und drei Nebenmaxima mit deutlich geringerer Intensität befinden. Können wir dieses Verhalten verstehen? Der Einfachheit halber betrachten wir die Wellen, die sich bei einem Gitter mit drei Spalten überlagern, und ziehen das Zeigermodell heran → **B3**. Für drei Spalte sind drei Zeiger (gelb) zu addieren; ihre Zeigersumme (grün) ist ein Maß für die resultierende Amplitude. Da die Wellenstrahlen äquidistant und nahezu parallel verlaufen, sind die Phasendifferenzen, also die Winkel, zwischen zwei benachbarten Zeigern immer gleich groß.

- Beginnen wir beim Hauptmaximum → **B3**: Hier ist der Phasenunterschied zwischen den Zeigern null: $\Delta\varphi = 0$. Die Zeiger bilden eine gestreckte Kette, die Amplitude A ist maximal.
- Entfernen wir uns vom Hauptmaximum, wird $\Delta\varphi$ größer und die Amplitude kleiner. Bei $\Delta\varphi = 60°$ ist sie auf $2/3\,A$ gesunken, bei $\Delta\varphi = 90°$ auf $1/3\,A$. Bei $\Delta\varphi = 120°$ schließlich bilden die drei Zeiger eine geschlossene Kette, die Amplitude ist null. Hier liegt das erste Minimum.
- Bei $\Delta\varphi = 180°$ liegen alle Zeiger aufeinander, hier wird ein Nebenmaximum mit der Amplitude $1/3\,A$ erreicht. Bei $\Delta\varphi = 240°$ folgt die nächste Nullstelle, und bei $\Delta\varphi = 360°$ wird wieder ein Hauptmaximum erreicht. Der Zyklus beginnt von vorne.

Für 3 Spalte erhalten wir also $(3-1) = 2$ Minima und $(3-2) = 1$ Nebenmaximum. Die Amplituden von Haupt- und Nebenmaximum verhalten sich wie 1:3. Diese Betrachtung können wir mühelos auf n Spalte verallgemeinern: n Spalte gehen einher mit $n-2$ Nebenmaxima zwischen zwei Hauptmaxima und $n-1$ Minima. Das 1. Minimum rückt also umso näher an das Maximum, je größer die Zahl n der Gitterspalte ist, das Maximum wird immer schärfer und heller.

Merksatz
Mit wachsender Anzahl der Spaltöffnungen eines optischen Gitters werden die Maxima heller und schärfer. Die Resthelligkeit in den Zwischenräumen nimmt dabei immer mehr ab. ☐

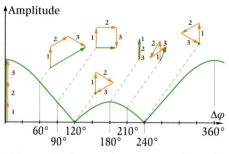

B3 Amplitudenverteilung beim Dreifachspalt mithilfe des Zeigermodells: Die Phasenverschiebung $\Delta\varphi$ zwischen benachbarten Zeigern ist gleich groß, d.h. der Winkel zwischen Zeiger 1 und Zeiger 2 ist immer genauso groß wie der Winkel zwischen Zeiger 2 und Zeiger 3. Die Amplitude des Hauptmaximums bei $\Delta\varphi = 0°$ ist dreimal so groß wie die des Nebenmaximums bei $\Delta\varphi = 180°$. Die Minima liegen bei $\Delta\varphi = 120°$ und $\Delta\varphi = 240°$.

Beispiel λ **von Laserlicht bestimmen**

Ein Gitter mit 1000 Strichen pro Zentimeter ($g = 1/1000\,\text{cm} = 10^{-5}\,\text{m}$) wird durch Laserlicht senkrecht beleuchtet. Auf einem mit $a = 3{,}80\,\text{m}$ vom Gitter entfernten Schirm messen wir den Abstand des linken Maximums 2. Ordnung zum rechten Maximum 2. Ordnung zu $2\,d_2 = 97{,}0\,\text{cm}$. Für den Winkel α_2 zum Maximum 2. Ordnung gilt

$$\tan\alpha_2 = d_2/a = 48{,}5\,\text{cm}/(380\,\text{cm}) = 0{,}128,$$

also $\alpha_2 = 7{,}27°$.

Damit finden wir für $k = 2$:

$$\lambda = \frac{g\sin\alpha_2}{2} = 633\,\text{nm}.$$

Vertiefung

Amplitude und Intensität

Von den mechanischen Wellen wissen wir, dass die Schwingungsenergie proportional zum Quadrat der Schwingungsamplitude ist. Das können wir auf Lichtwellen übertragen: Ihre Intensität ist ebenfalls proportional zum Quadrat der Amplitude. Beim Dreifachspalt stehen die Intensitäten von Haupt- und Nebenmaximum deshalb im Verhältnis $1:3^2 = 1:9$. Dadurch wird klar, warum die Hauptmaxima mit wachsender Spaltzahl immer heller werden. Mit einer Tabellenkalkulation lassen sich Amplitude (grün) und Intensität (rot) für das Gitter gut modellieren → **www**. Das → **Bild rechts** zeigt die Modellierung für den Dreifachspalt, wobei die Einzelamplitude auf $A = 1$ normiert wurde.

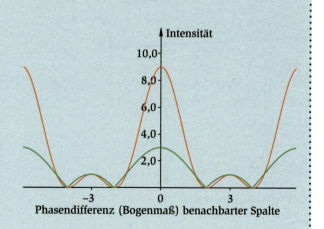

Vertiefung

Einzelspalt

Unsere bisherige Betrachtung ging von idealen Doppelspalten und Gittern aus. Das heißt: Die Spaltbreite wird als so schmal vorausgesetzt, dass pro Spalt nur eine Elementarwelle erzeugt wird. Wenn wir nun Licht auf einen solchen idealen Einzelspalt fallen ließen, erwarteten wir auf dem Schirm *einen* hellen Fleck, der zu den Seiten hin verblassen würde. Wenn wir aber tatsächlich mit dem Einzelspalt experimentieren, beobachten wir breite Interferenzstreifen, ähnlich denen beim Doppelspalt. Warum ist das so?

Auch ein schmaler Spalt (z. B. 0,1 mm) ist im Vergleich zur Lichtwellenlänge (z. B. 600 nm) immer noch breit. Deshalb müssen wir uns zwischen den Kanten des Spaltes eine breite Wellenfront vorstellen. Diese lösen wir in viele Zentren auf, von denen nach HUYGENS viele dicht liegende Elementarwellen ausgehen. Wiederum betrachten wir *alle* Wellenstrahlen, die zu *einem* Punkt Z des weit entfernten Schirms hinführen. Da die Spaltbreite einen Bruchteil von Millimetern, der Schirmabstand jedoch mehrere Meter beträgt, können wir diese Wellenstrahlen praktisch als parallel ansehen →B1.

Beginnen wir mit Strahlen, die parallel zur Mittelachse verlaufen (Beobachtungswinkel $\alpha = 0°$). Die Lichtwellen haben den gegenseitigen Gangunterschied null, auf dem Schirm erzeugt die Überlagerung im Punkt M eine besonders helle Stelle. Unmittelbar seitlich davon ergeben sich geringe Gangunterschiede, da der Spalt schmal ist.

Bei einem bestimmten Winkel α haben aber die Randstrahlen den Gangunterschied λ. Dann hat der mittlere Strahl gegenüber dem ersten einen Gangunterschied von $\lambda/2$. Nun findet jeder Strahl im Teilbündel I einen Partner im Teilbündel II, dessen Zeiger genau umgekehrt gerichtet ist. Also löschen sich alle Wellenstrahlen im Punkt Z in →B1 vollständig aus. Es entsteht ein Minimum mit Intensität null. Beträgt der Gangunterschied zwischen den Randstrahlen $3/2\lambda$, denken wir uns drei Teilbündel, von denen sich zwei auslöschen und das dritte, das übrig bleibt, das erste Nebenmaximum bildet.

Aus dem rechtwinkligen Dreieck in →B1 lesen wir für das erste Minimum $\sin\alpha = \lambda/b$ ab: Je kleiner die Spaltbreite b wird, desto größer wird der Winkel α, d. h. desto weiter entfernt sich das Minimum von der Mitte des Hauptmaximums, desto breiter wird also das Hauptmaximum. Wenn die Spaltbreite g schließlich nur noch eine Wellenlänge (oder weniger) beträgt, kommen wegen $\lambda/g \geq 1$ die ersten Dunkelstellen links und rechts auch rechnerisch nicht mehr zustande.

Ein Doppelspalt besteht nun aus zwei, ein Gitter aus vielen Einzelspalten. Inwiefern haben die Beugungserscheinungen der Einzelspalte Auswirkungen auf die bisher besprochenen idealen Interferenzmuster?

Wir beleuchten einen Doppelspalt mit dem aufgeweiteten Lichtbündel eines Lasers, decken aber vorerst jeweils einen der beiden Spalte ab. Auf dem Schirm entsteht dann das Interferenzmuster eines Einzelspalts. Da die Spalte einen nur sehr geringen Abstand g haben, sind ihre einzelnen Beugungsbilder nicht merklich gegeneinander verschoben.

Wir öffnen nun beide Spalte. Jetzt gibt es *zusätzliche* Interferenz der Lichtbündel beider Spalte, die in dem Beugungsbild der Einzelspalte für zusätzliche Dunkelstellen sorgt. Die Doppelspaltinterferenz kann nur noch in dem Maße beobachtet werden, in welchem der Einzelspalt Licht in diese Richtung fallen lässt. Die Minima bleiben erhalten, aber wo vorher Maxima waren, können nun auch Minima sein.

Auch in unsere Tabellenkalkulation können wir den Einzelspalt „einbauen" und den Computer reale Beugungsbilder simulieren und zeichnen lassen. Für den Dreifachspalt mit $g = 0{,}1$ mm und $b = 0{,}03$ mm erhalten wir die in →B2 abgebildete Verteilung.

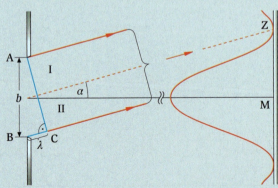

B1 Strahlen zur ersten Dunkelstelle Z. Die Intensität ist nicht maßstabsgerecht gezeichnet.

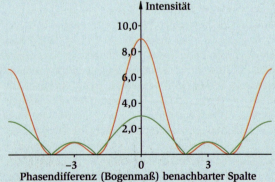

B2 Der Einzelspalt beeinflusst den Doppelspalt, dessen seitliche Maxima verlieren an Intensität.

Vertiefung

CD als Reflexionsgitter

Noch sind Compact Discs (CDs) häufig verwendete Datenspeicher für Musik, Programme und Daten. Im Licht einer Lampe oder der Sonne zeigt die Datenseite einer CD prächtige Farbmuster → **B1a** , → **A1** . Untersuchen wir ihre Oberfläche mit einem Mikroskop, so sehen wir in regelmäßigen Abständen Rillen angeordnet, den Spurabstand der Rillen nennen wir g. Auf einer Rille wechseln sich Vertiefungen (Pits) und Stege (Lands) ab → **B1b** .

B1 a) Eine CD, auf die Sonnenlicht trifft, erzeugt ein schönes Farbmuster → **A1** . b) Bild der Oberfläche

Fällt paralleles Licht auf diese CD, so gehen von den Stegen in alle Richtungen Elementarwellen aus. Betrachten wir nun zwei parallele Wellenstrahlen in einer Ebene senkrecht zu den Rillen, die mit dem Einfallslot den Winkel α bilden → **V1** . Sind die entsprechenden Zeiger parallel, so verstärken sich die Wellen. Der geometrische Gangunterschied beträgt dann gerade

$$\delta = k \cdot \lambda = g \sin \alpha, \quad k = 0, 1, 2, 3, \ldots$$

In alle anderen Richtungen löschen sich die Wellen aus. Die CD wirkt dabei als sogenanntes **Reflexionsgitter**, da im Unterschied zum normalen Gitter die Interferenzen nur beim reflektierten Licht entstehen.

In → **V1** finden wir, dass der Abstand g der Rillen etwa 1,6 µm beträgt. Bei DVDs sind die Rillen enger beieinander, der Spurabstand g ist nur 0,74 µm. Führt man → **V1** mit einer DVD durch, so liegen die Interferenzlinien weiter auseinander als bei einer CD → **A2** .

Lassen wir weißes Licht (400 nm bis 800 nm) senkrecht auf eine CD fallen, so entstehen schöne, farbige Spektren von blau bis rot → **A1** . Bei den Spektren höherer Ordnung überlagern sich die Farben, es entstehen Mischfarben.

Wenn das Licht nicht senkrecht auf die CD fällt, entstehen für die Randstrahlen des einfallenden wie reflektierten Lichtbündels Gangunterschiede.

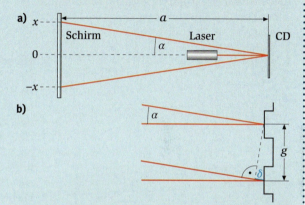

V1 a) Ein Laserstrahl fällt senkrecht auf eine CD. Wir suchen den Richtungswinkel α zum 1. Maximum. Wir messen den Abstand $2x$ zwischen den zum Strahl symmetrischen Beugungsstreifen mit 0,69 m, den Abstand a zwischen CD und Schirm mit 0,8 m. Der Winkel α berechnet sich nach

$$\tan \alpha = x/a = 0{,}43125 \Rightarrow \alpha = 23{,}3°.$$

b) Der Abstand zwischen den Rillen auf der CD sei g. Damit ist der Gangunterschied δ der beiden (nahezu) parallelen Strahlen $\delta = g \cdot \sin \alpha$. Ist $\delta = k \cdot \lambda$ ($k = 1, 2, \ldots$), so verstärken sich die Strahlen und die Wellen kommen im Zielpunkt gleichphasig an, ein Interferenzmaximum tritt auf. Mit $\lambda = 633$ nm und $k = 1$ berechnet sich mit $\alpha = 23{,}3°$ aus → **V1a** der Rillenabstand zu

$$g = \lambda / \sin \alpha = 1{,}6 \text{ µm}.$$

A1 Lassen wir weißes Licht (400 nm bis 800 nm) senkrecht auf eine CD fallen, so entstehen schöne, farbige Spektren. Dabei erscheint rotes Licht weiter außen als blaues Licht. Begründen Sie, warum das so ist.

A2 Die Oberfläche einer CD bzw. DVD besteht aus einer spiralförmig „beschriebenen" Spur, die das auftreffende Licht mehr oder weniger absorbiert. Der nicht unterbrochene Steg dazwischen gibt das Licht wieder zurück, ist also Ausgangsbereich neuer Lichtelementarwellen → **Vertiefung**.

a) Beschreiben Sie kurz den Versuchsaufbau und das sichtbare Versuchsergebnis (a = Entfernung CD bis Leinwand, d_1 = Abstand Mitte zum Beugungsmaximum 1. Ordnung.
Messwerte: $a = 1{,}40$ m; CD: $2d_1 = 1{,}31$ m; DVD: $2d_1 = 6{,}40$ m)

b) Deuten Sie den Versuch. Vergleichen Sie dabei CD und DVD mit dem Ihnen bekannten, üblichen Transmissionsgitter.

c) Bestimmen Sie aus den Messdaten den Abstand zweier „benachbarter" Rillen für CD und DVD, also jeweils die Gitterkonstante g ($f_{Diodenlaser} = 670$ nm; Achtung: Winkel α ist hier nicht klein!).

Fotoeffekt I

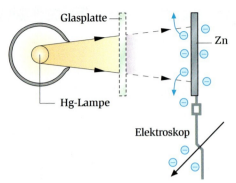

V1 UV-Licht einer Quecksilberdampf-Lampe entlädt die frisch geschmirgelte, *negativ* geladene Zinkplatte Zn, erkennbar am Elektroskop. Bringt man die Glasplatte in den Strahlengang, so absorbiert sie UV-Licht und verhindert die Entladung.

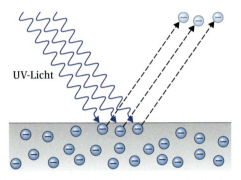

B1 Die negativ geladene, geschmirgelte Zinkplatte verliert ihre Ladung, wenn man sie mit Ultraviolettlicht bestrahlt, nicht aber bei der Verwendung langwelligen Lichts. Das war ein Rätsel für die damaligen Physiker.

Physik und Geschichte

Geschichte des Fotoeffekts

1887 fand Heinrich HERTZ bei seinen Versuchen zu elektromagnetischen Wellen, dass die Funken an einer Funkenstrecke länger ausfielen, wenn in der Nähe gleichzeitig ein anderer Funke übersprang. Er konnte dafür das ultraviolette Licht des zweiten Funkens verantwortlich machen. Wilhelm HALLWACHS wurde von HERTZ' Versuchen angeregt, diesen Effekt tiefergehend experimentell zu untersuchen – deshalb trägt er auch seinen Namen.
Später wurden die freigesetzten Ladungen als Elektronen identifiziert, die 1897 von J. J. THOMSON erstmals experimentell nachgewiesen wurden. Erst 1902 konnte Philipp LENARD zeigen, dass beim Fotoeffekt die Intensität des Lichts keine Rolle spielt, sondern nur seine Wellenlänge.

1. Ein seltsames Experiment

Im Jahre 1900 hatte Max PLANCK widerstrebend eine neue Ära der Physik eingeläutet, die Quantenphysik → **Vertiefung** (S. 160). Während PLANCK nur von einer mathematischen Hilfskonstruktion ausging, nahm Albert EINSTEIN die Quantenhypothese ernst und suchte nach Belegen dafür, dass Licht aus Teilchen besteht. 1905 veröffentlichte er einen solchen Beweis, indem er mit der Quantenhypothese ein seltsames Phänomen erklärte, das in starkem Widerspruch zur klassischen Theorie stand: den **fotoelektrischen Effekt**, kurz **Fotoeffekt** (genauer: äußerer Fotoeffekt → **Vertiefung 1**).

Schon vor EINSTEIN war bekannt, dass aus einer Metallplatte, die mit Licht bestrahlt wird, unter bestimmten Umständen Elektronen herausgeschlagen werden können. Vor allem Wilhelm HALLWACHS hatte diesen Effekt bereits ab 1887 gründlich untersucht, weshalb er auch **Hallwachs-Effekt** genannt wird → **Physik und Geschichte**.
→ **V1** zeigt den Grundversuch: Eine frisch geschmirgelte Zinkplatte wird auf ein Elektroskop gesetzt und anschließend zunächst positiv aufgeladen. Da Zinkplatte und Elektroskop verbunden sind, schlägt das Elektroskop aus. Nun wird die Platte mit UV-Licht aus einer Quecksilberdampflampe bestrahlt, doch der Ausschlag am Elektroskop geht nicht zurück, Elektroskop und Platte behalten also ihre Ladung. Wird die Platte jedoch negativ aufgeladen, beginnt der Ausschlag des Elektroskops einige Sekunden nach Beginn der Bestrahlung zurückzugehen – es entlädt sich. Offenbar wurden Elektronen, die Träger der negativen Ladung, aus der Zinkplatte herausgelöst → **B1**. Dies erklärt den Abbau des Elektronenüberschusses auf der negativ geladenen Platte und damit die Entladung des Elektroskops. Eine Entladung der Zinkplatte über die Raumluft scheidet als Ursache aus, dafür läuft der Vorgang zu schnell ab. Wir können die Entladung stoppen, wenn wir eine Glasplatte zwischen Lampe und Zinkplatte halten: Die Glasplatte filtert offensichtlich die UV-Strahlung heraus.

Welche Rolle spielt die Lichtintensität in diesem Versuch? Wir wiederholen das Experiment mit einer Glühlampe und stellen fest, dass sich das Elektroskop nicht entlädt, d. h. nun werden keine Elektronen ausgelöst. Das könnte natürlich daran liegen, dass die Glühlampe eine geringere Leistung als die Quecksilberdampflampe hat und deshalb auch ihr Licht eine geringere Intensität besitzt.

Fotoeffekt I

Um diese Vermutung zu überprüfen, bestrahlen wir im dritten Durchgang unseres Experiments die Platte mit Licht aus einem kräftigen Bauscheinwerfer, die einen deutlich helleren Lichtkegel als die Quecksilberlampe erzeugt. Doch auch jetzt gelingt es nicht, Elektronen aus der Platte zu lösen. Die Intensität spielt keine Rolle!

Die Elektronen können die Zinkplatte also nicht „einfach so" verlassen, vielmehr muss dazu eine bestimmte Sorte von Licht – hier UV-Licht – zugeführt werden. Beim Fotoeffekt scheint es also auf die *Art* des Lichts, sprich: auf seine Frequenz bzw. Wellenlänge anzukommen, nicht aber auf die *Intensität*, die Helligkeit.

2. Versagen des Wellenmodells

Zeigt das Hallwachs-Experiment schon Quantenphysik? Nun, prinzipiell ist auch eine Lichtwelle, da sie ja Energie transportiert, in der Lage, Elektronen aus einer Metalloberfläche herauszulösen. Die Lichtwelle zwingt die Elektronen zum „Mitschwingen" und überträgt dadurch Energie auf die Teilchen. Was wäre aber genau zu erwarten, wenn sich Licht wie eine Welle verhielte?

- Die Elektronen benötigen eine bestimmte Mindestenergie, um das Metall verlassen zu können. Diese Energie sollte die Lichtwelle aber auf jeden Fall zur Verfügung stellen können – man muss die Metallplatte nur lange genug bestrahlen. Ist die Intensität der einfallenden Strahlung schwach, dauert es zwar länger als bei starker Intensität, nach einer gewissen Zeit hätten die Elektronen aber soviel Energie „gesammelt", dass sie sich ablösen können.
- Die Frequenz, so erwarten wir, sollte keine Rolle spielen, sondern allein die Intensität der einfallenden Strahlen. Ganz analog zur Akustik: Wenn wir brüllen, transportieren wir Schallenergie, egal ob wir nun mit hoher oder mit tiefer Stimme brüllen.

Im Hallwachs-Experiment beobachten wir jedoch das Gegenteil:
- Bei der Bestrahlung mit sichtbarem Licht aus der Glühkampe werden überhaupt keine Elektronen emittiert, egal welche Intensität das Licht hat. Man könnte zehn Bauscheinwerfer einsetzen – nichts würde passieren.
- Hochfrequentes UV-Licht hingegen ist in der Lage, Elektronen aus der Metalloberfläche zu lösen, selbst wenn wir zwischen Lampe und Platte eine Blende stellen und die Blendenöffnung verkleinern, also die Intensität reduzieren. Auch beobachten wir bei schwacher Intensität keine Zeitverzögerung beim Rückgang des Elektrodenausschlags, wie es klassisch zu erwarten wäre.

Das bedeutet: Die Frequenz spielt im Hallwachs-Experiment eine entscheidende Rolle, die Intensität jedoch nicht. Hier gerät das Wellenmodell des Lichts in Erklärungsnot → **Vertiefung 2**. Bevor wir gleich erläutern, wie EINSTEIN den Widerspruch löste, müssen wir zunächst das → **elektrische Feld** (S. 162) besser verstehen, das bei weiteren Experimenten eine wichtige Rolle spielt.

> **Merksatz**
>
> Nicht sichtbares Licht, wohl aber UV-Licht, ist in der Lage, Elektronen aus einer Metalloberfläche zu lösen. Dabei spielt die Intensität der Strahlung keine Rolle. Diese Beobachtungen sind mit dem Wellenmodell des Lichts nicht erklärbar.

Vertiefung 1

Äußerer und innerer Fotoeffekt

Das im Hallwachs-Experiment auftretende Phänomen, dass Elektronen bei Bestrahlung mit Licht aus der Oberfläche von Festkörpern (z. B. Metallen) austreten können, wird als *äußerer* Fotoeffekt bezeichnet. Naheliegenderweise gibt es dann auch einen *inneren* Fotoeffekt. Dabei verlassen Elektronen im Inneren eines Festkörpers ihre Bindung und stehen anschließend als Leitungselektronen zur Verfügung, ohne den Festkörper zu verlassen. Der innere Fotoeffekt ist dafür verantwortlich, dass bestimmte Halbleiter, wenn sie mit Licht bestrahlt werden, besser leiten, aber auch, dass Fotodioden überhaupt erst leitend werden, wenn sie mit Licht bestrahlt werden. Der Effekt bildet damit die Basis u. a. für Solarzellen, die Sonnenlicht in elektrische Energie umwandeln, und Digitalkameras, die mithilfe von Licht elektrische Impulse erzeugen.

Vertiefung 2

Klassisches Wellenmodell

Nach dem klassischen Wellenmodell müsste sich die von einer Lampe ausgehende Lichtenergie auf Wellenfronten gleichmäßig über die Elektronen der aufgeladenen Zinkplatte verteilen und diese zum Schwingen anregen. Man müsste nur lange genug warten, bis die Elektronen genügend Energie aus der Lichtwelle aufgesammelt hätten, um sich von der Platte abzulösen. Die dann noch vorhandene überschüssige Bewegungsenergie der Elektronen sollte mit wachsender Lichtintensität zunehmen.

Stattdessen entlädt sich die Platte mehr oder weniger sofort, und zwar unabhängig von der Intensität – oder aber es passiert gar nichts, wenn man das falsche Licht, also keine UV-Strahlung, nimmt. Das Wellenmodell versagt zur Bescheibung des beobachteten Effekts.

Damit war der Fotoeffekt einer der ersten experimentellen Hinweise für die Richtigkeit der im Jahr 1900 durch Max PLANCK aufgestellten Quantenhypothese.

Interessantes

Von PLANCK …

Als Max PLANCK sich Ende des 19. Jahrhunderts damit beschäftigte, welche Beziehung zwischen der Temperatur, der Farbe und der Intensität des Lichts besteht, das von einem schwarzen Körper abgestrahlt wird, hatte das einen ganz praktischen Hintergrund. Die aufstrebende Beleuchtungsindustrie begann damals darunter zu leiden, dass es keine Norm für die Helligkeit gab. Wie sollten deutsche Unternehmen effizientere Leuchtmittel als die amerikanische und britische Konkurrenz herstellen können, wenn sie nicht messen können, worin sich bessere von schlechteren Glühlampen unterscheiden?

Nicht zuletzt durch die Gründung der Physikalisch-Technischen Reichsanstalt in Berlin-Charlottenburg im Jahr 1887 wurde die Suche nach der Lösung des **Schwarzkörperproblems** intensiviert, die experimentellen Daten wurden immer besser. Allein – es fehlte die richtige Formel.

1893 gelang ein erster Meilenstein: Wilhelm WIEN leitete eine mathematische Beziehung zwischen der Verteilung der Schwarzkörperstrahlung (s. S. 142) und der Temperatur ab. Er fand heraus, dass bei steigender Temperatur eines Körpers die Frequenz des Strahlungsmaximums immer größer bzw. die Wellenlänge immer kleiner wird. Drei Jahre später formulierte WIEN ein Verteilungsgesetz, das die Strahlung in Abhängigkeit von der Wellenlänge beschreibt, also eine Lösung für das Schwarzkörperproblem liefert. Präzisionsmessungen zeigten jedoch, dass zwar bei kleinen Wellenlängen das WIEN'sche Verteilungsgesetz mit den Daten übereinstimmte, bei größeren Wellenlängen hingegen von ihnen abwich. Ein anderes Verteilungsgesetz von dem englischen Physiker John William STRUTT, Dritter Baron RAYLEIGH (später korrigiert von James JEANS) zeigte genau das umgekehrte Verhalten: Bei großen Wellenlängen gab die Formel die Daten wieder, versagte aber bei kurzen Wellenlängen im Ultraviolettbereich des Spektrums – obwohl das Rayleigh-Jeans-Gesetz konsequent aus den Gesetzen der klassischen Physik abgeleitet war. Laut Rayleigh-Jeans-Gesetz müsste die Strahlung bei Ultraviolettwellenlängen extrem intensiv sein, in der Realität ist bei solchen Wellenlängen jedoch nichts mehr zu messen: Die Strahlung nimmt bei kleinen Wellenlängen stark ab.

Auch PLANCK hielt die Formel von WIEN zunächst für die richtige. Wie andere Physiker auch, die sich mit dem Strahlungsproblem beschäftigten, betrachtete er einen leuchtenden Körper als Ansammlung von atomaren Oszillatoren, die in bestimmten Frequenzen schwingen, wie masselose Federn von unterschiedlicher Steifigkeit. An ihren Enden sitzt jeweils eine elektrische Ladung, die beim Schwingen Strahlung abgibt und aufnimmt. Im Laufe der Zeit bildet sich dann bei einer gegebenen Temperatur ein thermisches Gleichgewicht zwischen strahlenden und absorbierenden Oszillatoren und der Strahlungsenergie im Hohlraum aus.

Doch wie verteilt sich die verfügbare Energie auf die Oszillatoren? Hier wich PLANCK nun von Wien ab und wählte in einem „Akt der Verzweiflung" den Ansatz, dass der Energieaustausch zwischen den Oszillatoren in der Umrandung des Hohlraums und dem elektromagnetischen Strahlungsfeld nicht kontinuierlich, sondern in Form kleiner Energiepakete stattfindet, die zur Schwingungsfrequenz proportional sind. Die Proportionalitätskonstante, die PLANCK einführte, wurde zu einer der berühmtesten Konstanten der Physik: das **Wirkungsquantum**, abgekürzt mit h. Für PLANCK war seine seltsame Annahme nur ein mathematischer Kunstgriff und keine „echte" Physik – schließlich ist die Energie in der klassischen Physik eine kontinuierliche und beliebig teilbare Größe. Doch seine **Strahlungsformel** für die Energieverteilung $\rho(T, f)$ der Schwarzkörperstrahlung,

$$\rho(T, f) = \frac{8\pi \cdot f^2}{c^3} \cdot \frac{h \cdot f}{e^{h \cdot f / (k_B \cdot T)} - 1},$$

passte exakt zu den Daten und stimmte bei kleinen Wellenlängen mit der Formel von WIEN und bei großen Wellenlängen mit dem Rayleigh-Jeans-Gesetz überein. Und sie war ein wichtiger Schritt auf dem Weg zur Quantentheorie und damit ohne Zweifel „echte" Physik.

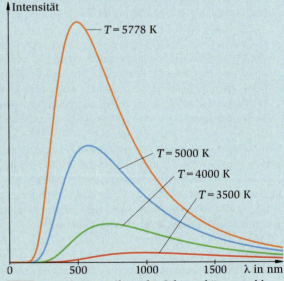

B1 Intensitätsverteilung der Schwarzkörperstrahlung bei verschiedenen Temperaturen

... zu PLANCK

Ideale schwarze Körper, für die das plancksche Strahlungsgesetz exakt gilt, sind Modellobjekte, die es in der Natur nicht gibt. Reale Körper reflektieren immer Licht. Hohlraumkörper stellen eine gute Näherung für schwarze Körper dar, aber auch das Leuchten einer Glühlampe oder der Sonne kann gut als Strahlung eines schwarzen Körpers beschrieben werden. Da für diesen die Strahlungsverteilung nur von der Temperatur abhängt, kann man aus dem Spektrum eines solchen Körpers auf seine Temperatur rückschließen. Daher wissen wir, dass die Oberfläche der Sonne etwa $T \approx 5800\,\text{K}$ heiß ist → B1.

Das genaueste jemals gemessene Schwarzkörperspektrum stammt aber nicht von einem Stern und auch nicht aus einem irdischen Labor, sondern aus dem Universum! Das Weltall ist nämlich in jede Richtung des Himmels von der **kosmischen Hintergrundstrahlung** ausgefüllt, die inzwischen von mehreren Satellitenmissionen vermessen wurde und perfekt zur planckschen Strahlungsformel passt → B2.

Doch woher stammt die Hintergrundstrahlung? Nachdem Edwin HUBBLE 1929 entdeckt hatte, dass sich die Galaxien im Universum voneinander entfernen, setzte sich in der Astronomie nach und nach die Erkenntnis durch, dass sich unser Universum aus einem extrem heißen und dichten Anfangszustand, dem sogenannten **Urknall,** entwickelt hat und seitdem expandiert. In den 1940er-Jahren dachten Physiker darüber nach, was genau bei dieser Expansion passiert. Sie fanden unter anderem heraus, dass das Universum bereits wenige Minuten nach dem Urknall durch die Ausdehnung so weit abgekühlt sein musste, dass aus der „Ursuppe" Wasserstoff und Helium entstanden – und zwar in einem bestimmten Verhältnis. Dass man dieses Wasserstoff-Helium-Verhältnis im Universum tatsächlich beobachten kann, gilt als mächtige Säule des Urknallmodells. Allerdings lag die Materie zunächst als Plasma aus Atomkernen und Elektronen vor, für gebundene Atome war es noch zu heiß. Außer diesem Plasma gab es noch Strahlung im frühen Universum, die sich aber im dichten Plasma nicht weit ausbreiten konnte. Doch etwa 300 000 Jahre nach dem Urknall, so berechneten Ralph ALPHER und Robert HERMANN 1948, hatte das Universum eine Temperatur von 3000 K erreicht, bei der sich aus dem Plasma neutrale Atome bilden konnten (heute geht man von 380 000 Jahren aus). Man bezeichnet diese Phase als Rekombination. Nun konnte sich die Strahlung ungehindert ausbreiten – das Universum war durchsichtig geworden. ALPHER und HERMANN rechneten zudem aus, dass diese Strahlung damals eine Wellenlänge von etwa einem Tausendstel Millimeter hatte und auch heute noch überall im Weltall vorhanden sein muss, allerdings – wegen der Expansion – eine Wellenlänge von ungefähr einem Millimeter haben müsste. Diese Schlussfolgerung war insofern bemerkenswert, da sie eine echte Vorhersage darstellte: Wenn Urknall, dann Hintergrundstrahlung.

1963 wurde die Hintergrundstrahlung tatsächlich nachgewiesen, wenn auch eher zufällig. Um sie genau zu vermessen, wurde 1989 COBE gestartet, der schließlich die fantastische Messkurve in → B2 aufnahm, die das Spektrum eines schwarzen Körpers der Temperatur 2,725 K darstellt. Auf der Erde ist die Hintergrundstrahlung wirklich vollkommen gleichmäßig verteilt, die Messungen von COBE und seinen Nachfolgesatelliten WMAP und PLANCK zeigen winzige Abweichungen in der Größenordnung 0,001 % von der Gleichförmigkeit → Bild. Diese Fluktuationen haben ihren Ursprung im ganz frühen Universum und sind letztendlich der Grund, dass es uns gibt. Denn wenn die Materie zur Zeit der Rekombination wirklich vollkommen gleichförmig gewesen wäre (und damit auch die Hintergrundstrahlung), hätten sich keine größeren Strukturen – Galaxien, Sterne, Planeten – bilden können.

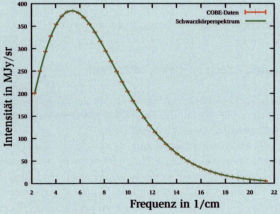

B2 Spektrum der Hintergrundstrahlung, gemessen vom COBE-Satelliten. Die Daten (+) liegen perfekt auf der theoretischen Kurve. Die Fehlerbalken sind kleiner als die Kurvendicke!

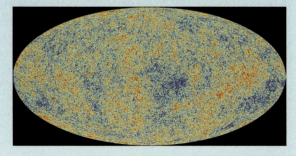

Das elektrische Feld

1. Das elektrische Feld strukturiert den Raum um Ladungen

Positive und negative Ladungen ziehen sich gegenseitig an. Ob dabei auch etwas im Zwischenraum vorhanden ist, sehen wir mit unseren Augen nicht. Bringen wir aber geladene Watteflocken mit der Probeladung q dorthin, so fliegen diese von einer Kugel zur anderen, auf gekrümmten Linien, die wir **elektrische Feldlinien** nennen → **V1**. Die Watteflocken erfahren Kräfte tangential zu diesen Feldlinien. Der Raum, den die Feldlinien durchsetzen, heißt **elektrisches Feld**. Elektrische Felder sind dreidimensional, d. h. die Kräfte wirken nicht nur in der Ebene, die in der Zeichnung dargestellt ist.

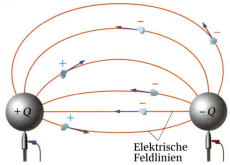

V1 Mit einem Hochspannungsnetzgerät werden zwei Kugeln entgegengesetzt aufgeladen. Im Umfeld ihrer Ladungen ± Q fliegen Watteflocken auf gekrümmten Bahnen hin und her. Bei + Q erhalten die Flocken kleine positive, bei − Q kleine negative Probeladungen q.

Die Feldlinien liegen an den geladenen Kugeln dichter beisammen als weitab von ihnen. Da die Watteflocken dort auch stärkere Kräfte erfahren, können wir sagen: Das Feld ist an Stellen größerer Feldliniendichte stärker. Dies kennen wir schon vom Magnetfeld.

Eine andere Veranschaulichung der Feldstruktur gelingt mit Grieß und Rizinusöl → **V2** und → **B1a**.

Zeichnet man Feldlinienbilder, so gibt man mit Pfeilen die Richtung der Feldkraft auf eine positive Probeladung an → **B1b,c**. Die Feldkräfte, welche negativ geladene Probekörper erfahren, sind der so festgelegten Feldlinienrichtung entgegen gerichtet.

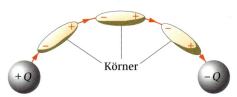

V2 Grießkörner in Rizinusöl: Durch das elektrische Feld werden in den Körnern Ladungen verschoben. Ähnlich wie kleine Kompassnadeln im Magnetfeld drehen sich die Körner und ordnen sich entlang der Feldlinien an.

Eine wichtige Feldform finden wir zwischen zwei parallelen, einander gegenüber stehenden Metallplatten. Wenn sie entgegengesetzt geladen sind, bilden sie einen sogenannten **Plattenkondensator**. Zwischen ihnen haben wir ein homogenes Feld, in dem die Feldlinien parallel zueinander von der einen Platte zur anderen laufen → **B1c**. Eine Probeladung erfährt in ihm überall Kräfte gleicher Richtung. Da die Feldliniendichte überall gleich ist, ist das Feld überall gleich stark. Am Rand sind die Feldlinien nach außen gebogen; das Randfeld ist inhomogen.

> **Merksatz**
>
> Ladungen sind von elektrischen Feldern umgeben. In ihnen erfahren Probeladungen Feldkräfte tangential zu den elektrischen Feldlinien. Positive Ladungen erfahren Kräfte in Richtung der Feldlinien, negative ihnen entgegen.

2. Ortsfaktoren – auch im elektrischen Feld

Wir kennen das Gravitationsfeld der Erde. Mit dem Ortsfaktor g beschreiben wir seine Stärke und berechnen die Gewichtskraft, die dort Körper der Masse m erfahren, mit $G = m \cdot g$.

Im elektrischen Feld erfährt ein Körper nicht aufgrund seiner Masse eine Kraft. Die entscheidende Eigenschaft ist vielmehr seine Ladung. Wir untersuchen, ob analog zum Gravitationsfeld der Betrag der Feldkraft $\vec{F}$, die ein geladener Körper erfährt, proportional zu seiner Ladung q ist.

Dazu messen wir die (kleine) Kraft auf eine geladene Metallkugel im elektrischen Feld eines Kondensators → **Vertiefung**. Hierbei bestätigt sich tatsächlich die Proportionalität zwischen Betrag der Kraft und Ladung.

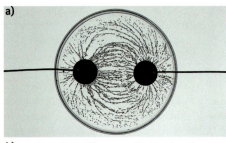

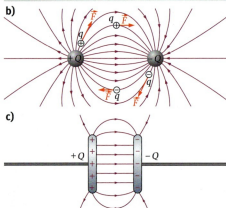

B1 a) und b) Feld zwischen zwei entgegengesetzt geladenen Kugeln, c) homogenes Feld

Dies leuchtet ein: Würde man die Kugel halbieren, so trüge jede Hälfte nur noch die halbe Ladung. Auf jede Kugelhälfte wirkte aber auch nur die halbe Kraft.

Folglich ist der Quotient $E = F/q$ von der kleinen Probeladung q unabhängig, analog zum Ortsfaktor $g = G/m$ im Gravitationsfeld, der unabhängig von m ist. Wir werden das Feld als stärker ansehen, in dem eine gleich große Probeladung die größere Kraft erfährt. Dann ist auch der Quotient $E = F/q$ größer. E ist also eine Größe, die zur Kennzeichnung der Stärke von elektrischen Feldern geeignet ist.

Als Richtung dieser neuen Größe legen wir die Richtung der Kraft auf eine positive Probeladung fest. Der Vektor $\vec{E} = \frac{1}{q} \cdot \vec{F}$ wird **elektrische Feldstärke $\vec{E}$** genannt.

Jedem Punkt eines Feldes schreiben wir eine Feldstärke auch dann zu, wenn sich in ihm keine Probeladung befindet. Im homogenen Feld eines Kondensators hängen Betrag und Richtung der Feldstärke nicht vom Ort ab.

Merksatz

Der Betrag der Feldstärke $\vec{E}$ in einem Feldpunkt ist der von der Probeladung q unabhängige Quotient

$$E = \frac{F}{q} \quad \text{mit der Einheit: } [E] = 1\,\frac{\text{N}}{\text{C}}.$$

Die Richtung von $\vec{E}$ ist die Richtung der Kraft $\vec{F}$ auf eine positive Probeladung.

A1 **a)** Berechnen Sie den Betrag der Kraft, die eine Ladung von 10 nC in einem Feld der Stärke 10 kN/C erfährt. **b)** Auf eine Ladung wirkt in diesem Feld die Kraft 10 μN. Bestimmen Sie die Größe der Ladung.

A2 Ein Wattestück hat die Masse 0,010 g und die Ladung −0,10 nC. Berechnen Sie die Stärke eines elektrischen Feldes, in dem das Wattestück schwebt. Geben Sie die Richtung der Feldlinien an.

A3 Vergleichen Sie Kraftwirkungen im elektrischen Feld und im Gravitationsfeld.

A4 Ein Probekörper mit der Ladung $q_1 = 1,0$ nC erfährt im Feld 1 die Kraft vom Betrag $F_1 = 0,10$ mN, ein Probekörper mit der Ladung $q_2 = 3,0$ nC im Feld 2 die Kraft vom Betrag $F_2 = 0,20$ mN. Vergleichen Sie die beiden Felder.

A5 Ein elektrisches Gewitterfeld mit der Feldstärke $E = 3,2 \cdot 10^6$ N/C verlaufe vertikal nach unten. Ein Regentröpfchen von 1 mm Radius sei negativ geladen. Bestimmen Sie die Masse des Tröpfchens und die Ladung, die es haben müsste, damit die elektrische Feldkraft der Gewichtskraft das Gleichgewicht hält. Muss dabei das Tröpfchen in Ruhe sein oder kann es sich auch bewegen?

A6 Begründen Sie, dass sich der Betrag der elektrischen Feldkraft auf einen geladenen Probekörper nicht als Maß für die Stärke eines elektrischen Feldes eignet.

Vertiefung

Probeladung im Kondensatorfeld

Um die Kraft auf eine kleine, geladene Metallkugel im homogenen Feld eines Plattenkondensators zu bestimmen, befestigen wir die Kugel mit einem Stiel an einem elektronischen Kraftmesser. Der Betrag der in Richtung der Feldlinien auf die geladene Kugel wirkende Kraft wird vom Computer angezeigt. Nach der Kraftmessung wird die Kugel aus dem Kondensatorfeld entfernt. Mit einem Messverstärker wird die Ladung q bestimmt. Für eine erneute Kraftmessung wird die Kugelladung durch Berühren mit einer neutralen, gleichartigen Kugel halbiert.

Wir erhalten die folgende Tabelle:

F in mN	q in nC	$E = F/q$ in N/C
0,62	6,60	93 939
0,29	3,60	80 556
0,15	1,50	100 000
0,07	0,68	102 941

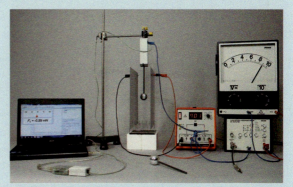

B2 Sensor mit Computer zur Kraftmessung (links), Ladungsmessanordnung (rechts); der Kondensator ist mit der Hochspannungsquelle verbunden.

Der Quotient F/q in der dritten Spalte zeigt, dass der Betrag der Kraft $\vec{F}$ auf die Kugel im Rahmen der Messgenauigkeit zur Ladung q proportional ist.

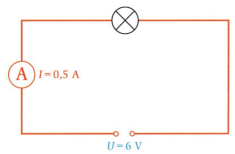

V1 Vergleichsstromkreis mit einer Lampe. Die Spannung beträgt 6 V, die Stromstärke 0,5 A.

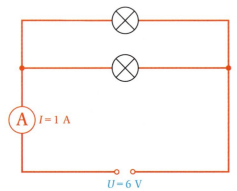

V2 Schaltet man eine zweite Lampe parallel, wächst die Stromstärke bei gleicher Spannung auf 1 A. Die Lampen leuchten so hell wie in → V1.

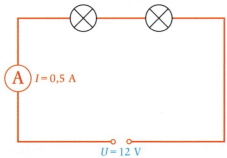

V3 Schaltet man beide Lämpchen in Reihe, so muss die Spannung auf 12 V vergrößert werden, damit jede so hell wie in → V1 leuchtet. Die Stromstärke beträgt dann 0,5 A.

Beispiel **Leistung eines Lämpchens**

Ein Glühlämpchen trägt die Aufschrift 3,5 V; 0,2 A. Pro Minute wird in ihm eine Energie von $W = U \cdot I \cdot t = 3{,}5 \text{ V} \cdot 0{,}2 \text{ A} \cdot 60 \text{ s} = 42 \text{ J}$ gewandelt. Das Lämpchen hat eine Leistung von $P = W/t = U \cdot I = 3{,}5 \text{ V} \cdot 0{,}2 \text{ A} = 0{,}7 \text{ W}$.

3. Die elektrische Spannung

Bisher haben wir uns damit beschäftigt, wie man ein elektrisches Feld beschreiben kann. Im Folgenden soll es darum gehen, wie ein solches Feld entsteht. Wir wissen bereits, dass wir zwischen den geladenen Platten eines Plattenkondensators ein elektrisches Feld haben. Dazu ist es nötig, eine Spannung an die Platten zu legen. Es ist naheliegend, dass die elektrische Feldstärke mit der Größe dieser Spannung zusammenhängt. Wir werden uns daher zunächst einmal in Erinnerung rufen, wie wir die Spannung in der Mittelstufe definiert haben.

Damals haben wir uns überlegt, wie die Größen Leistung, Stromstärke und Spannung zusammenhängen. Dazu wählten wir einen einfachen Stromkreis mit einem Glühlämpchen als Vergleichsstromkreis → V1.
Um die doppelte Leistung zu erhalten, schalteten wir zwei baugleiche Lämpchen einmal parallel und das andere Mal in Reihe → V2, → V3. Dabei achteten wir darauf, dass die Lämpchen genauso hell leuchten wie das Lämpchen im Vergleichsstromkreis.

Was hatte sich dabei in den Stromkreisen gegenüber dem Vergleichsstromkreis verändert? Bei der Parallelschaltung hatte sich die Stromstärke bei gleicher Spannung verdoppelt. Bei der Reihenschaltung mussten wir die doppelte Spannung einstellen. Die Stromstärke war genau so groß wie im Vergleichsstromkreis.

Das Experiment ließe sich fortsetzen, indem man n baugleiche Lämpchen parallel oder in Reihe schaltet. Die n-fache Leistung wird dabei durch die n-fache Stromstärke bzw. Spannung erreicht. Daher gilt:
Bei konstanter Spannung ist die Leistung P proportional zur Stromstärke I:

$$P \sim I.$$

Bei konstanter Stromstärke ist die Leistung P proportional zur Spannung U:

$$P \sim U.$$

Ändern sich gegenüber dem Vergleichsstromkreis sowohl Spannung als auch Stromstärke, so ist die Leistung proportional zum Produkt aus Spannung und Stromstärke:

$$P \sim U \cdot I.$$

Wird die Energie mit konstanter Leistung gewandelt, dann ist die gewandelte Energie auch zur Zeit t proportional, also insgesamt zum Produkt $U \cdot I \cdot t$. Es gilt also für die Wandlung elektrischer Energie:

$$W \sim U \cdot I \cdot t.$$

Die Einheit der Spannung 1 V (**Volt**) hat man so festgelegt, dass der Proportionalitätsfaktor zwischen W und $U \cdot I \cdot t$ genau 1 ist. Man definierte: Die elektrische Spannung U einer Quelle ist der Quotient aus der Energie W, die über einen Stromkreis abgegeben wird, und dem Produkt aus der dafür benötigten Zeit t und der Stromstärke I:

$$U = \frac{W}{I \cdot t}.$$

Das Produkt aus Stromstärke I und Zeit t ist gleich der in der Zeit t durch einen Leiterquerschnitt fließenden Ladung Q: $Q = I \cdot t$. Daher gilt auch: Die Spannung ist der Quotient aus der Energie W, die in einem Stromkreis gewandelt wird, und der dabei durch einen Leiterquerschnitt fließenden Ladung Q:

$$U = \frac{W}{Q}.$$

Für die Einheit Volt gilt: $1\text{ V} = 1\,\dfrac{\text{J}}{\text{As}} = 1\,\dfrac{\text{J}}{\text{C}}$.

Merksatz

Die elektrische Spannung U einer Quelle ist der Quotient aus der Energie W, die in einer bestimmten Zeit über einen Stromkreis abgegeben wird, und der in derselben Zeit durch einen Leiterquerschnitt fließenden Ladung Q:

$$U = \frac{W}{Q} \quad \text{mit der Einheit} \quad 1\text{ V} = 1\,\frac{\text{J}}{\text{C}}.$$

4. Spannung und Feldstärke im homogenen Feld

Wir untersuchen nun, wie die elektrische Feldstärke E des homogenen Feldes im Inneren eines Plattenkondensators von der an den Platten anliegenden Spannung U abhängt.

Dazu betrachten wir einen Plattenkondensator mit dem Plattenabstand d, zwischen dessen Platten eine Spannung U liegt → **B1a**. Wird eine negative Ladung $-q$ gegen die konstante Feldkraft $\vec{F}$ von der positiven zur negativen Platte transportiert, muss dazu die Energie $W_1 = F \cdot d = q \cdot E \cdot d$ aufgebracht werden.

Dieselbe Ladung $-q$ soll nun in einem einfachen Stromkreis mit einer Quelle der Spannung U durch einen Leiterquerschnitt fließen → **B1b**. Dabei wird die Energie $W_2 = q \cdot U$ gewandelt.

Die beiden Energien W_1 und W_2 müssen gleich groß sein: $W_1 = W_2$. Wäre dies nicht der Fall, könnte man nämlich dauerhaft Energie gewinnen oder verlieren, indem man die Ladung zunächst in einem Plattenkondensator von der positiven zur negativen Platte bringt und sie anschließend über ein Lämpchen zurückfließen lässt.
Aus $W_1 = W_2$ ergibt sich

$$q \cdot E \cdot d = q \cdot U, \quad \text{also} \quad E = \frac{U}{d}.$$

Das bedeutet, dass die Feldstärke im Inneren eines Plattenkondensators gleich dem Quotienten aus angelegter Spannung und Plattenabstand ist. Sie ist so leicht messbar.

Merksatz

Die elektrische Feldstärke E im homogenen Feld eines Kondensators mit Plattenabstand d und angelegter Spannung U ist

$$E = \frac{U}{d} \quad \text{mit der Einheit} \quad 1\,\frac{\text{V}}{\text{m}} = 1\,\frac{\text{N}}{\text{C}}.$$

Unsere Überlegungen zum Energieumsatz im elektrischen Feld werden bei der quantitativen Untersuchung des Fotoeffekts nützlich sein. Dort wird die Energieformel $W = q \cdot U$ auch im elektrischen Feld benötigt.

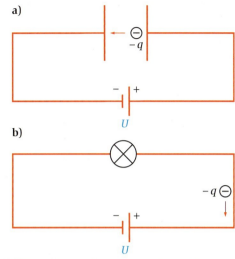

B1 a) Eine Ladung $-q$ wird von der positiven Platte zur negativen Platte transportiert.
b) Dieselbe Ladung $-q$ fließt durch einen Leiterquerschnitt in einem einfachen Stromkreis.

Beispiel Feldstärke in einem Kondensator

Bei einem Plattenkondensator mit $d = 0{,}060$ m wird $U = 6{,}0$ kV angelegt. Die Feldstärke ist dann $E = U/d = 1{,}0 \cdot 10^5$ V/m. Misst man die Kraft auf einen geladenen Metalllöffel ($q = 5{,}2 \cdot 10^{-9}$ C) mit einem elektronischen Kraftmesser, so erhält man $F = 5{,}0 \cdot 10^{-4}$ N und damit $E = F/q = 0{,}96 \cdot 10^5$ N/C in guter Übereinstimmung mit dem aus Spannung und Plattenabstand ermittelten Wert.
Je nach Rechnung bekommen wir für E die Einheit V/m oder N/C. Diese lassen sich ineinander überführen:

$$1\,\text{V/m} = 1\,\frac{\text{J}}{\text{Cm}} = 1\,\frac{\text{Nm}}{\text{Cm}} = 1\,\frac{\text{N}}{\text{C}}.$$

A1 Eine Energiesparlampe trägt die Aufschrift 230 V; 13 W.
a) Erklären Sie, was die Aufschrift bedeutet.
b) Berechnen Sie die Stromstärke, die sich ergibt, wenn man die Lampe bei ihrer Nennspannung betreibt.

A2 Ein Lämpchen trägt die Aufschrift 2 W. Planen Sie ein Experiment, mit dem Sie die Aufschrift überprüfen können.

A3 Zwischen zwei Kondensatorplatten mit 2,0 cm Abstand liegt die Spannung 1,0 kV. Berechnen Sie die Feldstärke sowie die Kraft auf eine Probeladung $q = 10$ nC. Bestimmen Sie die Energie, welche mittels der Feldkraft beim Transport von der einen zur anderen Platte übertragen wird. Prüfen Sie die Spannungsangabe mit $U = W/q$ nach.

Fotoeffekt II

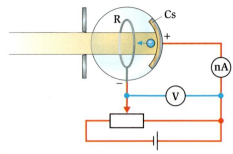

V1 Wir legen veränderliche Spannungen U zwischen den Ring R und das mit Licht der Frequenz f bestrahlte Cs-Metall einer Fotozelle. Da R am Minuspol liegt, wirkt U als „Gegenspannung" dem Fluss der Fotoelektronen von Cs nach R entgegen. U wird nun so lange erhöht, bis bei einem bestimmten Wert U_0 das Amperemeter keinen Stromfluss mehr anzeigt, d. h.: $I_F = 0$ für $U \geq U_0$.

Farbe	λ in nm	f in 10^{14} Hz	U_0 in V	W_B in eV
gelb	578	5,19	0,13	0,13
grün	546	5,50	0,27	0,27
blau	436	6,88	0,81	0,81
violett	405	7,41	1,02	1,02

T1 Wir messen die Gegenspannung U_0 und damit die Bewegungsenergie der Elektronen $W_B = e \cdot U_0$ im Experiment mit Cs als Kathodenmaterial. U_0 bzw. W_B hängen von der Wellenlänge λ bzw. der Frequenz f des Lichts der Quecksilberdampflampe ab.

Stoff	f_{gr} in 10^{14} Hz	W_A in eV
Caesium	4,7 (orange)	1,93
Natrium	5,5 (grün)	2,28
Zink	10,3 (UV)	4,27
Platin	13,0 (UV)	5,36

T2 Grenzfrequenz f_{gr} des Lichts und Ablösearbeit W_A für einige Kathodenmaterialien

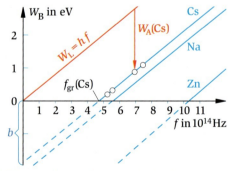

B1 Metalle werden mit Spektrallinien verschiedener Frequenzen f bestrahlt → **V1**: W_B steigt *linear* mit f an.

1. Fotoeffekt in der Fotozelle

Im Vakuum einer **Fotozelle** untersuchen wir den Fotoeffekt nun genauer. Insbesondere interessieren wir uns für die Energie der freigesetzten Elektronen. Um sie zu untersuchen, schalten wir zwischen die Ringanode (R) und die Caesiumkathode (Cs) eine variable Spannungsquelle, deren Minuspol am Ring R anliegt. Werden in der Cs-Kathode, die die Rolle der Zinkplatte aus dem Hallwachs-Experiment übernimmt, Elektronen freigesetzt, dann werden sie im elektrischen Feld zwischen Anode und Kathode abgebremst → **V1**. Zusätzlich bauen wir ein Amperemeter (mit Messverstärker) ein, das den sogenannten **Fotostrom** misst.

Was beobachten wir?
- Fällt Licht auf die Fotozelle und ist die Gegenspannung null oder sehr klein, zeigt das Amperemeter einen Ausschlag an – es existiert ein Fotostrom. Nun erhöhen wir die Gegenspannung U. Die Fotostromstärke I_F wird immer kleiner, bis sie bei U_0 schließlich null wird.
- Ändern wir die Frequenz des Lichts, also seine Farbe, ändert sich auch U_0 → **T1**. Mit violettem Licht ist U_0 am größten, mit abnehmender Frequenz wird U_0 kleiner. Haben wir das sichtbare Spektrum schließlich bis zu Orange „durchgefahren", brauchen wir keine Gegenspannung mehr: Unterhalb der **Grenzfrequenz** $f_{gr} = 4{,}7 \cdot 10^{14}$ Hz gibt es bei Verwendung von Cs als Kathodenmaterial sowieso keinen Fotostrom mehr, d. h. es werden keine Elektronen ausgelöst. Für andere Metalle hat die Grenzfrequenz einen anderen Wert, sie ist materialabhängig → **T2**.

2. Einsteins Lichtquantenhypothese

Dass bei der Gegenspannung U_0 schließlich kein Fotostrom mehr nachweisbar ist, bedeutet, dass auch die schnellsten Elektronen die Ringanode nicht mehr erreichen. Ihre Bewegungsenergie reicht nicht aus, um das Gegenfeld zu durchlaufen. Die Messung zeigt nun, dass U_0 bzw. die maximale Bewegungsenergie der Elektronen $W_B = e \cdot U_0$ von der Frequenz abhängt → **T1**: Für blaues Licht finden wir $W_B = 0{,}81$ eV (zur Einheit eV → **Beispiel**), für gelbes Licht $W_B = 0{,}13$ eV. Da U_0 mit der Frequenz f der einfallenden Strahlung linear ansteigt, können wir folgende Geradengleichung aufstellen:

$$W_B = e \cdot U_0 = h \cdot f - b,$$

wobei h die Steigung der Geraden und $-b$ der Achsenabschnitt ist. Die Steigung ist dabei für alle Metalle, die in der Fotozelle eingesetzt werden, gleich → **B1**.

Alle drei Terme W_{max}, $h \cdot f$ und $-b$ stellen Energieterme dar. Das spektakulär Neue steckt in dem Term $h \cdot f$. Er hängt nur vom eingestrahlten Licht, nämlich von dessen Frequenz, ab. Es war Albert EINSTEIN, der diesen Term interpretierte und eine neue Theorie des Lichts vorschlug. Er postulierte, dass Licht tatsächlich durch winzig kleine Lichtquanten – wir nennen sie heute **Photonen** – übertragen wird. Unter dieser Annahme stellt der Term $W_L = h \cdot f$ gerade die Energieportion dar, die Licht mit der Frequenz f an jeweils *ein* Elektron im Metall abgibt. *Ein* Elektron wird also durch *ein* Photon herausgeschlagen, wobei nur die Energie des Photons eine Rolle spielt.

Fotoeffekt II

Erhöht man die Intensität des Lichtstrahls, steigt zwar die Anzahl der Photonen im Lichtstrahl, die Energie eines einzelnen Photons ändert sich jedoch nicht. Deshalb hängt die Energie der Elektronen zwar von der Frequenz des Lichts, nicht aber von dessen Intensität ab. Dies widerspricht eindeutig der klassischen Physik (Mechanik, Optik, Elektrizitäts- und Wärmelehre). Nach ihr sollte mit der Lichtintensität auch die Energie der Elektronen ansteigen.

Voraussetzung für die Freisetzung eines Elektrons ist jedoch, dass ein Photon mindestens die Energie besitzt, die benötigt wird, um ein Elektron aus der Metalloberfläche der Kathode zu lösen. Man bezeichnet sie als **Ablösearbeit** W_A. Sie hängt vom Metall ab, nicht vom Licht. Die „überschüssige" Photonenenergie trägt das Elektron in Form von Bewegungsenergie W_B davon, es gilt also:

$hf = W_A + W_B$.

Jetzt wird auch klar, warum unterhalb einer Grenzfrequenz f_{gr} keine Elektronen ausgelöst werden: Dann gilt $h \cdot f_{gr} < W_A$ für jedes Photon, und das reicht nicht aus, um die Ablöseenergie aufzubringen, egal wie viele Photonen auf das Metall treffen.

Die Konstante h, also die für alle Geraden gleiche Steigung in → B1, kennzeichnet die neue Physik. Als **Planck-Konstante h** wird sie uns durch die ganze Quantenphysik begleiten. Wir berechnen sie aus unseren Messwerten (z.B. mit Tabellenkalkulation):
$h = 6,4 \cdot 10^{-34}$ Js (genauer: $h = 6,63 \cdot 10^{-34}$ Js).

Merksatz

Licht der Frequenz f gibt an ein Elektron eine bestimmte Lichtportion, ein Lichtquant ab. Dessen Energie W_L ist proportional zur Lichtfrequenz f und unabhängig von der Intensität des Lichts: $W_L = h \cdot f$.
Die Ablöseenergie W_A ist nötig, um ein Elektron vom Metall zu lösen. Die Maximalenergie eines Fotoelektrons beträgt $W_B = hf - W_A$.
Die Planck-Konstante $h = 6,63 \cdot 10^{-34}$ Js $= 4,14 \cdot 10^{-15}$ eV·s ist das Markenzeichen der Quantenphysik und tritt in der klassischen Physik nicht auf.

Beispiel Rechnen mit $W_{max} = hf - W_A$

UV-Licht mit $\lambda = 150$ nm und der Frequenz $f = c/\lambda = 20 \cdot 10^{14}$ Hz fällt auf die Zinkplatte im Hallwachs-Experiment. Dort nimmt ein Elektron das Lichtquant mit der Energie $hf = 6,63 \cdot 10^{-34}$ Js $\cdot$ $20 \cdot 10^{14}$ 1/s auf. Mit der Energieeinheit eV (**Elektronenvolt**) und der Umrechnung 1 eV $= 1$ e $\cdot 1$ V $= 1,602 \cdot 10^{-19}$ As $\cdot 1$ V $= 1,602 \cdot 10^{-19}$ J lässt sich hf auch in der Form $hf = 8,3$ eV angeben. Beim Verlassen verliert das Elektron die Ablöseenergie $W_A = 4,3$ eV. Also verlässt es das Metall mit der Energie $W_B = hf - W_A = 4,0$ eV. Diese Energie hatte das Elektron anfangs als Bewegungsenergie

$\frac{1}{2} m_e v^2 = W_B$

(Elektronenmasse $m_e = 9,1 \cdot 10^{-31}$ kg), also war der Betrag der Elektrongeschwindigkeit

$v = \sqrt{2 \cdot W_B / m_e} = 1,2 \cdot 10^6$ m/s.

A1 a) Berechnen Sie Energie und Geschwindigkeit der schnellsten Fotoelektronen aus mit UV bestrahltem Natrium ($\lambda = 100$ nm). Geben Sie an, wie groß ihre Energie bei der halben Wellenlänge wäre.
b) Wie groß ist die Grenzfrequenz f_{gr}? Begründen Sie!

A2 Man möchte Elektronen mit $v = 10^6$ m/s haben. Begründen Sie, wie man dafür Platin bestrahlen muss. Diskutieren Sie, ob es dabei auf die Intensität des Lichts ankommt.

A3 Erläutern Sie, weshalb die Gefahr für Sonnenbrand in großer Höhe besonders groß ist.

Vertiefung

Kontaktspannung

In unserem Experiment messen wir mithilfe der Gegenspannung die kinetische Energie nicht direkt, da die Elektronen nicht nur die Gegenspannung überwinden müssen, sondern zusätzlich eine Kontaktspannung U_{Kon}, deren Größe sich aus der Differenz der Auslösearbeiten von Anode ($W_{A,A}$) und Kathode ($W_{A,K}$) ergibt, wenn diese aus verschiedenen Materialien bestehen:

$e \cdot U_{Kon} = W_{A,A} - W_{A,K}$.

Der Fotostrom setzt also erst ein, wenn

$W_B = e \cdot U_0 + e \cdot U_{Kon}$

ist. Daraus folgt:

$e \cdot U_0 = W_B - e \cdot U_{Kon}$
$= hf - W_{A,K} - (W_{A,A} - W_{A,K})$
$= hf - W_{A,A}$.

Der Achsenabschnitt b in → B1 gibt also die Ablösearbeit der *Anode* an! Die Kontaktspannung entsteht, weil über die Zuleitungen Elektronen von der Kathode (niedrigere Ablösearbeit) zur Anode (höhere Ablösearbeit) diffundieren, sodass sich auch ohne Gegenfeld eine Spannung aufbaut. Nur wenn die Kontaktspannung verschwindet, messen wir die Austrittsarbeit der Kathode, ansonsten die der Anode (mehr dazu: → www).

Masse und Impuls von Photonen

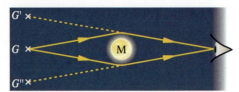

B1 Gravitationslinse: Photonen von der fernen Galaxie G werden zu M hin so abgelenkt, dass man die Galaxie mehrfach sieht, in G' und G''.

B2 Schweif des Kometen Hale-Bopp. Auf dessen Staubteilchen üben Photonen des Sonnenlichts mit ihrem Impuls Stoßkräfte aus.

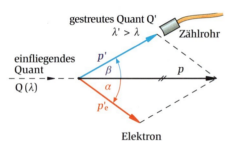

B3 1922 schoss A. H. COMPTON Röntgenquanten (Q) mit Impuls $\vec{p}$ (langer schwarzer Pfeil) auf Elektronen, die in Grafit praktisch *frei* sind. Das getroffene Elektron fliegt von der Stoßstelle unter dem Winkel α mit dem Impuls $\vec{p}'_e$ weg, während das gestreute Quant Q' mit dem Impuls $\vec{p}'$ unter dem Winkel β schräg nach oben fliegt. Da das zunächst ruhende Elektron vom stoßenden Röntgenquant Q die Energie W_e mitbekommt, verbleibt dem wegfliegenden Quant Q' die kleinere Energie $W' = W - W_e$. Es hat gegenüber dem anfliegenden Quant Q die kleinere Frequenz $f' = W'/h$, also eine größere Wellenlänge λ! Das war eine Sensation, denn sichtbares Licht wird an Gegenständen gestreut, ohne dass sich die Wellenlänge bemerkbar ändert.

A1 a) Wie viele Photonen gibt die Sonne je Sekunde ab ($\lambda = 550$ nm; Strahlungsleistung $3{,}9 \cdot 10^{26}$ W)? **b)** Wie viele Photonen gibt eine 100 W-Lampe in 3000 h ab (Wirkungsgrad für Lichtemission 5 %; $\lambda = 500$ nm)? Welche Masse haben sie? Hat die Lampe nach der Abkühlung an Masse verloren? Begründen Sie!

1. Haben Photonen neben Energie auch Masse?

1905 postulierte EINSTEIN die Quantisierung der Lichtenergie: Licht besteht aus Photonen mit der Energie $W = h \cdot f$. 1905 stellte Einstein aber auch die berühmte Gleichung $W = m \cdot c^2$ auf, auf die wir bei der → **speziellen Relativitätstheorie** noch näher eingehen werden. Nach ihr ist *jeder* Energie W die Masse $m = W/c^2$ zugeordnet – also auch einem Photon. Es besitzt zwar keine Ruhemasse (und bewegt sich deshalb mit Lichtgeschwindigkeit), hat aber mit der Energie $W = h \cdot f$ die sogenannte → **dynamische Masse** $m = W/c^2 = h \cdot f/c^2$. Die Masse des Photons ist proportional zur Frequenz f. Röntgenphotonen haben demnach eine größere Masse als Photonen sichtbaren Lichts, da Röntgenstrahlung eine höhere Frequenz besitzt.

Die massebehafteten Photonen sind nicht nur träge; sie können auch Gravitationskräfte erfahren. Fliegen sie von der fernen Galaxie G an dem massereichen Himmelskörper M vorbei, so werden sie ein wenig zu diesem hin gezogen → **B1**. Der Astronom sieht sie mehrfach, in G' und G''; M wirkt als **Gravitationslinse**.

2. Photonen haben auch Impuls

Aus der Mechanik wissen wir: Körper mit Masse m sind nicht nur schwer, sondern auch träge. Sie sind bestrebt, ihren Impuls $\vec{p} = m \cdot \vec{v}$ nach Betrag und Richtung beizubehalten. Nun hat jedes Photon wegen $v = c$ und seiner Masse $m = hf/c^2$ einen **Impuls** mit Betrag

$$p = m \cdot v = m \cdot c = \frac{h \cdot f}{c^2} \cdot c = \frac{h \cdot f}{c} = \frac{h}{\lambda}.$$

Obwohl Photonen also weder eine Ruhemasse noch eine Ausdehnung besitzen, verfügen sie über Energie und Impuls. Die Quantenphysik hält wirklich Überraschungen bereit.

Wenn Photonen einen Impuls besitzen, dann können sie diesen in Form eines Rückstoßes auch übertragen, wenn sie auf ein Hindernis treffen. Dieses Phänomen nennt man **Lichtdruck** oder **Strahlungsdruck**. Bei normalen Lichtintensitäten, wie wir sie etwa von Sonnenlicht hier bei uns auf der Erde kennen, ist der Lichtdruck kaum bemerkbar. Im Weltraum erfahren Satelliten hingegen über lange Zeiten tatsächlich eine messbare Ablenkung durch das Sonnenlicht. Auch für Kometen spielt der Lichtdruck eine Rolle: Der Impuls des Sonnenlichts formt die Staubteilchen von Kometen zu ausgedehnten, Schweifen → **B2**, die immer von der Sonne abgewandt sind, weil sie sozusagen weggedrückt werden. Und was sich in → **B2** am Himmel zeigt, demonstrierte A. H. COMPTON 1922 im Kleinen. Er schoss mit Röntgenquanten auf Elektronen, die in Grafit praktisch *frei* sind, und beobachtete, dass die Photonen Energie und Impuls an die Elektronen abgeben → **B3**. Der **Compton-Effekt** überzeugte damals die „physical community" von der Existenz der Photonen.

Merksatz

Photonen haben zwar keine Ruhemasse und keine Ausdehnung, aber die zur Frequenz f proportionale Masse $m = h \cdot f/c^2$. Photonen besitzen auch einen Impuls mit dem Betrag

$$p = \frac{h}{\lambda}.$$

Interessantes

Heikle Physik – die Lichtmühle

Die Lichtmühle, auch Radiometer genannt, ist physikalisch gesehen ein durchaus „harter Brocken". Sie besteht aus einem vierseitigen, drehbar gelagerten Flügelrad aus Glimmerplättchen in einem fast luftleeren Glaskolben. Die Plättchen sind jeweils auf einer Seite silbern und auf der anderen Seite schwarz. Fällt nun Licht von der Seite auf die Mühle, beginnt sich das Flügelrad zu drehen, und zwar so, dass die dunklen Seiten weggedrückt werden, d. h. mit der hellen Fläche voraus.

Es liegt nun nahe, den Strahlungsdruck des Lichts für die Drehung verantwortlich zu machen – das meinte auch William CROOKES, der die Lichtmühle 1873 ersann. James Clerk MAXWELL begutachtete den Bericht positiv, übersah aber, dass sich die Mühle – wenn wirklich der Strahlungsdruck verantwortlich ist – genau anders herum drehen müsste. Auch Genies können irren. Nimmt man nämlich an, dass die helle Seite die ankommenden Photonen mit Impulsbetrag p perfekt reflektiert, während die dunkle Seite die Photonen vollständig absorbiert, dann würde die Impulsänderung auf der hellen Seite $\Delta p = 2p$ betragen, auf der dunklen Seite aber nur $\Delta p = p$. Also müsste die Strahlung aus Gründen der Impulserhaltung auf die helle Seite einen doppelt so großen Druck ausüben wie auf die dunkle Seite. Die Folge: Die helle Seite wird weggedrückt, also gerade anders herum, als man es im Experiment beobachtet.

Könnte für die Drehung ein Rückstoßeffekt verantwortlich sein? Die Plättchen in der Lichtmühle werden durch die Strahlung erwärmt, und zwar die dunkle Seite stärker als die helle. Die Glimmermoleküle und -atome der dunklen Seite schwingen deshalb stärker als ihre Pendants auf der hellen Seite. Treffen nun Restgasmoleküle – von denen es auch in einem guten Vakuum noch zahlreiche gibt – auf die dunkle Seite, erhalten sie durch den Zusammenstoß mit den schneller schwingenden Teilchen einen größeren Impuls als auf der hellen Seite. Der Flügel bekäme einen Rückstoß in Richtung der hellen Fläche und somit die Drehung, die beobachtet wird.

Diese Erklärung greift aber auch zu kurz und gilt nur für Drücke kleiner als 0,01 mbar (der von handelsüblichen Lichtmühlen ist größer), da dann die freie Weglänge der Gasteilchen groß genug ist, damit diese untereinander nicht wechselwirken. Außerdem wird bei der Rückstoßerklärung angenommen, dass der Gasdruck auf beiden Seiten eines Flügelrads verschieden ist, das Gas sich also nicht im Gleichgewicht befindet. Tatsächlich findet aber ein Druckausgleich im Gas statt. Auch wenn Temperatur und Dichte nicht konstant sind, ist der *Druck* im stationären Gleichgewichtszustand überall gleich. Andernfalls würden ja Kräfte auftreten, die den Gleichgewichtszustand stören. Es kann also keine resultierende Kraft auftreten nur durch unterschiedliche Temperaturen innerhalb des Gases. Das erkannte bereits MAXWELL, der auch diese Erklärungsversuche zur Lichtmühle analysierte und nun vorsichtiger zu Werke ging als beim ersten Versuch – er wollte nicht erneut einen Fehler machen: Der überall gleiche Druck lässt keine resultierende Kraft zu, die den Rotor dreht.

Andere Erklärungsversuche, die von Physikern vorgebracht wurden, scheiden ebenfalls aus, etwa unter Zuhilfenahme des Fotoeffekts oder von Konvektionsströmungen des Gases. Warum dreht sich aber der Rotor trotzdem?

Wie eine genauere Analyse zeigt, die bereits Osborne REYNOLDS 1879 qualitativ leistete, kommt es nicht auf die Flächen des Rotors an, sondern auf den Rand – hier passiert das Entscheidende. Da die Teilchendichte auf der kalten Seite höher ist, finden hier mehr Stöße statt. Das bedeutet, dass mehr Teilchen von der kalten Seite her den Rand erreichern als von der warmen Seite. In Gegenrichtung zum Wärmefluss tritt somit ein Gasfluss von kalt nach warm auf, der durch eine Gegenkraft auf den Rotor ausgeglichen werden muss. Der Rotor beginnt sich in Richtung der kalten und helleren Seite zu drehen, also in die Richtung, die beobachtet wird. Am Rand tritt somit in der Tat ein Rückstoß auf – einige Jahrzehnte intensiven physikalischen Nachdenkens waren nötig, um zu dieser Erklärung zu gelangen.

Péter GALAJDA und Pál ORMOS, zwei ungarischen Physikern, ist es übrigens tatsächlich gelungen, winzige „Lichtmühlen" zu konstruieren, die doch in der Lage sind, Lichtenergie in eine Drehbewegung umzusetzen. Die Forscher stellten ihre Strukturen her, indem sie mit Laserlicht die gewünschten Muster in Kunstharz schrieben. Als ideale Gestalt der Mühle ergab sich eine Form, die entfernt an einen Rasensprenger erinnert. Er drehte sich in den Experimenten mehrere Male pro Sekunde.

3 μm

Erforschung des Elektrons

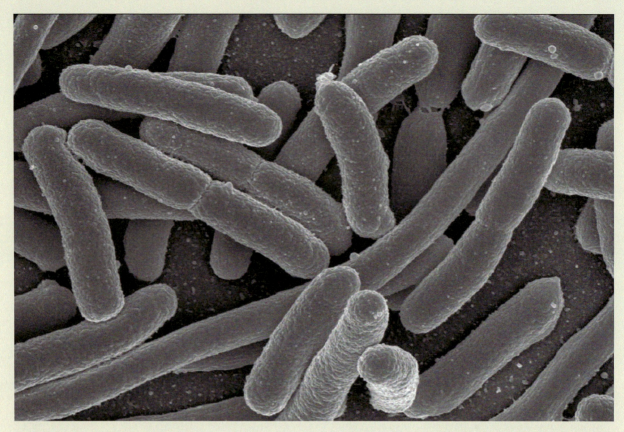

A1 Das obige Bild zeigt die elektronenmikroskopische Aufnahme des Bakteriums *Escherichia Coli*.
a) Finden Sie heraus, wie ein Elektronenmikroskop funktioniert.
b) Überlegen und suchen Sie Informationen darüber, welche Erkenntnisse man durch elektronenmikroskopische Aufnahmen gewinnt.
c) Recherchieren Sie, wo das Bakterium *Escherichia Coli* vorkommt. Kann es für den Menschen schädlich sein?

A2 In einem Stromkreis wird an einer Stelle die elektrische Stromstärke ein Milliampere (1 mA) gemessen. Sie wissen bereits, dass Elektronen für die elektrische Leitung verantwortlich sind. Jedes Elektron besitzt die – winzig kleine – Ladung $q = -1{,}602 \cdot 10^{-19}$ C. Berechnen Sie die Anzahl der Elektronen, die je Sekunde durch einen Querschnitt des Leiters treten.

A3 Auf ein geladenes Öltröpfchen vom Radius $r = 0{,}01$ mm und einer Ladung $q = -4{,}8 \cdot 10^{-19}$ C wirkt eine elektrische Kraft, so dass es im Schwerefeld der Erde nicht zu Boden fällt, sondern schwebt.
Bestimmen Sie die elektrische Kraft auf das Öltröpfchen.
Nehmen Sie dazu an, dass die Dichte des Öls $\rho = 0{,}983$ g/cm^3 beträgt.

A4 Füllen Sie einen hohen Messzylinder aus Plastik mit Wasser und einen weiteren Messzylinder mit Pflanzenöl. Lassen Sie nun verschiedene kleine Körper wie Kugeln, Murmeln oder Flummis in den Flüssigkeiten zum Boden der Messzylinder sinken.
a) Untersuchen Sie möglichst genau die Geschwindigkeit dieser Körper. Ändert sie sich während des Falls?
b) Was unterscheidet die Bewegung dieser Körper vom freien Fall eines Körpers?

A5 β-Strahlung kann beim Zerfall radioaktiver Kerne ausgesendet werden. Es handelt sich hierbei um Elektronen, die den Atomkern verlassen.
a) Finden Sie in der Nuklidkarte Kerne, die β-Strahlung aussenden.
b) Zu den Strahlenschutzmaßnahmen gehört die Abschirmung. Finden Sie heraus, wie β-Strahlung abgeschirmt wird.

A6 Das Bild zeigt Spuren von β-Strahlen in einer Nebelkammer. Senkrecht zur Bildebene steht ein Magnetfeld.
Recherchieren Sie den prinzipiellen Aufbau und die Funktionsweise einer Nebelkammer.

Das Elektron – ein alter Bekannter!?

1. Was wir vom Elektron schon wissen

Aus Ihren letzten Schuljahren ist Ihnen das Elektron schon vertraut: In der Elektrostatik haben Sie gelernt, **positive** und **negative Ladungen** zu unterscheiden und Sie haben das Elektroskop als Nachweisgerät für elektrische Ladungen → **B1** kennengelernt.

In allen neutralen Körpern sind positive und negative Ladungen vorhanden. Elektronen sind negative Ladungsträger, die in Metallen für die elektrische Leitung verantwortlich sind. In einem einfachen Modell der **elektrischen Leitung** unterscheidet man die unbeweglichen positiv geladenen Atomrümpfe und die beweglichen **Leitungselektronen** → **B2**. Die **elektrische Stromstärke** gibt an, wie viele Ladungen sich in jeder Sekunde durch einen Leiterquerschnitt bewegen.

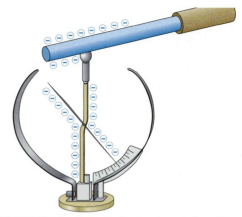

B1 Elektroskop als Nachweisgerät für elektrische Ladungen

Sie haben sich mit noch kleineren Materieeinheiten als zum Beispiel einem metallischen Leiter beschäftigt, den Atomen und den Atomkernen.
Sie wissen, dass sämtliche Materie aus **Atomen** aufgebaut ist. Beispiele sind das Sauerstoffatom, das Kohlenstoffatom oder das Wasserstoffatom. Anders als es der Name vermuten lässt, kann man Atome (*atomos*: unteilbar) in die negativ geladenen **Elektronen** und zwei andere sogenannte Elementarteilen, die positiv geladenen **Protonen** und die elektrisch neutralen **Neutronen** zerlegen.
Ein Atom ist kein massives Objekt, indem sich Elektronen, Neutronen und Protonen befinden. Man unterscheidet zwischen einem **Kern**, in dem die Protonen und die Neutronen enthalten sind, und einer sogenannten **Atomhülle**. Darin befinden sich alle Elektronen. Der Kern ist mit einem Radius von ca. 10^{-15} m sehr klein, die Atomhülle mit einem Radius von etwa 10^{-10} m vergleichsweise riesig.
Es gibt eine Reihe von Modellvorstellungen zum Atom. Eine sehr frühe war das Rosinenkuchenmodell, eine andere ist das rutherfordsche Atommodell, in dem sich Elektronen auf Bahnen um den Kern bewegen wie Planeten um die Sonne. Oft findet man dazu Darstellungen wie in → **B3**. Physiker vermeiden heute diese Modellvorstellung vom Atom und verwenden ein anderes, weniger anschauliches Modell (→ **Atommodelle**, S. 244).

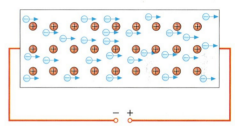

B2 Elektronen im Modell der elektrischen Leitung

Die Kernphysik beschäftigt sich mit der Untersuchung von Atomkernen. Auch hier spielen Elektronen eine Rolle: Beim ß-Zerfall verlässt ein Elektron den Atomkern (!) und der neu gebildete Kern besitzt im Vergleich zum ursprünglichen Kern ein Proton mehr und ein Neutron weniger → **B4**.

B3 Eine häufige, aber veraltete Vorstellung vom Atom: Elektronen umkreisen den Atomkern wie Planeten die Sonne.

2. ... und sonst?

Sie wissen vom Elektron also schon eine ganze Menge. Physikerinnen und Physiker haben aber noch mehr über das Elektron herausgefunden. Gesucht wurde und wird mit raffinierten Experimenten nach Antworten auf grundlegende Fragen der Art:
- Wie groß ist die Masse oder die Ladung eines Elektrons?
- Wie ausgedehnt ist überhaupt ein Elektron?
- Gibt es ähnliche Überraschungen wie beim Licht?

Einige Antworten finden Sie auf den folgenden Seiten.

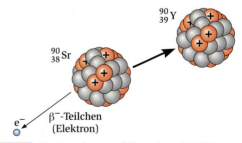

B4 Ein Atomkern zerfällt und sendet Elektronen aus (ß-Strahlung).

Quantenobjekte 171

Millikan-Versuch

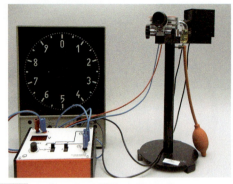

B1 Aufbau des Millikan-Versuchs

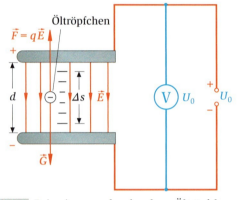

B2 Bei einem schwebenden Öltröpfchen sind elektrische Kraft und Gewichtskraft vom Betrag gleich groß und entgegengerichtet. Die Geschwindigkeit eines gleichförmig fallenden Öltröpfchen wird über die Messung der Fallstrecke Δs und der dazu benötigten Zeit Δt nach $v = \Delta s/\Delta t$ bestimmt.

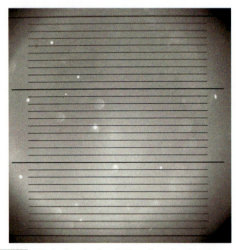

B3 Blick durch das Mikroskop in den Kondensator im Millikan-Versuch. Da im Mikroskop das Bild umkehrt wird, scheinen die Teilchen im Schwerefeld der Erde zu steigen!

1. Der Millikan-Versuch – Idee und Komponenten

Was andere Forscher vor oder parallel zu ihm versuchten, gelang Robert MILLIKAN 1909: Er bestimmte präzise die Ladung eines Elektrons. Die grundlegende Idee seines 1923 mit dem Nobelpreis ausgezeichneten Versuchs besteht darin, die Kräfte auf ein geladenes Objekt im elektrischen Feld und im Schwerefeld der Erde genauer zu betrachten und aus Messwerten die Ladung des Objekts zu berechnen.

Ein typischer Aufbau des Millikan-Versuchs → B1 besteht aus drei Komponenten: 1. Zerstäuber, 2. Kondensator mit Steuerungsgerät und 3. Zeitmessgerät und Beobachtungseinheit aus Mikroskop und Beleuchtung. Mit dem Zerstäuber werden kleine Öltröpfchen zwischen die horizontalen Platten des Kondensators eingebracht → B2. Viele Tröpfchen werden aufgrund von Reibung beim Zerstäuben elektrisch geladen. Mit einem Mikroskop betrachtet man den Raum zwischen den beiden Kondensatorplatten → B3.

Liegt am Kondensator keine Spannung an, beobachtet man Tröpfchen, die im Schwerefeld der Erde sinken. Wird über das Steuerungsgerät an den Kondensator eine Spannung angelegt (obere Platte positiv), sinken die neutralen Tröpfchen im elektrischen Feld des Kondensators unbeeinflusst weiter. Einige Tröpfchen steigen jedoch zur oberen Platte auf. Sie sind negativ geladen. Positiv geladene Teilchen sinken schneller als ohne elektrisches Feld.

2. Messprozedur – die Schwebemethode

Bei der **Schwebemethode** wird ein einzelnes Öltröpfchen im Kondensator zum Schweben gebracht. Dazu ändert man die Kondensatorspannung solange, bis man durch das Mikroskop ein schwebendes Öltröpfchen beobachtet. Die auf das Tröpfchen wirkende elektrische Kraft $\vec{F}_{el}$ vom Betrag $F_{el} = q \cdot U/d$ (Ladung q des Tröpfchens, Plattenabstand d und Spannung U, S. 165) und Gewichtskraft $\vec{G}$ sind dann im Kräftegleichgewicht → B2, sofern Auftrieb vernachlässigt wird: $F_{el} = G$. Die elektrische Ladung des Tröpfchens beträgt daher:

$$q = \frac{G \cdot d}{U} \, . \tag{1}$$

Die Spannung U lässt sich sehr genau messen und der Plattenabstand d ist präzise bekannt. Die Bestimmung der Gewichtskraft $\vec{G}$ ist hingegen nicht unmittelbar möglich: Die Tröpfchen sind zu klein, um den Radius direkt messen zu können. Man kann also $\vec{G}$ nicht aus der Dichte ρ des Öls, dem Radius r und dem Ortsfaktor g bestimmen.

Der Betrag G der Gewichtskraft muss also anders ermittelt werden. Das beobachtete Teilchen wird dazu durch Regelung der Kondensatorspannung U in der Nähe der oberen Kondensatorplatte positioniert und dann U auf 0 V eingestellt. Auf das Tröpfchen wirkt nun keine elektrische Kraft; es sinkt im Gravitationsfeld der Erde zur unteren Kondensatorplatte. Die Geschwindigkeit nimmt zunächst zu. Neben der Gewichtskraft wirkt jedoch eine Reibungskraft aufgrund der Bewegung durch die umgebende Luft. Sie ist der Richtung der Gewichtskraft entgegengesetzt und nimmt mit der Geschwindigkeit des Teilchens zu. Auf das Teilchen wirkt keine resultierende Kraft mehr, wenn beide Kräfte vom Betrag gleich groß sind. Es bewegt sich dann gleichförmig mit einer Geschwindigkeit vom Betrag v.

Millikan-Versuch

Diese Geschwindigkeit hängt von der Gewichtskraft und bekannten Eigenschaften der Luft und des Öls ab, die in einer Konstanten k zusammengefasst werden können → **Vertiefung** (S. 175); es gilt:

$$G = k \cdot v^{3/2}, \text{ mit } k \text{ als Konstante.} \quad (2)$$

Dieser Zusammenhang zwischen Sinkgeschwindigkeit und Gewichtskraft erklärt auch, warum leichte Nebeltröpfchen langsam und schwere Regentropfen schnell zu Boden sinken.

Im Experiment misst man die Zeit Δt, die das Tröpfchen für einen Weg Δs benötigt, und berechnet daraus den Geschwindigkeitsbetrag v. Der Betrag G der Gewichtskraft wird über Gleichung (2) aus v und der für das Experiment spezifischen Konstante k berechnet → **Beispiel**. Aus dem Kräftegleichgewicht $F_{el} = G$, das zum Schwebezustand des beobachteten Tröpfchens führte, ergibt sich nach Gleichung (1) die gesuchte Ladung q des Öltröpfchens.

3. Messergebnisse und Interpretation

Messungen an vielen Öltröpfchen zeigen, dass immer nur ganzzahlige Vielfache der sogenannten **Elementarladung**

$$e = 1{,}602\,176\,487 \cdot 10^{-19} \text{ C}$$

auftreten → **B4**. Abgesehen von Messunsicherheiten werden Ladungen $e, 2e, 3e, 4e, \dots$, aber keine Ladungen wie $0{,}7 \cdot e$ oder $3{,}5 \cdot e$ gemessen. Elektrische Ladung ist also **gequantelt**.
Die Messergebnisse können daher so interpretiert werden, dass e die kleinste (messbare) Ladung ist. Gäbe es noch kleinere Ladungen, würde man im Streudiagramm → **B4** Versuche mit Messergebnissen finden, die zwischen $2e$ und $3e$, $3e$ und $4e$ etc. liegen.

Da Elektronen die negativen Ladungsträger sind, muss ein negativ geladenes Öltröpfchen wenigstens ein Elektron mehr besitzen im Vergleich zum neutralen Zustand. Die Ladung eines Elektrons beträgt daher: $q_{Elektron} = -e \approx -1{,}602 \cdot 10^{-19}$ C.
Experimente mit Protonen zeigen übrigens, dass sie ebenfalls genau eine positive Elementarladung tragen: $q_{Proton} = e \approx +1{,}602 \cdot 10^{-19}$ C.

> **Merksatz**
>
> Positive wie negative Ladungen treten nur als ganzzahlige Vielfache einer kleinsten Ladung auf, der Elementarladung $e = 1{,}602 \cdot 10^{-19}$ C. Insbesondere trägt das Elektron die negative Elementarladung $-e$.

4. Gibt es wirklich keine kleinere Ladung als e?

Physiker haben bis heute in der Natur keine freien Teilchen nachgewiesen, die eine kleinere Ladung als e haben, obwohl der „Teilchenzoo" der Physik (→ **Elementarteilchenphysik**), in dem neben Elektronen, Protonen und Neutronen noch viele andere Teilchen „leben", in den vergangenen hundert Jahren sehr groß geworden ist. Einigen Teilchen, den Quarks, ordnet man jedoch Teilladungen von $-e/3$ und $2/3\,e$ zu. Sie sind Bestandteile von zum Beispiel Protonen. Diese Teilchen sind aber nicht einzeln nachweisbar, und daher ist auch keine Ladung kleiner e messbar.
Der Name Elementarladung für e ist deshalb immer noch gerechtfertigt.

Beispiel

Ein Öltröpfchen schwebt bei $U = 250$ V in einem Kondensator mit dem Plattenabstand $d = 5{,}0$ mm. Es durchläuft nach der Regelung der Kondensatorspannung auf 0 V einen Weg $\Delta s = 2{,}50$ mm in $\Delta t = 35{,}0$ s. Also ist $v = \Delta s / \Delta t = 7{,}14 \cdot 10^{-5}$ m/s.
In dem verwendeten Experiment gilt:
$G = k \cdot v^{3/2}$, mit $k \approx 2{,}62 \cdot 10^{-15} \dfrac{\text{N}}{(\text{m/s})^{1{,}5}}$.
Die Gewichtskraft beträgt daher
$G = 2{,}62 \cdot 10^{-8} \cdot (7{,}14 \cdot 10^{-5})^{3/2}$ N
$\quad = 15{,}8 \cdot 10^{-15}$ N
und die Ladung des Öltröpfchens berechnet sich zu:

$$q = \frac{G \cdot d}{U} = \frac{15{,}8 \cdot 10^{-15} \text{ N} \cdot 0{,}005 \text{ m}}{250 \text{ V}}$$
$$= 3{,}2 \cdot 10^{-19} \text{ C} \approx 2{,}0\,e.$$

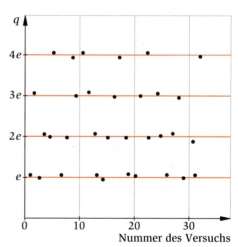

B4 Streuung zahlreicher Messwerte der Tröpfchenladung q um $e, 2e, 3e, 4e, \dots$

A1 Stellen Sie die unter → **www** abgelegten Messdaten eines Millikan-Versuchs in einem Diagramm dar (Versuchsnr. gegen Ladung in Vielfachen der Elementarladung).
a) Bestimmen Sie die maximale und minimale gemessene Ladung.
b) Erstellen Sie ein Häufigkeitsdiagramm.

A2 Neben der Schwebemethode gibt es noch andere Messprozeduren im Millikan-Versuch. Aufgrund des unbekannten Radius des Tröpfchens sind auch hier zwei Messungen notwendig.
Recherchieren Sie, wie der Millikan-Versuch mit der sogenannten Steig- und Sinkmethode durchgeführt wird. Geben Sie an, wie die Ladung aus den Messdaten berechnet wird.

Interessantes

Der Millikan-Versuch – Würdigung und Kritik

Die Zeitschrift *Physics World* suchte 2002 nach den TOP 10 der schönsten physikalischen Experimente. Der Millikan-Versuch konnte den 3. Platz erzielen.

Die raffinierte und präzise Bestimmung der kleinsten elektrischen Ladung, der Elementarladung e, und damit der Ladung eines Elektrons hat es in dieser Rangliste also sehr weit nach oben geschafft. Etwa 100 Jahre nach dem Originalexperiment zweifelt niemand mehr daran, dass die elektrische Ladung in Vielfachen dieser Elementarladung vorkommt. Moderne Präzisionsexperimente haben die Genauigkeit in der Bestimmung der Elementarladung in der Zwischenzeit noch vergrößert.

Die Bedeutung dieser Quantelung der elektrischen Ladung für die Physik und die elegante sowie leicht nachvollziehbare experimentelle Methode im Millikan-Versuch haben dazu geführt, dass dieser Versuch in leicht abgeänderter Form auch ein typischer Schul- und Praktikumsversuch geworden ist.

Es gibt aber auch Kritik an MILLIKAN selbst, der für diesen Versuch 1923 den Nobelpreis erhielt, und an der Durchführung des Millikan-Versuchs.

Ein Kritikpunkt betrifft die Schwierigkeiten in der Durchführung des Schulversuchs: Trotz standardisiertem Aufbau ist der Versuch komplex, erfordert Zeit und eine hohe Konzentration.

Ein anderer Kritikpunkt entzündet sich an den Laborbüchern von MILLIKAN. Hier finden sich durchaus Daten über die von MILLIKAN nicht berichtet wurde und die nicht zu der Quantelung der Ladung passen. Eine Ursache für diese Daten kann in der schwierigen Beobachtung der Öltröpfchen liegen, die aus der Beobachtungsebene des Mikroskops hinaus wandern.

Weiterhin besteht Kritik daran, dass der Beitrag des Assistenten von MILLIKAN nicht ausreichend gewürdigt wird. Womöglich hatte er die zentrale Idee, in dem Versuch statt Wassertröpfchen Öltröpfchen zu verwenden. Da Wasser schnell verdunstet, ändert sich die Masse der Tröpfchen während der Beobachtung, was das Experiment entscheidend beeinflusst.

Der Millikan-Versuch ist daher immer noch Gegenstand von zum Beispiel wissenschaftshistorischen Diskussionen.

Interessantes

Elektrolyse-Versuch von FARADAY

Michel FARADAY hat sich um 1830 intensiv mit den Gesetzmäßigkeiten bei der Elektrolyse beschäftigt: Eine Gleichspannung wird an zwei Elektroden (Anode und Kathode) angelegt, die in eine wässrige Elektrolytlösung aus negativ und positiv geladenen Ionen eintauchen. Die Ionen bewegen sich im elektrischen Feld zu den jeweiligen Elektroden.

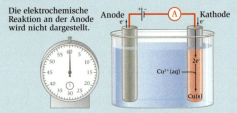

Die Elektrolyse einer Kupfersulfat-Lösung führt zu einer Abscheidung von Kupfer an der Kathode. Es wird umso mehr Kupfer abgeschieden, je länger die Elektrolyse durchgeführt wird (Dauer t) und je größer die Stromstärke I, also je größer die geflossene Ladung $Q = I \cdot t$ ist.

Dieser Zusammenhang wird im sogenannten **1. Faradayschen Gesetz** ausgedrückt:
Die Masse eines elektrolytisch umgesetzten Stoffes ist proportional zu der durch den Elektrolyten geflossenen Ladung Q.

Für die Abscheidung von 1,0 g Kupfer wird im Beispiel die Ladung $Q = 3036{,}5$ C benötigt. Aus der Chemie ist bekannt, dass 1 mol eines Stoffes aus $N_A \approx 6{,}0 \cdot 10^{23}$ mol^{-1} Teilchen besteht (Avogadro-Konstante), und aus Tabellen entnimmt man die Masse von 1 mol Kupfer zu 63,55 g. In 1,0 g Kupfer sind also etwa $N \approx 9{,}5 \cdot 10^{21}$ Teilchen. Mit elektrolytischen Methoden lässt sich somit der Mittelwert der Ladung q eines Kupferions zu $q = Q/N \approx 3{,}2 \cdot 10^{-19}$ C $\approx 2e$, also dem Doppelten der Elementarladung e, bestimmen.

Diese heute so naheliegende Deutung der experimentellen Befunde der Elektrolyse auf atomarer Ebene war zur Zeit von FARADAY jedoch noch unbekannt. Erst H. v. HELMHOLTZ hat sie Jahrzehnte später vorgenommen.

Millikan-Versuch

Vertiefung

Die Sinkmethode des Millikan-Versuchs – Geschwindigkeit liefert Gewichtskraft

Die im Millikan-Versuch benutzten Öltröpfchen sind winzig klein. Selbst unter dem Mikroskop kann man die Kugelform nicht erkennen, man sieht nur ein kleines Lichtbeugungsscheibchen am Ort des Tröpfchens. Man hat also nicht die Möglichkeit, den Radius zu messen, um mit ihm den Betrag der Gewichtskraft zu ermitteln:

$$G = m \cdot g = \rho \cdot V \cdot g = \rho \cdot \frac{4}{3} \pi \cdot r^3 \cdot g.$$

Man weiß aber, dass eine Kugel in einem zähen Medium mit konstanter Geschwindigkeit, also gleichförmig, sinkt. Eine kleine Kugel sinkt vergleichsweise langsam, eine größere schneller – so kennen wir es von Nebeltröpfchen und Regentropfen. Sind die Geschwindigkeiten im benutzten Medium nicht zu groß (es darf keine Wirbelbildung geben), gilt eine besondere Gesetzmäßigkeit zwischen Gewichtskraft und Geschwindigkeit, das stokessche Gesetz:

$$G = 6\pi \eta \cdot r \cdot v.$$

Setzt man diesen Term für G in die obige Gleichung ein, erhält man den Zusammenhang zwischen r und v:

$$r = \sqrt{\frac{9\eta}{2\rho \cdot g} \cdot v}.$$

Nun kann man diesen Term wiederum in die erste Gleichung einsetzen, sodass der Radius r verschwindet und ein Zusammenhang zwischen Sinkgeschwindigkeit und Gewichtskraft folgt:

$$G = \rho \cdot \frac{4}{3}\pi \cdot \left(\frac{9\eta}{2\rho \cdot g}\right)^{3/2} \cdot g \cdot v^{3/2}, \text{ kurz } G = k \cdot v^{3/2}.$$

Zur Prüfung und Veranschaulichung dieser Gesetzmäßigkeit lassen wir nicht Öltröpfchen in Luft sinken – was wir nicht kontrollieren könnten, sondern Stahlkugeln in Öl → www. Besonders gut geeignet ist das relativ zähe (hohe Viskosität) Rizinusöl.

Im Bild erkennt man, wie eine kleine Stahlkugel nach dem Start durch die Irisblende die obere Lichtschranke schon durchlaufen hat und weiter nach unten sinkt. Wenn sie die untere Lichtschranke erreicht, wird die Zeitmessung gestoppt. Das Experiment wird mit Kugeln unterschiedlicher Radien ($r = 0,5$ mm bis $r = 3$ mm) jeweils mehrfach wiederholt. (Die große Kugel am Faden wird vor dem eigentlichen Versuch zur Justierung der Lichtschranken benötigt → www.)

Die Auswertung mit z. B. Excel® oder einem Grafikrechner bestätigt den Zusammenhang zwischen G und v und liefert als Konstante: $k = 0,3098$ N/(m/s)^{1,5} → www. Im Millikan-Versuch selbst hat die Konstante z. B. den Wert $k = 2,62 \cdot 10^{-8}$ N/(m/s)^{1,5}.

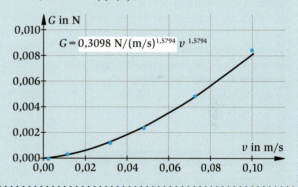

A1 Bei der Durchführung eines Millikan-Versuchs im zunächst ungeladenen Kondensator fällt ein Öltröpfchen mit der konstanten Geschwindigkeit $5 \cdot 10^{-5}$ m/s.
a) Skizzieren Sie für die Tröpfchenbewegung ein t-y-Diagramm und ein t-v-Diagramm.
b) Bestimmen Sie aus dem Zusammenhang zwischen den Beträgen der Gewichtskraft und der Sinkgeschwindigkeit in Luft, $G = k \cdot v^{1,5}$ mit $k = 2,62 \cdot 10^{-8}$ N/(m/s)^{1,5}, die Gewichtskraft auf das Teilchen.
c) Legt man an den Kondensator die Spannung $U = 156$ V an (Plattenabstand 5,0 mm), kommt das Tröpfchen zur Ruhe. Bestimmen Sie, wie viele Elementarladungen es trägt.

A2 In einem Kondensator (Plattenabstand 5,0 mm, obere Platte negativ) schwebt bei einer Spannung von 250 V ein Öltröpfchen der Masse $2,4 \cdot 10^{-12}$ g.
a) Geben Sie das Vorzeichen seiner Ladung an.
b) Berechnen Sie die Größe der Ladung und die Zahl der Elementarladungen.
c) Erzeugen Sie ein v-G-Diagramm für $G = k \cdot v^{1,5}$ mit $k = 2,62 \cdot 10^{-8}$ N/(m/s)^{1,5}. Mit welcher Geschwindigkeit würde das Teilchen sinken, wenn die Kondensatorspannung auf 0 V geregelt würde?

A3 Bei einem Versuch zur Bestimmung der Elementarladung e ergeben sich Häufungen der Messwerte bei folgenden Ladungen der Öltröpfchen: $6,4 \cdot 10^{-19}$ C, $9,6 \cdot 10^{-19}$ C, $16,0 \cdot 10^{-19}$ C. Auf welchen größtmöglichen Wert für e würde ein Experimentator auf Grund dieser Messergebnisse schließen? Begründen Sie Ihr Ergebnis. Nennen Sie weitere Ergebnisse, die mit diesen Messungen vereinbar sind.

Fadenstrahlrohr I

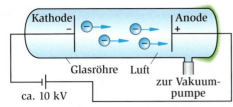

B1 Gasentladungsröhre mit Kathodenstrahlen (Druck: 0,01 hPa)

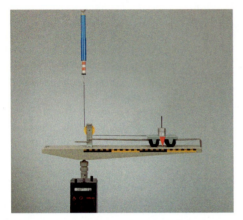

B2 Ein Verfahren aus der Mechanik zur Bestimmung einer unbekannten Masse m nutzt die Kreisbewegung eines Wagens auf einer Schiene. Die Zentripetalkraft $\vec{F}_z$ wird mit einem Kraftmesser bestimmt. Aus $F_z = mv^2/r$ lässt sich die Masse m des Wagens durch Messung von F_z, v und r bestimmen.

Interessantes

Wie groß ist ein Elektron?

In der Physik versucht man seit der Entdeckung des Elektrons – vergeblich – dessen Ausdehnung zu bestimmen. Es gibt zwar theoretische Überlegungen, die zu einem Elektronenradius führen. Experimentell konnte jedoch noch kein Radius oder Volumen des Elektrons gefunden werden.
Sollte das Elektron doch eine Ausdehnung besitzen, so weiß man, dass sie in jeder Richtung kleiner als 10^{-19} m sein wird. Das ist etwa 10000-mal kleiner als ein Atomkern.
Man kann das Elektron daher in sehr guter Näherung als punktförmig annehmen.

---

1. Experimente mit Gasentladungsröhren

Mitte des 19. Jahrhunderts experimentierten einige der bekanntesten Physiker mit sogenannten **Gasentladungsröhren** in unterschiedlichen Bauweisen. In den Röhren befindet sich ein Gas mit geringem Druck und Elektroden, an die eine hohe Spannung angelegt wird → **B1**. Dabei kommt es zu einem elektrischen Strom durch das Gas und u. a. zu verschiedenen Leuchterscheinungen. Zudem beobachtete man von der Kathode ausgehende Strahlen, die Kathodenstrahlen. Die Natur dieser Strahlen war lange umstritten. Bereits um 1870 vermutete man, dass es sich dabei um Elektronen handeln könnte. In einer Serie von Experimenten, in denen die Kathodenstrahlen in elektrischen Feldern und mit Magneten abgelenkt wurden, wies 1897 J. J. THOMSON nach, dass es sich bei den Kathodenstrahlen um Elektronen handelt und diese Bestandteile aller Atome sind. Ihm gelang bereits eine Abschätzung des Verhältnisses q/m von elektrischer Ladung q und Masse m der Elektronen.
Die Ladung kennen wir bereits aus dem → **Millikan-Versuch** (Elementarladung e), und heute ist die sogenannte Ruhemasse des Elektrons sehr präzise bekannt: Sie beträgt $m_0 \approx 9{,}1 \cdot 10^{-31}$ kg und ist damit noch etwa 2000-mal kleiner als die Masse des leichtesten Atomkerns. Zudem scheinen Elektronen so winzig zu sein, dass man sie als punktförmig betrachten kann → **Vertiefung**.

2. Bestimmung der Masse eines Elektrons – die Ideen

Wie kann man eine so kleine Masse messen? Eine Messmethode wie die Verwendung einer Hebelwaage scheitert an der Präparation eines einzelnen Elektrons und an den dann notwendigen langen Hebeln, wenn man ein Standard-Wägestück verwendet.

Eine andere Idee ist die Verwendung einer dynamischen Messmethode. Man könnte dazu lineare und kreisförmige Bewegungen untersuchen. Die Masse eines Körpers auf einer Kreisbahn lässt sich zum Beispiel leicht und präzise bestimmen, wenn man die Parameter Radius und Geschwindigkeit genau messen kann und die auf den Körper wirkende Zentripetalkraft kennt. Ein Beispiel aus der Mechanik zeigt → **B2**.

Ein analoger und bekannter Versuch zur Bestimmung der winzigen Elektronenmasse ist der sogenannte **Fadenstrahlrohr**-Versuch. Dabei nutzt man statt mechanischer Kräfte elektrische und magnetische Kräfte. Folgende Ideen werden in diesem Versuch umgesetzt:
1. Es werden Elektronen mit kontrollierbarer Geschwindigkeit erzeugt. Dazu verwendet man eine sogenannte **Elektronenkanone** und nutzt dabei elektrische Kräfte auf Ladungsträger aus.
2. Anschließend bringt man die Elektronen auf eine Kreisbahn. Dazu wird eine Zentripetalkraft benötigt. Wir werden sehen, dass sich die Kraft auf Ladungsträger in einem Magnetfeld dazu eignet. Sie kann zudem sehr präzise bestimmt werden.
3. Die Elektronen auf der Kreisbahn werden „sichtbar" gemacht. Dadurch kann der Radius der Kreisbahn gemessen werden.

Die Bestimmung der Elektronenmasse mit diesem Versuch ist raffiniert, aber auch mit Schulmitteln kann man ihn durchführen und Ergebnisse nahe des Literaturwertes erzielen.

3. Elektronen erzeugen und beschleunigen

Elektronenkanonen sind Geräte, aus denen Elektronen in schmalen Bündeln mit einstellbaren Geschwindigkeiten austreten. Eine technische Ausführung zeigt → **B3a**. Die wesentlichen Komponenten, **Glühkathode**, **Wehneltzylinder** und **Anode**, zeigt die Skizze → **B3b**.

Zur Erzeugung freier Elektronen nutzt man aus, dass Elektronen bei genügend hoher Temperatur (einige Hundert °C) die sogenannte **Glühkathode** verlassen können. Dieser Effekt wird **glühelektrischer Effekt** genannt. Die Anzahl der austretenden Elektronen hängt neben der Temperatur vom Material und von der Oberflächenbeschaffenheit des Materials ab. Zwischen **Kathode** und **Anode** legt man eine elektrische Spannung U an. Im elektrischen Feld zwischen den beiden Elektroden werden die freien Elektronen beschleunigt. Der **Wehneltzylinder** dient der Bündelung der Elektronen zu einem feinen Strahl.

Treten die anfänglich nahezu ruhenden Elektronen durch die Bohrung der Anode, so entspricht die Bewegungsenergie (kinetische Energie) der Elektronen (Ladung e) der im elektrischen Feld zwischen Kathode und Anode entnommenen Energie:

$$W_B = \tfrac{1}{2} m v^2 = e \cdot U = W_{el}. \tag{1}$$

Der Betrag der Elektronengeschwindigkeit berechnet sich daraus zu:

$$v = \sqrt{\tfrac{2\,e\,U}{m}}. \tag{2}$$

Merksatz

Elektronenkanonen erzeugen schmale Elektronenbündel. Elektronen treten dabei aus einer Glühkathode aus und werden in einem elektrischen Feld beschleunigt.
Aus der Ruhe beschleunigte Elektronen erreichen im elektrischen Feld bei der Spannung U den Geschwindigkeitsbetrag

$$v = \sqrt{2\,\tfrac{e\,U}{m}}.$$

Wir wissen jetzt, wie man Elektronen erzeugen und auf bestimmte Geschwindigkeiten beschleunigen kann. Bestimmen können wir die Geschwindigkeit aber noch nicht, da wir die Masse m des Elektrons in Gleichung (2) noch nicht kennen. Diese finden wir heraus, wenn die Elektronen in einem Magnetfeld abgelenkt werden und ihre Bahn im sogenannten Fadenstrahlrohr sichtbar wird. Dazu müssen wir zunächst wissen, welche Kräfte auf Elektronen in einem Magnetfeld wirken.

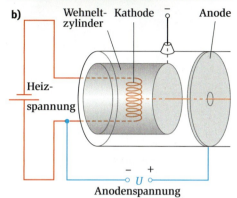

B3 Aufbau einer Elektronenkanone

Vertiefung

Wie schnell sind die Elektronen?

In vielen Experimenten liegt die Beschleunigungsspannung der Elektronenkanone bei ca. 100 V. Nimmt man als Näherungswert für die Elektronenmasse die sogenannte Ruhemasse $m = 9{,}1 \cdot 10^{-31}$ kg an, ergibt sich aus Gleichung (2) eine Geschwindigkeit von $v \approx 5{,}9 \cdot 10^7$ m/s. Bei einer Spannung von 260 kV erhielte man – rein rechnerisch – Elektronen, die so schnell sind wie das Licht.
Experimente zeigen jedoch im Einklang mit der → **Speziellen Relativitätstheorie**, dass die Masse mit der Geschwindigkeit zunimmt, also keine Konstante ist. Sehr hohe Geschwindigkeiten sind daher nur durch größere Energien als ohne diesen Effekt erreichbar; die Lichtgeschwindigkeit kann gar nicht erreicht werden.

A1 Berechnen Sie, um wieviel Prozent die Geschwindigkeit von Elektronen in einer Elektronenkanone zunimmt, wenn die Beschleunigungsspannung verdoppelt, verdreifacht und vierfacht wird.

A2 Ein Elektron habe die Anfangsgeschwindigkeit $1 \cdot 10^7$ m/s und durchlaufe eine Spannung von 100 V. Berechnen Sie die Endgeschwindigkeit und die Bewegungsenergie des Elektrons. Nehmen Sie als Elektronenmasse $m_e = 9{,}1 \cdot 10^{-31}$ kg an.

A3 Elektronen werden in einer Elektronenkanone mit $U_0 = 100$ V beschleunigt. Dann treten sie durch eine Öffnung in einen Plattenkondensator, dessen Feldlinien entlang der Bewegungsrichtung der Elektronen zeigen. Der Plattenabstand ist $d = 0{,}1$ m und die Kondensatorspannung U_1. Berechnen Sie den Weg s, den die Elektronen im Kondensator zurücklegen können, bevor sie umkehren, für $U_1 = 400$ V ($m_e = 9{,}1 \cdot 10^{-31}$ kg).

Das Magnetfeld

B1 a) Wir legen einen kleinen Stabmagneten auf ein Plastikbrett mit vielen kleinen Kompassnadeln. b) Wir legen eine Glasplatte auf den Magneten und streuen Eisenfeilspäne darüber. c) Zur räumlichen Darstellung der Feldlinien bringen wir einen Stabmagneten in eine Flüssigkeit mit Eisenfeilspänen.

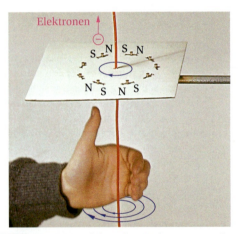

B2 Ein Strom führender Draht erzeugt ein Magnetfeld.

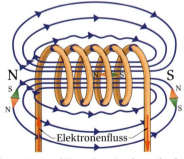

B3 In Strom führenden Spulen überlagern sich die Magnetfelder der einzelnen Windungen.

1. Das Magnetfeld strukturiert den Raum um Magneten

Im **magnetischen Feld** eines Magneten wirkt auf die Pole eines anderen Magneten eine Kraft – selbst bei großer Entfernung. Dies gilt auch für Körper aus magnetischen Stoffen (z. B. Eisen), die zuvor im Magnetfeld magnetisiert wurden.
Die Struktur eines Magnetfeldes wird mithilfe von **magnetischen Feldlinien** veranschaulicht.

Aus der Mittelstufe wissen wir schon, dass wir Feldlinien mit kleinen Kompassnadeln oder Eisenfeilspänen sichtbar machen können → **B1**. Wir schreiben den Feldlinien die Richtung zu, in die der Nordpol einer kleinen Kompassnadel zeigt.

Aus dem bisherigen Physikunterricht ist uns auch bekannt, dass die magnetische Wirkung an den Stellen großer Feldliniendichte besonders groß ist.

> **Merksatz**
> Der Wirkungsbereich eines Magneten heißt magnetisches Feld. An jeder Stelle des Feldes zeigt eine Feldlinie die Richtung an, in die der Nordpol einer Magnetnadel zeigt.

2. Magnetfelder Strom führender Leiter

Wir wissen schon, dass auch Strom führende Spulen von einem Magnetfeld umgeben sind. Das muss auch schon für einen einzelnen Strom führenden Draht gelten.

Um dies zu überprüfen, bringen wir kleine Kompassnadeln in die Nähe eines Strom führenden Leiters → **B2**. Die Nadeln richten sich entlang kreisförmiger Linien aus. Ein Strom führender Draht erzeugt also ein Magnetfeld, dessen Feldlinien geschlossene Kreise um den Draht sind. Ein solches Magnetfeld ohne Pole bezeichnet man als **magnetisches Wirbelfeld**.

Die Richtung des Magnetfeldes eines Strom führenden Drahtes bestimmt man nach der **Linken-Faust-Regel**: Man umfasst den Leiter so mit der linken Faust, dass der abgespreizte Daumen in die Richtung des Stromes der Elektronen zeigt. Die gekrümmten Finger geben die Richtung der Magnetfeldlinien an.

In Strom führenden Spulen überlagern sich die Magnetfelder der einzelnen Windungen → **B3**. Sie verstärken einander im Inneren der Spule und im Außenbereich. Zwischen den Windungen schwächen sie sich gegenseitig ab.
Die Feldlinien einer Strom führenden Spule sind geschlossen. Im Inneren ist das Feld homogen, dort verlaufen die Feldlinien vom Süd- zum Nordpol; außen sind die Feldlinien wie bei einem Stabmagneten vom Nord- zum Südpol gerichtet.

> **Merksatz**
> Strom führende Leiter erzeugen magnetische Wirbelfelder mit geschlossenen Feldlinien. Strom führende Spulen haben Magnetfelder ähnlich denen von Stabmagneten.

Das Magnetfeld

3. Magnetische Kraft auf Strom führende Leiter

Wie verhält sich ein Strom führender Leiter in einem äußeren Magnetfeld? In ➔ **V1** hängen wir eine Strom führende **Leiterschaukel** ins Feld eines Hufeisenmagneten, wobei der Elektronenstrom senkrecht zu den Feldlinien zeigt. Die Schaukel erfährt senkrecht zum Elektronenstrom und senkrecht zu den Feldlinien eine Kraft. Ändern wir durch Umpolen die Stromrichtung im Leiter oder durch Umdrehen des Magneten die Feldrichtung, wird die Schaukel zur anderen Seite ausgelenkt. Die Kraft auf die Schaukel verschwindet wieder, wenn der Stromkreis unterbrochen wird.

Die Richtung der Kraft lässt sich mit der **Drei-Finger-Regel** der linken Hand bestimmen: Man hält den Daumen der linken Hand in die Elektronenstromrichtung und den Zeigefinger in Richtung des Magnetfeldes. Dreht man dann den ausgestreckten Mittelfinger senkrecht zu Daumen und Zeigefinger, so zeigt er in die Richtung der Kraft.

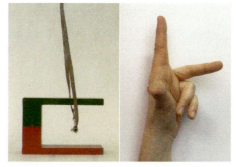

V1 Eine Strom führende Leiterschaukel erfährt im Magnetfeld eine Kraft. Ihre Richtung bestimmt man mit der Drei-Finger-Regel der linken Hand.

Merksatz
Steht ein Strom führender Leiter senkrecht zu den Feldlinien eines äußeren Magnetfeldes, so erfährt er eine Kraft nach der Drei-Finger-Regel der linken Hand.

A1 Nähern Sie sich mit einer Kompassnadel dem Strom führenden Kabel eines Staubsaugers. Erklären Sie, warum die Kompassnadel nicht ausschlägt.

Projekt

Dynamischer Lautsprecher

A. Funktionsweise
Der dynamische Lautsprecher besteht aus einer Spule, die an einer starren Membran befestigt ist. Die Membran wiederum ist elastisch am Gehäuse aufgehängt. Die Spule taucht in das starke Feld eines speziellen Magneten ein (in der Mitte ist der Nordpol und außen befindet sich der Südpol) und führt Wechselstrom im Rhythmus der Musik.

Nach der Drei-Finger-Regel wirkt auf jeden Teil der Spule je nach Stromrichtung eine Kraft nach rechts oder links. Die Membran wird von dieser Kraft verschoben. Je nach Größe und Richtung der Kraft nimmt die Membran so unterschiedliche Positionen ein. Dies hat zur Folge, dass die Membran sich im Rhythmus der Musik hin und her bewegt und so Schall erzeugt und die Musik wiedergibt.

B. Bau eines einfachen Lautsprechers
Sie benötigen:
- 1 Blatt Zeichenkarton
- 1 Papprolle
- ca. 10 m Klingeldraht (im Elektronikfachhandel erhältlich)
- 1 Hufeisenmagnet

1. Schneiden Sie aus dem Zeichenkarton einen Kreis mit etwa 20 cm Durchmesser. Schneiden Sie ein Kreissegment von etwa 40° heraus und kleben Sie den Karton zu einem Kegel zusammen. Kleben Sie den Kegel an das Ende der Papprolle.
2. Wickeln Sie den Klingeldraht auf die Papprolle (etwa 100 Windungen).
3. Stülpen Sie die Papprolle über einen Pol des Hufeisenmagneten. Die Spitze des Kegels darf den Magneten nicht berühren.

Wenn Sie den Lausprecher an einen Sinusgenerator anschließen, gibt er die Töne wieder. Sie können den Lautsprecher auch mit einem Kopfhörerkabel an einen MP3-Player anschließen. Aber Vorsicht: Wenn ein Kurzschluss entsteht, kann der MP3-Player beschädigt werden!

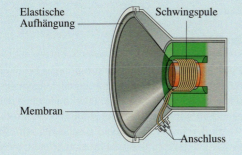

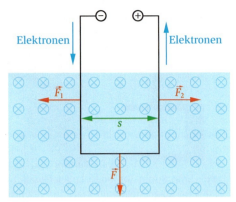

B1 Das Magnetfeld ist in die Papierebene hinein gerichtet. Die Feldlinien werden durch ⊗ gekennzeichnet (ähnlich einem von hinten betrachteten Pfeilschaft). Feldlinien, die aus der Papierebene hinaus zeigen, kennzeichnet man durch ⊙. Nach der Drei-Finger-Regel der linken Hand erfahren die beiden seitlichen Drähte im Magnetfeld entgegengesetzt gleiche Kräfte, die einander aufheben. Die resultierende magnetische Kraft auf das Rähmchen wirkt daher nach unten.

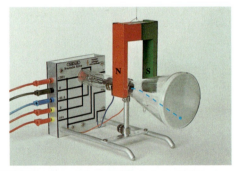

B2 In einem Magnetfeld wird ein Elektronenstrahl abgelenkt.

Interessantes

Hallsonden

Die Bestimmung der magnetischen Flussdichte über die Messung der Kraft auf einen Strom führenden Leiter ist sehr aufwändig und funktioniert auch nur bei homogenen, ausgedehnten Feldern. Ein bequemeres Verfahren ist die Messung mit sogenannten Hallsonden. Sie nutzen den Halleffekt aus, bei dem an einem Strom führenden Leiterplättchen in einem Magnetfeld eine Spannung auftritt, die proportional zur magnetischen Flussdichte ist.

4. Die magnetische Flussdichte

Wir wollen jetzt ein Maß für die Stärke des Magnetfeldes festlegen. Dazu verwenden wir einen „Probestrom", ähnlich wie wir mithilfe von Probeladungen die elektrische Feldstärke eingeführt haben. Diesen schicken wir wie in → **B1** durch ein Drahträhmchen. Die Kraft auf das Leiterstück der Länge s, das senkrecht zur Richtung der magnetischen Feldlinien horizontal innerhalb des Magnetfeldes verläuft, zieht gemäß der Drei-Finger-Regel das Drahträhmchen nach unten. Diese Länge s wird **wirksame Leiterlänge** genannt.

Wir untersuchen, wie der Betrag F der Kraft von der Stromstärke I und der wirksamen Leiterlänge s abhängt → **Vertiefung**.

Das Ergebnis: Der Betrag F der Kraft auf das Rähmchen ist zum Produkt aus der Stromstärke I und der wirksamen Leiterlänge s proportional. Die Quotienten

$$B = \frac{F}{I \cdot s}$$

sind also konstant und unabhängig vom speziellen Wert der Stromstärke I und wirksamen Leiterlänge s.

Wir werden dasjenige Feld als das stärkere ansehen, das auf das Rähmchen bei gleichen I und s die größere Kraft ausübt. Dann ist auch der Quotient $B = F/(I \cdot s)$ größer. B ist also eine Größe, die zur Kennzeichnung der Stärke von Magnetfeldern geeignet ist. Als Richtung dieser neuen Größe legen wir die Richtung der magnetischen Feldlinien fest. Als Maß für die Stärke von Magnetfeldern führen wir daher den Vektor $\vec{B}$ ein. Aus historischen Gründen heißt $\vec{B}$ **magnetische Flussdichte**. Ihre Einheit ist 1 N/(Am), 1 T (Tesla) genannt.

> **Merksatz**
>
> Ist I die Stromstärke in einem Leiter in einem Magnetfeld, s die wirksame Leiterlänge (im Feld, senkrecht zur Richtung der magnetischen Feldlinien) und $\vec{F}$ die auf die wirksame Leiterlänge wirkende Kraft, dann heißt der Vektor $\vec{B}$ magnetische Flussdichte. Seine Richtung ist gleich der Richtung der magnetischen Feldlinien. Für seinen Betrag gilt:
>
> $$B = \frac{F}{I \cdot s} \quad \text{mit der Einheit } [B] = 1\,\frac{\text{N}}{\text{Am}} = 1\,\text{T (Tesla)}.$$

Die **Drei-Finger-Regel** der linken Hand lautet nunmehr so:
Der Daumen zeigt in Richtung der Stromstärke, der Zeigefinger in Richtung der magnetischen Flussdichte und der Mittelfinger in Richtung der Kraft auf den Leiter.

5. Die Lorentzkraft

Gerade haben wir erfahren, dass ein Strom führender Leiter erfährt in einem senkrecht zu ihm gerichteten äußeren Magnetfeld eine Kraft erfährt. Jetzt betrachten wir bewegte Elektronen ohne den Leiter. Dazu untersuchen wir einen Elektronstrahl, der senkrecht zur Richtung der Feldlinien in ein Magnetfeld geschossen wird → **B2**. Die Elektronen werden quer zu den Feldlinien abgelenkt; sie erfahren also eine Kraft. Entscheidend ist die Bewegung der Elektronen im Magnetfeld. Auf ruhende Ladungen wirkt diese Kraft nicht.

Das Magnetfeld

Die magnetische Kraft auf bewegte Ladungen heißt **Lorentzkraft** nach dem niederländischen Physiker Hendrik A. LORENTZ.

Die Richtung der Lorentzkraft bestimmt man nach der Drei-Finger-Regel der linken Hand: Man hält den Daumen der linken Hand in die Bewegungsrichtung der Elektronen und den Zeigefinger in Richtung der magnetischen Flussdichte. Der ausgestreckte Mittelfinger zeigt dann in Richtung der Lorentzkraft. Diese Drei-Finger-Regel gilt nur für negativ geladene Teilchen. Für positiv geladene Teilchen nimmt man die Finger der rechten Hand und verfährt entsprechend.

Den Betrag der Kraft auf einen Strom führenden Leiter im Magnetfeld können wir mit der Gleichung $F = I \cdot s \cdot B$ berechnen. Der Strom besteht aus Elektronen. Können wir auch die Kraft auf ein einzelnes Elektron ausrechnen?

Vereinfachend nehmen wir an, dass in einem Strom führenden Leiter alle Elektronen den gleichen Geschwindigkeitsbetrag v haben. Wie hängt er mit der Stromstärke I zusammen? In der Zeit t durchsetzen N Elektronen den Leiterquerschnitt A mit Geschwindigkeitsbetrag $v = s/t$ → **B3**. Sie tragen die Ladung $Q = N \cdot e$. Daher ist die Stromstärke $I = Q/t = N \cdot e \cdot v/s$. Das Strom führende Leiterstück erfährt die Kraft mit Betrag $F = I \cdot s \cdot B$. Einsetzen des Terms für I ergibt $F = N \cdot e \cdot v \cdot B$. Dies gilt für N freie Elektronen. Für ein einziges Elektron erhalten wir die Gleichung für den Betrag der Lorentzkraft

$$F_L = e \cdot v \cdot B.$$

Merksatz

Ein Elektron, das sich mit der Geschwindigkeit $\vec{v}$ senkrecht zu einem Magnetfeld der magnetischen Flussdichte $\vec{B}$ bewegt, erfährt dort die Lorentzkraft mit dem Betrag

$$F_L = e \cdot v \cdot B.$$

Ihre Richtung bestimmt man mit der Drei-Finger-Regel der linken Hand.

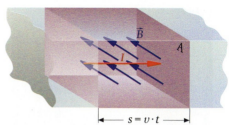

B3 Elektronen strömen mit der Geschwindigkeit $\vec{v}$ durch einen Leiter. Das Stück der Länge s wird von einem Magnetfeld (blaue Pfeile) durchsetzt, dessen Feldlinien senkrecht auf dem Leiter stehen.

A1 Ein Leiter von 4 cm Länge führt einen Strom von 10 A. Er erfährt die Kraft vom Betrag 20 cN, wenn er senkrecht zu den Feldlinien eines Magnetfeldes steht. Berechnen Sie die magnetische Flussdichte.

A2 In Brasilien verläuft das Erdmagnetfeld horizontal in Süd-Nord-Richtung. Es gilt $B = 14{,}2$ µT. In der Oberleitung einer Bahnstrecke fließen die Elektronen in Ost-West-Richtung. Die Stromstärke beträgt $I = 4400$ A. Berechnen Sie den Betrag der Kraft, die auf die Leitung zwischen zwei Masten im Abstand 65 m wirkt und ermitteln Sie die Richtung.

A3 Ein Elektron tritt mit $v = 1{,}7 \cdot 10^5$ m/s senkrecht zu den Feldlinien in ein homogenes Magnetfeld der Flussdichte vom Betrag $B = 30$ mT ein. Berechnen Sie den Betrag der Kraft, die auf das Elektron wirkt.

Vertiefung

Ein Drahträhmchen im Magnetfeld

Wir hängen ein Strom führendes Drahträhmchen in ein homogenes Magnetfeld und untersuchen, wie der Betrag $\vec{F}$ der nach unten wirkenden Kraft von der Stromstärke I und der wirksamen Leiterlänge s abhängt.

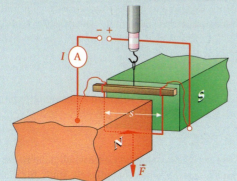

Wir erhalten die folgende Tabelle:

$s = 4$ cm (konstant)			$I = 4$ A (konstant)		
I in A	F in cN	F/I in cN/A	s in cm	F in cN	F/s in N/m
1	0,8	0,80	4	3,2	0,80
3	2,5	0,83	2	1,7	0,85
5	3,9	0,78	1	0,8	0,80

Ergebnis: Der Betrag F der Kraft auf das Rähmchen ist zur Stromstärke und zur wirksamen Leiterlänge proportional:

$F \sim I$, wenn s konstant ist und
$F \sim s$, wenn I konstant ist.

Fassen wir beide Proportionalitäten zusammen, erhalten wir $F \sim I \cdot s$.

Fadenstrahlrohr II

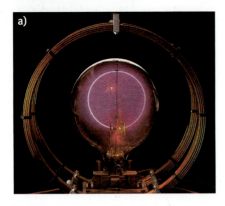
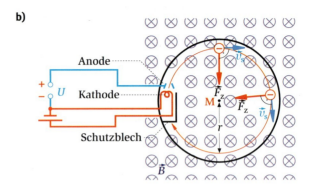

B1 a) Fadenstrahlrohr mit Elektronen auf einer Kreisbahn   b) Skizze zum Fadenstrahlrohrversuch

Vertiefung

Kräfte im Fadenstrahlrohr

Elektronen (Ladung e, Masse m) werden in einer Elektronenkanone erzeugt. Sie besitzen nach dem Durchlaufen des elektrischen Feldes mit der Beschleunigungsspannung U eine Geschwindigkeit vom Betrag

$$v = \sqrt{\frac{2eU}{m}}. \qquad (1)$$

Innerhalb des Rohrs besteht ein homogenes Magnetfeld der Stärke B, d. h. es ist überall gleich groß und gleich gerichtet. Die magnetischen Feldlinien stehen senkrecht zur Geschwindigkeit der Elektronen. Zu jedem Zeitpunkt wirkt daher auf die Elektronen die Lorentzkraft vom Betrag

$$F_L = e \cdot v \cdot B. \qquad (2)$$

Sie ist senkrecht zu den magnetischen Feldlinien und senkrecht zur Geschwindigkeit gerichtet. Die Bewegungsenergie der Teilchen ändert sich also nicht, sondern nur die Richtung der Geschwindigkeit. Innerhalb des Fadenstrahlrohrs bewegen sich die Elektronen daher auf Kreisbahnen vom Radius r → **B1**. Die Lorentzkraft stellt die dafür notwendige Zentripetalkraft $\vec{F}_z$ dar → **B1b**. Für den Betrag der Lorenzkraft gilt daher auch:

$$F_L = F_z = m \cdot \frac{v^2}{r}. \qquad (3)$$

Aus den Gleichungen (2) und (3) folgt zunächst $v = e \cdot B \cdot r / m$. Setzt man für die Geschwindigkeit v den Ausdruck aus Gleichung (1) ein und quadriert, so ergibt sich:

$$e/m = \frac{2U}{B^2 r^2}. \qquad (4)$$

1. e/m-Bestimmung im Fadenstrahlrohr-Versuch

In einer mit Wasserstoffgas gefüllten Röhre → **B1a** befindet sich eine Elektronenkanone, die einen fein gebündelten Strahl von Elektronen liefert. Die Geschwindigkeit der Elektronen vom Betrag v ist über den Parameter Beschleunigungsspannung U der Elektronenkanone einstellbar.

Durch ein **Helmholtzspulenpaar** wird ein homogenes Magnetfeld im Inneren des Rohrs erzeugt. Die Richtung der Geschwindigkeit der Elektronen wird so eingestellt, dass sie senkrecht zu den Feldlinien des Magnetfeldes ist → **B1b**. Ohne Magnetfeld erkennt man in der Röhre einen leuchtenden, geraden dünnen Strahl, einen Faden, der die Bahn der Elektronen kennzeichnet. Die Bewegung der Elektronen wird sichtbar, da die Elektronen durch Stöße das Gas zum Leuchten anregen.
Mit einem Magnetfeld der Stärke B werden die Elektronen auf Kreisbahnen gelenkt, da auf sie eine Lorentzkraft vom konstanten Betrag $F_L = e \cdot v \cdot B$ senkrecht zur Bewegungsrichtung wirkt. Die Lorentzkraft stellt die Zentripetalkraft vom Betrag $F_z = m \cdot v^2 / r$ der Kreisbewegung dar → **B1b**. Eine tiefergehende Betrachtung der Kräfte im Fadenstrahlrohr → **Vertiefung** führt auf den Zusammenhang

$$\frac{e}{m} = \frac{2U}{B^2 r^2}.$$

In dieser Gleichung stehen auf der linken Seite die Elementarladung e und die gesuchte Masse m der Elektronen. Auf der rechten Seite stehen die im Experiment gemessenen Größen U, B und r.
Messungen ergeben für die sogenannte **spezifische Ladung** des Elektrons

$$\frac{e}{m} \approx 1{,}76 \cdot 10^{11} \text{ C/kg}.$$

Mit der aus dem Millikan-Versuch bekannten Elementarladung e berechnet sich die Masse der Elektronen zu

$$m \approx 9{,}11 \cdot 10^{-31} \text{ kg}.$$

Dies ist die Masse von Elektronen mit Geschwindigkeiten, die relativ klein im Vergleich zur Lichtgeschwindigkeit sind; für hohe Geschwindigkeiten sind relativistische Effekte zu berücksichtigen.

Fadenstrahlrohr II

Projekt

Modellierung der Bewegung im Fadenstrahlrohr

In der GeoGebra-Simulation → www können Sie alle Parameter des Fadenstrahlrohrs, die Beschleunigungsspannung U der Elektronenkanone und die Stärke B des Magnetfeldes, variieren und zudem durch Wahl der Ladung q und der Masse m neben Elektronen auch die Bewegung von Protonen modellieren.

Die Teilchen treten in der Simulation jeweils mit einer Anfangsgeschwindigkeit 0 m/s in ein elektrisches Feld ein und durchlaufen eine Beschleunigungsspannung U. Mit einer Geschwindigkeit vom Betrag $v = \sqrt{2qU/m}$ gelangen sie in ein homogenes Magnetfeld. Die Richtung der Geschwindigkeit ist stets senkrecht zu den Feldlinien des Magnetfeldes.

Arbeitsaufträge:

1 Wählen Sie die Parameter so, dass sich Elektronen auf einer Kreisbahn von $r = 5$ cm bewegen.
Gibt es mehrere passende Parametersätze?

2 Untersuchen Sie für Elektronen systematisch die Änderungen der Bahn, wenn die Beschleunigungsspannung U variiert und die übrigen Parameter konstant gehalten werden.
Stellen Sie den Zusammenhang grafisch dar.
Was ändert sich, wenn statt Elektronen Protonen in das Magnetfeld eintreten?
Vergleichen Sie die Bahnen der Teilchen bei verschiedenen Beschleunigungsspannungen und konstanter Stärke des Magnetfeldes.

3 Untersuchen Sie für Elektronen systematisch die Änderungen der Bahn, wenn die Stärke des Magnetfeldes variiert und die übrigen Parameter konstant gehalten werden.
Stellen Sie den Zusammenhang grafisch dar.
Was ändert sich, wenn statt Elektronen Protonen in das Magnetfeld eintreten?
Vergleichen Sie die Bahnen der Teilchen bei verschiedenen Magnetfeldstärken und konstanter Beschleunigungsspannung.

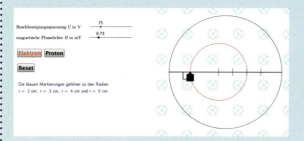

A1 Elektronen, die durch 150 V beschleunigt worden sind, beschreiben in einem homogenen Magnetfeld mit $B = 0,85$ mT einen Kreis. Berechnen Sie die Geschwindigkeit der Elektronen und ihre Umlaufzeit.

A2 Elektronen bewegen sich mit Geschwindigkeiten von 1 %, 2 %, 4 %, 5 % und 10 % der Lichtgeschwindigkeit c auf Kreisbahnen in einem homogenen Magnetfeld mit $B = 0,035$ T.
a) Bestimmen Sie die Umlaufgeschwindigkeiten in den Einheiten m/s und km/h.
b) Bestimmen Sie die jeweiligen Radien der Kreisbahnen.

A3 In einem Experiment werden Teilchen (Masse m, Ladung q) auf eine Kreisbahn vom Radius $r = 4$ cm gebracht. Die Beschleunigungsspannung beträgt 100 V und die Stärke des Magnetfelds $B = 0,051$ mT.
a) Berechnen Sie die „spezifische Ladung" q/m der Teilchen.
b) Recherchieren Sie, um welche Teilchen es sich handeln könnte.

A4 Werden Elektronen schräg in ein homogenes Magnetfeld geschossen, beobachtet man eine Schraubenbahn mit konstantem Radius und Ganghöhe h. Um dies zu verstehen, zerlegt man den Geschwindigkeitsvektor der Elektronen beim Eintritt in das Magnetfeld in eine Komponente parallel und in eine Komponente senkrecht zu den Feldlinien des B-Feldes.

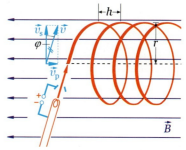

a) Erklären Sie qualitativ das Zustandekommen der Schraubenbahn. Fertigen Sie eine geeignete Skizze an.
b) Was lässt sich über das Magnetfeld sagen, wenn die Elektronen eine Schraubenbahn mit immer kleiner werdendem Radius und gleichbleibender Ganghöhe durchlaufen?

Elektronen in Natur, Forschung und Technik

Vertiefung

Polarlicht und Strahlungsgürtel

Von der Sonne strömen ständig Protonen und Elektronen mit einer Geschwindigkeit von etwa 400 km/s ins All. Dieser sogenannte Sonnenwind erreicht in wenigen Tagen das Erdmagnetfeld. Er deformiert es, aber kann kaum eindringen. Denn seine Teilchen umkreisen die B-Feldlinien. In der hohen Atmosphäre treibt seine Energie eine Art Dynamo an, der dort vorhandene freie Elektronen durch E-Felder beschleunigt. Diese Elektronen können bei den Magnetpolen der Erde auf etwa 100 km Höhe in die oberen Luftschichten geringer Dichte hinabsteigen. Wie Elektronen in Glimmlampen regen sie die Atome der unter geringem Druck stehenden hohen Atmosphäre zum Leuchten an und erzeugen so das **Polarlicht** → B1 . Es ist nach Sonnenfleckentätigkeit wegen verstärkter Energiezufuhr aus dem Sonnenwind besonders intensiv.

Für Raumfahrer können die von VAN ALLEN entdeckten **Strahlungsgürtel** in 700 km bis 60 000 km Höhe gefährlich werden → B2 . Ihre Protonen und Elektronen wirken wie ionisierende Strahlung. Sie umkreisen die B-Feldlinien und pendeln einige Minuten zwischen Nord- und Südpol der Erde hin und her, haben aber mit dem Polarlicht nichts zu tun.

Penning-Falle

Kann man ein, also *genau* ein einziges Teilchen wie zum Beispiel ein Elektron einfangen, d. h. auf einem kleinen Raumgebiet festhalten? Vorteilhaft wäre es, da man dieses Teilchen dann nahezu ungestört von anderen Teilchen und der Außenwelt präzise untersuchen könnte. In der physikalischen Forschung wird dies in vielen Forschungsgruppen routiniert gemacht. Man verwendet dazu verschiedene Methoden.

Eine verwendet die sogenannte Penning-Falle für geladene Teilchen: Hier nutzt man ein homogenes, zeitlich konstantes Magnetfeld und ein inhomogenes, ebenfalls zeitlich konstantes elektrisches Feld, um die Teilchen in einem kleinen Raumgebiet, dem Falleninneren, zu konzentrieren. Das Magnetfeld führt dazu, dass sich die geladenen Teilchen auf gekrümmten Bahnen bewegen und die Falle seitlich nicht verlassen können. Das elektrische Feld verhindert, dass die Teilchen die Falle in vertikaler Richtung verlassen.

B1 Polarlicht: Geladene Teilchen treffen auf Luftmoleküle und regen diese zum Leuchten an.

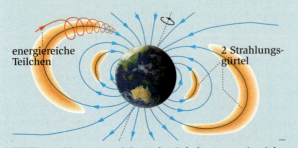

B2 Strahlungsgürtel der Erde: Geladene energiereiche Teilchen werden im B-Feld der Erde gefangen.

Technisch ist es sehr anspruchsvoll, genau ein einzelnes Teilchen zu speichern. Einer der Pioniere dieser Technik, Hans DEHMELT, erhielt 1989 den Nobelpreis in Physik für seine Präzisionsexperimente von Elektronen und Positronen in einer Penning-Falle. In diesen Experimenten mussten die Teilchen gekühlt werden und über lange Zeiträume in der Falle bleiben.

In Penning-Fallen lassen sich auch Ionen und sogar Antiprotonen speichern. In einem aktuellen Forschungsprojekt der Universität Heidelberg wurde mithilfe einer Penning-Falle und eines hochionisierten Kohlenstoffions die Masse des Elektrons mit einer 13-mal größeren Genauigkeit als bislang bestimmt.

Die magnetische Linse

In der **Schattenkreuzröhre** werden Elektronen mit 4 kV beschleunigt und fliegen auf ein Aluminiumkreuz. Am Schatten auf dem Leuchtschirm erkennt man, dass sich Elektronen wie Licht geradlinig ausbreiten.

Nun kann man Licht durch Linsen bündeln. Gibt es auch für Elektronen Linsen?

Wir stellen zwei Helmholtz-Spulen so über die Schattenkreuzröhre, dass ihr Magnetfeld etwa in Ausbreitungsrichtung der Elektronen weist. Das Kreuz auf dem Schirm wird scharf abgebildet, aber verdreht und auch verkleinert.

Das Magnetfeld der Helmholtz-Spulen übt eine fokussierende Wirkung auf die Elektronen aus, welche mit der einer Konvexlinse auf Licht vergleichbar ist. Ein solches Magnetfeld ist also in der Lage, eine Abbildung von einem Gegenstand zu erstellen. Dieser wird von Elektronen „beleuchtet" statt von Licht.

Homogene Magnetfelder liefern keine vergrößerten Bilder. Mit rotationssymmetrischen, inhomogenen B-Feldern erzielt man jedoch erhebliche Vergrößerungen. Diese werden von Strom führenden Spulen geringer Größe erzeugt, die von einem Eisenpanzer eingehüllt sind. So wird das B-Feld auf einen kleinen Raum nahe der Achse konzentriert. Die B-Felder solcher Spulen bezeichnet man als **magnetische Linsen** → B3.

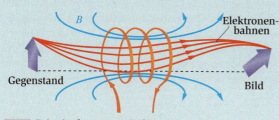

B3 Prinzip der magnetischen Linse

Das Elektronenmikroskop

Das Elektronenmikroskop wurde von Ernst RUSKA 1933 zum Durchstrahlen sehr dünner Objekte erfunden. Es ist aus drei magnetischen Linsen aufgebaut → B5. Der Elektronenstrahler enthält eine Elektronenkanone. Die Kondensorspulen dienen dazu, das Objekt mit Elektronen „auszuleuchten", so wie im Lichtmikroskop mit einer Kondensorlinse. Darunter befindet sich die Objektivspule, die ein vergrößertes Zwischenbild erzeugt. Einen kleinen Teil davon vergrößern die Projektionsspulen nochmals stark auf einen Leuchtschirm. Sie erfüllen die Aufgabe des Okulars beim optischen Mikroskop.

Mit einem Elektronenmikroskop kann man millionenfache Vergrößerungen erzielen – das Tausendfache von Lichtmikroskopen – und Punkte im Abstand von Atomen ($\approx 0{,}2\,\text{nm}$) gerade noch getrennt sehen. Man verwendet es, um Oberflächen von Metallen und Halbleitern zu untersuchen. Zudem gestattet es, winzige Krankheitserreger wie Viren zu untersuchen. Mit Elektronenmikroskopen wird auch die Struktur von organischen Riesenmolekülen enträtselt, z.B. der DNA, dem Speicher für Erbinformationen → B4.

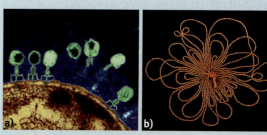

B4 a) Viren; b) DNA-Molekül

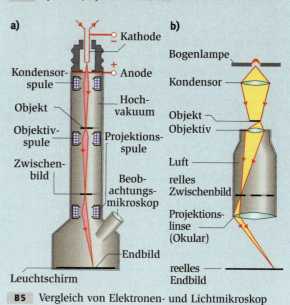

B5 Vergleich von Elektronen- und Lichtmikroskop

De-Broglie-Wellen und Elektronenbeugung

Physik und Geschichte

Wer war DE BROGLIE?

Prince Louis-Victor DE BROGLIE (1892–1987) war ein französischer Adliger, der nach einem Universitätsabschluss in den Geisteswissenschaften noch einen Abschluss in den Naturwissenschaften ablegte. Angeregt von seinem Bruder beschäftigte er sich mit Problemen der theoretischen Physik. In der von ihm 1924 eingereichten Dissertationsschrift *Recherches sur la Théorie des Quanta* legte er seine Hypothese zu Materiewellen vor. Experimentelle Befunde, die seine Hypothese stützen, gab es erst einige Jahre später. Als sie vorlagen, erhielt er kurze Zeit später, 1929, in Würdigung seiner Entdeckung der Wellennatur der Elektronen den Nobelpreis für Physik.

Vertiefung 1

Wie groß ist der Elektronenabstand?

Mit 1 kV beschleunigte Elektronen bewegen sich mit einer Geschwindigkeit $v = 1{,}8 \cdot 10^7$ m/s. Bilden sie einen Elektronenstrahl mit Querschnitt $A = 1$ mm², so tritt bei einer Stromstärke von $I = 1$ mA in 1 s die Ladung $Q = I \cdot t = 1 \cdot 10^{-3}$ C durch den Querschnitt. Das sind $n = Q/e \approx 6 \cdot 10^{15}$ Elektronen. Sie bilden also in 1 s einen $l = v \cdot t = 1{,}8 \cdot 10^7$ m langen Strahl mit dem Volumen $V = l \cdot A \approx 18$ m³.
Jedem Elektron stünde das Volumen $V_1 = V/n \approx 3 \cdot 10^{-15}$ m³ zu, also z.B. ein Würfel mit Kantenlänge $(V_1)^{1/3} \approx 2 \cdot 10^{-5}$ m. Das ist etwa das 10^6-Fache der De-Broglie-Wellenlänge für diese Elektronen von $\lambda_B \approx 39$ pm (1 pm = 1 Pikometer = 10^{-12} m).
Bei einer solchen „Verdünnung" kann man sich keine kontinuierliche Welle im klassischen Sinn vorstellen. Man muss Materiewellen anders beschreiben.

1. Die De-Broglie-Hypothese: Unsinn!?

Louis-Victor DE BROGLIE (gesprochen *broi*) hatte eine Idee: So wie man bei Licht sowohl Wellen- als auch Teilcheneigenschaften gefunden hat, sollte man sich bei Elektronen nicht von vornherein auf die Beschreibung als klassische Teilchen allein beschränken, sondern auch Welleneigenschaften in Betracht ziehen. Symmetrie in der Natur war der Kern dieses Gedankens.

DE BROGLIE ordnete – analog zur Beziehung $\lambda = h/p$ für Photonen – klassischen Teilchen wie dem Elektron formal die sogenannte **De-Broglie-Wellenlänge** λ_B zu:

$$\lambda_B = \frac{h}{p}. \tag{1}$$

p ist der Impuls, dessen Betrag sich im Fall des Elektrons nach $p = m \cdot v$ berechnet; $h = 6{,}6 \cdot 10^{-34}$ Js ist die aus den Untersuchungen des Lichts bereits bekannte plancksche Konstante. Gleichung (1) wird auch als **De-Broglie-Gleichung** bezeichnet.

Ein Elektron mit dem Geschwindigkeitsbetrag $v = 1{,}8 \cdot 10^7$ m/s besitzt eine De-Broglie-Wellenlänge

$$\lambda_B = \frac{h}{p} = \frac{6{,}6 \cdot 10^{-34}}{9{,}1 \cdot 10^{-31} \cdot 1{,}8 \cdot 10^7} \text{ m} \approx 39 \cdot 10^{-12} \text{ m} = 39 \text{ pm}.$$

Die durch die Angabe dieser Wellenlänge beschriebene Welle heißt **De-Broglie-Welle**, **Materiewelle** oder **Ψ-Welle** (sprich: Psi-Welle).
Die Frequenz f dieser Welle ist – ebenfalls analog zu Photonen – mit der Konstanten h und mit der Energie W der Welle verknüpft:

$$W = h \cdot f. \tag{2}$$

Problematisch am Vorschlag von DE BROGLIE war, dass es keine experimentellen Befunde gab, die die Existenz dieser Materiewellen unterstützten. Anekdoten aus dieser Zeit berichten, dass DE BROGLIES Idee sofort großes Interesse und auch Zweifel hervorgerufen hat.

Es war aber kein Unsinn: Die in Ziffer 3 und 4 beschriebenen Experimente unterstützen die Beschreibung von Objekten wie Elektronen, Protonen, Neutronen, Atomen und Molekülen als Materiewellen.

2. Kann man De-Broglie-Wellen klassisch verstehen?

Lassen sich DE BROGLIEs Materiewellen mit klassischen Wellen wie Wasser- oder Schallwellen vergleichen? Die Betrachtung eines Elektronenstrahls zeigt, dass die De-Broglie-Wellenlänge sehr viel kleiner ist als der Abstand der Elektronen untereinander → **Vertiefung 1**: Innerhalb einer Wellenlänge λ_B befinden sich in dieser klassischen Betrachtungsweise fast keine Elektronen. Sie können daher durch Schwingungen untereinander keine „echte" Welle erzeugen, wie es bei Wasserteilchen in Wasserwellen oder Luftteilchen in Schallwellen der Fall ist.

Man kann sich Materiewellen also nicht als Welle im klassischen Sinn vorstellen. Der Name *Materie*welle ist daher etwas unglücklich.

De-Broglie-Wellen und Elektronenbeugung

Der theoretische Physiker Erwin SCHRÖDINGER (1887–1961), der sich in den 1920er-Jahren intensiv mit DE BROGLIEs Arbeiten auseinandersetzte, eine Wellenmechanik der Elektronen entwickelte und die berühmte Schrödinger-Gleichung aufstellte, verdankte seine *„Anregungen zu diesen Überlegungen in erster Linie den geistvollen Théses des Herrn Louis de Broglie […]"*. Auch er kam zu der Erkenntnis, dass in De-Broglie-Wellen seiner Wellenmechanik die Elektronen nicht schwingen.

3. Spaltexperimente mit Elektronen

Der klassische Nachweis für Welleneigenschaften von Licht ist die Interferenz am Doppelspalt → **B1**. Claus JÖNSSON zeigte 1960 – analog zu Experimenten mit Photonen –, dass Elektronen, die im Vakuum einen Doppelspalt durchfliegen, Interferenzstreifen bilden → **B2**.

Die Abstände dieser Streifen sind so klein, dass sie mit einem Elektronenmikroskop nachvergrößert werden mussten. Die aus den Interferenzversuchen berechneten Wellenlängen sind mit De-Broglie-Wellenlängen der Elektronen in sehr guter Übereinstimmung und bestätigen daher die Hypothese von DE BROGLIE. Es handelt sich bei dem Jönsson-Experiment zwar nicht um den ersten experimentellen Nachweis der Materiewellen, aber um einen der elegantesten.

Nicht nur Elektronen zeigen Welleneigenschaften wie die Interferenz, sondern auch größere Objekte wie Protonen und Neutronen, die wir bislang als klassische Teilchen beschrieben haben. Andererseits wurde dies bei makroskopischen Objekten wie Fußbällen nicht beobachtet. Aktuelle Forschungsprojekte beschäftigen sich mit der Frage, ob es eine obere Grenze der Größe für Objekte gibt, die nachweisbare Welleneigenschaften zeigen → **Vertiefung 2**.

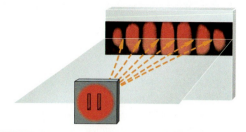

B1 Doppelspaltexperiment mit Photonen

B2 Elektroneninterferenz am Doppelspalt nach C. JÖNSSON (1960). Die Maxima liegen in der Detektorebene so nah nebeneinander, dass die Interferenzstruktur mit einem Elektronenmikroskop stark nachvergrößert werden muss, damit man sie sehen kann.

A1 Im Experiment von JÖNSSON betrug der Abstand der Spalte $2{,}0 \cdot 10^{-6}$ m = $2{,}0$ µm und die De-Broglie-Wellenlänge betrug etwa $\lambda_B = 5{,}4 \cdot 10^{-12}$ m = $5{,}4$ pm. Die Elektronen wurden im Abstand von 50 cm hinter dem Spalt detektiert. Berechnen Sie den Abstand der beiden Maxima 1. Ordnung voneinander.

Vertiefung 2

Interferenz mit großen Molekülen

In einem analogen Experiment zum Versuch von JÖNSSON mit Elektronen schießt man aus 60 C-Atomen bestehende stabile Fullerenbälle mit einer Geschwindigkeit $v = 210$ m/s auf ein Gitter mit $g = 100$ nm. Ein Detektor im Abstand $a = 1{,}25$ m hinter dem Gitter weist die hindurchtretenden Fullerenbälle nach. Nebenstehendes Spektrum zeigt, dass offenbar einige Fullerenbälle von der geradlinigen Ausbreitungsrichtung abgelenkt wurden; es liegt ein Beugungsspektrum vor.
Die De-Broglie-Wellenlänge der Fullerenbälle in diesem Experiment beträgt

$$\lambda_B = h/(m \cdot v) = 2{,}6 \cdot 10^{-12} \text{ m} = 2{,}6 \text{ pm}.$$

Für den Winkel φ des 1. Maximums fand man (analog zu Experimenten mit Licht der Wellenlänge λ):

$$\sin\varphi = 1 \cdot \lambda_B / g = 2{,}6 \cdot 10^{-5}.$$

Der Abstand von der optischen Achse betrug
$d_1 = a \cdot \tan\varphi \approx a \cdot \sin\varphi = 0{,}032$ mm.

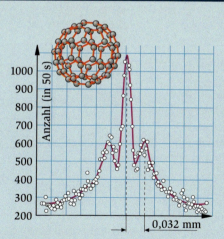

Fullerenbälle haben – anders als vermutlich Elektronen – eine messbare Ausdehnung und zeigen ebenfalls Interferenz. Sie besitzen auch Welleneigenschaften. Ob dies mit noch größeren Molekülen als den Fullerenbällen auch der Fall ist, wird in aktuellen Forschungsprojekten mit Beugungsexperimenten untersucht.

4. Beugung von Elektronen an Kristallgittern

DE BROGLIEs Hypothese über Materiewellen wurde bereits vor JÖNSSON unabhängig voneinander und in unterschiedlichen Versuchen von den amerikanischen Physikern C. J. DAVISSON und L. H. GERMER sowie dem Briten G. P. THOMSON untersucht. Sie wiesen mithilfe der → **Bragg-Reflexion** an Kristallen nach, dass Elektronen wie Röntgenstrahlen gebeugt werden. Während DAVISSON und Mitarbeiter mit einzelnen Kristallen (Einkristall) arbeiteten, nutzte THOMSON Folien aus vielen, kleinen Kristallen mit beliebigen Orientierungen.

B1 Versuch mit einer Elektronenbeugungsröhre zum Nachweis von Materiewellen

Einen typischen Aufbau zum Nachweis der Elektronenbeugung an Kristallgittern mit der sogenannten **Elektronenbeugungsröhre** zeigen → **B1** und → **B2**: In einer Röhre befindet sich eine Elektronenkanone und eine Folie aus polykristallinem Material, z. B. eine Grafitfolie. Die beschichtete Röhrenwand dient als Schirm. Sie fluoresziert an Stellen, die von Elektronen getroffen werden.

Die Elektronen ($m_e = 9{,}1 \cdot 10^{-31}$ kg) werden mit der Spannung 5,0 kV beschleunigt. Sie besitzen daher den Impuls

$$p = m_e \cdot v = m_e \cdot \sqrt{2eU/m} = 3{,}8 \cdot 10^{-23} \text{ kg m/s}.$$

Nach DE BROGLIE wird den Elektronen die Wellenlänge

$$\lambda_B = \frac{h}{p} = 17{,}4 \cdot 10^{-12} \text{ m}$$

zugeordnet. Diese Wellenlänge λ_B liegt in der Größenordnung der Wellenlängen für Röntgenlicht, welches an Kristallen gebeugt wird. Die Kristalle müssten also auch für die Materiewellen nach DE BROGLIE eine geeignete Beugungsanordnung darstellen.

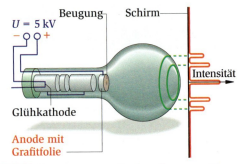

B2 Experimente mit der Beugungsröhre: Elektronen werden in einer Elektronenkanone erzeugt und beschleunigt. Sie treffen auf eine dünne Folie aus polykristallinem Grafit. Man beobachtet zwei Beugungsringe mit Radien r_1 und r_2.

Treffen die Elektronen auf die dünne polykristalline Grafitfolie, so durchdringen einige die Folie und erzeugen einen Lichtfleck auf dem Leuchtschirm der Röhre in Richtung des Elektronenstrahls.
Zudem beobachtet man Beugungseffekte in Form von zwei Beugungsringen → **B2**.

Die sogenannte → **Bragg-Gleichung** besagt, dass man bei der Beugung an Kristallstrukturen nicht in allen Richtungen Beugungsreflexe findet, sondern nur unter bestimmten Winkeln φ (bzw. 2φ) → **B3b**:

$$\sin\varphi_k = \frac{k \cdot \lambda_B}{2d} \quad \text{mit} \quad k = 1, 2, \ldots \; (k \text{ Ordnung der Beugung}).$$

Zur Berechnung der Winkel müssen die atomaren Abstände der Kristallebenen d und die Wellenlänge λ bekannt sein. Umgekehrt kann man mit einem – zum Beispiel aus Versuchen mit Röntgenstrahlen – bekannten Kristall und durch Messung der Winkel, unter denen Beugung stattfindet, die Wellenlänge bestimmen.

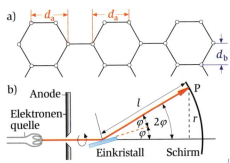

B3 a) Ein Grafitgitter besitzt zwei für dieses Experiment relevante interatomare Abstände d_a und d_b.
b) Bragg-Reflexion am Einkristall geeigneter Richtung würde den Reflexpunkt P erzeugen. Im polykristallinen Grafit finden sich unter den regellos angeordneten Kristallen auch solche, die nach unten, nach vorn, nach oben Reflexpunkte liefern. Es entstehen daher Ringe mit Radius r. Die Beugung wird üblicherweise mit dem sogenannten Glanzwinkel φ beschrieben; er entspricht dem halben Winkel zwischen einfallendem und gebeugtem (Elektronen-)Strahl.

Die Experimente mit der Elektronenbeugungsröhre ergeben Wellenlängen für Elektronen in sehr guter Übereinstimmung mit der von DE BROGLIE vorhergesagten Wellenlänge für Elektronen-Materiewellen. Die Beobachtung von zwei Beugungsringen lässt sich auf das Material der Folie → **B3a** und die Beobachtung nur der ersten Beugungsordnungen zurückführen → **Beispiel**.

De-Broglie-Wellen und Elektronenbeugung

Beispiel Experiment zur Elektronenbeugung

In der Beugungsröhre von → B2 nimmt ein Elektron (Ladung $e = 1{,}6 \cdot 10^{-19}$ C; Masse $m_e = 9{,}1 \cdot 10^{-31}$ kg) bei der Spannung $U = 5{,}0$ kV die Energie

$$W_B = eU = 1{,}6 \cdot 10^{-19} \text{ C} \cdot 5{,}0 \text{ keV} = 8{,}0 \cdot 10^{-16} \text{ J}$$

auf. Die Geschwindigkeit der Elektronen beträgt

$$v = \sqrt{2eU/m_e} = \sqrt{2W_B/m_e} = 4{,}2 \cdot 10^7 \text{ m/s}$$

und der Impuls

$$p = m_e v = 3{,}8 \cdot 10^{-23} \text{ kg m/s}.$$

Die erwartete De-Broglie-Wellenlänge ist

$$\lambda_B = \frac{h}{p} \approx 17 \cdot 10^{-12} \text{ m} = 17 \text{ pm}.$$

λ_B liegt in der Größenordnung sehr kurzwelliger elektromagnetischer Strahlung, der Röntgenstrahlung, mit der man mithilfe der Bragg-Reflexion zum Beispiel Kristallstrukturen untersucht.

Wir überprüfen im Folgenden, welche Wellenlänge sich aus dem Experiment ergibt. Der benutzte Grafitkristall hat nach → B3a zwei für dieses Experiment relevante interatomare Abstände $d_a = 213$ pm und $d_b = 123$ pm. Man erwartet also nach der Bragg-Gleichung

$$\sin\varphi_k = \frac{k \cdot \lambda_B}{2d}$$

in der ersten Ordnung ($k = 1$) zwei Beugungsringe → B2 ; jeweils einen Beugungsring für jeden interatomaren Abstand.

Zwischen Schirmabstand l und Radius r der Beugungsringe und Beugungswinkel φ_k besteht der geometrische Zusammenhang → B3b

$$\sin 2\varphi_k = r/l.$$

Bei kleinem Glanzwinkel φ_k ist in guter Näherung $\sin 2\varphi_k \approx 2\sin\varphi_k$. Damit gilt

$$2\sin\varphi_k \approx r/l.$$

Für Beugungsringe der ersten Ordnung ($k = 1$) gilt daher mit der Bragg-Gleichung

$$\lambda_B = d \cdot r/l \text{ bzw. } r = l \cdot \lambda_B/d.$$

Nach $r = l \cdot \lambda_B/d$ ist der Radius des Beugungsringes umso kleiner, je größer der Netzebenenabstand d ist.

Mit dem durch die Beugungsröhre vorgegebenen Schirmabstand $l = 0{,}135$ m können wir also nun zuordnen:
a) Der innere Ring mit dem gemessenen Radius $r_i = 0{,}011$ m wird durch Bragg-Reflexion mit dem größeren Abstand $d_b = 213$ pm erzeugt. Daraus folgt

$$\lambda_B = d_b \cdot r_i/l = 213 \text{ pm} \cdot 0{,}011 \text{ m}/0{,}135 \text{ m} = 17{,}3 \text{ pm}.$$

b) Der äußere Ring mit dem gemessenen Radius $r_ä = 0{,}019$ m wird durch Bragg-Reflexion mit dem kleineren Abstand $d_a = 123$ pm erzeugt. Daraus folgt

$$\lambda_B = d_a \cdot r_ä/l = 123 \text{ pm} \cdot 0{,}019 \text{ m}/0{,}135 \text{ m} = 17{,}3 \text{ pm}.$$

Dies bestätigt die berechnete De-Broglie-Wellenlänge von mit 5,0 kV beschleunigten Elektronen von $\lambda_B \approx 17$ pm.

A1 Vergleichen Sie die De-Broglie-Wellenlängen von Protonen und Elektronen, die jeweils mit einer Spannung 1000 V beschleunigt wurden.

A2 a) Berechnen Sie die De-Broglie-Wellenlänge eines Staubkörnchens ($m = 10^{-12}$ g, $v = 300$ m/s).
b) Welche Ablenkung würde es in einem Gitter mit $g = 1$ µm in 1 m Entfernung in der 10. Ordnung erfahren? Berechnen Sie.
c) Was folgern Sie für die Gültigkeit der klassischen Physik?

A3 Erklären Sie, warum man im Experiment mit der Beugungsröhre
a) einzelne leuchtende Punkte (Reflexpunkte) sieht, wenn ein einzelner Kristall von einem Elektronenstrahl getroffen wird, und

b) leuchtende Ringe (Beugungsringe), wenn der einzelne Kristall durch eine Folie aus vielen ungeordneten Kristallen ausgetauscht wird.

A4 Auf die dünne Grafitfolie im Experiment mit der Beugungsröhre treffen Elektronen, die mit a) $U = 1$ kV, b) $U = 2$ kV und c) $U = 4$ kV beschleunigt wurden. Der Schirm steht im Abstand von $l = 0{,}15$ m zur Folie.
Berechnen Sie jeweils die De-Broglie-Wellenlänge der Elektronen und die Radien der beiden Beugungsringe.

A5 In einer Beugungsröhre werden Elektronen auf eine Grafitfolie geschossen. Der Schirm steht im Abstand $l = 0{,}135$ m von der Folie. Für den inneren Beugungsring erster Ordnung misst man den Radius 0,008 m.
a) Bestimmen Sie den Radius des äußeren Rings erster Ordnung.
b) Wie groß wären die Radien zweiter Ordnung?

A6 E. SCHRÖDINGER war ein vielseitiger österreichischer Physiker. Zu welchen Teilgebieten der Physik hat er Beiträge geliefert? Was hat ihn neben der Physik noch beschäftigt? Tragen Sie stichwortartig vor.

A7 Wer waren sie? Vater und Sohn, beide waren Physiker, beide erhielten den Physiknobelpreis, mit ihren Experimenten zeigten sie unterschiedliche Eigenschaften des Elektrons.

Wellig und körnig

A1 Das obige Bild zeigt eine Aufnahme der Teilnehmer an der fünfte Solvay Konferenz 1927.
a) Recherchieren Sie das Hauptthema dieser Tagung.
b) Wer nahm teil?

A2 Das deutsche Wort „Gedankenexperiment" wurde sogar in den englischen Sprachgebrauch übernommen.
a) Beschreiben Sie in eigenen Worten, was ein Gedankenexperiment ist.
b) Nennen Sie zwei bis drei physikalische Gedankenexperimente.

A3 In einem der bekanntesten „Tierversuche" der Physik geht es um die Schrödingersche Katze (siehe Bild). Obwohl die Katze dabei um ihr Leben kommen kann, werden ethische Probleme, die damit verknüpft sein könnten, eher selten diskutiert und auch Tierschützer nehmen an Debatten um diesen Versuch nicht teil. Warum?

A4 Die Quantenphysik hat sich zwischen 1920 und 1935 rasant entwickelt. Niels BOHR, Max BORN, Louis DE BROGLIE, Paul DIRAC, Werner HEISENBERG, Wolfgang PAULI, Erwin SCHRÖDINGER und Joseph John THOMSON sind nur einige der bekanntesten Physiker dieser Zeit. Recherchieren Sie, wo sie und weitere bekannte Physiker gearbeitet haben.

A5 Science oder Fiction: Was versteht man unter Teleportation? Suchen Sie ein paar illustrierende Beispiele in der Science-Fiction-Literatur bzw. in entsprechenden Filmen. Physiker sprechen manchmal von Quantenteleportation. Was ist der Unterschied?

A6 Was wissen Sie bereits über die Teilchen- und die Welleneigenschaften von Licht und Elektronen? Verschaffen Sie sich einen Überblick, indem Sie ihr Wissen in einer übersichtlichen Mindmap darstellen.

Wahrscheinlichkeitsinterpretation

1. Quantenobjekte

Die Erforschung des Lichts und die Erforschung des Elektrons haben zweierlei Überraschendes gezeigt: Licht besitzt auch Teilcheneigenschaften (Fotoeffekt; Photonen) und Elektronen besitzen auch Welleneigenschaften (Elektronenbeugung; De-Broglie-Wellenlänge) → B1.

Die **Planck-Konstante** h kennzeichnet Elektronen und Photonen in gleicher Weise: Der Impuls $\vec{p}$ hängt mit der De-Broglie-Wellenlänge λ_B über $\lambda_B = h/p$ und die Energie W mit der Frequenz f über $f = W/h$ zusammen. Wie das Elektron zeigen auch andere mikroskopische „Teilchen" wie Protonen, Neutronen oder Fullerene Welleneigenschaften. Die klassisch streng getrennten, unvereinbaren Beschreibungen „Teilchen" oder „Welle" scheinen für diese Objekte und Photonen nicht zu gelten. Wir nennen sie zukünftig **Quantenobjekte**.

Insgesamt gesehen gilt: Photonen verhalten sich nie wie fliegende klassische Teilchen im Sinne der Newton-Mechanik, Elektronen nie wie klassische Wellen. Dies widerspricht der oft gehörten **dualistischen Aussage**, Quantenobjekte verhielten sich mal wie Teilchen, mal wie Wellen. Quantenobjekte sind eben etwas anderes, der klassischen Physik fremd. Es wird eine andere Theorie, die Quantentheorie, zur Beschreibung benötigt.

> **Merksatz**
> Quantenobjekte (Photonen, Elektronen, Atome, Moleküle) werden mithilfe der Planck-Konstanten h charakterisiert. Sie zeigen Beugung und Interferenz. Dabei ordnet die Planck-Konstante h einander zu:
> Impulsbetrag p ↔ De-Broglie-Wellenlänge $\lambda_B = h/p$,
> Energie W ↔ Frequenz $f = W/h$.

2. Der Zufall in der Quantenphysik

Das „Teilchen-Welle-Problem" wird auch deutlich, wenn man sich den zeitlichen Verlauf der Entstehung von Interferenzmustern genauer anschaut, indem man die Belichtungsdauer eines Films variiert oder einen ortsauflösenden Detektor verwendet → V1: Wird das Quantenobjekt bis zum Schirm oder Detektor noch als „Welle" beschrieben, so zeigen die geschwärzten Körner des Films oder die Klicks des Detektors das Auftreffen von „Teilchen". Diese erkennt man an der Körnigkeit der Interferenzmuster → V1, → B2.

Wann und wo der nächste Treffer eines Quantenobjekts auf dem Schirm oder Detektor landet, das bleibt im Einzelfall unbestimmt. Es lässt sich nicht vorhersagen, die Ereignisse sind zufällig verteilt. Die Interferenzmuster werden erst sichtbar, wenn sehr viele Quantenobjekte den Schirm oder Detektor getroffen haben. Das Muster baut sich dabei nicht systematisch auf, da die einzelnen Treffen an zufälligen Orten landen. Man sagt auch, die Entwicklung des Interferenzbildes ist **stochastisch**, d.h. dem Zufall unterworfen. Dies zeigt auch die unter → B1 (S. 192) gezeigte → Simulation. Die Quantenwelt scheint also neben wellig und körnig auch stochastisch zu sein.

> **Merksatz**
> Photonen, Neutronen und andere Quantenobjekte treffen den Schirm (Detektor) in Interferenzversuchen an zufälligen Positionen.

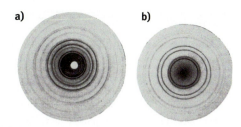

B1 Beugungsringe an Silberfolie: **a)** mit Elektronen, **b)** mit Röntgenstrahlen (hochfrequentes Licht) erzeugt

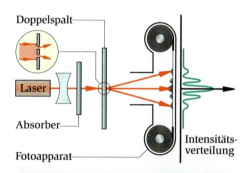

V1 Laserlicht fällt auf einen Doppelspalt; sein Beugungsbild wird im Fotoapparat ohne Objektiv auf feinkörnigem S/W-Film registriert. Der Absorber A macht die Bilder so dunkel, dass sie kaum sichtbar sind. Der entwickelte Film zeigt bei 600-facher Vergrößerung Beugungsbilder. Sie bauen sich mit steigender Belichtungsdauer (1/1000 s, 1/100 s, 1/10 s) aus einer wachsenden Zahl unregelmäßig verteilter, schwarzer Silberkörner auf. An Stellen konstruktiver Interferenz liegen sie dicht; bei destruktiver Interferenz landet kein Photon. Mit der Belichtungsdauer steigt die Zahl, nicht die Schwärzung der Körner.

B2 Auch Neutronen werden wie Photonen gebeugt: Die körnige Struktur zeigt die zufällig verteilten Neutronentreffer.

> **Vertiefung**
>
> **Taylor-Experiment von 1909**
>
> In Schallwellen schwingen viele Luftteilchen relativ zueinander und bilden eine mechanische Welle. Ist es vielleicht möglich, eine Lichtwelle als einem Schwarm von Photonen, die zueinander schwingen, zu beschreiben? Der britische Mathematiker und Physiker Geoffrey Ingram TAYLOR zeigte bereits 1909, dass dies nicht möglich ist.
>
> Er brachte Licht zur Interferenz, das so schwach war, dass sich jeweils höchstens ein Photon im Gerät befand. Trotzdem fügte es sich in das übliche Interferenzbild ein. Dieses bestand zunächst nur aus wenigen, stets scharfen Photonentreffern. Im Laufe monatelanger Belichtung nahm deren Zahl zu. Nahe den Minima trafen nur wenige Photonen den Schirm; zu den Maxima hin stieg ihre Zahl. So bauten die Photonen allmählich die periodischen Interferenzstreifen auf.
>
> Der englische Quantentheoretiker P. DIRAC sagte: *„Jedes Photon interferiert mit sich selbst."* Eine Vorstellung, die klassisch unverständlich ist.

3. Wahrscheinlichkeitsamplituden und -dichten

Wie lassen sich Quantenobjekte korrekt beschreiben? Die klassische Physik scheitert an der Erklärung von Experimenten wie der Elektronenbeugung oder dem Taylor-Experiment → **Vertiefung**. Wir haben gesehen, dass Elektronenbeugungsexperimente die DE-BROGLIE-Hypothese von Materiewellen bestätigen. Dem Physiker E. SCHRÖDINGER gelang es, eine Wellenmechanik für Elektronen zu entwickeln in dessen Mittelpunkt die berühmte **Schrödinger-Gleichung** steht. Sie beschreibt die zeitliche Entwicklung von Materiewellen, ausgedrückt durch die **Wellenfunktion** Ψ, so wie die newtonsche Bewegungsgleichung die zeitliche Entwicklung der Bewegung von Teilchen angibt. Wir wissen ebenfalls schon, dass in Materiewellen die Quantenobjekte (z. B. Elektronen) nicht schwingen wie bei klassischen Teilchen. Aber: Was bedeutet Ψ? Wie kann man den Zusammenhang zwischen „Wellenbild" und „Teilchenbild" genauer verstehen? Wie kann man das „Wellenbild" so weit reduzieren, dass es mit einem zum Beispiel auf Photonen anwendbaren „Teilchenbild" vereinbar wird? Wer vom **Dualismus Welle-Teilchen** spricht, meint genau diese Fusion.

Wir betrachten dazu das Beispiel der Interferenz von Photonen am Doppelspalt und analysieren die Photonentreffer auf einer Fotoschicht → **B1**. Der Auftreffpunkt eines einzelnen Photons ist nicht vorhersagbar, erst viele Photonen ergeben das bekannte Interferenzmuster. Liegen an einer Stelle 9-mal so viele pro mm² wie an einer anderen, so ist die **Antreffwahrscheinlichkeit** für Photonen 9-fach.

Der Physiker Max BORN (Nobelpreis 1954) war maßgeblich an der Entwicklung der Quantentheorie beteiligt. Ihm gelang es, die Beschreibung der Quantenobjekte mit einer – komplexen – Wellenfunktion Ψ und die messbare Antreffwahrscheinlichkeit der Quantenobjekte auf einen Schirm oder ortsaufgelösten Detektor zusammenzubringen: Er deutete die Intensität der „Welle" als die Wahrscheinlichkeit, ein Quantenobjekt an einem bestimmten Ort anzutreffen. Die Intensität der „Welle" ist dabei proportional zum Quadrat des Betrages der Wellenfunktion Ψ, also zu $|\Psi|^2$. Der Betrag $|\Psi|$ der Wellenfunktion kann als **Wahrscheinlichkeitsamplitude** und $|\Psi|^2$ als **Wahrscheinlichkeitsdichte** interpretiert werden.

Wie von R. FEYNMAN empfohlen, nutzen wir zur weiteren Beschreibung den **Zeigerformalismus**, der uns von den mechanischen Wellen vertraut ist. Das Vorgehen bleibt gleich, aber die Deutung ändert sich. Wir verwenden Zeiger, deren Länge nun nicht mehr die Amplitude einer Welle angeben, sondern die Wahrscheinlichkeitsamplitude für Photonentreffer. Wir sagen Ψ-Zeiger (Psi), für ihre Länge schreibt man $|\Psi|$. Die Zeiger längs einer Wellenlänge sind bis zum Ende um 2π verdreht. Sie fungieren als λ-Zähler. Das Quadrat $|\Psi|^2$ gibt die Dichte der Photonentreffer an, die Wahrscheinlichkeit, mit der sich Photonen auf einem Fleck des Beugungsschirms niederlassen. Treffen einen Fleck viele Photonen, ist $|\Psi|^2$ groß.

> **Merksatz**
>
> Großes $|\Psi|^2$ bedeutet hohe Antreffwahrscheinlichkeit für Photonen (Quantenobjekte). $|\Psi|^2$ gibt die Photonendichte (Dichte der Quantenobjekte) an.

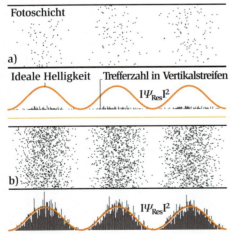

B1 Zwei Simulationen → **www** mit dem Zufallsgenerator zeigen, wie sich die zufallsbedingte Verteilung der Körner in → **V1** (S. 191) nacheinander aufbaut. $|\Psi_{Res}|^2$ gibt die zu erwartende Körnerzahl je mm² an.

4. Quantenobjekte nehmen alle Möglichkeiten wahr

Wir betrachten erneut Doppelspaltversuche. Verwendet man klassische Teilchen, wie z. B. Farbtröpfchen, so kommt es nicht zur Interferenz: Jedes Tröpfchen fliegt entweder durch Spalt 1 oder 2 → **B2**. Ist nur Spalt 1 offen, so entsteht auf dem Schirm der verwaschene Fleck 1'. Ist nur Spalt 2 offen, baut sich Fleck 2' auf. Sind beide offen, so addieren sich an jeder Stelle die Teilchenzahlen von Fleck 1' und 2' zur Kurve *Add*. Fliegt nämlich ein Tröpfchen durch Spalt 1, so ist es völlig gleichgültig, ob Spalt 2 offen oder geschlossen ist.

Am Doppelspalt interferiert jedoch jedes Photon und jedes andere Quantenobjekt mit sich selbst, ohne sich in Teile zu spalten. Wir dürfen nicht sagen, das Photon (Quantenobjekt) fliege z. B. durch den linken Spalt, nur wissen wir es nicht so recht. Wäre diese Aussage richtig, so müssten wir die viel breiteren Beugungsbilder für Einzelspalte erhalten.

Wir sagen vielmehr: Am Doppelspalt stehen jedem Photon (Quantenobjekt) zwei mögliche **Pfade** zum Ziel offen, durch jeden Spalt ein Pfad. Für jede dieser beiden gleichberechtigten Möglichkeiten, für jeden gleichberechtigten Pfad, lassen wir einen Ψ-Zeiger entlanglaufen, als wäre es eine klassische Welle. Als λ-Zähler dreht er sich auf der Strecke λ einmal. Die Pfadlänge s bestimmt die Phase der Ψ-Zeiger im Ziel (bei $s = 4{,}25 \cdot \lambda$ liegt die Phase um $4{,}25 \cdot 2\pi$ zurück, also wie bei $-90°$). Wie bei mechanischen Wellen addieren wir im Zielpunkt auf dem Schirm beide Zeiger vektoriell:

$\Psi_{Res} = \Psi_1 + \Psi_2$.

Dieses **Superpositionsprinzip** beherrscht die Quantenphysik (Superponieren bedeutet Addieren der Ψ-Zeiger). Damit können wir auch das **Huygens**-Prinzip von Wasserwellen auf Quantobjekte übertragen → **B4**: Wir brauchen nur die tatsächlichen Bahnen der Wellenerregung von der Quelle Q zum Ziel Z umzudeuten in alle möglichen Pfade des Quantenobjekts. Für jede dieser Möglichkeiten lassen wir einen Zeiger rotieren und addieren alle Zeiger in Z. Folglich bleibt völlig unbestimmt, wie das unteilbare Photon von Q nach Z gelangt. Es wäre wenig hilfreich anzunehmen, es durchlaufe sie alle zugleich oder nacheinander. Wir betrachten die möglichen Bahnen nur als Rechenpfade, um die Endstellungen der Ψ-Zeiger zu ermitteln.

5. Die Superposition erfasst das Ganze

Auch beim Umdeuten von klassischen Wellen auf Quantenobjekte müssen beim Doppelspalt beide Spalte zugleich beachtet werden, die Interferenzanordnung als Ganzes. Das Verhalten eines jeden Photons hängt nämlich trotz seiner Unteilbarkeit von der Position beider Spalte ab. Wir beschreiben das mit der Addition $\Psi_{Res} = \Psi_1 + \Psi_2$ beider Zeigerstellungen. Diese Summe ist zwar exakt bestimmt, man sagt determiniert, Einzelereignisse wie Ort und Zeitpunkt der einzelnen Lokalisation der Quantenobjekte sind dagegen dem Zufall überlassen. Man trifft ein Photon wegen seiner Unteilbarkeit nur an einem bestimmten Ort. Er hängt von der ganzen Versuchsanordnung wie auch vom Zufall ab. In der Nähe von Interferenzminima findet man wenige Photonen, in der Nähe der Maxima sehr viele.

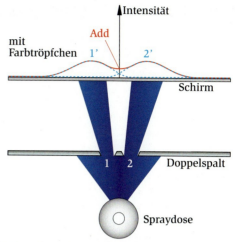

B2 Klassisch: Farbtröpfchen am Doppelspalt erzeugen zwei verschmierte Streifen 1' und 2', die zusammen *Add* ergeben.

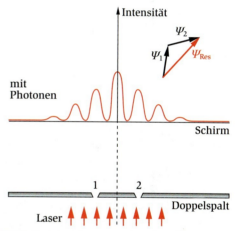

B3 Quanten dagegen zeigen Interferenzstreifen, beschreibbar mit der bei Wellen bewährten Zeigeraddition.

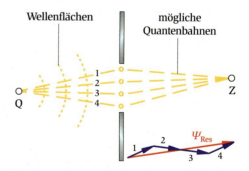

B4 Die *tatsächlichen* Wellenbahnen 1…4 werden umgedeutet in *mögliche* Rechenpfade für die λ-Zähler $\Psi_1 \dots \Psi_4$. Man addiert deren Endstellungen im Ziel Z vektoriell zur Summe Ψ_{res}. Ihr Quadrat $|\Psi_{res}|^2$ gibt die Antreffwahrscheinlichkeit für Photonen in Z.

Modelle in der Physik

Interessantes

A. Von der Realität zum Symbol

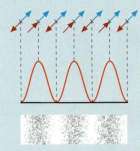

c) Ebene der Symbole:
Die Zeiger sind gedankliche, theoretische Hilfsmittel

b) Ebene der Messdaten:
Intensitäts-Kurve

a) Ebene der Realität:
Die Photonentreffer sind real, tatsächlich.

Die Gesetze der Quantenphysik werden von den heutigen Experimenten voll bestätigt. Doch werfen sie philosophisch geprägte Fragen auf. Das → **Bild** skizziert das Vorgehen in der Physik von der Ebene unmittelbarer Sinnes-Erfahrung (a) über deren Verschärfung durch Messdaten (b) hin zur abstrakten Beschreibung durch Symbole und Theorien (c):

a) Realität: Die Lokalisationspunkte von Photonen auf Fotoplatten sind objektive, vom Beobachter unabhängige, reale Ereignisse. Ihre Lage ist zwar vom Zufall bestimmt, deutet aber auf eine geordnete Struktur.

b) Messung: Diese Struktur zeigt die gemessene Intensitätskurve; sie präzisiert unsere Sinnesempfindungen (Hell-Dunkel) und deutet auf Interferenz.

c) Symbole: Die Interferenz beschreiben wir durch die Quantengröße Ψ und deren Zeigersymbol. Beide sind aber so wenig real wie Feldlinien. Es sind abstrakte Symbole, die das Gedachte darstellen sollen.

Physikalische Überlegungen, das Bilden von Theorien, findet im Kopf statt. Die Zeiger rotieren nur in unseren Köpfen und auf dem Bildschirm. Experimente sind dagegen Naturvorgänge, die zum Beobachten und zum Aufstellen geschlossener, widerspruchsfreier Theorien auffordern. Umgekehrt werden Experimente von solchen Theorien angeregt.

B. Symbole sind Bestandteile einer Theorie

Die Ψ-Zeiger unterliegen wie auch Ψ den strengen Gesetzen der Quantentheorie. Man beschreibt damit aber auch die Erfahrung, das Verhalten der Quantenobjekte. Zum Beispiel ist das $|\Psi|^2$ als Antreffwahrscheinlichkeit von Photonenlokalisationen auf dem Bildschirm messbar. Dieses Einbinden sowohl in eine Theorie wie auch in die experimentelle Erfahrung gilt für alle physikalischen Begriffe. Man denke an die elektrische Spannung mit ihrem im ohmschen Gesetz $U = R \cdot I$ benutzten Buchstabensymbol U. Wegen der Messbarkeit der Begriffe stellen die gewonnenen Ergebnisse eine korrekte, stets kontrollierbare Physik dar. Diese ist kein Phantasieprodukt, trotz ihrer bisweilen wenig anschaulichen Aussagen.

Dieses Wechselspiel von Erfahrung und Theorie beschrieb H. HERTZ in einem bedenkenswerten Satz: *„Wir machen uns innere Scheinbilder oder Symbole der äußeren Gegenstände so, dass die denknotwendigen Folgen der Bilder stets wieder Bilder seien von den naturnotwendigen Folgen der abgebildeten Gegenstände."*

Dass diese Wechselwirkung von Denken und experimenteller Nachprüfung so erfolgreich funktioniert, ist nicht selbstverständlich. EINSTEIN sagte: *„Raffiniert ist der Herrgott, boshaft aber ist er nicht"*.

C. Was heißt „verstehen"?

Der berühmte Quantenphysiker R. FEYNMAN (Nobelpreis 1965) sagte: *„Schon am Doppelspalt zeigt sich das ganze Geheimnis der Quantenphysik, das niemand verstehen kann."* Verstehen bedeutet dabei ein Zurückführen auf anschauliche **Modelle**, z. B. auf das uns so vertraute Teilchen- und Wellenmodell der klassischen Physik. Diese Modelle sind Vorstellungen, welche auf die uns gewohnte Umgebung passen, weil sie ihr entwachsen sind. Deshalb liegen uns anschauliche Bilder von Wasserwellen oder Billardkugeln näher als Ψ-Zeiger. Wie wir sahen, sind diese Zeiger abstrakte, von unseren klassischen Vorstellungen unbelastete Hilfsmittel. Sie sind geeignet, Modell-Ballast abzuwerfen, der nicht zu den Quantenobjekten passt. Diese anschaulich zu verstehen, ist offensichtlich unmöglich; die Quantenwelt ist unseren Sinnen zu fern. Wir sollten uns nicht darüber wundern, dass zu deren *Beschreibung* das unanschauliche Ψ nötig ist, wohl aber darüber, dass es nach heutiger Erfahrung bei der Fülle verschiedenartigster Experimente ausreicht.

D. Was bedeutet uns die Quantenphysik?

Die moderne Quantenphysik zwingt uns, unsere Vorstellungen von der Natur neu zu überdenken. Dabei erfahren wir, dass den logischen Fähigkeiten des Menschen auch unanschauliche Bereiche zugänglich sind. Wir brauchen die anschaulichen, sich widersprechenden Bilder Welle und Teilchen nicht mehr. Wir sehen, dass unsere logischen, als abstrakt geltenden Fähigkeiten viel weiter reichen als die auf unsere Umwelt beschränkte Anschauung. Mit der Quantenphysik bekommen wir nicht nur tiefe Einblicke in die Natur, sondern auch in unsere geistigen Fähigkeiten. Wir erkennen Grenzen und zugleich grenzüberschreitende Möglichkeiten. Wer trotzdem versucht, Quantenphänomene mit gegenständlichen Bildern zu verstehen, wird der Natur nicht gerecht. Zudem verschenkt er viel von den weitreichenden logischen, mit abstrakten Symbolen arbeitenden Fähigkeiten des Menschen. Sie sind ein wichtiger Teil menschlicher Kulturleistung, deren Faszination sich kein denkender Mensch entziehen sollte. Hier liegt eine wichtige Bedeutung der modernen Physik für Philosophie und Kultur.

Interessantes

De-Broglie-Wellen sichtbar gemacht

W. KETTERLE (Nobelpreis 2001 → Bild unten) machte De-Broglie-Wellen sichtbar → B1. Er ließ zwei dichte Wolken aus Natrium-Ionen (^{23}Na$^+$; $m = 3{,}8 \cdot 10^{-26}$ kg) gegeneinander laufen, jede mit $v = 6 \cdot 10^{-4}$ m/s. Jede bildet eine fortschreitende De-Broglie-Welle mit

$\lambda_B = h/p = h/(m \cdot v) = 3 \cdot 10^{-5}$ m.

Wo sich beide Wolken überlappen, entsteht eine stehende Welle. Dort zeigt das Schattenbild Interferenz-Streifen mit Abständen von $\lambda_B/2 = 1{,}5 \cdot 10^{-5}$ m. Solche fehlen im Bereich der fortscheitenden Wellen. Dies beschreiben wir mit rotierenden Zeigern, wie bei Photonen:

- In den Bäuchen der stehenden Welle sind die Zeiger lang → B2b; die Antreffwahrscheinlichkeit $|\Psi|^2$ der Ionen ist groß, sie liegen dicht beisammen und absorbieren das von oben einfallende Licht stark. Der Schirm dahinter zeigt dunkle Schattenstreifen.
- Die Knoten haben Abstände von $\lambda_B/2 = 1{,}5 \cdot 10^{-5}$ m; dort ist $|\Psi|^2 = 0$, Ionen fehlen. Das Schattenbild zeigt helle Streifen.
- Wo sich dagegen die gegenläufigen fortschreitenden De-Broglie-Wellen noch nicht überlappen, sind Zeigerlänge und $|\Psi|^2$ konstant; das Schattenbild zeigt eine mittlere, konstante Helligkeit.

Stehende Schallwellen verhalten sich völlig anders. Ihre Teilchen schwingen hin- und her, bleiben aber im Mittel an ihren Plätzen und haben im Mittel eine konstante Dichte. Ein über längere Zeit aufgenommenes Schattenbild würde keine Streifen zeigen.

Dies bestätigt: Bei Quantenobjekten aller Art ergibt sich aus der Länge der rotierenden Zeiger die Antreffwahrscheinlichkeit $|\Psi|^2$ von Teilchen, es gibt kein Schwingen wie bei klassischen Wellen.

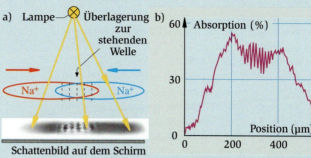

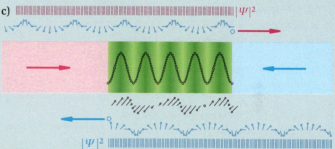

B1 a) Die Lampe entwirft von beiden gegenläufigen Ionenwolken Na$^+$ ein Schattenbild. Es ist dunkel, wo die Teilchen dicht liegen, wo ihre Antreffwahrscheinlichkeit $|\Psi|^2$ groß ist.
b) $|\Psi|^2$ zeigt nur dort periodische Streifen, wo sich die Wolken überlappen.
c) Die Länge der rotierenden Zeiger liefert $|\Psi|^2$, → B2.

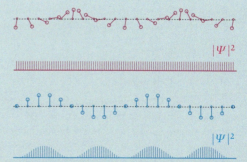

B2 a) Rot: Bei fortschreitenden Wellen sind Zeigerlänge und Antreffwahrscheinlichkeit $|\Psi|^2$ konstant.
b) Blau: Bei stehenden Wellen dagegen hat $|\Psi|^2$ die Periode $\lambda_B/2$. Dies ergibt die Streifen im → Bild auf der linken Seite (S. 194).

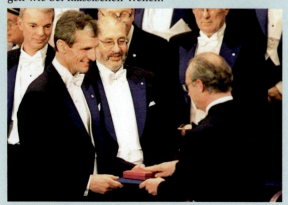

Unbestimmtheitsrelation

Interessantes

A. Unbestimmtheit bei Quantenobjekten

Am Doppelspalt haben wir den Begriff „unbestimmt im Quantensinn" verdeutlicht. Um es präziser zu fassen, betrachten wir in Gedanken die zahlreichen Photonen eines Laserstrahls, der einen Einzelspalt durchsetzt. Dahinter steht eine Nadel → B1a.

- Im Strahl großer Breite b gibt es viele Möglichkeiten für die Orte x, an denen man Photonen nachweisen könnte; deren x-Werte sind unbestimmt. Erst wenn ein Photon die Nadel trifft, wird ein x-Wert zufallsbedingt realisiert und gemessen. Vor der Ortsmessung gibt es keine bestimmten x-Werte; in der Spaltöffnung hat die **Unbestimmtheit des Orts** x den Wert $\Delta x \approx b$.
- In → B1a sind viele Photonen so präpariert, dass ihr Impuls $\vec{p}$ in y-Richtung zeigt. Quer dazu ist der x-Wert $p_x \approx 0$. Man sagt: Der Querimpulswert p_x dieser Photonen ist bestimmt; für die **Unbestimmtheit von** $\boldsymbol{p_x}$ gilt hier $\Delta p_x \approx 0$.

B. Heisenbergs Unbestimmtheitsrelation

Für den Zusammenhang von Δx und Δp_x gab 1927 W. HEISENBERG (Nobelpreis 1932) eine über die Spaltbeugung hinausgehende, allgemeingültige Beziehung für alle Quantenobjekte, die berühmte **heisenbergsche Unbestimmtheitsrelation**

$$\Delta x \cdot \Delta p_x \approx h. \qquad (1)$$

Diese fundamentale Aussage veranschaulichte er am Beugungsspalt → B2: Verkleinert man dessen Breite b, so auch die *Orts*-Unbestimmtheit $\Delta x \approx b$. Folglich erzeugt Beugung größere, zufallsbedingt verteilte Querimpulswerte p_x in x-Richtung. Das von zahlreichen Photonen gebildete Beugungsbild wird breiter → B2. Die *Impuls*-Unbestimmtheit Δp_x wird größer. Am Spalt mit Breite $b = 10^{-6}$ m ist die Unbestimmtheit des Orts $\Delta x \approx 10^{-6}$ m, die Unbestimmtheit der Querimpulse ist nach Gl. 1

$$\Delta p_x \approx \frac{h}{\Delta x} = \frac{6{,}63 \cdot 10^{-34}\ \mathrm{kg\,m^2\,s^{-1}}}{10^{-6}\ \mathrm{m}} \approx 7 \cdot 10^{-28}\ \mathrm{kg\,m\,s^{-1}}.$$

Verkleinert man die *Orts*-Unbestimmtheit Δx, so wächst die *Impuls*-Unbestimmtheit $\Delta p_x \approx h/\Delta x$ → B1b. Auch bei Idealmessungen an vielen Quantenobjekten, die einheitlich präpariert wurden, streuen die Werte von x und p_x in den Bereichen Δx und Δp_x. Trotzdem kann man die klassischen Begriffe Ort und Impuls benutzen. Wiederholt man nämlich eine Messung, bei der ein Objekt den Ortswert x annahm, sofort am gleichen Objekt, so wird x bestätigt. Unbestimmtheiten sind also keine Messfehler, sondern fundamentale Quanteneigenschaften.

Grenzfälle: Bei einem bestimmten Ort x ($\Delta x \to 0$) geht die Unbestimmtheit des x-Impulswertes p_x gegen unendlich: $\Delta p_x \approx h/\Delta x \to \infty$.

Aus $\Delta p_x \to 0$ folgt umgekehrt $\Delta x \approx h/\Delta p_x \to \infty$. Nie sind bei Quantenobjekten Ort und Impuls *zugleich* bestimmt; nie gilt bei vielen Messungen $\Delta x = 0$ *und* zugleich $\Delta p_x = 0$.

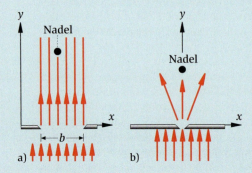

B1 a) Die meisten Photonen des breiten Laserbündels treffen die Nadel nicht. Die große Spaltbreite b gewährt eine zu große Unbestimmtheit $\Delta x \approx b$ in der Ortskoordinate x quer zum Strahl. b) Verkleinert man die Spaltbreite b und damit Δx, so gibt Beugung den Photonen unbestimmte Richtung. Die Nadel wird noch seltener getroffen.

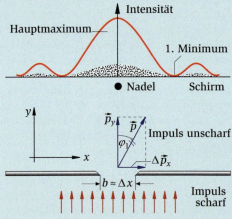

B2 Im Spalt mit Breite b ist die Orts-Unbestimmtheit $\Delta x \approx b$. Beugung gibt den Quantenobjekten Querimpulse $\vec{p}_x$. Als deren Unbestimmtheit Δp_x sah HEISENBERG näherungsweise den Impulswert p_x an, der klassische Teilchen zum 1. Beugungsminimum beim Winkel φ_1 führen würde. Mit $p = h/\lambda$ gilt für dieses Minimum:

$$\sin \varphi_1 \approx \frac{\Delta p_x}{p} = \frac{\lambda \cdot \Delta p_x}{h}.$$

Nach der Wellenoptik gilt $\sin \varphi_1 = \lambda/b$. Mit $b \approx \Delta x$ folgt $\sin \varphi_1 = \dfrac{\lambda}{\Delta x}$ und mit Gl. 1

$$\frac{\lambda \cdot \Delta p_x}{h} \approx \frac{\lambda}{\Delta x}, \text{ also } \Delta x \cdot \Delta p_x \approx h.$$

C. Experimente zur Unbestimmtheit

a) Quecksilber-Hochdrucklampen senden im kalten Zustand, also in den ersten vier Minuten nach dem Einschalten, Wellenzüge der Länge l_k aus.

Man hat festgestellt, dass diese mit jedem Wellenzug auch ein Photon emittieren. Im Wellenzug der Länge l_k beträgt die Ortsunbestimmtheit $\Delta x \approx l_k$ → **B3**.

Trifft dieser Wellenzug auf ein sehr dünnes Glimmerblatt (Dicke $d = 7 \cdot 10^{-5}$ m), spaltet es sich auf und es kommt an Vorder- und Rückseite des Glimmerblattes zur Reflexion → **B4a**. Beide Teilwellenzüge überlagern sich, es kommt zur Interferenz. Auf dem Schirm beobachtet man Interferenzstreifen.

Wird die Lampe heißer, so prasseln die schneller werdenden Quecksilberatome häufiger gegeneinander. So unterbrechen sie die Ausbreitung eines Wellenzugs früher; sie verkürzen dessen Länge l_k, also Δx. Sinkt l_k unter die doppelte Blattdicke $2d$, so beginnen beide Teilwellenzüge hintereinander her zu laufen, sich nicht mehr zu überlappen. Die Interferenzstreifen weichen gleichmäßiger Helligkeit. Die Länge l_k der Wellenzüge, also die *Unbestimmtheit Δx der Photonenorte x* im Wellenzug beträgt jetzt

$$\Delta x \approx l_k \approx 2d = 2 \cdot 7 \cdot 10^{-5}\text{ m} = 14 \cdot 10^{-5}\text{ m}.$$

Zur gleichen Zeit verlieren die beiden gelben Linien mit $\lambda_1 = 576{,}95$ nm und $\lambda_2 = 578{,}97$ nm ihre Schärfe. Sie fließen ineinander → **B4b**. Dies gilt auch für die Photonen-Impulswerte $p_1 = h/\lambda_1 = 1{,}148 \cdot 10^{-27}$ Ns und $p_2 = h/\lambda_2 = 1{,}144 \cdot 10^{-27}$ Ns. Daraus schätzen wir jetzt die *Impuls-Unbestimmtheit* ab:

$$\Delta p_x \approx p_2 - p_1 = 0{,}004 \cdot 10^{-27}\text{ Ns}.$$

Das Produkt $\Delta x \cdot \Delta p_x = 14 \cdot 10^{-5}$ m $\cdot\ 0{,}004 \cdot 10^{-27}$ Ns $\approx 6 \cdot 10^{-34}$ Js ist die Planck-Konstante $h = 6{,}6 \cdot 10^{-34}$ Js. Dies bestätigt die UBR.

Wir erfahren noch mehr: So lange sich beide Teilwellenzüge überlappen, ist unbestimmt, ob das Photon an Vorder- oder Rückseite reflektiert wird, d. h. welchen Weg es nimmt. Die *Welcher-Weg-Frage* ist nicht beantwortbar; es gibt Interferenz. Die Interferenz erlischt jedoch, wenn sich die Wellenzüge nicht mehr überlappen und damit der Photonenweg bestimmbar ist.

b) Nach → **B5** durchsetzen Helium-Atome einen Doppelspalt. Er werde von der Lampe L beleuchtet, um zu erfahren, ob ein Atom durch Spalt 1 oder 2 tritt. Doch kann man dies nur dann feststellen, d. h. den Spaltabstand g optisch auflösen, falls $\lambda/2 < g$ gilt. Dann kann man erfahren, ob das Heliumatom den Weg durch Spalt 1 oder 2 nimmt: Man kann die Welcher-Weg-Frage beantworten. Die Doppelspaltinterferenz gibt es dann nicht.

Doch stoßen dabei die Photonen des Lichts mit ihrem Impuls $p = h/\lambda > h/2g$ auf die Helium-Atome und werfen sie aus ihrer Bahn. Rechnungen (analog zum Compton-Effekt) zeigen: Sobald die *Welcher-Weg-Frage* bei kleiner werdendem λ beantwortbar ist, sind die Stöße so stark, ist $p = h/\lambda$ so groß, dass sich Hell- und Dunkel-Stellen der Doppelspaltinterferenz gegenseitig verwischen; diese Interferenz entfällt. Dann gibt es Einzelspalt-Interferenz. Man kann also das Wellenbild nicht zu Gunsten des Teilchenbilds aufgeben.

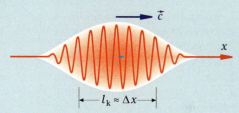

B3 Die Länge l_k des Lichtwellenzugs gibt die Unbestimmtheit Δx des Photonenorts in Strahlrichtung an.

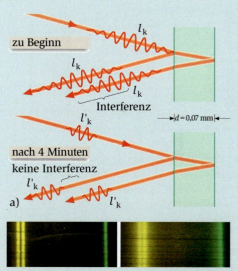

B4 a) Wenn die Länge der Wellenzüge $l_k < 2d$ ist, interferieren die beiden Teilwellenzüge (1) und (2) nicht mehr miteinander. **b)** Dann fließen die gelben, verbreiterten Spektrallinien ineinander.

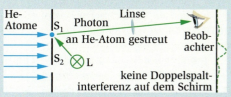

B5 Das Prinzipbild zeigt: He-Atome durchsetzen den Doppelspalt. Von der Lampe L gehen Photonen aus (grün). Sie zeigen, dass hier das blaue Helium-Atom durch Spalt 1 tritt und somit sein Weg bestimmt ist.

Deutungen der Quantentheorie

Vertiefung 1

Schrödingers Katze

E. SCHRÖDINGER konnte mit seiner Gleichung die Größe Ψ für Quantenobjekte berechnen. Was aber Ψ bedeutet, war selbst für ihn ein Problem. Er illustrierte einen problematischen Aspekt 1935 mit einem Gedankenexperiment; er nannte es ein „burleskes Beispiel":

Eine Katze lebe in einem abgeschlossenen Kasten zusammen mit einem radioaktiven Präparat. Dieses emittiert α-Teilchen in ein Zählrohr. Spricht dieses an, so zerbricht eine Zyankapsel; das austretende giftige Gas tötet die Katze. Im Kern geht es um das für die Quantentheorie fundamentale Superpositionsprinzip, wie wir es schon am Doppelspalt-Versuch kennengelernt haben.

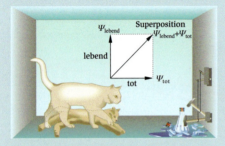

Das Leben der Katze hängt von der Frage ab: Wurde das α-Teilchen schon emittiert oder noch nicht. Dies ist jedoch ein zeitlich nicht vorhersehbarer, zufälliger Quantenvorgang; die Theorie antwortet nicht mit „Ja" oder „Nein", sondern mit „Ja und Nein zugleich". Sie superponiert wie am Doppelspalt ($\Psi = \Psi_1 + \Psi_2$) die Möglichkeit „Ψ_{ja}" mit „Ψ_{nein}" zu $\Psi = \Psi_{ja} + \Psi_{nein}$.

Diesen klassisch unverständlichen Zustand des Quantenobjekts α-Teilchen verkoppelte (verschränkte) SCHRÖDINGER über Zählrohr und Zyankapsel mit dem Makroobjekt Katze. Für sie gilt im geschlossenen Kasten die paradoxe Aussage gilt: „Tot und lebendig zugleich" ($\Psi = \Psi_{tot} + \Psi_{lebend}$). Dies muss jedem absurd, irreal erscheinen. Öffnet man den Kasten irgendwann und schaut nach, findet man keinen unbestimmten Zustand, sondern einen der klassisch vertrauten, realen Zustände „tot" oder „lebendig".

1. Quantentheorie – alles klar?

Werner HEISENBERG erklärte bereits 1927 die Quantentheorie als endgültig, als in sich widerspruchsfrei. Kein Experiment widerspricht bis heute ihren überaus schwierigen mathematischen Formulierungen. Letztere zeigen sich beispielsweise in der berühmten Schrödinger-Gleichung zur Beschreibung der Dynamik eines quantenmechanischen Systems.

Wenn man jedoch versucht, die Quantentheorie anschaulich zu deuten und zu erklären, dann spielen philosophische Voreinstellungen eine prägende Rolle. Auch heute wird über Deutungen der Quantentheorie kontrovers diskutiert. Eine wichtige Rolle spielen dabei **Gedankenexperimente** wie das der berühmten **Schrödinger-Katze** → **Vertiefung 1**, die manchmal tatsächlich, wenn zum Teil erst nach Jahrzehnten, als Realexperimente und Tests der Theorie durchgeführt werden konnten.

a) Albert EINSTEIN, Louis DE BROGLIE und Erwin SCHRÖDINGER versuchten, als Realisten im philosophischen Sinne, die Quantenphysik auf die klassische Physik zurückzuführen und objektiv zu deuten. Quantenaussagen sollten unabhängig vom Beobachter sein, real.

Der paradoxe Zustand der Schrödinger-Katze – sie lebt und ist tot zugleich – ließ EINSTEIN nicht ruhen. Auch ihm missfielen die hier postulierten unbestimmten Quantenmöglichkeiten. Er war von einer realen Welt überzeugt, die unabhängig vom Beobachter besteht, und fragte u. a.: „Existiert der Mond, wenn niemand nach ihm schaut?"; in vielen Anekdoten wird berichtet, wie EINSTEIN mit Gedankenexperimenten die Deutungen der Quantentheorie hinterfragte.

1935 versuchte EINSTEIN, die Quantentheorie zu widerlegen, indem er aus ihren Aussagen das berühmte **EPR-Paradoxon** entwickelte. Es zeigt völlig korrekt, dass in der Quantentheorie Objekte auch über große Distanzen miteinander verschränkt sein können, die Quantentheorie also anders als klassische Theorien eine **nichtlokale** Theorie ist. Einstein sprach von „Geisterspuk" und forderte Lokalität auch bei den Quanten. Er regte Experimente an, die man erst ab 1980 ausführen kann. Diese Experimente bestätigten die Nichtlokalität. Das Gedankenexperiment, vereinfacht an Photonen, wird in der → **Vertiefung** (S. 200) skizziert.

b) Der Däne Niels BOHR begann, sich von dieser realistischen Auffassung zu lösen. Er entwickelte zusammen mit HEISENBERG, BORN und anderen die **Kopenhagener Deutung**. Danach folgen makroskopische Gebilde, insbesondere Messgeräte, den klassischen Gesetzen. Messungen liefern auch für Quantenobjekte Werte für klassische Größen wie Ort oder Impuls, wenn auch mit Unbestimmtheiten behaftet → **Unbestimmtheitsrelation** (S. 196). Diese kommen nach BOHR dem einzelnen Quantenobjekt schon vor der Messung zu.

Es bleibt die offene Frage: Wie wird beim Messprozess aus unbestimmten Möglichkeiten („tot und zugleich lebend") eine bestimmte Realität („tot" oder „lebend")? Man akzeptierte ohne Beweis das **Messpostulat** → **Vertiefung 2**. Nach diesem ändert sich die Wellenfunktion Ψ beim Messen zufallsbedingt; sie erfährt einen nicht berechenbaren Kollaps.

Solches wird leicht hingenommen, da man Ψ als Produkt des Denkens versteht und nicht als Realität. Dazu sagte der Philosoph und Physiker Carl Friedrich von WEIZSÄCKER: „Ψ ist Wissen aus früheren Fakten und um künftige Möglichkeiten. Alle Paradoxien entstehen nur, wenn man Ψ als objektives Faktum ansieht." Paradoxien entstehen, wenn man die Ψ-Welle als reale Welle ansieht. Viele versuchen deshalb, Welle und Teilchen als Modelle, als Denkvorstellungen zu betrachten, die sich widersprechen und zugleich gegenseitig ergänzen (Dualismus, Komplementarität).

Heute spricht man nicht mehr wie EINSTEIN von verborgenen Größen, mit denen man das Quantengeschehen kausal zu verstehen sucht. Man ist überzeugt, dass die Quantengesetze das Quantensystem auch vor der Messung vollständig beschreiben. Unbestimmtheiten sind dort kein Ausdruck für fehlendes Wissens des Beobachters, sie kommen den Quantenobjekten an sich zu.

c) Eugene WIGNER (Nobelpreis 1963) trieb die Kopenhagener Deutung auf die Spitze. Er sagte: Das Bewusstsein des Beobachters setze erst beim Öffnen des Kastens von Schrödingers Katze die Schrödinger-Gleichung außer Kraft. So überführe es das „tot und zugleich lebend" in „tot" oder „lebend". Diese Vorstellung zog WIGNER wieder zurück. Denn Dekohärenz ➔ **Vertiefung 3** am makroskopischen Objekt „Katze" überführt diese viel früher in den klassischen Zustand „tot" oder „lebend", ohne das Bewusstsein des Beobachters zu beanspruchen, ohne die Schrödinger-Gleichung zu verletzen.

d) Doch löst Dekohärenz diese Deutungsprobleme nicht vollständig. Sie erklärt zwar, warum man die Katze tot oder lebend findet, nicht aber, welche von beiden Möglichkeiten real wurde. Um einen Kollaps der SchrödingerGleichung zu vermeiden, sagte Hugh EVERETT 1957: „Bei jeder Messung spaltet sich der Beobachter in zwei voneinander unabhängige, reale Beobachter auf, jeder in seiner eigenen Welt, ohne von der andern zu wissen: Die real gewordene Aussage ‚Katze tot' registriert der eine, das ‚lebendig' registriert der andere."

Da diese Aufspaltung ständig geschieht, existieren Myriaden, d.h. unzählbar viele, Welten nebeneinander. In jeder wirkt die Schrödinger-Gleichung unverändert weiter, ohne Kollaps, ohne Zufall. Diese **Viele-Welten-Hypothese** widerspricht nicht der Quantentheorie, braucht aber Myriaden von Existenzen für jeden einzelnen Beobachter. Sie bleibt Hypothese, empirischer Prüfung unzugänglich.

e) David BOHM fügte zusätzlich zur Schrödinger-Gleichung weitere Beziehungen ein, die dem Teilchen ständig einen bestimmten Ort zuweisen. Dieser wird so eine reale, objektive Eigenschaft und befreit ihn von seiner Unbestimmtheit. Die vom Teilchen tatsächlich beschriebene Bahn bleibt aber auch bei BOHM unbestimmt, da man die Startbedingungen grundsätzlich nicht kennen kann. So widerspricht BOHMs Theorie keinem Experiment, fordert aber noch drastischere Nichtlokalitäten. Da auch sie nur Wahrscheinlichkeitsaussagen macht, führt sie nicht zur klassischen Physik zurück, wie man es bisweilen erhofft.

Vertiefung 2

Das Messpostulat

Wie und wann geht das unbestimmte Zugleich der Möglichkeiten in das vertraute Entweder-Oder (z. B. tot oder lebendig) unserer realen Welt über? Da die Quantentheorie dieses Überführen von Wahrscheinlichkeiten ins Real-Faktische nicht erklären kann, stellte John v. NEUMANN 1932 sein experimentell bestätigtes Messpostulat auf.

Beim Messen realisiert der Zufall von den mit der Wahrscheinlichkeit $|\Psi|^2$ angebotenen Möglichkeiten eine. Er wandelt sie unverändert und unumkehrbar in ein reales Messergebnis um. Dabei wird Ψ so verändert, dass eine sofortige Wiederholung am gleichen Objekt die erste Messung bestätigt. Die anderen Möglichkeiten sind vergessen. Bei diesem Kollaps der Ψ-Funktion wird ein α-Teilchen emittiert, tickt ein Zähler, eines von vielen Silberkörnchen wird geschwärzt etc.

Vertiefung 3

Dekohärenz

Zwei Quantenobjekte sind miteinander verschränkt (verkoppelt), wenn eine gemeinsame Ψ-Funktion diese beschreibt, die mehrere Möglichkeiten superponiert (überlagert). Die beiden Quantenobjekte haben keine Individualität, sie sind ein Ganzes.

Eine Störung von außen hebt die Verschränkung auf und erzeugt Dekohärenz. Dabei gehen die superponierten Zustände in die intuitiv zugänglichen Zustände der klassischen Physik über. Dies geschieht zum Beispiel beim Messen. Die Idee der Dekohärenz löst die Paradoxie um Schrödingers Katze: Die Katze ist kein isoliertes System. Als großes Objekt ist sie vielen Störungen ausgesetzt, z.B. durch Luftmoleküle. Störungen bauen den Quantenzustand „tot und lebendig zugleich" schon nach kürzester Zeit (10^{-20} s) ab und überführen ihn in das reale Faktum „tot" oder „lebendig".

Deutungen der Quantentheorie

Interessantes

Auch Experten sind sich nicht einig

Wissenschaftler, zumeist Physiker, äußerten sich 2011 auf einer Konferenz zu den Grundlagen der Quantentheorie zu den immer noch heiß diskutierten Deutungsproblemen. Die favorisierte Deutung der Quantenmechanik war mit 42 % die Kopenhagener Deutung. Die Viele-Welten-Theorie wurde von 18 % der Befragten bevorzugt; 12 % hatten keinen Favoriten.
Nicht gefragt wurden die Teilnehmer, zum Bedauern der Autoren der Studie, ob sie die Aussage zur Quantentheorie „*shut up and calculate*" unterstützen. Hier war offenbar eine deutliche Zustimmung erwartet worden. Diese Aussage schiebt allerdings Deutungsfragen zur Seite und betont den praktischen Nutzen der Quantentheorie. Sie ist äußerst schwierig und zugleich enorm erfolgreich in der Anwendung.

f) Führt die Nichtlokalität in der Quantentheorie zu einem Konflikt mit der zweiten großen physikalischen Theorie des 20. Jahrhunderts, der → **Speziellen Relativitätstheorie**? Danach stellt die Lichtgeschwindigkeit c die obere Grenze für alle Geschwindigkeiten dar; Überlichtgeschwindigkeiten, mit denen kausal auf Ereignisse eingewirkt werden kann, sind verboten. Reisen zurück in die Vergangenheit mit dem Ziel, die Zukunft zu verändern, sind nicht möglich – abgesehen von Gedankenspielen in Science-Fiction-Filmen.
Die Nichtlokalität widerlegt die Relativitätstheorie jedoch nicht. Mit unbestimmten Quantenmöglichkeiten kann niemand gezielt die Zukunft beeinflussen. Relativitätstheorie und Quantentheorie leben in friedlicher Koexistenz.

g) Zusammenfassend kann man sagen: Experimente der letzten Jahre, vor allem zur Verschränkung und Dekohärenz, schränken die Zahl der Versuche ein, Quantenphysik nach philosophischen Voreinstellungen zu interpretieren, ihren „Sinn" in Worte zu fassen. Die Deutungsprobleme der Quantentheorie sind dabei aber nicht gelöst; auch Experten sind hier nicht einig → **Interessantes**.

Man hofft auf weitere Experimente, die als Schiedsrichter bei Fragen auftreten können, welche die Philosophie bislang offen ließ, eine interessante Herausforderung nicht nur für die Physik, sondern auch für die Beurteilung menschlicher Erkenntnisfähigkeit!

Vertiefung

Verschränkte Zustände und Nichtlokalität

Das Atom Cs erzeugt das Photonenpaar (A, B). Photon A fliegt nach links zu P_A und Photon B nach P_B → **B1a**. Auf P_A wie auf P_B ist eine Polarisationsfolie F und senkrecht dazu F⊥ angebracht. Beide F-Folien wie auch beide F⊥-Folien sind zueinander parallel. Detektoren dahinter registrieren den Durchflug eines Photons, geben also dessen Polarisationsrichtung an (→ **Polarisation des Lichts**). Dabei gibt es Überraschungen: Die Photonen eines Paars bringen entweder beide Detektoren hinter F zum Klicken oder beide hinter F⊥; nie klickt es links bei F und rechts bei F⊥. Ob es beide F oder beide F⊥ trifft, das bestimmt von Paar zu Paar der Zufall. Die beiden Photonen jeden Paars wurden nämlich im Cs-Atom miteinander zu einem Ganzen verschränkt, so wie Schrödingers Katze mit dem α-Teilchen. Man schreibt ihnen eine gemeinsame Ψ-Funktion zu, auch für unterwegs. Dies gilt auch, wenn man F und F⊥ mit gleichem Winkel um die Flugrichtung gedreht hat. Folglich passt jedes Paar (A, B) seine Polarisationsrichtung willig an die jeweils eingestellte Richtung von F bzw. F⊥ an. Denn unterwegs „schlummern" in jedem Paar alle Polarisations-Richtungen zugleich als Möglichkeiten → **B1b**. Dort sind dies unbestimmte Ψ-Zustände. Reale Fakten entstehen erst beim Klick am Detektor. Dabei einigt sich jedes Paar (A, B) auf gleiche Richtung, auch bei beliebigem Abstand von P_A und P_B!

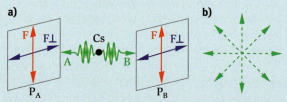

B1 a) Vom Cäsiumatom Cs fliegen die Photonen A und B zu den Polarisationsfolien F und F⊥ auf den Platten P_A und P_B. b) Alle zugleich möglichen Polarisationsrichtungen eines senkrecht zur Zeichenebene fliegenden Photons.

Wer also links den Klick bei F⊥ registriert, weiß, dass auch rechts F⊥ klickt. Dies ist analog zur Katze: Wer sie tot findet, der weiß, dass ein α-Teilchen wirksam war. Vor der Registrierung waren α-Teilchen und Katze bzw. Photon A und B in unbestimmten Zuständen miteinander verschränkt. Was SCHRÖDINGER bei seiner Katzenparadoxie widerwillig vermutet hat, ist heute experimentell an sogenannten Schrödinger-Kätzchen bestätigt.

Verschränkung bedeutet: Mehrere Quantenobjekte sind im gleichen unbestimmten Quantenzustand und verhalten sich als Ganzes, auch bei großem Abstand. Man sagt: Sie sind **nichtlokal**. Hier liegt ein großer Unterschied zwischen Quantenphysik und klassischer Physik!

Deutungen der Quantentheorie

Vertiefung

Anwendungen der Quantenverschränkung

Schrödingers Katze und verschränkte Photonen mögen paradox und weltfremd erscheinen. Mit dem Bemühen um *Quantencomputer* und anderen Anwendungen der Quantengesetze rücken sie aber auch künftigen Ingenieuren immer näher. Dazu einige Ausblicke:

a) Kryptografie: Kaum war die Quantenverschränkung gefunden, versuchten Kryptografen, damit Nachrichten absolut abhörsicher zu verschlüsseln. Computer selbst verschlüsseln Texte nur mit einer Folge einfacher Binärzahlen, die neugierige Lauscher leicht knacken können (1. Zeile in ➔ T1).

Buchstabe B (binär)	0 1 0 0 0 0 1 0
Zufallsschlüssel	1 1 0 1 0 0 0 1
Übertragene Summe	1 0 0 1 0 0 1 1
Schlüssel wie in Zeile 2	1 1 0 1 0 0 0 1
Entzifferte Summe (B)	0 1 0 0 0 0 1 0

T1 Der Buchstabe ‚B' wird mit einem Zufallsschlüssel ver- und wieder entschlüsselt (Addition nach 0 + 0 = 0; 0 + 1 = 1; 1 + 1 = 0).

Bob möchte seine Nachricht der Alice absolut geheim zukommen lassen, über ein öffentliches Nachrichtennetz oder die Zeitung. Dazu braucht er nur den Dualzahlen seines Computers die Reihe echter Zufallszahlen eines Geheimschlüssels zu addieren (1. bis 3. Zeile in ➔ T1). Die Summe kann Alice entziffern, wenn sie den Schlüssel kennt. Dazu addiert sie die gleichen Zufallszahlen zu denen der Nachricht (3. bis 5. Zeile in ➔ T1).

Das Geheimnis liegt im Geheimschlüssel. Problemlos erzeugt ihn Bob mit „verschränkten" Photonen nach ➔ B1 , die er dann Alice zusendet. Die Quantengesetze helfen nun in doppelter Hinsicht: Erstens liefern sie echte Zufallszahlen (hinter den Pseudozufallszahlen der Computer stecken entzifferbare Zahlenfolgen). Zweitens würde bei der Schlüsselübertragung der zerbrechliche Quantenzustand der verschränkten Photonen durch Dekohärenz zerstört, wenn ein Spion am Werk ist, und damit dessen Tätigkeit aufgedeckt.

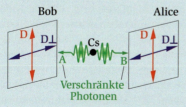

B1 Bob erzeugt an Cs-Atomen das Paar (A, B) verschränkter Photonen. Die Photonen A und B bringen entweder die Detektoren D oder aber D⊥ bei Bob und Alice zum Klicken. Man vereinbart: D bedeutet „0", D⊥ „1".

b) Teleportation: Sciencefiction-Filme *beamen* Personen zum Sirius. Das wäre im Prinzip über Funk möglich, wenn man die Orte (x) *und zugleich* die Impulse (p_x) aller Elektronen und Atomkerne des Reisewilligen exakt messen könnte, um damit aus fernem Sirius-Material eine Kopie herzustellen. Doch verbietet die Unbestimmtheitsrelation das „bestimmte Zugleich" dieser klassischen Begriffe. Da alle Körper aus Quantenobjekten bestehen, liegt es nahe, unmittelbar vorzugehen und die unbestimmten, superponierten Quantenzustände des Orginals zu beamen. Dies gelingt mittels *quantenverschränkter* Photonenzustände. Dabei rekonstruiert man das Ganze im Quantensinn. Mit der ganzen Quanteninformation baut man aus Quantenobjekten ferner Materie das Objekt originalgetreu auf. Dies ist schon an einzelnen Photonen über viele Kilometer hinweg gelungen. Allerdings wird das Original zerstört; Quantenzustände lassen sich nicht klonen!

c) Quantencomputer: Unsere heutigen Computer rechnen noch mit Folgen einzelner Dualzahlen, mit 1 : 0; 0 : 1 : 0; ... – schön langsam nacheinander vor sich hin. Auch hier hilft die Quanten-Superposition: Damit es schneller geht, sollen Quanten-Computer Superpositionen aus mehreren Dualzahlen, sog. **Qubits,** zugleich verarbeiten – diese sind nach der Schrödinger-Gleichung streng determiniert. Leider zerbricht Dekohärenz diese Qubits in den makroskopischen Chips schnell; Qubits sind *fragil*. Um dem zu begegnen, muss man völlig neue Rechner schaffen. Insbesondere gilt es, die unvermeidlichen Fehler von selbst zu korrigieren. In der Theorie ist man schon weit gekommen. Trotz aller Anstrengungen bezweifeln aber viele, ob Quanten-Computer in absehbarer Zeit für praktische Zwecke möglich sein werden.

Solche Anwendungen zeigen die Quantentheorie in neuem Licht. Ihre Ψ-Funktionen enthalten wegen der Superposition von Möglichkeiten „das Ganze" – im Gegensatz zu den uns gewohnten, durch Dekohärenz „reduzierten" Teilaussagen der klassischen Physik. Wir können zwar mit Rastertunnel-Mikroskopen $|\Psi|^2$ messen, Atome „sehen". $|\Psi|^2$ liefert aber nur die Länge der Ψ-Zeiger. Deren Phasenwinkel φ sind entfallen. Mit verschränkten Photonen lassen sich aber alle Quanteneigenschaften übertragen, das „Ganze" der Quanteninformation. Dies geschieht über beliebige Entfernungen hinweg, ohne Umweg über klassische Messgrößen. Die Anwendungen verschränkter Zustände weisen in die Zukunft: So wie sich heute Techniker um Motoren und Computer kümmern, arbeiten in der Zukunft „Quanteningenieure" an den praktischen Anwendungen der Quantenphysik.

Zusammenfassung

Das ist wichtig

1. Interferenz
Quellen heißen kohärent, wenn sie mit fester Phasenbeziehung Wellen gleicher Wellenlänge aussenden. Durch Überlagerung solcher Wellen entsteht ein Interferenzfeld mit ortsfester Verteilung der resultierenden Amplituden. Die Interferenzminima (↑↓) liegen auf Knotenlinien, die Zeiger der Einzelwellen sind entgegengerichtet. An den Interferenzmaxima (↑↑) sind hingegen alle Zeiger gleichgerichtet.
Interferenz ist ein wichtiges Indiz für die Welleneigenschaft.

2. Huygens-Prinzip
Jeder Punkt einer Wellenfront lässt sich als Ausgangspunkt einer Elementarwelle auffassen. Einhüllende von Elementarwellen bilden die Wellenfronten. Brechung und Reflexion von Wellen lassen sich mit dem Huygens-Prinzip beschreiben.
Hinter einer Blende mit kleiner Öffnung findet Beugung statt. Öffnungen, die klein gegenüber der Wellenlänge sind, wirken wie Punktquellen.

3. Spalt und Gitter
Hinter einem Doppelspalt beobachtet man das gleiche Interferenzfeld wie in der Umgebung zweier realer kohärenter Quellen. Trifft (monochromatisches) Licht der Wellenlänge λ senkrecht auf einen Doppelspalt mit dem Abstand g der Spaltmitten, so liegen die **Interferenzmaxima** in den Richtungen α_k mit

$$\sin \alpha_k = \frac{k \cdot \lambda}{g}, \quad k = 0, 1, 2, \ldots \quad \text{und} \quad \frac{k \cdot \lambda}{g} \leq 1.$$

Die Interferenzminima liegen in den Richtungen α_k mit

$$\sin \alpha_k = \frac{(2k-1)}{2} \cdot \frac{\lambda}{g}, \quad k = 1, 2, \ldots.$$

Fällt Licht der Wellenlänge λ senkrecht auf ein optisches Gitter, das aus vielen Spalten mit dem Abstand g zwischen benachbarten Spaltmitten besteht, werden scharfe Interferenzmaxima erzeugt. Für die Richtungen α_k zu diesen Maxima gilt

$$\sin \alpha_k = \frac{k \cdot \lambda}{g}, \quad k = 0, 1, 2, \ldots \quad \text{und} \quad \frac{k \cdot \lambda}{g} \leq 1.$$

4. Fotoeffekt und Lichtquanten
Die Quanten des Lichts, die Photonen, sind unteilbar. Ihre Energie $W = h \cdot f$ hängt von der Frequenz f des Lichts ab, nicht von der Intensität.
Beim Fotoeffekt haben die Elektronen die maximale Energie

$$W_{max} = h \cdot f - W_A.$$

$h = 6{,}626 \cdot 10^{-34}$ Js ist die Planck-Konstante, W_A die Ablöseenergie des Fotoelektrons vom Material.
Die Masse eines Photons ist $m = W/c^2 = h/(c\lambda)$, der Impuls eines Photons beträgt $p = h/\lambda$.

5. Elementarladung
Die elektrische Ladung ist gequantelt: Positive wie negative Ladungen treten nur als ganzzahlige Vielfache der Elementarladung $e = 1{,}60 \cdot 10^{-19}$ C auf.
Die Ladung des Elektrons ist $q = -e = -1{,}60 \cdot 10^{-19}$ C.

6. Elektronenmasse, Elektronenkanone
Die (Ruhe-)Masse des Elektrons beträgt $m = 9{,}1 \cdot 10^{-31}$ kg; sie ist ca. 2000-mal kleiner als die Masse von Protonen und Neutronen.
Anfänglich ruhende Elektronen besitzen nach dem Durchlaufen einer Spannung U, wie in einer Elektronenkanone, die Geschwindigkeit

$$v = \sqrt{2eU/m}.$$

7. Elektronenbeugung
Elektronen werden an räumlichen Gittern wie Kristallstrukturen (Experimente mit der Elektronenbeugungsröhre) und auch am Doppelspalt (Jönsson-Experiment) gebeugt. Sie zeigen Welleneigenschaften.
Die Beschreibung dieser Phänomene gelingt mit der De-Broglie-Wellenlänge λ_B, die mikroskopischen Teilchen wie z. B. dem Elektron zugeordnet wird:

$$\lambda_B = h/p.$$

Dabei ist h die Planck-Konstante und p der Impuls.
Die durch die Angabe dieser Wellenlänge beschriebenen Welle heißt De-Broglie-Welle, Materiewelle oder Ψ-Welle (sprich: Psi-Welle). In einer De-Broglie-Welle schwingen keine Teilchen.

8. Quantenobjekte
Quantenobjekte (Photonen, Elektronen, Atome, Moleküle, …) werden mithilfe der Planck-Konstanten h beschrieben. Sie zeigen Beugung und Interferenz. Dabei ordnet die Planck-Konstante h einander zu:
Impuls $p \leftrightarrow$ De-Broglie-Wellenlänge $\lambda_B = h/p$,
Energie $W \leftrightarrow$ Frequenz $f = W/h$.

9. Wahrscheinlichkeitsinterpretation
Die De-Broglie-Welle Ψ hat die Bedeutung einer Wahrscheinlichkeitsamplitude und $|\Psi|^2$ die Bedeutung einer Antreff- oder Aufenthaltswahrscheinlichkeit. Die Quantengrößen Ψ und $|\Psi|^2$ sind – wie die Addition ihrer Zeiger – streng bestimmt. $|\Psi|^2$ kann gemessen werden, bekommt also eine unmittelbare physikalische Bedeutung, die der Wahrscheinlichkeitsamplitude Ψ fehlt. Erst beim Deuten von $|\Psi|^2$ als Antreffwahrscheinlichkeit kommt die Stochastik ins Spiel.

Die Quantenmechanik ist eine sehr erfolgreiche Theorie, ihre Deutungen jedoch schwierig und kontrovers diskutiert, wie das Beispiel der Kopenhagener Deutung zeigt.

Zusammenfassung

Das können Sie schon

Umgang mit Fachwissen
Der Millikan-Versuch als Methode zur Bestimmung der Elementarladung e ist Ihnen geläufig. Sie können aus Messwerten dieses Versuches Vielfache der Elementarladung berechnen.

Sie wissen, wie man mit dem Gerät Elektronenkanone Elektronen erzeugt und beschleunigt. Sie können die Geschwindigkeitsänderung von Ladungsträgern nach dem Durchlaufen einer Spannung ebenso berechnen wie die Kräfte, die auf Ladungsträger in elektrischen und magnetischen Feldern wirken.

Die De-Broglie-Hypothese ist Ihnen bekannt. Sie erklären damit, wie das Beugungsbild von Elektronen an einem Kristall zustande kommt, und berechnen die Radien der Beugungsringe in der Elektronenbeugungsröhre.

Erkenntnisgewinnung
Ihnen sind Modelle wie das Modell der geometrischen Optik, die Wellenoptik oder das Modell der elektrischen Leitung bekannt.
Sie modellieren die Vorgänge im Fadenstrahlrohr für unterschiedliche Energien (Geschwindigkeiten) der Elektronen und unterschiedliche Stärken des Magnetfeldes. Sie bestimmen aus den Messungen am Fadenstrahlrohr und der Kenntnis der Elementarladung e die Elektronenmasse.

Sie bestimmen experimentell mit Doppelspalt oder Gitter die Wellenlängen und Frequenzen von Licht.

Sie kennen den Fotoeffekt und bestimmen aus experimentellen Daten den Zusammenhang zwischen Energie, Wellenlänge und Frequenz von Photonen sowie die Auslösearbeit von Elektronen.
Die Interpretation von Versuchen zum Fotoeffekt als Nachweis des Quantencharakters von Licht ist Ihnen vertraut.

Neben Realexperimenten und Gedankenexperimenten können Sie mit Simulationsexperimenten physikalische Zusammenhänge wie die Abhängigkeit des Bahnradius von der Stärke des Magnetfeldes untersuchen.

Kommunikation
Sie veranschaulichen mit Wasserwellen und dem Versuchsaufbau Wellenwanne Kreiswellen und ebene Wellen sowie die Phänomene Beugung, Interferenz, Reflexion und Brechung. Sie erklären die Phänomene in der Fachsprache der Physik auf der Grundlage des Huygens-Prinzips.

Sie kennen die Wahrscheinlichkeitsinterpretation für Quantenobjekte und können sie unter Verwendung von Grafiken oder Skizzen verdeutlichen.

Bewertung
Sie sind in der Lage, mit Ihrem Lehrer und Ihren Mitschülern über die Bedeutung des Welle-Teilchen-Dualismus zu diskutieren. Sie kennen die Kontroverse um die Kopenhagener Deutung der Quantenphysik.

Das schafft Überblick

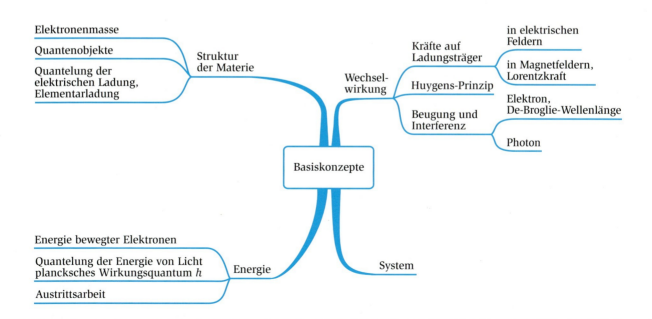

Zusammenfassung

A1 In einer Wellenwanne befinden sich zwei Erreger Q_1 und Q_2 im Abstand $g = 12{,}0$ cm. Sie schwingen in Phase. Die Ausbreitungsgeschwindigkeit der entstehenden Wellen beträgt $c = 15$ cm/s.

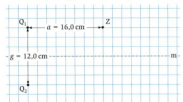

a) Erklären Sie, warum an allen Punkten auf der Mittelsenkrechten m von Q_1Q_2 maximale Amplitude vorliegt.
b) Bestimmen Sie die Frequenzen, bei denen sich im Punkt Z ein Maximum befindet.
c) Berechnen Sie, bis zu welcher Ordnung man Maxima beobachten kann, wenn die Frequenz $f = 9{,}0$ Hz beträgt.

A2 Ein Doppelspalt wird mit Laserlicht der Wellenlänge $\lambda_1 = 620$ nm beleuchtet. Die beiden Maxima 2. Ordnung haben auf einem weit entfernten Schirm einen Abstand von 5,1 cm. Anschließend wird derselbe Doppelspalt mit einem anderen Laser mit der unbekannten Wellenlänge λ_2 bestrahlt. Nun haben die beiden Maxima den Abstand 4,6 cm. Bestimmen Sie daraus die Wellenlänge λ_2.

A3 Begründen Sie: Beim Doppelspaltversuch fällt das Maximum erster Ordnung der Wellenlänge 400 nm ungefähr mit dem Maximum zweiter Ordnung der Wellenlänge 800 nm zusammen.

A4 Einfarbiges Licht fällt auf einen Spalt der Breite 0,30 mm. Auf einem 3,00 m entfernten Schirm haben die beiden Interferenzstreifen 1. Ordnung einen Abstand von 10,0 mm. Bestimmen Sie die Wellenlänge des Lichts!

A5 Laserlicht der Wellenlänge $\lambda = 633$ nm trifft senkrecht auf einen Vierfachspalt (Spaltbreite $b = 0{,}10$ mm, Spaltmittenabstand $g = 0{,}30$ mm). Parallel zum Spalt befindet sich ein Schirm.
a) Erklären Sie, dass sich zwischen zwei Hauptmaxima auf dem Schirm mehrere Dunkelstellen ergeben und bestimmen Sie ihre Zahl.
b) Einige der zu erwartenden Hauptmaxima sind nicht zu beobachten. Erklären Sie diesen Sachverhalt.

A6 Licht der Wellenlänge $\lambda = 400$ nm fällt auf eine Cs-Platte. Berechnen Sie, welche maximale Geschwindigkeit die Fotoelektronen haben.

A7 Die Ablösearbeit beträgt bei Platin 5,36 eV.
a) Bestimmen Sie die maximale Wellenlänge, die gerade noch Fotoeffekt zulässt.
b) Berechnen Sie die Geschwindigkeit der Elektronen bei Bestrahlung mit Licht der Wellenlänge 180 nm sowie die Gegenspannung in der Fotozelle, die nötig ist, um den Fotostrom vollständig zu unterbinden.
c) Erklären Sie, warum selbst eine sehr helle Lichtquelle mit gelbem Licht (589 nm) keinen Sonnenbrand zu erzeugen vermag.

A8 Eine monochromatische Lichtquelle mit der Wellenlänge 620 nm hat eine Lichtausgangsleistung von 2 mW. Berechnen Sie, wie viele Photonen pro Sekunde von der Lichtquelle ausgesandt werden.

A9 Ein Öltröpfchen habe den bekannten Radius $r = 7{,}3 \cdot 10^{-6}$ m. Die Dichte des Öls betrage $\rho = 0{,}983$ g/cm³. Das Öltröpfchen schwebt im Kondensator mit Plattenabstand $d = 5$ mm, wenn eine Spannung $U = 250$ V anliegt.
a) Berechnen Sie aus den gegebenen Größen die Gewichtskraft des Öltröpfchens.
b) Bestimmen Sie aus dem Kräftegleichgewicht von Gewichtskraft und elektrischer Kraft die Ladung des Öltröpfchens.

A10 Im → Millikan-Versuch wurde der Auftrieb des Öltröpfchens in Luft nicht berücksichtigt. Zudem müsste man streng genommen auch noch die sogenannte Cunningham-Korrektur durchführen.
a) Berücksichtigen Sie Auftriebskräfte bei der Ladungsbestimmung der Öltröpfchen mittels Schwebemethode.
b) Recherchieren Sie den physikalischen Hintergrund der Cunningham-Korrektur.

A11 Berechnen Sie die De-Broglie-Wellenlänge von Protonen, die mit 500 kV beschleunigt wurden ($m_p = 1{,}67 \cdot 10^{-27}$ kg).
Welche Ablenkung erfahren sie in einem Gitter mit der Konstanten $g = 1$ μm in 1 m Entfernung in der 1. und in der 10. Ordnung?

A12 Berechnen Sie aus der Bewegungsenergie W_B die De-Broglie-Wellenlänge von Elektronen, die sich relativ langsam im Vergleich zur Lichtgeschwindigkeit bewegen.

A13 Elektronen mit Wellenlänge $\lambda_B = 10{,}5$ pm werden auf einen kubischen Einkristall mit dem relevanten interatomaren Abstand $d = 282$ pm geschossen. Bestimmen Sie die Winkel, unter denen Bragg-Reflexion stattfindet.

A14 Ein Elektronenstrahl wird seitlich abgelenkt. Man kennt lediglich einen Teil der Bahn. Entwickeln Sie ein Verfahren, mit dem Sie herausfinden können, ob die Ablenkung durch ein homogenes E- oder ein homogenes B-Feld erfolgt.

A15 Eine Gewehrkugel ($m = 10$ g) wird mit einer Geschwindigkeit $v = 500$ m/s abgeschossen. Ihr Abschussort sei sehr präzise auf einen Atomdurchmesser genau festgestellt worden ($\Delta x = 10^{-10}$ m).
Wie groß ist die Ortunschärfe in 500 m Entfernung? Kann die heisenbergsche Unbestimmtheitsrelation für Fehlschüsse „haftbar" gemacht werden?

Zusammenfassung

A16 Führen Sie die Simulation zum Doppelspalt unter → **www** mit klassischen Teilchen und mit Quantenobjekten durch.
a) Betrachten Sie die jeweiligen Schirmbilder, wenn nur jeweils ein Spalt des Doppelspalts geöffnet ist.
b) Vergleichen Sie die Schirmbilder für unterschiedliche Spaltabstände.
c) Beschreiben Sie, wie das Schirmbild zustande kommt, wenn stets nur einzelne Quantenobjekte den Spalt bzw. den Doppelspalt passieren.

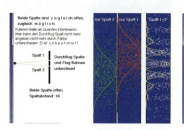

Projekt

Umkehrung des Fotoeffekts – h-Abschätzung mit Leuchtdiode → www

In früheren Kapiteln haben Sie den äußeren – und in einer Vertiefung evtl. den inneren – Fotoeffekt erarbeitet. Sie kennen auch die Deutung des äußeren Fotoeffekts durch Albert EINSTEINS Lichtquantenhypothese mit der Gleichung (in heutiger Schreibweise) $e \cdot U = h \cdot f - W_A$. Beim inneren Fotoeffekt von Halbleitern werden gebundene Elektronen durch Zufuhr von Lichtenergie in ein höheres Energieniveau gehoben, das sogenannte Leitungsband. Diese Elektronen machen als Leitungselektronen dann das Material leitend.
Dieser Effekt wird in dem geplanten Versuch umgekehrt. Durch Anlegen einer elektrischen Spannung wird eine **Leuchtdiode** (LED) leitend. Elektronen werden ins Leitungsband gehoben. Sie fallen anschließend wieder in das tiefere Valenzband zurück und geben dabei die zuvor aufgenommene Energie als Photon ab. Zu Energieniveaus in Atomen werden Sie in → **Strahlung und Materie** mehr erfahren. Hier geht es um eine vereinfachte Energiebilanz. Je kurzwelliger das Licht einer LED ist, desto mehr Energie muss der LED zugeführt werden. Man erwartet also, dass eine blau leuchtende LED eine höhere Spannung benötigt als eine rot leuchtende. Diesen Zusammenhang sollen Sie untersuchen und auswerten.

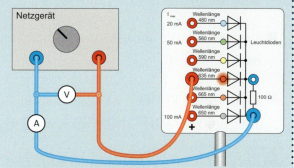

Arbeitsaufträge:

1 Bauen Sie den Versuch nach Abbildung auf. Ersatzweise nehmen Sie einzelne Leuchtdioden. Wählen Sie beim Amperemeter einen Messbereich bis ca. 50 mA, beim Voltmeter bis ca. 3 V.

2 Bringen Sie die LEDs nacheinander zum Leuchten und messen Sie jeweils mit einem geeigneten optischen Gitter die Wellenlänge. Vergleichen Sie mit dem Aufdruck.
Die unterste LED ist eine Infrarotdiode (IR-LED). Deren Wellenlänge messen Sie nicht, ihr Leuchten aber können Sie mit einer Digitalkamera kontrollieren.

3 Ermitteln Sie nun für jede LED diejenige Spannung, bei der gerade das Leuchten beginnt. (Wenn Sie genauere Werte haben möchten, nehmen Sie jeweils eine U-I-Kennlinie auf).

4 Tragen Sie die ermittelte Spannung gegen die Frequenz des LED-Lichts auf (z. B. in Excel®) und zeichnen Sie die Ausgleichsgerade. Ermitteln Sie aus dem Steigungswert einen Näherungswert für die Planck-Konstante h.

5 Es gibt auch UV-LEDs. Bei welcher Spannung wird eine solche LED ($\lambda = 375$ nm) zu leuchten beginnen?

Kennen Sie sich aus – Hinweise und Lösungen

A1 a) Gangunterschied? **b)** Maxima für $\Delta x = k \cdot \lambda$, $f = c/\lambda$ **c)** Für jeden Punkt des Wellenfeldes gilt $\Delta x \leq g$
A2 $\lambda = d_k \cdot g/(k \cdot a)$, $k = 2$, d_2 bekannt für beide Wellenlängen, λ_1 bekannt $\Rightarrow \lambda_2$ bestimmen
A3 $\lambda = d \cdot g/a$
A4 Abstand der Dunkelstellen $2 \cdot x_1 = 10{,}0$ mm $\Rightarrow \tan\alpha$
A5 a) 4 Zeiger addieren **b)** → **Einzelspalt**
A6 W_A → **T2** S. 166

A7 a) $h \cdot f_{gr} = W_A$ **b)** $W_B = h \cdot f - W_A = e \cdot U$, $v = \sqrt{2U \cdot (e/m)}$ **c)** Energie der Photonen
A8 $P = W/t$, Photonenergie $h \cdot f$
A9 → **Millikan-Versuch**, Gewichtskraft, elektrische Kraft, Kräftegleichgewicht
A10 → **Millikan-Versuch**, Auftrieb, Recherche zu Cunningham-Korrektur
A11 → **Interferenz am Gitter**, → **de Broglie Wellenlänge**

A12 Nutzen Sie den Zusammenhang zwischen Bewegungsenergie und Geschwindigkeit sowie die Definition der de Broglie Wellenlänge.
A13 → **Bragg-Gleichung**
A14 Betrachten Sie die Ablenkung von Ladungsträgern in elektrischen und magnetischen Feldern.
A15 → **Unbestimmtheitsrelation**
A16 → **Wahrscheinlichkeitsinterpretation**

Elektrodynamik

Das können Sie in diesem Kapitel erreichen:

- Sie untersuchen die Induktion bei Leiterschaukeln und Leiterschleifen und wenden die Erkenntnisse auf Generatoren an.

- Sie werden alle Induktionserscheinungen auf eine gemeinsame Ursache zurückführen.

- Sie können erklären, wie die Natur dafür sorgt, dass auch bei der Induktion die Energie erhalten bleibt.

- Sie bewerten bei technischen Prozessen das Auftreten erwünschter und nicht erwünschter Wirbelströme.

- Sie werden darstellen, welche Rolle Generator und Transformator bei der Gewinnung und Verteilung elektrischer Energie haben.

- Sie untersuchen Wechselspannungen mit einem Oszilloskop oder Messwerterfassungssystem.

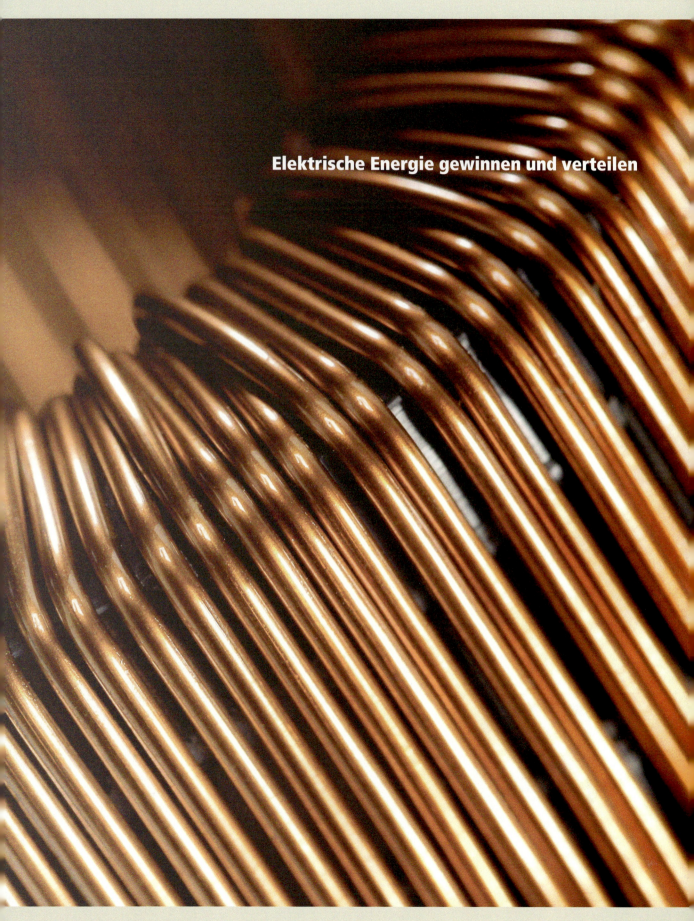
Elektrische Energie gewinnen und verteilen

Elektrische Energie gewinnen und verteilen

A1 Wer heute ein Elektroauto fahren will, muss den Akku regelmäßig mit einem Ladekabel an der Steckdose aufladen. Ingenieure haben eine Technik entwickelt, mit der die Akkus an speziellen Ladestationen kabellos aufgeladen werden können. Recherchieren Sie, wie die kabellose Aufladung funktioniert, und bewerten Sie die Technik für die Anwendung im Alltag.

A2 Beschreiben Sie, wie das abgebildete Gerät als Elektromotor und Generator verwendet werden kann. Erläutern Sie die Funktionsweise.

A3 Bauen Sie den kleinsten Elektromotor der Welt. Fügen Sie dazu eine Batterie, eine Schraube, einen starken Zylindermagneten und einen kurzen Draht zusammen, wie in der Abbildung zu sehen.

A4 Beim Schütteln einer Schüttel-Taschenlampe wird ein Stabmagnet durch eine Zylinderspule hindurch bewegt. Erklären Sie, warum dabei eine Spannung induziert wird. Erläutern Sie, welches Bauteil nötig ist, damit die Lampe während der Benutzung nicht ständig geschüttelt werden muss.

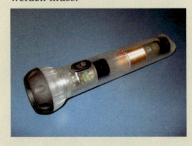

A5 Schieben Sie eine Spule mit 150 Windungen über einen senkrecht aufgestellten Eisenkern und verbinden Sie sie mit einer Wechselstromquelle (10 V). Schließen Sie ein Glühlämpchen an die Enden eines langen Kabels an und wickeln Sie das Kabel Windung für Windung um den Eisenkern. Beschreiben und erklären Sie Ihre Beobachtung.

A6 Lassen Sie einen starken Zylindermagneten durch ein etwa ein Meter langes Kupferrohr/Kunststoffrohr fallen. Beschreiben Sie Ihre Beobachtung.

A7 Schließen Sie einen Kopfhörer an den Mikrofoneingang Ihres Computers an. Sie können nun eine Tonaufnahme machen.
Informieren Sie sich über Aufbau und Funktionsweise von Kopfhörer und Mikrofon. Erklären Sie nun, warum Sie den Kopfhörer als Mikrofon benutzen können.

Induktion bei der Leiterschaukel

1. Lorentzkraft bewirkt Induktion

Eine Strom führende **Leiterschaukel** hängt in einem homogenen Magnetfeld senkrecht zu den B-Feldlinien → **V1a**. Wir wissen schon, dass die Schaukel ausgelenkt wird, da die nach hinten fließenden Elektronen eine → **Lorentzkraft** nach rechts erfahren, die sie auf den Leiter übertragen.

Was passiert, wenn wir die Leiterschaukel von der Spannungsquelle trennen und sie von Hand nach rechts bewegen? Mit dem Leiter bewegen sich nun auch die Elektronen nach rechts und erfahren nach der Drei-Finger-Regel der linken Hand eine Lorentzkraft nach vorne. Die Elektronen bewegen sich daher im Leiter nach vorne. Tatsächlich messen wir mit einem empfindlichen Spannungsmesser eine Spannung zwischen den Leiterenden → **V1b**.

Der Versuch erinnert an Experimente aus der Mittelstufe, wo durch die Relativbewegung eines Magneten und einer Spule eine Spannung induziert wurde. Tatsächlich handelt es sich auch hier um ein Induktionsphänomen.

Wie groß ist die an der Leiterschaukel induzierte Spannung U_{ind}? Die Elektronen, die vom Leiter nach rechts mitgenommen werden, erfahren eine Lorentzkraft nach vorne → **B1**. Dadurch entsteht vorne im Leiter ein Elektronenüberschuss, hinten ein Elektronenmangel. Der Stab erhält also vorne einen Minuspol, hinten einen Pluspol. Im Stab entsteht ein elektrisches Feld. Die im Leiter befindlichen Elektronen erfahren dadurch eine elektrische Kraft, die nach hinten zeigt, mit dem Betrag $F_{el} = e \cdot E$. Die Elektronen sind in kürzester Zeit so weit verschoben, dass die elektrische Kraft betragsgleich der Lorentzkraft ist. Hat sich das Gleichgewicht eingestellt, ist die Ladungsverschiebung beendet. Es gilt:

$F_{el} = F_L$ bzw.

$e \cdot E = B \cdot e \cdot v$ bzw.

$E = B \cdot v$.

Weil an jeder Stelle im Stab Gleichgewicht herrscht und das Magnetfeld homogen ist, muss auch das elektrische Feld homogen sein. Deshalb gilt: $U_{ind} = E \cdot d$. Für die Induktionsspannung, die man zwischen den Leiterenden misst, gilt daher

$U_{ind} = B \cdot v \cdot d$.

Merksatz

Ein gerades Leiterstück der Länge d werde in einem homogenen Magnetfeld der Flussdichte $\vec{B}$ senkrecht zu den Feldlinien mit der Geschwindigkeit $\vec{v}$ bewegt. Dann kann man zwischen seinen Enden die durch die Lorentzkraft induzierte Spannung U_{ind} abgreifen:

$U_{ind} = B \cdot v \cdot d$.

Bewegen wir den Leiter in → **V1b** senkrecht nach oben oder unten längs der B-Feldlinien, so messen wir keine Spannung. Auf die bewegten Elektronen wirkt in diesem Fall keine Lorentzkraft. Bewegen wir die Leiterschaukel schräg zu den B-Feldlinien, so erhalten wir wieder eine Induktionsspannung, die aber kleiner ist als in → **V1b**. Diesen Fall werden wir nicht betrachten.

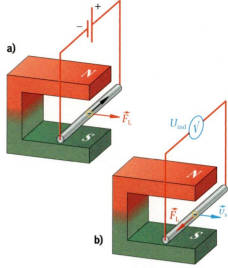

V1 Eine Leiterschaukel hängt im homogenen Magnetfeld eines Hufeisenmagneten.
a) Schließen wir eine Spannungsquelle an den Leiter an, so erfährt er eine Kraft und wird ausgelenkt.
b) Wir schließen jetzt einen empfindlichen Spannungsmesser an den Leiter an. Bewegen wir den Leiter von Hand nach rechts, so zeigt der Spannungsmesser eine Spannung.

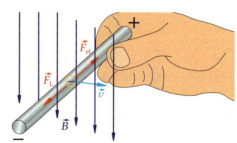

B1 Wird der Leiter im Magnetfeld nach rechts bewegt, so entsteht im Leiter ein elektrisches Feld.

A1 Ein Eisenbahnzug fährt mit 40 m/s über eine waagerechte Strecke. Zwischen den isolierten Schienen (Spurweite 1435 mm) liegt ein Spannungsmesser. Berechnen Sie, was er anzeigt, wenn die Vertikalkomponente des Erdmagnetfeldes $B_v = 0{,}43 \cdot 10^{-4}$ T beträgt. Begründen Sie, ob die Zahl der Achsen des Zuges eine Rolle spielt.

A2 Die Tragflächen eines Flugzeugs sind aus Metall. Das Flugzeug fliegt
a) von West nach Ost,
b) von Süd nach Nord über den Äquator.
Erläutern Sie, in welchem Fall zwischen den Flügelspitzen eine größere Spannung entsteht.

Induktion bei der Leiterschleife

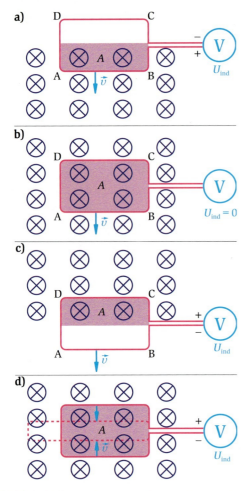

V1 Wird eine Leiterschleife von oben senkrecht zu den Feldlinien in ein Magnetfeld geführt, ändert sich die von B-Feldlinien durchsetzte Fläche A der Leiterschleife. Folgende Induktionsspannungen treten auf:
a) Bewegt sich das Leiterstück AB mit einer Geschwindigkeit vom Betrag v in Δt um Δs nach unten, so nimmt die von den B-Feldlinien durchsetzte Fläche A dabei um

$$\Delta A = d \cdot \Delta s = d \cdot v \cdot \Delta t$$

zu. Mit $d \cdot v = \Delta A / \Delta t$ gilt:

$$U_{ind} = B \cdot \frac{\Delta A}{\Delta t}.$$

Da A zunimmt, gilt: $U_{ind} > 0$,
b) A ist konstant: $U_{ind} = 0$,
c) A nimmt ab: $U_{ind} < 0$,
d) Die Leiterschleife wird zusammengedrückt, A nimmt ab: $U_{ind} < 0$.
Je schneller sich die Leiterschleife in a) bis c) nach unten bewegt und in d) zusammengedrückt wird, desto größer ist der Betrag der induzierten Spannung.

1. Induktion durch Flächenänderung

In der Mittelstufe haben wir festgestellt, dass eine Spannung induziert wird, wenn sich das Magnetfeld im Inneren einer Spule ändert. Können wir diese Beobachtung auch auf die Lorentzkraft zurückführen und die Spannung sogar berechnen?

Dazu betrachten wir zunächst eine Leiterschleife, also eine Spule mit einer Windung. Wir lassen sie von oben senkrecht zu den Feldlinien in das Magnetfeld zwischen den Polschuhen eines Elektromagneten eintauchen → **V1**. Ein mit der Leiterschleife verbundener empfindlicher Spannungsmesser soll die induzierte Spannung anzeigen.

Solange die Schleife noch nicht ganz in das Magnetfeld eingetaucht ist, wird eine Spannung angezeigt → **V1a**. Ist die Schleife vollständig in das Feld eingetaucht, wird keine Spannung mehr induziert → **V1b**. Verlässt die Leiterschleife das Magnetfeld, so wird eine zu a) entgegengepolte Spannung angezeigt → **V1c**. Diese Beobachtungen passen zu unserem Ergebnis aus der Mittelstufe. Nur wenn sich das Magnetfeld im Inneren der Spule ändert, also bei a) und c), wird eine Spannung induziert.

Schauen wir uns nun an, welche Bedeutung die Lorentzkraft in den drei Fällen hat:
a) Auf die Elektronen im Leiterstück AB, das sich im Magnetfeld bewegt, wirkt eine Lorentzkraft nach links. Für die induzierte Spannung gilt $U_{ind} = B \cdot v \cdot d$.
b) Sowohl auf die Elektronen im Leiterstück AB als auch auf die Elektronen im Leiterstück CD wirkt eine Lorentzkraft nach links. Die in den beiden Leiterstücken induzierten Spannungen sind entgegengesetzt gepolt und heben sich gegenseitig auf, so dass $U_{ind} = 0$ gilt.
c) Auf die Elektronen im Leiterstück CD wirkt eine Lorentzkraft nach links, so dass eine zu a) betragsgleiche, entgegengesetzt gepolte Spannung induziert wird.

Verändern wir den Flächeninhalt der Leiterschleife im Feld durch Zusammendrücken, so wird auch eine Spannung induziert → **V1d**. Wir erkennen daran, dass es in allen Fällen auf die Änderung der vom Feld durchsetzten Fläche ankommt. Denn auch bei → **V1a,b,c** können wir die induzierte Spannung mithilfe der Flächeninhaltsänderung berechnen. In allen drei Fällen gilt:

$$U_{ind} = B \cdot \frac{\Delta A}{\Delta t}.$$

In → **V1a** nimmt die von den B-Feldlinien durchsetzte Fläche zu ($\Delta A / \Delta t > 0$), in → **V1c** dagegen ab ($\Delta A / \Delta t < 0$). Daher ist die induzierte Spannung in den beiden Fällen entgegengesetzt zueinander gepolt. In → **V1b** ändert sich hingegen die von den B-Feldlinien durchsetzte Fläche nicht ($\Delta A / \Delta t = 0$). Daher wird keine Spannung induziert.

Die Formel zeigt außerdem: Je größer der Betrag von $\Delta A / \Delta t$ ist, desto größer ist der Betrag der induzierten Spannung. Auch bei → **V1d** ist der Betrag der induzierten Spannung umso größer, je schneller man die Leiterschleife zusammendrückt und damit den Flächeninhalt ändert.

Induktion bei der Leiterschleife

2. Flächenänderung auf andere Art

Wir sahen, dass die Induktionsspannung von der „Geschwindigkeit" $\Delta A/\Delta t$ abhängt, mit der sich die vom Magnetfeld der Flussdichte $\vec{B}$ durchsetzte Fläche ändert: $U_{\text{ind}} = B \cdot \Delta A/\Delta t$.
Wir werden nun Beispiele betrachten, bei denen die Fläche der Leiterschleife nicht senkrecht zu den Feldlinien steht oder bei denen $\Delta A/\Delta t$ nicht konstant ist. Dabei werden wir erkennen, dass sich die Formel für die Induktionsspannung grundsätzlich bestätigt, wir sie aber noch ein wenig verändern müssen.

Wir bewegen eine Leiterschleife, deren Fläche nicht senkrecht zu den Feldlinien steht, in ein Magnetfeld hinein → **V2**. Die Bewegungsrichtung soll dabei weiterhin senkrecht zu den Feldlinien sein. Wir erhalten nun:

$$U_{\text{ind}} = B \cdot \frac{\Delta A_s}{\Delta t},$$

wobei A_s der senkrecht zu den Feldlinien stehende Flächenanteil ist. Man nennt A_s auch **wirksame Leiterfläche**.
Dies ist eine Verallgemeinerung der Formel $U_{\text{ind}} = B \cdot \Delta A/\Delta t$. Da bei den Versuchen zuvor die Fläche der Leiterschleife stets senkrecht zu den Feldlinien stand, war $\Delta A_s = \Delta A$.
Bewegen wir eine Leiterschleife, deren Fläche parallel zu den Feldlinien ist, in ein Magnetfeld hinein, so wird keine Spannung induziert → **V3**. Dies leuchtet ein, denn die wirksame Leiterfläche A_s ist null.

Drehen wir eine ganz ins Magnetfeld eingetauchte Leiterschleife, so ändert sich die wirksame Leiterfläche ständig → **V4**. Tatsächlich erhalten wir auch hier eine Induktionsspannung. Auf diesen Fall werden wir später noch zurückkommen.

Bei → **V1** bis → **V3** war die „Änderungsgeschwindigkeit" konstant. Im Falle der nicht-konstanten „Änderungsgeschwindigkeit" → **V4** muss man $\Delta A_s/\Delta t$ durch die „momentane Änderungsgeschwindigkeit" oder Ableitung $A'_s(t)$ ersetzen. Wir erhalten: $U_{\text{ind}}(t) = B \cdot A'_s(t)$. Im Fall der konstanten „Änderungsgeschwindigkeit" können wir weiterhin $U_{\text{ind}} = B \cdot \Delta A_s/\Delta t$ verwenden.

3. n Windungen liefern die n-fache Spannung

Bisher haben wir die induzierte Spannung bei einer Leiterschleife betrachtet, also bei einer Spule mit einer Windung. Bewegt sich eine Spule mit n Windungen in einem Magnetfeld, so wird zwischen den Enden jeder der n Windungen eine Spannung $U_{\text{ind}} = B \cdot A'_s(t)$ induziert. Da die Windungen in Reihe geschaltet sind, müssen die Spannungen addiert werden, so dass sich insgesamt eine induzierte Spannung $U_{\text{ind}} = n \cdot B \cdot A'_s(t)$ ergibt.

> **Merksatz**
>
> Eine Spule mit n Windungen wird in einem Magnetfeld mit zeitlich konstanter Flussdichte B bewegt. Ändert sich die wirksame Leiterfläche A_s zeitlich, so gilt für die induzierte Spannung zwischen den Enden der Spule
>
> $$U_{\text{ind}}(t) = n \cdot B \cdot A'_s(t).$$

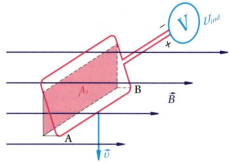

V2 Solange die mit der Geschwindigkeit v nach unten bewegte Leiterschleife noch nicht ganz in das Magnetfeld eingetaucht ist, wird eine Spannung $U_{\text{ind}} = B \cdot v \cdot d$ angezeigt. Bewegt sich das Leiterstück AB in der Zeit Δt um Δs nach unten, so nimmt die wirksame Leiterfläche A_s um $\Delta A_s = d \cdot \Delta s = d \cdot v \cdot \Delta t$ zu. Mit $d \cdot v = \Delta A_s/\Delta t$ gilt: $U_{\text{ind}} = B \cdot \Delta A_s/\Delta t$.

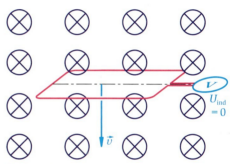

V3 Ist die wirksame Leiterfläche A_s null, so wird keine Spannung induziert.

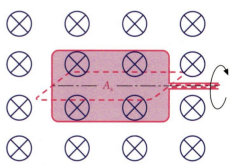

V4 Dreht sich die ganz im Magnetfeld befindliche Leiterschleife, so ändert sich die wirksame Leiterfläche A_s ständig. Zwischen den Enden der Schleife wird eine Spannung induziert.

A1 Die Seite AB der Leiterschleife aus → **V1a** habe die Länge 6,0 cm. Die Schleife werde mit der Geschwindigkeit 1,0 mm/s bewegt. Die magnetische Flussdichte betrage 2,1 mT. Berechnen Sie die induzierte Spannung.

Induktion bei der Leiterschleife

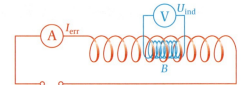

V1 Wir bringen eine Spule (Induktionsspule, blau, $n = 300$ Windungen, $A = 13{,}2$ cm^2), in das Innere einer anderen Spule (felderzeugende Spule, rot). Wir erhöhen die Stromstärke im Inneren der felderzeugenden Spule innerhalb von 5,0 ms linear. Wie wir mit einer Hallsonde messen können, ändert sich dabei auch der Betrag B der magnetischen Flussdichte linear von 0 T auf 0,61 mT. Wir messen an der Induktionsspule eine Spannung von 47 mV. Zur Überprüfung unserer Formel berechnen wir

$$U_{\text{Ind}} = n \cdot A_s \cdot \frac{\Delta B}{\Delta t} = 300 \cdot 13{,}2 \text{ cm}^2 \cdot \frac{0{,}61 \text{ mT}}{5 \text{ ms}}$$
$$= 48 \text{ mV}.$$

Dieses Ergebnis stimmt im Rahmen der Messgenauigkeit mit unserem Messwert überein.

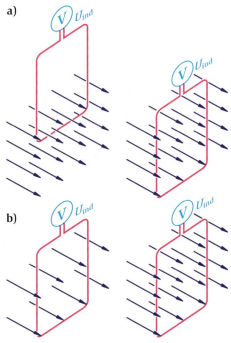

B1 **a)** Bewegt sich die Leiterschleife in das Magnetfeld hinein (Änderung der wirksamen Leiterfläche), so erhöht sich die Zahl der Feldlinien, die durch die Leiterschleife „fließen". **b)** Erhöht man die magnetische Flussdichte, wird die Feldliniendichte größer und somit auch die Zahl der Feldlinien durch die Leiterschleife.

4. Induktion durch Flussdichteänderung

In der Mittelstufe haben wir herausgefunden, dass Induktion auch ohne Bewegung auftreten kann, nämlich dann, wenn sich das Magnetfeld im Inneren der ruhenden Spule zeitlich ändert. Heute können wir sagen: Die magnetische Flussdichte im Spuleninneren muss sich ändern.
Die Spannung ist umso größer, je schneller sich die magnetische Flussdichte ändert. Wie bei der Induktion durch Flächenänderung kommt es also auch hier auf die „Änderungsgeschwindigkeit" an. Ändern sich die Fläche und die magnetische Flussdichte nicht, so wird auch keine Spannung induziert.

Diese Induktion bei Flussdichteänderung können wir nicht durch die Lorentzkraft erklären, weil der Leiter und damit seine Elektronen nicht im Magnetfeld bewegt wurden.

Aber auch im Fall der Induktion durch Flussdichteänderung lässt sich die induzierte Spannung berechnen. Physiker haben herausgefunden, dass gilt:

$$U_{\text{ind}} = n \cdot A_s \cdot B'(t).$$

Im Fall der konstanten Änderungsgeschwindigkeit der magnetischen Flussdichte kann man die Induktionsspannung mit

$$U_{\text{ind}} = n \cdot A_s \cdot \Delta B / \Delta t$$

berechnen.
Die Formeln haben wir zwar nicht selbst hergeleitet, können sie aber in einem Experiment bestätigen → **V1**.

> **Merksatz**
> Eine Spule mit n Windungen ruhe in einem Magnetfeld mit der Flussdichte B. A_s ist also konstant.
> Ändert sich die magnetische Flussdichte $\vec{B}$ zeitlich, so wird in der Spule die Spannung U_{ind} induziert:
> $$U_{\text{ind}}(t) = n \cdot A_s \cdot B'(t).$$

5. Eine gemeinsame Ursache für die Induktion

Wir haben zwei verschiedene Induktionsphänomene kennengelernt: Eine Spannung wird induziert,
- wenn sich die wirksame Leiterfläche A_s bei konstantem Betrag B der Flussdichte ändert oder
- wenn sich der Betrag B der magnetischen Flussdichte bei konstanter Fläche A_s ändert.

Michael FARADAY erkannte als Erster die gemeinsame Ursache dieser beiden Phänomene. Wie man in → **B1** erkennt, ändert sich in beiden Fällen die Zahl der Feldlinien, die durch die Leiterschleife „fließen".

Durch Einführung einer neuen physikalischen Größe konnte diese gemeinsame Ursache auch mathematisch erfasst werden → **Vertiefung**.

Induktion bei der Leiterschleife

Vertiefung

Der magnetische Fluss

Michael FARADAY sah fälschlicherweise die Feldlinien als „Bahnen einer fließenden Flüssigkeit" an und versuchte die von ihm gezeichneten Linien abzuzählen, wie viele davon z. B. die Fläche A einer Leiterschleife an zwei verschiedenen Orten des Feldes durchsetzen. Von ihm stammt die Bezeichnung magnetischer Fluss Φ, unter der er sich die Gesamtzahl dieser Feldlinien durch die Fläche A vorstellte.

Zieht man eine Leiterschleife vom Pol eines Magneten weg, so „fließen" weniger Feldlinien durch eine senkrecht zum Feld stehende Flächeneinheit hindurch. Man sagt, der Betrag B der magnetischen Flussdichte wird kleiner.

Da man die Flussdichte mit Hallsonden messen (oder mit Formeln berechnen) kann, braucht man FARADAYs Abzählmethode nicht mehr. Man berechnet aus B den magnetischen Fluss Φ durch eine Leiterschleife als Produkt von B mit dem Inhalt A_s der Fläche, welche die Leiterschleife den Feldlinien des Magnetfeldes senkrecht darbietet. Man schreibt als Gleichung

$$\Phi = B \cdot A_s$$

mit der Einheit $[\Phi] = 1\,\text{T} \cdot \text{m}^2 = 1\,\text{N} \cdot (\text{A} \cdot \text{m})^{-1} \cdot \text{m}^2 = 1\,\text{J} \cdot \text{s} \cdot \text{C}^{-1} = 1\,\text{V} \cdot \text{s}$.

Ein glücklicher mathematischer Umstand

Wir haben zwei verschiedene Induktionsursachen kennengelernt:
Ändert sich die vom Feld durchsetzte Fläche A_s einer Leiterschleife bei konstanter Flussdichte $\vec{B}$, so gilt für die Induktionsspannung: $U_{\text{ind},1}(t) = n \cdot B \cdot A'_s(t)$.
Ändert sich die magnetische Flussdichte $\vec{B}$ bei konstanter Fläche A_s, so gilt für die Induktionsspannung: $U_{\text{ind},2}(t) = n \cdot A_s \cdot B'(t)$.

Treten diese beiden Induktionsursachen gemeinsam auf, so erhalten wir als Induktionsspannung:

$$\begin{aligned} U_{\text{ind}}(t) &= U_{\text{ind},1}(t) + U_{\text{ind},2}(t) \\ &= n \cdot B \cdot A'_s(t) + n \cdot A_s \cdot B'(t) \\ &= n \cdot (B \cdot A'_s(t) + A_s \cdot B'(t)). \end{aligned}$$

Nach der Produktregel der Differenzialrechnung ergibt sich für U_{ind} dann eine einfache Gleichung:

$$U_{\text{ind}}(t) = n \cdot (B \cdot A_s)'(t) = n \cdot \Phi'(t).$$

Zwei physikalisch unterschiedliche Ursachen für die Induktion lassen sich somit durch eine Gleichung beschreiben.

A1 Eine Leiterschleife der Fläche 50 cm² steht senkrecht zu den Feldlinien eines Magnetfeldes der Flussdichte 0,20 T. Sie wird in 0,10 s auf 5,0 cm² zusammengedrückt.
a) Erläutern Sie, warum in ihr eine Spannung induziert wird.
b) Berechnen Sie die induzierte Spannung.

A2 Ein quadratischer Kupferrahmen von 50 cm Seitenlänge wird binnen 0,50 s ganz in ein homogenes Magnetfeld von 2,0 T geschoben. Dabei durchsetzen die B-Feldlinien seine Fläche in jedem Moment senkrecht. Berechnen Sie U_{ind} auf zwei Arten.

A3 a) In → V1 steigt die magnetische Flussdichte in der felderzeugenden Spule nun in 20 s linear von 0 T auf 1,22 mT an. Wie groß ist die induzierte Spannung?
b) Erläutern Sie, wie sich diese Spannung ändert, wenn man eine Induktionsspule mit doppelter Windungszahl bei gleicher Querschnittsfläche nimmt.

A4 a) Ein Leiter wird mit konstanter Geschwindigkeit vom Betrag $v = 0{,}20$ m/s nach rechts auf zwei Metallschienen (Schienenabstand $d = 0{,}050$ m) bewegt, die sich teilweise in einem Magnetfeld mit konstanter Flussdichte ($B = 0{,}20$ T) senkrecht zu den Schienen befinden.

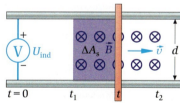

Der Leiter erreicht den linken Rand des Magnetfeldes zum Zeitpunkt $t_1 = 1{,}0$ s und den rechten Rand des Magnetfeldes zum Zeitpunkt $t_2 = 3{,}0$ s. Erläutern Sie, in welchem Zeitraum eine Spannung induziert wird und berechnen Sie die induzierte Spannung. Stellen Sie den Verlauf der Spannung in einem t-U_{ind}-Diagramm dar.
b) Jetzt soll der Leiter zunächst am linken Rand des Magnetfeldes ruhen. Ab $t_1 = 0$ wird er mit konstanter Beschleunigung vom Betrag $a = 3{,}2$ m/s² nach rechts bewegt. Erläutern Sie, warum die induzierte Spannung nun bis $t_2 = 0{,}50$ s ansteigt. Geben Sie einen Term $U_{\text{ind}}(t)$ für die induzierte Spannung in Abhängigkeit von der Zeit an und stellen Sie den Verlauf der Spannung in einem t-U_{ind}-Diagramm dar.

A5 Im Diagramm ist der zeitliche Verlauf für die magnetische Flussdichte in einer Leiterschleife für drei Fälle dargestellt. Skizzieren Sie in einem gemeinsamen Diagramm den zeitlichen Verlauf der drei Induktionsspannungen qualitativ.

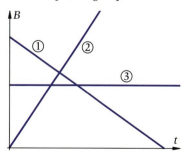

Lenzsches Gesetz und thomsonscher Ringversuch

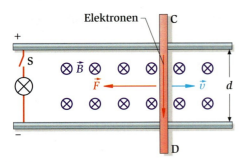

B1 Minigenerator: Der reibungsfreie Stab wird nach rechts angestoßen.
a) Ist der Schalter S geschlossen, so wird der Stab langsamer.
Energiebilanz: Wir betrachten eine sehr kurze Zeitspanne Δt, in der wir v, U_{ind} und I als fast konstant annehmen können. In dieser Zeit wird an das elektrische Gerät Energie abgegeben:
$W_{el} = U_{ind} \cdot I \cdot \Delta t = B \cdot d \cdot v \cdot I \cdot \Delta t$.
Der Stab gibt währenddessen Arbeit ab:
$W_{mech} = F \cdot \Delta s = F \cdot v \cdot \Delta t = I \cdot B \cdot d \cdot v \cdot \Delta t$.
Es ist $W_{mech} = W_{el}$.
b) Ist der Schalter S offen, bewegt sich der Stab mit konstanter Geschwindigkeit weiter.

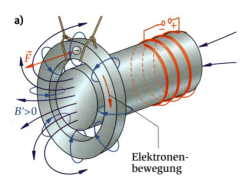

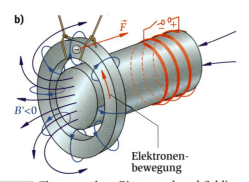

V1 Thomsonscher Ringversuch: **a)** Schließen wir den Schalter, so wird der Ring kurzzeitig abgestoßen. **b)** Öffnen wir den Schalter, so wird der Ring kurzzeitig angezogen.

1. Auch bei Induktion gilt der Energieerhaltungssatz

Wie sorgt die Natur dafür, dass bei der Induktion die Energie erhalten bleibt? Hierzu ein Gedankenexperiment bei konstanter Flussdichte $\vec{B}$ → **B1** : Ein leitender Stab sei reibungsfrei auf zwei Metallschienen gelagert. Er werde in einem homogenen Magnetfeld durch einen Stoß nach rechts in Bewegung gesetzt. Was passiert anschließend? Wird der Stab schneller, langsamer oder behält er seine Geschwindigkeit bei?

a) Der Schalter S ist *geschlossen*, d.h. das Lämpchen angeschlossen. Die mit dem Stab nach rechts bewegten Elektronen erfahren im homogenen Magnetfeld Lorentzkräfte in Richtung von C nach D. Dadurch wird eine Spannung induziert. Da der Stromkreis geschlossen ist, wird an das Lämpchen *elektrische* Energie W_{el} abgegeben. Nach dem Energieerhaltungssatz ist dies nur möglich, wenn der Stab mechanische Energie W_{mech} abgibt, d.h. wenn er langsamer wird. In einem realen Experiment kann man dies tatsächlich beobachten. Ursache für die Abbremsung ist die Kraft auf den Strom führenden Leiter CD, die nach der Drei-Finger-Regel nach links zeigt.

Die Natur sorgt also durch die Richtung der wirkenden Kräfte dafür, dass die Energie erhalten bleibt. Eine Energiebilanz bestätigt, dass $W_{mech} = W_{el}$ ist.

b) Der Schalter S ist *offen*. Im bewegten Stab fließen nur kurzzeitig Elektronen, bis die Aufladung beendet ist und Kräftegleichgewicht zwischen der Lorentzkraft und der Kraft des elektrischen Feldes herrscht. Die Stromstärke I ist dann null. Energie wird ab jetzt weder zu- noch abgeführt. Der reibungsfrei gelagerte Stab gleitet mit konstanter Geschwindigkeit weiter.

2. Energieerhaltung bestimmt die Polung

Wäre der Elektronenstrom im Leiter von D nach C → **B1** gerichtet, so erführe dieser eine beschleunigende Kraft nach rechts. Durch die dann steigende Geschwindigkeit würde der Induktionsstrom vergrößert, was eine noch größere Kraft zur Folge hätte usw. Nach einem kurzen Anstoß des Stabs könnte man dem System beliebig viel Energie entnehmen. Man hätte ein Perpetuum mobile. Die nach dem Energieerhaltungssatz zu erwartende Polung der Induktionsspannung formulierte Heinrich LENZ 1834 im **lenzschen Gesetz**.

Merksatz
Lenzsches Gesetz: Die Induktionsspannung ist so gepolt, dass ein durch sie hervorgerufener Strom der Ursache der Induktion entgegenwirkt.

3. Der thomsonsche Ringversuch

In → **V1** wird das lenzsche Gesetz „auf die Probe gestellt". Wir prüfen seine Gültigkeit für den Fall einer zeitlichen Änderung der magnetischen Flussdichte. In einen bifilar aufgehängten Aluminiumring ragt ein Eisenkern, der in einer Spule steckt. Beim Schließen des Spulenstromkreises wird der Ring kurzzeitig abgestoßen. Wie kann man das verstehen?

In der Spule wird ein Magnetfeld aufgebaut, d.h. die magnetische Flussdichte im Ring wird größer ($B'(t) > 0$). Wäre der Aluminiumring an einer Stelle unterbrochen, so würde zwischen den Enden eine Spannung induziert, d.h. die Elektronen im Ring hätten sich verschoben. Auf die Elektronen müsste also eine Kraft gewirkt haben. Diese Kraft muss auch wirken, wenn der Ring nicht unterbrochen wird. So kommt es zu einem Ringstrom im Aluminiumring. Wenn auch hier das lenzsche Gesetz gilt, so muss der Induktionsstrom so gepolt sein, dass das durch ihn hervorgerufene Magnetfeld entgegen gerichtet ist zu dem sich aufbauenden Spulenfeld. Es wirkt dem Anwachsen der magnetischen Flussdichte $\vec{B}$ entgegen. Nach der Linken-Faust-Regel müssen sich die Elektronen im Ring daher gegen den Uhrzeigersinn bewegen. Nach der Drei-Finger-Regel erfahren die im Ring bewegten Elektronen und damit der ganze Ring eine vom Eisenkern weg gerichtete, abstoßende Lorentzkraft. Der Ring wird abgestoßen.

Beim *Öffnen* des Schalters wird der Ring kurzzeitig angezogen. Das B-Feld der Spule bricht zusammen. Im Ring nimmt die magnetische Flussdichte ab ($B'(t) < 0$). Der hierdurch im Ring hervorgerufene Induktionsstrom ist nun entgegengesetzt zum Einschaltvorgang gerichtet, da sein Magnetfeld nach dem lenzschen Gesetz der Flussabschwächung entgegenwirkt. Die im Uhrzeigersinn fließenden Elektronen und damit der Ring erfahren eine zum Eisenkern gerichtete, anziehende Kraft.

4. Die Induktionsspannung bekommt ein Minuszeichen.

Häufig wird in einem Stromkreis eine Spannung U_{ind} induziert, in dem bereits eine andere Spannung U_1 anliegt. Wie wirken die beiden Spannungen zusammen? Hierüber gibt → **V2** Auskunft.

Die induzierte Spannung wirkt der bereits anliegenden Spannung bei einer Vergrößerung von B entgegen. Dies drücken wir durch ein Minuszeichen in der Gleichung

$$U_{\text{ind}}(t) = -n \cdot A_s \cdot B'(t)$$

aus. Dann wird die Induktionsspannung negativ, wenn die Flussdichte zunimmt ($B'(t) > 0$), und positiv, wenn die magnetische Flussdichte abnimmt ($B'(t) < 0$).

Auch wenn die Induktionsspannung durch eine Änderung der wirksamen Leiterfläche hervorgerufen wird, setzen wir ein Minuszeichen:

$$U_{\text{ind}}(t) = -n \cdot B \cdot A_s'(t).$$

Diese Formeln sind die beiden Ausprägungen des **Induktionsgesetzes**.

> **Merksatz**
> Ein Minuszeichen im Induktionsgesetz berücksichtigt das lenzsche Gesetz bezüglich einer im Stromkreis schon wirkenden Spannung:
> $$U_{\text{ind}}(t) = -n \cdot A_s \cdot B'(t) \quad \text{bzw.}$$
> $$U_{\text{ind}}(t) = -n \cdot B \cdot A_s'(t).$$

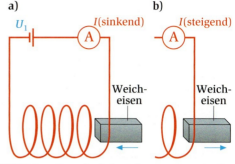

V2 Der Stromkreis besteht aus einer Spule, einer Batterie mit der konstanten Spannung U_1 und einem Strommessgerät.
a) Schieben wir einen Eisenkern in die Spule, so sinkt die Stromstärke I kurzzeitig ab. Der Eisenkern erhöht die Flussdichte B in der Spule. In ihr wird eine Spannung U_{ind} induziert. U_{ind} und die Batteriespannung U_1 sind in Reihe geschaltet und addieren sich zur Gesamtspannung $U_1 + U_{\text{ind}}$. Solange wir den Eisenkern in die Spule schieben, ist I in jedem Augenblick kleiner als U_1/R. Also muss die zusätzliche Spannung U_{ind} der Batteriespannung U_1 entgegenwirken.
b) Ziehen wir den Eisenkern aus der Spule heraus, so steigt die Stromstärke I kurzzeitig an. So wirkt sie nach LENZ dem Absinken der magnetischen Flussdichte ($B' < 0$) entgegen.

A1 Ein starker Nordpol wird einem aufgehängten Aluminiumring genähert.
a) Geben Sie die Richtung an, in die sich die Elektronen im Ring bewegen. Fertigen Sie eine Skizze an und zeichne Sie die Richtung des Elektronenstroms im Ring ein.
b) Begründen Sie, warum das B-Feld für die Induktion inhomogen sein muss.
c) Erläutern Sie, ob der Ring abgestoßen oder angezogen wird und woher die Energie für den Induktionsstrom kommt.
d) Was ändert sich, wenn der Aluminiumring an einer Stelle unterbrochen ist?

A2 Zwei Leiterschleifen sind parallel zueinander angeordnet. Die Schleife A führt, von links gesehen, einen Strom gegen den Uhrzeigersinn, dessen Stromstärke zunimmt. Begründen Sie, dass dann auch Schleife B einen Strom führt und geben Sie seine Richtung an.

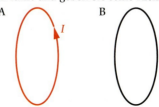

Wirbelströme

B1 An den Achterbahnwagen sind Permanentmagnete angebracht. Sie bilden einen Luftspalt, in den an der Schiene befestigte Kupferschwerter eingreifen.

1. Eine berührungslose Bremse

Achterbahnen werden immer höher und schneller, die Anforderungen an die Bremsen dadurch immer größer. In modernen Achterbahnen werden so genannte **Wirbelstrombremsen** verwendet. Hauptbestandteile sind starke Permanentmagnete, die einander gegenüberstehen. Sie bilden einen schmalen Luftspalt, in den „Schwerter" aus Kupfer oder Aluminium eintauchen. Die Magnete sind an der Schiene befestigt und die Schwerter an den Wagen oder umgekehrt → **B1**.

Wir verdeutlichen uns die Funktionsweise der Wirbelstrombremse mit einem Experiment → **V1**. Dabei schwingt eine Aluminiumplatte durch die Polschuhe eines Elektromagneten. Dabei wird die Pendelschwingung sehr stark gedämpft.

V1 Die Aluminiumplatte wird im Magnetfeld abgebremst.

Wie entsteht die bremsende Kraft? Im Bereich des Magnetfeldes (in → **B2** blau getönt) erfahren die mit der Platte nach links bewegten Elektronen eine Lorentzkraft nach oben. Weil die Elektronen über den feldfreien Raum zurückfließen, erhält man in sich geschlossene Ströme, **Wirbelströme** genannt (rot). Die in der Platte induzierten Ströme verlaufen so, dass sie gemäß dem lenzschen Gesetz ihrer Entstehungsursache entgegenwirken. Die Platte erfährt somit eine bremsende Kraft entgegen ihrer Bewegungsrichtung.

Dieses Bremssystem ist sehr sicher, weil es auch bei Feuchtigkeit oder Stromausfall funktioniert. Wirbelstrombremsen werden z.B. auch in Omnibusse, U-Bahnen, Hometrainer, Fahrradergometer und als Notbremsen in Aufzüge usw. eingebaut Dabei kommen zum Teil statt der Permanentmagnete auch Elektromagnete zum Einsatz. Die Bremswirkung setzt ein, wenn sich die magnetische Flussdichte ändert.

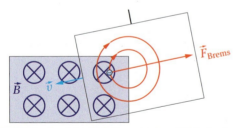

B2 In der Metallplatte entstehen Wirbelströme.

Merksatz
In einem ausgedehnten elektrischen Leiter wird ein in sich geschlossener Strom (Wirbelstrom) induziert, wenn sich der Leiter in einem veränderlichen Magnetfeld befindet oder sich relativ zu einem inhomogenen Magnetfeld bewegt.

2. Wirbelströme – nicht immer erwünscht

Auch bei der Wirbelstrombremse muss die Energie erhalten bleiben. Die Leiterplatten werden beim Bremsen stark erhitzt. Die Bewegungsenergie wurde in innere Energie gewandelt.

Die Temperaturerhöhung ist nicht immer erwünscht. Bei Transformatoren und Genereratoren beispielsweise entstehen im Eisenkern Wirbelströme, die zu einer Verringerung des Wirkungsgrades führen. Man verwendet daher bevorzugt geblätterte Eisenkerne. Sie sind aus dünnen, mit einer isolierenden Lackschicht überzogenen Eisenblechen zusammengesetzt. Dadurch können sich keine Wirbelströme ausbilden. → **V2** zeigt, dass das Anbringen von Schlitzen in der Leiterplatte von → **V1** einen ähnlichen Effekt hat.

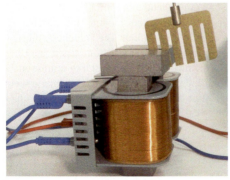

V2 Die geschlitzte Aluminiumplatte wird im Magnetfeld nicht abgebremst.

Wirbelströme

Physik und Technik

Technische Anwendungen von Wirbelströmen

A. Hometrainer

Beim Hometrainer wird durch die Pedalbewegung eine Schwungscheibe in Bewegung gesetzt. Die Intensität des Trainings wird erhöht, indem man die Schwungscheibe bremst. Sie durchläuft  das Magnetfeld eines Permanentmagneten. Die Bremswirkung ist umso größer, je näher sich der Magnet am Schwungrad befindet.

B. Mülltrennung

Schon Thomas Alva EDISON erfand die Mülltrennung. 1889 meldete er ein Patent auf seinen Wirbelstromseparator an, der heute noch zur Trennung von nicht-magnetischen Metallen von anderem Müll verwendet wird.
Herzstück des Separators ist eine sehr schnell rotierende magnetische Walze in einer Trommel. Der Müll bewegt sich auf einem langsamen Transportband darüber. In nicht-ferromagnetischen Metallen entstehen Wirbelströme. Gemäß dem lenzschen Gesetz wirken diese ihrer Ursache, nämlich dem Wechselfeld, entgegen, sodass die Müllstücke weggeschleudert werden. Nichtmetallischer Müll fällt am Ende des Transportbandes einfach runter. Bei ferromagnetischem Müll (z. B. Eisen) ist die magnetische Anziehung viel stärker als die Abstoßung durch Wirbelströme. Dadurch gelangen sie unter die Trommel und können dort abgestreift werden.

C. Metalldetektoren

Metalldetektoren sind Geräte zur Aufspürung versteckter Metalle. Sie kommen z. B. bei Personenkontrollen an Flughäfen oder in der Archäologie zum Einsatz. Metalldetektoren beruhen auf unterschiedlichen Messverfahren. Eines davon nutzt Wirbelströme. Der Detektor enthält eine Spule, durch die kurze starke Stromstöße geschickt werden. In Metallteilen, die in das Magnetfeld gelangen, werden Wirbelströme induziert. Diese induzieren an den Enden der Spule eine Spannung, die elektronisch ausgewertet wird.

D. Induktionsherde

Seit 1987 werden Kochfelder hergestellt, in denen sich unter der Kochzone eine flache Kupferdrahtspule ohne Eisenkern befindet, die mit Hochfrequenzstrom gespeist wird. Durch das hochfrequente magnetische Wechselfeld (Frequenz f im Bereich von 25 kHz bis 50 kHz) werden im ferromagnetischen Topfboden Wirbelströme erzeugt, die zusammen mit der Ummagnetisierung die Temperatur erhöhen. Man verwendet dabei ferromagnetische Topfböden, um das Magnetfeld der Induktionsspule im Topfboden zu bündeln. Die Temperatur der Glaskeramik des Kochfeldes wird nur durch die Energieabgabe des Topfbodens erhöht, sodass es nach dem Abschalten kaum Nachwärme wie bei klassischen Kochplatten gibt. Dies trägt erheblich zum Energiesparen bei.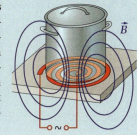

A1 Beschreiben und erklären Sie das Verhalten des Pendels aus → **V1** vom Eintritt bis zum Verlassen des Magnetfeldes.

A2 a) Lassen Sie einen starken Zylindermagneten durch ein etwa ein Meter langes Kupfer- bzw. Kunststoffrohr fallen. Beschreiben und erklären Sie Ihre Beobachtung.

b) Erläutern Sie, ob sich etwas änderte, wenn das Kupferrohr längs geschlitzt wäre.

A3 Wenn ein Induktionskochfeld eingeschaltet wird → **Interessantes**, ohne dass ein Topf darauf steht, so entsteht im Gegensatz zu normalen Herdplatten keine Überhitzungsgefahr. Erläutern Sie den Grund.

A4 Recherchieren Sie, wie Wirbelströme
a) bei der Münzgeldsortierung,
b) bei der Dämpfung von Zeigern,
c) bei der Materialprüfung und
d) bei Tachometern
genutzt werden und halten Sie einen kleinen Vortrag darüber.

Der Generator

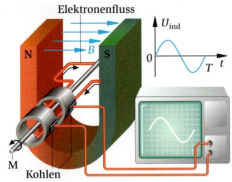

V1 Eine Leiterschleife rotiert gleichförmig um eine ihrer Flächenachsen M, die senkrecht zu den Feldlinien eines Hufeisenmagneten steht. Die dabei induzierte Spannung U_{ind} wird zwei mitrotierenden Schleifringen zugeführt. Zwei Graphitstäbe („Kohlen") nehmen die Spannung ab und leiten sie zu einem Oszilloskop weiter.

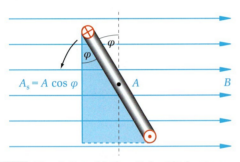

B1 Eine Leiterschleife mit der Fläche A umfasst ein Feldlinienbündel der Querschnittsfläche $A_s = A \cos\varphi$. Zwei kleine Kreise deuten die für die Induktion wichtigen Drahtstücke parallel zur Drehachse an.

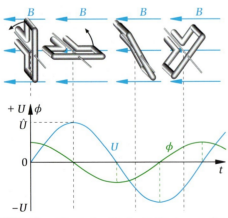

B2 Oben: Lage der Spule in Bezug zu den B-Feldlinien. Unten: Entsprechend zur jeweiligen Lage der Spule ist der magnetische Fluss und die induzierte Spannung gezeichnet.

1. Rotierende Spulen erzeugen Wechselspannungen

In Elektrizitätswerken treiben Wasser-, Wind- und Dampfturbinen große Stromerzeuger, sogenannte **Generatoren**, an. Aus der Mittelstufe wissen wir bereits, wie ein Generator aufgebaut ist: Er besteht aus riesigen Spulen, die sich in einem Magnetfeld drehen. → V1 zeigt das Prinzip eines solchen Generators. Wird die Spule gleichförmig gedreht, so zeigt das Oszilloskop eine periodische **Wechselspannung** an. Zu Beginn nimmt die Spannung zu, dann wieder ab. Danach wird sie negativ. Das wiederholt sich in gleichen Zeitabständen. Der Vorzeichenwechsel der Spannung bedeutet, dass die Pole wechseln, d. h. an dem Spulenende, an dem zunächst der Pluspol ist, entsteht dann der Minuspol und umgekehrt.

Dies kennen wir aus der Mittelstufe schon vom Fahrraddynamo. Anders als dort ergibt sich hier ein sinusförmiger Verlauf der Wechselspannung.

Um zu verstehen, warum der zeitliche Verlauf der Spannung sinusförmig ist, müssen wir die Gleichung für die Induktionsspannung anwenden. Durch die gleichförmige Drehung der Spule im Magnetfeld ändert sich die wirksame Leiterfläche A_s ständig → B1. Es gilt: $A_s = A \cdot \cos\varphi$. Die Leiterschleife überstreicht in der Zeit t den Winkel φ gleichmäßig. Bei einem Umlauf mit der Dauer T wird der Winkel $\varphi = 2\pi$ überstrichen, wenn wir φ im Bogenmaß messen. Daher gilt die Verhältnisgleichung

$$\frac{\varphi}{2\pi} = \frac{t}{T}, \quad \text{d. h.} \quad \varphi = \frac{2\pi}{T} \cdot t.$$

Wir erhalten:

$$A_s(t) = A \cdot \cos\left(\frac{2\pi}{T} \cdot t\right).$$

Mithilfe der Kettenregel der Differenzialrechnung ergibt sich

$$A'_s(t) = -A \cdot \frac{2\pi}{T} \cdot \sin\left(\frac{2\pi}{T} \cdot t\right).$$

Damit erhalten wir für die induzierte Spannung

$$U_{ind}(t) = -B \cdot A'_s(t) = B \cdot A \cdot \frac{2\pi}{T} \cdot \sin\left(\frac{2\pi}{T} \cdot t\right).$$

Nimmt man eine Spule mit n Windungen, so wird die induzierte Spannung n-mal so groß:

$$U_{ind}(t) = n \cdot B \cdot A \cdot \frac{2\pi}{T} \cdot \sin\left(\frac{2\pi}{T} \cdot t\right).$$

Der größte Wert, den die induzierte Wechselspannung $U_{ind}(t)$ annehmen kann, ist die so genannte **Amplitude**

$$\hat{U} = n \cdot B \cdot A \cdot \frac{2\pi}{T}.$$

Die Spannung $U_{ind}(t)$ ist jeweils maximal, wenn die Änderungsrate der wirksamen Leiterfläche $A_s(t)$ maximal ist. Die Spule steht dann parallel zu den B-Feldlinien → B2, die Fläche $A_s(t)$ ist also null! Es kommt ja nicht auf die Fläche an, sondern nur auf ihre Änderungsrate.

Die Umlaufdauer T ist hier die Dauer einer vollen Drehung der Leiterschleife. Man sagt auch: T ist die **Periodendauer** der Wechselspannung.

Ähnlich wie bei Schwingungen definieren wir die **Frequenz** f als Quotient aus Anzahl k der Umdrehungen und benötiger Zeit t, also $f = k/t$. Die Einheit ist $1/s = 1$ Hz (Hertz). Für *eine* Umdrehung gilt $f = 1/T$.

Damit können wir die Gleichung für die induzierte Spannung nun etwas kürzer schreiben:

$$U_{ind}(t) = \hat{U} \cdot \sin(2\pi f \cdot t).$$

Merksatz

Rotiert eine Spule mit n Windungen und der Querschnittsfläche A gleichförmig in einem homogenen Magnetfeld mit Flussdichtebetrag B um eine ihrer Flächenachsen, so entsteht eine sinusförmige Wechselspannung. Startet man bei $t = 0$ mit $\varphi = 0$, so ergibt sich

$$U_{ind}(t) = \hat{U} \cdot \sin(2\pi f \cdot t)$$

mit der Amplitude $\hat{U} = n \cdot B \cdot A \cdot 2\pi \cdot f$.

Die Frequenz f der Wechselspannung ist der Kehrwert der Periodendauer T der Wechselspannung: $f = 1/T$.

A1 Erläutern Sie, wie sich in →V1 die Wechselspannung ändert, wenn man
a) den Betrag B der Flussdichte verdoppelt,
b) die Frequenz f halbiert,
c) zugleich B verdoppelt und f halbiert.
d) Erklären Sie, warum die Leiterteile, die parallel zur Zeichenebene liegen, nichts zur Spannung beitragen.

A2 Erläutern Sie anhand einer Skizze, bei welchen Stellungen der rotierenden Leiterschleife in →V1 $U_{ind}(t)$ den Wert null hat bzw. den Scheitelwert erreicht.

A3 Zum Zeitpunkt $t = 0$ verläuft die Spannung $U(t)$ mit dem Scheitelwert $\hat{U} = 10$ V von negativen zu positiven Werten durch null.
a) Berechnen Sie die Spannung U bei einer Frequenz von $f = 50$ Hz nach $1/600$ s, nach $1/200$ s, nach $1/4$ s, nach 2 s.
b) Berechnen Sie die ersten beiden Zeitpunkte, in denen U die Werte $+8$ V bzw. -8 V hat.

Vertiefung

Merkt man an Generatoren, dass ein starker Verbraucher angeschlossen ist?

Ein kleiner Elektromotor wird als Generator benutzt. Um seine Achse ist eine Schnur gewickelt, daran hängt ein Wägestück. Die Anschlüsse sind über einen Schalter mit einem Glühlampchen verbunden.

Bei geöffnetem Schalter bewegt sich das Wägestück beschleunigt nach unten. Bis auf Reibungsverluste in den Achslagern geht die Höhenenergie des Wägestücks in Bewegungsenergie über. Sobald man den Schalter schließt, sinkt das Wägestück nur noch langsam →B3, denn nun wird seine Höhenenergie im Wesentlichen in elektrische Energie, diese im Glühfaden in Wärme gewandelt.

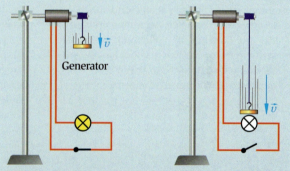

B3 Bei geschlossenem Schalter sinkt das Wägestück nur langsam.

Was lehrt uns das langsame, gleichförmige Absinken des Wägestücks? Offenbar gibt es bei geschlossenem Stromkreis eine Kraft auf die Spule des Generators, die seiner Drehung entgegenwirkt. Die Strom führende Spule ist ja selbst ein Magnet, der nach dem lenzschen Gesetz so gepolt ist, dass die magnetische Wirkung ihrer Ursache, also der Drehung, entgegenwirkt. Die Kraft nimmt mit der Stromstärke zu.

Auch in großen Kraftwerken sinkt die Frequenz mit steigender Energieabnahme (pro Sekunde). Damit die Frequenz der Netzspannung konstant 50 Hz beträgt, muss man dem Absinken der Drehfrequenz entgegenwirken – etwa durch Zufuhr von mehr Dampf.

B4 Nur bei Betrieb der Beleuchtung muss man beim Fahren eines Rades mit Nabendynamo eine zusätzliche Kraft aufwenden.

Oszilloskop und Messwerterfassungssystem

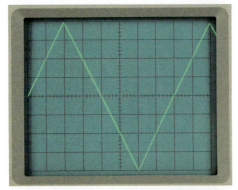

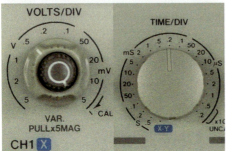

V1 Wir untersuchen die Spannung, die ein sogenannter Funktionsgenerator liefert, mit einem Oszilloskop. Mithilfe von Einstellknöpfen verändern wir das Bild so, dass wir ein stehendes Bild erhalten und die Scheitelspannung und die Periode gut ablesen können.
An den Einstellknöpfen kann man erkennen, dass ein Kästchen in y-Richtung 0,5 V entspricht und ein Kästchen in x-Richtung 0,2 ms. Daher lesen wir ab: $\hat{U} = 2{,}0$ V und $T = 1{,}6$ ms. Daraus berechnen wir die Frequenz

$$f = 1/T = 1/(1{,}6 \text{ ms}) = 625 \text{ Hz}.$$

1. Messungen mit Drehspulinstrumenten

In der Mittelstufe haben wir Drehspulinstrumente zur Messung von Spannungen und Strömen verwendet. Damit können wir auch Wechselspannungen und -ströme messen, wenn wir die Geräte auf Wechselspannung bzw. -strom umstellen.
Der gemessene Wert ist der so genannte **Effektivwert** U_{eff} der Wechselspannung → **Vertiefung**. Um die Scheitelspannung $\hat{U}$ einer *sinusförmigen* Wechselspannung zu berechnen, muss man den Effektivwert mit $\sqrt{2}$ multiplizieren:

$$\hat{U} = U_{eff} \cdot \sqrt{2}.$$

Die Frequenz der Wechselspannung kann man mit dem Drehspulinstrument nicht messen.

2. Oszilloskop und Messwerterfassungssystem

Möchte man den zeitlichen Verlauf einer Wechselspannung genauer untersuchen und auch die Frequenz bestimmen, benutzt man ein **Oszilloskop** → **V1** oder ein **Messwerterfassungssystem**.

In einem Oszilloskop wird ein Elektronenstrahl so auf einen Bildschirm gelenkt, dass der zeitliche Verlauf der angelegten Spannung dargestellt wird → **Vertiefung**.

Bei einem computergestützten Messwerterfassungssystem können die gemessenen Werte für die Spannung als Tabelle oder als t-U-Diagramm dargestellt werden. Vorteile liegen darin, dass man die gemessenen Werte speichern, Tabellen mit einer Tabellenkalkulation weiterverarbeiten und die Diagramme ausdrucken kann. Einstellungen wie zum Beispiel Anzahl der Messwerte pro Zeiteinheit und das Triggerniveau → **Vertiefung** kann man für Wiederholungsmessungen speichern. Anders als ein Oszilloskop zeigt ein Messwerterfassungssystem die Spannung zeitverzögert. Für die Darstellung von Vorgängen, die man simultan zur Realität beobachten möchte, ist daher ein Oszilloskop besser geeignet.

A1 Das unten abgebildete Diagramm wurde mit einem Messwerterfassungssystem erstellt.
a) Bestimmen Sie die Amplitude und die Frequenz der Spannung.
b) Lesen Sie ab, wie groß die Spannung zu den Zeitpunkten $t = 50$ ms und $t = 100$ ms ist.

A2 Die Fotos zeigen den Bildschirm eines Oszilloskops sowie die Einstellknöpfe in Vergrößerung. Bestimmen Sie die Amplitude, den Effektivwert und die Frequenz der Spannung.

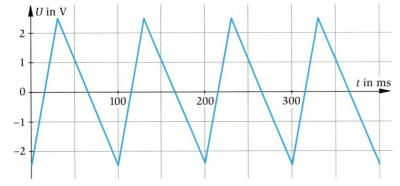

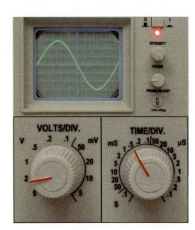

Vertiefung

Der Effektivwert einer Wechselspannung

Wir wissen schon, dass die Netzspannung 230 V beträgt. Was bedeutet dieser Wert? Bei einer Wechselspannung ändert sich die Spannung doch dauernd.

Da das Experimentieren mit Netzspannung gefährlich ist, untersuchen wir die Wechselspannung eines Netzgeräts. Wir stellen sie auf 23 V ein und zeichnen den zeitlichen Verlauf mit einem Messwerterfassungssystem auf. Wir erkennen, dass die Spannung eine Amplitude von 33 V hat. Welche Bedeutung hat aber nun der am Netzgerät abgelesene Wert 23 V?

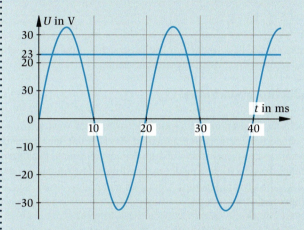

Eine mit Gleichstrom betriebene Glühlampe würde bei einer konstanten Spannung von 23 V genauso hell leuchten wie bei Wechselspannung mit der Amplitude 33 V. Das bedeutet, dass in beiden Fällen in einer bestimmten Zeit die gleiche Menge Energie gewandelt wird. Die Leistung ist also gleich groß. Man sagt, die Wechselspannung mit der Amplitude 33 V ist nur so effektiv wie 23 V Gleichspannung. Den Wert von 23 V nennt man deshalb den Effektivwert der Wechselspannung. Dieser wird von einem auf Wechselspannung eingestellten Messgerät angezeigt.

Auch der Wert 230 V der Netzspannung ist ein Effektivwert. Die Amplitude der Netzspannung beträgt etwa 330 V.

Man kann zeigen, dass sich bei *sinusförmigen* Wechselspannungen die Amplitude als Produkt aus Effektivwert und $\sqrt{2}$ ergibt:

$$\hat{U} = U_{eff} \cdot \sqrt{2}.$$

Tatsächlich gilt für die Netzspannung

$$\hat{U} = U_{eff} \cdot \sqrt{2} = 230 \text{ V} \cdot \sqrt{2} = 330 \text{ V}.$$

So funktioniert ein Oszilloskop

Das Herzstück eines Oszilloskops ist die **braunsche Röhre**. In einer luftleeren Röhre befindet sich eine Elektronenkanone. Die Elektronen werden von der Glühkathode zur Anode durch die Anodenspannung beschleunigt. Der negativ geladene Wehnelt-Zylinder bündelt den Strahl. Anschließend durchläuft der Strahl die elektrischen Felder zweier Paare von Kondensatorplatten, bevor er auf einen Leuchtschirm trifft und einen Leuchtfleck erzeugt.

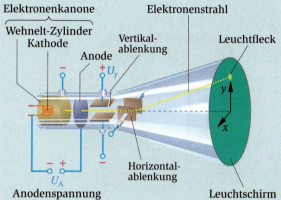

An die Kondensatorplatten der Vertikalablenkung wird die zu untersuchende Spannung U gelegt. Dadurch wird der Elektronenstrahl je nach Polung der Spannung nach oben oder unten abgelenkt. Die Ablenkung ist proportional zur angelegten Spannung, sodass sich das Oszilloskop zur Messung von Spannungen eignet.

An den Kondensatorplatten der Horizontalablenkung liegt eine so genannte Sägezahnspannung. Dadurch bewegt sich der Leuchtfleck von links nach rechts über den Leuchtschirm und springt anschließend nach links zurück.

Durch die Überlagerung der vertikalen und horizontalen Ablenkungen wird der zeitliche Verlauf der Spannung U sichtbar.

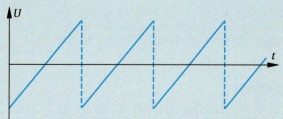

Damit sich ein stehendes Bild ergibt, triggert man die Sägezahnspannung. Das bedeutet, dass der Leuchtfleck nach dem Zurückspringen nach links so lange am linken Rand verharrt, bis die Spannung U eine bestimmte Höhe erreicht hat. Dann erst bewegt sich der Fleck wieder nach rechts über den Schirm.

Der Transformator

B1 Umspannwerk zum Herunterspannen der Hochspannung, mit der die Energie mittels Hochspannungsleitungen transportiert wird.

B2 Aufbau eines Transformators

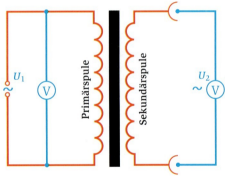

V1 Wir legen eine Wechselspannung an die Primärspule. An der Sekundärspule entsteht auch eine Wechselspannung.

Beispiel

In einem Umspannwerk soll die Spannung von $U_1 = 110$ kV auf $U_2 = 20$ kV heruntertransformiert werden. Dann ist das Verhältnis der beiden Spannungen $U_2/U_1 = 20$ kV/110 kV $= 0{,}18$. Genauso groß muss auch das Verhältnis der Windungszahlen sein. Zu einer Primärspule mit $n_1 = 1000$ Windungen passt zum Beispiel eine Sekundärspule mit $n_2 = 0{,}18 \cdot n_1 = 180$ Windungen.

1. Transformatoren verändern Spannungen

Mit einem **Transformator** (oder kurz Trafo) kann man die Höhe von Wechselspannungen verändern. Man benutzt sie für Modelleisenbahnen, sie werden aber auch in viel größerer Bauweise in Umspannwerken verwendet → **B1**.

Ein Transformator besteht meist aus zwei gegeneinander isolierten Spulen, die einen gemeinsamen geschlossenen Eisenkern haben → **B2**. An eine der Spulen (**Primärspule**) legt man eine Wechselspannung an. An der anderen Spule (**Sekundärspule**) kann man dann auch eine Wechselspannung abgreifen, obwohl zwischen den beiden Spulen keine elektrische Verbindung besteht → **V1**. In der Mittelstufe haben wir herausgefunden, dass sich die Spannungen am Trafo wie die Windungszahlen verhalten:

$$\frac{U_2}{U_1} = \frac{n_2}{n_1}.$$

Mit einem Oszilloskop stellen wir fest, dass sich nur die Höhe, nicht aber die Frequenz der Wechselspannung ändert.

2. Die Induktion erklärt alles

Die Wechselspannung im Primärkreis bewirkt einen Wechselstrom. Dieser wiederum erzeugt ein Magnetfeld, das sich mit der Frequenz des Wechselstroms auf- und abbaut. Der gemeinsame Eisenkern sorgt dafür, dass die Änderung der magnetischen Flussdichte auf die Sekundärspule übertragen wird. Dort wird daher eine Wechselspannung induziert.

Wir können den oben beschriebenen Zusammenhang zwischen der Primär- und Sekundärspannung mit dem Induktionsgesetz erklären: Legt man an die Primärspule eine Wechselspannung U_1, so wird nicht nur zwischen den Enden der Sekundärspule eine Spannung induziert, sondern auch zwischen den Enden der Primärspule selbst. Diesen Vorgang nennt man **Selbstinduktion**. Die zwischen den Enden der Primärspule induzierte Spannung $U_{1,\text{ind}}$ ist der angelegten Spannung U_1 entgegengesetzt nahezu gleich, denn sonst entstünde ja primärseitig eine sehr große Stromstärke: $U_{1,\text{ind}} = U_1$. Hat die Sekundärspule die gleiche Windungszahl wie die Primärspule, so muss die an ihren Enden induzierte Spannung U_2 dieselbe sein wie an der Primärspule, also $U_2 = U_1$.

Schaltet man sekundärseitig zwei solcher Spulen in Reihe, so addieren sich die beiden Einzelspannungen zur doppelten Sekundärspannung. Jetzt versteht man, warum das Verhältnis von Sekundär- und Primärspannung gleich dem Verhältnis der Windungszahlen von Sekundär- und Primärspule ist.

Merksatz

Wechselspannungen kann man mit einem Transformator verändern. Die Spannungen am Trafo verhalten sich wie die Windungszahlen der Spulen:

$$\frac{U_2}{U_1} = \frac{n_2}{n_1}.$$

3. Die gewünschte Leistung bestimmt die Stromstärke

An die Sekundärspule wird nun ein Lämpchen angeschlossen. Wir gehen davon aus, dass bei der Übertragung von der Primär- zur Sekundärspule fast keine Verluste an elektrischer Energie entstehen. Das heißt, dass die Leistungen auf Primär- und Sekundärseite nahezu gleich sind: $P_1 \approx P_2$.

Im Sekundärkreis wird die Leistung $P_2 = U_2 \cdot I_2$ entnommen. Im Primärkreis muss die passende Stromstärke diese Leistung liefern: $P_1 = U_1 \cdot I_1$. Aus $U_1 \cdot I_1 \approx U_2 \cdot I_2$ folgt $U_1 : U_2 \approx I_2 : I_1$. Da aber gilt $U_1 : U_2 = n_1 : n_2$, bedeutet dies für das Verhältnis der Stromstärken $I_2 : I_1 \approx n_1 : n_2$. → **V2** bestätigt diese Überlegung.

> **Merksatz**
>
> Die Leistung bleibt beim Transformator nahezu erhalten:
>
> $P_1 \approx P_2$.
>
> Die Stromstärken in Sekundär- und Primärkreis verhalten sich umgekehrt wie die Windungszahlen der Spulen:
>
> $\dfrac{I_2}{I_1} \approx \dfrac{n_1}{n_2}$.

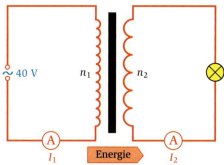

V2 (Lehrerversuch!) Stromstärkemessung am Trafo mit $n_1 = 1000$ und $n_2 = 100$. Da das Windungsverhältnis 10 : 1 beträgt, wird die Primärspannung $U_1 = 40$ V auf $U_2 = 4$ V verringert. Schließt man den Schalter, so leuchtet das Lämpchen sofort hell auf. Die Stromstärken in Primär- und Sekundärkreis betragen nun $I_1 = 0{,}0073$ A und $I_2 = 0{,}07$ A. Für die Leistungen gilt also:
$P_1 = 40$ V $\cdot$ 0,0073 A $= 0{,}292$ W,
$P_2 = 4$ V $\cdot$ 0,07 A $= 0{,}28$ W.
Es ist gelungen, die Energie fast verlustfrei zu übertragen.

A1 Ein Hochspannungstrafo mit $n_1 = 500$ und $n_2 = 23\,000$ liegt primärseitig an $U_1 = 230$ V. Berechnen Sie die Sekundärspannung U_2.

A2 Ein Transformator hat auf der Primärseite 1000 und auf der Sekundärseite 100 Windungen. Begründen Sie, ob er die Spannung herauf oder herunter transformiert.

A3 Begründen Sie, warum der Betrieb eines Transformators nur mit Wechselspannung, nicht aber mit Gleichspannung möglich ist.

A4 Begründen Sie, warum es gefährlich sein kann, wenn man an den Ausgang eines Spielzeugtrafos (24 V) einen zweiten Transformator mit 500 und 12 500 Windungen anschließt.

A5 Die Netzspannung soll von 230 V auf 46 V mithilfe eines Trafos verringert werden. Eine Spule mit 1000 Windungen steht zur Verfügung. Bestimmen Sie, welche Windungszahl die zweite Spule haben muss.

A6 Zwischen die Enden der Sekundärspule eines Hochstromtransformators ($n_1 = 600$, $n_2 = 6$) ist ein

Nagel mit dem Widerstand $R = 0{,}01$ Ω gespannt. Erklären Sie, warum der Nagel glüht, wenn man an die Primärspule Netzspannung anlegt.

A7 Eine Lampe (3,5 V; 0,2 A) soll mit Netzspannung betrieben werden.
a) Zur Verringerung der Spannung soll ein Transformator benutzt werden. Berechnen Sie das Verhältnis der Windungszahlen der beiden Spulen.
b) Statt des Transformators soll ein Vorwiderstand benutzt werden. Berechnen Sie seine Größe.
c) Begründen Sie, welche der beiden Anordnungen wirtschaftlicher und welche sicherer ist.

A8 Beim elektrischen Schweißen wird durch eine sehr große Stromstärke das Metall so stark erhitzt, dass an Punktstellen die Schmelztemperatur überschritten wird. Das Werkstück und eine Elektrode werden dazu mit der Sekundärseite eines Transformators verbunden. Die Primärseite ist an das Stromnetz angeschlossen.
Begründen Sie, warum die Windungszahl auf der Primärseite größer sein muss als auf der Sekundärseite.

Transport elektrischer Energie

V1 Modell für eine Fernleitung (**Lehrerversuch!**) → **B1**: Die Spannung wird für die lange Übertragungsstrecke hoch transformiert. Die Stromstärke im Sekundärkreis wird dadurch entsprechend klein. Der große Widerstand R wirkt wie eine kilometerlange Freileitung. Durch die am Widerstand abfallende Spannung U_R ergibt sich ein Verlust von

$P_{Verlust} = U_R \cdot I = (R \cdot I) \cdot I$
$= (2000\ \Omega \cdot 0{,}005\ A) \cdot 0{,}005\ A$
$= 0{,}05\ W$

Durch die geringe Stromstärke ist der Verlust klein. Anschließend wird die Spannung wieder herunter transformiert. In den Transformatoren entstehen ebenfalls nur geringe Verluste.

Da kaum Energie verloren ging, bleibt die Leitung kalt, dafür leuchtet das Lämpchen normal hell.

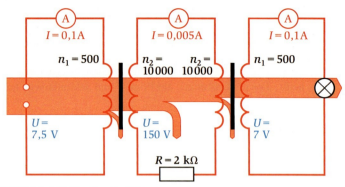

B1 Modell für eine Freileitung

Interessantes

Das deutsche Stromnetz

Wir haben gelernt, dass elektrische Energie bei hohen Spannungen übertragen wird, um Verluste möglichst gering zu halten. Das deutsche Stromnetz wird in verschiedene Spannungsebenen unterteilt:

Das Höchstspannungsnetz (230 kV oder 380 kV) dient dem landesweiten Transport von elektrischer Energie zu Verbrauchsschwerpunkten. Es ist an das europäische Verbundnetz angeschlossen. In das Höchstspannungsnetz speisen Großkraftwerke ihre elektrische Energie.
In das Hochspannungs- und Mittelspannungsnetz (10 kV bis 110 kV) speisen kleinere Kraftwerke ihre Energie. Industrielle und gewerbliche Abnehmer entnehmen die von ihnen benötigte Energie auf dieser Spannungsebene.
Das Niederspannungsnetz (230 V oder 400 V) dient der Verteilung an private und gewerbliche Endverbraucher.
Die Zunahme des Stromhandels und der Ausbau erneuerbarer Energien stellen neue Herausforderungen an den Energietransport. Die im Norden Deutschlands erzeugte elektrische Energie aus Windenergieanlagen muss zu den Verbrauchsschwerpunkten im Westen und Süden transportiert werden. Daher sind ein Ausbau und eine Modernisierung des Stromnetzes erforderlich.

1. Energieübertragung mit geringer Entwertung

Elektrische Energie kommt meist von Großkraftwerken. Von dort muss sie mithilfe eines langen Leitungsnetzes bis zum Endverbraucher übertragen werden. Dies geschieht bei sehr hohen Spannungen von bis zu 380 kV. Warum eigentlich?

Die Fernleitungen – meist **Freileitungen** – vom Kraftwerk zum Haushalt haben einen Widerstand. Da die Leitungen sehr lang sind, ist der Widerstand groß. Das bedeutet, dass ein Teil der elektrischen Energie in Wärme gewandelt wird. Wie hoch die Verluste sind, hängt von der Stromstärke ab. Um die Energie möglichst verlustarm zu übertragen, sollte die Stromstärke unterwegs klein sein. Damit trotzdem die erforderliche Leistung übertragen werden kann, muss wegen $P = U \cdot I$ die Energie bei hoher Spannung übertragen werden.
Diese Aufgabe löst der Transformator → **V1**. Er transformiert die Spannung am Anfang der langen Übertragungsstrecke hoch. An deren Ende wird die Spannung wieder herunter transformiert.

Eine Rechnung macht den Vorteil der Energieübertragung bei Hochspannung deutlich:
a) Fernübertragung mit 230 V:
Es soll eine Leistung von 200 kW übertragen werden. Für die Stromstärke gilt dann:

$I = P/U = 200 \cdot 10^3\ W/(230\ V) \approx 900\ A.$

Nehmen wir an, dass die Energie über eine Strecke von 10 km übertragen werden soll und die Leitung einen Widerstand von $R = 0{,}2\ \Omega$ hat. Durch den Spannungsabfall an der Leitung ergibt sich dann ein Verlust von

$P_{Verlust} = U_R \cdot I = (R \cdot I) \cdot I = R \cdot I^2 = 0{,}2\ \Omega \cdot (900\ A)^2 \approx 160\ kW.$

Dies entspricht einem Verlust von 80 %.
b) Fernübertragung bei 10 kV:
Unter sonst gleichen Bedingungen gilt:

$I = P/U = 200 \cdot 10^3\ W/10 \cdot 10^3\ V \approx 20\ A.$

Für die Verlustleistung ergibt sich

$P_{Verlust} = R \cdot I^2 = 0{,}2\ \Omega \cdot (20\ A)^2 = 80\ W.$

Dies entspricht einem Verlust von nur 0,04 %.

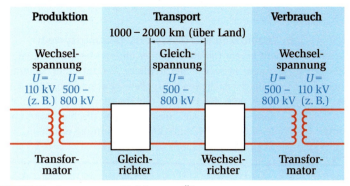

B2 Hochspannungs-Gleichstrom-Übertragung

2. Hochspannungs-Gleichstrom-Übertragung

Als das europäische Stromnetz gegen Ende des 19. Jahrhunderts aufgebaut wurde, waren Transformatoren die einzige technische Möglichkeit, um hohe Spannungen zur verlustarmen Übertragung elektrischer Energie zu erzeugen. Da Transformatoren nur mit Wechselspannung funktionieren, hat man sich damals für ein Wechselstromnetz entschieden.

Die Übertragung elektrischer Energie mit Wechselspannung hat aber auch Nachteile:
Beim Energietransport mit Wechselspannung treten sogenannte Blindströme auf, die die Stromstärke in der Leitung erhöhen, ohne zur Energieübertragung beizutragen. Die größere Stromstärke führt zu erhöhten Verlusten. Außerdem werden die Elektronen durch den schnellen Richtungswechsel stärker an der Oberfläche der Leitung bewegt (**Skin-Effekt**). Die Stromstärke im Drahtinneren wird kleiner als an der Oberfläche. Der Leitungsquerschnitt wird nicht vollständig ausgenutzt. Über große Strecken wirkt sich das aus.
Übertragungen über mehr als 1000 km gelten daher als unwirtschaftlich. Die Verluste sind besonders groß, wenn die Energie über Erd- oder Seekabel übertragen wird.

Blindströme treten bei Gleichspannung nicht auf. Durch die Entwicklung von hochspannungstauglichen Gleich- und Wechselrichtern ist die **Hochspannungs-Gleichstrom-Übertragung (HGÜ)** möglich geworden → B2.
Die Spannung wird am Standort des Kraftwerks hoch transformiert und gleichgerichtet. Die elektrische Energie kann so verlustarm und ohne die Nachteile der Wechselspannung übertragen werden. In der Nähe der Verbraucher wird die Spannung wieder in Wechselspannung gewandelt und herunter transformiert.

In Deutschland sollen bis 2022 vier HGÜ-Leitungen mit einer Gesamtlänge von über 2000 km entstehen → B3. Sie werden die im Norden in Windenergieanlagen erzeugte Energie in den Süden und Westen Deutschlands transportieren.
Auch in anderen Ländern sind HGÜ-Leitungen in Planung. So erwägt Island zum Beispiel den Bau eines rund tausend Kilometer langen Unterseekabels nach Großbritannien, um die Briten mit elektrischer Energie aus Erdwärme zu versorgen.

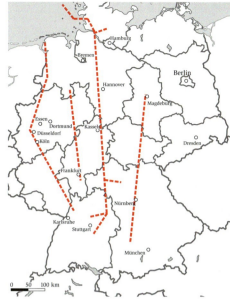

B3 Bis zum Jahr 2022 sollen vier „Stromautobahnen" fertiggestellt werden. Im sogenannten Netzentwicklungsplan werden lediglich die Anfangs- und Endpunkte vorgeschlagen. Der genaue Verlauf der Trassen steht noch nicht fest, da bei diesem Punkt mit intensiven politischen Debatten und Anwohnerprotesten zu rechnen ist.

A1 Ein Wasserkraftwerk liefert insgesamt 4,9 MW Leistung. Der Verlust in den Leitungen soll höchstens 5 % betragen. Berechnen Sie, wie groß der Leitungswiderstand bei $U = 230$ V (110 kV) sein darf.

A2 Das HGÜ-Kabel Kontek verbindet das Stromnetz der dänischen Insel Seeland mit dem deutschen Stromnetz. Das 170 km lange Kabel besteht aus Kupfer und hat einen Querschnitt von 800 mm², was einen Widerstand von 2 Ω je 100 km bedeutet. Es werden maximal 600 MW bei 400 kV übertragen. Berechnen Sie die maximale Verlustleistung.

A3 Über eine bereits bestehende Fernleitung soll demnächst die doppelte Leistung übertragen werden. Erläutern Sie, wie sich dabei die Verlustleistung ändert.

A4 Eine Windenergieanlage liefert insgesamt 530 kW. Die elektrische Energie soll über eine Fernleitung mit dem Widerstand 100 Ω bei 110 kV übertragen werden. An den Enden der Leitung befindet sich jeweils ein Transformator mit einem Wirkungsgrad von 95 %.
a) Zeichnen Sie ein Schaltbild mit allen bekannten Angaben.
b) Berechnen Sie die Leistung, die der zweite Transformator abgibt.

Zusammenfassung

Das ist wichtig

1. Induktion
Zwischen den Enden einer Leiterschleife oder Spule wird eine Spannung induziert,
- wenn sich die wirksame Leiterfläche A_s ändert oder
- wenn sich die magnetische Flussdichte $\vec{B}$ ändert.

Für die induzierte Spannung gilt das Induktionsgesetz:

$$U_{\text{ind}}(t) = -n \cdot B \cdot A'_s(t) \text{ bzw. } U_{\text{ind}}(t) = -n \cdot B \cdot A'_s(t).$$

Der Betrag der induzierten Spannung ist umso größer, je schneller sich die Fläche A_s bzw. der Betrag B der magnetischen Flussdichte ändert.
Im Falle der Flächenänderung lässt sich das Auftreten einer Induktionsspannung auf die Wirkung der Lorentzkraft zurückführen. Dies lässt sich besonders gut an der Leiterschaukel demonstrieren.

2. Lenzsches Gesetz und Energieerhaltung
Die Polung der Induktionsspannung wird durch das lenzsche Gesetz beschrieben: Die Induktionsspannung ist so gepolt, dass ein durch sie hervorgerufener Strom der Ursache der Induktionsspannung entgegenwirkt.
Das lenzsche Gesetz ist ein Spezialfall des Energieerhaltungssatzes.
Der thomsonsche Ringversuch, bei dem ein Aluminiumring von einer Spule abgestoßen (beim Schließen des Spulenstromkreises) oder angezogen (beim Öffnen des Spulenstromkreises) wird, bestätigt das lenzsche Gesetz. Das Minuszeichen in den Formeln für die Induktionsspannung berücksichtigt das lenzsche Gesetz bezüglich einer im Stromkreis schon wirkenden Spannung.

3. Wirbelströme
Nicht nur bei Spulen, sondern auch in ausgedehnten elektrischen Leitern tritt Induktion auf. Die dabei entstehenden Wirbelströme wirken gemäß dem lenzschen Gesetz ihrer Ursache entgegen.
Dies wird ausgenutzt zum berührungslosen Bremsen, z. B. bei Achterbahnen, oder zur Intensitätskontrolle bei Fahrradergometern.
Durch Wirbelströme heizen sich Metalle auf. Diese Wirkung kann erwünscht sein, wie beim Induktionsherd, oder unerwünscht, wie bei Eisenkernen von Transformatoren.

4. Der Generator
Generatoren wandeln mechanische in elektrische Energie. Dazu dreht sich eine Spule in einem Magnetfeld. Zwischen den Spulenenden wird dabei eine Spannung induziert. Ist die Drehung gleichförmig und das Magnetfeld homogen, so entsteht eine sinusförmige Wechselspannung:

$$U(t) = \hat{U} \cdot \sin(2\pi f \cdot t).$$

5. Oszilloskop und Messwerterfassungssystem
Mit einem Oszilloskop oder einem Messwerterfassungssystem lässt sich der zeitliche Verlauf einer Spannung grafisch darstellen. Aus den gewonnenen Messdaten kann man die Periode, die Frequenz, den Scheitelwert und – im Falle der sinusförmigen Wechselspannung – den Effektivwert einer Wechselspannung ermitteln.

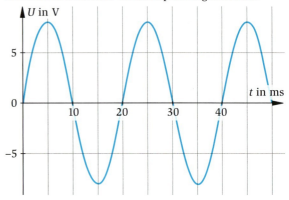

6. Der Transformator
Transformatoren können die Höhe einer Wechselspannung verändern. Sie bestehen aus zwei gegeneinander isolierten Spulen, die einen gemeinsamen Eisenkern haben. An eine der Spulen (Primärspule) legt man eine Wechselspannung an. An der anderen Spule (Sekundärspule) kann man dann auch eine Wechselspannung abgreifen. Die beiden Spannungen verhalten sich zueinander wie die Windungszahlen der Spulen:

$$\frac{U_2}{U_1} = \frac{n_2}{n_1}.$$

Transformatoren werden bei Modelleisenbahnen benutzt, werden aber auch in großen Umspannwerken verwendet.

7. Energietransport
Elektrische Energie muss oft über weite Strecken vom Kraftwerk zum Verbraucher transportiert werden. Um die Energieverluste durch Erwärmung der Leitungen möglichst gering zu halten, wird die elektrische Energie bei Hochspannung übertragen. Bisher erfolgt die Übertragung meistens bei Wechselspannung. Für die nahe Zukunft ist aber auch der Transport mittels Hochspannungs-Gleichstrom-Übertragung (HGÜ) in Planung.

Mit einem Modellexperiment kann man auch im Labor demonstrieren, dass die Übertragung elektrischer Energie bei Hochspannung effizienter ist.

Das können Sie schon

Umgang mit Fachwissen

Sie können am Beispiel der Leiterschaukel das Auftreten einer Induktionsspannung durch die Lorentzkraft auf bewegte Ladungsträger erläutern.

Induktionserscheinungen an einer Leiterschleife können Sie auf die beiden grundlegenden Ursachen „zeitlich veränderliches Magnetfeld" und „zeitlich veränderliche vom Feld durchsetzte Fläche" zurückführen.

Sie haben gelernt, das Übersetzungsverhältnis von Spannung und Stromstärke beim Transformator aus dem Windungszahlverhältnis der Spulen zu ermitteln.

Sie können den Einfluss und die Anwendung physikalischer Grundlagen in Lebenswelt und Technik am Beispiel der Bereitstellung und Weiterleitung elektrischer Energie aufzeigen.

Erkenntnisgewinnung

Sie können anhand des thomsonschen Ringversuchs das lenzsche Gesetz erläutern.

Sie können das Entstehen sinusförmiger Wechselspannungen in Generatoren erläutern.

Messdaten, die mit einem Oszilloskop oder mit einem Messwerterfassungssystem gewonnen wurden, können Sie im Hinblick auf Zeiten, Frequenzen und Spannungen auswerten. Sie können Parameter von Transformatoren zur gezielten Veränderung einer Wechselspannung angeben.

Kommunikation

Sie können anhand eines Modellexperiments zu Freileitungen demonstrieren und erklären, warum die Übertragung elektrischer Energie über große Entfernungen bei Hochspannung effizienter ist.

Sie können bei vorgegebener Fragestellung historische Vorstellungen und Experimente zu Induktionserscheinungen recherchieren.

Sie haben gelernt, Ihren Mitschülerinnen und Mitschülern Zielsetzungen, Aufbauten und Ergebnisse von Experimenten im Bereich der Elektrodynamik sprachlich angemessen und verständlich zu erläutern.

Bewertung

Sie können bei technischen Prozessen das Auftreten erwünschter und nicht erwünschter Wirbelströme bewerten.

Sie können begründen, warum elektrische Energie über große Entfernungen bei sehr großen Spannungen übertragen wird. Zudem sind Ihnen die Vor- und Nachteile der Übertragung bei Wechsel- oder Gleichspannung bekannt.

Das schafft Überblick

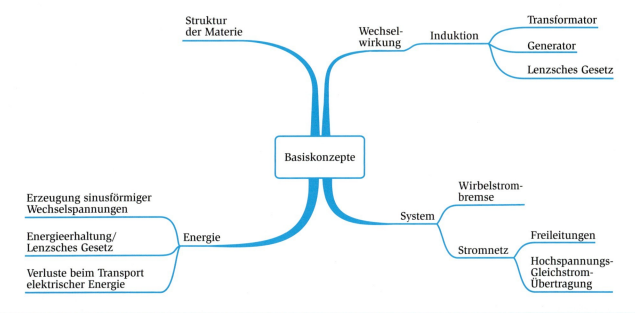

Zusammenfassung

Kennen Sie sich aus?

A1 In der Versuchsanordnung befinden sich nebeneinander zwei räumlich begrenzte Magnetfelder mit veränderlichen und unterschiedlichen Flussdichten B_1 und B_2.

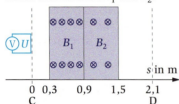

a) Zunächst betragen die Flussdichten $B_1 = 0{,}60$ T und $B_2 = 0{,}30$ T. Eine quadratische Spule mit der Seitenlänge 0,30 m und 100 Windungen wird mit der konstanten Geschwindigkeit von 0,20 m/s von C nach D durch die Versuchsanordnung bewegt. Der rechte Teil der Spule startet bei C zum Zeitpunkt $t = 0$ s. Die Anschlüsse der Spule sind mit einem Spannungsmesser verbunden. Erklären Sie, warum einige Zeit nach dem Start eine Spannung angezeigt wird. Zeichnen und erläutern Sie das zugehörige t-U-Diagramm (für Bewegung der Spule von C nach D.)

b) Bei einem anderen Versuch ruht diese Spule vollständig innerhalb des Magnetfeldes der veränderlichen Flussdichte B_1. Erläutern Sie, wie man jetzt zwischen den Spulenanschlüssen eine Spannung von 3,6 V erzeugen kann.

A2 Im folgenden Versuchsaufbau ist ein hochohmiger Spannungsmesser an zwei Metallschienen angeschlossen:

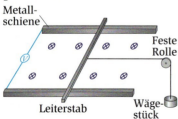

a) Erläutern Sie, weshalb eine Spannung gemessen wird.
b) Diskutieren Sie, welche der vier abgebildeten t-U-Diagramme den zeitlichen Verlauf von U treffend darstellen können. Von Reibungseffekten soll abgesehen werden.

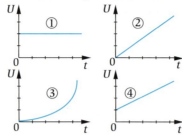

c) Jetzt wird der Spannungsmesser durch einen Strommesser mit nicht vernachlässigbarem Innenwiderstand ersetzt. Der Leiterstab startet zum Zeitpunkt $t = 0$ s aus der Ruhe. Skizzieren und erläutern Sie das t-I-Diagramm.

A3 In einer Spule wird aufgrund einer Änderung der magnetischen Flussdichte eine Spannung induziert. Der zeitliche Verlauf der Spannung ist im Diagramm für drei Fälle dargestellt. Skizzieren Sie in einem gemeinsamen Diagramm den zeitlichen Verlauf der magnetischen Flussdichte qualitativ.

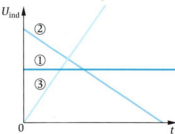

A4 Die Wechselspannung für Haushalte hat als Normwerte die Scheitelspannung 325,3 V und die Frequenz 50 Hz. Um die Mittagszeit sinke bei einer starken Leistungsentnahme aus dem Elektrizitätsnetz die Generatorfrequenz etwas und die Scheitelspannung betrage nur noch 325 V.
a) Berechnen Sie, auf welchen Wert die Frequenz am Generator sinkt (Leistungsverluste vernachlässigt).
b) Diskutieren Sie, ob man diese niedrigere Frequenz während des Betriebs von Elektrogeräten im Haushalt bemerken würde.

A5 Erläutern Sie, warum bei einem Transformator in der Sekundärspule eine Spannung gemessen werden kann, obwohl sie keine elektrisch leitende Verbindung zur Primärspule hat.

A6 Ein Aluminiumstab der Länge $d = 8{,}0$ cm hängt waagrecht an zwei leitenden Bändern. Diese Leiterschaukel schwingt in einem homogenen Magnetfeld mit der Flussdichte vom Betrag $B = 20$ mT. Die Längsachse des Stabes steht stets senkrecht zu $\vec{B}$ und zur Geschwindigkeit $\vec{v}$. Die Spannung zwischen den Enden des Stabes wird nach Verstärkung mit einem Messverstärker (Verstärkungsfaktor 10^4) mit einem Messwerterfassungssystem aufgezeichnet.

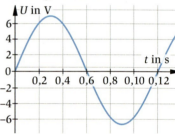

a) Erläutern Sie, warum zwischen den Enden der Leiterschaukel eine Spannung induziert wird.
b) Leiten Sie anhand einer Skizze die folgende Gleichung für die induzierte Spannung her:
$U_{ind}(t) = B \cdot v(t) \cdot d$.
c) Bestimmen Sie aus dem Diagramm die Periodendauer und die (erste) Amplitude der Spannung.
d) Berechnen Sie die Geschwindigkeit, mit der die Leiterschaukel durch den tiefsten Punkt der Bewegung schwingt.
e) Nun werden die beiden Metallbänder, an denen die Schaukel aufgehängt ist, mit einem Kabel verbunden. Beschreiben und begründen Sie, inwiefern sich das Bewegungsverhalten der Schaukel ändert.

A7 Nennen Sie die Hauptbestandteile einer Wirbelstrombremse und erläutern Sie die Funktionsweise.

A8 → www Hängen Sie einen Aluminiumring an einem Faden auf. Verdrillen Sie den Faden und lassen Sie den Ring los. Schieben Sie dann einen Hufeisenmagneten so zum Ring, dass sich der Ring zwischen den Polen befindet. Ziehen Sie den Magneten anschließend wieder weg. Beschreiben und erklären Sie Ihre Beobachtung.

A9 Der Zug einer Achterbahn ($m = 12\,900$ kg) wird von 50 km/h mit einer Wirbelstrombremse zum Stillstand gebracht. Es sind insgesamt 24 Aluminium-Bremsschwerter (1,0 m × 20 cm × 8,0 mm) verbaut. Gehen Sie davon aus, dass die gesamte Bewegungsenergie in innere Energie der Schwerter gewandelt wird und berechnen Sie deren Temperaturerhöhung.

A10 Michael FARADAY gilt als Entdecker der Induktion. Jahrelang versuchte er vergeblich, mit Magnetismus Elektrizität zu erzeugen.
a) Recherchieren Sie, wie es ihm schließlich gelungen ist, und halten Sie einen kleinen Vortrag darüber.
b) Von FARADAY stammt die Bezeichnung magnetischer Fluss. Erläutern Sie, was er sich darunter vorgestellt hat.

A11 Man lässt einen Stabmagneten durch eine Spule fallen. An die Spule ist ein Oszilloskop angeschlossen. Der Leuchtpunkt auf dem Schirm springt zunächst nach oben und anschließend noch viel stärker nach unten.
a) Erklären Sie dies.
b) Skizzieren Sie ein t-U-Diagramm, das man mit einem Messwerterfassungssystem aufzeichnen würde.

A12 Zwei Drehspulinstrumente sind miteinander verbunden. Eines wird seitlich so stark hin- und her gekippt, dass sich der Zeiger bewegt. Das zweite, das nach wie vor auf dem Tisch steht, zeigt während des Vorgangs eine Wechselspannung an. Erklären Sie dies.

Projekt

Funktionsmodell eines Fahrradtachometers

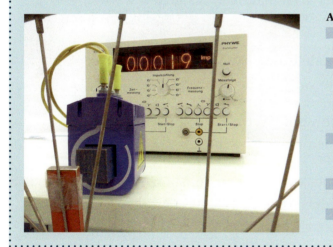

Arbeitsaufträge:
1 Stellen Sie ein Fahrrad auf Sattel und Lenker, sodass die Räder frei beweglich sind.
2 Befestigen Sie an einer Speiche einen Stabmagneten. Positionieren Sie eine Spule mit Eisenkern so, dass ein Pol des Magneten die Spule bei jeder Umdrehung des Rades passiert. Verbinden Sie die Spule mit einem Digitalzähler.
3 Versetzen Sie das Rad mit der Hand in Bewegung und messen Sie mit dem Digitalzähler die Impulse in einer bestimmten Zeit.
4 Berechnen Sie aus der Impulszahl, der Zeit und dem Radius des Rades die Geschwindigkeit.
5 Falls an dem Fahrrad ein digitaler Tacho angeschlossen ist, können Sie die Werte vergleichen.

Kennen Sie sich aus – Hinweise und Lösungen

A1 a) Zum Zeichnen des t-U-Diagramms muss zunächst mit $t = s/v$ berechnet werden, in welchen Zeitintervallen Spannungen induziert werden. Mit $U_{ind} = -n \cdot B \cdot \Delta A / \Delta t$ bzw. $U_{ind} = -n \cdot A \cdot \Delta B / \Delta t$ kann man dann die Induktionsspannung berechnen.
b) Die Flussdichte muss sich linear ändern um 0,4 T/s.

A2 a) Argumentation mit Änderung von A_s oder mit der Lorentzkraft.
b) Diagramm 2 oder 4

A4 a) $f = 49{,}95$ Hz
A5 → Der Transformator
A6 a), b) → Induktion bei der Leiterschaukel
c) $T = 1{,}2$ s, $\hat{U} = 0{,}68$ mV
d) $v = \hat{U}/(B \cdot d) = 0{,}43$ m/s
e) Die Schwingung ist stark gedämpft.
A7 → Wirbelströme
A8 Wenn sich der Ring zwischen den Polen befindet, dreht sich der Ring langsamer (Wirbelströme, lenzsches Gesetz). Zieht man den Magneten weg, dreht sich der Ring wieder schneller.
A9 $W_B = 1200$ kJ, $V = 0{,}039$ m³, $m = 110$ kg, $\Delta \varphi = 12\,°C$
A10 b) → Induktion bei der Leiterschleife
A11 Bedenken Sie, welchen Einfluss die Geschwindigkeit des Magneten auf die induzierte Spannung hat.
A12 Informieren Sie sich über den Aufbau eines Drehspulinstruments, z.B. im Mittelstufenbuch.

Strahlung und Materie

Das können Sie in diesem Kapitel erreichen:

- Sie können wesentliche Teile des elektromagnetischen Spektrums benennen.

- Sie begründen mit Experimenten, z. B. dem Franck-Hertz-Versuch, warum es in der Atomhülle nur diskrete Energieniveaus gibt.

- Sie interpretieren das Sonnenspektrum.

- Sie können den Aufbau und die Funktionsweise eines Geiger-Müller-Zählrohrs erklären und mit dem Zählrohr Halbwertszeiten radioaktiver Nuklide bestimmen.

- Sie nennen Eigenschaften der Strahlung radioaktiver Stoffe und wissen, welche Kernumwandlungen dabei ablaufen.

- Sie erläutern mithilfe des Standardmodells den Aufbau der Kernbausteine und einfache Beispiele von Teilchenumwandlungen.

- Sie kennen das Konzept der Teilchenphysik, Wechselwirkungen durch den Austausch virtueller Teilchen zu beschreiben.

- Sie können die Begriffe „Aktivität einer radioaktiven Substanz" mit der Einheit ein Becquerel und „effektive Dosis" mit der Einheit ein Sievert erklären und unterscheiden.

- Sie wissen, dass jeder Mensch einer natürlichen Strahlenexposition ausgesetzt ist, und vergleichen diese mit den Strahlenexpositionen bei medizinischen Diagnostik- und Therapieverfahren mit ionisierender Strahlung.

- Sie bewerten Nutzen und Gefahren der Anwendung ionisierender Strahlung.

Erforschung des Mikro- und Makrokosmos

Mensch und Strahlung

Elementarteilchenphysik

Erforschung des Mikro- und Makrokosmos

A1 Stellen Sie in einer Tabelle die Wellenlängen verschiedener Lichter zusammen, die Sie kennen.

A2 Aus Anlass des Internationalen Jahr des Lichts 2015, ausgerufen von der UNESCO, wurde die Fassade des Deutschen Museums in München in leuchtenden Farben von einer Lichtinstallation angestrahlt → **Bild oben**. Licht hat Quantencharakter, und die Photonen der unterschiedlichen farbigen Lichter haben unterschiedliche Energie. Suchen Sie eine Erklärung dafür, wie diese Photonen unterschiedlicher Energie entstehen könnten.

A3 W. C. RÖNTGEN entdeckte 1895 die nach ihm benannten Röntgenstrahlen und erhielt dafür 1901 den ersten Nobelpreis. Eine der ersten Röntgenaufnahmen von ihm zeigt das rechte Bild.

 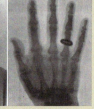

Informieren sie sich über das Leben und die Leistungen von W. C. RÖNTGEN und halten Sie darüber ein Referat.

A4 Das nebenstehende Bild zeigt ein sogenanntes Laue-Diagramm. Versuchen Sie in Erfahrung zu bringen, was das Bild darstellt und welche große historische Bedeutung Laue-Diagramme haben.

A5 a) Nimmt man mit einem ausgeglühten Magnesiastäbchen einige Salzkristalle auf, die Alkalimetalle enthalten, und hält das Stäbchen in eine heiße, nicht leuchtende Flamme, färbt sich die Flamme je nach Metall ganz unterschiedlich. Finden Sie für dieses Phänomen eine Erklärung.

b) Erklären Sie die Farbgebung bei einem Feuerwerk.

A6 Das Bundesministerium der Finanzen widmete im Jahre 2012 Joseph von FRAUNHOFER aus Anlass seines 225. Geburtstages eine Briefmarke.

a) Informieren Sie sich über das Leben und die Leistungen von J. v. FRAUNHOFER.

b) Geben Sie an, was die Symbole auf der Briefmarke bedeuten. Erläutern Sie insbesondere die Bedeutung der schwarzen Linien.

Das elektromagnetische Spektrum

1. Das Spektrum des weißen Lichts

→ **V1** zeigt einen bekannten Versuch. Mithilfe eines Prismas wird das Spektrum einer Glühlampe oder des Sonnenlichts erzeugt. Das bekannte Spektrum beginnt bei Rot und endet bei Violett. → **V1** zeigt aber noch mehr: In den Bereichen links und rechts des Spektrums können unsere Augen zwar nichts erkennen, wohl aber unsere Messgeräte. Die unsichtbare Strahlung, welche die Leuchtziffern anregt, liegt im Spektrum jenseits (lat. *ultra*) des Violetts. Sie wird deshalb **ultraviolettes Licht (UV)** genannt. Die Strahlung auf der anderen Seite des Spektrums, auf die das Thermometer reagiert, wird **infrarotes Licht (IR)** genannt (lat. *infra*, unterhalb).

Sichtbares Licht verhält sich wie eine Welle (→ **Doppelspalt**). Deshalb hat Licht einer bestimmten Farbe eine Wellenlänge λ, z. B. das rote Licht eines Lasers λ = 632,8 nm. Mit der Ausbreitungsgeschwindigkeit des Lichts im Vakuum $c \approx 3{,}00 \cdot 10^8$ m/s und der Beziehung $c = \lambda \cdot f$ lässt sich die zur Wellenlänge λ gehörende Frequenz f des Lichts angeben. Für λ = 633 nm findet man so $f = 4{,}74 \cdot 10^{14}$ Hz.

Die Wellenlängen des sichtbaren Spektrums betragen 400 nm (violett) bis 800 nm (dunkelrot) und die dazugehörigen Frequenzen deshalb $7{,}50 \cdot 10^{14}$ Hz bis $3{,}75 \cdot 10^{14}$ Hz. Mit $W = h \cdot f$ bestimmt man die Energie der Photonen des Lichts. Die Photonen des sichtbaren Lichts haben somit Energien von 3,10 eV bis 1,55 eV.

Es überrascht sicher nicht, dass sich das in → **V1** nachgewiesene ultraviolette und infrarote Licht ebenfalls wie eine Welle verhält und man ihm Wellenlängen λ und Frequenzen f zuordnen kann. Infrarotes Licht hat längere Wellenlängen als sichtbares Licht und ultraviolettes Licht kürzere.

2. Weitere Strahlungen

Im Alltag kommen Sie mit anderer Strahlung in Kontakt, ohne dies vielleicht bewusst zu registrieren. So surfen Sie mit Ihrem Smartphone im Internet nur mit Strahlung, die es von einem Sendemast erhält, genauso wie Radio- und Fernsehgeräte Strahlung vom Radio- oder Fernsehsender empfangen. Von Röntgen- oder Gammastrahlung haben Sie sicher auch schon gehört oder gelesen. Die genannten Strahlungsformen verhalten sich alle wie Wellen, breiten sich im Vakuum aus und gehören zusammen mit dem Licht zu den sogenannten **elektromagnetischen Wellen** → **Vertiefung**. Jede dieser Wellen hat eine Wellenlänge λ und eine Frequenz f, und ihre Photonen haben die Energie $W = h \cdot f$. Man ordnet deshalb alle diese Wellen im **elektromagnetischen Spektrum** an → **B3** (S. 235).

Das Spektrum ist nach zunehmenden Frequenzen geordnet. Es beginnt bei Frequenzen von $f > 3 \cdot 10^4$ Hz (Lang-, Mittel und Kurzwellen sowie UKW-Wellen), die man beim Rundfunk und Fernsehen einsetzt. Wellen mit kleineren Frequenzen, die sehr große Wellenlängen $\lambda > 10$ km haben, spielen in der Praxis keine Rolle. Nach den Radio- und Fernsehwellen gelangt man über die Mikrowellen zum Infrarot, dem sichtbaren Licht und dem Ultraviolett. Röntgen- und Gammastrahlen stehen am Ende des Spektrums. Deren Photonen können Energien bis über 1 GeV haben

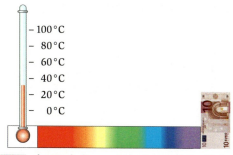

V1 **a)** Wir halten neben das violette Ende des Spektrums einen 5- oder 10-Euro-Schein. Im verdunkelten Raum leuchten Streifen auf dem Geldschein neben dem violetten Rand des Spektrums hell auf.
b) Wir bringen neben das rote Ende des Spektrums ein Thermometer mit schwarz gefärbtem Fühler. Die angezeigte Temperatur steigt sofort.

Vertiefung

Was schwingt denn da?

All die in *Ziffer 1 und 2* genannten Strahlungen verhalten sich wie eine Welle und haben deshalb eine bestimmte Frequenz f. Von den mechanischen Wellen wissen wir, dass dort Teilchen des Wellenträgers mit dieser Frequenz f schwingen, wenn die Welle über den Träger wandert.

Aber was schwingt denn bei den elektromagnetischen Wellen? Sie breiten sich im Vakuum aus. Dort ist aber keine Materie vorhanden. Also muss etwas anderes als Materie mit einer bestimmten Frequenz f „schwingen". Aber was könnte das sein?

Wir wissen, dass im Vakuum elektrische und magnetische Felder existieren können. In der Tat hat man festgestellt, dass sich bei der Ausbreitung dieser Wellen an einem Punkt des Raumes elektrische und magnetische Felder mit einer bestimmten Frequenz – der Frequenz der Welle – ändern.

Man kann erklären, dass sich wandernde elektrische und magnetische Felder wechselseitig erzeugen und so die Welle weiterwandert. Mit unseren Kenntnissen ist dies aber nicht darstellbar. Die beschriebenen Tatsachen erläutern aber, warum man die Wellen elektromagnetische Wellen nennt.

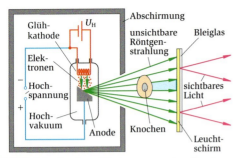

B1 Prinzip einer Röntgenapparatur: In einer Vakuumröhre beschleunigt man die von einer Glühkathode emittierten Elektronen durch hohe Spannungen (bis über 100 000 V). Beim Aufprall auf die z. B. aus Kupfer bestehende Anode werden sie abgebremst. Dabei entsteht Röntgenstrahlung. Man erkennt sie daran, dass ein außerhalb der Röhre befindlicher Leuchtschirm aufleuchtet.

Hinweis: Bei den folgenden Versuchen sind die Strahlenschutzbedingungen unbedingt einzuhalten!

V1 a) Ein Geldbeutel wird in den Strahlenkegel zwischen Röntgenquelle und Leuchtschirm gestellt. Auf dem Schirm erscheinen die Münzen als dunkle Schatten, das Leder des Geldbeutels erkennt man dagegen fast nicht.
b) Die Schattenbilder der Münzen ändern sich nicht, wenn man einen elektrisch geladenen Körper oder einen Magneten in die Nähe des Strahlenganges bringt.

V2 a) Wir bestrahlen ein geladenes Elektroskop mit Röntgenstrahlen. Das geladene Elektroskop wird entladen, gleichgültig ob es positiv oder negativ geladen war.
b) Führte man den Versuch im Vakuum durch, wird das Elektroskop nicht entladen.

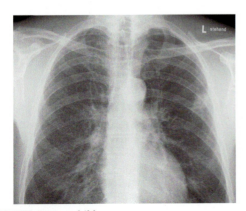

B2 Röntgenbild

3. Röntgenstrahlung

Mit einer der genannten Strahlungen, der **Röntgenstrahlung**, wollen wir uns etwas ausführlicher beschäftigen. Sie wurde 1895 von dem Physiker Wilhelm Conrad RÖNTGEN (1845–1923; Nobelpreis 1901) in Würzburg entdeckt. Er nannte sie selbst X-Strahlen, so wie sie heute noch im Ausland genannt werden (engl. X-Rays). → **B1** zeigt, wie in Röntgenröhren die Strahlung erzeugt wird: Die Anode der Röhre wird mit Elektronen hoher Energie beschossen. Beim Abbremsen der Elektronen entsteht die Röntgenstrahlung, denn immer dann, wenn elektrische Ladungen beschleunigt oder abgebremst werden, entsteht elektromagnetische Strahlung. Diese Strahlung überträgt Energie, da der Leuchtschirm aufleuchtet.

Neu war damals, dass diese neuartige Strahlung Materie durchsetzten kann. Wie → **V1a** zeigt, durchdringt die Röntgenstrahlung verschiedene Materialien unterschiedlich stark. Stärker absorbiert wird sie besonders in Stoffen mit großer Ordnungszahl, vor allem Blei.

Wegen dieser unterschiedlichen Absorption in verschiedenen Stoffen ist Röntgenstrahlung heute ein unersetzliches Hilfsmittel vor allem in der medizinischen Diagnostik. Dort erzeugt man z. B. von einem Brustkorb ein Schattenbild auf einem Schirm → **B2**, der die auftreffende Röntgenstrahlung in sichtbares Licht wandelt (Fluoreszenzschirm) oder die Information über auftreffendes Röntgenlicht Punkt für Punkt speichert (Röntgenfilm, Bildsensor). Fett- und Muskelgewebe (aus C-, H- und O-Atomen aufgebaut) wird von den Röntgenstrahlen leicht durchdrungen, Knochen dagegen nicht. Diese enthalten Atome (Ca) mit großer Ordnungszahl und absorbieren somit die Strahlung stärker. Blei absorbiert besonders stark.

Weitere Aussagen zur Röntgenstrahlung sind:
- In → **V2** wird ein in Luft stehendes Elektroskop entladen, dagegen nicht ein im Vakuum befindliches. Der Grund ist, dass in → **V1a** die Röntgenstrahlen die umgebende Luft **ionisieren**, d. h. sie wandeln durch Herausschlagen von Elektronen Luftmoleküle in Ionen um. Das geladene Elektroskop zieht dann die jeweils entgegengesetzt geladenen Ladungsträger zu sich und wird so entladen.
- Die oben erwähnte Absorption der Röntgenstrahlung beruht vor allem darauf, dass diese in jeglicher Materie – nicht nur in Luft – Atome und Moleküle ionisiert und dadurch Energie verliert.
- Röntgenstrahlen werden – wie Licht – weder im elektrischen noch im magnetischen Feld abgelenkt → **V1b**.
- Der Nachweis, dass Röntgenstrahlung tatsächlich Welleneigenschaften hat, gelang Max v. LAUE (1879–1960; Nobelpreis 1914). Er streute Röntgenstrahlung an einem Kristall, z. B. NaCl. Hier tritt nämlich Interferenz auf wie bei Licht am optischen → **Gitter**. So fand er, dass die Wellenlänge kleiner als ein Nanometer ist.

Merksatz
Werden schnelle Elektronen in Materie, z. B. Kupfer, abgebremst, entsteht unsichtbare Röntgenstrahlung.
Trifft Röntgenstrahlen auf Materie, kann sie dort Atome und Moleküle ionisieren. Die Strahlung wird in unterschiedlichen Materialien unterschiedlich absorbiert, besonders stark in Blei. Sie wird weder durch elektrische noch durch magnetische Felder abgelenkt.
Röntgenstrahlung ist Wellenstrahlung mit Wellenlängen kürzer als ein Nanometer.

Das elektromagnetische Spektrum

Frequenz	Wellenlänge	Energie der Photonen		Bezeichnung	Auftreten, Verwendung	Nachweis
$3 \cdot 10^1$ Hz	10^7 m	$1{,}2 \cdot 10^{-13}$ eV		Niederfrequenz	$16\frac{2}{3}$ Hz: elektr. Bahnen 50 Hz: technischer Wechselstrom	Messinstrumente, Oszilloskop
$3 \cdot 10^2$ Hz	10^6 m	$1{,}2 \cdot 10^{-12}$ eV				
$3 \cdot 10^3$ Hz = 3 kHz	10^5 m	$1{,}2 \cdot 10^{-11}$ eV		Längstwellen	Übertragung von akustischen Signalen	Oszilloskop
$3 \cdot 10^4$ Hz	10^4 m	$1{,}2 \cdot 10^{-10}$ eV				
$3 \cdot 10^5$ Hz	10^3 m = 1 km	$1{,}2 \cdot 10^{-9}$ eV		Langwellen (LW)	Rundfunk	
$3 \cdot 10^6$ Hz = 3 MHz	10^2 m	$1{,}2 \cdot 10^{-8}$ eV		Mittelwellen (MW)		
$3 \cdot 10^7$ Hz	10^1 m	$1{,}2 \cdot 10^{-7}$ eV		Kurzwellen (KW)		
$3 \cdot 10^8$ Hz	10^0 m = 1 m	$1{,}2 \cdot 10^{-6}$ eV		Ultrakurzwellen (UKW)	UKW-Rundfunk: 87,5–108 MHz	
$3 \cdot 10^9$ Hz = 3 GHz	10^{-1} m = 1 dm	$1{,}2 \cdot 10^{-5}$ eV		UHF-Frequenzband Dezimeterwellen	Fernsehen: 470–890 MHz D-Netz: 900 MHz E-Netz: 1800 MHz UMTS: 1900–2170 MHz Bluetooth: 2400 MHz WLAN: 2400 MHZ LTE: 2600 MHz Mikrowellenherde: 2400 MHz	Handy, Smartphone
$3 \cdot 10^{10}$ Hz	10^{-2} m = 1 cm	$1{,}2 \cdot 10^{-4}$ eV		Zentimeterwellen	Radar Satellitenrundfunk WLAN 5150 – 5725 MHz	
$3 \cdot 10^{11}$ Hz	10^{-3} m = 1 mm	$1{,}2 \cdot 10^{-3}$ eV		Millimeterwellen		
$3 \cdot 10^{12}$ Hz	10^{-4} m	$1{,}2 \cdot 10^{-2}$ eV		Terahertzstrahlung	Sicherheitstechnik Materialprüfung	
$3 \cdot 10^{13}$ Hz	10^{-5} m	$1{,}2 \cdot 10^{-1}$ eV		Infrarot	Temperaturmessung	Thermoelement
$3 \cdot 10^{14}$ Hz	10^{-6} m = 1 µm	$1{,}2 \cdot 10^{-0}$ eV = 1,2 eV		sichtbares Licht	Lichtquellen	Fotoplatte, Auge, Mikroskop, Fotozelle
$3 \cdot 10^{15}$ Hz	10^{-7} m	$1{,}2 \cdot 10^1$ eV				
$3 \cdot 10^{16}$ Hz	10^{-8} m	$1{,}2 \cdot 10^2$ eV		Ultraviolett		
$3 \cdot 10^{17}$ Hz	10^{-9} m = 1 nm	$1{,}2 \cdot 10^3$ eV = 1,2 keV				
$3 \cdot 10^{18}$ Hz	10^{-10} m	$1{,}2 \cdot 10^4$ eV		Röntgenstrahlung	Röntgenröhren	
$3 \cdot 10^{19}$ Hz	10^{-11} m	$1{,}2 \cdot 10^5$ eV				
$3 \cdot 10^{20}$ Hz	10^{-12} m = 1 pm	$1{,}2 \cdot 10^6$ eV = 1,2 MeV		Gammastrahlung	radioaktiver Zerfall	Fotoplatte, Zählrohr
$3 \cdot 10^{21}$ Hz	10^{-13} m	$1{,}2 \cdot 10^7$ eV				
$3 \cdot 10^{22}$ Hz	10^{-14} m	$1{,}2 \cdot 10^8$ eV				
$3 \cdot 10^{23}$ Hz	10^{-15} m = 1 fm	$1{,}2 \cdot 10^9$ eV = 1,2 GeV			Weltall und Sonne	
$3 \cdot 10^{24}$ Hz	10^{-16} m	$1{,}2 \cdot 10^{10}$ eV				
$3 \cdot 10^{25}$ Hz	10^{-17} m	$1{,}2 \cdot 10^{11}$ eV				

B3 Das elektromagnetische Spektrum

Franck-Hertz-Versuch

1. Quecksilberatome werden mit Elektronen beschossen

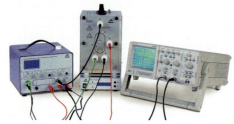

B1 Franck-Hertz-Versuchsanordnung: In dem Ofen in der Bildmitte befindet sich eine Glasröhre mit Quecksilberdampf → **V1**.

Atome bestehen nach dem **Kern-Hülle-Modell** aus einem Atomkern und einer Atomhülle, in der sich Elektronen befinden. Obwohl diese negativ geladen sind, „fallen" sie nicht in den positiv geladenen Kern. In welchem energetischen Zustand befinden sich die Elektronen eigentlich? Die Forschung zu Beginn des 20. Jahrhunderts beschäftigte sich viel mit dieser Frage. So beschossen James FRANCK und Gustav HERTZ Atome eines Quecksilberdampfes mit Elektronen. Sie wollten mit ihren Versuchen die Wechselwirkung langsamer Elektronen mit neutralen Gasatomen untersuchen und machten dabei eine bahnbrechende Entdeckung über den energetischen Aufbau der Atomhülle. Dafür erhielten sie 1927 den Physiknobelpreis.

Der **Franck-Hertz-Versuch** lässt sich heute mit Schulmitteln durchführen. → **B1** zeigt eine mögliche Versuchsanordnung und → **V1** die dazugehörige Versuchsskizze. In einer evakuierten Glasröhre werden gasförmigen Quecksilberatome mit Elektronen beschossen, die von der Glühkathode K(−) emittiert und durch die variable Spannung U_b zur Netzanode N(+) beschleunigt werden.

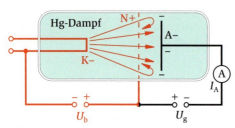

V1 Franck-Hertz-Versuch: Mit der Spannung U_b werden Elektronen von der Glühkathode K(−) zur Netzanode N(+) beschleunigt. Bei genügend Energie können die Elektronen gegen die Spannung U_g, die zwischen der Netzanode N(+) und der Auffängerplatte A(−) liegt, anlaufen. Erreichen sie die Platte A(−), liefern sie einen Auffängerstrom I_A.
Bei der Durchführung des Versuchs heizt man die Röhre zunächst auf 180° auf. Anschließend ändert man die Spannung U_b kontinuierlich, beginnend bei 0 V, und misst die Stromstärke I_A als Funktion von U_b. Das Messergebnis zeigt → **B3**.

- Nehmen wir zunächst an, die Röhre enthalte kein Gas. Dann fliegen die Elektronen im Vakuum ungestört zum Anodennetz N(+). Ist U_b > 2 V, können sie anschließend gegen die Spannung U_g = 2 V anlaufen und erreichen A(−). Das Messgerät registriert dann einen Strom I_A. Dieser steigt ab U_b = 2 V mit der Spannung U_b stark an, wie in → **B3** gestrichelt dargestellt.
- Wenn die Röhre Quecksilber (Hg) als Gas enthält, stoßen die Elektronen auf ihrem Weg von der Kathode K(−) zur Anode A(−) auf Hg-Atome. Auch hier steigt der Strom I_A zunächst mit wachsendem U_b an → **B3**, allerdings nur bis U_b = 4,9 V. Grund für den Anstieg ist, dass die beschleunigten Elektronen für U_b < 4,9 V mit den Hg-Atomen nur **elastische Stöße** ausführen → **Interessantes**. Dabei verlieren sie aufgrund des Impuls- und des Energieerhaltungssatzes nur unmerklich kleine Energiebeträge. Am Anodennetz N(+) angekommen, haben die Elektronen daher noch genügend Energie, um gegen die Spannung U_g anzulaufen.

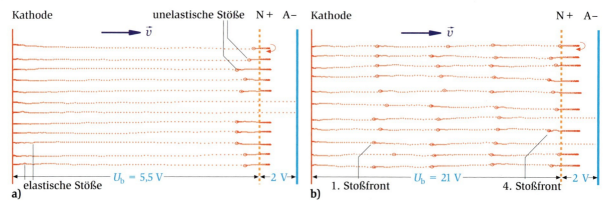

B2 Simulation des Franck-Hertz-Versuchs: Die in gleichen Zeitabständen markierten Punkte zeigen Elektronenbahnen:
a) Bei U_b = 5,5 V erreichen nur wenige Elektronen den Auffänger A(−), die meisten kehren zwischen Netz N(+) und A(−) um. Sie gaben kurz vor N(+) ihre Energie 4,9 eV an ein Hg-Atom ab.
b) Bei U_b ≈ 20 V wiederholt sich der Vorgang 4-mal. Die 4. Stoßfront liegt vor N(+); nur wenige Elektronen erreichen den Auffänger A(−); I_A ist zum 4. Mal abgesunken. → **www**

- Ist U_b = 4,9 V, haben die Elektronen an der Netzanode N(+) die Energie 4,9 eV. Übersteigt U_b den Wert 4,9 V, sinkt der Auffängerstrom I_A abrupt ab → **B3**. Da dies im Vakuum nicht passiert, kann die Ursache des abrupten Absinkens von I_A nur in einem Stoß der Elektronen mit den Quecksilberatomen liegen. Bei diesem Stoß müssen die Elektronen Energie verloren haben, da sie nach dem Durchfliegen des Anodennetzes N(+) nicht mehr gegen die Spannung U_g anlaufen können und I_A deshalb absinkt. Die Simulation in → **B2a** verdeutlicht dies.
- Wo bleibt aber die Energie, die ein Elektron beim Stoß mit einem Hg-Atom verloren hat? Sie kann nur auf das Hg-Atom übergegangen sein. Aber wo steckt sie dort? Als Lösung bleibt: Die Energie muss bei diesem **unelastischen Stoß** ins „Innere" des Hg-Atoms „geschlüpft" sein. Das Hg-Atom hat also nach dem Stoß einen größeren Energieinhalt als vorher. Man sagt: Das Hg-Atom wurde durch den Stoß energetisch angeregt, und zwar, wie auch der nächste Teilversuch zeigt, genau um 4,9 eV.
- Dieses Absinken von I_A tritt mehrfach auf → **B3**, und zwar bei U_b = 4,9 eV, 9,8 eV, 14,7 eV ... → **B2b** zeigt beispielsweise als Simulation die Situation bei der 4-fachen Spannung $U_b \approx 4 \cdot 4{,}9$ V $\approx$ 20 V. Hier haben die Elektronen längs der vier Teilstrecken KN/4 die Energie 4,9 eV aufgenommen (KN ist der Abstand der Kathode K von der Netzanode N) und am Ende jeder Teilstrecke jeweils in unelastischen Stößen an Quecksilberatome wieder abgegeben.

2. Ein angeregtes Atom kann Photonen emittieren

Das Foto in → **B4** zeigt das Innere der aufgeheizten Röhre von → **V1**. Die vier hellen Streifen neben der Kathode sind für unser Auge nicht sichtbar, da das Licht, das diese Streifen aussenden, im UV-Bereich liegt. Ursache für dieses Licht ist, dass im Franck-Hertz-Versuch die Hg-Atome die Energie W = 4,9 eV nicht nur aufnehmen, sondern rasch (in etwa 10^{-8} s) wieder abgeben. Dabei emittieren sie Photonen eines ultravioletten Lichtes. Dessen Frequenz f und Wellenlänge λ berechnet sich wie folgt:

$$f = \frac{W}{h} = \frac{4{,}9 \cdot 1{,}6 \cdot 10^{-19} \text{ J}}{6{,}63 \cdot 10^{-34} \text{ Js}} = 1{,}2 \cdot 10^{15} \text{ Hz} \quad \text{und} \quad \lambda = \frac{c}{f} = 250 \text{ nm}.$$

Mit einem Nachweisgerät, mit dem man Wellenlängen von ultraviolettem Licht messen kann, lässt sich dies experimentell bestätigen.

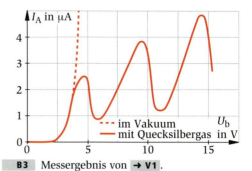

B3 Messergebnis von → **V1**.

Interessantes

Elastische und unelastische Stöße

In der Mechanik haben Sie elastische und unelastische Stöße kennengelernt. Beim elastischen Stoß geht keine Bewegungsenergie verloren, beim unelastischen Stoß sehr wohl. Dort wird mechanische Energie in innere Energie umgewandelt.

B4 Das Foto wurde mit einem s/w-Film aufgenommen und zeigt die Röhre von → **V1** bei einer Spannung von $U_b \approx$ 20 V. Die Elektronen können deshalb auf ihrem Weg von der Kathode zur Netzanode viermal Hg-Atome anregen, welche die aufgenommene Energie sofort wieder abgeben und dabei Photonen im UV-Bereich emittieren. Deshalb sieht man rechts neben dem großen, hellen Fleck, der zur Kathode gehört, vier helle Streifen.

Physik und Geschichte

James FRANCK wurde 1882 in Hamburg geboren. Er studierte Physik an der Friedrich-Wilhelms-Universität in Berlin, wo er 1906 promovierte und 1911 habilitierte. Dort begann seine Zusammenarbeit mit Gustav HERTZ. Für das wegweisende Experiment von 1914 erhielten beide den Nobelpreis für Physik 1925. Zu dieser Zeit war er Professor an der Universität Göttingen. 1933 legte er aus Protest gegen das „Gesetz zur Wiederherstellung des Berufsbeamtentums" sein Amt nieder und emigrierte in die USA. FRANCK warnte auch vor dem Einsatz der Atombombe. Er starb 1964 in Göttingen.

Gustav HERTZ, ein Neffe von Heinrich HERTZ, wurde 1887 in Hamburg geboren. Er studierte Physik und Mathematik in Göttingen, München und an der Friedrich-Wilhelms-Universität in Berlin, wo er 1911 promovierte. HERTZ habilitierte sich 1917 und wurde, nach einer Tätigkeit bei Philips, Professor an den Universitäten Halle und Berlin. Während der Zeit des Nationalsozialismus arbeitete er bei Siemens, nach dem Krieg war er zehn Jahre in der Sowjetunion, bevor er 1954 zurückkehrte und Professor in Leipzig wurde. Er starb 1975 in Ost-Berlin. (Quelle: *Physik Journal* **13** (2014) 43)

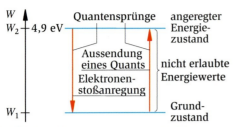

B1 Zwei Energieniveaus des Hg-Atoms mit Quantensprüngen dazwischen.

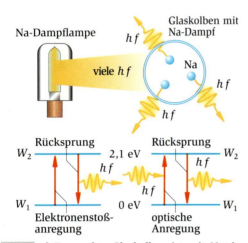

V1 a) Der rechte Glaskolben ist mit Natriumdampf (Na) erfüllt. Der Dampf ist bei Tageslicht unsichtbar.
b) In der linken Natrium-Dampflampe wird gelbes Licht ($f = 5{,}1 \cdot 10^{14}$ Hz) erzeugt. Das Licht entsteht, weil in der Lampe Natriumatome durch Elektronenstoß zu einem Quantensprung von 2,1 eV angeregt werden und beim Quantensprung zurück das gelbe Licht aussenden. Bestrahlt man mit diesem Licht den rechten Kolben mit dem Natriumdampf, so sieht der Natriumdampf wie massiv gelber Nebel aus: Die Na-Atome des Dampfes werden durch das gelbe Licht optisch angeregt und strahlen beim Rücksprung Photonen gleicher Energie in alle Richtungen ab.

Vertiefung

Zum Franck-Hertz-Versuch

Wie eine vertiefte Betrachtung ergibt, könnten durch den Elektronenbeschuss von Hg-Atomen drei Niveaus des Atoms (bei 4,7 eV, 4,9 eV, 5,5 eV) angeregt werden. Eine strenge theoretische Analyse zeigt allerdings, dass die I_A-U_B-Messkurve vom Anregungsniveau bei 4,9 eV dominiert wird (*Physik Journal* **13** (2014) 43).

3. Scharf bestimmte oder diskrete atomare Energieniveaus

Atome sind also Kurzzeitspeicher ganz bestimmter Energiemengen. Deshalb ordnet man den Atomen scharf bestimmte – man sagt auch diskrete – **Energieniveaus** zu. Zwei dieser Niveaus zeigt → **B1** für ein Quecksilberatom als zwei Linien mit dem Abstand 4,9 eV. Das untere Energieniveau gibt den **Grundzustand** an. Es wird meist zu $W_1 = 0$ eV gesetzt. Der Grundzustand kann beliebig lange besetzt sein; er ist **stabil**. Über $W_1 = 0$ eV liegt ein nur kurzzeitig (ca. 10^{-8} s lang) besetzter, **angeregter Energiezustand** – oder auch das Energieniveau – in der „Energiehöhe" $W_2 = 4{,}9$ eV.

Zwischen aufeinander folgenden Energieniveaus gibt es im Atom keine erlaubten, besetzbaren Zustände. Dort besteht ein verbotener Bereich. In diesem nimmt das Atom keine Energie auf. Deswegen sank der Strom I_A in → **V1** (S. 236) erst bei $U_B = 4{,}9$ eV ab → **Vertiefung**.

4. Was versteht man in der Physik unter Quantensprüngen?

Geht ein Atom von einem Energiezustand W_1 über einen verbotenen Energiebereich hinweg in einen anderen Energiezustand W_2 über oder auch umgekehrt, spricht man von einem **Quantensprung** des Atoms. In → **B1** ist dies für das Quecksilberatom dargestellt:
- Den Quantensprung $W_1 \uparrow W_2$ führt das Hg-Atom aus, wenn es 4,9 eV vom stoßenden Elektron aufnimmt → **V1** S. 236.
- Beim Quantensprung $W_2 \downarrow W_1$ zurück gibt das Hg-Atom die Energiedifferenz $\Delta W_A = W_2 - W_1 = 4{,}9$ eV wieder ab. Dabei emittiert es ein UV-Photon mit $f = \Delta W_A / h = 1{,}2 \cdot 10^{15}$ Hz.

Genauer betrachtet ist die Energie in der *Atomhülle* quantisiert. Die Elektronen können dort nur diskrete Zustände mit scharf bestimmten Energiewerten einnehmen. Jedes Elektron in der Atomhülle befindet sich in einem dieser Energieniveaus. Wenn z. B. beim Franck-Hertz-Versuch ein Quecksilberatom die Energie von 4,9 eV aufnimmt und einen Quantensprung $W_1 \uparrow W_2$ durchführt → **B1 links**, bedeutet dies, dass in der *Atomhülle* des Atoms ein Elektron von einem energetisch tieferen in einen energetisch höheren Zustand übergeht.

5. Resonanzfluoreszenz

In der Natrium-Dampflampe von → **V1b** nehmen links Natrium-Atome durch Elektronenstöße die Energie $\Delta W = W_2 - W_1 = 2{,}1$ eV auf. Es findet ein Quantensprung $W_1 \uparrow W_2$ statt. Beim Rücksprung $W_2 \downarrow W_1$ geben diese Atome die gleiche Energie $\Delta W = 2{,}1$ eV durch Aussendung eines Photons ab. Dabei entsteht gelbes Na-Licht der Frequenz $f = \Delta W / h = 5{,}1 \cdot 10^{14}$ Hz und $\lambda = c/f = 590$ nm. Wenn diese Photonen den rechten, mit Natrium-Dampf (Na) gefüllten Kolben erreichen, regen sie dessen Atome mit der gleichen Energie $\Delta W = 2{,}1$ eV an ($W_1 \uparrow W_2$). Die so **optisch angeregten** Na-Atome verweilen kurz im Zustand W_2 und senden beim Rücksprung $W_2 \downarrow W_1$ Photonen der exakt gleichen Frequenz $f = \Delta W / h = 5{,}1 \cdot 10^{14}$ Hz nach allen Seiten aus. Man spricht von **Resonanzfluoreszenz**.

Merksatz

Die Energie in der Atomhülle ist quantisiert. Elektronen können dort nur bestimmte, diskrete Energieniveaus besetzen. Quantensprünge eines Atoms sind mit Elektronenübergängen verbunden.

Interessantes

Leuchterscheinungen – nicht nur bei Atomen

Das Phänomen der Fluoreszenz tritt nicht nur bei Atomen als Resonanzfluoreszenz auf. In der Natur gibt es eine Vielzahl von Leuchterscheinungen, die auf einem ähnlichen Prozess wie die Resonanzfluoreszenz beruhen: Ein System kann durch Aussendung elektromagnetischer Strahlung (eines Photons) von einem angeregten Zustand in einen energetisch tiefer liegenden Zustand übergehen. Die Abgabe von elektromagnetischer Strahlung wird **Emission** genannt. Der entgegengesetzte Prozess, die Aufnahme elektromagnetischer Strahlung (eines Photons), heißt **Absorption**. Beide Prozesse stellen Quantensprünge in die jeweils umgekehrte Richtung dar. Bei der Emission unterscheidet man aufgrund der Lebensdauer der angeregten Zustände die Prozesse **Fluoreszenz** (etwa 10^{-8} s) und **Phosphoreszenz** (länger als 10^{-2} s). Die sehr unterschiedlichen Lebensdauern lassen sich damit erklären, dass es sich bei den angeregten Zuständen der Phosphoreszenz um Zustände handelt, die normalerweise weder durch erlaubte Quantensprünge erreicht noch wieder verlassen werden können. Wie es trotzdem zur Phosphoreszenz kommt, wird weiter unten für Moleküle erklärt.

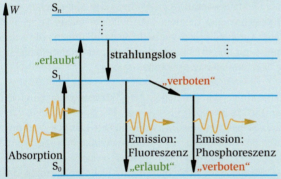

Moleküle befinden sich normalerweise in ihrem niedrigsten Energieniveau, dem Grundzustand S_0. Wenn ein Molekül im Grundzustand ein Photon absorbiert und so in den ersten angeregten Zustand S_1 gelangt, emittiert es nach sehr kurzer Zeit, der Lebensdauer des angeregten Zustandes, wieder ein Photon. Da ein kleiner Teil der Energie des absorbierten Photons im Molekül zurückbleibt, ist die Energie des emittierten Photons geringfügig kleiner. Beide Prozesse (Absorption und Emission) sind erlaubte Vorgänge. Die Emission heißt in diesem Fall Fluoreszenz.

Ein Molekül kann jedoch auch Photonen mit größerer Energie absorbieren, die zu einem Quantensprung in einen höheren angeregten Zustand S_n führen. Durch molekulare Prozesse wird die Energie der Elektronen in andere Energieformen umgewandelt, sodass das Molekül ohne Abgabe von Strahlung (strahlungslos) in den ersten angeregten Zustand S_1 gelangt, aus dem es über Fluoreszenz wieder in den Grundzustand springt.

Dies nützt man zum Beispiel im Schwarzlichttheater: Die „Schwarzlichtlampe" gibt nicht schwarzes Licht ab, sondern UV-Licht. Die sichtbaren Wellenlängen werden herausgefiltert, sodass nur das für Menschen unsichtbare UV-Licht durchgelassen wird. Trifft dieses UV-Licht nun auf spezielle Fluoreszenzfarbstoffe, werden höhere Zustände der Moleküle angeregt, die Moleküle gehen ohne Abgabe von Strahlung in niedrigere Zustände über und geben dann sichtbares Licht mit geringerer Energie als das absorbierte Licht ab (Fluoreszenz). Solche Fluoreszenzfarbstoffe werden beispielsweise Schminke, Schmuck oder Kleidung zugesetzt. Weiße Kleidung leuchtet oft wegen optischen Aufhellern in Waschmitteln besonders intensiv weiß.

Durch molekulare Prozesse kann es nun auch passieren, dass Moleküle aus angeregten Zuständen durch verbotene Übergänge in Zustände gelangen, aus denen sie nur über ebenfalls „verbotene" Quantensprünge wieder in den Grundzustand wechseln können. Diese Zustände können ihre Energie über den Prozess der Phosphoreszenz nur sehr langsam abgeben (lange Lebensdauer). Als Beispiel ist das Zeichen für den Rettungsweg abgebildet, welches unter Verwendung von phosphoreszierender Farbe hergestellt wurde und nach Ausschalten des Lichts für längere Zeit nachleuchtet.

Die Anregung der Moleküle kann auch durch eine chemische Reaktion erfolgen (**Chemilumineszenz**, „Knicklichter", Luminol-Reaktion zum Nachweis von Blut). In der belebten Natur kommt als Spezialfall die **Biolumineszenz** vor (z. B. Glühwürmchen, Quallen).

Flammenfärbung und Linienspektrum

B1 Flammenfärbung einiger Alkali- und Erdalkalimetalle

Element	Flammenfarbe	λ in nm
Lithium	rot	671
Natrium	gelb	589
Kalium	violett	768; 404
Calcium	ziegelrot	622; 553
Strontium	rot	605; 461
Barium	grün	524; 514

T1 Wellenlängen λ einiger Spektrallinien

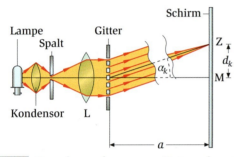

V1 Versuchsanordnung zur Untersuchung der spektralen Verteilung des Lichts einer Glühlampe mithilfe eines optischen Gitters. Skizziert ist, wie sich Lichtstrahlen einer bestimmten Wellenlänge an einer Stelle auf dem Schirm treffen.

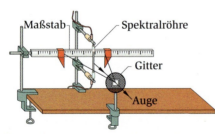

V2 Mit dieser Anordnung lassen sich Gitterspektren ohne Schirm beobachten. Die dünne, hell leuchtende Kapillare einer gasgefüllten Spektralröhre steht senkrecht vor einem horizontalen Maßstab. Die Spektrallampe wird durch Anlegen einer Spannung „gezündet". Der Lichtfaden in der Spektralröhre ist so dünn, dass man keinen Beleuchtungsspalt braucht. Blickt man durch das optische Gitter auf die Spektralröhre, erscheinen links und rechts auf dem Maßstab die jeweiligen Spektrallinien.

1. Flammenfärbung

Die Wirkung bestimmter Mineralstoffe auf die **Flammenfärbung** ist schon sehr lange bekannt. Man verwendet solche Stoffe gern für Farberscheinungen von Feuerwerkskörpern. Die Flammenfärbung entsteht bei der thermischen Anregung von Atomen mit anschließendem Quantensprung aus angeregten Zuständen in energetisch tiefer liegende Zustände. Die Farbe der Flammen hängt vom Element ab → **B1** und kann in der analytischen Chemie dazu verwendet werden, einzelne Elemente zu identifizieren.

2. Beobachtung von Linienspektren

Wenn man die von gefärbten Flammen ausgehende elektromagnetische Strahlung mit einem Prisma oder Gitter zerlegt, beobachtet man Spektren, die nicht wie bei der Zerlegung von Glühlampenlicht kontinuierlich sind → **B1a** (S. 242), sondern aus einzelnen scharf abgegrenzten (diskreten) Linien bestehen. Bei den in → **V1, V2** verwendeten Anordnungen entstehen aufgrund der Abbildung des Spalts oder Lichtfadens Linien bei der Zerlegung des Lichts. Deshalb nennt man die Atomspektren auch heute noch **Linienspektren**. Bei **Spektren** in Diagrammen wird die Intensität elektromagnetischer Strahlung als Funktion der Energie (oder Frequenz, Wellenlänge) aufgetragen.

Mit der in → **V1** skizzierten Versuchsanordnung haben wir Wellenlängen des Lichts bestimmt (S. 154). In → **V2** untersuchen wir die Spektren verschiedener Elemente. Anstelle der bisher verwendeten Lichtquellen verwenden wir spezielle Spektrallampen. Die Lampen sind zumeist mit einem Gas bestehend aus nur einem Element gefüllt, wie Natrium oder Wasserstoff.

→ **B2** zeigt einige der Gitterspektren 1. Ordnung im Bereich des sichtbaren Lichtes von 400 bis 800 nm. Die Spektren sind Linienspektren. Die Spektren der unterschiedlichen Lampen sind jeweils verschieden. Das Spektrum einer Lampe ist charakteristisch für das Element, dessen Atome das Licht aussenden (siehe auch Spektraltafeln im → **Anhang**). Jede Linie besteht aus Licht einer einzigen Wellenlänge. Jedes Element sendet also Licht mit ganz bestimmten Wellenlängen (oder Frequenzen, Energien) aus.

3. Ursache der Linienspektren

Warum sendet jedes Element Licht mit ganz bestimmten Wellenlängen aus? Das Spektrum von Natrium (Na) gibt uns einen Hinweis. Es besteht aus einer gelben Linie bei 589 nm. Aus → **V1b** (S. 238) wissen wir, dass dieses Licht ausgesandt wird, wenn das Natriumatom aus einem angeregten, diskreten Zustand W_2 in den diskreten Grundzustand W_1 übergeht. Das lässt sich verallgemeinern: Licht einer bestimmten Wellenlänge entsteht dann, wenn ein Atom aus einem diskreten, angeregten Zustand in einen diskreten, energetisch tiefer liegenden Zustand übergeht. Diesen Vorgang nennt man **Emission**, das zugehörige Spektrum **Emissionsspektrum**. Die Lebensdauer der angeregten Zustände ist meist kurz: Die Atome „fallen" schon nach kurzer Zeit (etwa 10^{-8} s) unter Emission von elektromagnetischer Strahlung (Photonen) zurück in tiefere Energiezustände.

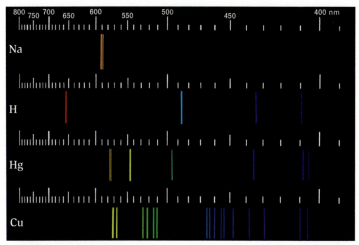

B2 Linienspektren von Natrium (Na), Wasserstoff (H), Quecksilber (Hg) und Kupfer (Cu)

Merksatz

Linienspektren unterstützen die Aussage, dass die Energieniveaus der Atome scharf getrennt, also diskret sind.
Die Linienspektren verschiedener Atome unterscheiden sich in der Anzahl und Position der Linien.
Dies zeigt, dass die Stufen der Energieniveaus charakteristisch für das jeweilige Element sind.

4. Spektralanalyse

Geräte, mit denen man elektromagnetische Strahlung unterschiedlichster Quellen auf ihre spektrale Verteilung untersucht, mit denen man also Spektren aufnimmt, nennt man **Spektrometer**. → **Interessantes 1** zeigt eine kompakte Versuchsanordnung zur Aufnahme und Untersuchung von Spektren. Mit solchen Spektrometern kann in kurzer Zeit das Licht einer beliebigen Quelle, beispielsweise einer gefärbten Flamme, analysiert werden.

Mit der **Spektralanalyse** → **Interessantes 2** eines so aufgenommenen Linienspektrums zum Beispiel kann man auf einfache Weise die Elemente bestimmen, die bei der Aussendung des untersuchten Lichts eine Rolle gespielt haben.

Interessantes 1

Spektrometer

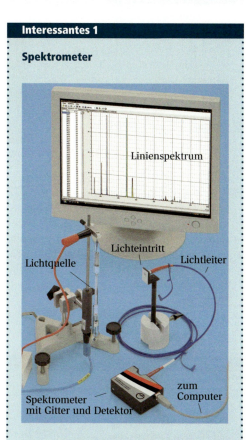

Das Licht einer Spektralröhre trifft auf die Eintrittsöffnung eines Lichtleiters und wird von dort über den Lichtleiter auf das feststehende Gitter im Spektrometer geleitet. Das vom Licht erzeugte Spektrum wird von einem Detektor erfasst, einem lichtempfindlichen elektronischen Bauelement. Er misst gleichzeitig die Intensität der einzelnen Spektrallinien. Die erzeugten elektrischen Signale wertet ein Computer aus, der die Intensität der einzelnen Linien über der Wellenlänge darstellt. So entsteht auf dem Monitor das Linienspektrum.

Interessantes 2

Spektralanalyse von Flammenfarben

Nimmt man mit einem ausgeglühten Magnesiastäbchen einige Salzkristalle auf, die Alkali- oder Erdalkalimetalle enthalten, und hält das Stäbchen in eine heiße, nichtleuchtende Gasflamme, färbt sich die Flamme entsprechend der vorhandenen Metalle. Das Spektrometer analysiert sofort die spektrale Intensitätsverteilung im Emissionsspektrum der Flamme, und man kann feststellen, welche Metalle die Flamme gefärbt haben → **T1**

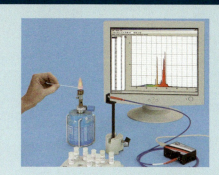

Sonnenspektrum

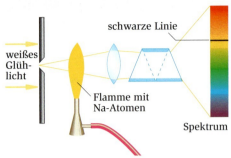

V1 Weißes Glühlicht fällt auf einen engen Spalt, den ein Objektiv auf einem Schirm abbildet. Das Geradsichtprisma erzeugt ein kontinuierliches Spektrum. In die nicht-leuchtende Flamme streut man Kochsalz (NaCl). Sie leuchtet gelb; im Gelb des Spektrums zeigt sich eine dunkle Linie.

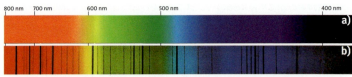

B1 a) Kontinuierliches Spektrum, b) kontinuierliches Sonnenspektrum mit Fraunhoferlinien, aufgenommen mit einem Glasprisma.

1. Atome verursachen auch Absorptionslinien

Das weiße Licht einer Glühlampe besitzt ein kontinuierliches Spektrum, in dem alle Wellenlängen des sichtbaren Lichts vertreten sind. Es durchsetzt in → V1 Natrium-Atome aus Kochsalz (NaCl), wenn man dieses in eine Flamme streut. Die Natrium-Atome absorbieren aus dem weißen Licht aber nur Photonen der gelben Natrium-Linie. Nach kurzer Zeit (etwa 10^{-8} s) werden wieder Photonen dieser Wellenlänge in alle Richtungen emittiert (→ **Resonanzfluoreszenz**) und fehlen dann weitgehend im kontinuierlichen Spektrum des Lichts, welches die Flamme durchstrahlt hat. Im Spektrum sieht man eine dunkle Absorptionslinie. Diesen Vorgang nennt man **Absorption**, das so gewonnene Spektrum **Absorptionsspektrum**.

2. Fraunhoferlinien im Sonnenspektrum

Wenn man die Absorptionsspektren der Sonne aufnimmt, kann man die chemische Zusammensetzung ihrer Atmosphären analysieren. So findet man im Spektrum des Sonnenlichts dunkle Absorptionslinien → **B1**, → **V2**, → **Praktikum**. Man nennt sie **Fraunhoferlinien**, da Joseph von FRAUNHOFER → **Interessantes** ab 1814 diese Linien systematisch untersuchte und als Erster ein Verzeichnis der Linien aufstellte. Eine Zusammenstellung der Absorptionslinien im gesamten Sonnenspektrum verzeichnet heute über 25 000 Linien mit genauen Angaben unter anderem über ihre Wellenlängen und Intensitäten. So wurde das Element Helium (*helios*, griech. Sonnengott) zuerst aufgrund seiner Absorptionslinien im Sonnenspektrum entdeckt und erst später in Gasquellen auf der Erde nachgewiesen.

Die meisten der Fraunhoferlinien haben ihren Ursprung in der Atmosphäre der Sonne, einige aber auch in der Erdatmosphäre. Quelle des weißen Sonnenlichts, einschließlich des IR- und UV-Lichts, ist die unterste Schicht der Sonnenatmosphäre, die sogenannte Photosphäre. Das Licht muss die Photosphäre, die folgenden Schichten der Sonnenatmosphäre und die Erdatmosphäre durchdringen, bevor es die Erdoberfläche erreicht. Die in den Atmosphären befindlichen Atome absorbieren wie in → **V1** Photonen aus dem kontinuierlichen Spektrum mit den für die Anregung der Atome spezifischen Energien. Bestimmt man die Wellenlängen der Fraunhoferlinien und vergleicht sie mit den Linienspektren von Atomen, so kann man auf die Zusammensetzung der Sonnen- und Erdatmosphäre schließen.

Merksatz
Atome können Licht einer bestimmten Wellenlänge absorbieren. Absorptionslinien im kontinuierlichen Spektrum der Sonne (Fraunhoferlinien) erlauben Aussagen über die chemische Zusammensetzung der Sonne.

Praktikum

Fraunhoferlinien selbst beobachten

Achtung!!! Es ist sehr gefährlich, direkt in die Sonne zu sehen. Das Sonnenlicht ist so hell, dass es bereits nach kurzer Zeit zu Schäden im Auge führen kann. Besonders gefährlich ist es, mit einem Fernglas ohne zertifizierten Filter in die Sonne zu sehen. Bereits nach dem Bruchteil einer Sekunde wäre das Auge geschädigt.
Folgender Freihandversuch ist ungefährlich und gelingt auf Anhieb: Benötigt werden ein Prisma und eine Nadel vor einer schwarzen Pappscheibe.

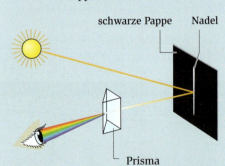

Man stellt sich mit dem Rücken zur Sonne und hält die Nadel so, dass sie das Sonnenlicht ins Auge reflektiert. Ein Prisma zwischen Auge und Nadel (brechende Kante parallel zur Nadel) erzeugt das Spektrum.

3. Chemische Zusammensetzung von Himmelskörpern

Durch Spektralanalyse in unterschiedlichen Bereichen des elektromagnetischen Spektrums ist man in der Lage, viele wichtige Informationen über das Weltall zu erhalten. So bestehen die Spektren aller Fixsterne wie das Sonnenspektrum ebenfalls aus einem kontinuierlichen Spektrum mit dunklen Absorptionslinien. Mithilfe einer Spektralanalyse dieser Absorptionslinien ist es wie bei der Sonne möglich, die chemische Zusammensetzung der Sternatmosphären aufzuklären. Die Spektralanalyse ist also ein wichtiges Hilfsmittel zur Erforschung des Weltalls. Man hat so zum Beispiel festgestellt, dass auf Himmelskörpern stets die gleichen chemischen Elemente wie auf der Erde vorhanden sind.

4. Oberflächentemperatur von Himmelskörpern

Die Oberflächentemperatur der Sonne kann man nicht mit einem üblichen Thermometer messen, wohl aber kann man sie über indirekte Methoden bestimmen. Wir können beobachten, dass ein glühender Nagel je nach seiner Temperatur in einer anderen Farbe leuchtet: zunächst dunkelrot, dann hellrot, dann weiß und bei noch höherer Temperatur bläulich. Als Modell für den Zusammenhang zwischen Temperatur und Farbe (Spektrum) eines erhitzten Körpers verwendet man den sogenannten **schwarzen Körper**. Das ist ein (idealer) Körper, der selbst so schwarz ist, dass er alle ankommende elektromagnetische Strahlung absorbiert. Erhitzt man ihn, so leuchtet er bei hohen Temperaturen so ähnlich wie der oben erwähnte Nagel. → **B2** zeigt die Wellenlängenabhängigkeit der ausgesandten Strahlung für verschiedene Temperaturen T des Strahlers in Kelvin (K). Nach dem **Verschiebungsgesetz von Wien** gilt für die Wellenlänge λ_{max}, bei der der Strahler die maximale Intensität besitzt:

$\lambda_{max} \cdot T = k$, mit der Konstanten $k = 2{,}9 \cdot 10^{-3}$ m · K.

Für das Sonnenlicht erhält man λ_{max} = 475 nm, so dass sich daraus eine Temperatur von T = 5778 K für die Sonnenoberfläche ergibt.

> **Merksatz**
> Mit spektroskopischen Methoden lassen sich Informationen über den Aufbau des Weltalls gewinnen.

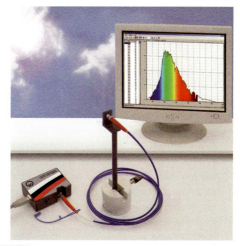

V2 Aufnahme des Sonnenspektrums mit einem Spektrometer. Der Beginn der Lichtleiterfaser wird zum Himmel gerichtet. Die Minima im Strahlungsspektrum entsprechen den Fraunhoferlinien.

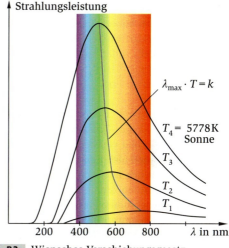

B2 Wiensches Verschiebungsgesetz

Physik und Geschichte

Joseph von Fraunhofer (1787–1826) war als Wissenschaftler, Erfinder und Unternehmer erfolgreich. Er gilt als Begründer der wissenschaftlichen Methodik im Bereich der Optik und Feinmechanik, sowie als Pionier der deutschen Präzisionsoptik.

Der Glasschleiferlehrling aus einfachen bürgerlichen Verhältnissen trat in das Optische Institut von Joseph von Utzschneider ein und übernahm dort im Alter von 22 Jahren die Leitung der Glasherstellung in Benediktbeuern. Auf ihn geht die Entwicklung neuer Produktions- und Bearbeitungstechniken für optische Gläser zurück, die die Abbildungsqualität von Linsen entscheidend verbesserten. Selbst entwickelte optische Instrumente wie das Spektroskop und Experimente zur Beugung des Lichts an optischen Gittern ermöglichten es Fraunhofer, grundlegende Forschungsergebnisse im Bereich von Licht und Optik zu gewinnen. Er vermaß erstmals das Spektrum des Sonnenlichts und charakterisierte die darin auftretenden dunklen Absorptionsstreifen, die Fraunhoferlinien. Seine Arbeit als autodidaktischer Forscher verschaffte ihm große Anerkennung in Wissenschaft und Politik.

Die größte anwendungsorientierte Forschungsorganisation Europas trägt seinen Namen.

Atommodelle

Interessantes

Atommodelle im Laufe der Zeit

A. Was versteht man unter einem Atommodell?
Die Physik untersucht Erscheinungen und Vorgänge in der Natur und versucht, sie zu erklären. Hierzu verwendet man ein Abbild der Realität, welches bestimmte Eigenschaften der Realität darstellt. Mithilfe dieses Abbildes möchte man auch neue Informationen über die Realität gewinnen. Da man die Realität nicht in ihrer ganzen Komplexität darstellen kann und will, muss man sich eben auf bestimmte Eigenschaften beschränken und die Darstellung vereinfachen. Ein solches Abbild nennt man **Modell**. So idealisiert man beispielsweise bei der Beschreibung von Bewegungen in der Mechanik, indem man zunächst die Reibung vernachlässigt. Komplizierte Bewegungsabläufe werden in Zeitabschnitte zerlegt und durch einfache Bewegungsformen wie die geradlinig gleichförmige Bewegung beschrieben.

Wichtig ist es, sich klarzumachen, dass ein Modell nicht die Realität ist, sondern nur ein Abbild dieser. Modelle können viele Eigenschaften der Realität darstellen, aber eben nicht alle. Mit einem Modell sollen experimentelle Ergebnisse erklärt werden können, und auch Voraussagen des Modells sollen mit den Experimenten übereinstimmen. Gelingt dies nicht, muss man das Modell verwerfen oder erweitern.

Wenn Sie das Wort „Atom" hören, stellen Sie sich vermutlich ein kleines Teilchen vor und machen sich in Gedanken ein Bild von diesem Teilchen. Tatsächlich ist ein **Atommodell** nichts anderes als eine Vorstellung des Atoms und seiner inneren Struktur, die die Eigenschaften der wirklichen Atome möglichst gut beschreibt. Eigenschaften der Atome sind dabei solche, die experimentell durch Messungen nachprüfbar sind. Im Laufe der Jahrhunderte wurden viele Atommodelle entwickelt, die immer besser die Eigenschaften der Atome beschrieben. Einige davon werden hier kurz vorgestellt.

B. Geschichtliche Entwicklung der Atommodelle
1. Atomhypothese von Demokrit. Einer der Ersten, die sich die natürliche Umgebung aus kleinsten, unteilbaren und unveränderlichen Teilchen, den **Atomen** (griech.: *átomos*, unteilbar), zusammengesetzt dachten, war der griechische Philosoph DEMOKRIT (ca. 460–370 v. Chr.).
Er stellte sich vor, dass die Atome

sich hinsichtlich ihrer Größe und Form unterscheiden. Sie bewegen sich und zwischen ihnen befindet sich Leere. Diese Aussagen waren rein hypothetisch und lange nicht experimentell überprüfbar.

2. Atommodell von Dalton.
Zu Beginn des 19. Jahrhunderts entwickelte der Naturforscher John DALTON (1766–1844) aus den chemischen Grundgesetzen das nach ihm benannte Atommodell. Die Kernaussagen des Modells sind:

- Die chemischen Elemente bestehen aus sehr kleinen, nicht teilbaren elastischen Kugeln, den Atomen.
- Alle Atome eines Elements besitzen die gleichen Eigenschaften, insbesondere gleiche Masse und Größe. Atome unterschiedlicher Elemente unterscheiden sich in ihrer Masse.
- Atome können durch chemische Reaktionen weder vernichtet noch erzeugt werden. Bei chemischen Reaktionen werden die Atome neu angeordnet und in bestimmten Anzahlverhältnissen miteinander verknüpft.

3. „Rosinenkuchen"-Modell von Thomson. Um die elektrischen Eigenschaften der Materie berücksichtigen zu können, entwickelte Joseph John THOMSON (1856–1940) 1903 sein Atommodell. Danach bewegen sich die sehr kleinen negativ geladenen Elektronen in einer über das ganze Atom gleichmäßig verteilten positiv geladenen Masse, wie Rosinen in einem Kuchenteig.

4. Kern–Hülle-Modell von Rutherford. Mit dem rutherfordschen Streuversuch überprüften Mitarbeiter von Ernest RUTHERFORD (1871–1937), Hans GEIGER und Ernest MARSDEN, das Atommodell von THOMSON. Das überraschende Ergebnis dieses Versuches führte 1911 RUTHERFORD zu seinem Kern–Hülle-Modell des Atoms: Der Z-fach positiv geladene Atomkern, der fast die gesamte Masse des Atoms besitzt, ist von einer Wolke von Z Elektronen umgeben. Der größte Teil

des Atoms ist leerer Raum. Nach den Gesetzen der Elektrizitätslehre müssten die umlaufenden Elektronen rasch ihre Energie verlieren und in den Kern stürzen, wobei die Energie als Licht abgestrahlt würde.

Atommodelle

5. Atommodell von Bohr. Wegen der Unzulänglichkeiten der bisherigen Modelle entwickelte Niels BOHR (1885–1962) 1913 sein Modell des Wasserstoffatoms. Er postulierte, dass sich das Elektron auf stabilen Kreisbahnen mit festem Durchmesser bewegt, ohne Energie abzustrahlen. Jeder Bahn entspricht ein bestimmter Energiezustand des Atoms. Springt das Elektron von einer Bahn auf eine andere, wird die Energiedifferenz vom Atom als Licht absorbiert oder emittiert. Bohr versuchte, die Quantentheorie in sein Atommodell einzubauen. Allerdings gelang ihm dies nur  durch Annahmen, die nicht aus physikalischen Gesetzen hergeleitet werden konnten. Trotzdem war sein Modell bei der Erklärung der Spektralserien des Wasserstoffatoms und wasserstoffähnlicher Systeme sehr erfolgreich.

6. Schalenmodell. Eine Erweiterung des Modells von BOHR ist das Schalenmodell, bei welchem man sich die Atomhülle in Schalen aufgebaut denkt. In der innersten Schale eines Atoms, der K-Schale, haben maximal zwei Elektronen Platz, in der nächsten Schale, der L-Schale, maximal acht Elektronen, in der M-Schale maximal 18 Elektronen usw. Mithilfe dieses Atommodells lassen sich der Aufbau des Periodensystems der Elemente, die Linienspektren von Mehrelektronenatomen und die chemische Bindung auf einfache Art und Weise erklären.

7. Das Orbitalmodell. Sehr bald wurde das bohrsche Atommodell durch ein quantenmechanisches Atommodell ersetzt. Es wurde unter anderem von Erwin SCHRÖDINGER (1887–1961) entwickelt. Elektronen sind Quantenobjekte, denen man keine Bahn zuschreiben kann. Man kann für sie nur Antreffwahrscheinlichkeiten angeben. Die Elektronen besitzen im Atom stationäre Zustände, denen jeweils ein definierter Energiewert und eine Funktion (auch **Orbital** genannt) zugeordnet wird. Die  Energiewerte und die Funktionen sind Lösungen der 1926 veröffentlichten Schrödinger-Gleichung. Diese Art der mathematischen Beschreibung des Atoms wird durch die experimentellen Ergebnisse bestätigt. Sie ist die heute allgemein anerkannte, aber unanschauliche Beschreibung der Atome. Auf die Frage, wie man sich ein Atom nun vorzustellen habe, antwortete Werner HEISENBERG (1901–1976): „Versuchen Sie es erst gar nicht!"

C. Atommodelle im Schulunterricht

In Physik haben wir bisher den Aufbau des Atoms und Eigenschaften von Atomkernen, weniger der Atomhülle, kennengelernt. Ein einfaches Atommodell genügte uns: Ein Atom besteht aus einem Atomkern mit Z Protonen und N Neutronen und einer Atomhülle mit Z Elektronen. Vom Atomkern machten wir uns einfache Bilder mit dichtgepackten kugelförmigen Protonen und Neutronen. Die von uns beobachtbaren und besprochenen experimentellen Ergebnisse widersprachen diesem simplen und zweckmäßigen Modell nicht. Allerdings sind bei näherem Hinsehen Nukleonen keine starren Kugeln und der Atomkern ein komplexes Vielteilchensystem, für das die Gesetze der Quantentheorie gelten (→ **Kernphysik**).

Die Chemie beschäftigt sich vor allem mit den Eigenschaften der Atomhülle und verwendet dafür oft ein sehr vereinfachtes Schalenmodell. Beispielsweise hat das Atom des Isotops Ca-40 20 Protonen und 20 Neutronen im Atomkern sowie 20 Elektronen in der Atomhülle. Zwei der Elektronen gehören zur K-Schale, je 8 zur L- und M-Schale und 2 zur N-Schale. In → **B1** ist das Schalenmodell dieses Calcium-Atoms vereinfacht dargestellt. Mit diesem einfachen Modell kann man viele chemische Eigenschaften des Calcium-Atoms ohne Widersprüche erklären. Insoweit ist die Darstellung ebenfalls ein zweckmäßiges Atommodell.
Allerdings sollte man sich die Elektronen nicht wie kleine Kügelchen vorstellen, die sich nur in diesen Schalen um den Atomkern bewegen. Elektronen sind → **Quantenobjekte**, denen man keine Bahn zuschreiben darf.

Die im Schulunterricht verwendeten Atommodelle haben also alle ihre Berechtigung. Sie beschreiben im Chemie- wie im Physikunterricht dasselbe Objekt: ein Atom!

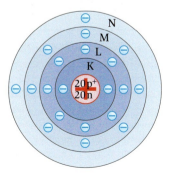

B1 Schalenmodell des Atoms Ca-40, wie es im Chemieunterricht verwendet wird.

Untersuchung der Röntgenstrahlung

Interessantes

Bestimmung der Wellenlänge von Röntgenstrahlung

A. Vorüberlegungen

Bereits RÖNTGEN vermutete, dass die von ihm entdeckte Strahlung Eigenschaften wie das Licht haben müsse und suchte deshalb nach Interferenz- und Beugungsphänomenen. Seine experimentellen Ergebnisse fand er nicht überzeugend: „Ich habe keinen Versuch zu verzeichnen, aus dem ich mit einer mir genügenden Sicherheit die Überzeugung von der Existenz einer Beugung der X-Strahlen gewinnen könnte."

Der Nachweis der Welleneigenschaft durch Interferenz geht auf Max v. LAUE (Nobelpreis 1914) zurück, der auf die Möglichkeit hinwies, Kristalle als Gitter zu verwenden: In den Kristallen sind die Atome regelmäßig angeordnet, beim Kochsalzkristall z. B. quaderförmig → **Bild**.

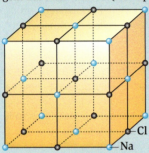

Wenn Licht an kleinen, regelmäßig angeordneten Hindernissen gestreut wird, dann kann man Interferenz beobachten, weil die Hindernisse zu Zentren von Elementarwellen nach HUYGENS werden. Es muss allerdings die Bedingung erfüllt sein, dass der Abstand benachbarter Zentren in der Größenordnung der Wellenlänge des verwendeten Lichts liegt.

Man weiß, dass die Abstände von Atomen in Flüssigkeiten und Festkörpern kleiner als ein Nanometer sind. Z. B. beträgt im NaCl-Kristall → **Bild** der Abstand benachbarter Atome ca. $0{,}3 \cdot 10^{-9}$ m. Die Wellenlänge von sichtbarem Licht ist 500-mal so groß; deshalb findet man keine optischen Interferenzerscheinungen an Kristallen. Aber die Röntgenstrahlung – so überlegte v. LAUE – könnte genügend kleine Wellenlängen haben. Er hat so 1912 die Untersuchung der Beugung von Röntgenstrahlen an Kristallen angeregt.

B. Interferenz an Streuzentren einer Ebene

Man kann v. LAUEs Entdeckung in einem Modellversuch mit Mikrowellen untersuchen → **B1**. Diese gehen vom Sender S aus und erreichen den Empfänger E_1. Bei großem Abstand sind alle Wellenstrahlen praktisch parallel und die Wellenwege vom Sender zum Empfänger gleich lang. Die Zeigerkette am Empfängerort E_1 ist gerade und hat maximale Länge → **B2**. Nun stellen wir eine Styroporplatte schräg in den Strahl und bekleben sie mit kleinen reflektierenden Alustücken. Von ihnen gehen Elementarwellen zum zweiten Empfänger E_2. Nur wenn E_2

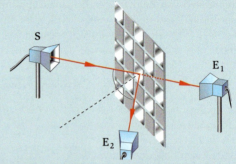

B1 Die teilweise mit Aluminiumfolie bedeckte Styroporplatte wirkt für die von S ausgehenden Mikrowellen wie ein teildurchlässiger Spiegel.

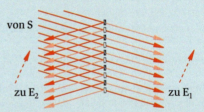

B2 Wellenstrahlen in der Versuchsanordnung von → **B1**. Unbeschichtete Styroporteile tragen zur Zeigerkette bei E_1 bei, mit Alufolie bedeckte Teile zur Zeigerkette bei E_2.

spiegelbildlich zu E_1 steht, gilt für die Wellenwege von S nach E_2 und für die Phasen der Zeiger bei E_2 dasselbe wie bei E_1. Die Zeigerkette ist gerade, die beobachtete Intensität maximal. Das Reflexionsgesetz ist erfüllt, obwohl nur ein Teil der Platte mit Alufolie besetzt ist.

C. Bragg-Reflexion

Benutzen wir im Modellversuch mehrere mit Streuzentren versehene Ebenen hintereinander, so erleben wir eine Überraschung: Anders als bei nur einer einzelnen Platte beobachten wir nur bei einigen wenigen Winkeln Reflexion. Mithilfe von → **B3** führen wir dies auf Interferenz zurück. Der zwischen zwei aufeinander folgenden Ebenen zurückzulegende zusätzliche Wellenweg $2s$ ($A \rightarrow B \rightarrow C$) muss ein ganzzahliges Vielfaches der Wellenlänge λ sein. Nur dann haben die Zeiger aller Wellenwege und aller beteiligten Reflexionsebenen die gleiche Phase und verstärken sich.

Dies können wir auf Kristalle übertragen. In Kochsalz sind Na- und Cl-Atome als Streuzentren regelmäßig angeordnet. Man findet so Scharen paralleler Ebenen, sogenannter **Netzebenen,** die mit gleichen Abständen d hintereinander angeordnet sind → **B4**.

Bei Kristallen misst man den Einfalls- und Ausfallswinkel φ von Wellenstrahlen nicht gegen das Einfallslot, sondern gegen die Netzebene → B3 , → B4 . Für einen gegebenen Einfallswinkel φ kann starke Reflexion nur dann auftreten, wenn für den Wegunterschied $2s$ gilt:

$$2s = 2d \cdot \sin\varphi = \lambda, 2\lambda, 3\lambda, \ldots$$

Dies ist die **Reflexionsbedingung von BRAGG**, die man auch **Bragg-Gleichung** nennt. Sie sagt uns, bei welchen Winkeln für eine Schar paralleler Netzebenen eines Kristalls Reflexion auftritt. In → B4 ist dargestellt, dass es immer mehrere Möglichkeiten gibt, parallele Ebenen mit jeweils gleichem Abstand hintereinander angeordnet zu „sehen". Jede Auswahl einer Schar paralleler Netzebenen hat ihren eigenen **Netzebenenabstand** d.

Diese Methode zur Bestimmung der Wellenlänge λ von Röntgenstrahlung stammt von William Henry und William Lawrence BRAGG (Vater und Sohn; Nobelpreis gemeinsam 1915).

D. Spektrum der Röntgenstrahlung

Die in → B5 skizzierte Versuchsanordnung – genannt **braggsche Drehkristallmethode** – erlaubt die Bestimmung der Wellenlänge λ von Röntgenstrahlen. Das mit zwei Lochblenden erzeugte dünne Röntgenbündel fällt auf einen Kristall und nach der Reflexion auf ein Geiger-Müller-Zählrohr. Dies dient als Nachweisgerät für die Röntgenstrahlung. Es gibt einen elektronischen Impuls ab, wenn es von einem Röntgenquant getroffen wird. Die Impulse lassen sich zählen. Im Versuch ist die Röntgenquelle unbeweglich, der Kristall und das Zählrohr werden gedreht. Eine mechanische Führung sorgt dafür, dass das Zählrohr mit – im Vergleich zum Kristall – um den doppelten Winkel gedreht wird. Damit wird die braggsche Reflexionsbedingung erfüllt.

Nimmt man als Röntgenquelle eine Röntgenröhre und misst man mit der Versuchsanordnung von → B5 die Zählrate – also die Zahl der Impulse in einer festen Zeiteinheit Δt – als Funktion des Winkels φ, so erhält man als Messkurve → B6 .

Die Kurve ist aus zwei Teilen zusammengesetzt. Auffallend sind zunächst die sechs „Linien" 1 bis 6, die das so genannte **charakteristische Spektrum** bilden. Damit beschäftigen wir uns ausführlich auf den folgenden Seiten. Bei kleineren Winkeln φ ist das Röntgenbremsspektrum erkennbar. Es entsteht, wenn die in der Röntgenröhre beschleunigten Elektronen in der Anode der Röhre abgebremst werden. Auf S. 249 gehen wir nochmals darauf ein.

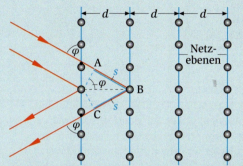

B3 Für jede der mit Streuzentren besetzten Ebenen gilt das Reflexionsgesetz.

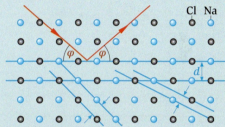

B4 Schnitt durch einen Na-Cl-Kristall (Kochsalz). Es gibt mehrere Scharen paralleler Netzebenen mit jeweils eigenem Netzebenenabstand d.

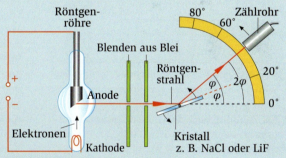

B5 Braggsche Drehkristallmethode

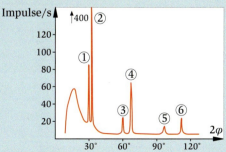

B6 Spektrum der Röntgenstrahlung einer Röntgenröhre mit einer Anode aus Kupfer aufgenommen mit der Anordnung von → B5 und einem NaCl-Kristall

Charakteristische Röntgenstrahlung

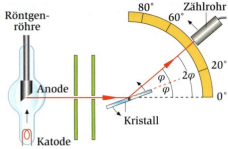

B1 Braggsche Drehkristallmethode: Ein Röntgenstrahl fällt auf einen Kristall. Mit einem Zählrohr weist man die reflektierte Strahlung nach. Wird der Kristall um den Winkel φ gedreht, so steht das Zählrohr immer unter dem doppelten Winkel 2φ.

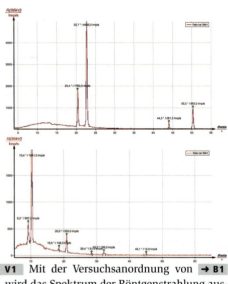

V1 Mit der Versuchsanordnung von → **B1** wird das Spektrum der Röntgenstrahlung ausgemessen. Gemessen wird die Intensität der im Zählrohr nachgewiesenen Röntgenstrahlung als Funktion des Winkels φ.
a) Anode aus Kupfer (Cu),
b) Anode aus Molybdän (Mo).

A	L	φ in °	k	λ in nm
Cu	1	20,4	1	140
	2	22,7	1	155
	3	44,0	2	140
	4	50,3	2	155
Mo	7	9,2	1	64
	8	10,4	1	72
	9	18,5	2	64
	10	20,9	2	72

T1 Messergebnisse von → **V1** ; λ wurde mit der → **Bragg-Gleichung** berechnet.

1. Analyse eines Röntgenspektrums

Im Zusammenhang mit dem → **elektromagnetischen Spektrum** haben wir die Röntgenstrahlung kennengelernt. In → **B1** ist links noch einmal zu sehen, wie sie erzeugt werden kann. Schnelle, energiereiche Elektronen treffen auf Materie, z. B. in → **B1** auf eine Anode aus Kupfer (Cu) oder Molybdän (Mo). Beim Abbremsen der Elektronen in der Materie entsteht Röntgenstrahlung.

Die Messung der Wellenlänge λ einer Röntgenstrahlung mithilfe der braggschen Drehkristallmethode haben wir auf S. 247 beschrieben. Die Versuchsanordnung ist in → **B1** nochmals dargestellt. Das Wesentliche ist: Trifft ein Röntgenstrahl der Wellenlänge λ unter dem Winkel φ auf einen Kristall, z. B. einen NaCl- oder einen LiF-Kristall, so erzeugen die an den Atomen des Kristalls gestreuten Wellen unter demselben Winkel φ – wie wenn sie reflektiert worden wären – ein Maximum, wenn die **Bragg-Gleichung**

$$2 \cdot d \cdot \sin\varphi = k \cdot \lambda \quad (k = 1,2,3,\ldots)$$

erfüllt ist. d ist dabei der Netzebenenabstand, d. h. der Abstand von Ebenen im Kristall, in denen sich die Atome als Streuzentren befinden. d ist eine Kristalleigenschaft. Wie bei einem Gitter gibt es also auch hier Maxima verschiedener Ordnungen $k = 1,2,3,\ldots$

In → **V1** wird das Spektrum der Röntgenstrahlung ausgemessen, die beim Abbremsen von hochenergetischen Elektronen in der Kupfer- bzw. Molybdänanode der Röntgenröhre entsteht. Man erkennt, dass diese Strahlung in beiden Messungen aus einem kontinuierlichen Untergrund besteht, dem **Röntgenbremsspektrum** (→ **Interessantes**), auf dem einzelne Linien sitzen. In beiden aufgenommenen Spektren treten jeweils bei kleinen bzw. größeren Winkeln φ je zwei Linien auf. Mit der Bragg-Gleichung lässt sich vermuten, dass hier Maxima monochromatischer Röntgenstrahlung 1. und 2. Ordnung auftreten. Wertet man die Messungen mit der Bragg-Gleichung aus → **T1**, wird diese Vermutung bestätigt. Die Strahlung, die von der Kupferanode ausgeht, enthält zwei Linien mit den Wellenlängen 140 und 155 pm, die Strahlung, die von der Molybdänanode ausgeht, zwei mit 64 und 72 pm. Diese Linien, die auf dem Röntgenbremsspektrum „aufsitzen", hängen also vom Material der Anode ab und werden **charakteristische Röntgenlinien** genannt.

Ändert man die Beschleunigungsspannung U an der Röntgenröhre, z. B. von 35 keV auf 30 keV, ändert sich das Bremsspektrum, die charakteristischen Linien treten aber bei denselben Winkeln φ auf.

2. Ursache der charakteristischen Röntgenlinien.

Charakteristische Röntgenlinien treten beim Beschuss der Anode mit energiereichen Elektronen auf. Die Anode besteht aus Atomen. Also kann man vermuten, dass die Linien entstehen, wenn die Elektronen auf die Atome der Anode treffen. Aber wie? Wir wissen vom → **Franck-Hertz-Versuch**, dass Atome scharf begrenzte, diskrete Energiezustände haben. Genauer heißt dies, dass die Energie in der Atomhülle quantisiert ist und die negativ geladenen Elektronen der Atomhülle im Feld des positiv geladenen Atomkerns nur ganz bestimmte, diskrete Energieniveaus besetzen können. Weitere dazu wichtige Informationen, die wir hier teilweise nur mitteilen können, sind:

Charakteristische Röntgenstrahlung

- Jedes Energieniveau kann wegen des **Pauliprinzips** (S. 281) höchstens zwei Elektronen aufnehmen.
- Die Energieniveaus des Atoms sind in Schalen angeordnet → B2. Die innerste oder „tiefste" – also dem Atomkern nächste – Schale ist die K-Schale, dann folgen die L- und die M-Schale usw. Je tiefer eine Schale liegt, umso mehr Energie braucht man, um ein Elektron, das dort sitzt, aus dem Atom herauszureißen.
- Vermutlich ist Ihnen aus dem Chemieunterricht bekannt, dass sich in einer Schale mehrere Energieniveaus befinden und dass die K-Schale maximal zwei, die L-Schale maximal acht und die M-Schale maximal 18 Elektronen aufnehmen kann usw.

Trifft ein energiereiches Elektron auf ein Atom, z. B. in der Anode der Röntgenröhre von → B1, kann es mit den Elektronen der Atomhülle wechselwirken. Interessant ist, dass diese Wechselwirkung vor allem mit den Elektronen der innersten, der K-Schale, passiert und dabei ein Elektron der K-Schale aus der Schale heraus geschlagen werden kann. Dann entsteht dort eine Lücke → B2. In diese fällt ein Elektron aus einer der höher liegenden Schalen. Seine feste Energie, die es dabei verliert, sendet es als Photon einer ganz bestimmten Wellenlänge aus und so entsteht eine charakteristische Röntgenlinie. Das ausgesandte Photon nennt man auch **Röntgenquant**.

Je nachdem, ob ein Elektron aus der M- oder aus der L-Schale in die Lücke in der K-Schale fällt, hat die charakteristische Röntgenlinie eine andere Wellenlänge. In → V1 sieht man deshalb zwei Linien.

Merksatz
Charakteristische Röntgenlinien entstehen, wenn aus einer inneren Schale einer Atomhülle Elektronen herausgeschlagen werden und Elektronen der weiter außen liegenden Schalen in die Lücke fallen.

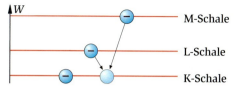

B2 Ein Elektron der L- oder M-Schale fällt in eine Lücke der K-Schale, die normalerweise mit zwei Elektronen besetzt ist.

A1 Erläutern Sie die Entstehung charakteristischer Röntgenlinien.

A2 Erläutern Sie, dass das Auftreten von charakteristischen Röntgenlinien die Aussage unterstützt: „Ein Atom hat scharf getrennte, diskrete Energiezustände".

A3 Die Wellenlängen der charakteristischen Röntgenlinien haben Werte um die 100 nm → T1. Begründen Sie, dass man zur Messung dieser Wellenlängen kaum ein optisches Gitter verwenden kann.

A4 Bestätigen Sie mithilfe der Bragg-Gleichung einige der in → T1 auf der Grundlage der Messergebnisse von → V1 berechneten Wellenlängen.

A5 → B6, S. 247, zeigt das Röntgenspektrum einer Röhre mit einer Cu-Anode. Im Spektrometer wurde ein NaCl-Kristall verwendet ($d = 282$ pm). Bestimmen Sie die Wellenlängen der Linien 3 und 4 und vergleichen Sie mit → T1.

Interessantes

Röntgenbremsspektrum

Die Elektronen, die in der Röntgenröhre mit der Energie $W = e \cdot U$ auf die Anode prallen → B1, werden meistens durch die Wechselwirkung mit den Atomen der Anode abgebremst, und nicht dadurch, dass sie aus einer Schale einer Atomhülle ein Elektron herausschlagen. Die Energie, die die Elektronen beim Abbremsen verlieren, kann als Quant abgestrahlt werden. Diese Quanten bilden das Röntgenbremsspektrum → V1.
Röntgenquanten maximaler Energie W_{max} und damit maximaler Frequenz f_{max} entstehen, wenn ein Elektron in einem einzigen Prozess seine gesamte Energie $W = e \cdot U$ an ein Quant abgibt. Dann gilt:

$$W_{max} = h \cdot f_{max} = e \cdot U \text{ und damit } \lambda_{min} = \frac{c}{f_{max}} = \frac{c \cdot h}{e \cdot U}$$

Quanten höherer Frequenz und damit kleinerer Wellenlänge können aufgrund des Energieerhaltungssatzes nicht auftreten. Das Röntgenbremsspektrum hat also eine **kurzwellige Grenze**, die von der Spannung U zwischen Kathode und Anode abhängt.

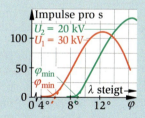

Die nebenstehende Messung des Röntgenbremsspektrums mit einem LiF-Kristall bestätigt dies. An λ_{min} und damit φ_{min} schließt sich nach rechts ein kontinuierliches Röntgenspektrum an. Seine Quanten haben kleinere Energie und größere Wellenlänge $\lambda > \lambda_{min}$. Sie stammen von Elektronen, die ihre Energie in mehreren Stufen abgegeben haben.
Aus der Messung von φ_{min} kann man mit $\lambda_{min} = c \cdot h/(e \cdot U)$ die Planck-Konstante h bestimmen. So wurde oben bei $U = 30$ kV und einem LiF-Kristall ($d = 201$ pm) $\varphi_{min} = 6°$ gemessen. Aus der Bragg-Gleichung folgt daraus ($k = 1$) $\lambda_{min} = 42$ pm und somit:

$$h = \frac{e \cdot U \cdot \lambda_{min}}{c} = 6{,}7 \cdot 10^{-34} \text{ Js} = 4{,}2 \cdot 10^{-15} \text{ eVs}.$$

Mensch und Strahlung

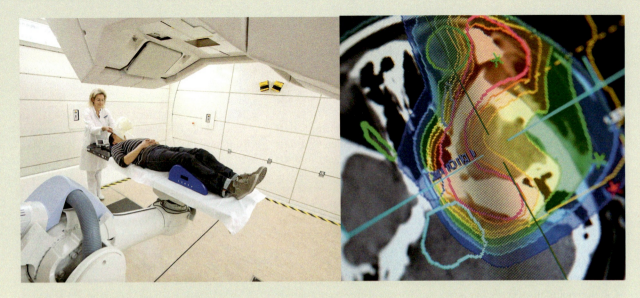

A1 Ein Atom besteht aus Atomkern und Elektronenhülle. Nenne Eigenschaften von Atomkern und Elektronenhülle.

A2 Radioaktive Nuklide senden u.a. γ-Strahlung aus. Diese gehört zum Spektrum der elektromagnetischen Strahlungen. Mit der in → **Bild a** dargestellten Versuchsanordnung wird die Absorption der γ-Strahlung des Nuklides Cs-137 in Eisen und Blei gemessen → **Bild b**.

a)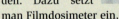

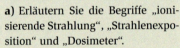

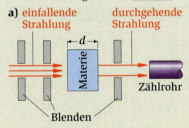

b)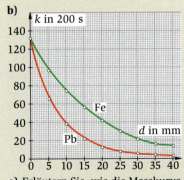

a) Erläutern Sie, wie die Messkurve in → **Bild b** aufgenommen wurde.
b) Interpretieren und vergleichen Sie die Messkurven in → **Bild b**.

c) Eine Grundregel im Strahlenschutz lautet: „Die Strahlung radioaktiver Stoffe muss durch geeignete Materialien abgeschirmt werden". Deuten Sie → **Bild b** im Hinblick auf den Strahlenschutz.

A3 An Arbeitsplätzen, an denen ionisierende Strahlung auftreten kann, muss die Strahlenexposition überwacht werden. Dazu setzt man Filmdosimeter ein.

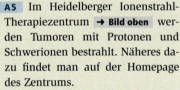

a) Erläutern Sie die Begriffe „ionisierende Strahlung", „Strahlenexposition" und „Dosimeter".
b) Ermitteln Sie die ionisierenden Strahlungen, für die Filmdosimeter eingesetzt werden können.
c) Nennen Sie einige Arbeitsplätze, an denen Filmdosimeter zur Überwachung der Strahlenexposition eingesetzt werden.

A4 Die Karte zeigt die externe Strahlenexposition im Freien in der Bundesrepublik Deutschland.
a) Interpretieren Sie das Bild und versuchen Sie herauszufinden, wie die Größe mit der Einheit mSv/a benannt wird und welche Bedeutung sie hat.

b) Ermitteln Sie mithilfe des Radioaktivitätsmessnetzes des Bundesamtes für Strahlenschutz, wie groß die externe Strahlenexposition an Ihrem Heimatort ist (http://odlinfo.bfs.de/).

A5 Im Heidelberger Ionenstrahl-Therapiezentrum → **Bild oben** werden Tumoren mit Protonen und Schwerionen bestrahlt. Näheres dazu findet man auf der Homepage des Zentrums.

Nennen Sie die Vorteile, die die Bestrahlung von Tumoren mit Protonen- und Schwerionen gegenüber anderen Verfahren hat.

A6 Informieren Sie sich, wo das Strahlenwarnzeichen angebracht werden muss.

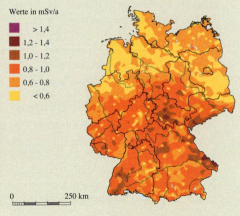

Grundlagen: Atomkern und die Strahlung radioaktiver Stoffe

1. Atomkern

- Alle Atomkerne bestehen aus **Protonen** (Anzahl Z) und **Neutronen** (Anzahl N). Sie sind die Kernbausteine (**Nukleonen**). **Kernkräfte** halten sie zusammen → **Vertiefung**.
- Ein **Proton** (p) ist etwa 2000-mal so schwer wie ein Elektron. Es trägt eine positive Ladung, deren Betrag mit dem Betrag der Ladung des Elektrons, der Elementarladung, übereinstimmt. Das **Neutron** (n) hat etwa die Masse des Protons, ist aber elektrisch neutral.
- Die Summe $Z + N = A$ nennt man **Nukleonenzahl** A. Beispiel: Lithiumkern $Z = 3$, $N = 4$, $A = 7$ → **B1 rechts**.
- Die Ladung eines Kerns mit Z Protonen ist das Z-Fache der Elementarladung. Daher nennt man Z **Kernladungszahl**. Die Anzahl der Elektronen in der Atomhülle eines neutralen Atoms stimmt mit Z überein. Z wird im Periodensystem **Ordnungszahl** genannt.
- Den Aufbau eines Atomkerns X – auch **Nuklid** X genannt – verdeutlicht man durch die Schreibweise $^A_Z X$. Beispiel: $^{226}_{88}$Ra ist ein Radiumkern mit $A = 226$ Nukleonen, $Z = 88$ Protonen und $N = 226 - 88 = 138$ Neutronen. Z geht eindeutig aus dem Symbol Ra hervor. Deshalb schreibt man oft nur: Ra-226.
- Atome, deren Kerne die gleiche Protonenzahl Z, aber eine verschiedene Neutronenzahl N besitzen, nennt man **Isotope** desselben Elements. → **B1** zeigt zwei Isotope von Lithium.

> **Merksatz**
> Ein Atomkern ist aus Z positiv geladenen Protonen und N neutralen Neutronen aufgebaut. Z nennt man Kernladungszahl. Sie ist im Periodensystem die Ordnungszahl. Ein Kern (Nuklid) $^A_Z X$ wird durch Z und die Nukleonenzahl $A = N + Z$ gekennzeichnet. Isotope eines Elements sind Atome mit gleichem Z, aber verschiedenem N.

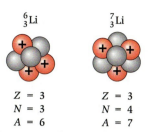

$^6_3 Li$ $^7_3 Li$

$Z = 3$ $Z = 3$
$N = 3$ $N = 4$
$A = 6$ $A = 7$

B1 Kerne von Lithiumisotopen (Li: $Z = 3$)

> **Vertiefung**
>
> **Kernkräfte**
>
> Kerne, die mehr als ein Proton enthalten, fliegen nicht sofort auseinander, obwohl die gleichnamigen Ladungen der einzelnen Protonen sich stark abstoßen (z. B. die Protonen in Li-7 → **B1**). Da aber viele Kerne stabil sind, müssen andere Kräfte die Nukleonen „eisern" zusammenhalten. Man nennt sie Kernkräfte. Sie wirken nur auf die unmittelbaren Nachbarn. Hat ein Kern zu viele Protonen, so wird die elektrische Abstoßungskraft zu groß; der Kern fällt auseinander. Deshalb findet man in der Natur nur Kerne bis $Z = 92$ (Uran).
> Näheres zu den Kernkräften findet man unter dem Stichwort → **Gluonen**.

2. Eine Strahlung ionisiert Atome und Moleküle

Ra-226 entlädt in → **V1** das Elektroskop, wenn Luft vorhanden ist → **V1c**. Von dem Nuklid Ra-226 geht nämlich eine für unsere Sinnesorgane nicht wahrnehmbare Strahlung aus. Sie wandelt elektrisch neutrale Moleküle der bestrahlten Luft in Ladungsträger beiderlei Vorzeichens, also Ionen um. Das positiv oder negativ geladene Elektroskop zieht davon die jeweils entgegengesetzt geladenen Ladungsträger zu sich und wird so entladen.
Man sagt: Die Luftmoleküle werden durch die Strahlung ionisiert. Da zur Ionisation Energie notwendig ist, muss diese Strahlung also Energie übertragen.
Ra-226 sendet die Strahlung ohne äußeren Einfluss aus. Man nennt Ra-226 deshalb **radioaktiv**. Es gibt viele radioaktive Nuklide. Ihre Strahlungen ionisieren nicht nur Moleküle, sondern auch Atome.
Die Strahlung radioaktiver Nuklide ist kein kontinuierlicher Vorgang. Man hat festgestellt, dass die Strahlung aus einzelnen energiereichen Teilchen besteht. Diese ionisieren Atome und Moleküle.

> **Merksatz**
> Die Strahlung radioaktiver Nuklide überträgt Energie und ionisiert Atome und Moleküle. Sie wird ohne äußeren Einfluss ausgesandt und besteht aus einzelnen energiereichen Teilchen. Der Mensch hat kein Sinnesorgan für die Strahlung radioaktiver Nuklide.

V1 a) Wir laden ein Elektroskop positiv oder negativ auf. Wegen der guten Isolation behält es seine Ladung lange bei.
b) Wir bringen in die Nähe des Kopfes des geladenen Elektroskops einen Stift, dessen Spitze eine winzige Menge ($\approx 10^{-7}$ g) Ra-226 enthält. Zum Schutz gegen Berührung ist das Radium mit einer sehr dünnen Metallfolie abgedeckt. Das Elektroskop entlädt sich rasch, egal ob es positiv oder negativ geladen war.
c) Führte man den Versuch b) im Vakuum durch, würde das Elektroskop nicht entladen.

Geiger-Müller-Zählrohr

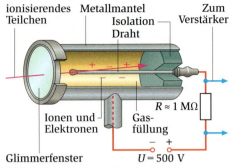

B1 Geiger-Müller-Zählrohr

V1 a) Wir stellen ein Ra-226-Präparat vor ein Zählrohr. Dieses ist mit einem Zähler, in den ein Lautsprecher integriert ist, verbunden. Die Veränderung der Zähleranzeige und Knackse im Lautsprecher verraten die von Ra-226 ausgehende Strahlung.
b) Bei kleiner Zählrate (z. B. 70/min) hört man, dass die Knackse und damit die sie auslösenden Teilchen stochastisch, d. h. zufallsbedingt, auftreten.
c) Ist kein Präparat im Umfeld des Zählrohrs, registriert es trotzdem Strahlung. Es „tickt" mit einer gewissen Nullrate. Sie beträgt bei den üblichen Schul-Zählrohren ca. 15–20 Impulse pro Minute.

1. Ionisierende Teilchen lassen sich zählen

Das **Geiger-Müller-Zählrohr** ist in einen Stromkreis eingebaut → **B1**. Es ist ein Metallrohr, in das ein isoliert gehaltener Draht ragt und in dem sich Edelgas unter geringem Druck befindet. Durch das dünne Glimmerfenster (≈ 0,01 mm dick) können energiereiche Teilchen ins Innere fliegen und Atome ionisieren. Die dadurch freigesetzten Elektronen wandern zum positiv geladenen Draht. Unterwegs bekommen sie so viel Energie, dass sie aus Atomen weitere Elektronen herausschlagen können, die ihrerseits wieder ionisieren können. Durch diese Kettenreaktion entsteht eine Elektronenlawine. Das Gas im Zählrohr wird leitend und im Stromkreis gibt es einen Stromstoß ΔI. Infolge der am Widerstand R auftretenden Teilspannung $\Delta I \cdot R$ sinkt die Spannung am Zählrohr $U_z = U - \Delta I \cdot R$ soweit ab, dass die Kettenreaktion abbricht. Das Gas wird wieder zum Isolator und das Zählrohr ist für das nächste Teilchen bereit. So erzeugt jedes einzelne im Zählrohr ankommende Teilchen am Widerstand R eine kurzzeitige Spannungsänderung, auch Spannungsimpuls genannt. Jeder Spannungsimpuls verursacht in einem Lautsprecher einen Knack → **V1a**. Die Impulse und damit deren Auslöser, die ionisierenden Teilchen, lassen sich zählen. Der Quotient aus Zahl der Impulse k und Zeiteinheit Δt nennt man **Zählrate** n. Es ist $n = k/\Delta t$.

→ **V1b** zeigt, dass die Teilchen der Strahlung radioaktiver Stoffe **stochastisch**, d. h. zufallsbedingt, auftreten. Zudem findet man überall in unserer Umgebung Strahlung radioaktiver Stoffe → **V1c**. Sie rührt von Spuren radioaktiver Nuklide in der Umgebung des Zählrohrs sowie der kosmischen Strahlung her. Im Zählrohr führt sie zu einem **Nulleffekt**, der bei quantitativen Versuchen zu berücksichtigen ist.

Merksatz
Mit dem Geiger-Müller-Zählrohr kann man die Strahlung radioaktiver Stoffe nachweisen und einzelne ionisierende Teilchen zählen. Die Teilchen, die von radioaktiven Stoffen ausgesandt werden, treten stochastisch auf.
Überall findet man Strahlung radioaktiver Stoffe.

Interessantes

Der Halbleiterzähler ist ein weiteres Nachweisgerät für die Strahlung radioaktiver Stoffe

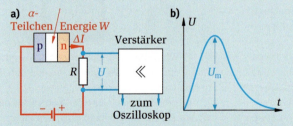

Der **Halbleiterzähler** ist im Prinzip eine in Sperrrichtung gepolte Halbleiterdiode → **Bild a**. Diese ist ein Bauelement, das elektrische Ladung nur durchlässt, wenn der Pluspol der Spannungsquelle am p-Teil und der Minuspol am n-Teil der Diode angeschlossen sind. Bei umgekehrter Polung sperrt die Diode den Ladungsfluss. Die Zwischenschicht zwischen p- und n-Teil ist dann nämlich arm an Ladungsträgern. Tritt aber ein ionisierendes Teilchen, z. B. ein → α-Teilchen mit der Energie W, in diese Schicht ein und erzeugt durch Ionisierung Ladungsträger, so kommt es in den Zuleitungen zum Halbleiterzähler zu einem Stromstoß ΔI. Dieser erzeugt am Widerstand R einen Spannungsimpuls, den z. B. ein Oszilloskop registriert → **Bild b**. Die Impulse und damit deren Auslöser, die α-Teilchen, lassen sich wie beim Zählrohr zählen.

Mit einem Halbleiterzähler lässt sich zudem die Energie W des α-Teilchens messen. Bleibt es nämlich in der Zwischenschicht stecken, ist die Amplitude U_m des Impulses ein Maß für die Energie W des α-Teilchens.

Geiger-Müller-Zählrohr

Lernen an Stationen

Strahlung verschiedener Materialien untersuchen

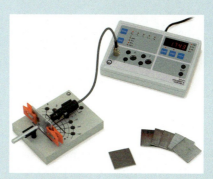

Gemeinsame Vorbereitung für alle Stationen
a) Handhabung von Zählrohr und Zählgerät: Lehrerin/Lehrer unterweist Sie in der Handhabung des Zählrohrs samt Zählgerät mit Lautsprecher.
b) Nulleffekt: Schalten Sie das Zählgerät ein, ertönen Knackgeräusche und die Zähleranzeige läuft. Messen Sie fünfmal die Anzahl der „Knackse" (Impulse) in einer Minute und bilden Sie den Mittelwert. Halten Sie diesen als „Nulleffekt" in 60s schriftlich fest. Suchen Sie für den Nulleffekt eine Erklärung.
c) Für alle Stationen gilt: Messergebnisse, Beobachtungen und Erklärungen hält jeder schriftlich fest.

Station 1 – Untersuchung von Kaliumsalzen
Material: Zählrohr mit Zählgerät; Kaliumchlorid oder Kaliumsulfat in einer Verpackung
Aufgabe: Stellen Sie das Kaliumsalz in der Verpackung direkt vor das Zählrohr. Messen Sie zehnmal die Impulszahl pro 30 s und ziehen Sie davon jeweils den Nulleffekt für 30s ab. Suchen Sie eine Erklärung dafür, dass das Kochsalz „strahlt".

Station 2 – Untersuchung von Baumaterialien
Material: Zählrohr mit Zählgerät; verschiedene Baumaterialien, wie z. B. Ziegelsteine, Dachziegel, etc.
Aufgabe: Bauen Sie das Material dicht um das Zählrohr. Messen Sie pro Baumaterial dreimal die Impulszahl pro zwei Minuten, ziehen Sie jeweils den Nulleffekt für 120 s ab und bilden Sie dann den Mittelwert. Führen Sie die Messung für mindestens drei Baumaterialien durch. Notieren Sie Ihre Beobachtungen. Suchen Sie eine Erklärung dafür.

Station 3 – Untersuchung von Radium
Hinweis: Beachten Sie die Regeln des Strahlenschutzes beim Umgang mit dem Radium-Präparat.
Material: Zählrohr mit Zählgerät, 3,7 kBq Radium-Präparat, Papier, Aluminium- und Bleiblättchen verschiedener Dicke, Halterung
Aufgabe: Stellen Sie das Präparat in ca. 2 cm Abstand vom Fenster des Zählrohrs auf → Bild (Schutzkappe abziehen; Vorsicht!). Messen Sie die Impulszahl/(20 s). Bringen Sie anschließend Papier, dann Aluminiumblättchen mit steigender Dicke und dann Bleiplättchen mit steigender Dicke zwischen Präparat und Zählrohr. Messten Sie jeweils die Impulszahl/(20 s) und ziehen Sie den Nulleffekt/(20 s) ab. Notieren Sie Ihre Beobachtungen und die Folgerungen daraus.

Station 4 – Untersuchung von Staub
Material: Staubsauger mit Schlauch; Drahtgitter, Papiertaschentuch; Zählrohr mit Zählgerät
Aufgabe: Befestigen Sie das Drahtgitter auf der Öffnung des Staubsaugerschlauches und legen Sie das Papiertaschentuch darauf. Lassen Sie dann den Staubsauger ca. 15 min laufen. Anschließend bringen Sie das Taschentuch direkt vor das Zählrohrfenster (Schutzkappe abziehen; Vorsicht!). Messen Sie die Impulszahl/Minute (Nulleffekt abziehen!) und – falls möglich – mehrfach im Abstand von jeweils 10 min. Formulieren Sie Ihre Beobachtungen und die Folgerungen daraus.
Versuchen Sie durch eine Internetrecherche herauszufinden, welche Ursache die „Strahlung" hat.

5. Station – Untersuchung eines geladenen Ballons
Material: Luftballon, Zählrohr mit Zählgerät
Aufgabe: Der Luftballon wird aufgeblasen und durch Reiben mit einer Overhaedfolie aufgeladen. Anschließend hängt man ihn in einem Raum – am besten in einem Kellerraum – ca. 15 min so auf, dass er keinerlei Gegenstände berührt. Danach lässt man die Luft aus dem Ballon ab und bringt die Ballonhaut möglichst dicht vor das Zählrohrfenster (Schutzkappe abziehen; Vorsicht!). Messen Sie die Impulszahl/Minute (Nulleffekt abziehen!) und – falls möglich – mehrfach im Abstand von jeweils 10 min. Formulieren Sie Ihe Beobachtungen und die Folgerungen daraus. Suchen Sie mit einer Internetrecherche nach der Ursache der „Strahlung".

Die Teilchen der Strahlung radioaktiver Stoffe – Absorptionsexperimente

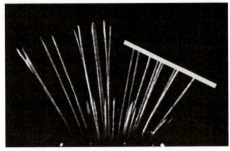

B1 Die Nebelkammer ist ein Nachweisgerät für die Strahlung radioaktiver Stoffe. Die Teilchen hinterlassen dort sichtbare Spuren, die man fotografieren kann. Im obigen Bild befindet sich die Quelle der Strahlung, ein Bi-212-Präparat, am unteren Bildrand. Die geradlinigen Spuren der aus dem Bi-212-Präparat austretenden Teilchen enden in der Kammer oder am Papier.

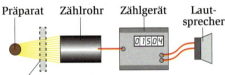

Absorptionsmaterial

V1 **a)** Stellt man ein Ra-226-Präparat etwa 3 cm vor dem Zählrohr auf, tickt der Lautsprecher ohne Absorptionsmaterial kräftig. Mit einem Blatt Papier zwischen Präparat und Zählrohr, geht die Zählrate zurück.
b) Bringt man zusätzlich zum Papier ein 5 mm dickes Aluminiumblech zwischen Präparat und Zählrohr, geht die Zählrate weiter deutlich, aber nicht auf null zurück.
c) Erst eine möglichst dicke Bleischicht reduziert die Zählrate fast auf null.

V2 In der Versuchsanordnung von → V1 stellt man ein Sr-90-Präparat vor das Zählrohr. Hält man Papier zwischen Präparat und Zählrohr, ändert sich die Zählrate kaum. Mit einem 5 mm dicken Aluminium blech dagegen geht die Zählrate auf null zurück (bis auf den Nulleffekt).

V3 Man deckt ein Cs-137-Präparat mit einem 5 mm dicken Aluminiumblech ab und stellt es vor ein Zählrohr. „Knackse" im Lautsprecher verraten, dass trotz des Aluminiumblechs das Zählrohr Strahlung registriert, die aus einzelnen, ionisierenden Teilchen besteht. Die „Knackse" sind wie in → V2 abzählbar. Erst mit einer dicken Bleischicht zwischen Präparat und Zählrohr wird die Zählrate reduziert.

1. α-Teilchen

In → B1 erkennt man Spuren ionisierender Teilchen in einer **Nebelkammer**, die weniger als 10 cm lang sind. Die Teilchen ionisieren nämlich auf ihrem Weg laufend Luftmoleküle, verlieren so ihre Energie und kommen zur Ruhe. Man sagt: Sie werden in einer Luftschicht von weniger als 10 cm Dicke **absorbiert**. Diese Teilchen nennt man **α-Teilchen** und die Strahlung **α-Strahlung**.
Bringt man wie in → B1 in den Strahlengang ein normales Blatt Papier, enden die Nebelspuren daran. Wir werden in Zukunft die α-Teilchen daran erkennen, dass sie bereits in einem Blatt Papier stecken bleiben und dort absorbiert werden. Aus → V1a folgt deshalb, dass ein Ra-226-Präparat u. a. α-Teilchen aussendet.

Weitere Eigenschaften der α-Teilchen sind:
- α-Teilchen ionisieren Atome und Moleküle.
- α-Teilchen sind energiereiche nackte Heliumkerne $_2^4$He.
- Ein α-Teilchen ist zweifach positiv geladen, d.h. es trägt zwei positive Elementarladungen.
- α-Teilchen stammen aus den Kernen von Atomen.

Merksatz
Ein α-Teilchen ist ein energiereicher zweifach positiv geladener Heliumkern. α-Teilchen stammen aus den Kernen von Atomen.
α-Teilchen können ein Blatt Papier nicht durchdringen.

2. β-Teilchen

a) β⁻-Teilchen: Nach → V2 sendet Sr-90 Teilchen aus, die zwar Papier, aber nicht ein 5 mm dickes Aluminiumblech durchdringen können. Es müssen also andere Teilchen als α-Teilchen sein. Man nennt sie **β⁻-Teilchen** und die Strahlung **β⁻-Strahlung**.

Weitere Eigenschaften der β⁻-Teilchen sind:
- Diese β⁻-Teilchen haben dieselbe Masse und dieselbe Ladung wie Elektronen. Es sind energiereiche Elektronen.
- β⁻-Teilchen ionisieren Atome und Moleküle. Sie ionisieren aber auf derselben Wegstrecke in Materie viel weniger Moleküle als α-Teilchen, u.a. deshalb, weil sie nur einfach geladen sind.
- β⁻-Teilchen stammen aus den Kernen von Atomen.

b) β⁺-Teilchen: Es gibt radioaktive Nuklide, die Teilchen aussenden, die dieselbe Masse und denselben Betrag der Ladung haben wie Elektronen. Sie sind aber positiv geladen. Diese Teilchen nennt man **β⁺-Teilchen** oder Positronen und schreibt dafür auch **e⁺**. Auch diese Teilchen stammen aus den Kernen von Atomen. Da Positronen bis auf die Ladung dieselben Eigenschaften haben wie Elektronen, zeigen sie auch dasselbe Absorptionsverhalten wie diese, können also z.B. 5 mm dickes Aluminiumblech nicht durchdringen.

Merksatz
Ein β⁻-Teilchen ist ein energiereiches Elektron, ein β⁺-Teilchen ein energiereiches Positron. Beide stammen aus Kernen von Atomen. Positronen haben dieselbe Masse und denselben Betrag der Ladung wie Elektronen. Sie sind aber positiv geladen.
Beta-Teilchen werden in 5 mm dickem Aluminium absorbiert.

Die Teilchen der Strahlung radioaktiver Stoffe – Absorptionsexperimente

3. γ-Teilchen

Es gibt noch eine weitere Art von ionisierender Strahlung aus radioaktiven Nukliden, die nicht einmal von 5 mm dickem Aluminium aufgehalten wird → **V3**. Sie wird erst in dicken Bleischichten absorbiert. Man nennt sie γ-**Strahlung**. Sie besteht aus einzelnen γ-**Teilchen**. Die abzählbaren „Knackse" beim Nachweis der Strahlung mit einem Zählrohr → **V3** verraten dies.

Eigenschaften der γ-Teilchen sind:
- γ-Teilchen tragen keine elektrische Ladung.
- γ-Teilchen stammen aus Atomkernen. Dies unterscheidet sie von → **Röntgenquanten**, S. 249, die in der Atomhülle entstehen.
- γ-Teilchen werden durch dicke Bleischichten abgeschirmt. Verringert sich z. B. die Zahl der γ-Teilchen einer bestimmten Energie in Luft erst nach mehr als 50 m auf unter 1 %, so bewirkt dies bereits eine 7 cm dicke Bleischicht. γ-Strahlung kann man aber nie zu 100 % abschirmen.
- γ-Strahlung gehört zum Spektrum der → **elektromagnetischen Strahlung**.

→ **V1a,b,c** zeigen zusammen, dass das verwendete Ra-226-Präparat α-, β- und γ-Strahlung gleichzeitig aussendet.

Merksatz

γ-Teilchen stammen aus Atomkernen. Dicke Bleischichten können γ-Teilchen kaum durchdringen.
Die γ-Strahlung gehört zum Spektrum der elektromagnetischen Strahlung.

A1 Beschreiben Sie den Aufbau und die Wirkungsweise des Geiger-Müller-Zählrohrs.

A2 Nennen Sie Eigenschaften der α-, β- und γ-Strahlung und vergleichen Sie diese.

A3 Ein Papier zwischen einem Na-22-Präparat und einem Zählrohr ändert die Zählrate nicht. Dagegen verringert sie sich mit einem 5 mm dicken Aluminiumblech. Erläutern Sie, welche Strahlung Na-22 aufgrund dieses Versuches aussenden könnte.

A4 α-Teilchen bleiben in einem Blatt Papier stecken, β-Teilchen in 5 mm Aluminium. Transportieren β-Teilchen deshalb mehr Energie als α-Teilchen? Begründen Sie!

A5 Ein Co-60-Präparat befindet sich vor dem Fenster eines Zählrohrs. Man bringt Bleiplatten unterschiedlicher Dicke d zwischen Präparat und Fenster. Es wird jeweils die Anzahl der Impulse k in 100 s gemessen. Zieht man jeweils den Nulleffekt ab, erhält man folgende Messtabelle:

d in cm	0,5	1,0	1,5	2,0	2,5	3,0
k in 100 s	323	244	198	170	131	93

a) Bestätigen Sie, dass k mit der Dicke exponentiell abnimmt.

b) Ermitteln Sie die Dicke einer Bleischicht, die noch von 20 % der γ-Teilchen durchdrungen wird.

Vertiefung

Die Absorption der Strahlung ist energieabhängig

α-Teilchen: Die Länge der Spuren in → **B1** ist die Strecke, auf der die α-Teilchen in Luft absorbiert werden. Man nennt diese Strecke die Reichweite R der α-Teilchen, hier für verschiedene Materialien aufgetragen. W_α ist dabei die Energie des α-Teilchens, wenn es von einem Atomkern ausgesandt wird.

β-Teilchen: Das Diagramm zeigt die Reichweite R von β-Teilchen in einigen Materialien als Funktion ihrer Energie W_β. Es gilt für Elektronen und Positronen gleichermaßen.

γ-Teilchen: Eine Reichweite von γ-Teilchen in Materie gibt es nicht. Man kann nur eine Halbwertsdicke $d_{1/2}$ angeben. Das ist die Strecke, auf der die Intensität einer γ-Strahlung (Anzahl k der γ-Teilchen pro Zeiteinheit Δt) auf die Hälfte des Anfangswertes gesunken ist. Das untenstehende Diagramm gibt $d_{1/2}$ als Funktion der Energie W_γ der γ-Teilchen an.

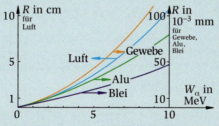

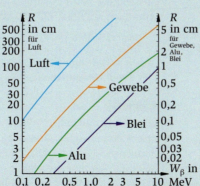

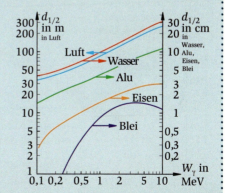

Radioaktiver Zerfall – Nuklidkarte

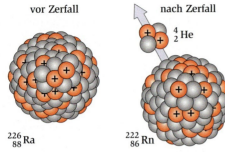

B1 α-Zerfall des Radiumisotops Ra-226

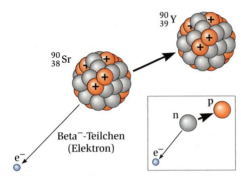

B2 β⁻-Zerfall des Strontiumisotops Sr-90

Vertiefung

Zum α-, β- oder γ-Zerfall eines Nuklids

- α-Zerfall: Das α-Teilchen nimmt zwei Protonen, also zwei positive Ladungen, aus dem Atomkern mit. Erst wenn die Hülle zwei Elektronen abgegeben hat, wird das Restatom elektrisch neutral.
- β-Zerfall: Um elektrisch neutral zu werden, nimmt nach einem β⁻-Zerfall die „Hülle" des Restatoms ein Elektron aus der Umgebung auf, nach einem β⁺-Zerfall gibt sie ein Elektron ab.
- Bei einem γ-Zerfall ändert sich die Elektronenzahl in der Hülle nicht.

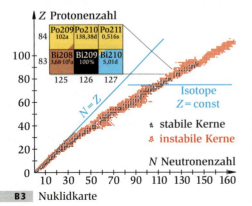

B3 Nuklidkarte

Sendet ein Atomkern α-, β⁻-, β⁺- oder γ-Teilchen aus, verändert er sich. Es findet eine **Kernumwandlung** statt. Man sagt auch: Der Kern zerfällt. Den Kern, der zerfällt, nennt man manchmal **Mutterkern**, den neu entstandenen Kern **Tochterkern**.

1. α-Zerfall

Sendet ein Atomkern ein α-Teilchen aus, verringert sich seine Kernladungszahl Z und seine Neutronenzahl N um 2 und damit seine Nukleonenzahl A um 4. Dabei wird Energie W frei. Ein Beispiel ist der α-Zerfall von Ra-226 → **B1**:

$$^{226}_{88}\text{Ra} \rightarrow {}^{222}_{86}\text{Rn} + {}^{4}_{2}\alpha + W \text{ bzw. } {}^{226}_{88}\text{Ra} \xrightarrow{\alpha} {}^{222}_{86}\text{Rn} + W.$$

Durch den α-Zerfall wurde aus dem Radiumisotop Ra-226 das Radonisotop Rn-222, ein Atom mit völlig neuen physikalischen und chemischen Eigenschaften, da nach dem Zerfall auch Veränderungen in der Atomhülle auftreten → **Vertiefung**.

Merksatz

Beim α-Zerfall eines Nuklids wird ein energiereicher Heliumkern ausgeschleudert. Zurück bleibt ein Kern eines Elements, dessen Kernladungszahl um zwei kleiner ist.

2. β-Zerfälle

a) β⁻-Zerfall: Der Atomkern enthält keine Elektronen. Trotzdem kommen β⁻-Teilchen wegen ihrer hohen Energie von dort. Wie ist das möglich? Nach langer Forschungsarbeit fand man die Antwort: Bei diesem Zerfall wandelt sich im Atomkern ein Neutron in ein Proton unter Aussendung eines Elektrons β⁻ und eines **Antineutrinos** $\bar{\nu}_e$ um (→ **schwache Wechselwirkung**). Dabei wird Energie W frei. Danach besitzt der Kern ein Neutron weniger und ein Proton mehr. Die Nukleonenzahl A bleibt konstant. Ein Beispiel ist der β⁻-Zerfall von Sr-90 → **B2**:

$$^{90}_{38}\text{Sr} \rightarrow {}^{90}_{39}\text{Y} + \beta^- + \bar{\nu}_e + W \text{ bzw. } {}^{90}_{38}\text{Sr} \xrightarrow{\beta^-} {}^{90}_{39}\text{Y} + \bar{\nu}_e + W.$$

Wie beim α-Zerfall entsteht auch hier aus dem Strontiumisotop Sr-90 das Isotop eines anderen Elements, nämlich Y-90, da auch hier nach dem Zerfall Umschichtungen in der Atomhülle auftreten → **Vertiefung**.

b) β⁺-Zerfall: Hier zerfällt im Kern ein Proton in ein Neutron unter Aussendung eines Positrons und eines Neutrinos ν_e. Auch dabei wird Energie W frei. Ein Beispiel dafür ist der Zerfall von Na-22:

$$^{22}_{11}\text{Na} \rightarrow {}^{22}_{10}\text{Ne} + \beta^+ + \nu_e + W \text{ bzw. } {}^{22}_{11}\text{Na} \xrightarrow{\beta^+} {}^{22}_{10}\text{Ne} + \nu_e + W.$$

Aus dem Natriumisotop Na-22 wurde das Neonisotop Ne-22. Auch hier treten Umschichtungen in der Hülle auf → **Vertiefung**.

Merksatz

Beim β⁻-Zerfall eines Nuklids verwandelt sich im Kern ein Neutron in ein Proton unter Aussenden eines Elektrons. Zurück bleibt ein Kern eines Elements, dessen Kernladungszahl um 1 größer ist.
Beim β⁺-Zerfall eines Nuklids verwandelt sich im Kern ein Proton in ein Neutron unter Aussendung eines Positrons. Zurück bleibt ein Kern eines Elements, dessen Kernladungszahl um 1 kleiner ist.

3. γ-Zerfall

Ein α- oder β-Zerfall führt oft nicht in den Grundzustand, sondern in einen **angeregten Zustand** des Tochterkerns. Dieser befindet sich dann in einem über seinem Grundzustand liegenden höheren Energieniveau. Wie in der Atomhülle, so ist nämlich auch im Atomkern die Energie gequantelt und es gibt dort scharf getrennte, diskrete Energieniveaus. Der angeregte Zustand kann in den Grundzustand „zerfallen". Die dabei frei werdende Energie wird als γ-Teilchen abgestrahlt. Man spricht von einem γ-**Zerfall**. Dabei verändert sich die Kernladungszahl Z, die Neutronenzahl N und die Nukleonenzahl A des Atomkerns nicht.

Beispiel: Cs-137 zerfällt in den angeregten Zustand Ba-137^m. „m" weist auf den angeregten Zustand hin. Ba-137^m geht dann durch die Ausendung eines γ-Teilchens in den Grundzustand Ba-137 über.

$$^{137}_{55}Cs \xrightarrow{\beta^-} {}^{137}_{56}Ba^m \xrightarrow{\gamma} {}^{137}_{56}Ba.$$

Merksatz
Führt ein α- oder β-Zerfall in einen angeregten Zustand des Tochterkerns, kann dieser durch Aussendung eines γ-Teilchens in seinen Grundzustand zerfallen. Dabei ändern sich Kernladungszahl Z, Neutronenzahl N und Nukleonenzahl A des Atomkerns nicht.

4. Nuklidkarte

Alle bekannten Nuklide ordnet man mithilfe eines Koordinatensystems → **B3**. Auf der horizontalen Achse trägt man die Neutronenzahl N, auf der vertikalen die Protonenzahl Z eines Nuklids ein. In den Gitterpunkten ist das betreffende Nuklid mit seinen wichtigsten Eigenschaften aufgezeichnet. So entsteht die Nuklidkarte, das Ordnungsschema der Kernphysik → **Anhang**. Wichtige Punkte sind:

- Alle Isotope eines Elements liegen in einer Zeile, an deren linken Rand Z steht. Jedes Nuklid wird durch das chemische Symbol des Elements und die Nukleonenzahl $A = N + Z$ gekennzeichnet (z.B. Po-210, $Z = 84$, $N = 126$). N steht am unteren Ende der Spalte.
- Die Nuklide sind durch Farben gekennzeichnet. Schwarz sind die nicht radioaktiven, stabilen Nuklide (z.B. C-12).
- Die farbigen Kästen stellen radioaktive Kerne dar, die Strahlung aussenden. Angegeben ist die → **Halbwertszeit** des Nuklids (z.B. Po-210: $T_{1/2} = 138{,}38$ d).
- α-Strahler sind gelb eingetragen Den Kern, der aus einem α-Strahler entsteht, findet man, indem man 2 Kästchen nach unten und 2 Kästchen nach links geht.
- Die blau unterlegten Nuklide sind die β$^-$-Strahler. Den Kern, der aus einem β$^-$-Strahler entsteht, findet man, indem man je ein Kästchen nach oben und nach links geht.
- Den Kern, der aus einem rot gekennzeichneten β$^+$-Strahler entsteht, findet man, indem man je ein Kästchen nach unten und nach rechts geht.

Mit der Nuklidkarte lassen sich z.B. radioaktive Zerfallsreihen → **Interessantes** aufstellen.

Merksatz
In der Nuklidkarte sind alle bekannten Nuklide aufgezeichnet.

Interessantes

Die radioaktiven Zerfallsreihen

Oft ist der Tochterkern eines radioaktiven Kerns selbst wieder radioaktiv und dessen Folgeprodukte ebenfalls. So können Zerfallsreihen entstehen. Eine erste beginnt bei U-238 → **B4**, eine zweite bei Th-232, eine dritte bei U-235 und eine vierte bei Np-237.
In einem Ra-226-Schulpräparat sind neben Ra-226 alle Folgenuklide vorhanden. Obwohl Ra-226 selbst nur α- und γ-Strahlung aussendet, findet man auch β$^-$-Strahlung.

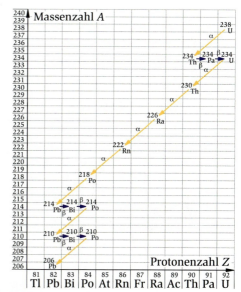

B4 Zerfallsreihe von U-238; der besseren Übersicht wegen trägt man A über Z auf.

A1 Vervollständigen Sie die Angaben mithilfe der Nuklidkarte oder des Periodensystems → **Anhang**:

a) $^{235}_{92}U \xrightarrow{\alpha} ?; {}^{232}_{?}Th \xrightarrow{\alpha} ?; ? \xrightarrow{\alpha} {}^{237}_{?}Np$

b) $^{40}_{19}K \xrightarrow{\beta^-} ?; {}^{210}_{?}Pb \xrightarrow{\beta^-} ?; ? \xrightarrow{\beta^-} {}^{14}_{?}N$

c) $? \xrightarrow{\beta} {}^{60}_{?}Ni^m \xrightarrow{\gamma} ?; {}^{99}_{?}Tc^m \xrightarrow{\gamma} ? \xrightarrow{\beta} ?$

A2 Erstellen Sie mithilfe der Nuklidkarte → **Anhang** die natürliche Zerfallsreihe, die

a) bei Th-232 beginnt,
b) bei Np-237 beginnt.

A3 Kerne von Cu-64 zerfallen entweder durch einen β$^-$- oder durch einen β$^+$-Zerfall. Geben Sie die zugehörigen Zerfallsgleichungen an und beschreiben Sie allgemein die Vorgänge bei einem β$^-$- und einem β$^+$-Vorgang in einem Atomkern.

Halbwertszeit

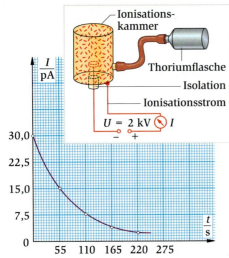

V1 Eine Ionisationskammer besteht aus zwei gegeneinander isolierten Metallkörpern, zwischen denen eine Gleichspannung (2 kV) liegt. Werden in der Kammer Luftmoleküle durch Strahlung ionisiert, so wird die Luft leitend. In den Zuleitungen registriert ein empfindliches Messgerät einen Strom.

a) Man bläst in eine Ionisationskammer Luft aus einem Gefäß, das eine kleine Menge einer Thoriumverbindung enthält. Das Messgerät zeigt Strom an. Zusammen mit der Luft ist also ein radioaktiver Stoff in die Kammer gelangt: Es handelt sich um das Isotop Rn-220 des Edelgases Radon, das α-Strahlen aussendet. Je mehr Kerne Rn-220 in der Sekunde zerfallen, desto mehr α-Teilchen treten auf und umso größer ist die Stromstärke I. I ist also ein Maß für die Zahl der in 1 s zerfallenden Kerne. Wegen der zufallsbedingt auftretenden α-Zerfälle schwankt die Anzeige des Messgerätes.

b) Bläst man radonhaltige Luft mehrfach hintereinander in die Kammer, so steigt die Stromstärke mit jedem Gasstoß an. Ist nämlich die Zahl der radioaktiven Kerne n-mal so groß, so zerfallen n-mal so viele Kerne in 1 s und die Stromstärke I ist n-fach. I ist also auch ein Maß für die Zahl der unzerfallenen Kerne in der Kammer.

c) Gibt man kein weiteres Radon in die Kammer, so bleibt die Stromstärke nicht konstant, sondern fällt jeweils in 55 s auf die Hälfte ab. Also wird auch die Zahl der Kerne, die je Sekunde zerfallen, im Rahmen der zufallsbedingten Schwankungen halbiert. Folglich ist nach jeweils 55 s die Zahl der insgesamt noch vorhandenen Rn-220-Kerne ebenfalls auf die Hälfte der anfangs bestehenden gesunken. Ihre Zahl nimmt exponentiell ab.

1. Gemeinsamkeiten radioaktiver Nuklide

Da die Strahlung radioaktiver Stoffe aus Atomkernen kommt, müssen sich diese durch die Aussendung der Strahlung verändern. Man sagt, sie zerfallen. Wir betrachten eine Anzahl N_0 von radioaktiven Atomkernen. Sie zerfallen *stochastisch (zufallsbedingt)*, wie man aus der zufallsbedingt auftretenden Strahlung folgern muss. Kann man trotzdem eine Aussage über die mittlere Zahl $N(t)$ der nach der Zeit t noch nicht zerfallenen Kerne treffen → **V1**, → **V2**?

Aus → **V1c** folgt, dass immer nach der Zeit $T_{1/2}$ = 55 s die Zahl $N(t)$ der noch nicht zerfallenen Atomkerne des radioaktiven Nuklids Rn-220 im Rahmen der zufallsbedingten Schwankungen halbiert wird und $N(t)$ deshalb exponentiell abnimmt. Folglich gilt:

$$N(t) = N_0 e^{-\lambda t} \quad \text{mit} \quad \lambda = \frac{\ln 2}{T_{1/2}} \approx \frac{0{,}693}{T_{1/2}}. \tag{1}$$

Dabei ist N_0 die Anzahl der Kerne zur Zeit $t = 0$. λ nennt man **Zerfallskonstante** und $T_{1/2}$ die **Halbwertszeit**.
Es ist $N(T_{1/2}) = N_0/2$. Setzt man in (1) $t = T_{1/2}$ ein, erhält man:

$$N(T_{1/2}) = N_0 e^{-\lambda T_{1/2}} = \frac{1}{2} N_0 \quad \text{oder} \quad e^{-\lambda T_{1/2}} = \frac{1}{2}.$$

Aus dieser Gleichung folgt die obige Beziehung $\lambda = \ln 2 / T_{1/2}$.
Gleichung (1) gilt für alle radioaktiven Stoffe. Doch hat jedes radioaktive Nuklid eine andere Halbwertszeit. → **V1** und → **V2** bestätigen dies bei zwei Nukliden. Zu beachten ist dabei, dass $N(t)$ eine im Rahmen der stochastischen Schwankungen mittlere Zahl ist. Die Halbwertszeiten der Nuklide sind in der → **Nuklidkarte** angegeben.

> **Merksatz**
> Beim radioaktiven Zerfall sind von der ursprünglich vorhandenen Zahl N_0 von Kernen nach der Zeit t etwa $N(t) = N_0 e^{-\lambda t}$ Kerne noch nicht zerfallen. Die Halbwertszeit $T_{1/2}$ gibt die Zeitspanne an, nach der etwa die Hälfte der Kerne zerfallen ist. Es gilt $\lambda = 0{,}693/T_{1/2}$. Jedes radioaktive Nuklid hat eine charakteristische Halbwertszeit.

2. Die Aktivität und ihre Einheit

Die Zahl der noch nicht zerfallenen Kerne $N(t)$ eines radioaktiven Stoffes nimmt mit der Zeit t ab. $\Delta N = N(t + \Delta t) - N(t)$ gibt die in der Zeit Δt erfolgte Abnahme an. Die Größe $\Delta N / \Delta t$ ist negativ und gibt für kleine Δt die Steigung der Messkurve an → **V1**.

Je größer der Betrag von $\Delta N/\Delta t$ ist, desto steiler fällt die Messkurve ab, umso mehr Kerne zerfallen also in der Zeit Δt und umso mehr Strahlung tritt in dieser Zeit auf. Deshalb definiert man als **Aktivität** A eines radioaktiven Stoffes den Quotienten $A = -\Delta N/\Delta t$ für $\Delta t \ll T_{1/2}$. Da ΔN negativ ist, wird die Aktivität A durch das Minuszeichen positiv. A ist sozusagen die Zerfalls-Geschwindigkeit. Ihre Einheit ist $1\,\text{s}^{-1}$, genannt **1 Becquerel** (1 Bq). Für $\Delta t \to 0$ gilt:

$$A(t) = -N'(t). \tag{2}$$

Die Ableitung $N'(t)$ der Funktion $N(t)$ ist andererseits:

$$N'(t) = -\lambda N_0 e^{-\lambda t} \quad \text{und damit} \quad A(t) = \lambda N(t). \tag{3}$$

Halbwertszeit

Die Aktivität $A(t)$ ist eine Funktion der Zeit und proportional zur Zahl $N(t)$ der noch nicht zerfallenen Atome. Dies kennen wir aus → **V1** bzw. → **V2**. Dort ist die Stromstärke bzw. die Zählrate sowohl ein Maß für die Zahl der in einer Zeit $\Delta t \ll T_{1/2}$ zerfallenden Kerne – also für die Aktivität A des Präparats – als auch ein Maß für die Zahl $N(t)$ der noch nicht zerfallenen Kerne.

Die Aktivität $A(t)$ eines radioaktiven Stoffes fällt mit der gleichen Halbwertszeit wie $N(t)$ exponentiell ab. Aus Gl. (3) folgt nämlich

$$A(t) = A_0 e^{-\lambda t} \text{ mit } \lambda N_0 = A_0. \tag{4}$$

Merksatz

Die Aktivität A eines radioaktiven Stoffes ist der Quotient aus der Anzahl ΔN der in einer kleinen Zeitspanne $\Delta t \ll T_{1/2}$ stattfindenden Zerfälle und dieser Zeitspanne Δt. Die Aktivität $A(t)$ ist proportional zur noch nicht zerfallenen Anzahl von Atomen $N(t)$ und nimmt wie diese exponentiell ab: $A(t) = \lambda N(t)$.
Die Einheit der Aktivität ist 1 Becquerel. Es ist: $1 \text{ Bq} = 1 \text{ s}^{-1}$.

V2 a) Durch einen Cäsium-Isotopen-Generator drückt man einige Tropfen Salzsäure. Die Lösung fängt man in einem Reagenzglas auf und hält dieses vor ein Zählrohr. Das Zählrohr zeigt, dass die Salzsäure aus dem Generator einen radioaktiven, γ-strahlenden Stoff herausgelöst hat (es ist Ba-137m → **Zerfall von Cs-137**, S. 257). Je mehr radioaktiver Stoff sich im Reagenzglas befindet, desto größer ist die Zählrate. Ist in → **V1** die Stromstärke $I(t)$ proportional zur Zahl der noch nicht zerfallenen Kerne $N(t)$, so ist in diesem Versuch die Zählrate $n(t)$ proportional zu $N(t)$.
b) Wenn man die Zählrate alle 20 s misst, so erhält man eine Messkurve analog zu der in → **V1c**, allerdings mit einer Halbwertszeit von $T_{1/2} = 2{,}6$ min.

Interessantes

Aktivität verrät das Alter

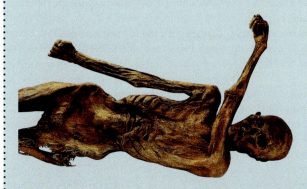

Wie alt ist die Mumie „Ötzi", die 1991 in den Ötztaler Alpen auf einem Gletscher gefunden wurde? Diese Frage lässt sich mit der **Kohlenstoff-14-Methode** beantworten. In der Atmosphäre wird nämlich unter dem Einfluss der fast konstanten kosmischen Strahlung laufend das radioaktive Kohlenstoffisotop C-14 gebildet mit $T_{1/2} = 5730$ a. Es verbindet sich mit dem Sauerstoff der Luft zu radioaktivem Kohlenstoffdioxid. Infolge der konstanten Neubildungsrate und des laufenden Zerfalls hat sich in der Luft eine Gleichgewichtskonzentration an C-14 eingestellt. Das Häufigkeitsverhältnis der Kerne C-14 und der stabilen Kerne C-12 ist etwa $1{,}2 \cdot 10^{-12}$. Durch die Assimilation wird C-14 von den Pflanzen bzw. durch pflanzliche Nahrung von den Tieren aufgenommen. Solange ein Tier oder eine Pflanze lebt, steht ihr Kohlenstoffgehalt laufend in Kontakt mit dem Kohlenstoff der Atmosphäre und hat somit die gleiche Konzentration an C-14 wie dieser. In 1 g Kohlenstoff findet man dabei 13,56 Zerfälle von C-14 Atomen in einer Minute. Stirbt das Lebewesen, sinkt der C-14-Gehalt nach dem Zerfallsgesetz. Misst man z. B. in 1 g Kohlenstoff eines Gegenstandes noch 10,7 Zerfälle pro Minute, so lässt sich sein Alter wie folgt berechnen: Es ist

$$A(t) = A_0 e^{-\frac{\ln 2}{T_{1/2}} t} \text{ oder } 10{,}70 = 13{,}56 \cdot e^{-\frac{0{,}693}{5370 \text{a}} \cdot t}.$$

Löst man diese Gleichung nach t auf, etwa mit GeoGebra, findet man $t = 1835$ a. Auf diese Weise fand man, dass „Ötzi" ca. 5250 Jahre alt ist.

A1 Eine Lösung mit Ba-137^m wird vor ein Zählrohr gehalten. Man misst alle 20 s die Zahl k der Impulse in 5 s und erhält nach Abzug der Nullrate nebenstehende Messtabelle.
a) Erläutern Sie, wie man experimentell plausibel macht, dass die Zählrate $n(t)$ sowohl proportional zu $N(t)$ als auch $A(t)$ ist.
b) Bestimmen Sie mit und ohne Computerprogramm die Halbwertszeit von Ba-137^m.

t in s	k	t in s	k
0	285	140	145
20	255	160	140
40	240	180	123
60	210	200	110
80	195	220	108
100	186	240	98
120	170	260	85

A2 Bestimmen Sie die Anzahl von Halbwertszeiten, zu der die Zahl der jetzt gerade vorhandenen Kerne einer radioaktiven Substanz auf 90 %, 50 %, 1 % und 0,1 % gesunken ist.

A3 Kommentieren Sie die Aussagen:
a) „Eine radioaktive Substanz hört nach einer gewissen Zeit auf, Strahlung auszusenden".
b) „Trifft Strahlung radioaktiver Stoffe Materie, wird sie radioaktiv."

Biologische Wirkung ionisierender Strahlung

Vertiefung

Grundlagen der Strahlenbiologie

A. Strahlenbiologische Wirkungskette
a) Die Wechselwirkungen ionisierender Strahlung mit Gewebe beginnen mit der physikalischen Phase. Moleküle einer Zelle werden durch die Strahlung angeregt oder ionisiert (innerhalb von 10^{-16} bis 10^{-13} s).
b) Anschließend (von 10^{-13} bis 10^{-2} s) wird die absorbierte Energie in die nähere Umgebung verteilt. Wird z. B. aus einem Molekül ein Elektron herausgeschlagen, kann das Molekül zerbrechen. Die Bruchstücke reagieren chemisch anders als das ursprüngliche Molekül. Neben den Strahlungsteilchen selbst können auch die durch die Strahlung erzeugten Radikale wie das H^+- oder das OH^--Radikal (eine Zelle besteht zu 80 % aus Wasser) auf lebenswichtige Zellbereiche einwirken. Die Radikale sind chemisch hoch aktiv und lagern sich an andere Radikale oder von der Strahlung nicht getroffene Moleküle an. In dieser physikalisch-chemischen Phase verändern sich die Moleküle.
c) Dies führt in der biologischen Phase (10^{-2} s bis zu Jahrzehnten) zu einem veränderten Verhalten der Zelle, zu deren Tod aber auch zur Schadensreparatur.

B. Ionisationsprozesse im Körper
Jeder Mensch enthält radioaktive Nuklide ➜ **natürliche Strahlenexposition**, die im Körper zerfallen und dort durch die freigesetzte Strahlung laufend Moleküle ionisieren. Den größten Anteil daran hat das im Körper weitgehend gleichverteilte Nuklid K-40 mit einer Aktivität von ca. 60 Bq/kg. Ein Mensch mit 70 kg Masse strahlt also immer mit einer K-40-Aktivität von etwa 4200 Bq! Man kann berechnen, dass dadurch 1 g Körpermasse in jeder Sekunde die Energie von $2{,}9 \cdot 10^4$ eV absorbiert. Um ein Ionenpaar zu bilden braucht man ca. 30 eV an Energie. In 1 g Körpergewebe werden also in einer Sekunde etwa 1000 Ionenpaare allein durch die Strahlung von K-40 gebildet ($2{,}9 \cdot 10^4$ eV/30 eV ≈ $0{,}97 \cdot 10^3$)! Dieses „Bombardement" durch ionisierende Strahlung trifft jeden Menschen. Er muss also über hochwirksame Mechanismen verfügen, die die Schäden durch Ionisation beseitigen oder reparieren.

1. Erste böse Erfahrungen mit ionisierender Strahlung

H. A. BECQUEREL trug 1901 ein nicht abgeschirmtes Radiumpräparat in der Westentasche. Nach zwei Wochen zeigte seine Haut Verbrennungen mit einer schwer abheilenden Wunde. Bei Menschen, die mit Röntgenstrahlen ohne Schutzvorrichtungen umgingen ➜ **B1**, traten schwere Erkrankungen, ja sogar Todesfälle auf.

Heute kennt man die Wirkung der Strahlung ionisierender Strahlung auf den lebenden Organismus sehr viel genauer. Man weiß, dass nicht jede **Strahlenexposition** – das ist ein Vorgang, bei dem ionisierende Strahlung einen Menschen trifft – gleich zu einem biologischen Schaden führen muss, wohl aber kann.

2. Einwirkung ionisierender Strahlen auf lebende Zellen

Der Schaden, den ionisierende Strahlung verursachen kann, ist das Endglied einer komplexen Reaktionskette aus physikalischen, chemischen und biologischen Prozessen ➜ **Vertiefung** (Punkt **A**). Neben der Ionisation oder Anregung der Moleküle bewirken auch die durch die Strahlung erzeugten chemisch aktiven Radikale Zellschäden. Die Desoxyribonukleinsäure (DNA), die im Zellkern vielfältige Zellfunktionen steuert und Erbinformationen enthält, ist besonders sensibel für Strahlung. Biologische Effekte stellt man deshalb bevorzugt an Zellen fest, die sich beim Bestrahlen teilen, z. B. beim Embryo im Mutterleib.

Nicht vergessen darf man aber, dass der Organismus über wirksame Abwehrmechanismen verfügt, mit denen er Schäden an der DNA reparieren oder durch das Immunsystem erkennen und eliminieren kann ➜ **Vertiefung** (Punkt **B**). Erst wenn diese Abwehrsysteme versagen, kommt es zu Strahlenschäden.

> **Merksatz**
> Ursache der Strahlenschäden sind die Anregung und Ionisation von Molekülen sowie die durch die Strahlung gebildeten Radikale.
> Nicht jede Strahlenexposition führt zu einem Strahlenschaden.

3. Strahlenexposition – quantitativ erfasst

a) Ein Strahlenschaden tritt um so eher auf, je mehr Moleküle ionisiert oder angeregt werden. Absorbiert Körpergewebe der Masse Δm bei einer Bestrahlung die Energie ΔW, so nennt man den Quotienten

$$D = \Delta W / \Delta m \qquad \text{mit der Einheit 1 Gray = 1 Gy = 1 J/kg}$$

Energiedosis D. Unter der **Energiedosisleistung** D' versteht man dann den Quotienten $D' = \Delta D/\Delta t$ mit der Einheit 1 Gy/s = 1 W/kg.

b) Die verschiedenen Strahlenarten haben aber unterschiedliche biologische Wirkungen. α-Teilchen z. B. erzeugen in einer Zelle 10^4 bis 10^5 Ionenpaare, β-Teilchen dagegen nur 10 bis 100. Bei gleich großen Energiedosen sind also mit α-Teilchen zwar viel weniger Zellen betroffen als mit β-Teilchen, dennoch gehen mehr zugrunde, weil bei geringerer Ionisationsdichte die Selbstheilungsaussichten wesentlich günstiger sind. Strahlung wirkt also umso stärker, je größer ihre Ionisationsdichte ist.

Biologische Wirkung ionisierender Strahlung

Um die unterschiedliche biologische Wirkung ionisierender Strahlen in demselben Gewebe oder Organ T quantitativ miteinander zu vergleichen, wurde die **Organdosis** H_T eingeführt. Man erhält sie durch Multiplikation der Energiedosis D_T, die das Gewebe bzw. das Organ T erhält, mit einem dimensionslosen **Strahlungs-Wichtungsfaktor** w_R

$H_T = w_R \cdot D_T.$ H_T hat die Einheit 1 Sievert = 1 Sv = 1 J/kg.

Die Faktoren w_R → **T1** für verschiedene Strahlenarten sind so gewählt, dass sie ein Maß für die biologische Wirksamkeit bei niederen Dosen darstellen. Treffen mehrere Strahlenarten ein Organ, so wird die schädliche Wirkung nicht durch die Summe der Energiedosen, sondern der Organdosen der einzelnen Strahlenarten charakterisiert.

c) Man teilt die biologische Strahlenwirkung in zwei Gruppen ein:
- Die **stochastischen Strahlenwirkungen** (z. B. Krebs) treten oft erst nach Jahren auf. Ihre Eintrittswahrscheinlichkeit hängt von der Energiedosis ab, nicht dagegen die Schwere der Erkrankung.
- Die **deterministischen Strahlenwirkungen** treten in absehbarer Zeit auf. Ihr Schweregrad steigt mit der Energiedosis. Bei vielen deterministischen Wirkungen besteht eine Dosisschwelle, unterhalb der keine Krankheitssymptome auftreten.

Menschen werden oft einer Strahlung geringer Dosis weit unterhalb der Dosisschwelle für deterministische Strahlenwirkungen ausgesetzt. Deshalb interessiert man sich im Strahlenschutz besonders für das **Strahlenrisiko** für stochastische Wirkungen bei niederen Dosen. Unter dem Strahlenrisiko versteht man dabei die Wahrscheinlichkeit für das Eintreten einer durch eine Strahlenexposition bewirkten nachteiligen Wirkung bei einem Individuum.

d) Die Wahrscheinlichkeit, mit der im niederen Dosisbereich stochastische Wirkungen auftreten, ist bei gleicher Organdosis für verschiedene Gewebe und Organe unterschiedlich. Um deshalb bei einer Strahlenexposition einzelner Organe und Gewebe oder des gesamten Körpers das Strahlenrisiko für das Auftreten einer stochastischen Strahlenwirkung richtig abzuschätzen, hat man für die Zwecke des Strahlenschutzes die **effektive Dosis** E eingeführt. Die Empfindlichkeit eines bestrahlten Gewebes T berücksichtigt man dabei, indem man die empfangene Organdosis H_T mit dem dimensionslosen **Gewebe-Wichtungsfaktor** w_T multipliziert → **T2**. Um das gesamte Schadensrisiko abzuschätzen, summiert man dann die Produkte $w_T \cdot H_T$ über alle in → **T2** aufgelisteten Organe. So erhält man:

$E = \Sigma w_T \cdot H_T$ ebenfalls mit der Einheit 1 Sievert = 1 Sv.

Die Berechnung einer effektiven Dosis zeigt das → **Beispiel**.

> **Merksatz**
>
> Die Energiedosis $D = \Delta W / \Delta m$ ist der Quotient aus der vom Gewebe der Masse Δm bei einer Bestrahlung absorbierten Energie ΔW und seiner Masse Δm. Die Einheit ist das Gray: 1 Gy = 1 J/kg.
> Die Organdosis $H_T = w_R \cdot D_T$ gewichtet die Energiedosis D_T, die ein Organ erhält, nach der Strahlenart mit dem Strahlungs-Wichtungsfaktor w_R. Die Einheit ist das Sievert: 1 Sv = 1 J/kg.
> Die effektive Dosis $E = \Sigma w_T \cdot H_T$ berücksichtigt zudem die Empfindlichkeit der Organe mit dem Gewebe-Wichtungsfaktor w_T. Damit wird das Strahlenrisiko des ganzen Körpers für stochastische Strahlenwirkungen bei geringen Dosen abgeschätzt. Die Einheit ist 1 Sv.

B1 Röntgenuntersuchung 1906 ohne Schutzvorrichtung

Strahlenart	w_R
Röntgen- und γ-Strahlung	1
Elektronen, Myonen	1
Neutronen je nach Energie	5 bis 20
Protonen, Energie > 2 MeV	5
α-Teilchen, Spaltfragmente, schwere Kerne	20

T1 Strahlungs-Wichtungsfaktoren w_R

Organ Gewebe	w_T	Organ Gewebe	w_T
Keimdrüsen	0,20	Leber	0,05
Knochenmark	0,12	Speiseröhre	0,05
Dickdarm	0,12	Schilddrüse	0,05
Lunge	0,12	Haut	0,01
Magen	0,12	Knochenoberfl.	0,01
Blase	0,05	übrige Organe und Gewebe	0,05
Brust	0,05		

T2 Gewebe-Wichtungsfaktoren w_T. Die Summe der Wichtungsfaktoren ist 1.

Beispiel   **Berechnung der effektiven Dosis**

Durch die Einnahme von J-131 bei einer ärztlichen Therapie kommt es zu einer Schilddrüsenorgandosis von $H_T = 80$ mSv. Der Gewebewichtungsfaktor für die Schilddrüse ist $w_T = 0{,}05$. Wenn sonst keine weiteren Organe bestrahlt wurden, ergibt dies eine effektive Dosis von $E = w_T \cdot H_T = 80$ mSv $\cdot$ 0,05 = 4 mSv. Das Risiko, an einem durch 80 mSv strahleninduzierten Schilddrüsenkrebs zu erkranken, ist deshalb genau so groß, wie das gesamte Risiko, Krebs nach einer homogenen Ganzkörperexposition von 4 mSv zu bekommen. Bei einer homogenen Ganzkörperexposition ist jedes Organ mit 4 mSv exponiert. Da die Summe der Wichtungsfaktoren 1 ist, wird nämlich auch in diesem Fall die effektive Dosis 4 mSv.

Natürliche und zivilisatorische Strahlenexposition

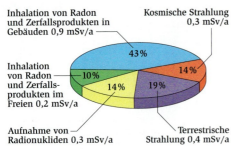

B1 Mittlere jährliche effektive Dosis eines Menschen in der Bundesrepublik Deutschland durch natürliche Strahlenexposition

Nuklid	A/Bq
K-40	4200
C-14	3800
Rb-87	650
Pb-210, Bi-210, Po-210	60
Rn-220 + Folgeprodukte	30
Rn-222 + Folgeprodukte	15
H-3	25
Sonstige	32
Summe	~ 8800

T1 Aktivität A natürlicher radioaktiver Stoffe im Menschen (70 kg)

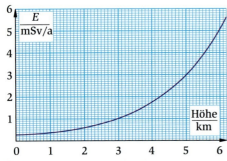

B2 Effektive Dosis E der kosmischen Strahlung für mittlere geografische Breiten

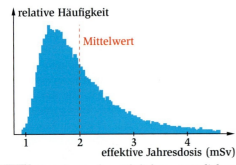

B3 Verteilung der jährlichen natürlichen Strahlenexposition in Niedersachen, wo der Mittelwert 2,0 mSv/a beträgt

1. Die interne natürliche Strahlenexposition – Radon

Die Menschen sind überall ionisierender Strahlung ausgesetzt. Ursache sind natürliche Strahlenquellen. Sie bewirken eine **natürliche Strahlenexposition**. Veraltet sagt man auch **Strahlenbelastung**. Natürliche Strahlenquellen sind z. B. radioaktive Nuklide, die bei der Entstehung der Erde gebildet wurden und Halbwertszeiten in der Größenordnung des Erdalters haben, wie U-238, Th-232 und K-40. Diese Nuklide sind überall in unterschiedlicher Konzentration in Böden und Gesteinen vorhanden. Deren ionisierende Strahlung kann als *externe* Strahlenexposition auf den Menschen einwirken oder als *interne* Strahlenexposition, wenn Nuklide mit der Atemluft und der Nahrung in den menschlichen Körper gelangen.

- Aufnahme mit der Atemluft (**Inhalation**): Die Aufnahme des gasförmigen **Radonisotops Rn-222** ($T_{1/2}$ = 3,8 d) aus der → **Zerfallsreihe von U-238** und in geringerem Umfang des Radonisotops Rn-220 ($T_{1/2}$ = 55,6 s) aus der → **Zerfallsreihe von Th-232** mit der Atemluft ist die dominierende Komponente der natürlichen Strahlenexposition des Menschen → **B1**. Radon diffundiert aus dem Erdboden in die Luft und ist in geringer Konzentration praktisch überall in unserer Lebenssphäre vorhanden. Im Freien ist der Mittelwert der Radonaktivität 15 Bq/m^3 und in Wohnungen 50 Bq/m^3. Wird Radon vom Menschen eingeatmet und zerfällt es im Atemtrakt, so wird dieser bestrahlt. Auch schlagen sich die Zerfallsprodukte von Rn-222, Po-218 und Po-214 als Metallionen an Staubpartikeln der Luft nieder und werden mit der Luft eingeatmet. Im → **Projekt Radon** wird „das Radonproblem" weiter vertieft. Die Inhalation von Radon bewirkt mit insgesamt 1,1 mSv/a ca. 53 % der gesamten natürlichen Strahlenexposition!

- Aufnahme mit der Nahrung (**Ingestion**): Aus dem Boden gelangen die natürlichen radioaktiven Nuklide in Wasser, Pflanzen und Tiere und damit in die Nahrung (Speisen und Getränke) des Menschen. Mit jedem Kilogramm Nahrung nehmen wir deshalb im Mittel radioaktive Nuklide mit einer Aktivität von ca. 100 Bq zu uns. Diese verhalten sich bei Stoffwechsel-, Transport- und Ausscheidungsvorgängen wie nicht aktive Nuklide. So gelangen radioaktive Nuklide in alle Teile des menschlichen Körpers. Manche Nuklide werden in einzelnen Organen gespeichert, bevor sie über Stoffwechselprozesse wieder ausgeschieden werden. Als Ergebnis von Zufuhr und Ausscheidung stellt sich ein Gleichgewichtszustand der im Körper vorhandenen radioaktiven Nuklide ein. → **T1** zeigt, dass ein Mensch (70 kg) lebenslang ein radioaktiver Strahler mit einer Aktivität von ca. 8800 Bq ist. Er erhält dadurch selbst eine Strahlenexposition von ca. 0,3 mSv/a.

2. Die externe natürliche Strahlenexposition

- Die radioaktiven Nuklide in Böden und Gesteinen bewirken durch ihre γ-Strahlung die **terrestrische Strahlung**. Sie schwankt in ihrer Intensität je nach Zusammensetzung des Bodens und verursacht eine mittlere effektive Dosis der Bevölkerung im Gebiet der Bundesrepublik Deutschland von ca. 0,4 mSv/a. Davon entfallen ca. 0,1 mSv/a auf den Aufenthalt im Freien und ca. 0,3 mSv/a auf den Aufenthalt in Gebäuden.

Natürliche und zivilisatorische Strahlenexposition

- Die **kosmische Strahlung** aus dem Weltraum besteht primär aus hochenergetischen Teilchenstrahlen und γ-Strahlung. Auf ihrem Weg durch die Lufthülle wird sie teilweise absorbiert. Folglich nimmt die Dosisleistung mit der Höhe zu ➜ B2 und ist z.B. im Flugzeug verstärkt wirksam. In der Bundesrepublik Deutschland bewirkt sie in Meereshöhe eine effektive Dosis von 0,3 mSv/a.

Die **gesamte durchschnittliche effektive Dosis,** die ein Mensch in der Bundesrepublik durch die natürliche Strahlenexposition erhält, beträgt im Mittel 2,1 mSv/a ➜ B1. Die Streubreite liegt etwa zwischen 1 und 5 mSv/a ➜ B3. Vereinzelt treten Werte von 10 mSv/a auf. – Die Bundesregierung Deutschlands veröffentlicht jährlich den Jahresbericht „Umweltradioaktivität und Strahlenbelastung", in dem weitere Einzelheiten nachzulesen sind (Herausgeber: Bundesministerium für Umwelt, Naturschutz, Bau und Reaktorsicherheit).

> **Merksatz**
> Ein Mensch ist immer und überall einer natürlichen Strahlenexposition ausgesetzt. Die dominierende Komponente dabei ist die Inhalation von Radonisotopen. In der Bundesrepublik Deutschland ist die durchschnittliche natürliche Strahlenexposition eines Menschen im Jahr 2,1 mSv an effektiver Dosis.

3. Zivilisatorische Strahlenexposition des Menschen

Zusätzlich zu der natürlichen Strahlenexposition liefert die Anwendung radioaktiver Stoffe und ionisierender Strahlung in der Medizin nochmals einen Anteil von ca. 1,9 mSv/a an effektiver Dosis, der überwiegend von Röntgenuntersuchungen einschließlich Computertomografieuntersuchungen (CT) stammt. Durchschnittlich wurden 2011 in Deutschland 1,7 Röntgenuntersuchungen und 0,14 CT-Untersuchungen pro Einwohner durchgeführt. In ➜ T2 sind beispielhaft Strahlendosen bei einigen Untersuchungen einschließlich nuklearmedizinischer Anwendungen ➜ **Strahlennutzen** aufgeführt.
Weitere zivilisatorische Strahlenexpositionen, z.B. durch Kohle- und Kernkraftwerke, sind insgesamt kleiner als 0,05 mSv/a.

Untersuchungsart	Dosis in mSv
a) Untersuchungen mit Röntgenaufnahmen	
Zahnaufnahme	≤ 0,01
Gliedmaßen	< 0,01 – 0,1
Brustkorb	0,02 – 0,08
Mammografie	0,2 – 0,6
Becken	0,5 – 1,0
b) Röntgenuntersuchungen mit Aufnahme und Durchleuchtung	
Harntrakt	2 – 5
Magen	6 – 12
Darm	10 – 18
c) Computertomografieuntersuchungen (CT)	
Wirbelsäule/Skelett	2 – 11
Bauchraum	10 – 25
d) diagnostische nuklearmedizinische Untersuchungen	
Skelettszintigrafie	3 – 8
Schilddrüsenszintigrafie	0,5 – 1
Positronenemissionstomografie (PET) mit F-18	4 – 10

T2 Effektive Dosis E bei medizinischen Untersuchungen mit ionisierenden Strahlen

B4 Wahrscheinlichkeit, bis zum Alter von 75 Jahren an Lungenkrebs zu erkranken

---

Projekt

Radon

Erstellen Sie eine Präsentation, mit der Sie über das Radonproblem informieren, u.a. über gesundheitliche Folgen von überhöhter Radonkonzentration in Gebäuden und über Möglichkeiten, sie zu verhindern. Arbeiten Sie in die Präsentation auch folgende Aufgaben ein. Informationsquellen: dieses Lehrbuch, Internetrecherche.

Arbeitsaufträge:

1 Erklären Sie das Auftreten der Radonisotope Rn-222 und Rn-220 in Gebäuden und in der Umgebung.

2 Weisen Sie Radon in Ihrem Arbeitsraum mithilfe eines geladenen Drahtes (−5 kV) experimentell nach (Lehrerin/Lehrer hilft). Erklären Sie, wie es zu der Ablagerung auf dem Draht und deren Aktivität kommt.

3 Erklären Sie die Anreicherung von Radon und dessen Konzentrationsschwankungen in Innenräumen.

4 Informieren Sie sich über die Höhe der Radonkonzentration in der Raumluft von Gebäuden.

5 Teilen Sie mit, welche effektive Dosis durch Radon eine Person erhält, die in Deutschland lebt.

6 Man vermutet, dass eine zusätzliche Strahlenexposition durch Radon von 100 Bq/m³ das Lungenkrebsrisiko eines Menschen um ca. 10 % erhöht, d.h. bei 1000 Bq/m³ ist das Risiko mindestens doppelt so hoch. Erläutern Sie den Begriff „Risiko".

7 Beachten Sie ➜ B4 „Raucher und Radon".

8 Recherchieren Sie, welche Empfehlungen es zur Begrenzung der Dosis durch Radon in Wohnungen gibt.

Wirkung elektromagnetischer Strahlung auf Menschen

B1 2014 nutzten über 41 Mio. Menschen in Deutschland ein Smartphone.

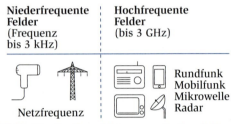

B2 Die Quellen elektromagentischer Felder teilt man nach der Frequenz in nieder- und hochfrequente Felder ein.

Gerät	Magnetische Flussdichte in µT		
Abstand	3 cm	30 cm	100 cm
Föhn	6–2000	0,01–7	0,01–0,3
Staubsauger	200–800	2–20	0,13–2
Computer	0,5–30	< 0,01	
Fernseher	2,5–50	0,04–2	0,01–0,15

T1 Typische Werte für die magnetischen Flussdichten, die von Haushaltsgeräten in verschiedenen Abständen erzeugt werden.

Stromdichte in mA/m²	Wirkung
> 1000	akute Schädigungen, z.B. Herzkammerflimmern
> 100	verstärkte Erregung von Nerven- und Muskelzellen, Wirkungsschwelle wird erreicht
< 100	nachgewiesene Wirkungen, z.B. optische Wahrnehmungen, Beeinträchtigung des Wohlbefindens möglich
< 10	einzelne biologische Effekte beim Menschen
< 1	kein Effekt, Basisgrenzwert

T2 Je größer die im Körper erzeugten elektrischen Stromdichten sind, desto gravierender sind die Auswirkungen. Zwischen die Wirkungsschwelle (100 mA/m²) und den Basisgrenzwert (1 mA/m²) wurde ein Sicherheitsfaktor 100 eingebaut.

1. Überall Felder

Unser modernes Leben ist ohne elektrische und elektronische Geräte nicht vorstellbar. Waschmaschine, Fernseher, Küchengeräte und natürlich Computer begleiten uns rund um die Uhr – und ohne Smartphone ist für viele das Leben nicht mehr zu bewältigen → B1.

All diese Geräte sind Quellen elektrischer und magnetischer Wechselfelder. Überall dort, wo eine elektrische Wechselspannung anliegt, entsteht ein niederfrequentes elektrisches Feld, überall dort, wo ein Wechselstrom vorhanden ist, entsteht ein **niederfrequentes Magnetfeld** → B2, → T1. Diese niederfrequenten Felder sind dort vorhanden, wo sie erzeugt werden. Mit der Entfernung zur Quelle klingen sie rasch ab. Das Smartphone erzeugt darüber hinaus **hochfrequente elektromagnetische Wellen**, die sich über große Entfernungen fortpflanzen und Mobilfunk erst möglich machen. Auch Schnurlostelefone, WLAN-Stationen, Rundfunk und Mikrowellenherde erzeugen elektromagnetische Wellen. Technisch erzeugte elektrische und magnetische Felder sowie elektromagnetische Wellen sind also ständige Begleiter unseres Alltags. Wir wirken sie auf den Menschen? Beeinträchtigen sie die Gesundheit?

2. Wirkungen niederfrequenter Felder

Elektromagnetische Felder können auf verschiedene Weise auf den Menschen einwirken. Die energiereiche ionisierende Strahlung und ihre schädliche Wirkung haben wir bereits besprochen. Doch auch wenn es nicht zur Ionisierung kommt, wirken elektromagnetische Felder auf den Organismus ein – jede elektromagnetische Welle transportiert Energie. Man spricht von **nichtionisierender Strahlung**. Die Wirkung hängt dabei von der Frequenz ab. Dabei unterscheidet man niederfrequente und hochfrequente Felder → B2.

Niederfrequente Felder können im menschlichen Organismus Ströme hervorrufen, durch die Nerven und Muskeln gereizt werden. Die Palette der Reizungen reicht dabei von einer harmlosen Wahrnehmung bis hin zur Schmerzempfindung. Elektrische Felder dringen jedoch kaum in den Organismus ein, die elektrische Feldstärke im Körper beträgt nur ca. ein Millionstel der Stärke des äußeren Feldes. Magnetische Felder dringen hingegen praktisch ungestört in den Körper ein und induzieren dort elektrische Ströme.

Ein Maß für die Wirkung niederfrequenter Felder sind also die Stromstärken bzw. **Stromdichten** (Stromstärke pro Querschnittsfläche), die durch sie hervorgerufen werden. Unterhalb einer Stromdichte von 10 mA/m² im Körper sind nur einzelne, wissenschaftlich nicht abgesicherte biologische Wirkungen bekannt, akute Gefahren für die Gesundheit treten erst ab Stromdichten über 100 mA/m² auf → T2. Kennt man die Wirkungsschwellen elektrischer Ströme im Körper, kann man für die äußeren Felder **Grenzwerte** ableiten, deren Einhaltung gewährleistet, dass die entsprechenden Felder keine biologischen Wirkungen hervorrufen.
Für die Allgemeinbevölkerung beträgt der gesetzliche Grenzwert für die magnetische Flussdichte von 50 Hz-Feldern 100 µT, für elektrische 50 Hz-Felder liegt die maximal zulässige Feldstärke bei 5000 V/m.

Wirkung elektromagnetischer Strahlung auf Menschen

3. Wirkungen hochfrequenter Felder

Hochfrequente elektromagnetische Felder wirken vor allem auf die im Gewebe vorhandenen Wassermoleküle ein. Diese sind zwar elektrisch neutral, die Ladung innerhalb der Moleküle ist aber räumlich verteilt: Wassermoleküle bilden einen Dipol und richten sich in einem elektrischen Feld aus. Dringt nun eine elektromagnetische Welle in den Körper ein, führt sie zusätzliche Energie zu und verstärkt die Rotation der Wassermoleküle → B3. Die Moleküle orientieren sich vermehrt um, die mittlere Rotationsenergie steigt. Die vom Organismus absorbierte Energie erhöht also die innere Energie und die Temperatur steigt. Genau darauf basiert auch der Mikrowellenherd.

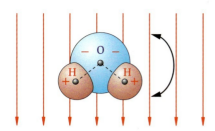

B3 Wassermoleküle haben einen Dipolcharakter. Ein zusätzliches elektrisches Feld verstärkt die Rotation der Moleküle.

Wieviel Energie absorbiert wird, hängt stark von der Frequenz ab. Bis ca. 30 MHz findet kaum Absorption statt, elektromagnetische Wellen dieser Frequenzen gehen relativ ungehindert durch den Körper hindurch. Zwischen 70 und 100 MHz ist die Absorption hingegen besonders effektiv, weil die zugehörigen Wellenlängen und die menschlichen Körpermaße gut zueinander passen – es tritt sozusagen Resonanz auf. Bei höheren Frequenzen wird die Eindringtiefe immer geringer und die Absorption konzentriert sich immer stärker auf die oberen Hautschichten, Frequenzen über 10 GHz erreichen fast nur noch die Hautoberfläche.

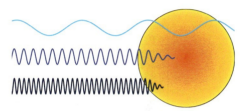

B4 Die Spezifische Absorptionsrate (SAR) beschreibt die Absorption von elektromagnetischen Wellen im Körper. Durch die Absorption erhöht sich die Temperatur. Die Eindringtiefe hängt von der Freqeunz ab. Langwellige Strahlung (< 30 MHz) wird beim Menschen wenig absorbiert; im Frequenzbereich von 30 bis 100 MHz wirkt der menschliche Körper als Resonanzkörper.

Als Maß für die absorbierte Energie pro Zeiteinheit und Kilogramm Körpergewicht wird die **Spezifische Absorptionsrate (SAR)** definiert, angegeben in W/kg → B4 . SAR-Werte von 1 bis 4 W/kg erhöhen die Körpertemperatur maximal um 1 °C. Um zu starke Temperaturerhöhung auszuschließen, hat der Gesetzgeber den SAR-Grenzwert auf 0,08 W/kg festgesetzt, bezogen auf den gesamten Körper. Um einzelne Körperteile zu schützen, gilt zusätzlich ein Teilkörper-Grenzwert von 2 W/kg, gemittelt über 10 g Körpergewebe.

4. Studien, Studien, Studien

Die oben beschriebenen Wirkungen sind gut verstanden und unumstritten, seit vielen Jahren wird jedoch eine engagierte Diskussion darüber geführt, ob elektromagnetische Felder nicht auch unterhalb der Grenzwerte die Gesundheit beeinträchtigen. Tausende wissenschaftliche Studien, von Zellexperimenten über Tierversuche bis hin zu epidemiologischen (statistischen) Studien, wurden durchgeführt, um biologische Effekte zu finden, die nicht durch Körperströme oder Wärmeerzeugung erklärbar sind. Doch trotz umfassender Forschung ist die Frage nach gesundheitlichen Störungen unterhalb der Grenzwerte nicht endgültig geklärt. Einzelne Studien, die bestimmte Effekte beobachtet haben, konnten durch andere Studien nicht bestätigt werden oder wiesen Mängel auf. Auch die Hypothese, dass es **elektrosensible Menschen** gäbe, die auf sehr schwache Felder mit bestimmten Symptomen reagieren, konnte bislang nicht experimentell bestätigt werden. In Doppelblindstudien (weder Proband noch Versuchsdurchführender wussten, zu welchem Zeitpunkt welches Feld vorlag) konnten vermeintlich Elektrosensible keine Trefferquoten erzielen, die deutlich über einer Zufallsverteilung lagen. Bislang konnten jenseits der bekannten Mechanismen keine weiteren plausiblen Wirkungsmodelle elektromagntischer Felder identifiziert werden, weder für niederfrequente noch für hochfrequente Felder.

Interessantes

Vorsorge

Bislang gibt es keine eindeutigen Hinweisen darauf, dass elektromagnetische Felder unterhalb der bestehenden Grenzwerte die Gesundheit beeinträchtigen. Im Alltag liegen die Feldstärken zudem immer deutlich unter den Grenzwerten.
Wissenschaftliche Resultate sind jedoch immer vorläufig und unsicher. Das Bundesamt für Strahlenschutz empfiehlt daher, bestimmte Vorsorgemaßnahmen einzuhalten:
- Abstand halten (die Amplitude bzw. Flussdichte niederfrequenter Felder nimmt mit dem Abstand zur Quelle ab, ebenso die Intensität elektromagnetischer Wellen),
- Dauer der Einwirkung verringern,
- unnötige Quellen ausschalten (spart auch Geld!),
- strahlungsarme Geräte verwenden, auf SAR-Werte beim Kauf achten.

Strahlenschäden – Strahlenschutz

Dosis in Gy	Symptome
< 0,25	äußerlich keine Schäden erkennbar
0,25 – 1	2 – 6 Stunden nach der Exposition gelegentlich Übelkeit und Erbrechen
1 – 3	nach 2 Stunden Erbrechen, kurzzeitig Kopfschmerzen, 12 – 24 Stunden nach der Exposition zeigen sich rötliche Haarverfärbungen: nach 2 Wochen Haarausfall; Jahre später können sich Augenlinsen trüben.
3 – 6	Ausgeprägte Abgeschlagenheit schon nach 6 – 12 Stunden; Erbrechen nach 0,5 – 2 Stunden, ständig Kopfschmerzen; in der 3. Woche Fieber, Entzündungen im Mund und Rachen, blutige Durchfälle, ohne aufwendige medizinische Versorgung stirbt jede 2. Person
6 – 8	Erbrechen nach 10 Minuten; Durchfälle nach wenigen Stunden mit inneren und äußeren Blutungen, ständig bohrende Kopfschmerzen, beginnende Bewusstseinstrübung; der Tod erfolgt zumeist in der 2. Woche
8 – 15	Erbrechen nach 5 Minuten; qualvolle Kopfschmerzen; Krämpfe bis zum Eintritt des Komas; in wenigen Tagen tritt der Tod ein.

T1 Symptome nach Ganzkörperexposition

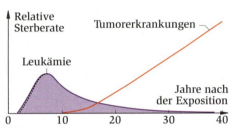

B1 Zeitmuster der durch Strahlenexposition hervorgerufenen Leukämie- und Krebserkrankungen unter den Überlebenden der Atombombenexplosionen in Japan

	Hiroshima	Nagasaki
Zivilbevölkerung 1945	~ 310 000	~ 250 000
getötete Personen	~ 120 000	~ 70 000
verwundete Personen	~ 80 000	~ 80 000
ab 1950 erfasste Überlebende, deren Strahlendosis bekannt ist	86 572	
alle Todesfälle bis 2000 unter diesen Überlebenden	47 685	
darunter Krebstodesfälle bis 2000	10 127	
davon strahlenbedingt	479	
und Leukämietodesfälle bis 2000	296	
davon strahlenbedingt	93	

T2 Wirkung der über Japan 1945 eingesetzten Atombomben

1. Welche Schäden können im Körper auftreten?

a) Deterministische Strahlenwirkungen sind solche, bei denen der Schweregrad des Strahlenschadens eine Funktion der Energiedosis ist. Es existiert für diese Wirkungen im Allgemeinen eine Schwellendosis, d. h. ein Schaden tritt erst auf, wenn dieser Schwellenwert überschritten ist. Beim Menschen liegt dieser Wert bei einer Ganzkörperexposition von ca. 0,2 Gy. Je höher die Energiedosis oberhalb dieses Schwellenwertes ist, desto schwerer ist die Erkrankung → T1 . Sie tritt sofort oder innerhalb weniger Wochen nach der Exposition ein. Betroffen sind in erster Linie jene Zellverbände, die relativ rasch erneuert werden, also die Blutbildungsorgane und die Mund-, Magen- und Darmschleimhäute.

b) Stochastische Strahlenwirkungen sind solche, bei denen die Eintrittswahrscheinlichkeit für einen Strahlenschaden, nicht aber dessen Schweregrad von der Energiedosis abhängt. Dazu zählen Leukämie, Krebs und Veränderungen der Erbanlagen (genetische Schäden). Sie treten mit einer bestimmten Wahrscheinlichkeit erst Jahre nach der Exposition auf → B1 .

Merksatz

Deterministische Strahlenwirkungen sind solche, bei denen der Schweregrad des Strahlenschadens eine Funktion der Energiedosis ist. Für diese Strahlenschäden gibt es eine Schwellendosis.
Bei stochastischen Strahlenwirkungen hängt die Eintrittswahrscheinlichkeit, nicht aber die Schwere des Schadens, von der Energiedosis ab. Dazu zählen Leukämie, Krebs und genetische Schäden.

2. Stochastisches Strahlenrisiko bei kleinen Dosen

Dosen unter 0,2 Sv oder Dosisleistungen unter 50 mSv/a werden als niedrig angesehen. So summiert sich die natürliche Strahlenexposition eines Menschen im Laufe eines 70-jährigen Lebens auf 70 · 2,1 mSv ≈ 0,15 Sv. Deterministische Schäden treten bei diesen Dosen wegen deren Schwellendosis nicht auf.

Ist mit diesen kleinen Dosen aber ein Krebsrisiko oder ein genetisches Risiko verbunden? Experimentell lässt sich dies nicht nachweisen. Die Wirkung ist zu gering, um sich von der natürlichen Spontanrate der Krebssterblichkeit abzuheben. So ist man auf Abschätzungen angewiesen. Als Grundlage dafür dient hauptsächlich die Untersuchung Überlebender der Atombombenabwürfe in Japan → T2 , wo die Menschen allerdings kurzzeitig mit einer hohen Dosis exponiert wurden.

Man fand zunächst, dass das Auftreten von Leukämie anders verläuft als das anderer Krebsarten → B1 . Zahlenmäßig ergab sich: Betrachtet man ein Kollektiv von 1000 Menschen, so treten ohne zusätzliche Strahlenexposition 7 Leukämietodesfälle und 200 bis 250 andere Krebstodesfälle auf. Werden 1000 Menschen zusätzlich kurzzeitig mit einer effektiven Dosis von 1 Sv exponiert, muss man mit weiteren 11 Leukämie- und 109 anderen Krebstoten rechnen. Man sagt, der Risikokoeffizient, d. h. die Wahrscheinlichkeit nach einer Strahlenexposition an Krebs zu sterben, liegt bei Leukämie bei 1,1 % je Sv und bei den anderen Krebsarten bei 10,9 % je Sv.

Die natürlichen oder beruflichen, unfallbedingten Strahlenexpositionen erfolgen zeitlich verteilt und liegen fast immer im niedrigen Dosisbereich mit geringen Dosisleistungen. Zeitlich gestreckte Dosisaufnahmen sollten die Erfolgschancen für biologische Reparaturmechanismen erhöhen. Deshalb hat man zum Zwecke des Strahlenschutzes die Risikokoeffizienten für Expositionen mit Dosen unter 0,2 Sv oder mit geringer Leistung gegenüber den in Japan gewonnenen Ergebnissen halbiert und rechnet mit einem Todesfallrisiko für alle Krebsarten von 5 % je Sv ➜ B2 . Die bei hohen Dosen beobachteten Wirkungen werden linear und ohne Schwellenwerte bis zur Wirkung null bei der Dosis null extrapoliert. So trägt die natürliche Strahlenexposition von 0,15 Sv (in 70 Jahren) dann 5 %/Sv · 0,15 Sv ≈ 1 % zu dem 25 %-igen Anteil der Krebstodesfälle bei ➜ Vertiefung.

Genetische Schäden konnten beim Menschen bislang nicht nachgewiesen werden, auch nicht bei den Atombombenüberlebenden. Man geht aber aufgrund von Tierversuchen davon aus, dass die Wahrscheinlichkeit von schweren genetischen Schäden bei 1 % je Sv liegt.

Werden schwangere Frauen bestrahlt, treten mit einer größeren Wahrscheinlichkeit deterministische und stochastische Schäden an der Leibesfrucht auf als bei Erwachsenen. Embryonen weisen nämlich eine höhere Zellteilungsrate auf. Eine Schwangerschaft sollte jede Frau vor einer Röntgenuntersuchung dem Arzt mitteilen.

> **Merksatz**
> Stochastische Strahlenschäden bei kleinen Dosen lassen sich experimentell nicht nachweisen. Für den Strahlenschutz rechnet man derzeit mit einem Strahlenkrebsrisiko von 5 % je Sv und einer Wahrscheinlichkeit für genetische Schäden von 1 % je Sv.

3. Strahlenschutz

Der Strahlenschutz geht weltweit nach dem **ALARA-Prinzip** vor. ALARA steht für „**A**s **l**ow **a**s **r**easonably **a**chievable". Das bedeutet: Maßnahmen, die ergriffen werden, um die Strahlenexposition so gering wie möglich zu halten, müssen unter Berücksichtigung wirtschaftlicher, technischer und sozialer Faktoren vernünftig und sinnvoll sein. Erste Regel des Strahlenschutzes ist es, jede unnötige Expositionen zu vermeiden! Für unvermeidbare Expositionen bei externer Bestrahlung gibt es die vier Grundregeln des Strahlenschutzes:

1. Verwendung einer möglichst geringen Aktivität der Quelle.
2. Beschränkung der Aufenthaltsdauer in einem Strahlenfeld.
3. Einhaltung eines sicheren Abstandes zur Strahlenquelle.
4. Abschirmung der Strahlung durch geeignete Materialien.

Um eine interne Exposition so weit wie möglich zu beschränken, gibt es weitere, hier nicht aufgeführte Grundregeln. Wichtig ist zu wissen: Strenge gesetzliche Vorschriften regeln den Umgang mit radioaktiven Stoffen und Röntgengeräten. In Deutschland sind es die Strahlenschutzverordnung (StrlSchV) und die Röntgenverordnung (RöV). Die Einhaltung von **Dosisgrenzwerten** sichert die Wirksamkeit von Strahlenschutzmaßnahmen. So darf die jährliche Strahlenexposition außerhalb einer kerntechnischen Anlage die effektive Dosis von 0,3 mSv/a nicht überschreiten. Die Dosisgrenzwerte orientieren sich u. a. an der Schwankungsbreite der natürlichen Strahlenexposition.

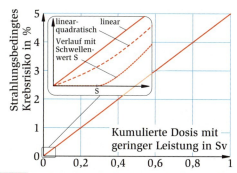

B2 Krebsrisiko als Funktion der Dosis; der Verlauf bei sehr kleinen Dosen ist ungeklärt.

Vertiefung

A. Beobachtungen bei kleinen Dosen
In Gegenden mit sehr hoher natürlicher Strahlenexposition (> 30 mSv/a), wie in Indien oder dem Iran, konnten keinerlei Hinweise auf ein erhöhtes Krebsrisiko gefunden werden. Die „normale" Krebssterblichkeit unterliegt nämlich größeren Schwankungen, sodass durch Strahlenexposition erzeugte Krebsfälle im statistischen Rauschen untergehen. So sterben z. B. ca. 25 % der Bevölkerung der Bundesrepublik Deutschland an Krebs.

B. Eine ungeklärte Frage
Heute schätzt man die stochastische Wirkung kleiner Dosen wie folgt ab: Man extrapoliert von den bei hohen Dosen beobachteten Wirkungen linear und ohne Schwellenwert bis zur Wirkung null bei der Dosis null mit der Steigung 5 %/Sv ➜ B2 . Diese lineare Dosis-Wirkungsbeziehung ohne Schwelle (LNT-Hypothese, linear-non-threshold) ist derzeit eine wichtige Annahme im Strahlenschutz und die Grundlage für die Festlegung von Grenzwerten.

Diese Hypothese wird allerdings hinterfragt. Unterhalb von 50 mSv zeigen nämlich alle vorliegenden Untersuchungen keinen signifikanten Trend. Viele der strahlenbiologischen Effekte auf molekularer oder zellulärer Ebene weisen im Bereich kleiner Dosen nicht-lineare Dosis-Wirkungsbeziehungen auf (➜ B2 , Ausschnitt). Wie diese Einzeleffekte allerdings in ihren Zusammenhängen und Wechselwirkungen zu einer Dosis-Wirkungsbeziehung für den Gesamtprozess der Krebsentstehung beitragen, ist noch weitgehend ungeklärt.

Strahlennutzen

B1 Gammakamera mit Patientenliege

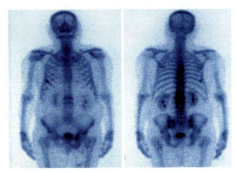

B2 Szintigramm des Skeletts eines Menschen von vorne und von hinten. Dort, wo die dem Menschen zugeführte radioaktive Substanz sich ansammelt, ist die Strahlung intensiver, die Stellen sind dunkler. Der Grad der Schwärzung hilft dem Arzt bei seiner Diagnose.

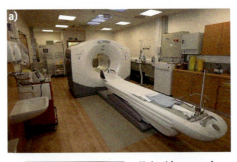

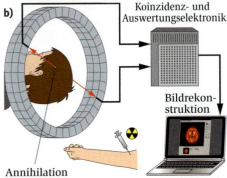

B3 a) Positronen-Emissions-Tomograf
b) Prinzip der Arbeitsweise des Tomografen; Erläuterung siehe Text.

Radioaktive Nuklide finden viele Anwendungen in den verschiedensten Gebieten, so bei der Altersbestimmung → **C-14-Methode**. Im Folgenden werden einige weitere Beispiele skizziert, z.B. aus der Medizin. Dort sind Radionuklide ein oft unersetzbares Hilfsmittel sowohl bei der Diagnose als auch bei der Therapie von Krankheiten.

1. Medizinische Diagnostik mit radioaktiven Nukliden

Die **nuklearmedizinische Diagnostik** nützt aus, dass im menschlichen Körper bestimmte Substanzen in Organen und Geweben unterschiedlich gut aufgenommen und ausgeschieden werden. Bei einer Untersuchung werden deshalb dem Patienten entsprechende Substanzen verabreicht, an die auch ein Gammastrahlung aussendendes Radionuklid mit nicht zu großer Halbwertszeit (zu über 60 % Tc-99^m, $T_{1/2} = 6$ h) chemisch gebunden ist. Die so radioaktiv markierte Verbindung verhält sich bei allen Vorgängen im Körper wie die entsprechenden nicht aktiven Substanzen. Anhand der Gammastrahlung lässt sich dann von außen die Geschwindigkeit der Aufnahme und Ausscheidung sowie die Anreicherung in verschiedenen Organen verfolgen. Damit lassen sich diagnostische Aussagen treffen.

Der Nachweis der γ-Quanten der Strahlung erfolgt meist mit Szintillatorkristallen. Werden diese von einem γ-Quant getroffen, wandeln sie die Energie der γ-Quanten in Licht um. Die so entstandenen Lichtblitze werden selbst wiederum in elektrische Signale umgewandelt und verstärkt. Die Lichtblitze von vielen γ-Quanten setzt dann ein Computer zu einem Bild zusammen. Die Kristalle sind in Gammakameras → **B1** so angeordnet, dass sich sogar der ganze Körper abbilden lässt. Die Bilder nennt man **Szintigramme** → **B2**.

Ein **Positronen-Emissions-Tomograf (PET)** → **B3a** arbeitet nach einem ähnlichen Prinzip. Mit ihm kann man z.B. Stoffwechselvorgänge sichtbar machen. Man injiziert dazu dem Patienten schwach radioaktive → **Positronenstrahler** kurzer Halbwertszeit, z.B. C-11 ($T_{1/2} = 20{,}38$ min), N-13 ($T_{1/2} = 9{,}96$ min), O-15 ($T_{1/2} = 2{,}03$ min) oder F-18 ($T_{1/2} = 109{,}7$ min), die am Stoffwechsel aktiv teilnehmen.

Beim Zerfall eines dieser Nuklide entsteht ein Positron e$^+$, das in der Materie rasch zur Ruhe kommt und praktisch am Entstehungsort mit einem der überall vorhandenen Elektronen e$^-$ zusammentrifft. Dabei verschwinden beide und bilden zwei γ-Quanten, die aufgrund des Impulserhaltungssatzes in entgegengesetzter Richtung auseinander fliegen (e$^+$ + e$^-$ → 2γ). Man nennt dies eine **Paarvernichtung** oder **Zerstrahlung**.

Die beiden γ-Quanten verlassen meist den Körper und können mit einem Detektorsystem nachgewiesen werden → **B3b**. Dieses umschließt den Körper ringförmig und besteht aus vielen einzelnen Szintillatorkristallen. Mit einer sogenannten Koinzidenzelektronik werden die beiden γ-Quanten als „zeitgleich" (z.B. innerhalb 10 ns) registriert und aufgezeichnet. Der zugrunde liegende Zerfallsprozess liegt dann mit großer Wahrscheinlichkeit auf der Verbindungslinie der beiden Nachweisorte. Aus den registrierten Verbindungslinien vieler Zerfallsprozesse kann man dann die Verteilung und Konzentration der markierten Substanzen mit einem Computer berechnen. Aus den so erhaltenen Bildern kann dann der Arzt seine Diagnose stellen.

2. Medizinische Therapie mit radioaktiven Nukliden

In Deutschland erkranken jährlich über 450 000 Menschen an Krebs, und dies mit steigender Häufigkeit. Für über 40 % dieser Menschen ist die Behandlung der Krebsgeschwüre (Tumore) mit einer **Strahlentherapie**, d. h. einer Bestrahlung mit energiereicher ionisierender Strahlung, eine wesentliche Komponente. Die in schneller Teilung begriffenen Krebszellen reagieren nämlich auf energiereiche, ionisierende Strahlung besonders empfindlich. Bei einer Strahlentherapie besteht die Kunst des Arztes darin, den Krankheitsherd mit ionisierender Strahlung möglichst weit zu zerstören und benachbartes gesundes Gewebe weitgehend zu schonen. Die Bestrahlung sollte also möglichst auf die Tumorregion begrenzt sein.

Ein erstes Beispiel ist die **Radiojodtherapie** zur Behandlung von Krebserkrankungen der Schilddrüse. Dem Patienten wird dabei das Isotop I-131 verabreicht, das β- und γ-Strahlung aussendet. Jod reichert sich fast ausschließlich in der Schilddrüse an, so dass nur dort die Betastrahlung mit einer sehr hohen Dosis wirkt und die Krebszellen zerstört. Die γ-Strahlung führt einerseits zu einer unerwünschten Strahlenexposition der anderen Körperteile, andererseits ermöglicht sie aber von außen mit einer Gammakamera die Speicherung von I-131 in der Schilddrüse zu überwachen → **Methode**.

3. Medizinische Therapie mit γ-Strahlung

Ein weiteres Beispiel für die Therapie von Krebsgeschwülsten ist die **Bestrahlung mit γ-Strahlung**. Um das benachbarte Gewebe eines Tumors zu schonen, wird dabei mit der Apparatur in → **B4** die Krebsgeschwulst gezielt mit γ-Strahlung aus verschiedenen Richtungen bestrahlt. Man pendelt dazu die Strahlenquelle um den Krankheitsherd auf einem Kreisbogen. Gesundes Gewebe in der Umgebung des Krankheitsherdes wird somit deutlich weniger bestrahlt als der Krankheitsherd. Als Quelle für die γ-Strahlung verwendete man früher Radionuklide wie Co-60, heute aber hauptsächlich sogenannte Linearbeschleuniger, in denen die γ-Strahlung wie die Röntgenstrahlen in einer Röntgenröhre durch Abbremsung energiereicher Elektronen erzeugt wird.

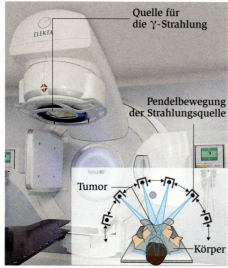

B4 Krebsbehandlung mit γ-Strahlung; die Quelle pendelt um den Krankheitsherd.

A1 Bewerten Sie den Nutzen und das Risiko einer Röntgenaufnahme der Zähne.

A2 Die Strahlung radioaktiver Stoffe ist gefährlich und darf deshalb in der Medizin nicht genutzt werden. Nehmen sie zu dieser Aussage Stellung!

A3 Erläutern sie, warum man in der medizinischen Diagnostik radioaktive Nuklide mit kleiner Halbwertszeit einsetzt.

A4 Halten Sie ein Referat über den Nutzen der Strahlung radioaktiver Stoffe in der medizinischen Diagnostik.

A5 Informieren Sie sich darüber, woher die Kliniken für Nuklearmedizin das Nuklid Tc-99^m erhalten. Berichten Sie dem Kurs.

Methode – Selbstständig bewerten

Sie sollen am Beispiel der → **Radiojodtherapie** bei einer Schilddrüsenerkrankung den Einsatz der Strahlung radioaktiver Stoffe in der Medizin bewerten, d.h. Sie müssen den Nutzen der Therapie gegenüber dem Risiko der mit der Therapie verbundenen Strahlenexposition abwägen. Wie gehen Sie vor?

1. Sie benötigen solide fachliche Grundlagen. Informieren Sie sich deshalb, wie die Radiojodtherapie durchgeführt wird, welches Radionuklid eingesetzt wird und welche Strahlenexpositionen durch dessen Strahlung auftreten.
   Quellen: z.B. dieses Buch; Homepages der Universitätskliniken für Nuklearmedizin.

2. Bringen Sie den Nutzen der Therapie in Erfahrung, d. h. mit welcher Wahrscheinlichkeit wird die Schilddrüse durch diese Behandlung wieder geheilt. Gibt es neben der Strahlenexposition noch andere Nebenwirkungen?

3. Um das Risiko der Strahlenexposition abzuschätzen, müssen Sie die Dosis (ohne Schilddrüsendosis), die man bei dieser Therapie erhält, mit anderen Dosen von Strahlenexpositionen, z.B. bei Röntgenuntersuchungen, vergleichen. Mit welcher Wahrscheinlichkeit sind also gesundheitliche Schäden durch die Strahlenexposition der Radiojodtherapie zu erwarten?

4. Jetzt können Sie Nutzen und Risiko gegeneinander abwägen und die Therapie bewerten.

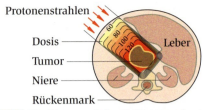

B1 Ein Tumor wird mit Protonen bestrahlt. Die Zahlen geben die Intensität der Dosis an.

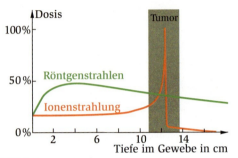

B2 Dosisverlauf für Röntgen- und Protonenstrahlen in biologischem Gewebe

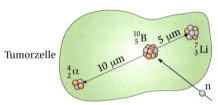

B3 Die bei der Kernreaktion von einem B-10-Kern und einem Neutron entstehenden energiereichen Teilchen werden in der Zelle abgebremst und zerstören diese.

Vertiefung

Kernreaktionen

Das Beschießen von Atomkernen mit unterschiedlichsten Teilchen und die Beobachtung, was dabei geschieht, ist eine grundlegende Forschungsmethode in der Kernphysik. 1919 beschoss Ernest RUTHERFORD in einer Nebelkammer Stickstoffkerne N-14 mit α-Teilchen und beobachtete anschließend Protonen. Diese erste bekannte Kernreaktion schreibt man:

$$^{14}_{7}\text{Ni} + ^{4}_{2}\alpha \rightarrow ^{17}_{8}\text{O} + ^{1}_{1}\text{p}$$

Bei der Kernreaktion eines B-10-Kerns mit einem energiearmen Neutron entsteht ein energiereiches α-Teilchen und ein energiereicher Li-7-Kern. Man schreibt:

$$^{10}_{5}\text{B} + ^{1}_{0}\text{n} \rightarrow ^{7}_{3}\text{Li} + ^{4}_{2}\alpha + W.$$

---

4. Medizinische Therapie mit Protonenstrahlen

Die Protonentherapie, die Bestrahlung von Krebsgeschwülsten mit energiereichen Protonen, ist eine Form der Strahlentherapie, die aufgrund ihrer physikalischen Eigenschaften als besonders schonend und wirksam gilt. Den Grund dafür zeigt → **B1** am Beispiel einer Bestrahlung eines Tumors in der Nähe des Rückenmarks. Angegeben ist die Dosisverteilung im Bauchraum des bestrahlten Menschen. Vor dem Tumor sind die Protonen noch relativ schnell und ionisieren deshalb die Moleküle wegen ihrer kurzen Verweilzeit nur schwach, die Dosis ist gering. Am Tumor werden die Protonen langsamer, erzeugen dort die große, zu dessen Zerstörung nötige Ionisierungsdichte und werden im Tumor – anders als Röntgenstrahlen – vollständig abgebremst. In → **B2** ist dies deutlich zu erkennen. Als Folge bleibt z. B. das dahinter liegende, empfindliche Rückenmark unbestrahlt. – Selbst Tumoren im Augeninneren werden so fast punktgenau zerstört. Allerdings muss man die schnellen Protonen vor Ort in großen und teuren Teilchenbeschleunigern erzeugen → **A1**.

5. Medizinische Therapie mit Neutronenstrahlen

Eine seit über 50 Jahren bekannte Möglichkeit, mithilfe von Neutronen Krebsgeschwüre zu zerstören, ist die **Bor-Neutroneneinfangtherapie**. Dabei werden Tumorzellen mit Bor(B)-10-Atomen „aufgeladen" und anschließend mit Neutronen geringer Energie bestrahlt. Wird ein Neutron von einem B-10-Kern „eingefangen", was mit relativ großer Wahrscheinlichkeit passiert, tritt eine Kernreaktion auf → **Vertiefung**. Dabei entstehen energiereiche α-Teilchen und Li-7-Kerne, die Zellgewebe in ihrer Reichweite von ca. 5 bis 10 μm schädigen → **B3**. Dies entspricht etwa dem Durchmesser einer Zelle. So können Tumorzellen gezielt vernichtet werden, ohne dass umliegende Zellen in Mitleidenschaft gezogen werden. Erste Erfolge mit der Therapie hat man in Pavia (Italien) bei der Bestrahlung von Tumoren in der Leber erzielt. Es besteht aber noch großer Forschungsbedarf. Ein Problem besteht z. B. darin, die Tumorzellen – und zwar nur diese – möglichst einfach mit Bor-10-Atomen „aufzuladen". Problematisch ist auch die Erzeugung der Neutronenstrahlen. Anfang 2015 stand dafür in Europa nur die Forschungsneutronenquelle in Garching bei München zu Verfügung.

6. Anwendungen der Absorption von γ-Strahlung

a) Durchsetzt γ-Strahlung Materie, so wird sie teilweise absorbiert. Dies nützt man z. B. in der Gammaradiografie aus. Mit ihr gelingt eine zerstörungsfreie Materialprüfung, etwa die Überprüfung einer Schweißnaht → **B4**. Zwischen einer γ-Strahlungsquelle und einem Film befindet sich das Prüfgut. Enthält es einen Materialfehler, etwa einen Lufteinschluss, so wird an dieser Stelle die Strahlung weniger geschwächt und der Film somit stärker geschwärzt.
Mit der Gammaradiografie gelingt es z. B. im Bereich der Bildenden Kunst, die Technik des Gusses dickwandiger Bronzeskulpturen zu erforschen.
b) Die Absorption der γ-Strahlung hängt von der Dicke der durchstrahlten Materie ab. Dies nützt man z. B. aus, um berührungslos die Dicke eines Materials zu messen → **B5** oder zu Füllstandsmessungen von Flüssigkeiten in geschlossenen Behältern → **A3**.

7. Markierung mit radioaktiven Nukliden

Viele chemische, technologische und biologische Prozesse lassen sich verfolgen, wenn man die beteiligten Stoffe mit radioaktiven Nukliden „markiert". Diese Radionuklide werden zur Spurensuche verwendet. Man spricht deshalb auch von **Tracermethoden**. G. v. HEVESY erhielt 1943 für deren Entdeckung den Chemienobelpreis.

a) Bei der **Isotopenmarkierung** wird ein sehr kleiner Teil der Moleküle des Systems durch Einbau eines radioaktiven Isotops gekennzeichnet. Die so markierten Moleküle nehmen dann an den normalen chemischen Reaktionen des Systems teil. Die Strahlung, die sie aussenden, verrät viel über die abgelaufenen Prozesse. Mithilfe der Isotopenmarkierung konnte z. B. der Ablauf der pflanzlichen Fotosynthese geklärt werden.

b) Bei der **Fremdatommarkierung** werden den Stoffen, die an dem zu untersuchenden Prozess teilnehmen, Radioisotope zugegeben, die keine chemische Identität mit der zu markierenden Substanz haben. Ein Beispiel aus der Technik ist die **Verschleißkontrolle**. Die Untersuchung des Verschleißes bewegter Maschinenteile liefert volkswirtschaftlich wichtige Aussagen über die optimale Werkstoffauswahl. So werden dem Stahl eines Achslagers Eisen Fe-52 als Markierung zugegeben und dessen Menge im Abrieb gemessen. Ähnlich wird der Abrieb von Fahrzeugreifen durch Zugabe von Phosphor P-32 in die Gummimasse kontrolliert. Mit der radioaktiven Markierung der Verschleißteile kann man Abriebmengen von 10^{-14} kg nachweisen! Mit einer Wägung der Verschleißteile sind dagegen erst Abriebsmengen $> 10^{-8}$ kg festzustellen.

8. Sterile-Insekten-Technik (SIT)

Schadinsekten reduzieren die Weltnahrungsproduktion jährlich um etwa ein Drittel und der massive Einsatz von Insektiziden verursacht Umweltschäden mit hohen Folgekosten. Hier hilft das Verfahren der **Sterilen-Insekten-Technik (SIT)**. Dabei werden die Männchen eines Schadinsekts, die in eigenen Zentren gezüchtet werden, einer kurzzeitigen intensiven Bestrahlung durch die γ-Strahlung einer Co-60- oder Cs-137-Quelle ausgesetzt. Die Strahlung ist so dosiert, dass die Fliegen zwar sterilisiert aber sonst nicht beeinträchtigt werden. Sie sind nach der Bestrahlung nicht radioaktiv. Mit Flugzeugen werden sie dann über dem landwirtschaftlichen Zielgebiet freigesetzt. Nach Begattung von frei lebenden Weibchen bleiben diese ohne Nachkommen, die Population der Schadinsekten wird reduziert oder sogar regional ausgerottet. Dieses Verfahren ist im Vergleich zu Insektiziden sehr umweltschonend. Andere Insekten wie die Biene sind nicht betroffen und die Artenvielfalt des lokalen Ökosystems bleibt erhalten.

In Mexiko und Chile konnte mit dem SIT-Verfahrens die Mittelmeer-Fruchtfliege → B6 ausgerottet und in von ihr befallenen Zitrus- und Traubenplantagen große Wertschöpfungen erzielt werden.

> **Merksatz**
> Radioaktive Nuklide und energiereiche, ionisierende Strahlung sind ein wichtiges Hilfsmittel in der medizinischen Diagnostik und Therapie, der Technik und auf vielen anderen Gebieten.

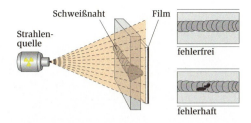

B4 Zerstörungsfreie Materialprüfung

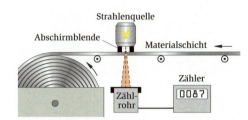

B5 Berührungslose Dickenmessung

B6 Mittelmeer-Fruchtfliege

A1 Erläutern Sie die Protonentherapie und begründen Sie, warum sie als besonders schonend und wirksam gilt, aber auch sehr teuer ist.

A2 Bei Untersuchungen in der medizinischen Diagnostik und Therapie mit radioaktiven Nukliden, Röntgenstrahlung und sonstiger energiereicher ionisierender Strahlung treten Strahlenexpositionen des Patienten auf. Ermitteln Sie die durchschnittliche effektive Dosis, die ein Patient bei den in diesem Kapitel angeführten Untersuchen erhält, und vergleichen Sie diese mit der jährlichen natürlichen Strahlenexposition in Deutschland. Welche Folgerung ziehen Sie aus dem Vergleich?

A3 Entwerfen Sie das Prinzip einer Versuchsanordnung, mit der man berührungslos den Füllstand eines undurchsichtigen, geschlossenen Flüssigkeitsbehälters von außen messen kann.

A4 Halten Sie vor dem Kurs ein Referat über den Nutzen der Strahlung radioaktiver Stoffe.

Elementarteilchenphysik

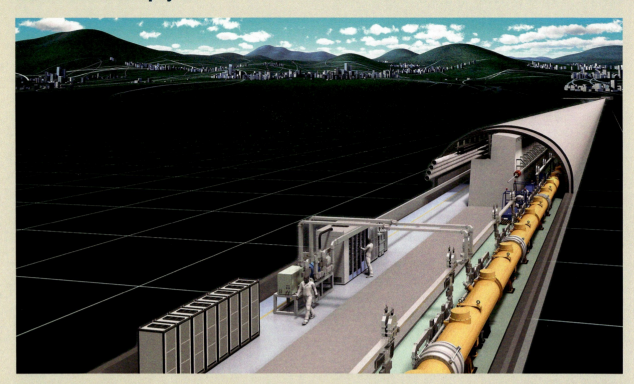

A1 Farbe spielt auch in der Teilchenphysik eine wichtige Rolle – natürlich als abstraktes Konzept, aber mit vielen Anleihen aus der Optik. Von besonderem Interesse sind Farbmischungen der Grundfarben Rot, Grün und Blau. Ergänzen Sie eine selbstgefertigte Grafik mit den richtigen Mischfarben.

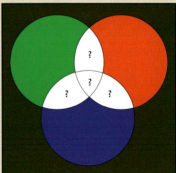

A2 Tragen Sie zusammen, welche grundlegenden Kräfte Sie kennen.

A3 Eine der aufregendsten Entdeckungen der Astronomie im 20. Jahrhundert war die Erkenntnis, dass nur ein kleiner Teil der Materie im Universum „gewöhnliche" Materie ist – den weitaus größeren Anteil bildet die sogenannte Dunkle Materie. Recherchieren Sie den aktuellen Forschungsstand zur physikalischen Natur der Dunklen Materie. Noch mysteriöser ist die Dunkle Energie, die aber – nach heutiger Kenntnis – das Universum dominiert. Schließen Sie die Dunkle Energie in Ihre Recherche ein.

A4 Die Sichtweise, dass die Welt aus fundamentalen Bausteinen besteht, wurde nicht erst durch die moderne Teilchenphysik geprägt, sondern war bereits in der Antike vorhanden. Recherchieren Sie, wer Feuer, Erde, Wasser und Licht als Basis aller Materie betrachtete, und halten Sie ein Referat dazu.

A5 Angenommen, Protonen und Neutronen wären 1 cm im Durchmesser groß. Schätzen Sie ab, welche Größe in diesem Bild ein Elektron hätte und wie groß der Durchmesser eines Atoms wäre.

A6 Der aktuell leistungsfähigste Teilchenbeschleuniger ist der Large Hadron Collider (LHC) am CERN. Der LHC ist ein Ringbeschleuniger, für die Zukunft plant man aber auch wieder einen Linearbeschleuniger, den über 30 km langen International Linear Collider (ILC) → **Grafik oben**. Erläutern Sie die Bezeichnung „Präzisionswerkzeug" für den frühestens 2019 fertiggestellten ILC, an dessen Entwicklung auch das DESY beteiligt ist.

A7 Diskutieren Sie, warum die Gravitation im Standardmodell der Elementarteilchen eigentlich keine Rolle spielt – für uns aber von großer Bedeutung ist.

Ordnung im Teilchenzoo – das Standardmodell

1. Was die Welt zusammenhält

„Dass ich erkenne, was die Welt im Innersten zusammenhält", wünscht sich GOETHES Faust. So kann man auch die Aufgabenstellung der Teilchenphysik beschreiben. Sie sucht nach den grundlegenden Bausteinen des Universums und den Kräften, die sie zusammenhalten.

Anfang des 20. Jahrhunderts war man in der Physik in diesem Forschungsprogramm schon sehr weit vorangekommen. Man hatte den „Blick in die Materie" in mehreren Schritten vereinfacht:

- Zunächst fand man, dass die riesige Fülle der uns umgebenden Substanzen aus 92 Atomarten aufgebaut ist, den **chemischen Elementen**. Diese sind mit chemischen Mitteln nicht weiter zerlegbar. (Insgesamt kennt man heute 118 Elemente, von denen inzwischen 98 im Universum nachgewiesen und die anderen im Labor erzeugt wurden. Vier Elemente sind noch ohne Namen, ihre Existenz wurde offiziell noch nicht anerkannt).
- 1897 konnte J. J. THOMPSON die Existenz von Elektronen experimentell nachweisen. Er vermutete, dass sie wie Rosinen in einem Kuchen in einer postiv geladenen Atommasse steckten.
- 1911 widerlegte E. RUTHERFORD dieses Modell jedoch. Er schoss positiv geladenene α-Teilchen auf Atome und fand dabei, dass die meisten α-Teilchen die Atome praktisch geradlinig durchfliegen. Solche Experimente nennt man **Streuexperimente** – sie sind in der Teilchenphysik enorm wichtig. Nur sehr wenige wurden stark abgelenkt, manche sogar in die Richtung, aus der sie kamen. Er fand heraus, dass die Masse eines Atoms fast vollständig in einem positiv geladenen Kern mit ca. 10^{-15} m Durchmesser konzentriert ist → B1. Er ist umgeben von einer Elektronenhülle mit 10^5-mal größerem Durchmesser. Der größte Teil des Atoms ist somit leer.
- 1919 entdeckte ebenfalls RUTHERFORD, dass im Atomkern von Stickstoff Wasserstoffkerne vorhanden sind. Er nahm an, dass dies bei allen Atomkernen der Fall ist, und taufte diese Wasserstoffkerne Protonen.
- 1932 konnte J. CHADWICK das Neutron nachweisen, das schon in den 1920er-Jahren vorhergesagt worden war. Bereits vor ihm hatte man beobachtet, dass das Element Beryllium bis dahin unbekannte Teilchen abgibt, wenn es mit α-Teilchen beschossen wird. Chadwick konnte zeigen, dass diese Strahlen aus neutralen Teilchen bestehen, die fast dieselbe Masse wie Protonen besitzen.
- 1932 kannte man das Proton, das Neutron, das Elektron und das Photon als elementare Teilchen und führte den Aufbau aller Atome auf die drei erstgenannten Teilchenarten zurück.

Damit schien die Suche nach dem Aufbau der Materie vorerst abgeschlossen. Doch ab 1932 fand man in der Höhenstrahlung → B2 und später in Teilchenbeschleunigern unter Aufwand riesiger Energien über 300 schnell zerfallende Teilchen: Pionen, Kaonen, Hyperonen usw. Man betrachtete all diese Teilchen als eigenständig, nicht weiter zerlegbar, als *elementar*. Man sprach scherzhaft von einem **„Zoo" der Elementarteilchen.** Auch das Elektron bekam einen „Bruder": 1936 entdeckten Carl D. ANDERSON und Seth NEDDERMEYER in der Höhenstrahlung das Myon, das wie das Elektron negativ geladen ist, aber eine rund 200-mal größere Masse besitzt.

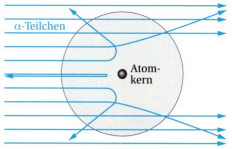

B1 Als RUTHERFORD 1911 α-Teilchen auf Goldatome schoss, stellte er fest, dass einige α-Teilchen unter großen Winkeln gestreut wurden. Er deutete das Resultat so, dass die gesamte positive Ladung des Atoms in einem Kern konzentriert ist. Nur die α-Teilchen, die in die Nähe des Kerns kommen, werden abgelenkt, während alle anderen α-Teilchen nahezu ungehindert durch das Atom fliegen.

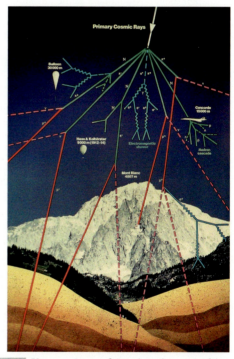

B2 Unsere Atmosphäre ist eine gewaltige „Teilchenerzeugungsmaschine". Meist tritt ein hochnenergetisches Proton aus dem Weltraum kommend in die Erdatmosphäre ein und stößt in etwa 20 km Höhe mit einem Stickstoff- oder Sauerstoffkern zusammen. Als Folge daraus entsteht ein ganzer Schauer von neu erzeugten Teilchen, die wieder andere Teilchen erzeugen usw. Aus einer Energie von 10^{15} eV entstehen etwa eine Million neuer Teilchen – überwiegend Photonen, Elektronen, Positronen und Myonen.

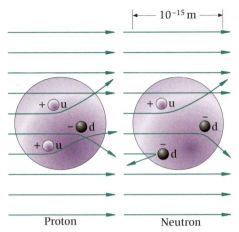

B1 Elektronen (e^-) der Energie 20 GeV werden im Proton und Neutron an Quarks gestreut. Die Darstellung ist schematisch: Man registriert nur herausgeschleuderte Elektronen, nicht deren genauen Bahnverlauf; auch haben beide Nukleonen keine „Haut"; die Kreise markieren die Grenze der Wirkungssphären ihrer drei Quarks.

Vertiefung 1

Quarkfamilien

Insgesamt fand man sechs Quarkarten (dazu ihre Antiquarks), aufgeteilt in drei Quark-Familien:
1. *Quarkfamilie:*
   u-Quark ($q = +2/3\,e$) und
   d-Quark ($q = -1/3\,e$).
2. *Quarkfamilie:*
   s-Quark („strange", $q = -1/3\,e$) und
   c-Quark („charm", $q = +2/3\,e$).
3. *Quarkfamilie:*
   b-Quark („bottom"; $q = -1/3\,e$) und
   t-Quark („top", $+2/3\,e$).

Man bezeichnet die verschiedenen Quarkarten auch als **Flavours** (engl. für Geschmäcker). Die vier Flavours s, c, b und t finden sich nur in schnell zerfallenden Baryonen und Mesonen, nicht aber in der stabilen Materie. Das Proton könnte in bestimmten über das Standardmodell hinausgehenden Theorien instabil sein, seine Halbwertszeit soll aber nach aufwändigen Messungen bei über 10^{35} Jahren liegen. Wieso es genau drei Familien von Quarks und entsprechend drei Leptonfamilien gibt, gehört zu den offenen Fragen des Standardmodells.

2. Quarks

Die verwirrende Vielfalt des Teilchenzoos lichtete sich, als man das Innere von Protonen und Neutronen erforschte. In Streuexperimenten analog zu den Versuchen von RUTHERFORD schoss Robert HOFSTADTER (Nobelpreis 1961) in den 1950er-Jahren Elektronen, die eine rund 50-mal größere Energie als die α-Teilchen bei RUTHERFORD besaßen, auf Wasserstoffgas, um herauszufinden, ob Protonen punktförmige Teilchen sind. Waren sie nicht: Einige Elektronen wurden erheblich zur Seite abgelenkt ➔ **B1**. 1964 folgerten M. GELL-MANN und G. ZWEIG aus diesen Experimenten:

- Das Proton p ist nicht „massiv", nicht gleichmäßig mit der Ladung $+e$ erfüllt. Vielmehr finden sich dort drei Quarks [„quoks"], nämlich zwei **up-Quarks** (kurz u-Quark), je mit der Ladung $q_u = +2/3\,e$, und ein **down-Quark** (d-Quark) mit der Ladung $q_d = -1/3\,e$. Die Protonenladung ist also $q_p = 2 \cdot 2/3\,e - 1 \cdot 1/3\,e = +1\,e = 1{,}6 \cdot 10^{-19}$ C.
- Das Neutron n enthält nur ein u-, aber zwei d-Quarks. Seine Ladung ist folglich $q_n = 1 \cdot 2/3\,e - 2 \cdot 1/3\,e = 0$.

Man versteht nun, warum Neutronen zwar nach außen hin elektrisch neutral sind, aber trotzdem magnetische Eigenschaften zeigen, ähnlich den Protonen. Sie rühren von geladenen Quarks her, auch wenn sich deren Ladungen nach außen hin neutralisieren.

Damit gelten Protonen und Neutronen nicht mehr als letzte Bausteine der Materie. Diesen Rang traten sie an die Quarks ab. Überraschend ist das Auftreten von $e/3$, also von Bruchteilen der Elementarladung e. Solche Bruchteile findet man in freiem Zustand nicht. Man kann nämlich einzelne Quarks *prinzipiell* nicht für sich untersuchen. Man findet nur Quark-Kombinationen mit den Ladungen $q = -2\,e$, $-1\,e$, 0, $+1\,e$, $+2\,e$, also mit ganzzahligen Vielfachen von e. Diese Eigenschaft wird als **Confinement** (engl. „Gefangenschaft") bezeichnet.

Protonen und Neutronen sind also aus jeweils drei Quarks zusammengesetzt. Sie zählen zu den 120 **Baryonen**, die alle aus drei Quarks bestehen. Da auch Quarks ➔ **Quantenobjekte** sind, können die aus ihnen zusammengesetzten Baryonen in energetisch angeregten Zuständen kurzzeitig existieren, analog zu Atomen. So besitzt beispielsweise das Delta-Teilchen Δ^+ die gleichen Quarks (u, u, d) wie das Proton p, aber mehr Energie und damit auch mehr Masse ➔ **Spezielle Relativitätstheorie**. Nach Entdeckung der Quarks sah man Δ^+ nicht mehr als eigenständiges Teilchen an, sondern als angeregtes Proton mit kurzer Halbwertszeit. ➔ **T1** zeigt einige der Baryonen.

Die Natur bietet aber noch mehr, z.B. die Antiteilchen. Zu jedem Teilchen gibt es ein **Antiteilchen** mit entgegengesetzter Ladung, aber sonst gleichen Eigenschaften. So gehört zum *Elektron* e^- das positiv geladene *Positron* e^+, entdeckt 1932 in der Höhenstrahlung. Und zu jedem Quark gibt es ein Antiquark:
- Das **Anti-u-Quark** $\bar{u}$ zum u-Quark ($+2/3\,e$) hat $q = -2/3\,e$,
- das **Anti-d-Quark** $\bar{d}$ zum d-Quark ($-1/3\,e$) hat $q = +1/3\,e$.

Damit gibt es auch Antiprotonen und -neutronen: Das **Antiproton** $\bar{p}$ besteht aus den drei Antiquarks $\bar{u}$, $\bar{u}$ und $\bar{d}$ mit Gesamtladung $-e$, das **Antineutron** $\bar{n}$ aus $\bar{u}$, $\bar{d}$ und $\bar{d}$ mit Ladung 0.

Zwei Quarks, ein Quark und ein Antiquark, können ein **Meson** bilden, die sich ebenfalls in Teilchenbeschleunigern erzeugen lassen. Die einfachsten Mesonen sind ➔ T1 :
- π^+-Meson $(u,\bar{d})$ mit Ladung $q = 2/3\,e + 1/3\,e = 1\,e$,
- π^--Meson $(\bar{u},d)$ mit Ladung $q = -2/3\,e - 1/3\,e = -1\,e$,
- π^0-Meson [Superposition aus $(u,\bar{u})$ und $(d,\bar{d})$] mit Ladung $q = 0$.

3. Materiebausteine des Standardmodells

Mithilfe des Quarkmodells war es gelungen, wieder Übersicht in die Struktur der Materie zu bekommen. Sämtliche „normale" Materie ist aus zwei Quarkarten aufgebaut: up (u) and down (d); dazu gesellt sich nur noch das Elektron. Ganz so einfach hält es die Natur aber nicht. Insgesamt gibt es sechs Quarks ➔ **Vertiefung 1**, und auch das Elektron ist nur eines von sechs **Leptonen**: Zunächst entdeckte man das negativ geladene **Myon** (μ^-) und schließlich 1975 in einer Elektron-Positron-Kollision am amerikanischen Beschleuniger SLAC das ebenfalls negativ geladene **Tauon** (τ^-), das fast die doppelte Protonmasse besitzt. Dazu kommen drei **Neutrinos**, rätselhafte Teilchen, die bereits 1930 von W. PAULI vorausgesagt, aber erst 1956 nachgewiesen wurden. Das liegt daran, dass Neutrinos elektrisch neutral und nahezu masselos sind und mit der restlichen Materie kaum wechselwirken. Dadurch sind sie nur sehr schwer zu messen.

Sämtliche Materie im Universum zählt also zu den Leptonen oder setzt sich aus Quarks zusammen. Das bedeutet: Zwölf Teilchen bilden die Materiebausteine des **Standardmodells der Elementarteilchen** ➔ T2 – ein echter Fortschritt gegenüber dem Teilchenzoo.

> **Merksatz**
>
> u-, c- und t-Quarks haben die Ladung $q = +2/3\,e$, d-, s- und b-Quarks $q = -1/3\,e$. Elektron, Myon und Tauon sowie die zugehörigen Neutrinos bilden die Leptonen. Zu jedem dieser 12 fundamentalen Bausteine des Standardmodells der Elementarteilchen gibt es jeweils ein Antiteilchen mit entgegengesetzter Ladung.
> Mesonen bestehen aus einem Quark und einem Antiquark, Baryonen (einschließlich Proton p und Neutron n) aus drei Quarks oder drei Antiquarks. Alle freien Teilchen tragen ganzzahlige Vielfache der Elementarladung e, nämlich $q = n \cdot e$ mit $n = 0, \pm 1, \pm 2$.

Teilchen	Ladung	W (GeV)	$T_{1/2}$ (s)
Baryonen aus u- und d-Quarks			
p (u,u,d)	$2 \cdot \frac{2e}{3} - \frac{e}{3} = +e$	0,9383	∞
n (u,d,d)	$\frac{2e}{3} - 2 \cdot \frac{e}{3} = 0$	0,9396	616
Δ^+ (u,u,d)	$2 \cdot \frac{2e}{3} - \frac{e}{3} = +e$	1,232	$\approx 10^{-23}$
Δ^{++} (u,u,u)	$3 \cdot \frac{2e}{3} = 2e$	1,232	$\approx 10^{-23}$
Δ^- (d,d,d)	$3 \cdot (-\frac{e}{3}) = -e$	1,232	$\approx 10^{-23}$
Mesonen aus u- und d-Quarks			
π^+ $(u,\bar{d})$	$\frac{2e}{3} + \frac{e}{3} = +e$	0,140	$\approx 10^{-8}$
π^- $(\bar{u},d)$	$-\frac{2e}{3} - \frac{e}{3} = -e$	0,140	$\approx 10^{-8}$
π^0 $(u,\bar{u})(d,\bar{d})$	$\frac{2e}{3} - \frac{2e}{3} = 0$	0,135	$\approx 10^{-16}$

T1 Quarks einiger der ca. 120 Baryonen und 100 Mesonen mit ihrer Halbwertszeit $T_{1/2}$. Aus der Energie W folgt die Ruhemasse $m_0 = W/c^2$; 1 GeV = 10^9 eV entspricht $1{,}8 \cdot 10^{-27}$ kg, also etwa einer Protonenmasse.

	Quarks		Leptonen	
Ladung	$+2/3\,e$	$-1/3\,e$	$-e$	0
1. Familie	u up	d down	e^-	ν_e
2. Familie	c charm	s strange	μ^-	ν_μ
3. Familie	t top	b bottom	τ^-	ν_τ

T2 Die heute als elementar anerkannten Bausteine der Materie und ihre Ladungen. Zu jedem dieser Teilchen gibt es ein Antiteilchen. Die Halbwertszeit vom Elektron e^- ist unendlich, vom Myon μ^- ca. 10^{-6} s und vom Tauon τ^- ca. 10^{-13} s.

Vertiefung 2

Farbe

Quarks haben nicht nur Geschmack, sondern tragen außerdem **Farbe**, im Fachjargon **Color**. Damit sind natürlich nicht echte Farben gemeint, sondern bestimmte Quanteneigenschaften von Quarks. Ihre Einführung löste in den 1960er-Jahren ein Rätsel: Mithilfe des Quarkmodells konnte man zwar alle Teilchen des Teilchenzoos wie in einem Baukastensystem zusammensetzen, allerdings ergab sich ein Problem beim Δ^{++}-Baryon, das aus drei u-Quarks besteht. Quarks sind ➔ **Fermionen** und unterliegen deshalb dem ➔ **Pauli-Prinzip**. Dieses fordert, dass sich die drei u-Quarks in mindestens einer Eigenschaft unterscheiden. Zwei gleiche Quarks könnten sich noch durch ihren ➔ **Spin** unterscheiden, aber für das dritte u-Quark wird ein weiteres Unterscheidungsmerkmal benötigt. So „erfand" man die Farbeigenschaft, um das Δ^{++} zu retten: Ein rotes, ein blaues und ein grünes u-Quark dürfen zusammen ein Teilchen bilden.

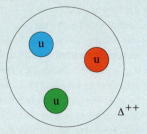

Was Teilchen zusammenhält – Wechselwirkungen im Standardmodell

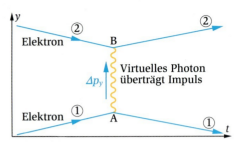

B1 Feynman-Diagramm für die elektromagnetische Wechselwirkung: Das nach rechts fliegende Elektron ① koppelt in A an ein virtuelles Photon und gibt den positiven Impuls Δp_y ab. Diesen nimmt Elektron ② in B auf.

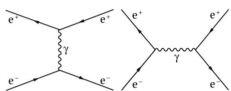

B2 Zur Streuung von Elektronen an Positronen tragen zwei Feynman-Diagramme bei. Man beachte, dass das einlaufende Antiteilchen, das Positron, rückwärts in der Zeit läuft, die Pfeilspitze zeigt nach außen. Umgekehrt ist es beim auslaufenden Positron: Jetzt zeigt die Pfeilspitze nach innen. Das rechte Diagramm ist aus einer sogenannten Annihilation (Vernichtung) und einem Erzeugungsprozess zusammengesetzt: Elektron und Positron vernichten sich gegenseitig, erzeugen dadurch ein Photon, welches wiederum ein Elektron-Positron-Paar erzeugt.

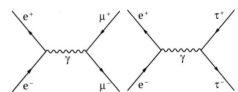

B3 Wenn die Energie von einlaufendem Positron und Elektron groß genug ist, kann ihr Zusammenstoß im Endzustand auch ein Lepton-Antilepton-Paar erzeugen, z. B. ein Myon-Antimyon-Paar ($e^+ + e^- \rightarrow \mu^+ + \mu^-$) oder ein Tauon-Antitauon-Paar ($e^+ + e^- \rightarrow \tau^+ + \tau^-$). Das Tauon, das die ca. 3500-fache Masse des Elektrons besitzt, wurde 1975 von Martin L. PERL mithilfe dieses Prozesses entdeckt (Nobelpreis für Physik 1995). Taouen haben eine sehr kurze Lebensdauer von ca. $3 \cdot 10^{-13}$ s und zerfallen u. a. in Elektronen und Myonen, anhand derer sie man in Detektoren identifizieren kann.

1. Feldquanten

Das Standardmodell beschreibt auch die Kräfte, die zwischen den Materieteilchen wirken. Man nennt sie **Wechselwirkungen**. Solche Wechselwirkungen sind uns vertraut, beispielsweise elektrische und magnetische Wechselwirkung. Ihre Übertragung veranschaulichten wir durch den Begriff des Feldes, symbolisiert durch Feldlinien. Zwei gleichnamig elektrisch geladene Teilchen stoßen sich beispielsweise ab, weil jedes eine Kraft in einem von den Ladungen hervorgerufenen Feld erfährt. Das Feld vermittelt also die Wechselwirkung. In der Quantentheorie werden die Feldkräfte nun durch Teilchen übermittelt, den **Feldquanten**. Zwei Teilchen stoßen sich also ab, weil sie ein Teilchen, das die Wechselwirkung vermittelt, austauschen. Physiker sagen: Die Felder sind quantisiert, sie sprechen deshalb von **Quantenfeldtheorien**.

2. Elektromagnetische Wechselwirkung

Im Falle der elektrischen und magnetischen Wechselwirkung (kurz: **elektromagnetische Wechselwirkung**) sind die Feldquanten **Photonen**. Die Abstoßung zweier Elektronen – ein Prozess der elektromagnetischen Wechselwirkung – lässt sich also durch den Austausch eines Photons beschreiben. Der Physiker Richard FEYNMAN hat für diese Austauschprozesse eine „Bildsprache" entwickelt, die weitmehr ist als eine anschauliche Darstellung. Vielmehr enthalten die **Feynman-Diagramme** → **Vertiefung** genaue Rechenvorschriften, die sich aus den grundlegenden mathematischen Formeln der Quantenfeldtheorien ergeben. → **B1** zeigt das Feynman-Diagramm für den Photonaustausch zwischen zwei Elektronen. Es überträgt Impuls zwischen den elektrischen Ladungen, Experiment erkennbar an der Richtungsänderung der beteiligten Teilchen – die Elektronen stoßen sich ab. Im Jargon der Physik sagt man: Das Photon **koppelt** an die elektrische Ladung des Elektrons.

Auch die Wechselwirkung zwischen zwei ungleichnamigen elektrischen Ladungen wird durch Photonaustausch beschrieben. Ein solcher typischer Prozess der elektromagnetischen Wechselwirkung ist die Streuung von Elektronen an Positronen, auch **Bhabha-Streuung** genannt: $e^+ + e^- \rightarrow e^+ + e^-$. Zwei Feynman-Diagramme tragen dazu bei → **B2**, die einander sehr ähneln und doch verschieden sind. Auch die anderen Leptonen koppeln an Photonen → **B3**.

Doch woher stammen die Feldquanten, woher nehmen sie Ihre Energie? Sie „borgen" sie aus dem Vakuum, denn nach der Quantenphysik ist das Vakuum niemals leer: Ständig entstehen und vergehen virtuelle Teilchen, denen es nach der → **heisenbergschen Unbestimmtheitsrelation** $\Delta W \cdot \Delta t \approx h$ erlaubt ist, für eine kurze Zeit Δt eine gewisse Energie ΔW zu besitzen. Diese virtuellen Teilchen kann man nicht direkt messen, ihre Anwesenheit äußert sich aber darin, dass sie Impuls zwischen Teilchen übertragen.

Merksatz

Feldquanten vermitteln Wechselwirkungen zwischen Teilchen. Die Feldquanten der elektromagnetischen Wechselwirkung sind virtuelle Photonen. Sie übertragen Impulse zwischen elektrischen Ladungen.

Was Teilchen zusammenhält – Wechselwirkungen im Standardmodell

Vertiefung

Feynman-Diagramme

Die Theorien, mit denen wir heute Teilchenprozesse beschreiben, basieren auf den beiden großen Pfeilern der modernen Physik: der Quantenphysik und der Speziellen Relativitätstheorie. Das spiegelt sich in der Bezeichnung dieser Theorien wieder: relativistische Quantenfeldtheorien.

Die Quantentheorie lehrt uns, dass wir Prozesse in der atomaren Welt nur mit bestimmten Wahrscheinlichkeiten beschreiben können. Das gilt natürlich auch für die Elementarteilchen: Aus einem gegebenen Anfangszustand, beispielsweise einem Myon, das zerfällt, oder zwei Quarks, die zusammenstoßen, können mehrere Endzustände hervorgehen, jeder mit einer gewissen Wahrscheinlichkeit. Die Berechnung dieser Wahrscheinlichkeiten ist kompliziert, doch Richard FEYNMAN hat eine grafische Technik entwickelt, sie systematisch zu bestimmen. Seine Diagramme beschreiben die quantenmechanischen Möglichkeiten, wie ein Elementarteilchenprozess ablaufen kann, um zu einem bestimmten Endzustand zu führen. Sie enthalten exakte Rechenvorschriften: Legt man einer Teilchenphysikerin ein Feynman-Diagramm vor, weiß sie sofort, wie die entsprechende Wahrscheinlichkeit zu berechnen ist.

Alle Feynman-Diagramme bestehen aus zwei Grundelementen. Die Bewegung der Teilchen wird durch **Linien** dargestellt, die Punkte, an denen sie wechselwirken, durch sogenannten **Vertices** (Singular: Vertex). Verschiedene Teilchenarten werden durch verschiedene Linienformen dargestellt: Elektronen beispielsweise durch einen Pfeil, Photonen durch eine Wellenlinie.

Bei den Teilchenlinien müssen wir zwischen inneren Linien und äußeren Linien unterscheiden. Die äußeren Linien stehen für reelle ein- oder auslaufende Teilchen (dabei läuft in der Regel die Zeit von links nach rechts). Die inneren Linien hingegen entsprechen virtuellen Teilchen, also beispielsweise den Austauschteilchen, welche die Wechselwirkung vermitteln. Hier schlägt die Relativitätstheorie zu: Da Energie und Masse äquivalent sind (S. 312), können in den Diagrammen Teilchen erzeugt und vernichtet werden. Das bedeutet aber auch, dass aus einer inneren Linie kurzzeitig ein Teilchenpaar (z. B. Elektron und Positron) entstehen kann – in der Feynman-Sprache spricht man von **Schleifen**. Das → **Bild** oben rechts zeigt zwei Feynman-Graphen für die elektromagnetische Wechselwirkung zweier Elektronen, vermittelt durch ein Photon. Das einfachste Diagramm enthält nur das Photon und zwei Wechselwirkungspunkte, das nächst kompliziertere zusätzlich ein virtuelles Elektron-Positron-Paar und insgesamt vier Vertices.

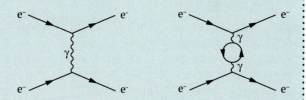

Aber dann kann man ja unendlich viele Feynman-Diagramme zeichnen, die alle zur Wechselwirkung der beiden Elektronen beitragen! Die innere Photonlinie könnte durch mehrere Schleifen unterbrochen werden, die innere Elektronlinie könnte eine zusätzliche Photonschleife enthalten usw. In der Tat lassen sich unendlich viele Kombinationen aus Linien und Vertices finden, und alle diese Feynman-Diagramme tragen *im Prinzip* zur Wechselwirkung bei.

Die gute Nachricht lautet aber: Je mehr Vertices ein Feynman-Diagramm hat, desto (deutlich) kleiner wird sein Beitrag zum gesamten Prozess! Das gilt zwar nicht für alle Wechselwirkungen uneingeschränkt, für die elektromagnetische Wechselwirkung jedoch immer. Der Grund ist folgender: Wenn man ein Feynman-Diagramm berechnet, trägt jeder Vertex mit der zugehörigen **Kopplungskonstanten** bei, welche die Stärke der Wechselwirkung beschreibt. Für die elektromagnetische Wechselwirkung ist diese Kopplungskonstante durch $\sqrt{\alpha}$ mit $\alpha \approx 1/137$ gegeben. $\sqrt{\alpha}$ ist proportional zur elektrischen Ladung e: $\sqrt{\alpha} \sim e$; man sagt auch: Zu jedem elektromagnetischen Wechselwirkungspunkt gehört die Ladung e. Wenn nun jeder Vertex mit $\sqrt{1/137}$ zu Buche schlägt, ist der Beitrag eines Feynman-Diagramms mit zwei Vertices proportional zu $1/137 \approx 0{,}0073$, der Beitrag eines Feynman-Diagramms mit vier Vertices proportional zu nur noch $(1/137)^2 \approx 0{,}000053$ usw. Wenn die Berechnung eines Teilchenprozesses eine gewisse Genauigkeit erreicht hat, kann man einfach abbrechen und alle weiteren Diagramme mit mehr Vertices ignorieren.

Alle bekannten Teilchenprozesse lassen sich durch Feynman-Graphen darstellen. Man muss nur beachten, dass insgesamt Energie und Ladung erhalten sind und dass die Vertices für die jeweilige Wechselwirkung tatsächlich existieren. Ein Positron kann sich beispielsweise nicht unter Abstrahlung eines Photons in ein Elektron umwandeln.

Apropos Positron: Das Positron ist ja das Antiteilchen zum Elektron. Aus mathematischen Gründen werden Antiteilchen mit umgekehrter Pfeilrichtung gezeichnet, laufen also in der Zeit rückwärts.

Starke und schwache Wechselwirkung

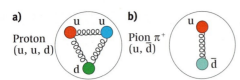

B1 a) Die drei Quarks von Baryonen (z. B. Protonen) unterscheiden sich in den Farbladungen Rot, Grün, Blau. Nach außen sind sie farbneutral. b) Auch Mesonen (z. B. Pionen) sind nach außen farbneutral, hier mischen sich Farbe (links) und Antifarbe (rechts):

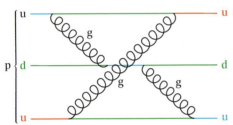

B2 Feynman-Diagramm für die Quarkbindung in einem Proton, die durch Gluonen (g) vermittelt wird. Bei jedem Gluonaustausch ändern sich die Farben der beteiligten Quarks.

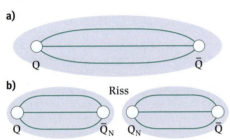

B3 a) Gluonenband zwischen den Quarks Q und $\overline{Q}$. b) Beim Versuch, Q und $\overline{Q}$ zu trennen, reißt das Band. An den freien Enden entsteht das Quarkpaar ($\overline{Q}_N$, Q_N).

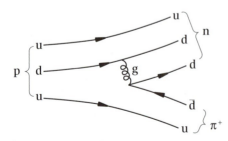

B4 Stößt ein Proton auf ein anderes (nicht gezeichnet), kann ein Quark-Antiquark-Paar ($d\overline{d}$) entstehen. Die einzelnen Quarks können nicht frei existieren: u und $\overline{d}$ werden zum π^+-Meson, das d-Quark Teil eines Neutrons.

1. Kräfte zwischen Quarks

Welche Kraft hält die drei Quarks in einem Proton zusammen? Zwei davon sind ja elektrisch positiv geladen, stoßen sich also ab. Es muss demnach eine Kraft geben, die stärker ist als die elektromagnetische Wechselwirkung und die auch zwischen solchen Quarks anziehend wirkt, die elektrisch gleichnamig geladen sind. Diese Kraft heißt in der Tat **starke Wechselwirkung**. Sie koppelt nicht an die elektrische Ladung der Quarks, sondern an ihre **Farbladung** → **Vertiefung** (S. 280). Die Farbladungen sind keine echten Farben, sondern Quanteneigenschaften. Sie wurden zunächst eingeführt, um ein Rätsel des Standardmodells zu lösen → **Vertiefung 2** (S. 275). Insgesamt braucht man drei Farbladungen: Rot, grün und blau. Man hat diese drei Farben genommen, weil ihre Mischung weiß, also „unfarbig" ergibt. Proton, Neutron und alle Baryonen sind nach außen hin farbneutral: Die drei Quarks tragen immer verschiedene Farbladungen und neutralisieren sich zu Weiß. Auch Mesonen sind farbneutral: Farbe und Antifarbe ergeben ebenfalls Weiß → **B1**.

Als Feldquanten der starken Wechselwirkung wirken virtuelle **Gluonen** (glue; Leim). Sie „leimen" in Baryonen und Mesonen die Quarks zusammen; in Feynman-Diagrammen werden sie durch Federchen symbolisiert. Während Photonen elektrisch neutral sind, tragen Gluonen selbst Farbe und Antifarbe. Insgesamt gibt es acht verschiedene Gluonen mit unterschiedlichen Farbkombinationen. Wird ein Gluon ausgetauscht, ändern sich deshalb auch die Farben der beteiligten Quarks → **B2**.

Die starke Wechselwirkung weist einige Besonderheiten auf:
- Die von Gluonen zwischen zwei einzelnen Quarks vermittelte Farbkraft hat den riesigen Betrag $F \approx 10^5$ N. Sie hängt außerdem kaum vom Abstand ab. Je weiter man zwei Quarks voneinander trennen will, desto mehr Energie muss man aufwenden – wie bei einem Gummiband, einem „Gluonenband" → **B3a**.
- Diese Eigenschaft verhindert, Quarks zu trennen. Bei einem Abstand von 10^{-15} m ist die in das Gluonenband gesteckte Energie so groß, dass das zwischen beiden Quarks gespannte Gluonenband Q-$\overline{Q}$ reißt. Am Riss entsteht aus der bislang aufgewandten Energie das Quarkpaar ($\overline{Q}_N$, Q_N). Dessen $\overline{Q}_N$ verbindet sich mit dem linken Q-Quark, sein Q_N mit dem rechten $\overline{Q}$-Quark. So entstehen die nach außen farbneutralen Mesonen (Q, $\overline{Q}_N$) und (Q_N, $\overline{Q}$) → **B3b**. Es ist unmöglich, einzelne Quarks für sich zu isolieren, z. B. ihre Drittelladungen oder ihre Massen direkt zu messen. Diese Eigenschaft nennt man **Confinement** („Eingeschlossenheit") → **B4**.
- Bei sehr kleinen Abständen verhalten sich Quarks hingegen wie freie Teilchen: Die starke Kraft wird immer schwächer. Der Grund für diese **asymptotische Freiheit** liegt darin, dass die Gluonen selbst Farbe tragen und sich deshalb die Quarkfarbladung über eine Gluonwolke verteilt. Je näher man an das Quark herankommt, desto kleiner wird der Einfluss der Wolke.

Merksatz

Die starke Wechselwirkung zwischen Quarks wird von Gluonen als Feldquanten vermittelt. Sie koppeln an die Farbladungen.
Die Farbladungen von Baryonen und Mesonen neutralisieren sich nach außen hin.

2. Die schwache Wechselwirkung

Elektromagnetische und starke Wechselwirkung reichen noch nicht aus, um alle Prozesse zwischen Elementarteilchen zu beschreiben. So sahen wir beim → **radioaktiven β⁻-Zerfall**: Im Atomkern wandelt sich ein Neutron n in ein Proton p um. Zudem entstehen ein Elektron e^- und sein Anti-Neutrino $\bar{v}_e$. Der β⁻-Zerfall ist ein Beispiel für die **schwache Wechselwirkung**.

Das Feynman-Diagramm in → B5 zeigt, was dabei auf Quarkebene vorgeht: Während ein u- und ein d-Quark des Neutrons „durchlaufen", geht das andere d-Quark des Neutrons spontan in ein u-Quark des Protons über. Das d-Quark führt die Ladung $-1e/3$ zu, das u-Quark führt jedoch $+2e/3$ ab, d.h. zwischen Anfangs- und Endzustand besteht eine Ladungsdifferenz von $(-e)$, die vom Austauschteilchen dieser Wechselwirkung fortgetragen wird. Dieses Feldquant fand man 1983 nach langem Suchen beim CERN in Genf und nannte es **W⁻-Boson**. Es entsteht spontan und zerfällt nach der von der Unschärferelation erlaubten Zeit in das Elektron e^- und das ungeladene Antineutrino $\bar{v}_e$. Neben dem **W⁻-Boson** gibt es noch zwei weitere Feldquanten der schwachen Wechselwirkung: das positiv geladene **W⁺-Boson** und das neutrale **Z-Boson**.

Die W-Bosonen besitzen die 80-fache und das Z-Boson die 90-fache Protonenmasse. Ihr spontanes Entstehen fordert viel Energie, die ihre Lebensdauer auf $\Delta t \approx 3 \cdot 10^{-25}$ s einschränkt. Ihr Wirkungsbereich ist viel kleiner als 10^{-15} m. Deshalb finden sie nicht so leicht Reaktionspartner (z.B. das d-Quark beim β⁻-Zerfall). Dies erklärt das Wort *schwache* Wechselwirkung – die elektromagnetische ist ca. 10^{11}-mal, die starke Wechselwirkung ca. 10^{13}-mal stärker. In erster Linie tritt die schwache Wechselwirkung bei Zerfällen oder Umwandlungen der beteiligten Teilchen auf. Sie ist die einzige Wechselwirkung, die Teilchen mit unterschiedlicher elektrischer Ladung ineinander umwandeln kann (mithilfe der W-Bosonen), und zwar sowohl Quarks (z.B. d in u wie in → B5) als auch Elektronen und Neutrinos bzw. die anderen Leptonen. W- und Z-Bosonen sind also gewissermaßen universelle Teilchen, da sie als Feldquanten mit *allen* elementaren Teilchen wechselwirken können. So vermitteln sie viele Umwandlungen, die sonst nicht möglich wären. Virtuelle Photonen wechselwirken dagegen nur mit elektrisch geladenen Teilchen, Gluonen nur mit den farbtragenden Quarks.

Die schwache Wechselwirkung spielt eine zentrale Rolle bei der **Kernfusion**, welche die Sonnenenergie liefert. Dabei wandeln sich im Sonneninnern Protonen des Wasserstoffs in Neutronen um, die mit anderen Protonen Heliumkerne bilden. Dabei entstehen Neutrinos, von denen ein Teil zur Erde gelangt. Da Neutrinos weder elektrische noch Farbladung tragen, nehmen sie nur an der schwachen Wechselwirkung teil. Diese ist so schwach, dass Neutrinos Materie fast ungehindert durchdringen. Der direkte Nachweis von Neutrinos gelang erst 1956.

Merksatz

W- und Z-Bosonen treten als Feldquanten bei der schwachen Wechselwirkung kurzzeitig auf. An dieser können sich alle elementaren Teilchen beteiligen, Quarks, Elektronen und Neutrinos.

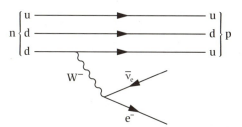

B5 Beim β⁻-Zerfall geht im Atomkern das d-Quark des Neutrons n in das u-Quark des Protons p über. Das W⁻-Boson trägt die Ladung $-e$ davon und zerfällt in ein Elektron e^- und sein Antineutrino $\bar{v}_e$. Der Pfeil dieses Antineutrinos ist nicht falsch gezeichnet: Antiteilchen werden in Feynman-Diagrammen in der Zeit zurücklaufend gezeichnet.

Vertiefung

Die elektroschwache Wechselwirkung

Sowohl Photonen als auch Z-Bosonen vermitteln Wechselwirkungen zwischen elektrisch neutralen Teilchen. Sind elektromagnetische und schwache Wechselwirkung miteinander verwandt?
Als man im 20. Jahrhundert versuchte, die schwache Wechselwirkung mathematisch analog zur elektromagnetischen oder starken Wechselwirkung zu beschreiben, taten sich unlösbare Probleme auf. Es ließen sich zwar einige Zerfälle der schwachen Wechselwirkung damit beschreiben, aber eine vollwertige Theorie ließ sich nicht formulieren. Schließlich erkannte man, dass man für eine solche Theorie die elektromagnetische und die schwache Wechselwirkung zusammen als elektroschwache Wechselwirkung beschreiben *musste*, was vor allem Sheldon GLASHOW, Steven WEINBERG und Abdus SALAM leisteten (Physiknobelpreis 1979). Bei sehr hohen Energien, ab etwa 100 GeV, verschwindet der Unterschied zwischen elektromagnetischer und schwacher Wechselwirkung, sie verschmelzen miteinander und werden gleich stark. Erst bei niedrigen Energien treten sie getrennt voneinader auf und erhalten ihre spezifischen Eigenheiten. So bleibt das Photon ein masseloses Teilchen, während W- und Z-Bosonen ihre Massen erhalten. Schuld daran ist das → **Higgs-Feld**, das die ursprügliche Symmetrie zwischen elekromagnetischer und schwacher Wechselwirkung bricht.

Vertiefung

Nicht nur elektrische Ladungen

Elementarteilchen haben eine Reihe von Eigenschaften. Unter einigen können wir uns ohne Probleme etwas vorstellen, beispielsweise unter der Masse eines Teilchens. Auch die elektrische Ladung bereitet uns keine Mühe, damit hantieren wir seit der Mittelstufe – wenn auch die Drittelladungen der Quarks gewöhnungsbedürftig sind.

Mit den Farbladungen wird es schon schwieriger: Sie besitzen zwar anschauliche Bezeichnungen, sind ansonsten aber nicht besonders anschaulich und begegnen uns nur in der Teilchenwelt. Wenn wir den Begriff Ladung jedoch verallgemeinern und darunter die Eigenschaft eines Teilchens verstehen, die bestimmt, an welcher Wechselwirkung ein Teilchen „teilnimmt", dann leuchtet und das Konzept der Farbladungen sofort ein:

- *Elektrische Ladung*: Ist ein Teilchen positiv oder negativ elektrisch geladen, dann unterliegt es der elektromagnetischen Wechselwirkung. Da die Austauschteilchen der elektromagnetischen Wechselwirkung die Photonen sind, sagen die Teilchenphysiker: Elektrisch geladene Teilchen koppeln an das Photon → **B1a**. Quarks sind auch elektrisch geladen, also koppeln sie ebenfalls an Photonen. Elektrisch neutrale Teilchen wie Neutrinos hingegen unterliegen nicht der elektromagnetischen Wechselwirkung.
- *Farbladung*: Trägt ein Elementarteilchen eine Farbladung, dann unterliegt es der starken Wechselwirkung (die Farbladung wird deshalb auch starke Ladung genannt). Da Gluonen die Austauschteilchen der starken Wechselwirkung sind, sagen Teilchenphysiker: „Farbige" Teilchen koppeln an Gluonen → **B1b**. Elektronen haben keine Farbladung, koppeln also nicht an Gluonen und unterliegen nicht der starken Wechselwirkung. Das heißt: Von der starken Kraft, die den Atomkern zusammenhält, „spüren" (wieder so ein Physik-Slang …) die Elektronen nichts. Neutrinos tragen ebenfalls keine Farbladung

Jetzt haben wir ja bereits eine weitere der fundamentalen Wechselwirkungen kennengelernt, nämlich die schwache Wechselwirkung. Folglich brauchen wir für diese Wechselwirkung auch eine zugehörige Ladung, oder? Richtig! Also verlängern wir die obige Liste:

- *Schwache Ladung*: Besitzt ein Elementarteilchen eine schwache Ladung, dann unterliegt es der schwachen Wechselwirkung. Schwache Ladungen sind weit verbreitet: Alle Materieteilchen besitzen sie, also Quarks und Leptonen inklusive der Neutrinos, sie alle koppeln also an die Austauschteilchen der schwachen Wechselwirkung, die W- und Z-Bosonen → **B1c**. Die Neutrinos sind die einzigen Materieteilchen, die ausschließlich eine schwache Ladung besitzen und somit nur der schwachen Wechselwirkung unterliegen. Weil diese eben im Vergleich zu den andern Wechselwirkungen schwach ist (sonst hieße sie nicht so), können Neutrinos weite Strecken zurücklegen, ohne mit einem anderen Teilchen zu wechselwirken. Deshalb sind sie so schwer nachzuweisen.

Erhaltungssätze spielen in der Natur eine große Rolle. So *muss* bei dem Prozess in → **B1a** die elektrische Ladung erhalten bleiben. Da das Photon keine elektrische Ladung wegträgt, kann sich das Elektron beispielsweise nicht in ein Positron umwandeln. Auch die Farbladung muss an einem Vertex wie in → **B1b** erhalten sein, genauer: die Summe der Farben. Das Gluon muss also die Farbe rot und antiblau (= gelb) wegtragen, damit blau übrig bleibt (blau und antiblau ergibt weiß). Gluonen tragen wegen der Erhaltung der Farbladung immer eine Farbe *und* eine Antifarbe – deshalb können sie auch untereinander koppeln und beispielsweise einen Vierervertex wie in → **B1d** bilden. Das macht die starke Wechselwirkung deutlich komplexer als die elektromagnetische Wechselwirkung, denn die elektrisch ungeladenen Photonen können nicht untereinander wechselwirken.

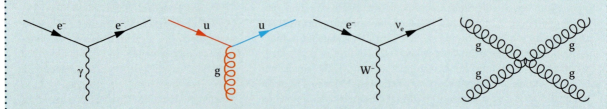

B1 **a)** Ein Elektron (e^-) trägt elektrische Ladung und koppelt deshalb an ein Photon (γ). **b)** Quarks besitzen auch eine Farbladung; deshalb koppelt z. B. ein rotes u-Quark an ein rot-antiblaues Gluon und wird dabei zu einem blauen u-Quark. **c)** Alle Materieteilchen besitzen auch eine schwache Ladung, deshalb koppelt z. B. ein Elektron an ein W-Boson und wird zu einem Elektron-Neutrino (ν_e). **d)** Da Gluonen Farbladungen tragen, koppeln sie untereinander.

Starke und schwache Wechselwirkung

Vertiefung

Der Spin

A. Der Spin ist ein Quantenphänomen

Elementare Teilchen wie das Elektron, die Quarks und die Austauschteilchen sind Quantenobjekte. Deshalb haben sie nicht nur Eigenschaften, die es auch in der klassischen Physik gibt – z. B. Masse und elektrische Ladung –, sondern auch solche, die es nur in der Quantenphysik gibt. Dazu zählt der Spin, eines der wichtigsten Merkmale eines Elementarteilchens.

Man bezeichnet den Spin auch als Eigendrehimpuls, weshalb man versucht ist, sich ein Teilchen als rotierende Kugel vorzustellen. Dieses Bild ist aber falsch, auch wenn es manchmal zur Verdeutlichung benutzt wird → B2 . Quantenobjekte haben zum einen keine konkrete Form, sondern sind unscharfe Objekte; zudem betrachtet man in der Physik die fundamentalen Teilchen als punktförmig. Den Spin kann man auch nicht ausbremsen wie die Drehung eines Kreisels, und die „Drehachse" kann nicht beliebige Richtungen annehmen.

Der Spin eines Teilchens wird in Vielfachen von $\hbar = h/2\pi$ angeben. Ein Elektron hat den Spin $1/2 \cdot \hbar$ oder kurz $1/2$, ebenso die anderen Leptonen, die Quarks und eine Reihe zusammengesetzter Teilchen wie Neutronen und Protonen. Die Austauschteilchen hingegen besitzen Spin 1. Es gibt auch Elementarteilchen mit höherzahligen Spins wie 3/2 und 5/2 bzw. 2 und 3.

B. Die Entdeckung des Spins

Der Elektronspin wurde 1922 mithilfe eines berühmten Experiments, des **Stern-Gerlach-Versuchs,** entdeckt → B3 . Zu dieser Zeit steckte die Quantenphysik noch in ihren Anfängen. Nach dem bohrschen Atommodell stellte man sich vor, dass in einem Atom die Elektronen Kreisbahnen um den Kern beschreiben. Und da Elektronen elektrisch geladen sind, sollten sie durch ihre Bewegung ein Magnetfeld erzeugen (genauer: ein magnetisches Moment). Atome wären also so etwas wie kleine

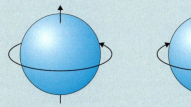

B2 Der Spin eines Elementarteilchens hat durchaus die Eigenschaften eines Drehimpulses, auch die gleiche Einheit. Trotzdem dürfen wir uns die Teilchen nicht als rotierende Kugeln denken; solche Grafiken dienen nur der Veranschaulichung. Teilchen mit Spin 1/2 wie Elektronen und Quarks haben zwei Einstellmöglichkeiten des Spins: Spin up und Spin down.

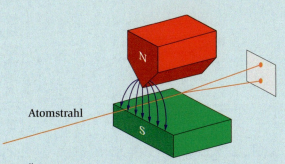

B3 Überraschung im Stern-Gerlach-Experiment: Das magnetische Moment der Silberatome kennt nur zwei Einstellmöglichkeiten.

rotierende Magnete, und wenn man diese Magnete in ein inhomogenes Magnetfeld schießen würde, dann sollten sie je nach Winkel zwischen Rotationsachse und Magnetfeld nach oben oder unten abgelenkt werden.

Genau diesen Versuch führten Otto STERN und Walther GERLACH mit Silberatomen durch. Man erwartete, dass die Atome nur schwach abgelenkt würden und auch nicht in bestimmte Vorzugsrichtungen, sondern in einer kontinuierlichen Verteilung. Beobachtet wurden jedoch zwei von den Silberatomen auf einem Schirm erzeugte diskrete Flecken. Folglich muss es ein magnetisches Moment der Silberatome geben, das genau zwei Einstellmöglichkeiten besitzt, und dieses magnetische Moment konnten nur die Elektronen selbst liefern. Nicht ihre Bahnbewegung war verantwortlich für das magnetische Moment, sondern ein bisher unbekannter Eigendrehimpuls der Elektronen – eben ihr Spin. Er kann entweder in oder gegen die Richtung eines äußeren Magnetfeldes zeigen – eine typische Quanteneigenschaft.

C. Der Spin bestimmt den Aufbau der Materie

Der Spin teilt sämtliche Teilchen im Universum in zwei Gruppen ein. Die **Fermionen** besitzen halbzahligen Spin; dazu zählen die fundamentalen Materiebausteine. Die **Bosonen** hingegen haben ganzzahligen Spin; zu ihnen zählen die Austauschteilchen. Fermionen unterliegen dem **Pauliprinzip**, das besagt, dass sich zwei Teilchen mit halbzahligem Spin niemals im gleichen Zustand befinden dürfen. Zwei Elektronen in einem Zustand mit gleicher Energie müssen also entgegengesetzt ausgerichtete Spins haben (Spin up und Spin down), für mehr Elektronen ist pro Energiezustand „kein Platz". Ohne Pauliprinzip würde unsere Welt völlig anders aussehen, denn dann könnten sich alle Elektronen in einem Atom auf dem niedrigsten Energieniveau befinden. Die Elemente würde ihre typischen chemischen Eigenschaften verlieren.

Riesige Maschinen für kleinste Teilchen

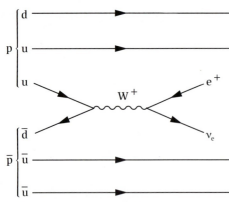

B1 1983 wurden am CERN die W- und Z-Bosonen experimentell nachgewiesen. Dazu wurde ein vorhandener Protonenbeschleuniger so umgebaut, dass er Protonen und Antiprotonen zur Kollision brachte und dabei Energien erreichte, die hoch genug waren, um W- und Z-Teilchen zu produzieren. Gesucht wurde u. a. nach Ereignissen, bei denen zwei Quarks ein W^+-Boson erzeugen, das anschließend in ein Positron-Neutrino-Paar zerfällt. Einige wenige solcher Zerfälle hatte man schließlich gefunden – 1984 gab es bereits den Nobelpreis dafür.

B2 Auch am DESY in Hamburg wurde bahnbrechende Experimente mit Elementarteilchen durchgeführt. Der größte Teilchenbeschleuniger am DESY und zugleich Deutschlands größtes Forschungsinstrument war HERA. Er war der einzige Beschleuniger weltweit, in dem zwei unterschiedliche Teilchensorten (Elektron und Protonen) getrennt beschleunigt und zum Zusammenstoß gebracht wurden. Vier Detektoren (H1, ZEUS HERMES und HERA-B) standen zur Verfügung. H1 und ZEUS entdeckten u. a., dass das Innere des Protons nicht nur aus drei Quarks besteht, sondern eine „Teilchensuppe" aus Quarks, Antiquarks und Gluonen enthält, die ständig auftauchen und wieder verschwinden. Auch Präzisionsexperimente zur starken Wechselwirkung wurden hier durchgeführt.

1. Mehr Energie – mehr Möglichkeiten

Der Fortschritt der Teilchenphysik im 20. Jahrhundert ist eng an die Entwicklung immer leistungsfähigerer → **Beschleuniger** (S. 314) geknüpft. Je stärker Teilchen beschleunigt werden, desto mehr kinetische Energie besitzen sie, die aufgrund der → **Äquivalenz von Masse und Energie** bei einer Kollision für die Erzeugung neuer Teilchen zur Verfügung steht. Insbesondere die großen Ringbeschleuniger am CERN wurden regelrecht als „Entdeckermaschinen" für hypothetische Teilchen konzipiert. So wusste man beispielsweise vor ihrem experimentellen Nachweis, dass die W- und Z-Bosonen der schwachen Wechselwirkung ungefähr eine Masse von 80 bzw. 90 GeV besitzen sollten. Um diese Teilchen zu erzeugen, musste man also einen Beschleuniger bauen, der entsprechende Kollisionsenergien bereitstellen kann. Mit dem so konzipierten SppS-Beschleuniger gelang 1983 am CERN tatsächlich der Nachweis von W- und Z-Bosonen → **B1**. Der Elektronen-Positronen-Speicherring LEP wurde mit einer Schwerpunktsenergie von maximal etwa 200 GeV dafür ausgelegt, die paarweise Erzeugung von W- und Z-Bosonen zu ermöglichen – damit konnten deren Massen und andere Parameter besonders genau gemessen werden. Auch am DESY in Hamburg wurden wichtige Erkenntnisse gewonnen → **B2**. Und der LHC am CERN hat u. a. die Aufgabe, nach neuen, schweren Teilchen zu suchen – deshalb stehen hier seit dem Endausbau 7 TeV je Protonenstrahl zur Verfügung!

2. Nur der Nachweis zählt

Der leistungsstärkste Teilchenbeschleuniger nutzt nichts, wenn man seine „Produkte" nicht nachweisen kann. Deshalb befinden sich beispielsweise am LHC an den vier Stellen, an denen die beschleunigten Protonen gezielt zusammenstoßen, vier riesige **Detektoren**: ATLAS, CMS, LHCb und ALICE. Die Detektoren haben die Aufgabe, die Teilchen, die beim Zusammenstoß erzeugt werden, zu registrieren. Sie sind für unterschiedliche Forschungsziele konzipiert: ATLAS (der Name stand ursprünglich für „A Toroidal LHC ApparatuS") und CMS (Compact Muon Solenoid) haben die Hauptaufgabe, das Higgs-Boson zu entdecken und zu untersuchen, während sich ALICE einem exotischen Materiezustand, dem Quark-Gluon-Plasma, widmet und LHCb auf bestimmte seltene Zerfälle spezialisiert ist.

Teilchendetektoren haben im Wesentlichen drei Aufgaben:
- Jedes elektrisch geladene Teilchen beschreibt in einem Magnetfeld eine gekrümmte Bahn, aus der sich der Impuls des Teilchens ablesen lässt.
- Daneben soll der Detektor für alle Teilchen (neutrale und geladene) die *Energie* bestimmen.
- Schließlich ist auch die Gesamtenergie eine wichtige Information. Sie liefert Hinweise auf Teilchen, die im Detektor nicht reagieren und ihn unregistriert wieder verlassen.

Wir haben bereits den → **Geigerzähler** zum Nachweis radioaktiver Strahlung kennengelernt. Nebelkammer und Blasenkammer zeigen den Weg eines Teilchens als eine Art Kondensstreifen. Allerdings sind die Ausleseraten nicht besonders hoch und die Spurinformationen nicht elektronisch verfügbar. Deshalb treiben moderne Detektoren einen deutlich höheren Aufwand.

3. Ein moderner Detektor – ATLAS

ATLAS ist mit 46 m Länge und 25 m Höhe der größte Detektor am LHC → B3. Er besteht aus drei Hauptkomponenten: dem inneren Detektor, dem Kalorimeter und dem Myonensystem.

- *Innerer Detektor*: Hier werden die Spuren von geladenen Teilchen in einem Magnetfeld von 2 T, das von einem supraleitenden Solenoidmagneten erzeugt wird, vermessen. Die größte Auflösung besitzt der Detektor dicht (ca. 5 cm) am Kollisionspunkt: 80 Mio. winzig kleine rechteckige Pixel, die auf Siliziumchips angeordnet sind, ermöglichen eine Messung der Teilchenbahnen auf 14 µm genau. An diese Pixeldetektoren schließen sich einige Millionen Siliciumstreifen an, deren Auflösung 20 µm beträgt. Schließlich folgt noch ein Übergangsstrahlungsdetektor aus einigen Hunderttausend mit Xenon gefüllten Röhren, in denen geladene Teilchen das Gas ionisieren und einen elektrischen Impuls erzeugen – wie beim Geigerzähler. Wenn ein geladenes Teilchen in ein Röhrchen eintritt, erzeugt es eine spezifische Übergangsstrahlung (daher der Name), welche zusätzlich die Teilchensorte verrät.
- *Kalorimeter*: Hier wird die Energie (fast) aller Teilchen gemessen. Die Kalorimeter von ATLAS → B4, die den inneren Detektor umschließen, bestehen aus vielen Schichten aus einem Material hoher Dichte (z. B. Blei), welche die einfallenden Teilchen absorbieren und die Energie auf zahlreiche Sekundärteilchen niedriger Energie übertragen. Zwischen die Absorberschichten sind sensitive Schichten eingebettet, welche diese Teilchenschauer registrieren. ATLAS besitzt zwei verschiedene Kalorimeter: das elektromagnetische Kalorimeter für Elektronen und Photonen und das hadronische Kalorimeter für alle anderen Teilchen, welche vom elektromagnetischen Kalorimeter nicht gestoppt werden.
- *Myonensystem*: Die Myonen brauchen eine Sonderbehandlung, weil sie in den Kalorimetern nicht absorbiert werden. Ihr Impuls wird unabhängig vom inneren Detektor (wo dier Myonen nur minimal abgelenkt werden, weil sie so schnell sind), in einem eigenen Spektrometer mit einem sehr ausgedehnten Magnetfeld von bis zu 4,7 T außerhalb der Kalorimeter gemessen. Die Myonendetektoren bestehen aus langen gasgefüllten Driftröhren, funktionieren also auch so ähnlich wie Geigerzähler.

4. Daten, Daten, Daten

Wenn sich der LHC im Kollisionsmodus befindet, treffen im ATLAS-Detektor pro Sekunde 40 Mio. Protonenpakete aufeinander. Um alle Ereignisse zu registrieren, müssten gigantische Datenmengen (pro Sekunde etwa 100 000 CDs) ausgelesen werden. Um die Datenflut zu reduzieren, arbeitet ATLAS mit einem mehrstufigen Trigger. Zunächst werden von den 40 Mio. Kollisionen pro Sekunde weniger als 100 000 aufgrund bestimmter Merkmale innerhalb von 2 µs nach der Kollision herausgefiltert. In einer zweiten Stufe werden diese Ereignisse genauer analysiert und auf wenige tausend reduziert. Im Ereignisfilter schließlich, einer großen Rechnerfarm, werden die bisher „überlebenden" Ereignisse vollständig rekonstruiert → B5. Am Ende bleiben davon etwa 200 übrig, die zur weiteren Bearbeitung abgespeichert werden. Trotz dieser Vorauswahl fallen pro Jahr mehrere Petabytes an Daten an, verteilt auf ein weltweites Computernetz, dem **LHC Computing Grid**.

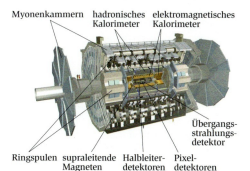

B3 Schalenförmiger Aufbau des ATLAS-Detektors aus Spurdetektoren, Kalorimetern, Magnetsystem und Myonenkammern.

B4 Blick ins Innere von ATLAS beim Einbau des Kalorimeters. Gut zu sehen sind die acht großen Spulen des supraleitenden Toroidmagneten. Um sie wurden dann noch die Myonendetektoren gebaut.

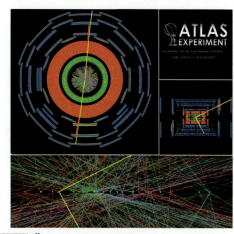

B5 Über 20 Protonkollisionen – sogenannte Vertices – wurden vom Spurdetektor zunächst als ein Gesamtereignis aufgenommen und erst später als einzelne Ereignisse rekonstruiert. Davon interessant ist nur eines: die Produktion eines Z-Bosons, das anschließend in zwei Myonen (gelbe Linien) zerfällt. Die Myonen bewegen sich im inneren Detektor nahezu geradlinig und durchdringen auch das Kalorimeter.

Vertiefung

Das Higgs-Teilchen

Manchmal dauert es viele Jahre oder gar Jahrzehnte, bis eine physikalische Entdeckung mit dem Nobelpreis gewürdigt wird. Nicht so beim Higgs-Teilchen: Am 4.7.2012 verkündete das CERN seine Entdeckung, ein Jahr später erhielten die theoretischen „Väter" des Teilchens, Namensgeber Peter HIGGS und sein belgischer Kollege François ENGLERT, bereits die höchste Auszeichnung.

Das Higgs-Teilchen ist der letzte und lange gesuchte Baustein des Standardmodells. Es gehört zum Higgs-Feld, das eine Antwort auf die Frage „Woher kommt die Masse?" liefert. Als man in den 1960er-Jahren die fundamentalen Wechselwirkungen entschlüsselt hatte, bereiteten die unterschiedlichen Eigenschaften der Austauschteilchen Kopfzerbrechen: Photonen haben keine Ruhemasse, W- und Z-Bosonen hingegen sind sehr massereich. In der erfolgreichen Vereinigung der elektromagnetischen und schwachen Wechselwirkung zur → **elektroschwachen Wechselwirkung** kamen Teilchen mit Masse gar nicht vor; sie zerstörten das mathematische Konzept der Theorie und führten zu gravierenden Widersprüchen.

HIGGS' und ENGLERTs Idee bestand nun darin, ein allgegenwärtiges Feld einzuführen, das durch seine Wechselwirkung mit den Teilchen deren Masse erzeugt. Man kann sich anschaulich vorstellen, dass das Higgs-Feld die Bewegung der Teilchen abbremst. Je stärker das Higgs-Feld das Teilchen bremst, desto größer ist die Masse des Teilchens. Auf diese Weise kann das Higgs-Feld nicht nur die Masse der Austauschteilchen, sondern auch die der Materieteilchen erklären.

Peter HIGGS folgerte, dass mit dem Feld auch ein neues Teilchen verbunden ist – daher trägt es seinen Namen. Während das Feld selbst nicht beobachtbar ist, sollte das Higgs-Teilchen im Experiment aufzuspüren sein. Bedauerlicherweise macht das Standardmodell zwar genaue Vorhersagen über viele Eigenschaften des Higgs-Teilchens – aber nicht über seine Masse. Man konnte jedoch abschätzen, dass es ziemlich massereich sein musste, der LHC aber die Chance bieten sollte, es zu finden.

Man kann das Higgs-Teilchen nicht direkt als Spur im Detektor beobachten, dafür ist es viel zu kurzlebig. Vielmehr verrät es sich über seine Zerfälle. Die Suche konzentrierte sich u. a. auf den Higgs-Zerfall in ein Photonenpaar → **Bild**. Solche Photonenpaare entstehen auch durch andere Prozesse bei Teilchenkollisionen. Wenn man aber die Energie der beobachteten Photonen auf die Masse des Teilchens zurückrechnet, aus dem die Photonen herstammen, und dabei bei einer bestimmten Masse eine Häufung beobachtet, dann hat man irgendwann ein neues Teilchen entdeckt. Das geschah 2012: Man hatte so viele Photonenpaare mit einer Masse von 125 GeV/c^2 entdeckt, dass dies kein Zufall mehr sein konnte – man hatte ein neues Teilchen mit einer Masse von 125 GeV/c^2 entdeckt, bei dem es sich mit großer Wahrscheinlichkeit um das Higgs-Teilchen handelt.

Interessantes

Und die Gravitation?

Elektromagnetische, schwache und starke Wechselwirkung – was ist mit der Gravitation? Diese spielt zwar auf der Erde für uns Menschen eine große Rolle, und auch im Universum ist sie die dominante Kraft, aber in der Welt der Elementarteilchen ist sie so schwach, dass sie vernachlässigt werden kann. Außerdem ist es bisher nicht gelungen, für die Gravitation eine Quantentheorie zu formulieren wie für die anderen Wechselwirkungen. Auch das hypothetische Austauschteilchen der Gravitation, das Graviton, konnte bisher nicht nachgewiesen werden.

5. Was folgt auf den LHC?

Im Frühjahr 2015 wurde der LHC nach einer Umbauphase mit verdoppelter Energie wieder in Betrieb genommen – eigentlich ein neuer Beschleuniger. Trotzdem sind die Teilchenphysiker gedanklich schon beim nächsten Beschleuniger. Bis ein neuer Beschleuniger geplant, finanziert und gebaut ist, vergehen Jahrzehnte, deshalb muss man jetzt schon konzipieren, wohin die Reise gehen soll.

Da der LHC für präzise Messung ungeeignet ist, wird der nächste große Beschleuniger vermutlich wieder Elektronen und Positronen zur Kollision bringen. Wenn Protonen kollidieren wie im LHC, dann treffen eigentlich zwei Ansammlungen aus reellen und virtuellen Quarks und Gluonen aufeinander, die viel uninteressanten Untergrund produzieren. Wesentlich übersichtlicher und einfacher zu interpretieren ist der Zusammenprall von Leptonen, die keine Substruktur besitzen – damit hofft man, offene Fragen etwa rund um das Higgs-Boson zu klären. Da Elektronen auf Kreisbahnen in Magnetfeldern jedoch sehr viel Energie durch Synchrotronstrahlung verlieren, plant man wieder mit Linearbeschleunigern, entsprechende Technologien werden am DESY aufgebaut → B1.

B1 Am DESY entsteht der Röntgenlaser X-FEL, bei dem eine supraleitende Beschleunigungstechnik Verwendung findet (TESLA), die auch das Herzstück eines zukünftigen Linearbeschleunigers bilden könnte.

6. Physik jenseits des Standardmodells

Vom LHC erhofft man sich auch Hinweise auf neue Physik, denn das Standardmodell kann viele Fragen nicht beantworten. Viele theoretische Physiker „wünschen" sich, der LHC möge **supersymmetrische Teilchen** finden. Wäre die Welt supersymmetrisch, gäbe es zu jedem bekannten Teilchen einen supersymmetrischen Partner, also insgesamt doppelt so viele Teilchen wie im Standardmodell → B2! Doch die Supersymmetrie (SUSY) könnte einige Probleme lösen. So würde man eigentlich im Standardmodell ein Higgs-Teilchen erwarten, dessen Masse um Größenordnungen über dem gemessenen Wert liegt. In der SUSY-Theorie hingegen ist ein niedriger Massenwert plausibel, denn dort heben sich bestimmte problematische Terme, die eine große Masse vorhersagen, im Wesentlichen weg. Auch könnte SUSY eine Erklärung für die Dunkle Materie liefern, außerdem funktioniert bei ihr die Vereinheitlichung aller Wechselwirkungen zu einer einzigen Naturkraft bei hohen Energien besser → B2. Der Nachweis eines SUSY-Teilchens – wenn vielleicht auch nur indirekt – wäre deshalb ein weiterer großer Erfolg für den LHC.

Noch größer stellt sich die Herausforderung dar, alle fundamentalen Wechselwirkungen, also auch die Gravitation, unter einem gemeinsamen theoretischen Dach zu beschreiben, sprich das Standardmodell und die klassische Allgemeine Relativitätstheorie Einsteins in einer **Quantengravitation** zusammenzuführen. Ohne eine neue Theorie wird man nicht verstehen, was etwa im Urknall geschah.

Viele Physikerinnen und Physiker arbeiten seit Jahren an einer solchen Theorie, der **Stringtheorie**. Sie beschreibt Teilchen nicht als punktförmige Objekte, sondern als Anregungen eindimensionaler „Fäden" (strings) → B3. Allerdings lässt sie sich mathematisch korrekt nur in zehn Dimensionen (eine zeitliche und neun räumliche) formulieren, wobei die überzähligen Raumdimensionen extrem kompakte, quasi zusammengerollte Gebilde sind. Viele Physiker stehen der Stringtheorie jedoch ablehnend gegenüber, weil sie keine experimentell überprüfbaren Vorhersagen im strengen Sinne macht. Ist alles nur Spielerei? Die Zukunft wird es zeigen.

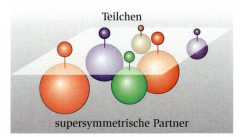

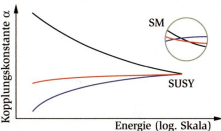

B2 Existiert zu jedem Teilchen ein supersymmetrischer Partner? In der Theorie hätte das Vorteile: Bei hohen Energien, wie sie z.B. im frühen Universum herrschten, laufen die Stärken der Wechselwirkungen, die Kopplungskonstanten, zusammen, sie vereinigen sich. Mit SUSY ist diese Vereinheitlichung der Wechselwirkungen perfekt, ohne (Kreis) nicht. Das spricht für SUSY.

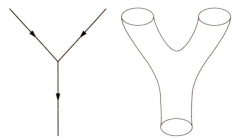

B3 In der Stringtheorie wechselwirken nicht punktförmige Teilchen, sondern eindimensionale Objekte miteinander. Sie ist eine Kandidatin für eine Quantengravitation, experimentell bisher jedoch kaum überprüfbar.

Von Rutherford bis Higgs

B1 Ernest RUTHERFORD (rechts) und Hans GEIGER 1912 in ihrem Labor an der Universität von Manchester

---

Physik und Geschichte

Physikerinnen ohne Nobelpreis

Heute sind Physikerinnen auch in der Teilchenphysik selbstverständlich, bis weit ins 20. Jahrhundert war das noch nicht so. Mehrere von ihnen waren zudem noch von fragwürdigen Nobelpreisentscheidungen betroffen. Bekanntestes Beispiel ist Lise MEITNER, deren Beitrag zur Entdeckung und Deutung der Kernspaltung nicht gewürdigt wurde. Aber auch die chinesische Physikerin Chien-Shiung WU ➔ **Bild** ging leer aus. Sie erforschte nach dem zweiten Weltkrieg vor allem den ➔ **Betazerfall** und wies 1956/57 in einem berühmten Experiment nach, dass die ➔ **schwache Wechselwirkung** sozusagen links und rechts unterscheidet und bestimmte Prozesse anders ablaufen, wenn man sie räumlich spiegelt. Ein solches Verhalten hatte man eigentlich für undenkbar gehalten. Dementsprechend wurde die Entdeckung dieser Paritätsverletzung mit dem Nobelpreis gewürdigt – allerdings nur für die Theoretiker, die sie vorhergesagt hatten. Als Grund dafür wird oft eine Missachtung der experimentellen gegenüber der theoretischen Physik angegeben, doch andere Experimente wie der ➔ **Franck-Hertz-Versuch** wurden ja auch ausgezeichnet. Die Hochachtung ihrer Kollegen wurde Chien-Shiung WU trotzdem zuteil, respektvoll wurde sie als „First Lady" der Physik bezeichnet.

Die Geschichte der Elementarteilchenphysik ist nicht nur eine Geschichte immer leistungsstärkerer Beschleuniger und größerer Detektoren, sondern vor allem eine Geschichte brillanter Denker und Experimentatoren, von denen hier einige exemplarisch vorgestellt werden.

1. Ernest RUTHERFORD

Mit seiner Entdeckung des Elektrons 1897 bereitete Joseph John THOMSON wesentlich den Weg für die Erforschung des Atoms im 20. Jahrhundert. Am Beginn dieses Weges gab es noch sehr widersprüchliche Ansichten über Atome, wenige Eigenschaften waren bekannt, einige Physiker bezweifelten überhaupt die Existenz von Atomen. Das änderte sich mit der Entdeckung der Radioaktivität, und auch Ernest RUTHERFORD ➔ B1, geboren 1871 in einer neuseeländischen Kleinstadt, stürzte sich auf das neue Forschungsgebiet und präsentierte 1903 die Theorie der Radioaktivität: Sie ist eine Begleiterscheinung der spontanen Umwandlung chemischer Elemente. Die Erklärung des radioaktiven Zerfalls brachte RUTHERFORD ersten Forscherruhm und machte ihn populär. Ebenso konnte er die Natur der α-Teilchen als zweifach positiv geladene Ionen des Elements Helium entschlüsseln.

In den Folgejahren konzentrierte sich RUTHERFORD ganz auf die Arbeit mit α-Strahlen; er ahnte, dass sie einen Schlüssel zum Verständnis des Atomaufbaus liefern. Mit seinem Mitarbeiter Hans GEIGER ➔ B1 entwickelte er ein präzises Nachweisverfahren für α-Teilchen und begann, **Streuexperimente** mit ihnen durchzuführen: Durchqueren α-Teilchen eine dünne Folie, beispielsweise aus Gold, werden sie etwas abgelenkt. Genau daran war RUTHERFORD interessiert, er wollte mit solchen Streuexperimenten verschiedene Atommodelle testen. Wenn sich α-Teilchen durch dünne Folien ablenken lassen, mussten dort elektrische Felder enormer Stärke existieren, die nur von den Atomen herrühren konnten.

GEIGER und der Student Ernest MARSDEN bekamen den Auftrag, die Streuung genauer unter die Lupe zu nehmen, und sie stießen auf eine Überraschung: In einigen seltenen Fällen wurden die α-Teilchen von der Folie regelrecht reflektiert, und zwar um so häufiger, je mehr Lagen Folie sie übereinanderlegten. Also mussten die Teilchen im Innern des Materials reflektiert werden. RUTHERFORD war verblüfft und fand erst eineinhalb Jahre später, kurz vor Weihnachten 1910, des Rätsels Lösung: Die Streuung der α-Teilchen musste in einem einzigen Schritt erfolgen, und der Sitz der dafür verantwortlichen elektrischen Kräfte musste im Vergleich zur Größe des Atoms als nahezu punktförmig angenommen werden. Es war die Geburtsstunde des modernen Atombilds, und am Morgen nach seiner Entdeckung sagte RUTHERFORD zu GEIGER: „Ich weiß jetzt, wie ein Atom aussieht!"

Die physikalische Mitwelt nahm das jedoch kaum zur Kenntnis, ein stabiles Atom, bei dem elektrisch geladene Elektronen um einen winzigen Kern kreisen, ohne in ihn zu stürzen, war damals nicht vorstellbar – erst die Quantenphysik zeigte, dass im Bereich der Atome nicht die klassischen, sondern ganz neue Gesetze steckten.

Für seine Entdeckung des Atomkerns hätte RUTHERFORD sicher den Physiknobelpreis verdient, er hatte jedoch bereits einen Nobelpreis für Chemie und bekam keinen weiteren. Brauchte er auch nicht, auf der ganzen Welt wurde er geehrt und 1931 sogar geadelt.

2. Paul DIRAC

Die Geschichte der Teilchenphysik ist nicht arm an erstaunlichen Entdeckungen und Erkenntnissen. Zu den bizarrsten zählt sicher die Existenz von Antimaterie. Ihre theoretische „Geburt" verdankt sie der Zusammenführung von Quantenphysik und → **Spezieller Relativitätstheorie** und einem theoretischen Physiker, der sie formulierte: Paul DIRAC, 1902 in Bristol geboren und ab 1932 Inhaber des Lehrstuhls, den auch schon NEWTON innehatte. Es gibt viele Anekdoten über Dirac → **B2**, der sehr wortkarg und scheu war. Kunst, Musik und Literatur interessierten ihn nicht, seine einzigen Hobbys waren Reisen, die ihn dreimal um die Welt führten, und Bergtouren – er bezwang einige der höchsten Berge Europas und Amerikas.

1926, als DIRAC gerade seine Doktorarbeit abgeschlossen hatte, stellte der österreichische Physiker Erwin SCHRÖDINGER seine berühmte Wellengleichung auf. Sie ist eine der zentralen Formeln der Quantenphysik und beschreibt das Verhalten von Elektronen in einem Atom. Allerdings hat sie einen Schönheitsfehler: Sie ist eine nichtrelativistische Gleichung, gilt also nur für Teilchengeschwindigkeiten, die viel kleiner als die Lichtgeschwindigkeit sind. Außerdem kommt in der Schrödinger-Gleichung der → **Spin** nicht vor, eine damals schon bekannte wichtige Eigenschaft von Elektronen.

1928 fand DIRAC eine neue Gleichung, die Spezielle Relativitätstheorie und Quantenphysik verband und zu den schönsten Gleichungen der theoretischen Physik gehört. Die **Dirac-Gleichung** → **B3** ist jedoch nicht nur schön, sondern auch erfolgreich. Sie beschreibt das Spektrum eines Wasserstoffatoms exakt, inklusive einer Feinstruktur des Spektrums, die mit den bisherigen Gleichungen der Quantenphysik nicht zu berechnen war, und erklärt den Spin des Elektrons als mathematische Konsequenz der Theorie.

Die Physiker der damaligen Zeit waren begeistert über die neue Gleichung, hatten mit einigen Folgerungen aus ihr aber große Schwierigkeiten, vor allem mit der Tatsache, dass die Dirac-Gleichung nicht nur eine Lösung für das Elektron enthielt, sondern auch eine Lösung für ein „Elektron" mit positiver Ladung und negativer Energie. Handelte es sich um eine unphysiklische Lösung, wie wir es z. B. von der negativen Lösung einer quadratischen Gleichung kennen, die wir ignorieren, wenn wir etwa eine Länge berechnen? Oder verriet diese Lösung neue, unbekannte Physik?

DIRAC entschied sich für Letzteres und lieferte eine brillante physikalische Interpretation der „Elektronen" mit negativer Energie. Er stellte sich das Vakuum nicht leer vor, sondern als einen unendlich tiefen See von negativen Energieniveaus, die mit nicht beobachtbaren Elektronen besetzt sind. Einen nicht besetzten Zustand in diesem See, also ein Loch, stellte sich Dirac als positiv geladenes **Antiteilchen** e^+ des Elektrons mit positiver Energie vor. Eine scheinbar verrückte Idee, und wenn DIRAC sie vortrug, wurde er immer gefragt: „Wo ist das Antielektron?". DIRAC kam zu dem Schluss, dass es sich um ein neues Teilchen handeln müsse, und er sollte Recht behalten: 1932 wurde das Positron experimentell nachgewiesen.

Heute weiß man, dass zu jedem Teilchen ein Antiteilchen gehört und sich diese in Teilchenbeschleunigern erzeugen lassen, wenn sich beispielsweise Teilchen-Antiteilchen-Paare bilden. Warum es aber im (beobachtbaren) Universum nur Materie gibt und welche Prozesse im ganz frühen Universum dazu führten, das sich Materie und Antimaterie nicht auslöschten, ist noch nicht restlos verstanden.

B2 Paul DIRAC, hier im Jahr 1933, war berühmt und berüchtigt für seine mathematische Brillanz und sprachliche Präzison. Während eines Vortrags wurde er einmal höflich von einem Zuhörer gefragt: „Ich verstehe nicht, wie Sie auf die Formel an der Tafel gekommen sind." DIRAC schwieg daraufhin, bis der Leiter der Veranstaltung ihn um eine Antwort bat und DIRAC entgegnete: „Es handelte sich nicht um eine Frage; es war eine Aussage."

B3 In Westminster Abbey in London befindet sich seit 1995 eine Gedanktafel mit der berühmtem Dirac-Gleichung, in unmittelbarer Nähe zur entsprechenden Würdigung für Isaac NEWTON. Das unterstreicht die Bedeutung der Dirac-Gleichung für die moderne Physik.

Interessantes

Schönheit in der Physik

DIRAC war so sehr theoretischer Physiker, dass er einmal erklärte: „Eine Theorie von mathematischer Schönheit ist mit größerer Wahrscheinlichkeit richtiger als eine hässliche, die auf ein paar experimentelle Daten passt." Sein Leben widmete er deshalb der Suche nach mathematischer Eleganz in den Naturgesetzen. Gott sei ein höchst genialer Mathematiker, schrieb er einmal.

3. Richard FEYNMAN

Auch über Richard FEYNMAN (1918–88) ➜ B1, ➜ B3 gibt es zahlreiche Anekdoten, aber er war ein völlig anderer Charakter als Dirac: witzig, weltoffen, selbstironisch, spontan, unkonventionell, musikalisch (er trommelte leidenschaftlich gerne). Eines aber hat er mit Dirac, der ein großes Vorbild für FEYNMAN war, gemeinsam: Beide zählen zu den größten Physikern des 20. Jahrhunderts, die ihre Disziplin maßgeblich geprägt haben.

FEYNMAN entwickelte von Kindesbeinen an ein breites Interesse an Naturwissenschaften, er reparierte Radiogeräte, machte kleine Experimente, inszenierte für seine Schwester wissenschaftliche Vorführungen und beschäftigte sich leidenschaftlich mit Rätseln und Knobelaufgaben. Seine größte Begabung lag aber sicher in der Mathematik. Am Massachusetts Institute of Technology (MIT) galt er als herausragender Student, der sich jedoch bald schon von der reinen Mathematik weg und zur theoretischen Physik hingezogen fühlte.

Nach Abschluss seiner Doktorarbeit an der Universität von Princeton arbeite FEYNMAN – wie viele andere Physiker – am Manhattan Projekt in Los Alamos mit, also an der Entwicklung der Atombombe. 1945 kehrte er ins zivile Leben zurück und begann, sich mit der **Quantenelektrodynamik** (QED) zu beschäftigen, jener Theorie der elektromagnetischen Wechselwirkungen, die wir auch kennengelernt haben. Obwohl die in den 1920er- und 1930-Jahren entwickelte QED eine Reihe von Vorhersagen gemacht hatte, die im Experiment bestätigt wurden, lieferte sie auch einige absurde Resultate. So sagte die Theorie voraus, dass die Wechselwirkung des Elektrons mit seinem eigenen Feld – wenn ein Elektron also ein Photon emittiert und anschließend wieder absorbiert – zu einer unendlich großen Selbstenergie und damit zu einer unendlich großen Masse des Elektrons führt. Was offensichtlich nicht stimmt, denn die Masse des Elektrons lässt sich ja messen und hat einen endlichen Wert. Auch andere Terme in der Theorie, die mit der Entstehung von Elektron-Positron-Paaren zusammenhängen, wurden unendlich. Irgendwie musste man diese unendlichen Ausdrücke loswerden, wollte man die eigentlich unangreifbare QED „retten".

FEYNMAN schickte sich also an, die QED neu zu „erfinden", und entwickelte dabei die genialen und einfach zu handhabenden ➜ **Feynman-Diagramme** ➜ B2, die einen systematischen Weg ermöglichten, Prozesse mit Elementarteilchen zu berechnen. Außerdem löste er das Problem der Unendlichkeiten durch den Ausweg der **Renormierung**. Dabei werden fundamentale Parameter wie die Masse des Elektrons auf eine bestimmte Weise neu definiert (also renormiert), sodass die Unendlichkeiten beseitigt werden und man mit der Theorie richtig rechnen und experimentell überprüfbare Aussagen machen kann. Was nach einem Trick klingt, erwies sich als mächtiges Werkzeug für alle Quantenfeldtheorien und als Säule des Standardmodells der Elementarteilchen. 1965 erhielt FEYNMAN zusammen mit zwei anderen „Renormierern" den Physiknobelpreis.

Einer breiten Öffentlichkeit wurde FEYNMAN bekannt, als er 1986 in eine Untersuchungskommission zur Aufklärung der Explosion der Raumfähre Challenger berufen wurde. In einer dramatischen Sitzung demonstrierte er, der Theoretiker, dass die Katastrophe u.a. durch Gummidichtungen verursacht worden war, die bei kalten Temperaturen ihre Elastizität verlieren.

B1 Richard FEYNMAN war ein engagierter und großartiger Lehrer. Mit 32 Jahren wechselte er an das California Insitute for Technology, wo er bis zu seinem Tode wirkte und wo er seine berühmten *Feynman Lectures* hielt. Er besuchte aber auch häufig kalifornische Nachtklubs und beschäftige sich mit vielen Dingen außerhalb der Physik.

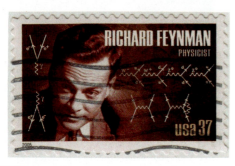

B2 Eine der genialsten Ideen der neueren Physikgeschichte wird mit dieser Briefmarke gewürdigt: FEYNMANs Diagramme.

B3 FEYNMAN und YANG Chen Ning, der ebenfalls wichtige Beiträge zur Teilchenphysiker lieferte und u.a. voraussagte, dass die schwache Wechselwirkung die Links-Rechts-Symmetrie verletzt ➜ **Physik und Geschichte** (S. 286).

4. Murray GELL-MANN

Als nach dem Zweiten Weltkrieg immer neue Elementarteilchen entdeckt wurden, waren auch einige darunter, die sich merkwürdig verhielten. So hatten einige der neuen Teilchen – die sogenannten Hyperonen und Kaonen – erstaunlich lange Lebensdauern, d.h. sie hätten nach dem, was man damals über Elementarteilchen wusste, viel schneller wieder zerfallen müssen. 1953 schlug der amerikanische Physiker Murray GELL-MANN (* 1929) → B4 , Sohn jüdischer Einwanderer und bereits mit 14 Jahren Stipendiat der Yale-Universität, eine neue Quanteneigenschaft vor, um das Verhalten dieser seltsamen Teilchen zu erklären – mangels besserer Alternativen wurde sie „**Seltsamkeit**" (**Strangeness**) genannt. Sie muss bei Prozessen der starken Wechselwirkung erhalten bleiben und verbietet somit, dass die Teilchen mit Strangeness schnell in Teilchen ohne Strangeness (z.B. Protonen und Pionen) zerfallen. Nur in den Prozessen der schwachen Wechselwirkung muss die Strangeness nicht erhalten sein, aber die laufen bedeutend langsamer ab.

Die „Erfindung" der Strangeness war der Auftakt für viele bahnbrechende Idee, die GELL-MANN zur Elementarteilchenphysik beisteuerte. 1960 schlug er den „Achtfachen Weg", ein Modell zur Klassifikation der Hadronen, vor, wobei er hier schon die damals noch hypothetischen Quarks als noch fundamentalere Bausteine vorschlug. Als sie in Beschleunigerexperimenten dann tatsächlich entdeckt wurden, hatte GELL-MANN den Nobelpreis bereits in der Tasche. 1971 führte er zusammen mit dem deutschen Physiker Harald FRITZSCH noch eine neue Quantenzahl für die Quarks ein, die Farbe, und entwickelten eine darauf basierende Theorie für die starke Wechselwirkung, die Quantenchromodynamik. Kollegen von GELL-MANN hatten stets die Befürchtung, er könne ihnen die nächste wichtige Entdeckung vor der Nase wegschnappen.

5. Peter HIGGS

Im Gegensatz zu Murray GELL-MANN ist Peter HIGGS (* 1929) → B5 , als Namensgeber des gleichnamigen Teilchens unsterblich geworden, durch *einen* Geniestreich berühmt geworden. Nach dem Studium bewarb sich HIGGS auf mehrere Dozentenstellen erfolglos, in Edinburgh erhielt er schließlich 1960 seine erste Stelle. 1964 präsentierten HIGGS sowie unabhängig davon François ENGLERT und Robert BROUT einen Mechanismus zur Lösung eines alten Rätsels: Woher kommen die Massen der fundamentalen Elementarteilchen? Der Mechanismus verfolgt dabei die Idee, dass die Teilchen die Masse gar nicht von vornherein besitzen, sondern durch die Wechselwirkung mit einem Feld erhalten. Mit dieser Idee ließ sich eine mathematisch stimmige Theorie der Elementarteilchen formulieren, die zur Grundlage des Standardmodells wurde – diese Ausarbeitung musste HIGGS aber anderen überlassen. Trotzdem begann sich zu dieser Zeit der Name „Higgs-Mechanismus" für das Konzept der Masse durch Wechselwirkung durchzusetzen. Als dann noch das zwingend mit dem Mechanismus verknüpfte neue Elementarteilchen, das → Higgs-Teilchen, in den Fokus der Experimentalphysiker geriet, 2012 in seiner Entdeckung am CERN gipfelnd, wurde HIGGS zum Physikstar und Nobelpreisträger (2013) – eine Rolle, in der sich der bescheidene HIGGS nicht sonderlich wohl fühlte.

B4 Murray GELL-MANN war an einigen der entscheidenden Entwicklungen innerhalb der Elementarteilchenphysik beteiligt. Schon früh fiel er als Wunderkind auf. Seine große Leidenschaft war die Klassifizierung von allem Möglichen aus seinem Umfeld, und mit der Klassifizierung der Elementarteilchen wurde er auch später berühmt.

Interessantes

Woher die Quarks ihren Namen haben

Der irische Schriftsteller James JOYCE liebte es, mit Wörtern zu spielen, sie zu zerlegen und wieder zusammenzusetzen. Murray GELL-MANN war davon sehr fasziniert, und so entschloss er sich, die von ihm postulierten fundamentalen Materiebausteinen nach einem Zitat aus *Finnegans Wake* von JOYCE zu nennen: „Three Quarks for Muster Mark!" – drei Quarks, erkannte GELL-MANN, liegen der Welt zugrunde.

B5 Peter HIGGS, hier 2008 beim Besuch des CMS-Detektors am CERN, lieferte einen entscheidenden Baustein für das Standardmodell der Elementarteilchen. Als er 1964 seine Veröffentlichung bei einer Fachzeitschrift einreichte, wurde sie zunächst zurückgewiesen.

Zusammenfassung

Das ist wichtig

1. Aufbau der Atome
Ein Atom besteht aus Atomkern und Atomhülle. Die Atomhülle enthält Z negativ geladene Elektronen, der Atomkern Z positiv geladene Protonen und N ungeladene Neutronen. $A = Z + N$ nennt man Nukleonenzahl.
Den Aufbau eines Atomkerns X – auch Nuklid X genannt – verdeutlicht man durch die Schreibweise $^A_Z X$.

2. Elektromagnetisches Spektrum
Im elektromagnetischen Spektrum sind alle Strahlungsarten zusammengefasst, die sich wie eine elektromagnetische Welle verhalten.
Zu den elektromagnetischen Wellen gehören u.a.: Die Wellen, mit denen man Rundfunk, Fernsehen und Handy betreibt, Mikrowellen, Licht einschließlich Infrarot und Ultraviolett sowie Röntgen- und Gammastrahlung.

3. Energiequantelung in der Atomhülle
Die Energie in der Atomhülle ist quantisiert. Die Elektronen nehmen dort nur diskrete Zustände mit scharf bestimmten Energiewerten ein. Jedes Elektron in der Atomhülle befindet sich in einem dieser Energieniveaus. Quantensprünge des Atoms sind mit Elektronenübergängen zwischen den einzelnen diskreten Energieniveaus der Atomhülle verbunden.
Mit dem Aufbau der Atomhülle lassen sich u.a. Linienspektren, Flammenfärbung, Fraunhoferlinien im Sonnenspektrum und charakteristische Röntgenlinien erklären.

4. Die Strahlung radioaktiver Stoffe
- Nuklide, die ohne äußeren Einfluss ionisierende Strahlung aussenden, nennt man radioaktiv.
- Nachweisgeräte für die Strahlung sind u.a. das Geiger-Müller-Zählrohr.
- Radioaktive Nuklide senden α-, β- oder γ-Strahlung aus. Diese besteht aus einzelnen, energiereichen Teilchen, die aus dem Atomkern stammen.
- α-Teilchen bleiben in Papier, β-Teilchen in 5 mm dickem Aluminium stecken. γ-Teilchen werden durch dicke Bleischichten abgeschirmt.

5. Der Zerfall radioaktiver Nuklide
- Radioaktive Nuklide zerfallen durch einen α-Zerfall, einen β-Zerfall oder einen γ-Zerfall.
- Beim α-Zerfall sendet der Kern einen energiereichen Heliumkern (α-Teilchen) aus und verliert demzufolge 2 Protonen und 2 Neutronen.
- Beim $β^-$-Zerfall eines Nuklids verwandelt sich im Kern ein Neutron in ein Proton unter Aussenden eines Elektrons und eines Antineutrinos.
- Beim $β^+$-Zerfall eines Nuklids verwandelt sich im Kern ein Proton in ein Neutron unter Aussendung eines Positrons und eines Neutrinos.
- γ-Strahlung tritt auf, wenn ein α- oder β-Zerfall in einen angeregten Zustand des Tochterkerns erfolgt.
- Jedes radioaktive Nuklid hat eine charakteristische Halbwertszeit $T_{1/2}$. Für die Nukleonenzahl $N(t)$ gilt:
$N(t) = N_0 \cdot e^{-\lambda \cdot t}$ mit $\lambda = \ln 2 / T_{1/2} \approx 0{,}693 / T_{1/2}$.
- Die Aktivität $A(t)$ einer radioaktiven Substanz ist:
$A(t) = -\Delta N / \Delta t$ für $\Delta t \ll T_{1/2}$; es gilt: $A(t) = \lambda \cdot N(t)$.
- Die Einheit der Aktivität ist 1 Becquerel (1 Bq).

6. Strahlenexposition, -schäden und -schutz
- Bei einer Strahlenexposition des Menschen können, müssen aber nicht, Strahlenschäden auftreten.
- Ursache von Strahlenschäden sind die Anregung und Ionisation von Molekülen im Körpergewebe sowie die durch die Strahlung gebildeten Radikale.
- Man unterscheidet deterministische und stochastische Strahlenwirkungen. Zu den letzten zählen Leukämie, Krebs und genetische Schäden.
- Die effektive Dosis E (Einheit 1 Sievert; 1 Sv) erlaubt eine einheitliche Beurteilung des Gesamtrisikos nach einer Strahlenexposition mit kleinen Dosen.
- Die natürliche Strahlenexposition (dominierend: Inhalation von Radonisotopen) beträgt in der Bundesrepublik 2,1 mSv/a an effektiver Dosis.
- Im Strahlenschutz gilt das „ALARA- Prinzip" („As low as reasonably achievable"). Die vier Grundregeln sind: Geringe **A**ktivität, **A**bschirmung, kurze **A**ufenthaltsdauer, **A**bstand halten.

7. Strahlennutzen
Radioaktive Nuklide und energiereiche, ionisierende Strahlung sind ein wichtiges Hilfsmittel in der medizinischen Diagnostik und Therapie, der Technik und auf vielen anderen Gebieten.

8. Standardmodell der Elementarteilchen

Quarks:
- u (Up): Masse ≈2,3 MeV/c², Ladung 2/3, Spin 1/2
- c (Charm): ≈1,28 GeV/c², 2/3, 1/2
- t (Top): ≈173 GeV/c², 2/3, 1/2
- d (Down): ≈4,8 MeV/c², -1/3, 1/2
- s (Strange): ≈95 MeV/c², -1/3, 1/2
- b (Bottom): ≈4,18 GeV/c², -1/3, 1/2

Leptonen:
- v_e (Elektronneutrino): <2,2 eV/c², 0, 1/2
- v_μ (Myonneutrino): <0,17 MeV/c², 0, 1/2
- v_τ (Tauneutrino): <15,5 MeV/c², 0, 1/2
- e (Elektron): 0,511 keV/c², -1, 1/2
- μ (Myon): 105,7 MeV/c², -1, 1/2
- τ (Tauon): 1,777 GeV/c², -1, 1/2

Austauschteilchen:
- g (Gluon): 0, 0, 1
- γ (Photon): 0, 0, 1
- Z (Z-Boson): 91,2 GeV/c², 0, 1
- W (W-Bosonen): 80,4 GeV/c², ±1, 1
- H (Higgs): 126 GeV/c², 0, 0

Wechselwirkung	Wirkung auf	Feldquanten
elektromagnetische	elektrische Ladung	Photon
starke	Farbladung	Gluon
schwache	alle Teilchen	W-, Z-Bosonen
gravitative	Masse	Graviton (?)

Das können Sie schon

Umgang mit Fachwissen

Sie haben gelernt, die Absorption und die Emission von Photonen mit Hilfe der diskreten Energieniveaus in der Atomhülle zu erklären. Damit können Sie u. a. Sternspektren, Fraunhoferlinien im Sonnenspektrum und Röntgenspektren deuten.

Sie wissen, dass man die Strahlung radioaktiver Stoffe mit dem Geiger-Müller-Zählrohr nachweisen kann, dessen Aufbau und Funktionsweise Sie erklären können. Mit dem Zählrohr können Sie Zählraten und Halbwertszeiten radioaktiver Nuklide bestimmen. Es ist Ihnen möglich, α-, β-, γ-Strahlung und Röntgenstrahlung voneinander zu unterscheiden.

Sie können die Wirkung ionisierender und elektromagnetischer Strahlung auf lebende Organismen beschreiben.

Sie erläutern mithilfe des Standardmodells den Aufbau der Kernbausteine und erklären mit ihm Phänomene der Kernphysik und von Teilchenumwandlungen.

Erkenntnisgewinnung

Sie erläutern, welche Bedeutung der Franck-Hertz-Versuch, Linienspektren, Flammenfärbung und charakteristischen Röntgenlinien für die Erkenntnisgewinnung haben, dass Elektronen in der Atomhülle nur diskrete Energiezustände einnehmen können.
Sie stellen dar, wie mit spektroskopischen Methoden Informationen über die Entstehung und den Aufbau des Weltalls gewonnen werden können.

Mithilfe von Absorptionsmessungen erläutern Sie die unterschiedlichen Arten ionisierender Strahlung.

Die biologisch-medizinischen Wirkungen von ionisierender Strahlung können Sie begründen.

Sie erklären die fundamentalen Wechselwirkungen mit dem Austausch von Teilchen.

Kommunikation

Sie interpretieren Spektraltafeln des Sonnenspektrums im Hinblick auf die in der Sonnen- und Erdatmosphäre vorhandenen Stoffe.

Sie recherchieren in den unterschiedlichsten Quellen zu Entwicklungen in der Elementarteilchenphysik

Bewertung

Sie bewerten die Gefahren einer Strahlenexposition eines Menschen durch ionisierende Strahlung und vergleichen diese mit der natürlichen Strahlenexposition.

Den vielfältigen Nutzen ionisierender Strahlung in der medizinischen Diagnostik und Therapie und auf vielen anderen Gebieten können Sie bewerten.

Sie bewerten Schutzmaßnahmen, die die Strahlenexposition eines Menschen so gering wie möglich halten.

Sie bewerten die Rollen und Beiträge von Physikerinnen und Physikern zur Erkenntnisgewinnung in der Kern- und Elementarteilchenphysik.

Das schafft Überblick

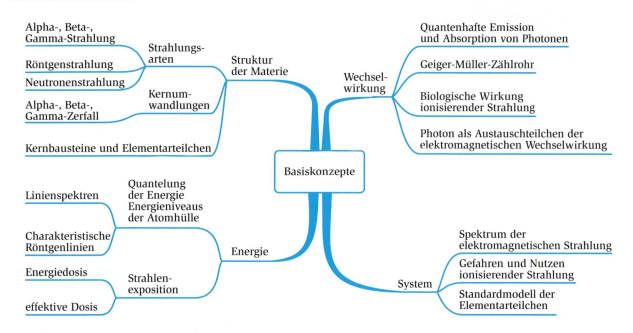

Zusammenfassung

Kennen Sie sich aus?

A1 a) Beschreiben Sie Aufbau, die Versuchsdurchführung und das Messergebnis des Franck-Hertz-Versuches.
b) Erläutern Sie die Folgerungen, die man aus dem Versuch zieht.
c) Die Franck-Hertz-Röhre emittiert beim Versuch Strahlung der Wellenlänge $\lambda = 254$ nm. Erklären Sie das Zustandekommen dieser Strahlung und berechnen Sie deren Quantenenergie in eV.

A2 Berechnen Sie die Differenz der Energieniveaus (in J und eV) in Natrium-Atomen bei Emission von gelbem Licht ($\lambda = 589$ nm).

A3 Das nebenstehende Bild zeigt vier Energieniveaus des Wasserstoffatoms, wobei der Grundzustand zu 0 eV gesetzt wurde. Bringt man in einer Spektralröhre Wasserstoffatome zum Leuchten, findet man das folgende Linienspektrum.

4 ——— 12,75 eV
3 ——— 12,09 eV
2 ——— 10,20 eV
1 ——— 0 eV

a) Erklären Sie qualitativ das Zustandekommen der Linien.
b) Die rote Linie hat die Wellenlänge $\lambda = 655$ nm. Bestimmen Sie den Energieniveauübergang, der zu dieser Linie führt.

A4 Im Spektrum der Sonne treten Fraunhoferlinien auf. Heute sind etwa 25 000 solcher Linien bekannt. Erläutern Sie, wie diese Linien entstehen und wieso sie Auskunft über die Zusammensetzung der äußeren Schichten der Sonnenatmosphäre geben.

A5 a) Skizzieren Sie den prinzipiellen Aufbau einer Röntgenapparatur.
b) Das Bild zeigt das Spektrum der Strahlung einer Röntgenröhre. Erläutern Sie das Entstehen der zwei Linien.

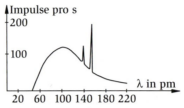

c) Schätzen Sie die Quantenenergie der beiden Linien ab.
d) Die Beschleunigungsspannung an der Röntgenröhre wird erhöht. Erklären Sie, welchen Einfluss diese Erhöhung auf die Wellenlänge der Linien hat.

A6 Am-241 sendet nach einem α-Teilchen ein γ-Teilchen aus.
a) Geben Sie mit der Nuklidkarte die Reaktionsgleichungen an.
b) Am-241 ist in die natürliche Zerfallsreihe von Np-237 einzuordnen. Begründen Sie dies. Warum kann man trotzdem Am-241 in der Umgebung nicht nachweisen?

A7 Ein radioaktives Präparat ist im Abstand d vor einem Zählrohr aufgebaut. Bleiblenden sorgen dafür, dass nur ein dünner Strahl das Zählrohr trifft. Zwischen Präparat und Zählrohr befindet sich Luft. Verändert man d, erhält man folgende Messkurve:

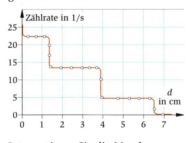

Interpretieren Sie die Messkurve.

A8 Ein radioaktives Präparat, das α- und γ-Strahlung aussendet, wird im Abstand r von einem Zählrohr aufgestellt. Man misst die Impulszahl k in 10 s in Abhängigkeit von r. Messreihe M_1 wurde ohne Abschirmung durchgeführt, bei Messreihe M_2 wurde ein Blatt Papier vor das Präparat gestellt. Nach Abzug des Nulleffekts erhielt man folgende Messtabelle:

r in cm	2	3	4	5
M1: k	1025	501	309	149
M2: k	948	420	233	150
r in cm	6	10	20	30
M1: k	107	38	9	4
M2: k	104	37	10	4

a) Bestimmen Sie den Abstand r, bis zu dem α-Teilchen nachzuweisen sind. Begründung!
b) Begründen Sie, weshalb α-Strahlung in Luft absorbiert wird.
c) Ermitteln Sie den Zusammenhang zwischen k und r für die γ-Strahlung des Strahlers und versuchen Sie den Zusammenhang geometrisch zu begründen.

A9 Die Grafik zeigt eine Übersicht der Reaktionskette, die eine Strahlenexposition im Menschen bewirken kann. Erläutern Sie!

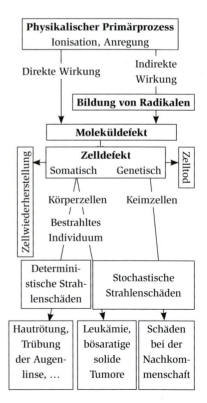

A10 a) Erläutern Sie die Begriffe Energiedosis und effektive Dosis.
b) Beschreiben Sie den Unterschied zwischen Dosis und Dosisleistung.

A11 Bei der Positron-Emissions-Tomografie wird der β^+-Strahler C-11 in den Körper eingeschleust.
a) Geben Sie die Zerfallsgleichung von C-11 an.
b) Beim β^+-Zerfall wandelt sich ein Proton (udu) in ein Neutron (udd) um. Deuten Sie diese Umwandlung im Quarkmodell.

c) Erläutern Sie die Positron-Emissions-Tomografie.

A12 Erläutern Sie den Vorteil bei der Bestrahlung eines Tumors mit Protonen statt mit Röntgenstrahlen.

A13 a) Stellen Sie dar, wie die erhöhte Radonkonzentration in Räumen, insbesondere in Kellerräumen, zustande kommt.
b) Erläutern Sie, warum die Strahlenexposition durch Radon für den Menschen schädlich ist.

A14 Begründen Sie die vier Grundregeln des Strahlenschutzes.

A15 Erläutern Sie, was Quarks und Leptonen voneinander unterscheidet.

A16 Skizzieren Sie den Zerfall eines Myons (μ^-) unter der schwachen Wechselwirkung.

A17 Beschreiben Sie, worin sich Materie und Antimaterie unterscheiden.

Projekt

Radioaktivität von Lebensmitteln

Mit Lebensmitteln nehmen wir radioaktive Nuklide auf, die sich im menschlichen Körper verteilen. Sie führen dazu, dass der Mensch lebenslang ein radioaktiver Strahler mit ca. 8800 Bq ist → T1, S. 262. Der Mensch erhält dadurch selbst eine → **körperinnere Strahlenexposition** von ca. 0,3 mSv/a.

Arbeitsaufträge:
(*Hinweis*: Notwendig sind Internetrecherchen, z. B. www.bfs.de oder www.lgl.bayern.de/Lebensmittel)
1 Bestimmen Sie die Aktivität in Bq/kg der Lebensmittel Milch, Fleisch, Fisch, Gemüse und Paranüssen infolge ihres Gehalts an natürlichen radioaktiven Stoffen.
2 Durch den Verzehr der in → **1** genannten Lebensmittel erhält ein Mensch eine Strahlenexposition. Bestimmen Sie eine effektive Dosis, die er so erhält.
3 Ermitteln Sie die Aktivität in Bq/kg von Speisepilzen aus Deutschland infolge deren Belastung mit Cs-137 und K-40.
4 Hält man ein Zählrohr an ein Päckchen Backpulver, tickt es bei einigen Päckchen kräftig. Begründen Sie!
5 Das Bild zeigt die Konzentration der radioaktiven Isotope Cs-137 ($T_{1/2}$ = 30,1 a) und Sr-90 ($T_{1/2}$ = 28,8 a) in Rohmilch in Deutschland in Becquerel pro Liter in den Jahren 1960 bis 2010. Versuchen Sie für den Verlauf der Messkurven eine Erklärung zu finden.

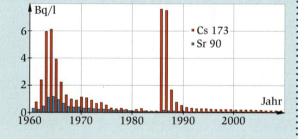

Kennen Sie sich aus – Hinweise und Lösungen

A1 a), b) → **Franck-Hertz-Versuch**
c) $W = 4{,}9$ eV
A2 2,1 eV = $3{,}4 \cdot 10^{-19}$ J
A3 a) → **Flammenfärbung und Linienspektrum b)** $\lambda = 655$ nm $\Rightarrow W = 1{,}89$ eV; Übergang $3 \rightarrow 2$
A4 → **Sonnenspektrum**
A5 a) → **Röntgenstrahlung b)** → **charakteristische Röntgenstrahlung**
c) $\lambda \approx 140$ pm bzw. 150 pm $\Rightarrow$ $W_1 \approx 9{,}0$ keV und $W_2 \approx 7{,}8$ keV
d) Hat keinen Einfluss.

A6 a) $^{241}_{95}\text{Am} \xrightarrow{\alpha} {}^{237}_{93}\text{Np}^m \xrightarrow{\gamma} {}^{237}_{93}\text{Np}$
b) Am-241 hat eine „kurze" Halbwertszeit von 432,2 a.
A7 Präparat sendet α-Teilchen mit drei verschiedenen Energien aus.
A8 a) Bis 4 cm **b)** α-Teilchen ionisieren Luftmoleküle. **c)** $k \sim 1/r^2$. Strahl hat im doppelten Abstand vierfachen Querschnitt etc.
A9 → **Biologische Wirkung ionisierender Strahlen**
A10 a), b) → **Strahlenexposition – quantitativ erfasst**

A11 a) $^{11}_{6}\text{C} \xrightarrow{\beta^+} {}^{11}_{5}\text{B}$ **b)** u-Quark vom p geht in d-Quark vom n; W^+-Boson zerfällt in e^+ und ν_e. **c)** → **Strahlennutzen**
A12 → **Medizinische Therapie mit Protonenstrahlen**
A13 a) → **Radon b)** Folgeprodukte zerfallen in der Lunge.
A14 Strahlenexposition wird so gering wie möglich.
A15 Eigenschaften von Teilchen?
A16 Vgl. β^--Zerfall
A17 S. 287, S. 274

Spezielle Relativitätstheorie

Das können Sie in diesem Kapitel erreichen:

- Sie können EINSTEINs Postulate zur Speziellen Relativitätstheorie erläutern.

- Sie deuten das Michelson-Morley-Experiment als ein Indiz für die Konstanz der Lichtgeschwindigkeit.

- Sie erklären anhand der Lichtuhr das Entstehen der Zeitdilatation und leiten mit ihr den Dilatationsfaktor her.

- Sie können den Zusammenhang zwischen Zeitdilatation und Längenkontraktion über die Relativgeschwindigkeit der Inertialsysteme aufzeigen.

- Sie zeigen anhand einfacher Beispiele, dass Geschwindigkeiten bei der Überlagerung in besonderer Weise addiert werden müssen.

- Sie begründen die Geschwindigkeitsabhängigkeit der Masse mithilfe der Zeitdilatation.

- Sie erläutern die Äquivalenz von Masse und Energie und bewerten den Massendefekt im Hinblick auf Kernspaltung und Kernfusion.

Das Denken übersteigt die sinnliche Erfahrung

Das Denken übersteigt die sinnliche Erfahrung

A1 a) Wie unterhalten sich Astronauten bei Außenarbeiten an ihrer Raumstation? Wie gelingt es ihnen innerhalb der Station? Begründen Sie Ihre Antwort.
b) Welche Zeit vergeht, bis ein Knall einen Weg von 2,4 km direkt durch die Luft zurückgelegt hat und wie lange dauert es, wenn er per Funk übertragen wird? (Rechnen Sie mit $c_S = 340$ m/s für die Schallgeschwindigkeit und mit $c = 3 \cdot 10^8$ m/s für die Geschwindigkeit des Funksignals.)

A2 Versetzen Sie sich in Gedanken in die Zukunft: Es gibt Raumschiffe, die sich von der Erde mit der halben Lichtgeschwindigkeit entfernen. Die Astronauten erzeugen einen Blitz, dessen Licht sich nach vorn und nach hinten ausbreitet. Im Raumschiff wie im vorausfliegenden Raumschiff (gleicher Geschwindigkeit) wird die Geschwindigkeit dieses Lichtes gemessen, ebenso auf der Erde. Diskutieren Sie diesen Vorgang.

A3 Das Wasser eines Flusses fließt an der Oberfläche mit $v_{Fl} = 2$ m/s talwärts. Ein Kajakfahrer fährt morgens flussaufwärts und nachmittags flussabwärts. In ruhendem Gewässer hat er eine Geschwindigkeit von $v_K = 5,4$ km/h. Geben Sie die Geschwindigkeit an, die man jeweils vom Ufer aus misst.

A4 Bei einem Gewitter hört man den Donner sechs Sekunden nach Sehen des Blitzes. Wie weit ist der Einschlag des Blitzes entfernt? Erläutern Sie die Voraussetzungen Ihrer Rechnung.

A5 Zwei Ultraschallsender gleicher Frequenz $f = 40,6$ kHz senden ihr Signal in dieselbe Richtung. In einiger Entfernung steht ein Empfänger. Verschiebt man einen der beiden Sender in Richtung Empfänger, wechseln sich Empfangsmaxima und -minima ab. Der Abstand zwischen zwei Maxima beträgt 0,0085 m. Erläutern Sie das Experiment und bestimmen Sie die Schallgeschwindigkeit.

A6 a) Julia will auf dem Flughafen bequem und schnell das Abfluggate erreichen. Sie stellt sich auf das Laufband, das relativ zum Hallenboden mit einer Geschwindigkeit vom Betrag $v_{Band} = 5,0$ m/s nach rechts läuft. Der Hallenboden sei unser Bezugssystem. Nun spaziert Julia auf dem Band, also relativ zu diesem, mit $v_L = 4,0$ m/s auch nach rechts.
Sebastian möchte neben dem Band zu Fuß gleichzeitig am Ende des Bands ankommen. Beschreiben Sie den Vorgang zunächst verbal. Ermitteln Sie dann die konstante Geschwindigkeit von Sebastian relativ zum Hallenboden.

b) Julia hat plötzlich den Ehrgeiz, am Ende des $L = 90$ m langen Bands mit 2,0 s Vorsprung vor Sebastian anzukommen. Sebastian rennt relativ zum Hallenboden mit $v_S = 9,0$ m/s. Berechnen Sie den Betrag v_J der Geschwindigkeit, mit der Julia relativ zum Band (immer noch $v_{Band} = 5,0$ m/s) nach vorn läuft. *Hinweis*: Es kann hilfreich sein, wenn Sie die beiden Aufgaben zunächst grafisch (z. B. Excel) darstellen.

A7 Am Ende eines Zuges mit der Länge $L = 200$ m wird ein Schallsignal ausgelöst. Berechnen Sie die Zeit, die es bei Windstille außerhalb des Zuges bis zu dessen Spitze braucht,
• zunächst, wenn der Zug steht,
• dann, wenn er mit $v = 40$ m/s relativ zum Bahndamm nach rechts fährt (Betrag der Schallgeschwindigkeit $c_S = 340$ m/s).

Hat Licht eine Geschwindigkeit?

1. Eine Welle braucht Zeit

Jede Bewegung eines Körpers von einem Ort zu einem anderen braucht Zeit. Diese Einsicht hat uns schon früher zur Definition der Geschwindigkeit aus Ortsdifferenz und Zeitdifferenz geführt. Am Beispiel der Schallwelle sahen wir, dass eine bestimmte Schwingungsphase sich mit einer konstanten Geschwindigkeit ausbreitet. Dies geschieht ohne Transport von Materie.

Die Ausbreitung des Lichts lässt sich durch das Modell Welle beschreiben, das konnten wir anhand von Interferenzerscheinungen nachweisen. Wenn Licht sich aber wellenartig ausbreitet, dann muss es eine endliche Lichtgeschwindigkeit geben.

2. Eine kurze Geschichte der Lichtgeschwindigkeit

Der berühmte griechische Naturphilosoph ARISTOTELES (350 v. Chr.) schrieb dem Licht keine Bewegung zu, es sei einfach da, wo auch Körper seien. Wie auch andere seiner Lehren hielt sich diese Auffassung bis ins 17. Jahrhundert. Zur Entfernungsmessung eines Gewitters → B1 nutzen wir noch diese Ansicht. Noch Johannes KEPLER glaubte zu dieser Zeit, dass Licht sich zumindest im Vakuum instantan (ohne Verzögerung) ausbreite, da keine Materie es aufhalte. Galileo GALILEI dagegen brach mit vielen Vorstellungen des Aristoteles. Er versuchte sogar die Lichtgeschwindigkeit zu messen, allerdings mit einem aus heutiger Sicht untauglichen Versuch. Der Nachweis misslang.

Erst genaue astronomische Beobachtungen zur Bestimmung der Umlaufzeit des Jupitermondes Io → B2 durch den dänischen Astronomen Ole RÖMER im Jahre 1676 lieferten die Grundlage für einen groben Messwert für die Endlichkeit der Lichtgeschwindigkeit – etwa c = 213 000 km/s (später berechnet von Christiaan HUYGENS). Ein halbes Jahrhundert später fand ein weiterer Astronom, James BRADLEY, durch die seitliche Ablenkung des Lichts innerhalb eines Teleskops (die sogenannte Aberration) einen Wert von c = 301 000 km/s.

Erst im 19. Jahrhundert versuchte man mit irdischen Messmethoden die Geschwindigkeit des Lichts zu messen. So wandte Armand FIZEAU 1849 eine „Zahnradmethode" an, mit der ein Lichtstrahl auf Hin- und Rückweg durch eine Zahnlücke laufen musste. Ein abgewandeltes Experiment mit einem schnell rotierenden Spiegel benutzte Léon FOUCAULT zwei Jahre später und ermittelte eine Geschwindigkeit von c = 298 000 km/s. Dies ist ein Wert, der nur um 0,6 % von dem heute festgelegten Wert abweicht. Der von Albert A. MICHELSON verbesserte, schwierige Versuch → B3 wurde in einer Schulversion seit mehreren Jahrzehnten auch von Schülerinnen und Schülern erprobt. Im 20. Jahrhundert konnte die Lichtgeschwindigkeit mit elektronischen Hilfsmitteln so genau reproduziert werden, dass man schließlich den Wert c = 299 792,458 km/s als Naturkonstante definierte.

> **Merksatz**
> Licht breitet sich mit endlicher Geschwindigkeit aus.
> Die Geschwindigkeit des Lichts im Vakuum beträgt
> c = 299 792,458 km/s.

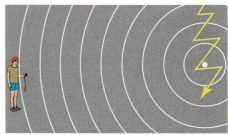

B1 Wie weit entfernt ist das Gewitter? Wenn man den Blitz sieht, startet man die Uhr. Hört man den Donner, stoppt man sie. Für die gesuchte Entfernung wird nur die Laufzeit des Schalls berücksichtigt, nicht die des Lichts: $s = c_S \cdot t$, z. B. s = 340 m/s · 6 s ≈ 2 km.

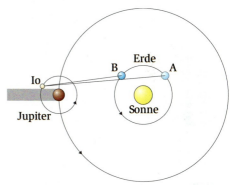

B2 RÖMER stellte fest, dass die regelmäßigen Schatteneintritte des Jupitermondes Io verfrüht eintrafen, wenn die Erde sich auf ihrer Bahn um die Sonne dem Jupiter genähert hatte.

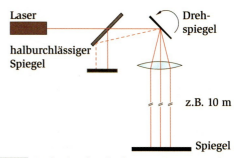

B3 Drehspiegelmethode zur Messung der Lichtgeschwindigkeit nach FOUCAULT und MICHELSON; der Drehspiegel rotiert mit z. B. 500 Umdrehungen je Sekunde. Wenn das reflektierte Licht zurück auf den Drehspiegel fällt, hat der sich schon etwas weitergedreht.

A1 Licht breitet sich zwar im Vakuum mit c = 299 792,458 km/s aus, nicht aber in Materie wie Wasser oder Glas. Begründen Sie mithilfe der Wellentheorie des Lichts, dass dort die Geschwindigkeit kleiner sein muss als im Vakuum.

Messung der Lichtgeschwindigkeit

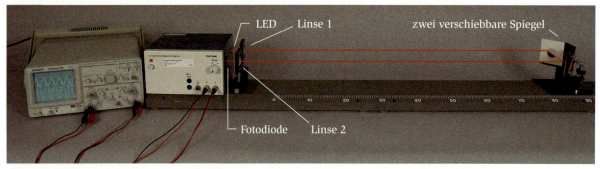

B1 Schulexperiment zur Messung der Lichtgeschwindigkeit → **V1** (Lichtverlauf angedeutet)

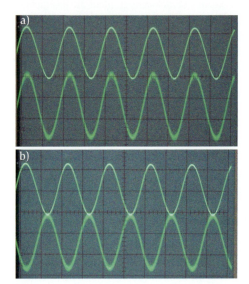

V1 Die Sendediode (LED) des Betriebsgerätes in → **B1** sendet Licht aus, das mit einer Frequenz von $f_m = 50\,\text{MHz}$ amplitudenmoduliert ist. Die Schwingung wird in der oberen Hälfte des Oszilloskopschirms dargestellt.
Hinter der Sammellinse verläuft das Licht parallel und trifft in einiger Entfernung auf einen ersten Spiegel. Dieser lenkt das Bündel um 90° zur Seite auf einen zweiten Spiegel, der das Licht wieder zurück auf das Betriebsgerät lenkt. Dort trifft es fokussiert auf die Fotodiode. Das verstärkte Empfangssignal sieht man in der unteren Hälfte des Oszilloskopschirms. Die Umlenkspiegel werden an den Anfang der Messskala geschoben, Sende- und Empfangsschwingung werden am Betriebsgerät phasengleich eingestellt (a). Danach werden die Spiegel verschoben. Nach 1,5 m, also bei einer Verlängerung des Lichtweges um $\Delta s = 3\,\text{m}$, ist das Empfangssignal um $\Delta t = T_m/2$ nach rechts gewandert (b). Der Gangunterschied beträgt also eine halbe Wellenlänge. Somit gilt für die Lichtgeschwindigkeit:
$c = \lambda_m \cdot f_m = (2 \cdot 3\,\text{m}) \cdot 50 \cdot 10^6\,\frac{1}{\text{s}} = 3 \cdot 10^8\,\frac{\text{m}}{\text{s}}$.

1. Das Licht wird zur Messung moduliert

Die Lichtgeschwindigkeit erwarten wir in der Größenordnung $c = 3 \cdot 10^8\,\text{m/s}$. Eine so große Geschwindigkeit zu messen ist im Schullabor sehr reizvoll. An anderer Stelle haben wir schon die Wellenlänge des Lichts gemessen und benutzt. $\lambda = 600\,\text{nm}$ beträgt sie z. B. für ein bestimmtes rotes Licht. Als Frequenz dieses Lichts ist dann zu erwarten:

$$c = \lambda \cdot f \Rightarrow f = \frac{c}{\lambda},\ \text{also hier}$$

$$f = \frac{3 \cdot 10^8\,\text{m/s}}{600\,\text{nm}} = 5 \cdot 10^{14}\,\text{Hz} = 500\,000\,\text{GHz}.$$

Diese sehr hohe Frequenz lässt sich nur mit sehr aufwändigen Methoden messen, die uns in der Schule nicht zur Verfügung stehen. Um das Messverfahren dennoch nutzen zu können, steuern wir das Licht einer Leuchtdiode (LED) im Rhythmus einer Sinusschwingung hell und dunkel. Man nennt diesen Vorgang **Amplitudenmodulation**. Wir erhalten so eine Helligkeitswelle mit deutlich kleinerer Frequenz f_m und entsprechend größerer Wellenlänge λ_m.

In → **V1** wird das amplitudenmodulierte Signal im oberen Teil des Oszilloskopschirms dargestellt. Das Licht kann in einiger Entfernung von der Sendediode (LED) mit einer Fotodiode empfangen und im zweiten Kanal des Oszilloskops angezeigt werden (unterer Teil des Bildschirms).
Vergrößern wir nun die Entfernung der Empfangsdiode von der Sendediode gemäß → **B1**, so trifft eine bestimmte Schwingungsphase nun später ein. Auf dem Oszilloskopschirm hat sich der Schwingungszug weiter nach rechts verschoben.
In → **V1** werden die beiden Spiegel um Δx so weit verschoben, bis auf dem Bildschirm eine zeitliche Verschiebung von $\Delta t = T_m/2$ erreicht wird. Dies entspricht einer Wegverlängerung von $\Delta s = \lambda_m/2$. Mit den Messdaten und der Gleichung $c = \lambda_m \cdot f_m$ ergibt sich die Lichtgeschwindigkeit zu

$$c = 3 \cdot 10^8\,\text{m/s}.$$

Das Ergebnis stimmt im Rahmen der Messgenauigkeit mit der 1983 getroffenen Definition der Lichtgeschwindigkeit überein.

Merksatz
Die Labormessung mit moduliertem sichtbarem Licht liefert eine Lichtgeschwindigkeit von $c = 3 \cdot 10^8\,\text{m/s}$.

Messung der Lichtgeschwindigkeit

Praktikum

Die Geschwindigkeit elektromagnetischer Wellen

Der schottische Physiker James Clerk MAXWELL hatte 1865 die Existenz von elektromagnetischen Wellen aus den damals bekannten Gesetzmäßigkeiten von Elektrizität und Magnetismus abgeleitet. Aus den maxwellschen Gleichungen folgte, dass sich solche Wellen mit Lichtgeschwindigkeit ausbreiten müssten.

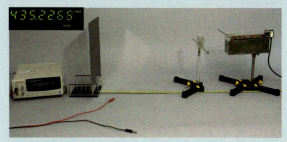

Dem Physiker Heinrich Rudolf HERTZ gelang 1888 der experimentelle Nachweis elektromagnetischer Wellen. Die vorausgesagte elektromagnetische Welle ließ er an einem Metallschirm reflektieren. Im Raum zwischen Sender und Reflektor erwartete er dann eine stehende elektromagnetische Welle (in der Akustik haben Sie stehende Wellen schon kennengelernt). Tatsächlich gelang es ihm nach zunächst vergeblichen Versuchen, in diesem Zwischenraum Knoten und Bäuche einer stehenden Welle nachzuweisen – mit aus heutiger Sicht primitiven Mitteln. Damit war die maxwellsche Hypothese bestätigt und der erste Schritt in die moderne Rundfunktechnik gemacht.

In einem Praktikumsversuch soll das Experiment mit modernen Mitteln wiederholt werden. Als Sender wählen wir die Antenne eines „Dezimeterwellensenders" (rechts im Bild). Seine Frequenz ($f > 400$ MHz) wird mit einem geeigneten Frequenzmesser direkt ermittelt (sein Signalkabel legt man einfach auf den Tisch). Eine Metallplatte dient als Reflektor. Die Empfängerantenne – zwischen Reflektor und Sendeantenne – besitzt als Nachweissensor ein Lämpchen in der Mitte.

Arbeitsaufträge:

1 Schieben Sie die Empfangsantenne mit Lämpchen direkt an die Sendeantenne. Notieren Sie die Beobachtung. Schieben Sie dann die Antenne in Richtung Metallschirm. Stoppen Sie, wenn das Lämpchen dunkel wird.

2 Messen Sie die Frequenz der Welle mit dem Frequenzmessgerät.

3 Ermitteln Sie aus den experimentellen Daten die Ausbreitungsgeschwindigkeit der elektromagnetischen Welle.

Physik und Geschichte

Lange vor der Festlegung der Vakuumlichtgeschwindigkeit als Naturkonstante (1983; $c = 299\,792\,458$ m/s) haben sich Naturforscher Gedanken zur Ausbreitung des Lichts gemacht. Ihre Aufgabe soll nun sein, einen Teil des historischen Wegs bis zur heutigen Kenntnis der Geschwindigkeit des Lichts in mehreren Referaten nachzuvollziehen. Nutzen Sie dazu Bücher und das Internet.

Arbeitsaufträge:

1 Liefern Sie einen kurzen Überblick über die Auffassung zur Lichtgeschwindigkeit von der Antike (EMPEDOKLES, ARISTOTELES) bis zur Renaissance (GALILEI). Bewerten Sie das galileische Experiment.

2 Im Jahr 1675 nutzte der dänische Astronom Ole RØMER eine astronomische Methode zur Bestimmung von c. Stellen Sie diese Methode möglichst genau dar. Nutzen Sie dazu geeignete Zeichnungen.

3 Die Messmethode von Louis FIZEAU kam mit Entfernungen auf der Erde aus. Stellen Sie sein Zahnradexperiment aus dem Jahr 1849 dar. Entwickeln Sie auch eine Formel für c aus den Daten der Anordnung.

4 Die Drehspiegelmethode (1850) nach Léon FOUCAULT stellte eine Verbesserung der Zahnradmethode dar. Sie gibt es auch als Schulexperiment. Falls es Ausstattung und Zeit erlauben, bauen Sie den Versuch auf und führen ihn wenigstens qualitativ vor.

A1 Beschreiben Sie einen Versuch zur Bestimmung der Lichtgeschwindigkeit.

A2 „Wie man mit einem Schokoriegel die Lichtgeschwindigkeit bestimmt", besagt ein Buchtitel. Finden Sie heraus, was dahintersteckt, und erläutern Sie den Versuch.

A3 Das Bild stellt eine Anordnung zur Messung der Lichtgeschwindigkeit c in Luft dar.
Die Sende-LED sendet regelmäßig und in schneller Folge sehr kurze Lichtblitze aus. Der Tripelspiegel ist verschiebbar.
Erläutern Sie, wie c mit der Anordnung bestimmt wird.

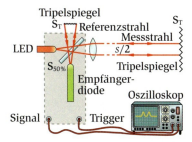

Zeit und Ort werden hinterfragt

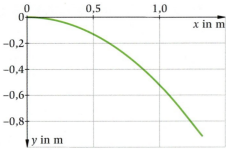

B1 Unsere Beschreibung des waagerechten Wurfs: Den x-Wert entnehmen wir dem als ruhend angenommenem Laborsystem, den y-Wert (freier Fall) dem relativ dazu gleichförmig bewegten System. In diesem gilt dieselbe Erdbeschleunigung mit dem Betrag $g = 9{,}81$ m/s^2 wie im als ruhend angenommenen System.

B2 James Clerk MAXWELL (1831–1879) und Albert EINSTEIN (1879–1955) entwickelten bedeutende Theorien zur Elektrodynamik. MAXWELLs Überlegungen führten zur Konstanz der Lichtgeschwindigkeit, EINSTEIN erhob sie zum Postulat.

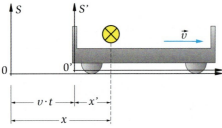

B3 Am Bahndamm (für uns ruhendes S-System) stehen Beobachter. Auch im gleichförmig vorbeifahrenden Zug (S'-System; $v = 10$ m/s) sind Personen. Als O' an O vorbeifuhr, wurden die Uhren in S und S' auf 0 s gesetzt.
Zur Zeit $t = 2$ s blitzt am Bahnsteig bei $x = 25$ m und $y = 2$ m eine Lampe auf. Die S'-Beobachter sehen dies zum selben Zeitpunkt, aber an anderem Ort. Für sie ist nach GALILEI $x' = x - v \cdot t = 25$ m $- 10$ m/s $\cdot 2$ s $= 5$ m, $y' = y = 2$ m.

1. Unsere Wahrnehmung prägt unser Weltbild

Gibt es eine für alle Menschen gültige, gleichmäßig dahinfließende Zeit? Gibt es einen von uns unabhängigen Raum mit für alle gleichen Abmessungen? Solche Fragen beschäftigten Philosophen und Physiker schon immer, z.B. Immanuel KANT oder Isaac NEWTON. NEWTON verstand die Zeit als absolut gegeben, ohne Beziehung auf äußere Gegenstände oder den Menschen.

Ähnlich wie NEWTON denken wir wohl alle. Bei der Untersuchung verschiedener Bewegungen in relativ zueinander gleichförmig bewegten Systemen – sogenannten Inertialsystemen – haben wir diese Vorstellung mit Erfolg benutzt. In einem **Inertialsystem** gilt das Trägheitsgesetz (*inertia*, lat. Trägheit)

Diese Vorstellung von Raum und Zeit geriet ins Wanken, als man über sehr schnelle Bewegungen und die Ausbreitung des Lichts nachdachte. Dies war die Zeit, als James Clerk MAXWELL → B2 seine berühmten Gleichungen zur Elektrodynamik aufstellte und aus ihnen schloss, dass sich eine elektromagnetische Welle mit immer der gleichen Geschwindigkeit und unabhängig vom Beobachter ausbreiten müsse.

2. Ein Junge von 16 Jahren macht sich Gedanken

„Wie schnell ist ein Lichtblitz, wenn ich ihm mit halber Lichtgeschwindigkeit hinterherlaufe?" fragte sich der junge Albert EINSTEIN. Dieser Schüler sollte zehn Jahre später von sich reden machen → B2. Im Jahre 1905 – zu dieser Zeit war er „technischer Experte 3. Klasse" am schweizerischen Patentamt in Bern – veröffentlichte er mehrere bedeutende wissenschaftliche Arbeiten. Der Titel „Zur Elektrodynamik bewegter Körper" enthielt die wesentlichen Gedanken zur **speziellen Relativitätstheorie (SRT)**. Was war der Hintergrund?

3. Das Relativitätsprinzip nach GALILEI – gewohnte Welt

Sie haben schon einmal in einem Zug gesessen und geschlummert. Plötzlich sehen Sie aus dem Fenster, dass ein anderer Zug an Ihnen vorbeigleitet – Irrtum. Ihr eigener Zug war gestartet und fährt nun gleichförmig am stehenden Nachbarzug vorbei. Schon Galileo GALILEI dachte über Relativbewegungen nach (etwa 1630) und stellte fest, dass bei einer gleichförmigen Relativbewegung kein System vor dem anderen ausgezeichnet sei, dass man ein absolut ruhendes System nicht finden könne (**Relativitätsprinzip**). Gemäß den **Galilei-Transformationen** könne man die in einem System S gemessenen Größen → B3 für das andere sich relativ mit dem Wert v zu ihm bewegten System S' umschreiben:

$$x' = x - v \cdot t;\ y' = y;\ t' = t;\ v'_x = v_x - v.$$

Das Relativitätsprinzip erhob EINSTEIN später zum ersten Postulat seiner SRT. Die Galilei-Gleichungen aber musste er aufgeben.

> **Merksatz**
> Relativitätsprinzip: Es gibt kein absolut ruhendes Bezugssystem. In allen Inertialsystemen gelten die gleichen Naturgesetze.

4. Schall im offenen Waggon

Kehren wir zurück zur Jugendfrage Einsteins. Das Problem der Relativgeschwindigkeit untersuchen wir zunächst an Schallwellen in Luft. Ein Bahnsteig in → B4 stellt das System S dar. Wir selbst sind Wartende auf dem Bahnsteig, gehören also zu S.

In → B4a fährt ein offener Waggon (System S') an uns vorbei. Ein Knall löst sich vom Lautsprecher am Ende des Wagens, läuft nach vorn auf ein Mikrofon zu und erreicht es nach der Zeit t. Ein Fahrgast im Waggon misst als Schallgeschwindigkeit $c_{FG} = L/t$. Für ihn gilt die Gleichung $L = c_{FG} \cdot t$.
Wir am Bahnsteig messen: $L = c \cdot t - v \cdot t = (c - v) \cdot t$.
Da wir und der Fahrgast von gleicher Länge L und gleicher Zeit t ausgehen, misst der Fahrgast also eine kleinere Schallgeschwindigkeit als wir: $c_{FG} = c - v$.
Fährt der Waggon rückwärts wie in → B4b, misst der Fahrgast eine größere Schallgeschwindigkeit als wir: $c_{FG} = c + v$.

Allerdings sind die beiden Systeme bzgl. dieser Messung nicht gleichberechtigt. Der Schallträger Luft ruht in S. In S beträgt die Schallgeschwindigkeit c. Im Waggon ruht man in S'. Aber man spürt die Bewegung gegenüber S am Luftstrom des Schallträgers. Für die Schallwelle in S' ist entsprechend $c_{FG} = c - v$ bei „Gegenwind" bzw. $c_{FG} = c + v$ bei „Rückenwind".

Wir ersetzen nun den Fahrgast durch EINSTEIN, den Lautsprecher durch ein Blitzgerät, das Mikrofon durch eine Fotodiode und lassen den Waggon mit $v = c/2$ vorwärts fahren → B5. Müsste nicht EINSTEIN die Lichtgeschwindigkeit zu $c_{FG} = c - c/2 = c/2$ messen? EINSTEINS Überlegungen widerlegten dies.

5. Das GPS berücksichtigt Einsteins Theorie

Das **GPS** (Global-Positioning-System) weist heute dem Autofahrer den Weg. Dazu nimmt das Navigationsgerät nach → B6 ständig kodierte Signale elektromagnetischer Wellen mit 1,6 GHz auf. Diese gehen von (mindestens) vier Erdsatelliten aus.
Stünde das Auto in → B6 weiter rechts, so träfen die Signale von S_3 und S_4 früher ein als die von S_1 und S_2. Diese winzigen Laufzeitdifferenzen hängen vom Standort ab. Aus ihnen berechnet das Navigationsgerät die Position des Autos im Bezugssystem Erde. Doch ruht die Erde nicht: Erde und Auto rasen mit $v_E = 30$ km/s um die Sonne. Verändert dies die Laufzeiten der Signale? Hängen diese davon ab, ob ein Signal dem mit der Erde um die Sonne nach rechts rasenden Auto hinterher laufen muss (S_1 und S_2) oder ob das Auto ihm entgegen rast (S_3 und S_4)? Das würde die ohnehin schon schwierigen Berechnungen noch weiter erschweren.

Beim Entwurf des GPS konnte man auf sehr präzise Erfahrungen beim Weltfunkverkehr zurückgreifen. Schon dort hatten sich EINSTEINS Überlegungen von 1905 bestätigt. Danach sollten die Funksignale mit der nach MAXWELL berechneten Geschwindigkeit zum Empfänger laufen – unabhängig vom System und unabhängig von der Bewegung der Quelle. Aber es gibt Probleme bei der Zeitmessung, die uns zur Grundaufgabe der SRT führen.

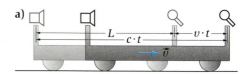
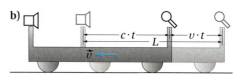

B4 a) Ein Fahrgast im fahrenden Waggon misst als Schallgeschwindigkeit $c_{FG} = L/t$, also als Waggonlänge $L = c_{FG} \cdot t$.
Wir am Bahnsteig sehen, dass sich in der Zeit t, in der der Schall zwischen Lautsprecher und Mikrofon unterwegs war, der Waggon um $v \cdot t$ vorwärts bewegt hat. Wir berücksichtigen dies und berechnen:
$c \cdot t = L + v \cdot t$.
Die Länge des Waggons ergibt sich für uns zu:
$L = c \cdot t - v \cdot t = (c - v) \cdot t$.
b) Der Waggon fährt rückwärts, jetzt gilt für den Fahrgast: $L = c_{FG} \cdot t$.
Wir messen: $L = c \cdot t + v \cdot t = (c + v) \cdot t$.

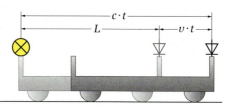

B5 EINSTEIN sitzt im schnellen Waggon, er fährt dem Lichtblitz mit $v = c/2$ nach. Misst er nun $L = c \cdot t - c/2 \cdot t = c/2 \cdot t$? Misst er also eine andere Lichtgeschwindigkeit als wir im ruhenden System?

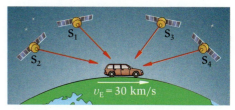

B6 Global-Positioning-System (GPS): Signale der vier Satelliten treffen das Auto.

A1 a) Ein Schallsignal läuft vom Heck zur Front eines fahrenden, *geschlossenen* Waggons. Beschreiben Sie ein Messverfahren zur Schallgeschwindigkeit.
b) Am Bahnsteig stehende Beobachter messen ebenfalls Laufzeit und Laufweg des Schalls zwischen Heck und Front. Leiten Sie daraus die von außen gemessene Schallgeschwindigkeit her. Diskutieren Sie den Fall.

Das Experiment von Michelson und Morley

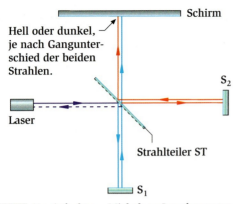

B1 Vereinfachtes Michelson-Interferometer (Aufsicht): Laserlicht trifft auf eine unter 45° geneigte, halbdurchlässig verspiegelte Glasplatte, die als Strahlteiler wirkt. 50 % des Lichts (blau gezeichnet) werden daran zum Spiegel S_1 reflektiert und von dort zum Strahlteiler ST. Dorthin kehren auch die restlichen 50 % über den Spiegel S_2 zurück (rot). Wiederum gehen an ST 50 % des Lichts hindurch zum Laser, 50 % zum Schirm. Dort sieht man je nach Gangunterschied zwischen rotem und blauem Weg konstruktive oder destruktive Interferenz. Verschiebt man den Spiegel S_1, wandern die hellen und dunklen Ringe auf dem Schirm.

1. Der Lichtäther – vermeintlicher Träger der Lichtwelle

Schallwellen benötigen einen Träger, z. B. Luft. Eine Bewegung einer Sender- und Empfängeranordnung relativ zu Luft oder Wasser verändert die Schalllaufzeit → **Projekt**.
Elektromagnetische Wellen, auch Licht, breiten sich sogar im Vakuum aus. Der dennoch vermutete Träger dieser Wellen musste sehr fein sein, denn man konnte ihn weder in der Natur, noch im Labor finden. Augustin Jean FRESNEL nannte diese vermutete, aber nicht nachweisbare Substanz **Lichtäther**.

2. Das Michelson-Morley-Experiment

Um die Bewegung der Erde relativ zum Lichtäther nachzuweisen, hätte man die Lichtgeschwindigkeit in unterschiedlichen Richtungen messen können. Gemäß $c = s/t$ hätte man bei einem Messweg von $s = 10$ km eine Zeit um $t \approx 3$ μs gemessen.
Nehmen wir an, der Äther ruhe im System der Sonne. Die Messstrecke tangential zur Umlaufbahn bewege sich so, dass der „Ätherwind" über die Lichtquelle hin zum Empfänger streichen würde. Das Licht müsste sich dann relativ zur Messapparatur mit der größeren Geschwindigkeit $c_1 = c + v_E$ bewegen (v_E Betrag der Erdgeschwindigkeit). Ein halbes Jahr später bliese der „Ätherwind" der Lichtquelle entgegen, die wahrgenommene Lichtgeschwindigkeit müsste $c_2 = c - v_E$ betragen. Entsprechend unterschiedliche Laufzeiten müssten sich ergeben. Der erwartete Zeitunterschied liegt aber in einer Größenordnung von nur $3 \cdot 10^{-9}$ s. So kurze Zeiten waren vor und um 1900 nicht messbar.

Albert A. MICHELSON fand einen kreativen Ausweg: Er entwarf ein raffiniertes Interferometer → **B1**. In ihm sollten zwei kohärente Lichtstrahlen am Ende ihres Laufweges interferieren. Ein Teil des einen Wegs verlief in Richtung des vermuteten Ätherwinds, der andere senkrecht dazu. Auf beiden Wegen hätte sich eine längere Laufzeit ergeben als im ruhenden Äther. Allerdings wären die Verzögerungen auf den beiden Wegen unterschiedlich groß gewesen – in Ätherwindrichtung größer als senkrecht zu ihr.
Zu Beginn des Versuchs sah man ein bestimmtes Interferenzmuster aus konzentrischen Ringen. MICHELSONs Idee war nun: Wenn man die Laufwege um 90° drehte, müsste das Ergebnis der Interferenz sich ändern. Denn jetzt wäre die Laufzeit auf dem einen Weg kürzer geworden, auf dem anderen länger → **Vertiefung**.

Mit einem ersten Gerät erreichte MICHELSON 1881 in Potsdam das erwartete Ergebnis nicht. Mit einem deutlich verbesserten Versuchsaufbau wiederholte er das Experiment 1887 zusammen mit seinem Kollegen Edward W. MORLEY in Cleveland. Erwartet wurde eine Verschiebung der Interferenz um 0,4 Wellenlängen, das Experiment lieferte sie nicht. Das Michelson-Morley-Experiment bewies somit nicht die anfängliche Hypothese (es gibt den Lichtäther), sondern ihr Gegenteil. Einstein erhob die **Invarianz der Lichtgeschwindigkeit** zum Postulat seiner Speziellen Relativitätstheorie.

> **Merksatz**
> Invarianz der Lichtgeschwindigkeit: Die Lichtgeschwindigkeit hängt nicht vom Beobachter ab.

Vertiefung

Michelson-Morley quantitativ

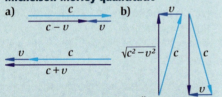

Laufzeitunterschied gemäß Äthertheorie:
a) Ausbreitung des Lichts parallel zur Bewegung durch den Äther (mit Näherung):

$$t_1 = \frac{s}{c-v} + \frac{s}{c+v} = \frac{2s \cdot c}{c^2 - v^2} = \frac{2s}{c} \cdot \frac{1}{1 - \frac{v^2}{c^2}}$$
$$\approx \frac{2s}{c} \cdot \left(1 + \frac{v^2}{c^2}\right)$$

b) Ausbreitung des Lichts senkrecht dazu:

$$t_2 = \frac{2s}{\sqrt{c^2 - v^2}} = \frac{2s}{c} \cdot \frac{1}{\sqrt{1 - \frac{v^2}{c^2}}} \approx \frac{2s}{c} \cdot \left(1 + \frac{v^2}{2c^2}\right)$$

Die Laufzeit parallel zur Bewegung durch den Äther ist größer als senkrecht dazu. Der Zeitunterschied zwischen beiden Wegen beträgt:

$$t_1 - t_2 \approx \frac{2s}{c} \cdot \left(1 + \frac{v^2}{c^2}\right) - \frac{2s}{c} \cdot \left(1 + \frac{v^2}{2c^2}\right) = s \cdot \frac{v^2}{c^3}$$

Das Experiment von Michelson und Morley

Projekt

Michelson-Morley-Experiment mit Ultraschall

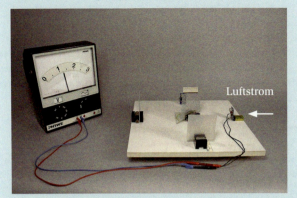

B2 Michelson-Interferometer mit Ultraschall

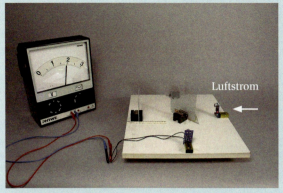

B3 Michelson-Interferometer um 90° gedreht

In einem Vergleichsexperiment soll die hinter dem Michelson-Morley-Experiment stehende Idee des Ätherwindes anschaulich vorgeführt werden. Anstelle von Licht nehmen wir Ultraschall. Anstelle des vermuteten Äthers nehmen wir die tatsächlich vorhandene Luft.

Hinten auf dem weißen Brett in → **B2** steht – etwas verdeckt – der Ultraschallsender, rechts der Ultraschallempfänger. Sein verstärktes Empfangssignal wird über Kabel an das Voltmeter geführt.

Außerhalb des Bildes steht weiter rechts ein großes Gebläse, das einen Luftstrom nach links über das Brett erzeugt. Das Brett - und damit die gesamte Anordnung aus Sender, Empfänger, zwei Reflektoren und halbdurchlässigem Reflektor in der Mitte – steht auf einem Drehteller.

Arbeitsaufträge:

1 Bauen Sie den Versuch in der beschriebenen oder in einer ähnlichen Weise auf.

2 Schieben Sie den dem Sender gegenüberstehenden Reflektor sehr langsam in Richtung Sender. Beobachten Sie dabei das Messinstrument. Beschreiben und deuten Sie den Vorgang. Ermitteln Sie aus dem Versuchsergebnis die Wellenlänge der Ultraschallwelle (ca. 8,4 mm bei einer Frequenz des Senders von 40 635 Hz).

3 Benutzen Sie nun das Gebläse. Stellen Sie den Reflektor an die Ausgangsposition, notieren Sie die Anzeige des Voltmeters (vgl. → **B2**). Drehen Sie anschließend die gesamte Apparatur langsam um 90° im Uhrzeigersinn. Beschreiben Sie die dabei sich ändernde Anzeige des Voltmeters. Notieren Sie den Schlusswert (vgl. → **B3** und Videoclip → www).

4 Deuten Sie das Versuchsergebnis. Benutzen Sie dazu die für die verschiedenen Raumrichtungen geltenden Beträge der Relativgeschwindigkeiten des Schalls, wie sie sich aus den Zeichnungen zur vektoriellen Überlagerung ergeben (→ **Vertiefung**; Simulation → www). Führen Sie evtl. eine Windgeschwindigkeitsmessung durch und berechnen Sie dann die Laufzeiten des Schalls für die verschiedenen Teilstrecken. Vergleichen Sie die Zeiten vor und nach der Drehung.

5 Bewerten Sie den Ausgang des historischen Michelson-Morley-Versuchs im Vergleich zum hier besprochenen Analogieexperiment mit Ultraschall.

A1 Bestimmen Sie einen Näherungswert für die Bahngeschwindigkeit der Erde um die Sonne.

A2 Sie schwimmen einmal senkrecht zum gegenüberliegenden Ufer eines Flusses und wieder zurück. Danach schwimmen Sie dieselbe Entfernung parallel zum Ufer und zurück. Welcher Weg dauert länger? Diskutieren Sie den Fall, dass Sie genauso schnell schwimmen wie das Wasser fließt.

A3 Nach der Äthertheorie müsste das Licht bei einer Bewegung mit dem Ätherwind schneller sein als gegen den Ätherwind. Im Abschnitt 2 des Basistextes wird behauptet, dass der erwartete Zeitunterschied in einer Größenordnung von $3 \cdot 10^{-9}$ s liege. Bestätigen Sie dies durch eine Rechnung ($v_{Erde} = 30$ km/s).

A4 Falls möglich, bauen Sie unter Aufsicht ein Schul-Michelson-Interferometer auf. Bestimmen Sie mit seiner Hilfe die Wellenlänge des verwendeten Lasers. Führen Sie den Versuch mit Erklärung vor.

Die Lichtuhr

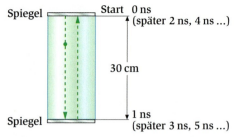

B1 Eine Lichtuhr: Der Lichtblitz durchläuft die 30 cm lange Lichtuhr in 1 ns.

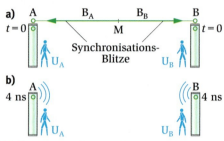

B2 Uhrensynchronisation:
a) Die Uhren U_A und U_B werden zugleich von den Lichtsignalen B_A und B_B aus der Mitte M in Gang gesetzt, jede bei $t = 0$.
b) Ergebnis: Der Gong bei A und der bei B werden *zugleich* geschlagen, bei $t = 4$ ns.

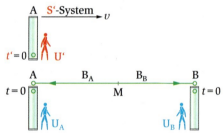

B3 Wenn unsere Uhren U_A und U_B die S-Zeit $t = 0$ zeigen, rast die S'-Uhr U' an U_A vorbei und startet mit der S'-Zeit $t' = 0$.

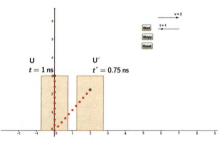

B4 Die Lichtuhr U' hat sich inzwischen gleichförmig mit $v = \frac{2}{3}c$ weiter nach rechts bewegt. Beim Erreichen des Standortes der nächsten ruhenden Uhr mit der Anzeige 1,00 ns zeigt die vorbeirasende Uhr erst 0,75 ns an ➔ www.

1. Die überall gleiche Lichtgeschwindigkeit hat Folgen

Die maxwellschen Gleichungen fordern es und Einstein übernahm es als Postulat: Die Lichtgeschwindigkeit im Vakuum ist unter allen Bedingungen immer gleich. Jeder Beobachter, ruhend oder sich bewegend, misst bei jeder Lichtquelle – ebenfalls ruhend oder sich bewegend – immer $c = 2{,}997\,924\,58 \cdot 10^8$ m/s. Diese **Invarianz der Lichtgeschwindigkeit** liefert Überraschungen. Geradezu erschüttert wird die newtonsche Vorstellung von einer für alle Beobachter gleichermaßen geltenden Zeit, also einer **absoluten Zeit**.

2. Synchronisierte Lichtuhren und Gleichzeitigkeit

Um zu klären, ob Zeit vom Inertialsystem abhängt, ob es also eine **relative Zeit** gibt, bauen wir in Gedanken eine Lichtuhr ➔ **B1**. Es ist ein Röhrchen mit ideal spiegelnden Enden im Abstand $l = 0{,}30$ m. Dazwischen läuft ein Lichtblitz auf und ab. Für jeden Beobachter gilt dessen Geschwindigkeit c, für jeden also auch die Zeit Δt, die der Blitz für den Weg l braucht, nämlich

$$\Delta t = \frac{l}{c} = \frac{0{,}30 \text{ m}}{3 \cdot 10^8 \frac{\text{m}}{\text{s}}} = 1 \cdot 10^{-9} \text{ s} = 1 \text{ ns (1 Nanosekunde)}.$$

Zudem müssen wir sicher angeben können, ob zwei Ereignisse, die an den räumlich getrennten Orten A und B von ➔ **B2a** stattfinden, auch zeitgleich sind. Dazu müssen die bei A und B stehenden Uhren U_A und U_B synchron (gleichzeitig) ticken. Zur Synchronisation starten zwei Lichtblitze zugleich aus der Mitte zwischen den Uhren. Sie sind gleich schnell, treffen also bei beiden Uhren gleichzeitig ein und starten beide mit $t = 0$.

Nach der Synchronisation können sich die Beobachter A und B eindeutig verständigen ➔ **B2b**. Schlägt z. B. Beobachter A seinen Gong bei der Anzeige $t = 4$ ns seiner Uhr U_A und Beobachter B seinen Gong auch bei Anzeige $t = 4$ ns seiner Uhr U_B, dann finden diese beiden Gongschläge zeitgleich statt, zur Zeit $t = 4$ ns. So präzisierte Einstein durch eine Messvorschrift die Gleichzeitigkeit von Ereignissen, die an verschiedenen Orten stattfinden.

3. Eine einzelne vorbeirasende Uhr tickt langsamer

Es soll nun die von einer schnell bewegten Uhr U' angezeigte Zeit t' mit unserer Zeit t im ruhenden System verglichen werden. Es reicht nicht, dass ein ruhender Beobachter der Uhr U' hinterherschaut. Aufgrund der endlichen Lichtgeschwindigkeit sähe er eine zunehmend zurückliegende Zeit. Diesen Fehler wollen wir vermeiden: Wir stellen in unserem ruhenden System längs der Messstrecke eine Reihe von Uhren U_A, U_B usw. auf, die wir synchronisieren. Die Lichtlaufzeit spielt jetzt keine Rolle mehr. Jede Uhr bekommt einen Protokollanten für unsere Zeit t und die Zeit t'. An unserer Uhrenallee ➔ **B3** rast nun die bewegte Uhr U' vorbei. Bei U_A zur Zeit $t = 0$ angekommen, wird sie selbst auf $t' = 0$ gesetzt.

Eine kurze Zeit später, die S-Uhren ➔ **B4** zeigen gerade $t = 1$ ns, ist das Licht bei ihnen oben angekommen. Vom S-System aus sieht man das Licht in U' schräg nach oben laufen, der obere Spiegel ist noch nicht erreicht. U' zeigt deshalb erst 0,75 ns an.

Wenig später zeigt U' die Zeit 2,98 ns → **B5**. Der S'-Beobachter sagt: „Bei mir ist das Licht zweimal in der Uhr nach oben und zweimal nach unten gelaufen."
Von unserem S-System aus betrachtet lief das Licht in U' schräg nach rechts oben und schräg nach rechts unten und hat dabei einen längeren Weg zurückgelegt. Die U'-Uhr tickt für uns langsamer. Unsere U-Uhren ticken schneller, sie zeigen schon $t = 4{,}00$ s an.

4. Die Zeitdilatation kann man berechnen

Wir betrachten das Ereignis „das Licht trifft in U' auf den oberen Spiegel" → **B6**. Der Beobachter in S' und die Beobachter in S beurteilen dies unterschiedlich:
- S'-Beobachter: „Ich ruhe in meinem S'-System. Der Lichtblitz meiner S'-Uhr U' lief in der Zeit t' vom unteren Ende senkrecht nach oben und legte relativ zu mir die S'-Strecke $c \cdot t'$ zurück."
- S-Beobachter: „Dein Lichtsignal lief in unserem S-System während unserer S-Zeit t längs des längeren Wegs $c \cdot t$ schräg nach rechts oben."

Dafür gibt es nur eine Erklärung: Bei identischer Lichtgeschwindigkeit c in beiden Systemen muss die Zeit t größer sein als die Zeit t'. Die t'-Skala ist im Vergleich zur t-Skala also gedehnt. Im Vergleich liest man auf der t'-Skala immer kleinere Werte ab als auf der t-Skala. Diese Zeitdehnung (**Zeitdilatation**) kann mit einem Dehnungsfaktor $k = t'/t$ ($0 < k \leq 1$) berechnet werden, der umso kleiner ist, je größer der Betrag v der Relativgeschwindigkeit beider Systeme ist. Man findet den **Dehnungsfaktor k** mithilfe des Satzes des PYTHAGORAS → **B6** zu $k = \sqrt{1 - v^2/c^2}$ bzw. $k = \sqrt{1 - (v/c)^2}$.
Es gilt also → **Vertiefung**:

$$t' = t \cdot \sqrt{1 - \frac{v^2}{c^2}}.$$

Merksatz
Zeit ist relativ. Bewegt sich die Einzeluhr U' relativ zu synchronisierten Uhren im S-System mit der Relativgeschwindigkeit vom Betrag v, so ist die von U' angezeigte S'-Zeit t' gegenüber der S-Zeit t gedehnt. Man nennt dies Zeitdilatation. Dabei gilt:

$$t' = t \cdot k \quad \text{mit} \quad k = \sqrt{1 - \frac{v^2}{c^2}}.$$

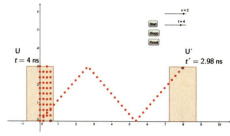

B5 Die bewegte Lichtuhr U' zeigt mittlerweile 2,98 ns an. Sie tickt nach wie vor langsamer. Die ruhenden Uhren U sind schon bei 4,00 ns.

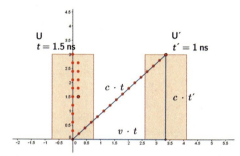

B6 Der Satz des PYTHAGORAS → **Vertiefung** liefert die Formel für die gedehnte Zeit t' der sich bewegenden Uhr U' im Vergleich zur Zeit t der ruhenden Uhren U.

Vertiefung
Für die Strecken im rechtwinkligen Dreieck → **B6** gilt nach dem Satz des PYTHAGORAS:

$$(v \cdot t)^2 + (c \cdot t')^2 = (c \cdot t)^2$$
$$\Rightarrow (c \cdot t')^2 = (c \cdot t)^2 - (v \cdot t)^2$$
$$\Rightarrow t'^2 = t^2 - \left(\frac{v}{c} \cdot t\right)^2$$
$$\Rightarrow t'^2 = t^2 \cdot \left(1 - \left(\frac{v}{c}\right)^2\right).$$

Also gilt für die Zeit der U'-Uhr:

$$t' = t \cdot \sqrt{1 - \frac{v^2}{c^2}}.$$

A1 Berechnen Sie den Faktor k
a) für $v = 1000$ km/h (Flugzeug),
b) für $v = 99{,}9\%$ von c.
c) Bestimmen Sie den Geschwindigkeitsbetrag v, für den $k = 0{,}001$ bzw. $k = 0{,}999$ zutrifft.

A2 Um die Anzeige einer Atomuhr in Braunschweig mit den Atomuhren in Paris zu vergleichen (Entfernung $s = 1000$ km), brachte man sie nach Paris. Berechnen Sie, mit welcher Geschwindigkeit (Betrag v) dies höchstens geschehen durfte, wenn der relativistische „Zeitfehler" unter 0,1 ns bleiben sollte. (Hinweis: $\sqrt{1 - q} \approx 1 - q/2$ für $q \ll 1$.)

A3 Ein Lichtjahr (1 La) ist keine Zeit, sondern der Weg, den das Licht in einem Jahr zurücklegt.
a) Berechnen Sie den Weg 1 Lns (Lichtnanosekunde).
b) Die Einzeluhr U' läuft an den synchronisierten Uhren U_A und U_B vorbei. Diese haben einen Abstand von $s = 4$ Lns. U' zeigt bei U_B angekommen die Zeit $t' = 6$ ns an. Berechnen Sie ihre Relativgeschwindigkeit zu den synchronisierten Uhren und die von den Uhren U_A und U_B angezeigte Zeit.

Myonenzerfall – Längenkontraktion

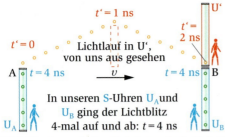

B1 U' rast mit der Relativgeschwindigkeit $v = 0{,}87c$ an unserer rechten S-Uhr U_B vorbei. U_B zeigt die S-Zeit $t = 4$ ns, die S'-Uhr U' nur die S'-Zeit $t' = 2$ ns. Denn in U_A und U_B hat der Uhrenblitz die Uhrenlänge 0,3 m 4-mal zurückgelegt, in U' nur 2-mal.

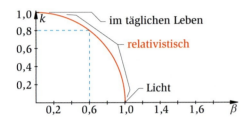

B2 Der Zeitdehnungs- bzw. Längenkontraktionsfaktor k aufgetragen über den Quotienten $\beta = v/c$. Bei Geschwindigkeiten des täglichen Lebens ist $\beta = 0$ und $k = 1$.

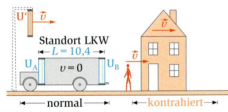

B3 *Standort Lkw:* Dessen Fahrer betrachtet sich als ruhend; er misst die Länge des Lkw unverkürzt zu $L = 10{,}4$ m. Doch rast für ihn das Haus nach hinten (im Bild nach rechts); es ist für ihn kontrahiert, auch der Mann.

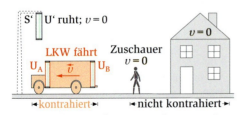

B4 *Standort Straße:* Für Zuschauer am Straßenrand ist der nach links rasende Lkw kontrahiert. Sie selbst bleiben nicht kontrahiert.

1. Strecken verkürzt gemessen – Längenkontraktion

Wir sind mit den überraschenden Konsequenzen aus der Invarianz der Lichtgeschwindigkeit noch nicht am Ende. Der an unseren Uhren im S-System vorbeifliegende Beobachter → **B1** misst zwischen unseren Uhren U_A und U_B die gedehnte Zeit (also kürzere Zeit als wir) von

$$t' = t \cdot \sqrt{1 - \frac{v^2}{c^2}}.$$

Für uns wie für ihn ist aber die Relativgeschwindigkeit gleich groß, denn beide Systeme S und S' sind gleichberechtigte Inertialsysteme, keines ist vor dem anderen ausgezeichnet. Dann gilt also:

$$v' = v.$$

Unsere S-Protokollanten maßen dies mit dem Weg L, der Eigenlänge oder Ruhelänge, und der Zeit t unserer Uhren. Der S'-Protokollant maß den vorbeihuschenden Uhrenabstand mit L' und seiner Zeit t'. Also muss gelten:

$$v = \frac{L}{t} = \frac{L'}{t'} \quad \text{und damit} \quad L' = L \cdot \frac{t'}{t}.$$

Der Quotient t'/t ist uns mittlerweile als Zeitdehnungsfaktor k bekannt. Hier führt der verkleinernde Faktor zur Längenkontraktion, der Faktor k wird deshalb auch Kontraktionsfaktor genannt. Mit ihm können wir die Längenkontraktion berechnen:

$$L' = L \cdot \sqrt{1 - \frac{v^2}{c^2}}.$$

Strecken, die senkrecht zur Relativbewegungsrichtung stehen, erfahren keine Längenkontraktion. Für solche Querstrecken ist die Relativgeschwindigkeit ja null.

Merksatz

Ein Beobachter bewegt sich mit einer Geschwindigkeit vom Betrag v relativ zu einer in Bewegungsrichtung liegenden Strecke der Eigenlänge L. Für ihn ist L mit dem Kontraktionsfaktor $k = \sqrt{1 - v^2/c^2}$ verkürzt auf

$$L' = L \cdot \sqrt{1 - \frac{v^2}{c^2}}.$$

Querstrecken werden nicht kontrahiert.

Niemand von uns sah bisher eine solche Längenkontraktion. Selbst in der heutigen Raumfahrt sind Relativgeschwindigkeiten noch vernachlässigbar klein gegenüber der Lichtgeschwindigkeit → **B2**. Für uns gilt also praktisch immer $k = 1$. Die Folgerungen aus Einsteins Postulaten lassen aber eine fremdartige Welt bei Geschwindigkeiten nahe der Lichtgeschwindigkeit erahnen. Stellen Sie sich vor, ein Lkw und eine Häuserzeile bewegten sich mit $v = 0{,}87c$ relativ zueinander. Je nachdem, wer sich als ruhend betrachtet – Fahrer oder Person am Straßenrand – sieht die vorbeihuschende Welt in Bewegungsrichtung kontrahiert. Vom Lkw aus ist es die Straße → **B3**, vom Straßenrand aus ist es der Lkw → **B4**. In der Welt der **Myonen** ist dies tägliche Realität.

Myonenzerfall – Längenkontraktion

2. Testfall Myonen – wie schaffen sie das Überleben?

Myonen entstehen in 10 km bis 20 km Höhe aus energiereicher Höhenstrahlung. Einige davon fliegen zur Erde, fast so schnell wie Licht. Sie zerfallen dabei wie radioaktive Stoffe. Im Labor misst man bei ihnen eine → **Halbwertszeit** von 1,5 µs. Zählt man zum Zeitpunkt $t = 0$ z. B. 1000 Myonen, so sind es nach 1,5 µs nur noch etwa 500. Nach weiteren 1,5 µs sind es nur noch 250 usw.

Nehmen wir an, Myonen flögen mit $v \approx 0{,}999c$ auf die Erde zu (die Geschwindigkeit hängt von der ihnen mitgegebenen Energie ab). In ihrer Halbwertszeit müssten sie also den Weg $s = 0{,}999c \cdot 1{,}5\,\mu s$ = 450 m zurücklegen. Bis zum Erdboden dürften dann aber keine Myonen mehr übrigbleiben, denn für das Durchqueren einer Luftschicht von z. B. 10 km ≈ 450 m · 22 vergehen 22 Halbwertszeiten. Tatsächlich kann man sie aber gut nachweisen. Wie ist das möglich?

Zur Lösung dieses Problems müssen wir von unserer täglichen Denkweise abrücken und den Vorgang relativistisch betrachten. Dazu nehmen wir nacheinander zwei Standpunkte ein:

- Bezugssystem Erde → **B5** : Für uns Erdbeobachter tickt die S´-Lebensuhr des an unseren S-Uhren mit $v = 0{,}999c$ vorbeilaufenden Myons langsamer als unsere Uhren. Wenn sie 1,5 µs anzeigt und die Hälfte der Myonen zerfallen ist, zeigen unsere S-Uhren 33 µs an. Wir messen also eine deutlich längere Halbwertszeit und wundern uns nicht mehr, dass die Hälfte der Myonen den Erdboden erreicht hat → **Vertiefung**.
- Bezugssystem Myon → **B6** : Das Myon sieht sich als ruhend an. Die an ihm vorbeirauschende Luftschicht (für uns 10 km) sieht es um den Längenkontraktionsfaktor k verkürzt. Bei $v = 0{,}999c$ ist die Kontraktion so groß, dass das Myon in seiner Eigenhalbwertszeit von 1,5 µs die Schicht leicht durchlaufen kann → **Vertiefung**.

Welchen Standpunkt man auch einnimmt, das physikalische Ereignis „es kommen 50 % der Myonen auf dem Erdboden an" trifft unabhängig vom Beobachter gleichermaßen ein.

B5 Myonen fliegen an unseren synchronisierten S-Uhren vorbei. Als S′-Uhren ticken sie für uns langsamer. Am Boden angekommen zeigen sie z. B. ihre Eigenhalbwertszeit von 1,5 µs.

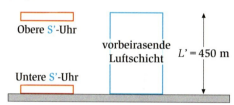

B6 Myonen ruhen und sehen die Luftschicht an sich vorbeifliegen. Für sie ist die Luftschicht kontrahiert, also dünner.

A1 Erläutern Sie die unterschiedlichen Sichtweisen, die in → **B5** und → **B6** dargestellt sind.

A2 Der Abstand unserer S-Uhren U_1U_2 habe 12 m Eigenlänge.
a) U′ fliegt in $t' = 60$ ns an U_1U_2 vorbei. Berechnen Sie den Betrag v der Relativgeschwindigkeit von U′ und den Faktor k. Berechnen Sie auch die von der Uhr U′ gemessene Zeit t' und den von S′ gemessenen Abstand U_1U_2.
b) Die Eigenzeit von U′ wächst beim Flug von U_1 nach U_2 um 30 ns. Wie schnell ist jetzt U′?

A3 Man misst die Halbwertszeit vorbeifliegender Myonen zu 10 µs. Bestimmen Sie den Betrag ihrer Geschwindigkeit.

Vertiefung

A. Myonenzerfall aus der Sicht des Erdbeobachters
Wir beobachten beim Myon eine gedehnte Halbwertszeit $T_{1/2}$ gegenüber ihrer Eigenhalbwertszeit von $T'_{1/2} = 1{,}5$ µs:

$$T_{1/2} = \frac{T'_{1/2}}{\sqrt{1-\frac{v^2}{c^2}}} = \frac{1{,}5 \cdot 10^{-6}\,s}{\sqrt{1-0{,}999^2}} = \frac{1{,}5 \cdot 10^{-6}\,s}{0{,}045} = 33\,\mu s.$$

Die Myonen legen in diesen 33 µs die S-Strecke

$$s = v \cdot T_{1/2} = 0{,}999c \cdot 33\,\mu s \approx 10\,km$$

zurück. Von Myonen, die in 10 km Höhe entstanden sind, erreicht also die Hälfte den Erdboden.

B. Myonenzerfall aus der Sicht des Myons
Das Myon sieht die vorbeirauschende Luftschicht nicht mit der Länge L, sondern um den Kontraktionsfaktor k verkürzt auf L':

$$L' = L \cdot \sqrt{1-\frac{v^2}{c^2}} = 10\,000\,m \cdot \sqrt{1-0{,}999^2} = 447\,m.$$

In seiner Eigenhalbwertszeit von 1,5 µs legt es den Weg

$$s' = v \cdot T'_{1/2} = 0{,}999c \cdot 1{,}5\,\mu s \approx 450\,m$$

zurück. Das passt gut: Auch aus Sicht der Myonen erreicht die Hälfte von ihnen den Erdboden.

Die Addition von Geschwindigkeiten

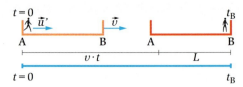

B1 *Kleine Geschwindigkeit*: Der rote Wagen fährt relativ zu uns am Bahnsteig nach rechts (Geschwindigkeitsbetrag v). Im Wagen bewegt sich ein Läufer (Geschwindigkeitsbetrag u') ebenfalls nach rechts. Relativ zu uns hat er den Geschwindigkeitsbetrag $u = v + u'$.

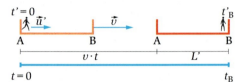

B2 *Große Geschwindigkeit*: Wir sehen den roten Wagen (S'-System) des Zuges verkürzt auf die Länge L'. Er fährt relativ zu uns (S-System) mit einer Geschwindigkeit vom Betrag v nach rechts. Der S'-Läufer liest seine S'-Geschwindigkeit ab als $u' = L/t'_B$. Wie schnell ist der Läufer für uns? Die Antwort darauf gibt das Additionstheorem für Geschwindigkeiten.

Beispiel

(1) Im fahrenden Zug (Geschwindigkeitsbetrag v) wird ein Lichtblitz erzeugt, der sich mit Lichtgeschwindigkeit in Fahrtrichtung bewegt. Relativ zum Bahnsteig beträgt seine Geschwindigkeit:

$$u = \frac{v + u'}{1 + \frac{v \cdot u'}{c^2}} = \frac{v + c}{1 + \frac{v \cdot c}{c^2}} = \frac{v + c}{1 + \frac{v}{c}} = \frac{v + c}{\frac{1}{c} \cdot (v + c)}$$

$$= \frac{c \cdot (v + c)}{v + c} = c.$$

(2) Sei jetzt auch die Zuggeschwindigkeit nahezu gleich der Lichtgeschwindigkeit:

$$u = \frac{v + u'}{1 + \frac{v \cdot u'}{c^2}} \approx \frac{c + c}{1 + \frac{c \cdot c}{c^2}} = \frac{c + c}{1 + 1} = \frac{2c}{2} = c.$$

(3) Wir nehmen als Beispiel des täglichen Lebens einen Zug mit $v = 144$ km/h $= 40$ m/s. In einem Wagen wird ein Schallsignal erzeugt, das sich relativ zum Wagen in der dort ruhenden Luft mit $c = 340$ m/s nach vorn bewegt:

$$u = \frac{v + u'}{1 + \frac{v \cdot u'}{c^2}} = \frac{(40 + 340)\,\frac{m}{s}}{1 + \frac{40 \cdot 340}{(3 \cdot 10^8)^2}}$$

$$= \frac{380\,\frac{m}{s}}{1 + 1{,}5 \cdot 10^{-13}} = 380\,\frac{m}{s}.$$

Dies entspricht dem Ergebnis der Galilei-Transformation.

Einige Konsequenzen aus der Konstanz der Lichtgeschwindigkeit und der Gleichwertigkeit der Inertialsysteme haben Sie nun schon kennengelernt:
- Lichtuhr und Zeitdilatation,
- Längenkontraktion,

Aus der Konstanz der Lichtgeschwindigkeit folgt aber noch mehr: Anders als nach unserer Erfahrung im täglichen Leben und anders als nach den Gesetzen der Galilei-Transformation ➔ **B1** für Inertialsysteme kann die Geschwindigkeit von z.B. einem Zug und dem darin laufenden Fahrgast nicht einfach als Summe der im jeweiligen System gemessenen Geschwindigkeiten sein.

1. Welche Geschwindigkeit misst man am Bahnsteig?

Versetzen wir uns in Gedanken wieder einmal auf einen Bahnsteig ➔ **B2**. Während wir dort als ruhende Beobachter stehen, fährt ein Zug der Länge L mit der Geschwindigkeit vom Betrag $v = 2 \cdot 10^8$ m/s an uns vorbei. Im Zug läuft ein „Supersprinter" in Fahrtrichtung mit $u' = 2 \cdot 10^8$ m/s nach vorn. Unser gesunder Menschenverstand – bzw. die Galilei-Transformation – sagt uns, dass wir ihn vom Bahnsteig aus mit $u = v + u' = 4 \cdot 10^8$ m/s messen. Dass kann aber doch nicht sein, er wäre schneller als das Licht!

Es sind relativistische Gesetze, die uns vor diesem unmöglichen Ergebnis bewahren. Nach EINSTEIN gilt eine korrigierte Formel für die Addition so hoher Geschwindigkeitsbeträge, das sogenannte **Additionstheorem für Geschwindigkeiten** ➔ **Vertiefung**:

$$u = \frac{v + u'}{1 + \frac{v \cdot u'}{c^2}}$$

Das Ergebnis der Addition ➔ **A2** beruhigt, Der Betrag u der Relativgeschwindigkeit bleibt unterhalb des Betrages der Lichtgeschwindigkeit.

2. Einige wichtige Sonderfälle

- EINSTEINS Jugendfrage „Wie schnell wird Licht am Bahndamm gemessen, das im fahrenden Zug nach vorn abgegeben wird?" behandeln wir in ➔ **Beispiel 1**.
- Welche Geschwindigkeit wird gemessen, wenn auch der Zug nahezu mit Lichtgeschwindigkeit fährt? ➔ **Beispiel 2**
- Was liefert das Additionstheorem für Geschwindigkeiten des täglichen Lebens? ➔ **Beispiel 3**

➔ **Beispiel 3** zeigt, dass die Berechnungen bei kleinen Geschwindigkeiten der Galilei-Transformation entsprechen. Dies zeigt uns, warum die Ergebnisse der Relativitätstheorie und unsere tägliche Wahrnehmung sich nicht widersprechen.

Merksatz

Bei hohen Geschwindigkeiten gilt für die Relativgeschwindigkeit das Additionstheorem für Geschwindigkeiten:

$$u = \frac{v + u'}{1 + \frac{v \cdot u'}{c^2}}.$$

Bei kleinen Geschwindigkeiten entspricht das Ergebnis der klassischen Berechnung $u = v + u'$.

Die Addition von Geschwindigkeiten

Vertiefung

Das „Additionstheorem für Geschwindigkeiten"

A. Gleichzeitigkeit – auch sie ist relativ

Die S-Beobachter am Bahnsteig synchronisieren ihre Uhren im ruhenden Wagen der Länge L, indem sie in seiner Mitte einen Lichtblitz erzeugen. Dies erfolgt genau in dem Moment, wo die Mitte des vorbeirasenden S´-Zuges neben der Mitte des S-Zuges ist.

Auch im S´-Wagen läuft das Licht nach vorn und nach hinten. Währenddessen fährt aber der S´-Wagen weiter mit dem Geschwindigkeitsbetrag v. Das Heck des S´-Wagens fährt also dem Lichtstrahl entgegen, die Wagenfront läuft dem Licht davon. Die S-Beobachter stellen fest, dass dessen vordere Uhr später startet als die hintere. Die Uhren im bewegten Wagen sind also nicht synchron. Wie groß ist ihr Zeitunterschied? Nach → **B3** gilt:

$\frac{1}{2} L' = c \cdot t_A + v \cdot t_A$ und $\frac{1}{2} L' = c \cdot t_B - v \cdot t_B$, also

$t_A = \dfrac{L'}{2 \cdot (c+v)}$ und $t_B = \dfrac{L'}{2 \cdot (c-v)}$.

Dann ist

$t_B - t_A = \dfrac{L'}{2 \cdot (c-v)} - \dfrac{L'}{2 \cdot (c+v)} = \dfrac{L' \cdot (c+v)}{2 \cdot (c^2-v^2)} - \dfrac{L' \cdot (c-v)}{2 \cdot (c^2-v^2)}$

$= \dfrac{L' \cdot v}{c^2 - v^2} = \dfrac{L \cdot \sqrt{1-\frac{v^2}{c^2}} \cdot v}{c^2 \cdot (1-\frac{v^2}{c^2})} = \dfrac{L \cdot v}{c^2 \cdot \sqrt{1-\frac{v^2}{c^2}}}$,

da die Länge L' gegenüber L im S-System kontrahiert ist. Die Uhren in S´ ticken zudem langsamer als die in S:

$\Delta t' = \Delta t \cdot \sqrt{1-\frac{v^2}{c^2}} = (t_B - t_A) \cdot \sqrt{1-\frac{v^2}{c^2}}$.

Also liest S an den S´-Uhren statt der Zeitdifferenz null eine Zeitdifferenz ab, die proportional zur Wagenlänge und zur Relativgeschwindigkeit ist:

$\Delta t' = \dfrac{L \cdot v}{c^2}$.

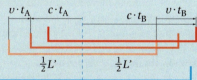

B3 Laufwege des Lichts und des S´-Wagens W´: (1) Die S-Uhren werden synchronisiert, (2) der Lichtblitz erreicht das Heck von W´, (3) der Lichtblitz erreicht seine Front.

B. Herleitung des Additionstheorems

Betrachten wir einen am Bahnsteig durchfahrenden Wagen. Der Betrag seiner Geschwindigkeit sei v. Seine Länge L ist für uns S-Beobachter auf L' verkürzt. In S´ sind die Uhren synchronisiert. Im dem Augenblick, in dem das Heck des Wagens unsere Startmarke passiert, zeigt seine S´-Uhr 0 s an und unsere Uhr wird auf 0 s gesetzt.

Im Wagen startet in diesem Moment ein Fahrgast vom Heck nach vorn. Man misst den Betrag seiner Geschwindigkeit mit u'. Als der Fahrgast vorn an der Front ankommt, zeigt die S´-Uhr dort die Zeit L/u' an. Vom Bahnsteig aus betrachtet zeigt die hintere S´-Uhr aber nicht dieselbe Zeit, sondern die um $\Delta t' = L \cdot v/c^2$ größere Zeit an:

$t' = \dfrac{L}{u'} + \dfrac{L \cdot v}{c^2}$.

Die schneller tickenden S-Uhren zeigen jetzt schon:

$t = \left(\dfrac{L}{u'} + \dfrac{L \cdot v}{c^2}\right) \cdot \dfrac{1}{\sqrt{1-\frac{v^2}{c^2}}} = \left(\dfrac{1}{u'} + \dfrac{v}{c^2}\right) \cdot \dfrac{L}{\sqrt{1-\frac{v^2}{c^2}}}$.

Dies ist die Laufzeit. Für die gesuchte Relativgeschwindigkeit benötigen wir zudem noch den Laufweg. Vom S-System aus gesehen beträgt er (mit $L' = L \cdot k$) → **B4**:

$s = v \cdot t + L' = v \cdot \left(\dfrac{1}{u'} + \dfrac{v}{c^2}\right) \cdot \dfrac{L}{\sqrt{1-\frac{v^2}{c^2}}} + L \cdot \sqrt{1-\frac{v^2}{c^2}}$

$= \left(\dfrac{v}{u'} + \dfrac{v^2}{c^2} + 1 - \dfrac{v^2}{c^2}\right) \cdot \dfrac{L}{\sqrt{1-\frac{v^2}{c^2}}} = \left(\dfrac{v}{u'} + 1\right) \cdot \dfrac{L}{\sqrt{1-\frac{v^2}{c^2}}}$.

Der Quotient $u = s/t$ liefert die gesuchte Geschwindigkeit:

$u = \dfrac{s}{t} = \dfrac{\frac{v}{u'} + 1}{\frac{1}{u'} + \frac{v}{c^2}} = \dfrac{v + u'}{1 + \frac{v \cdot u'}{c^2}}$.

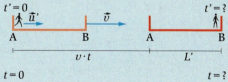

B4 Ein Wagen bewegt sich mit dem Geschwindigkeitsbetrag v nach rechts. Im Wagen läuft eine Person nach vorn (rechts) mit dem Geschwindigkeitsbetrag u'.

A1 Erläutern Sie, wieso die Konstanz der Lichtgeschwindigkeit zur Folge hat, dass eine additive Überlagerung von Geschwindigkeiten nur für Geschwindigkeiten mit Betrag $v \ll c$ gelten kann.

A2 Eine Rakete mit $v = 2 \cdot 10^8$ m/s (relativ zu uns) schießt eine weitere Rakete mit $u' = 2 \cdot 10^8$ m/s (relativ zu ihr) ab. Berechnen Sie die Relativgeschwindigkeit zu uns klassisch und relativistisch.

A3 Eine Rakete schießt mit $v = \frac{3}{4} c$ an uns vorbei. Ein Astronaut meldet, er habe ein Teilchen mit $u' = \frac{3}{4} c$ nach vorn geschossen. Bestimmen Sie den Betrag der von uns aus gemessenen Teilchengeschwindigkeit.

Spezielle Relativitätstheorie

Dynamische Masse und Zyklotron

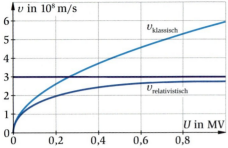

B1 Elektronen werden bei konstanter Spannung U, also mit konstanter Kraft, beschleunigt. Ihre Energie nimmt zu. Der Betrag v ihrer Geschwindigkeit wächst mit der Wurzel aus der Spannung U, erreicht aber c nie. Klassisch wäre die hellblaue Kurve zu erwarten.

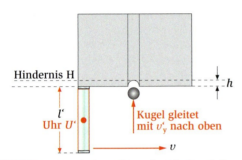

B2 Die Kugel gleitet längs der S′-Uhr U′ der Länge l langsam nach oben. Für uns S-Beobachter fliegt S′ schnell mit v nach rechts. Die Tiefe h des von der Kugel in das Hindernis geschlagenen Lochs ist für S und S′ gleich.

Vertiefung

Die Länge l' der Uhr U′ in → B2 ist als Querstrecke nicht kontrahiert. Auch in S legt die Kugel entlang U′ die Strecke $l = l'$ zurück. Nach unseren S-Uhren hat die Kugel die Laufzeit $t = t'/k > t'$. Statt $v'_y = l'/t'$ gilt für uns (S):

$$v_y = \frac{l}{t} = \frac{l'}{t} = \frac{l' \cdot \sqrt{1 - \frac{v^2}{c^2}}}{t'} = k \cdot v'_y < v'_y.$$

EINSTEIN erfüllte den Impulserhaltungssatz $p_y = m \cdot v_y = m_0 \cdot v'_y = p'_y$, indem er eine größere Masse m forderte. Hieraus folgt

$$\frac{m}{m_0} = \frac{v'_y}{v_y} = \frac{t}{t'} = \frac{t}{t \cdot \sqrt{1 - \frac{v^2}{c^2}}} = \frac{1}{\sqrt{1 - \frac{v^2}{c^2}}}$$

und für die von der Geschwindigkeit abhängende dynamische Masse deshalb:

$$m = \frac{m_0}{\sqrt{1 - \frac{v^2}{c^2}}}.$$

1. Je schneller, desto träger

Könnte man eine Rakete bauen, die durch ständigen Antrieb beliebig schnell würde? Dies würde irgendwann dazu führen, dass die Rakete schneller wäre als das Licht. Ein Raumfahrer könnte einen Lichtstrahl überholen. Das widerspräche aber dem Ergebnis, dass die Lichtgeschwindigkeit in allen Inertialsystemen gleich ist. Wie können wir diesen Widerspruch beseitigen?

In Teilchenbeschleunigern (→ **Zyklotron**) werden geladene Teilchen (z. B. Elektronen, Ionen) in einem elektrischen Feld beschleunigt. Nach dem Energieerhaltungssatz steigt die Energie proportional zu U. Nach der klassischen Formel $W_B = \frac{1}{2} m \cdot v^2$ (bzw. $W_{kin} = \frac{1}{2} m \cdot v^2$) müsste v proportional zu $\sqrt{U}$ steigen → **B1**. Tatsächlich aber erhöht sich die Geschwindigkeit eines sehr schnellen Teilchens nur asymptotisch gegen c als Grenze, die Beschleunigung nimmt also ab. Dies legt nahe: Die Masse des Teilchens (als Maß für die Trägheit) muss mit der Geschwindigkeit zugenommen haben.

2. Die Zeitdilatation erklärt die größere Masse

Um das zu verstehen, lassen wir von einem schnell bewegten Beobachter eine Kugel senkrecht zur Bewegungsrichtung gegen eine Wand gleiten → **B2**. Wir (ruhend im S-System) und der schnelle Beobachter (ruhend im S′-System) beobachten gleiche Eindringtiefen (man muss auch nicht umrechnen, denn Längen senkrecht zur Bewegung werden nicht verkürzt). Das Ergebnis entspricht unserer Erwartung: Die Kugel kann keine zwei verschiedenen Impulse an das Hindernis abgeben, nur weil zwei Beobachter rechnen.

Allerdings gibt es doch ein Problem: Der S′-Beobachter misst den Impulsbetrag $p'_y = m_0 \cdot v'_y$ mit $v' = l'/t'$. Wir messen den Impulsbetrag $p_y = m_0 \cdot v_y$ über den Geschwindigkeitsbetrag der Kugel $v = l/t$. Die Querlängen l und l' sind gleich, die Zeiten t und t' sind es nicht. Wir messen für die Laufstrecke $l = l'$ die Zeit t, die größer ist als t'. Das heißt aber, dass wir (S) eine kleinere Geschwindigkeit messen als der Beobachter in S′.

Um den Impulserhaltungssatz zu retten, folgen wir EINSTEIN: Wenn wir (S) zum Ausgleich der kleineren S-Geschwindigkeit $v_y < v'_y$ dem Körper entsprechend größere Masse $m > m_0$ zusprechen, dann erhalten wir den gleichen y-Impuls $p_y = m \cdot v_y$ wie S′ mit $p'_y = m_0 \cdot v'_y$. Für die Masse m berechnet man aus der **Ruhemasse** m_0 mithilfe des uns schon bekannten Faktors k → **Vertiefung**:

$$m = \frac{m_0}{\sqrt{1 - \frac{v^2}{c^2}}}.$$

m wird auch **dynamische** oder **relativistische Masse** genannt.

Merksatz

Die Masse m eines relativ zu uns mit der Geschwindigkeit vom Betrag v bewegten Körpers ist für uns (und nur für uns) gestiegen von der Ruhemasse m_0 auf

$$m = \frac{m_0}{\sqrt{1 - \frac{v^2}{c^2}}}.$$

3. Beschleunigung geladener Teilchen im Zyklotron

In verschiedenen Gebieten der Forschung und Medizin benötigt man hochenergetische Ionen. In Teilchenbeschleunigern werden für derartige Zwecke Partikel mit genügend hoher Energie zur Verfügung gestellt. Auf direktem Wege kann man geladene Teilchen kaum höhere Spannungen als 10 MV durchlaufen lassen. Die Isolationsprobleme werden zu groß. Stattdessen sorgt man dafür, dass die Ionen zwei Beschleunigungsstrecken mehrfach durchlaufen und so schrittweise immer mehr Energie gewinnen.

Ein einfaches Beispiel für einen solchen Beschleuniger ist das **Zyklotron** → V1. Wie der Name schon andeutet, werden in ihm geladene Teilchen, z. B. positive Protonen, in einem Magnetfeld auf eine Kreisbahn gezwungen. Durch geeignete Form und Anordnung zweier D-förmiger Hohlelektroden (Duanten) sorgt man dafür, dass die Teilchen während ihres Umlaufs immer wieder in ein elektrisches Feld eintauchen → B3 und dort beschleunigt werden. Nach jeder Beschleunigung bewegen sie sich in der nächsten Elektrode weiter auf einem Halbkreis, allerdings mit größerem Radius usw.

Mit welcher Frequenz f muss man das E-Feld zwischen den Duanten umpolen? Die Lorentzkraft wirkt als Zentripetalkraft, also gilt:

$$\frac{m \cdot v_s^2}{r} = q \cdot v_s \cdot B \quad \text{oder} \quad \frac{v_s}{r} = \frac{q \cdot B}{m}.$$

In der Umlaufzeit T legen die Ionen die Strecke $2\pi r$ zurück; also erhalten wir $v_s = 2\pi r/T$ und somit $2\pi/T = q \cdot B/m$. Daraus ergibt sich die benötigte Frequenz zu

$$f = \frac{1}{T} = \frac{1}{2\pi} \cdot \frac{q \cdot B}{m}$$

unabhängig vom Bahnradius, der Geschwindigkeit und der Energie. Man kann also eine Wechselspannung konstant hoher Frequenz zwischen die Duanten legen. Schließlich führt eine Ablenkeinrichtung die Ionen auf das Ziel (Target).

Erreicht die Teilchengeschwindigkeit größenordnungsmäßig die Lichtgeschwindigkeit, muss man den Massenzuwachs auf Grund der Relativitätstheorie berücksichtigen. Die Frequenz muss dann entsprechend der Masse der Teilchen vermindert werden.

Mit Zyklotrons kann man Teilchenenergien erreichen, die in der Größenordnung von 20 MeV liegen. Dies ist für Grundlagenforschung in der Physik der Elementarteilchen viel zu wenig. Doch werden Zyklotrons auch heute noch angewendet: Man benutzt sie, um Positronen zu erzeugen. Diese haben fast alle Eigenschaften von Elektronen, sind jedoch positiv geladen. Sie entstehen beim Auftreffen der hochenergetischen Ionen auf das Target. Positronen werden z. B. in der Medizin für die Positronen-Emissions-Tomografie (PET) benötigt. Auch in der Krebstherapie finden Zyklotrons als Protonenstrahler zunehmend Anwendung.

> **Merksatz**
>
> In Teilchenbeschleunigern muss der Massenzuwachs wegen der hohen Geschwindigkeit berücksichtigt werden.

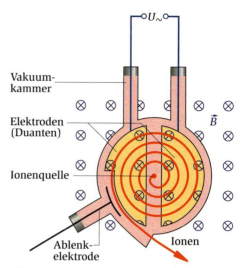

V1 Schematischer Aufbau eines Zyklotrons (Aufsicht). In seiner Mitte befindet sich eine Quelle für positive Ionen, z. B. Protonen. Durch ein elektrisches Feld zwischen den beiden Hohlelektroden (Duanten) werden sie beschleunigt. Diese werden senkrecht von einem starken Magnetfeld durchsetzt. Darin angelangt, befinden sich die Ionen in einem Faraday-Käfig mit $E = 0$, sie gewinnen dort also keine Energie, werden aber durch die Lorentzkraft auf eine Halbkreisbahn gezwungen. Während sie sich noch innerhalb eines Duanten befinden, wird die Spannung zwischen den Duanten umgepolt. Dies sorgt dafür, dass die Protonen beim nächsten Durchlaufen des elektrischen Feldes zwischen den Duanten erneut beschleunigt werden. Innerhalb des nächsten Duanten bewegen sie sich wieder auf einem Halbkreis mit größerem Radius usw.

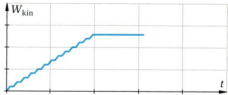

B3 Immer wenn das geladene Teilchen im Spalt zwischen den Duanten ist, wird ihm Energie zugeführt. Bewegungsenergie und Geschwindigkeit nehmen dann zu.

A1 Ein Zyklotron hat die Frequenz 12 MHz und den Dosenradius $r = 0{,}53$ m.
a) Berechnen Sie die erforderliche Stärke des B-Feldes, sodass Protonen innerhalb der Dosen auf Halbkreisbahnen laufen können. (Masse Proton: $m = 1{,}67 \cdot 10^{-27}$ kg)
b) Berechnen Sie die Energie der Protonen in MeV beim Austritt.

Äquivalenz von Energie und Masse

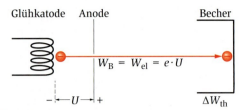

B1 a) Vereinfachte Skizze zum Bertozzi-Experiment: Elektronen erhalten zwischen Kathode und Anode die Energie $e \cdot U$ und geben sie beim Abbremsen an den Becher ab. Dort erhöhen sie die innere Energie um ΔW_{th}.

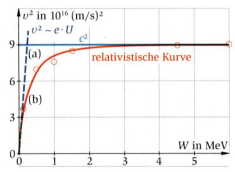

B2 Bei der Beschleunigung im elektrischen Feld zu erwartende Geschwindigkeiten:
a) v^2 in der nach der klassischen Mechanik zu erwartenden Geraden (gemäß $W_B = \frac{1}{2} m \cdot v^2$),
b) v^2 in der tatsächlich von BERTOZZI gemessenen Kurve mit c^2, dem Quadrat der Lichtgeschwindigkeit, als obere Grenze.

Vertiefung 1

$\frac{1}{2} m v^2$ als Grenzfall von $\Delta m \cdot c^2$

Die Formel $W = \Delta m \cdot c^2$ stimmt mit der vertrauten Formel $W_{kin} = \frac{1}{2} m v^2$ bei kleinen Geschwindigkeiten gut überein. Zum Nachweis führen wir für Δm einige Umformungen durch mit $k = \sqrt{1 - v^2/c^2}$:

$$\Delta m = \frac{m_0}{k} - m_0 = m_0 \frac{1-k}{k}$$

$$= m_0 \cdot \frac{(1+k)(1-k)}{(1+k) k} = m_0 \cdot \frac{(1-k^2)}{(1+k) k}$$

$$= m_0 \cdot \frac{v^2/c^2}{(1+k) \cdot k}.$$

Multiplikation mit c^2 liefert

$$\Delta m \cdot c^2 = m_0 \cdot \frac{v^2}{(1+k) \cdot k}.$$

Für kleine Geschwindigkeiten $v \ll c$ strebt $v^2/c^2 \to 0$ und damit $k \to 1$. Dann gilt:

$$\Delta m \cdot c^2 \approx \frac{1}{2} m_0 v^2.$$

---

1. Problem bei der Berechnung der Bewegungsenergie

Gelten der Energieerhaltungssatz und die vertrauten Energieformeln auch nahe der Lichtgeschwindigkeit? Um das zu prüfen, beschleunigte William BERTOZZI 1964 Elektronen mit hohen Spannungen U und bremste sie dann in einem Becher ab → **B1**. Die Bewegungsenergie (kinetische Energie W_B bzw. W_{kin}) der Elektronen wurde dabei in innere Energie des Bechers gewandelt. Die Zunahme der inneren Energie stimmte mit der ihnen zuvor elektrisch zugeführten Energie $W_{el} = e \cdot U$ überein. Also gelten der Energiesatz und die Formel $W_{el} = e \cdot U$ auch nahe der Lichtgeschwindigkeit.

Um auch die klassische Formel $W_{B, klass} = \frac{1}{2} m \cdot v^2$ für die Bewegungsenergie eines Körpers zu prüfen, bestimmte BERTOZZI die Geschwindigkeit der Elektronen vor dem Abbremsen → **Vertiefung 2**. Die Messpunkte in → **B2** zeigen:
- v erreicht nicht den Betrag $3 \cdot 10^8$ m/s der Lichtgeschwindigkeit. Diese erweist sich als unerreichbare Grenzgeschwindigkeit.
- Würde $W_{B, klass} = \frac{1}{2} m \cdot v^2$ mit $m = m_0 =$ konstant gelten, so müssten alle Messpunkte auf der steilen Geraden liegen.

Wir sehen, dass wir die vertraute Formel $W_{B, klass} = \frac{1}{2} m \cdot v^2$ in der SRT aufgeben müssen. Sie gilt nur als Grenzfall für kleine Geschwindigkeiten → **Vertiefung 1**. Ein tieferer Eingriff in die newtonsche Mechanik ist nötig.

2. Die berühmte Einstein-Formel $W = mc^2$ (oder $E = mc^2$)

Albert EINSTEIN leitete um 1905 recht mühsam einen Term für die kinetische Energie her, der die Zunahme der Masse mit der Geschwindigkeit berücksichtigt und außerdem zu einer völlig neuartigen Erkenntnis führte → **Vertiefung 2**. Danach hat ein Körper der Ruhemasse m_0 die **Bewegungsenergie in relativistischer Form**:

$$W_B = m \cdot c^2 - m_0 \cdot c^2 = (m - m_0) \cdot c^2 = \Delta m \cdot c^2.$$

Diese Formel wurde für die Kurve in → **B2** benutzt. Sie wird von den gemessenen Geschwindigkeitswerten des BERTOZZI-Versuchs gut bestätigt. Der Betrag v der Geschwindigkeit des Körpers ist in der Formel nicht direkt sichtbar, er steckt im Term m für die relativistische Masse,

$$m = \frac{m_0}{\sqrt{1 - \frac{v^2}{c^2}}}.$$

Jeder der Terme $m \cdot c^2$, $m_0 \cdot c^2$ und W_B ist ein Energieterm.

Nun ist bei ruhenden Körpern $W_B = 0$, also $m \cdot c^2 - m_0 \cdot c^2 = 0$. EINSTEIN deutete dies so: Der Differenzterm beschreibt die Bewegungsenergie. Für $v = 0$ geht $m \cdot c^2$ über in den Term $m_0 \cdot c^2$. Er bedeutet etwas Neues: die zur Ruhemasse m_0 äquivalente **Ruheenergie**

$$W_0 = m_0 \cdot c^2.$$

Bewegt sich der Körper, so kommt zur Ruheenergie noch die Bewegungsenergie hinzu und man erhält die Gesamtenergie in relativistischer Form:

$$W = m \cdot c^2 = W_0 + W_B.$$

Äquivalenz von Energie und Masse

$W = m \cdot c^2$ machte als $E = m \cdot c^2$ Weltgeschichte. Sie zeigt die wohl wichtigste Aussage der SRT, die Äquivalenz von Energie und Masse. Danach sind die Erhaltungssätze für Energie und Masse äquivalent. Welche Bedeutung diese Erkenntnis für die Menschheit haben sollte, wusste 1905 noch niemand.

Merksatz

Jeder Energie W ist die Masse $m = W/c^2$ äquivalent, jeder Masse m die Energie $W = m \cdot c^2$.
Die Erhaltung der Energie umfasst zugleich die Erhaltung der Masse.

B3 Albert EINSTEIN und seine berühmte Formel zur Äquivalenz von Masse und Energie.

Vertiefung 2

A. Die Herleitung von $W = m \cdot c^2$

Die Formel für die Bewegungsenergie

$$W_{B,\,klass} = \tfrac{1}{2} m \cdot v^2$$

erhielten wir über die dem Körper zugeführte Arbeit, die Bewegungsgesetze und den Energieerhaltungssatz:

$$W = F \cdot s = m \cdot a \cdot s = m \cdot a \cdot \tfrac{1}{2} a \cdot t^2$$
$$= \tfrac{1}{2} m (a \cdot t)^2 = \tfrac{1}{2} m \cdot v^2.$$

Diese Herleitung gilt aber nur bei konstanter Masse und deshalb – bei gleichbleibender Kraft – auch konstanter Beschleunigung. Bei sehr hohen Geschwindigkeiten kann die Formel $F = m \cdot a$ nicht mehr verwendet werden. Stattdessen wählt man die auch von NEWTON schon verwendete Form für F und die Formel für die relativistische Masse:

$$F = \frac{dp}{dt} = \frac{d(m \cdot v)}{dt} \quad \text{und} \quad m = \frac{m_0}{\sqrt{1 - \frac{v^2}{c^2}}}.$$

Die zugeführte Arbeit bei nicht konstanter Masse wird nun über das Integral $\int F\,ds$ ermittelt. Nach einigen komplizierten Umwandlungsschritten – die aber aus der Schulmathematik bekannt sind – folgt schließlich → www:

$$W = m \cdot c^2 - m_0 \cdot c^2 = \left(\frac{m_0}{\sqrt{1 - \frac{v^2}{c^2}}} - m_0 \right) \cdot c^2 = \Delta m \cdot c^2.$$

B. Das Bertozzi-Experiment

In einem technisch schwierigen, aber physikalisch einfach durchschaubaren Experiment wies BERTOZZI 1962 die mit der Geschwindigkeit zunehmende Masse von Elektronen nach → www. In einer Elektronenkanone wurden pulsweise in sehr kurzen Zeitabständen Elektronen freigesetzt und dann in einem elektrischen Feld (Spannung bis 4,5 MeV) auf einer Strecke von 1 m beschleunigt. Anschließend durchliefen sie ein Rohr von 8,5 m Länge ohne weitere Beschleunigung.
Am Anfang dieser Strecke passierten sie ein kleines Röhrchen, dessen Außenfläche durch Influenz kurzzeitig negativ wurde. Auf dem Schirm eines Oszilloskops bewirkte dies einen Ausschlag nach unten. Am Ende des Rohrs prallte der Elektronenpuls auf eine Aluminiumscheibe. Auch sie war mit dem Oszilloskop verbunden. Man sah einen zweiten Ausschlag am Oszilloskop. Aus der zwischen den beiden Signalen ablesbaren Zeit und bekanntem Weg berechnete man die Geschwindigkeit. Sie entsprach nicht der aus $e \cdot U = \tfrac{1}{2} m \cdot v^2$ erwarteten Geschwindigkeit. Erst der aus dem relativistischen Ansatz

$$\left(\frac{m_0}{\sqrt{1 - \frac{v^2}{c^2}}} - m_0 \right) \cdot c^2 = e \cdot U$$

berechnete Betrag v der Geschwindigkeit stimmte mit dem Messergebnis überein → B2.

A1 Erläutern Sie die relativistische Zunahme der Masse, also der Trägheit, als Folge der Zeitdehnung. Beschreiben Sie ein Messverfahren für die Masse.

A2 a) Die Erde erhält von der Sonne in 1 s die Energie $1{,}7 \cdot 10^{17}$ J, die Sonne strahlt in 1 s die Energie $3{,}9 \cdot 10^{26}$ J ab. Berechnen Sie die jeweiligen Massenänderungen.

b) Exakt 1 kg Kohle gibt beim Verbrennen die Energie 8 kWh ab. Berechnen Sie die Masse der abgekühlten Verbrennungsprodukte.

A3 Zeigen Sie, dass die Kurve b) in → B2 aus $W_B = m \cdot c^2 - m_0 \cdot c^2$ stammt. Leiten Sie daraus einen Term für v^2 her. Hilfestellung liefert Ihnen die → **Vertiefung 2**. Zeichnen Sie die Kurve mit z. B. Excel.

A4 Beim Spalten eines Urankerns U-235 werden 200 MeV freigesetzt. Bestimmen Sie die Anzahl der Kerne, die man spalten muss, damit die Ruhemasse um 1 g abnimmt.

A5 Ein Elektron ($m = 9{,}1 \cdot 10^{-31}$ kg) wird auf $0{,}999\,c$ beschleunigt. Welche Masse hat es dann? Bestimmen Sie seine Bewegungsenergie klassisch und relativistisch.

Moderne Teilchenbeschleuniger

Vertiefung

A. Weiterentwicklung des Zyklotrons

Die „Elektronenkanone" im → **Fadenstrahlrohr** ist schon ein Teilchenbeschleuniger. Dort erreichen die Elektronen eine Geschwindigkeit vom Betrag $v = \sqrt{2e \cdot U/m}$. Bei einer Spannung von z. B. 100 V ergibt dies etwa 6500 km/s. Der Betrag der Endgeschwindigkeit erscheint hoch, liegt aber noch weit unterhalb des Betrags der Lichtgeschwindigkeit.

In alten Röhrenfernsehgeräten wurden Elektronen mit der Hochspannung 25 kV auf 102 000 km/s beschleunigt. Wir kontrollieren diesen Wert, indem wir zusätzlich relativistisch rechnen mit dem Ansatz $W_{kin} = \Delta m \cdot c^2$:

$$\Delta m \cdot c^2 = e \cdot U \text{ mit } \Delta m = \frac{m_0}{k} - m_0 = \frac{m_0}{\sqrt{1 - \frac{v^2}{c^2}}} - m_0,$$

$$\text{also } v = c \cdot \sqrt{1 - \frac{1}{\left(1 + \frac{e \cdot U}{m_0 \cdot c^2}\right)^2}}.$$

Nach dieser relativistischen Formel ergibt sich $v \approx 98\,000$ km/s bei 25 kV. Der Massenzuwachs macht sich bei den leichten Elektronen also schon bei Beschleunigungsspannungen des täglichen Lebens bemerkbar.

Die Gleichung $f = q \cdot B/(2\pi \cdot m)$ zum → **Zyklotron** fordert eine konstante Umpolfrequenz der Duandenspannung bei *konstanter* Masse. Deshalb kann das Zyklotron nur im nichtrelativistischen Bereich benutzt werden. In der Praxis wird es heute nur zur Beschleunigung von Protonen oder schwereren Ionen benutzt. Einem Proton ($m_p \approx 1800 \cdot m_e$) muss für $v \approx 100\,000$ km/s nach der obigen Gleichung die 1800-fache Energie $e \cdot U$ zugeführt werden (statt z. B. 25 kV also 45 MeV). Anwendung findet das Zyklotron bis zu Energien von etwa 20 MeV.

Will man mit größeren Energien arbeiten, muss man das Zyklotron der zunehmenden Masse der Teilchen anpassen. Beim sogenannten **Synchro-Zyklotron** senkt man dazu im richtigen Takt die Frequenz. Beim **Isochron-Zyklotron** (Isozyklotron) bleibt die Frequenz konstant, stattdessen erhöht man die magnetische Flussdichte $\vec{B}$ proportional zur ansteigenden Teilchenmasse. Moderne Isozyklotrons werden in der Medizin zur Krebstherapie benutzt mit typischen Protonenenergien bis etwa 250 MeV.

B. Das Synchrotron

Zum Nachweis kleinster Elementarteilchen untersucht man Kollisionen von z. B. Protonen sehr hoher Energie, also großer Masse und kleiner Wellenlänge. Solche Energien kann man in Zyklotrons nicht erreichen, man verwendet stattdessen einen Ringbeschleuniger → **B1**. Nachdem die Teilchen durch Vorbeschleuniger bereits fast auf Lichtgeschwindigkeit gebracht wurden, erreichen sie bündelweise den Ringbeschleuniger.

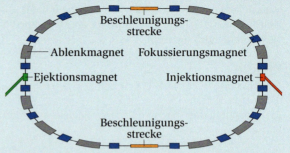

B1 Prinzipieller Aufbau eines Ringbeschleunigers

Dort laufen sie dann nicht spiralförmig, sondern auf immer derselben Bahn innerhalb einer evakuierten Röhre – dies sogar über lange Zeit. Die Beschleunigung findet in bestimmten Bereichen durch elektrische Felder statt. An anderen Stellen sind Ablenkmagnete angebracht, die die Teilchen mittels Zentripetalkraft auf einen Kreisbogen zwingen. Da alle Teilchen die gleiche Ladung haben, streben sie auseinander. Zusätzliche Fokussierungsmagnete drücken sie wieder in die Bahnmitte. Mit zunehmender Geschwindigkeit und Masse der Teilchen wird die magnetische Flussdichte der Ablenkmagnete erhöht. Die Energiezufuhr auf den Beschleunigungsstrecken wird mit der Umlaufdauer synchronisiert. Daher stammt der Name **Synchrotron** für diese Art von Beschleunigern. Nahe der Lichtgeschwindigkeit nimmt allerdings die Geschwindigkeit kaum noch zu, wohl aber die Masse.

Beschleunigte geladene Teilchen geben elektromagnetische Strahlung ab. Dies kennt man von Elektronen in einer Antenne. Auch die im Synchrotron zur Kreismitte beschleunigten geladenen Teilchen erzeugen eine Strahlung, die sogenannte **Synchrotronstrahlung**. Sie bedeutet Energieabgabe. Einerseits ist sie unerwünscht, denn sie erfordert zusätzliche Energiezufuhr. Andererseits kann man diese Strahlung auch nutzen. Dies geschieht heute in extra dazu gebauten Synchrotrons → **B2**. Die Synchrotronstrahlung hat ein sehr weites Spektrum vom Infrarot bis zu harter → **Röntgenstrahlung**. Man nutzt sie in Biologie, Chemie, Physik und Medizin zu Forschungszwecken.

B2 Blick auf das Synchrotron der TU Dortmund

Moderne Teilchenbeschleuniger

Vertiefung

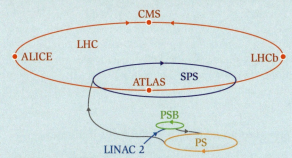

B3 Fünf hintereinandergeschaltete Protonbeschleuniger der LHC-Anlage im CERN (Genf, Schweiz)

C. Der Large-Hadron-Collider

Der **LHC**-Beschleuniger (Large-Hadron-Collider) der europäischen Kernforschungsanlage **CERN** (Conseil Européen pour la Recherche Nucléaire) in Genf kann (2015) Protonen auf Energien von je 7 TeV = $7 \cdot 10^{12}$ eV (T = Tera) beschleunigen. Der LHC ist damit zurzeit der mächtigste und mit seinen peripheren Anlagen komplizierteste Beschleuniger der Welt. Man nennt ihn auch die „Weltmaschine". Die größte Aufgabe war die Suche nach dem sogenannten → **Higgs-Teilchen** (Higgs-Boson), einem wichtigen – von Peter HIGGS (Nobelpreis 2013) vorhergesagtem – Baustein des → **Standardmodells**.

Das Prinzip der Beschleunigungsanlage zeigt → B3. Zunächst werden z. B. Protonen durch mehrere Vorbeschleuniger bereits auf nahezu Lichtgeschwindigkeit gebracht:

Stufe 1: Im **Linearbeschleuniger** LINAC 2 werden eingeschossene Protonenbündel in einer 30 m langen Röhre auf 30 MeV mit ca. $0{,}31\,c$ beschleunigt. Zwischen den abwechselnd positiv und negativ gepolten Driftröhren eines LINACs sind E-Felder zur Beschleunigung der Protonen.

Während sich ein Teilchenbündel in einer Röhre (Faradaykäfig, feldfrei) aufhält, wird das Feld umgepolt → B4. Im folgenden E-Feld wird den Teilchen erneut Energie zugeführt. Die aufeinanderfolgenden Driftröhren sind der jeweiligen Geschwindigkeit angepasst. Zwischen ihnen befinden sich Fokussierungsmagnete für den Teilchenstrahl.

Stufe 2: Ringbeschleuniger PSB (Proton Synchrotron Booster); hier erreichen die Protonen eine Energie von 1,4 GeV und schon 92 % der Lichtgeschwindigkeit.

Stufe 3: Ringbeschleuniger PS (Proton Synchrotron); Energie 25 GeV; 99,93 % der Lichtgeschwindigkeit.

Stufe 4: Ringbeschleuniger SPS (Super Proton Synchrotron). Kreisumfang 7 km; Energie 450 GeV; 99,99978 % der Lichtgeschwindigkeit.

Stufe 5: Ringbeschleuniger und Speicherring LHC mit einem Umfang von 27 km. Hier werden die Protonen auf maximal 7000 GeV = 7 TeV und die Höchstgeschwindigkeit von 99,9999991 % der Lichtgeschwindigkeit gebracht und für viele Umläufe gehalten (Speicherring).

Im LHC gibt es zwei Röhren, in denen Protonen getrennt voneinander auf gegenläufigen Bahnen umlaufen. An mehreren Stellen kann man die Protonenbündel sich kreuzen lassen. Dort kommt es zur Kollision von Protonen (daher der Name *Collider*). Der Vorteil einer Kollision im Vergleich zum Aufprall auf ein ruhendes Teilchen ist die große Kollisionsenergie von $2 \cdot 7$ TeV = 14 TeV. Der bei einer solchen Kollision entstehende Teilchenschauer wird in riesigen, komplizierten Detektormaschinen registriert – z. B. in ATLAS und CMS (S. 283). Aus dem immensen Datenmaterial lässt sich in monatelangen Analysen ein bisher unbekanntes Teilchen finden – z. B. das lange gesuchte Higgs-Teilchen.

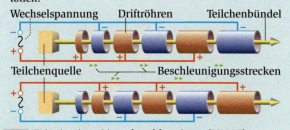

B4 Prinzip eines Linearbeschleunigers (LINAC)

B5 Blick in den Tunnel des LHC

A1 Ein Zyklotron beschleunigt α-Teilchen ($q = 2e$) auf eine Energie von 15,625 MeV. Es ist $B = 2$ T (die Masse eines α-Teilchens beträgt $m_\alpha = 6{,}65 \cdot 10^{-27}$ kg).
a) Berechnen Sie den maximalen Krümmungsradius.
b) Bestimmen Sie die benötigte Wechselspannungsfrequenz.
c) Berechnen Sie die magnetische Flussdichte B für den Fall, dass Protonen auf 15,625 MeV gebracht werden sollten. Welche Zyklotronfrequenz wäre dann erforderlich?

A2 Ein Proton ($m = 1{,}67 \cdot 10^{-27}$ kg) soll aus der Ruhe die Bewegungsenergie $W_B = 4{,}50 \cdot 10^{-10}$ J erhalten. Berechnen Sie die nötige Spannung, den Betrag v (relativistische Rechnung) der erreichten Geschwindigkeit und den Impulsbetrag $p = m \cdot v$.

Der Massendefekt

B1 Modell zur negativen Bindungsenergie: Die Bindungsenergie der getrennten Magnete soll null sein. Dann muss sie bei den aneinanderhaftenden Magneten negativ sein, denn um sie auseinanderzuziehen, muss ein positiver Energiebetrag zugeführt werden.

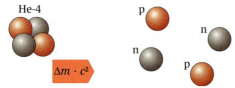

B2 Die Masse der zwei Protonen und zwei Neutronen zusammen ist größer als die Masse des He-4-Kerns. Verschmelzen die Nukleonen zum He-4-Kern, kommt es zum Massendefekt Δm. Energie $\Delta m \cdot c^2$ wird freigesetzt.

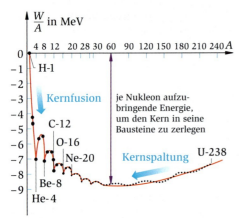

B3 Mittlere (negative) Bindungsenergie je Nukleon W/A als Funktion der Nukleonenzahl A (bis $A = 30$ gespreizt). Das breite Minimum liegt in der Nähe von $A = 60$ (Fe, Ni, Co). Das Heliumisotop $^4_2$He als Beispiel hat die Bindungsenergie $W/A = -7{,}07$ MeV.

1. Energie eines abgeschlossenen Systems – neu bewertet

Mit der Beziehung $W = m \cdot c^2$ müssen wir den Energieerhaltungssatz erweitern. Wenn sich innerhalb des geschlossenen Systems irgendeine Energieform ändert, muss sich entsprechend die Gesamtmasse ändern – und umgekehrt. Wir betrachten dies am Beispiel des Heliumatoms. Bei Atomen rechnet man üblicherweise mit der **atomaren Masseneinheit u**. Diese ist definiert als der zwölfte Teil der Masse des C-12-Isotops: $1\,\text{u} = 1{,}660\,539 \cdot 10^{-27}$ kg.

2. Bindungsenergie und Massendefekt des Heliumatoms

Den ungebundenen **Nukleonen** (Kernbausteinen), den **Protonen** und den **Neutronen**, ordnen wir die Bindungsenergie null zu. Im Heliumkern $^4_2$He (kurz He-4) → B2 werden zwei Protonen und zwei Neutronen durch starke Kernkräfte zusammengehalten – trotz der abstoßenden elektrischen Kräfte zwischen den Protonen. Sie haben jetzt eine **Bindungsenergie**, die wir negativ rechnen. Denn um die Nukleonen wieder zu trennen, ihnen also die Bindungsenergie null zu geben, müssten wir den positiven Betrag der Bindungsenergie zuführen. Am Beispiel zweier Magnete → B1 können Sie sich das gut vorstellen.

Wir vergleichen nun die Masse des He-4-Atoms mit der Masse des Wasserstoffatoms $m_\text{H} = 1{,}007\,825\,0$ u und der Masse des Neutrons $m_\text{n} = 1{,}008\,664\,9$ u. Es zeigt sich, dass die Summe der Einzelmassen größer ist als die Masse des Heliumatoms $m_\text{He} = 4{,}002\,603\,3$ u:

$$2 \cdot m_\text{H} + 2 \cdot m_\text{n} = 4{,}0329798\,\text{u},$$
$$m_\text{He} = 4{,}0026033\,\text{u}.$$

Die dem He-4-Atom fehlenden Masse heißt **Massendefekt** Δm:

$$\Delta m = m_\text{He} - 2 \cdot (m_\text{H} + m_\text{n}) = -0{,}030\,376\,5\,\text{u}.$$

Der Massendefekt ist der Bindungsenergie des He-4-Atoms äquivalent. Die Bindungsenergie von He-4 ist deshalb:

$$\Delta W = \Delta m \cdot c^2 = -0{,}030\,376\,5\,\text{u} \cdot c^2$$
$$= -4{,}5334438 \cdot 10^{-12}\,\text{J} = -28{,}3\,\text{MeV}.$$

Da He-4 aus vier Nukleonen besteht, entspricht dies im Mittel einer Bindungsenergie pro Nukleon von $W/A = -7{,}07$ MeV → B3.

Unser Beispiel zeigt: Bei der **Fusion** (dem Verschmelzen) leichter Atome zu einem schwereren wird viel Energie frei.

A1 Führen Sie die Berechnung der Bindungsenergie von He-4 ausführlich durch. Bestätigen Sie so den im Basistext angegebenen Wert von $\Delta W/A = 7{,}07$ MeV je Nukleon.

A2 Berechnen Sie die Masse, die
a) zur Energie 1 MeV,
b) zur Energie 1 kWh äquivalent ist.
c) Berechnen Sie die Energie, die zur Masse 1 μg einer Batterie äquivalent ist.

d) Berechnen Sie den Massendefekt und die Bindungsenergie je Nukleon W/A für die Nuklide H-2 und O-16.

A3 a) Deuten Sie das Minimum der Bindungsenergie → B3 bei den Metallen.
b) In Kernkraftwerken wird Energie durch die Spaltung schwerer Kerne freigesetzt → Vertiefung 1. Erklären Sie mit → B3 und mit dem Begriff „Massendefekt".

A4 a) Benzin hat die Verbrennungswärme $4 \cdot 10^4$ J/kg. Wie viel mal so viel Energie würde freigesetzt, wenn man die Ruhemasse 1 kg ganz frei setzen könnte (ist prinzipiell nicht möglich)? Berechnen Sie.
b) Vergleichen Sie die der Ruhemasse 1 kg äquivalente Energie mit dem Energieumsatz der Bundesrepublik in einem Jahr ($14 \cdot 10^{19}$ J).

Der Massendefekt

Vertiefung 1

$W = mc^2$ in der Hochenergiephysik

B4 Zwei Protonen (rot) prallen gegeneinander und erzeugen ein π^0-Meson (blau). Nach dem Stoß sind alle Teilchen – beide Protonen und das π^0-Meson – in Ruhe.

B5 Elektron und Positron prallen gleich schnell gegeneinander, verschwinden und bilden das ruhende J/Ψ-Meson (der Gesamtimpuls ist vor und nach dem Stoß null).

A. Ein neues Teilchen entsteht aus Energie

Die Äquivalenz von Energie und Masse zeigt sich in der Hochenergiephysik. Prallen nach ➔ B4 zwei gleich schnelle Protonen gegeneinander, je mit $U = 66{,}9$ MV beschleunigt, so erhalten sie zusammen die Bewegungsenergie $W_B = 2eU = 2{,}14 \cdot 10^{-11}$ J. Diese verschwindet, da die Protonen zur Ruhe kommen (die Impulssumme ist stets null). Aus der Bewegungsenergie bildet sich das kurzlebige π^0-Meson mit der Ruhemasse $m_{\pi 0} = 2{,}4 \cdot 10^{-28}$ kg. Bei diesem Stoß gilt die Reaktionsgleichung:

$$p + p + W_B \rightarrow p + p + \pi^0 + 0.$$

Die Bewegungsenergie $W_B = 2eU = 2{,}14 \cdot 10^{-11}$ J geht als Energie nicht verloren. Sie „schlummert" nach dem Stoß im ruhenden π^0-Meson als äquivalente Masse $m_{\pi 0}$. $W_B = 2{,}14 \cdot 10^{-11}$ J ist nämlich nach $W = mc^2$ äquivalent zur experimentell bestätigten Masse des π^0-Mesons, zu

$$m_{\pi 0} = W_B/c^2 = 2{,}14 \cdot 10^{-11} \text{ J}/(9 \cdot 10^{16} \text{ (m/s)}^2)$$
$$= 2{,}4 \cdot 10^{-28} \text{ kg}.$$

B. Energie aus der Spaltung schwerer Kerne

Die in Kernreaktoren und Atombomben freigesetzte Energie ist riesig. Woran das liegt, betrachten wir am Beispiel des U-235-Kerns. Bei seiner Spaltung entstehen z. B. die Bruchstücke Barium (Ba), Krypton (Kr) und Neutronen.

Die mittlere Energie je Nukleon beträgt für U-235 7,6 MeV, für kleinere Kerne wie Ba und Kr sind es 8,5 MeV je Nukleon, also 0,9 MeV mehr. Je gespaltenem Urankern werden deshalb etwa $235 \cdot 0{,}9$ MeV ≈ 210 MeV freigesetzt. Dies entspricht einem Massendefekt von

$$\Delta m = 210 \text{ MeV}/c^2 = 3{,}37 \cdot 10^{-11} \text{ J}/c^2 = 3{,}8 \cdot 10^{-28} \text{ kg}.$$

C. Teilchen verschwinden, ein neues entsteht

1974 löste ein Experiment die „November-Revolution der Elementarteilchenphysik" aus. Man beschleunigte ein Elektron e^- und sein Antiteilchen, das Positron e^+, mit der Spannung $U = 1544 \cdot 10^6$ V und schoss sie mit gleichem Geschwindigkeitsbetrag gegeneinander ➔ B5 .

So bekamen beide Teilchen (je $m_0 = 9{,}1 \cdot 10^{-31}$ kg) die Gesamtenergie $W = 2 m_0 c^2 + 2eU$ vom Betrag

$$W = 2 \cdot 9{,}1 \cdot 10^{-31} \text{ kg} \cdot c^2$$
$$+ 2 \cdot 1{,}6 \cdot 10^{-19} \cdot 1544 \cdot 10^6 \text{ J}$$
$$= 4{,}94 \cdot 10^{-10} \text{ J} = 5{,}49 \cdot 10^{-27} \text{ kg} \cdot c^2$$

Dabei verschwanden Elektron und Positron, samt Energie und Masse. Dafür entstand ein neues Teilchen, ein ruhendes J/Ψ-Meson. Die Energie $W = 4{,}94 \cdot 10^{-10}$ J aller stoßenden Teilchen „schlummerte" dann, versteckt als äquivalente Ruhemasse $m_0 = W/c^2 = 5{,}49 \cdot 10^{-27}$ kg des ruhenden J/Ψ-Mesons. Das war eine Sensation.

Vertiefung 2

Was bedeutet die Äquivalenz von Energie und Masse?

Teilchen können vergehen oder entstehen. Nun ist in jeder Ruhemasse Energie versteckt, sie „schlummert" dort. Man darf also z. B. nicht sagen, die Energie stoßender Teilchen habe sich in die Masse eines Teilchens *umgewandelt*. Denn dann wäre Energie verschwunden, Masse neu erzeugt. Vielmehr bleibt die Gesamtenergie erhalten, also auch die ihr äquivalente Gesamtmasse.

*Ruhe*masse als solche kann entstehen ➔ B4 oder verschwinden. Dabei ist aber stets die ihr äquivalente,

„schlummernde" Energie $W = m_0 c^2$ mit zu bedenken. Wenn man sagt, Masse und Energie sind *äquivalent*, so benutzt man verschiedene Wörter für das Gleiche, englisch-sprachlich *mass-energy* genannt. In $W = mc^2$ tritt c^2 nur wegen des Maßsystems auf.

Deshalb ist der früher als selbstständig betrachtete Erhaltungssatz für Masse mit dem Erhaltungssatz für Energie verschmolzen. Im Grunde liegt ein übergreifender Erhaltungssatz für *mass-energy* vor.

Paradoxien

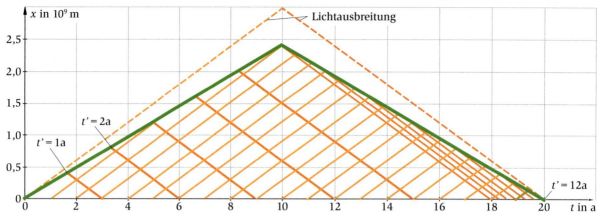

B1 Das t-s-Diagramm beschreibt die Weltraumfahrt von Rita aus der Sicht von Erik, der auf der Erde geblieben ist. Die mit $v = 0{,}8c$ reisende Zwillingsschwester Rita entfernt sich aus Eriks Sicht zehn Jahre lang, aus ihrer eigenen Sicht wegen $t' = k \cdot t$ nur sechs Jahre; Rückreise entsprechend. Bei ihrer Rückkehr ist sie 12 Jahre älter geworden, Erik aber 20 Jahre.

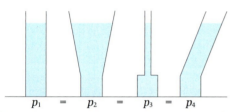

B2 Die vier Gefäße sind mit unterschiedlichen Mengen an Wasser gefüllt. Der Bodendruck ist dennoch überall gleich groß. Eine unvoreingenommene Analyse → www zeigt, dass der hydrostatische Druck nur von der Dichte, dem Ortsfaktor und der Höhe der Wassersäule abhängt: $p = \rho \cdot g \cdot h$.

Vertiefung

Ein alter Zankapfel
Hat nicht auch Erik eine Einzeluhr? Könnte man nicht der Reisenden Rita eine synchronisierte Uhrenreihe ($U'_1, U'_2, \ldots$) anheften, an der Erik entlangzieht? Dann würde für Erik bei Ritas Flug nach rechts allerdings die linke Uhr U'_1 um $\Delta t' = L \cdot v/c^2$ ($t'_1 > t'_2$) früher gestartet als die rechte (→ **Vertiefung** „Additionstheorem für Geschwindigkeiten").
Will Rita am fernen Stern umkehren, muss sie in ein nach *links* fliegendes Inertialsystem *wechseln*, mit entgegengesetzter Synchronisation ($t'_1 < t'_2$). Nun hebt sich bei diesem Wechsel die Zeitdifferenz $\Delta t' = L \cdot v/c^2$ auf. Also gilt: Unabhängig vom Standpunkt tickt die Uhr der Reisenden Rita langsamer. Fazit: Auch nach einer verallgemeinerten Rechnung bleibt Rita jünger!

1. Paradoxien in der Physik

Es gibt Erscheinungen in der Natur, die auf den ersten Blick paradox (griech.: widersinnig) erscheinen. In der Mittelstufe haben Sie sich Gedanken über das „hydrostatische Paradoxon" gemacht → **B2**: Wie kann eine geringe Wassermenge am Boden eines Gefäßes denselben Druck erzeugen wie eine viel größere Wassermenge? Eine sorgfältige Analyse des hydrostatischen Drucks löste den Widerspruch. Auch in der SRT gibt es scheinbar „Widersinniges". Das wohl bekannteste Problem betrifft Zwillinge.

2. Ungleich gealtert – das Zwillingsparadoxon

Zwei Zwillinge Erik und Rita sind 30 Jahre (30 a) alt. Die Reisende Rita startet ins Weltall mit $v = 0{,}8c$ ($k = 0{,}6$) längs einer gedachten, synchronisierten Uhrenreihe. Während der auf der Erde zurückgebliebene Erik um $t = 10$ a altert, wächst die Eigenzeit in Ritas System auf dem Hinflug wegen $t' = k \cdot t$ nur um

$$t' = t \cdot \sqrt{1 - \frac{v^2}{c^2}} = 10 \text{ a} \cdot \sqrt{1 - \frac{(0{,}8c)^2}{c^2}} = 10 \text{ a} \cdot \sqrt{0{,}36} = 6 \text{ a}.$$

Rita zählt bei der Rückkehr also nur 30 a + 2 · 6 a = 42 a, Erik dagegen 30 a + 20 a = 50 a → **B1** ! Dabei sehen wir Ritas biologische Uhr als „langsamer tickende Einzeluhr" an. Ähnlich gingen wir bei der Halbwertszeit der Myonen vor. Der Unterschied zwischen Erik und Rita besteht darin, dass Erik in seinem Inertialsystem blieb, während Rita das Inertialsystem gewechselt hat. Es hilft Erik nicht, sich vorzustellen, *er* sei gereist und Rita habe geruht → **Vertiefung**. Die Zwillinge verhalten sich nicht symmetrisch.

Dass ein Beobachter sein Inertialsystem im Gegensatz zum anderen wechselt, kennen wir schon von Myonen. Laufen diese mit $v \approx c$ im Kreis, so wechseln sie ständig ihr Inertialsystem, man darf sie nicht mit den außen ruhenden Beobachtern vertauschen und sagen, diese leben länger! Für die Myonen gilt $t' = k \cdot t \ll t$. Die großen Zentripetalbeschleunigungen und Kräfte spielen offenbar keine Rolle – auch nicht beim **Zwillingsparadoxon**.

3. Paradoxes in der Elektrik – hier hilft die SRT

Ein Teilchen mit negativer Ladung q bewege sich parallel zu einem ungeladenen, jedoch Strom führenden Draht → B3a. Seine Geschwindigkeit $\vec{v}$ stimme mit der Geschwindigkeit der Leitungselektronen überein. Es gibt (im Bezugssystem des Drahts) ein Magnetfeld (B-Feld) am Ort des Teilchens. Da das Teilchen negativ geladen ist und sich so bewegt wie die Elektronen, wird es mit der Lorentzkraft $\vec{F}_L$ zum Draht gezogen.

In Gedanken setzen wir einen Beobachter auf ein Leitungselektron, sodass das geladene Teilchen in dessen Bezugssystem ruht. Der Beobachter sieht im neuen Inertialsystem die im Draht ruhenden Leitungselektronen und die mit $-\vec{v}$ bewegten Plusladungen (Atomrümpfe). Also gibt es auch für ihn insgesamt einen elektrischen Strom. Dieser erzeugt auch ein Magnetfeld, das aber auf das für ihn ruhende, geladene Teilchen nicht einwirkt. Ruhende Teilchen werden von elektrischen, nicht aber von magnetischen Feldern beeinflusst. Ist jetzt für den Beobachter die Anziehungskraft auf das Teilchen verschwunden? Das ist nicht möglich, denn auch er beobachtet, wie sich das Teilchen dem Draht nähert. Hier haben wir einen inneren Widerspruch, ein Paradoxon der klassischen Elektrodynamik. In diesem Fall ist es nicht die Relativitätstheorie, die zu einem scheinbaren Widerspruch führt, sie löst vielmehr das Problem:

Im ursprünglichen Bezugssystem „Draht" saßen die Ladungen beiderlei Vorzeichens gleich dicht, denn der Draht war ungeladen. Bei einem Wechsel in das Bezugssystem Leitungselektronen ändern sich Ladungen nicht – dafür gibt es gute Gründe (z. B. müsste sonst ein ungeladener Körper beim Aufheizen geladen erscheinen, weil die Elektronen in ihm eine größere mittlere Geschwindigkeit erhalten als die Atomkerne). Die nun relativ zum Beobachter bewegten Plusladungen sind wegen der Längenkontraktion enger zusammengerückt → B3b, die nun relativ zu ihm ruhenden Leitungselektronen aus dem gleichen Grunde weiter auseinander als zuvor. Es ergibt sich ein positiver Ladungsüberschuss. Der Draht zieht deshalb das Probeteilchen an. Das ursprüngliche B-Feld hat sich durch den Wechsel des Bezugssystems teilweise in ein E-Feld verwandelt. Das Ereignis „das geladene Teilchen erfährt eine Kraft in Richtung Draht" gilt in beiden Bezugssystemen.

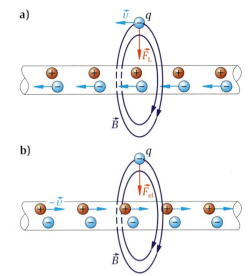

B3 **a)** Ein negativ geladenes Teilchen bewegt sich mit der Geschwindigkeit $\vec{v}$ im Magnetfeld eines Strom führenden Leiters. Es erfährt die Lorentzkraft nach der Drei-Finger-Regel der linken Hand.
b) Ein Beobachter bewege sich mit den Leitungselektronen, er ruht also in deren Inertialsystem. Der geladene Körper außerhalb des Leiters ruht im gleichen System. Er erfährt im Magnetfeld der sich relativ dazu bewegenden positiven Ladungen keine Lorentzkraft. Aber auf ihn wirkt jetzt eine elektrische Anziehungskraft.

A1 **a)** Erläutern Sie das Diagramm in → B1.
b) Entwickeln Sie begründet ein neues t-x-Diagramm für eine Reise mit $v = 0{,}6\,c$. Auf der Erde sollen insgesamt 20 Jahre vergehen.

A2 Berechnen Sie die Zeit, um die der Reisende eines Düsenjets jünger bleibt, wenn er mit $v = 1000$ km/h im Tiefflug um den Erdball ($U = 40\,000$ km) fliegt (von der Erdrotation abgesehen; ohne ART → **Interessantes**).

Interessantes

Uhren als Zwillinge

C. HAFELE und R. KEATING überraschten 1971 mit einem spektakulären Experiment. Beide umkreisten in Linienmaschinen die Erde, mit präzisen Atomuhren im Handgepäck (Genauigkeit 10^{-12}). Sie flogen ostwärts, entlang den vielen synchronisierten S-Erduhren. Der Faktor k der Zeitdilatation lag nahe bei 1; die Reisenden sollten bei ihrer Erdumrundung nach der SRT um ca. 250 ns jünger bleiben als die Zurückgebliebenen. Da sie in ca. 10 km Höhe flogen, tickten ihre Uhren nach der Allgemeinen Relativitätstheorie (ART) EINSTEINS etwas schneller, was bei der langen Flugdauer obige 250 ns um 200 ns verminderte. Der Nettoeffekt von 50 ns Zeitdehnung konnte festgestellt werden. So bestätigten HAFELE und KEATING das Zwillingsparadoxon, wenn auch nur im ns-Bereich.

Schlüsselstationen der Speziellen Relativitätstheorie

1. Eine Theorie entwickelt sich aus zwei Postulaten

> § 2. Über die Relativität von Längen und Zeiten.
>
> Die folgenden Überlegungen stützen sich auf das Relativitätsprinzip und auf das Prinzip der Konstanz der Lichtgeschwindigkeit, welche beiden Prinzipien wir folgendermaßen definieren.
>
> 1. Die Gesetze, nach denen sich die Zustände der physikalischen Systeme ändern, sind unabhängig davon, auf welches von zwei relativ zueinander in gleichförmiger Translationsbewegung befindlichen Koordinatensystemen diese Zustandsänderungen bezogen werden.
>
> 2. Jeder Lichtstrahl bewegt sich im „ruhenden" Koordinatensystem mit der bestimmten Geschwindigkeit V, unabhängig davon, ob dieser Lichtstrahl von einem ruhenden oder bewegten Körper emittiert ist. Hierbei ist

B1 EINSTEINs Postulate der SRT in seiner Veröffentlichung *„Zur Elektrodynamik bewegter Körper"* (Annalen der Physik **17**, 1905).

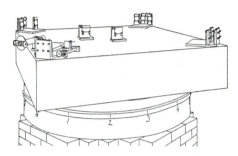

B2 Der Versuch von MICHELSON und MORLEY ließ die Äthertheorie wanken.

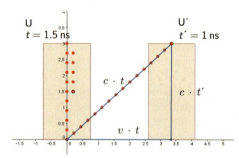

B3 Die Lichtuhr symbolisiert die Relativität der Zeit in zueinander bewegten, gleichberechtigten Inertialsystemen. Sie liefert zudem den richtigen Umrechnungsfaktor $k = \sqrt{1 - v^2/c^2}$.

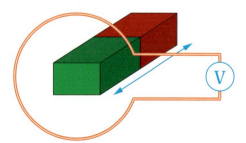

B4 Bewegt sich der Leiter, liefert die Lorentzkraft die Induktionsspannung. Bewegt sich der Magnet, ist es die Änderung der magnetischen Flussdichte: $U_{ind} = \Phi'(t)$.

Einstein grübelte über die elektromagnetische Induktion und ihre Beschreibung in den **maxwellschen Gleichungen**. Wieso sollte ein und derselbe Effekt unterschiedliche Ursachen haben, je nachdem, von welchem Standpunkt aus man ihn betrachtete? Diese für ihn unerträgliche Situation führte ihn – nach eigener Aussage – zur Entwicklung der SRT. Es war nicht das Michelson-Morley-Experiment, dieses konnte ihn bestenfalls in seinem Bestreben bekräftigen. Einstein löste das Problem durch eine grundsätzliche Analyse von Raum und Zeit für kinematische Abläufe. Zeit ist nicht das, was wir uns apriori vorstellen, sondern das, was wir mit unseren korrekten Uhren messen. Die zwei bekannten **Einstein-Postulate** → B1 genügten, die entsprechenden Formeln für die relativistischen Zeiten $t' = k \cdot t$ und Längen $L' = k \cdot L$ in zueinander bewegten Systemen zu entwickeln. Dies war eine herausragende **theoretische Analyse**, eine menschliche Denkleistung mit Ergebnissen, die weit jenseits unseres Erfahrungsbereiches liegen und damals nicht direkt mit einem Experiment bestätigt werden konnten.

Wir haben den entscheidenden Faktor $k = \sqrt{1 - v^2/c^2}$ (**Lorentzfaktor**) mithilfe des **Gedankenversuchs** bewegte „Lichtuhr" gefunden → B2. Auch dieser Gedankenversuch nutzt allein das Postulat von der Konstanz der Lichtgeschwindigkeit und etwas Mittelstufenmathematik. Bestätigt wird der Faktor z. B. in **Myonen-Experimenten**.

2. Konstanz der Lichtgeschwindigkeit – ungewollt bestätigt

Wie wir gesehen haben, wurde die Konstanz der Lichtgeschwindigkeit in einem berühmten Interferometerversuch, dem **Michelson-Morley-Experiment** → B3, ungewollt bestätigt: Licht breitet sich im Vakuum unabhängig von irgendwelchen Relativbewegungen immer mit derselben Geschwindigkeit c aus. MICHELSON zweifelte am eigenen Versuchsergebnis. Er nahm schließlich an, dass der vermutete Äther von der Erde mitgerissen würde und er deshalb den Ätherwind nicht nachweisen konnte.

Für EINSTEIN waren diese Experimente nicht wichtig. Auch ohne sie beseitigte er durch die Ergebnisse seiner SRT z. B. die Asymmetrien bei der Induktion → B4: Ruht man auf einem Magneten und nähert sich ihm eine Leiterschleife, so wird in ihr ein Strom durch die Lorentzkraft induziert. Ruht man auf der Leiterschleife und nähert sich ihr ein Magnet, so entsteht aufgrund der sich ändernden magnetischen Flussdichte ein elektrisches Wirbelfeld im Draht, das einen Strom erzeugt. Einstein erkannte, dass elektrische und magnetische Felder vom Beobachter abhängen. Nur Ladung und elektromagnetisches Feld – mit der Ausbreitungsgeschwindigkeit c – als Ganzes bleiben unveränderlich. Die „(…) ‚misslungenen' Versuche, eine Bewegung der Erde relativ zum ‚Lichtmedium' zu konstatieren (…)", erwähnte er nur am Rande.

In der Experimentalphysik wurden in der Folge die Messmethoden zur **Lichtgeschwindigkeitsmessung** immer genauer. Zusammen mit der Theorie Maxwell's und dem Postulat Einsteins war es nur konsequent, den Betrag c der Lichtgeschwindigkeit schließlich als Naturkonstante zu definieren.

Manche heutigen Theorien sagen eine – wenn auch winzige – Abweichung von der Invarianz der Lichtgeschwindigkeit voraus. Um diese Hypothese zu prüfen, hat man die interferometrische Messmethode wieder aufgegriffen, aber in einer vielfach präziseren Variante. Dazu nimmt man zwei senkrecht zueinander liegende, evakuierte Röhren, in denen man jeweils eine stehende Welle mit eingekoppeltem Laserlicht erzeugt → **B5**.

Die Resonanzbedingung kennen Sie schon von mechanischen Wellen: $l_1 = n \cdot \lambda_1/2$ und $l_2 = n \cdot \lambda_2/2$, jeweils mit $\lambda = c/f$. Das Licht mit den Frequenzen f_1 und f_2 wird überlagert und erzeugt eine Schwebung, deren Frequenz man messen kann. Wird nun die Resonatoranordnung gedreht, müsste sich die Schwebungsfrequenz bei unterschiedlicher Lichtgeschwindigkeit in den beiden Raumrichtungen ändern. Neueste Messungen bestätigen aber wieder die Konstanz der Lichtgeschwindigkeit, jetzt auf $\Delta c/c \approx 10^{-17}$ genau.

B5 Skizze eines modernen Michelson-Interferometers der Universität Düsseldorf mit gekreuzten optischen Resonatoren

3. Ein neuer Zusammenhang von Energie und Impuls

Die aus den Postulaten folgende Zeitdilatation $t' = t \cdot \sqrt{1 - v^2/c^2}$ führte uns zur Längenkontraktion und zur relativistischen Masse $m = m_0/\sqrt{1 - v^2/c^2}$. Die newtonsche Mechanik war nicht mehr allgemeingültig, sondern ein Grenzfall für Geschwindigkeiten $v \ll c$. Der Term $\frac{1}{2}m \cdot v^2$ für die Bewegungsenergie musste ersetzt werden durch $W_B = \Delta m \cdot c^2 = m \cdot c^2 - m_0 \cdot c^2$, der Impuls musste umgeschrieben werden zu $p = m \cdot v = m_0/k \cdot v$ mit der Ruhemasse m_0.

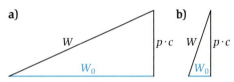

B6 a) Rechtwinkliges Energie-Impuls-Dreieck für den relativistischen Zusammenhang von Energie und Impuls; W_0 ist für einen Körper eine Konstante.
b) $W \approx p \cdot c$ für $p^2 \cdot c^2 \gg m_0^2 \cdot c^4$

Aus beiden Erkenntnissen folgt eine dritte für den Zusammenhang von Energie und Impuls:

$$m = \frac{m_0}{k} \Rightarrow m^2 \cdot c^4 = \frac{m_0^2 \cdot c^4}{1 - \frac{v^2}{c^2}} \text{ oder}$$

$$m^2 \cdot c^4 - m^2 \cdot v^2 \cdot c^2 = m_0^2 \cdot c^4, \text{ also}$$

$$m^2 \cdot c^4 - p^2 \cdot c^2 = m_0^2 \cdot c^4 \text{ oder mit } W = m \cdot c^2$$

$$W^2 = W_0^2 + p^2 \cdot c^2.$$

Diese **Energie-Impuls-Formel** lässt sich anschaulich in einem rechtwinkligen Dreieck darstellen → **B6**. Die Gleichung sagt u. a. aus, dass die Differenz $m^2 \cdot c^4 - p^2 \cdot c^2$ nur von der Ruhemasse und der Lichtgeschwindigkeit abhängt, nicht von der Geschwindigkeit des Körpers, also nicht von der Wahl des Inertialsystems. Für Objekte, deren Ruheenergie kleiner ist gegenüber ihrem Impuls, ergibt sich eine Besonderheit. Dies trifft in besonderer Weise für Photonen zu → **Vertiefung**.

> **Vertiefung**
>
> **Energie und Impuls des Photons**
>
> Klassisch hängt die Bewegungsenergie quadratisch vom Impuls ab: $W_B = p^2/(2m)$. Im relativistischen Fall für große Impulse ($p^2 c^2 \gg m_0^2 c^4$; → **B6b**) hängt die Energie linear vom Impuls ab: $W = p \cdot c$. Dieser Fall trifft bei den Photonen zu, für die $v = c$ gilt und die keine Ruhemasse haben. Die Photonenenergie ist aus der Lichtquantenhypothese Einsteins bekannt als $W = h \cdot f$. Mit $c = \lambda \cdot f$ gilt dann:
>
> $$p \cdot c = h \cdot f = h \cdot \frac{c}{\lambda} = \frac{h}{\lambda} \cdot c.$$
>
> Also ist $p = h/\lambda$ der Impuls eines Photons.

A1 a) Inwiefern stellt der Versuch von MICHELSON und MORLEY ein Schlüsselexperiment dar für den Übergang von der klassischen zur relativistischen Physik?
b) Nennen Sie auch Experimente, die den Weg von klassischer Physik zur Quantenphysik bereitet haben. Erläutern Sie jeweils den Sachverhalt.

A2 Recherchieren und berichten Sie über die Deutung des Michelson-Morley-Experiments durch den Physiker Hendrik A. LORENTZ.

A3 Ein hochenergetisches Teilchen (Ruheenergie W_{01}, Impuls $\vec{p}$) wird auf ein ruhendes „target" (engl., Ziel) geschossen (W_{02}, Impuls 0). Impulsbilanz: $c \cdot \vec{p} = c \cdot \vec{p}_1 + c \cdot \vec{p}_2$, Energiebilanz: $W + W_{02} = W_1 + W_2$. Stellen Sie die gesuchten Größen $c \cdot \vec{p}_1$ und $c \cdot \vec{p}_2$ in einem Vektordiagramm dar. Hinweis: Beginnen Sie mit der Energie-Impulsdarstellung nach → **B6**. Finden Sie so geignete Energie W_1 und W_2. Finden Sie anschließend $c \cdot \vec{p}_1$ und $c \cdot \vec{p}_2$ wiederum entsprechend → **B6**.

Bedeutung der Speziellen Relativitätstheorie

Philosophisches

A. Zeit im Bewusstsein der Menschen
Der Kirchenlehrer AUGUSTINUS schrieb 400 n. Chr.:

„Was ist Zeit? Fragt mich niemand danach, so weiß ich es; will ich es erklären, so weiß ich es nicht mehr."

Beim Verständnis der Zeit unterscheiden sich die Weltkulturen erheblich. Auch schwankt bei jedem Menschen das subjektive Zeitgefühl. Dem versuchte NEWTON das Postulat einer objektiven, absoluten Zeit entgegenzusetzen:

„Die absolute, wahre und mathematische Zeit verfließt an sich und vermöge ihrer Natur gleichförmig und ohne Beziehung auf einen äußeren Gegenstand."

B. Was bedeutet Zeit in der SRT?
Betrachten wir im Sinne der SRT eine S'-Rakete, die an unseren synchronisierten S-Uhren vorbeirast. Ihre Lichtuhr tickt langsamer. Dies muss auch für alle mitgeführten S'-Uhren gelten, für Quarz- und Pendeluhren. Andernfalls hätte allein unsere Behauptung, S' bewege sich, die S'-Uhren in Unordnung gebracht. S' kann ja sagen, er ruhe und kann seine Uhren unmittelbar vergleichen. EINSTEIN betrachtete also nicht spezielle Uhr-Typen; er war kein Uhrmacher. Vielmehr wies er die unbewiesene Spekulation NEWTONS von der absoluten Zeit zurück; er griff dessen Zeitbegriff an und stürzte das Vorurteil einer absoluten Zeit vom ungeprüften Sockel, indem er sagte:

„Zeit ist das, was korrekte Uhren messen."

C. Sind Zeitdilatation und Kontraktion real?
Myonen rasen aus großer Höhe fast mit Lichtgeschwindigkeit zur Erde. Für uns Erdbewohner im S-System läuft ihre S'-Zeit $t' = k \cdot t$ langsamer ab als unsere S-Zeit t. Für die Myonen gilt trotzdem ihre Eigen-Halbwertszeit $T'_{1/2} = 1{,}5\ \mu s$. Zum Ausgleich kontrahieren die mit den Myonen fliegenden S'-Beobachter die Höhe der Erdatmosphäre mit dem Faktor k, auch uns. Für S' sind wir zum Flunder gepresst. Davon spüren wir aber nichts. Vor einer realen Kontraktion rettet uns das Relativitätsprinzip (real: lat. ‚res', der Sache zugehörig). Es erlaubt uns zu sagen: „Wir sind in Ruhe, genießen unsere Eigenlänge, messen sie mit unseren Maßstäben und unsere Eigenzeit mit unseren Uhren". Wir suchen nicht nach einem Mechanismus, der Uhren tatsächlich langsamer ticken lässt; diese fliegen ja nicht *tatsächlich*, d.h. bezüglich eines absoluten Bezugsystems. Ein solches gibt es nach der SRT nicht; sie fliegen *relativ* zu uns; wir fliegen *relativ* zu ihnen.

Längenkontraktion und Zeitdilatation sind nicht real; vielmehr verhalten sich Längen und Zeiten relativistisch, gemäß der SRT. Es gilt $t' = k \cdot t$ und $L' = k \cdot L$.

D. Warum Relativitätstheorie?
Beobachter aller Inertialsysteme (auf der Erde, in fernen Welten) dürfen für Myonen die in Tabellen niedergelegte Halbwertszeit $T'_{1/2} = 1{,}5\ \mu s$ sowie das universelle, für alle Beobachter, gültige Zerfallsgesetz übernehmen. Solches gilt für alle Naturgesetze und Naturkonstanten; Astronomen wenden die auf der Erde gefundenen Naturgesetze auf alle Himmelskörper an. Der Preis dafür ist hoch: Es ist die Relativität von Zeit und Länge. Sie bedeutet: Beim Übergang in andere Systeme müssen bei der Relativgeschwindigkeit v Zeiten mit $T'_{1/2} = k \cdot T_{1/2}$ und Längen mit $L' = k \cdot L$ umgerechnet werden, man muss *relativistisch* rechnen.

Nach dem Relativitätsprinzip der SRT gelten überall die gleichen Naturgesetze und Naturkonstanten.

E. Was verlangt Einstein von einer guten Theorie?
Die SRT ist ein herausragendes Beispiel für eine auf wenige Annahmen gegründete, durch exakte Messungen einwandfrei bestätigte Theorie. An ihr zeigte EINSTEIN, was er unter einer guten physikalischen Theorie verstand:

a) *„Gute Theorien sind ohne logische Widersprüche."*
b) *„Sie müssen mit der Erfahrung in Einklang stehen."*
c) *„Eine gute Theorie soll einfach sein."*

Zu a): Die innere Widerspruchsfreiheit einer Theorie wird durch die mathematische Formulierung, die Benutzung von Gleichungen, statt von Worten allein, garantiert.
Zu b): Theorien fassen ein weit gespanntes Erfahrungsmaterial zusammen und verschärfen es. Deshalb sind sie überaus praktisch. Kein einziges Experiment im Gültigkeitsbereich einer Theorie darf ihr widersprechen. Sonst wird sie verworfen oder „geht in Revision".
Zu c): „Einfach" bedeutete für EINSTEIN nicht, dass man die Theorie leicht versteht, dass sie der Anschauung entspricht. Vielmehr soll sie aus nur wenigen, klar angebbaren Voraussetzungen entwickelt werden können. Wie wir sahen, genügen bei der SRT zwei Postulate.

F. Die geistesgeschichtliche Bedeutung der SRT
EINSTEINS SRT ist ein hervorstechendes Ergebnis menschlichen Denkens. Er begann Abschied zu nehmen von anschaulichen Vorstellungen. Solche mögen hinreichen für die „Nischen", an die wir uns durch täglichen Umgang gewöhnt haben. Die moderne Physik zeigt, dass die geistigen, auf Abstraktion ausgerichteten Fähigkeiten des Menschen weit darüber hinaus reichen. Damit gibt Physik nicht nur Einblicke in die Natur, sondern auch in unser Erkenntnisvermögen; sie zeigt Grenzen und zugleich grenzüberschreitende Fähigkeiten. Hier liegt die geistesgeschichtlich-philosophische Bedeutung der SRT.

Bedeutung der Speziellen Relativitätstheorie

Physik und Technik

Global Positioning System – GPS

Mithilfe des satellitengestützten **Global Positioning System** GPS lässt sich der eigene Standort auf wenige Meter genau bestimmen. Benötigt wird dazu ein geeignetes GPS-Navigationsgerät.

Wie funktioniert das System und was hat es mit der Relativitätstheorie zu tun? Der Grundgedanke ist einfach. Stellen Sie sich vor, Sie befänden sich in einem Wald und wären ohne Orientierung. Ihre Wanderkarte könnte Ihnen jetzt nicht helfen. Mehrere Freunde sind ebenfalls unterwegs und wüssten auch genau, an welcher Stelle. Auch haben sie eine Signalpistole dabei. Sie vereinbaren nun, dass jeder Freund zu einem bestimmten Zeitpunkt einen Knall erzeugt. An ihrer eigenen Uhr, die natürlich mit den anderen synchron laufen muss, lesen sie beim Empfang des Signals eine gewisse Zeitverzögerung ab. Physikalisch vorgebildet, berechnen sie aus den Verzögerungszeiten die drei Entfernungen. Ein Beispiel: $\Delta t_1 = 4{,}5$ s bei $c = 340$ m/s liefert als erste Gleichung:

$$\Delta s_1 = r_1 = c \cdot \Delta t_1 = 340 \text{ m/s} \cdot 4{,}5 \text{ s} = 1530 \text{ m}.$$

Bei korrekter Rechnung auch der beiden anderen Entfernungen müssen sich die drei Entfernungskreise genau in Ihrem Standort schneiden. Den können Sie dann aus Ihrer Wanderkarte ablesen und wissen so wieder, wo Sie sich befinden.

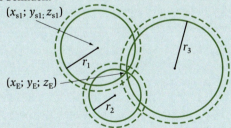

Dies ist auch das Grundprinzip des GPS. Statt der drei Freunde sind es (mindestens) drei Satelliten in etwa 20 200 km Höhe, die mit hoher Geschwindigkeit die Erde umkreisen. Jeder Satellit (insgesamt 24) hat mehrere Atomuhren an Bord, alle Uhren sind synchronisiert.

Bei der hohen Geschwindigkeit scheinen für uns auf der Erde nach der SRT die synchronisierten Satellitenuhren um den Faktor $k = \sqrt{1 - v^2/c^2}$ langsamer zu laufen. Bei $v \approx 3870$ m/s ist $k \approx 0{,}9999999999167$. Der daraus resultierende Zeitfehler $\Delta t/t$ beträgt etwa $8{,}3 \cdot 10^{-9}$ %.

Die Zeitmessung unterliegt aber zusätzlich noch einem anderen Effekt, den Einstein in seiner **Allgemeinen Relativitätstheorie** (ART) beschrieben hat: Je schwächer die Gravitation ist, desto schneller laufen die Uhren, also auch in der Umlaufbahn der Satelliten. Dieser Effekt ist sogar deutlich größer als die Zeitdilatation aufgrund der hohen Geschwindigkeit, er beträgt für die GPS-Satelliten etwa $52{,}8 \cdot 10^{-9}$ %. Die Uhren laufen also für uns um ca. $44{,}5 \cdot 10^{-9}$ % zu schnell. Um sie mit den Erduhren zu synchronisieren, hat man die Satellitenuhren um den entsprechenden Faktor t'/t langsamer eingestellt, also auf $f = f' \cdot t'/t$. Die Modulationsfrequenz der empfangenen elektromagnetische Welle für die Signalübertragung wurde auf $f' = 10{,}23$ MHz festgelegt. Damit man diese Frequenz auf der Erde misst, hat man die Modulationsfrequenz der Satellitensignale auf $f = 10{,}229999995451$ MHz eingestellt.

In unseren GPS-Empfängern ist zum Vergleich allerdings keine Atomuhr, nur eine gute Quarzuhr. Daraus ergibt sich bei den Berechnungen ein unvermeidlicher Zeitfehler ΔT, der einen Fehler der Radien von $\Delta r = c \cdot \Delta T$ bewirkt (gestrichelte Linie der Skizze). Für den noch fehlerhaften Radius $r_1 + \Delta r$ ergibt sich:

$$\sqrt{(x_{S1} - x_E)^2 + (y_{S1} - x_E)^2 + (z_{S1} - x_E)^2} = c \cdot (\Delta t_1 + \Delta T),$$

x_{S1}, y_{S1}, z_{S1} sind die Satellitenkoordinaten. Aus den Daten der beiden anderen Satelliten gewinnt man entsprechende Gleichungen. Da man den Zeitfehler ΔT nicht kennt, sind dies dann drei Gleichungen mit vier Unbekannten. Zur Lösung des Gleichungssystems benötigt man noch eine weitere Gleichung. Man nimmt deshalb das Signal eines vierten Satelliten hinzu und gewinnt so die Standortkoordinaten x_E, y_E, z_E und die Fehlerzeit ΔT.

Weitere Fehler (anfangs ungenaue Koordinaten der Satelliten, Abweichung der Erde von der Kugelform, Drehung der Erde, Brechung der elektromagnetischen Welle in der Luft, Fehler der Synchronisierung der Satellitenuhren usw.) müssen durch weitere Informationen der Basisstation, die alle Satelliten ständig überwacht, zusätzlich berücksichtigt werden. Während einer Autofahrt muss das Navigationsgerät alle diese Informationen verarbeiten und ständig komplizierte Gleichungssysteme lösen – eine große technische Leistung.

Zusammenfassung

Das ist wichtig

1. Lichtgeschwindigkeit
Licht und alle anderen elektromagnetischen Wellen breiten sich im Vakuum mit derselben Geschwindigkeit $\vec{c}$ aus. Der Betrag c ist seit 1983 als Naturkonstante definiert zu

$c = 2{,}99792458 \cdot 10^8$ m/s.

Damit nimmt Licht eine Sonderstellung unter den Wellen ein. Für mechanische Wellen, die einen materiellen Träger benötigen, gilt die Konstanz der Wellengeschwindigkeit nicht.

2. Inertialsysteme
Ein Bezugssystem, in dem das Trägheitsgesetz gilt, heißt Inertialsystem. Ein absolut ruhendes Inertialsystem gibt es nicht. Ein System, dass sich relativ zu einem Inertialsystem gleichförmig bewegt, ist selbst auch ein Inertialsystem. Die historische Vorstellung eines Lichtäthers entspräche einem bevorzugten Inertialsystem

3. Postulate der Speziellen Relativitätstheorie (SRT)
Albert EINSTEIN formulierte zwei Grundforderungen (Postulate), die allein ausreichten, alle Gesetze der SRT herzuleiten.
1. Relativitätsprinzip: Alle Inertialsysteme sind gleichberechtigt, in allen gelten dieselben Naturgesetze. Die Relativgeschwindigkeit zweier Inertialsysteme hat von beiden Systemen aus gesehen denselben Betrag v.
2. Invarianz der Lichtgeschwindigkeit: Der Betrag der Lichtgeschwindigkeit $c = 2{,}99792458 \cdot 10^8$ m/s gilt unabhängig vom Beobachter.

4. Zeitdilatation
Die Eigenzeit t' einer Uhr U', die an einer Kette synchronisierter Uhren U gleichförmig vorbeiläuft, wird gedehnt gemessen. Mit der jeweilig erreichten Uhr U aus der Uhrenkette verglichen geht U' also nach. Dies ist eine Folge der Invarianz der Lichtgeschwindigkeit. Der abgelesene Wert t' ist im Vergleich zur Zeit t der synchronisierten Uhren (bei einer Relativgeschwindigkeit vom Betrag v):

$$t' = t \cdot \sqrt{1 - \frac{v^2}{c^2}}$$

Das Geschwindigkeitsverhältnis v/c wird in der SRT oft abgekürzt durch β, also $\beta = v/c$.

Die Abkürzung für den Dilatationsfaktor ist häufig $k = \sqrt{1 - v^2/c^2}$.

5. Längenkontraktion
Die Zeitdilatation führt dazu, dass Gegenstände, die sich an einer synchronisierten Uhrenkette gleichförmig vorbeibewegen, von dort aus verkürzt gemessen werden.

Da die Relativgeschwindigkeit in beiden Systemen gleich groß ist, gilt für die Längenkontraktion der gleiche Faktor k wie bei der Zeitdilatation – hier als Kontraktionsfaktor:

$$L' = L \cdot \sqrt{1 - \frac{v^2}{c^2}}$$

6. Die Addition von Geschwindigkeiten
In der klassischen Mechanik gelten die Galilei-Transformationen, die Addition von Geschwindigkeiten gehorcht dem „gesunden Menschenverstand". Ein Zug fährt mit $v = 20$ m/s und in ihm geht eine Person mit $u' = 2$ m/s in Fahrtrichtung. Dann sieht man die Person vom Bahnsteig mit $u = 22$ m/s nach vorn laufen, allgemein mit: $u = v + u'$.

Für hohe Geschwindigkeiten kann diese Gesetzmäßigkeit nicht gelten, weil damit Überlichtgeschwindigkeit erreicht würde. Vielmehr gilt die relativistische Addition von Geschwindigkeiten:

$$u = \frac{v + u'}{1 + \frac{v \cdot u'}{c^2}}.$$

7. Die dynamische Masse
Ein Körper hat in dem System, in dem er ruht, die Eigenmasse m_0. Von einem anderen System aus betrachtet (Betrag der Relativgeschwindigkeit v) ist die Masse größer. Für diese dynamische Masse gilt:

$$m = \frac{m_0}{\sqrt{1 - \frac{v^2}{c^2}}}.$$

Hieran erkennt man, dass man keinen materiellen Körper auf Lichtgeschwindigkeit beschleunigen kann, es wäre eine unendlich große Kraft erforderlich.

8. Die Äquivalenz von Masse und Energie
Jeder Masse m_0 ist die Energie $W = m_0 \cdot c^2$ äquivalent, m_0 ist die Ruhemasse. Ist der Körper in Bewegung (Geschwindigkeitsbetrag v), so gilt $W = m \cdot c^2$ mit der dynamischen Masse m. Er hat jetzt zusätzlich Bewegungsenergie W_B. Für sie gilt also:

$$W_B = m \cdot c^2 - m_0 \cdot c^2.$$

Der Geschwindigkeitsbetrag v steckt im Term für die dynamische Masse m.

Die Masse je Nukleon verschiedener Kerne ist verschieden groß. So ist z. B. die Masse von U-235 größer als die Masse der bei einer Spaltung entstehenden Bruchstücke (z. B. Ba-139 und Kr-94 und einige Neutronen). Die fehlende Masse Δm, der Massendefekt, wird als Energie frei. Bei sehr leichten Kernen ist es umgekehrt: Bei der Fusion (Verschmelzung) der Kerne entsteht ein Massendefekt und entsprechend viel Energie wird freigesetzt.

Das können Sie schon

Umgang mit Fachwissen

Sie können den Aufbau und die Funktionsweise des Michelson-Morley-Experiments erläutern. Den Misserfolg der Messung deuten Sie als Indiz für das Fehlen eines Lichtäthers und für die Konstanz der Lichtgeschwindigkeit. Mit dieser begründen Sie, dass eine additive Überlagerung von Geschwindigkeiten nur bei kleinen Geschwindigkeiten ($v \ll c$) möglich ist.

Sie können ebenfalls erläutern, wie die Konstanz der Lichtgeschwindigkeit zur Ablösung der newtonschen Mechanik führt und wie aus einem neuen Term für die Bewegungsenergie die Äquivalenz von Masse und Energie folgt: $W = m \cdot c^2$.

Erkenntnisgewinnung

Sie beschreiben die Funktionsweise des Gedankenmodells „Lichtuhr". Mit ihr weisen Sie nach, dass die von einer bewegten Uhr gemessene Zeit von ruhenden Uhren aus betrachtet langsamer verläuft. Sie können den von der Relativgeschwindigkeit abhängenden Dehnungsfaktor (Dilatationsfaktor) mathematisch herleiten. Sie erläutern den in der Erdatmosphäre ablaufenden Myonenzerfall als experimentellen Beleg für die von Einstein behauptete Zeitdilatation. Sie erläutern, dass Myonen aus oberen Luftschichten nach den Gesetzen der klassischen Physik den Erdboden nicht erreichen würden.

Kommunikation

Mit einer Zeitmessung kann man die Länge eines Zuges überprüfen. Man muss dazu die Relativgeschwindigkeit des Zuges zum Bahnsteig kennen. Wenn nun aber die Uhr im Zug eine kleinere Laufzeit anzeigt als die Uhren am Bahnsteig, dann wird die Zuglänge kürzer gemessen als am Bahnsteig.

Am Beispiel der Myonen können Sie verdeutlichen, dass die Längenkontraktion der Luftschicht aus der Sicht der Myonen notwendig ist, damit sie in ihrer Halbwertzeit den Erdboden erreichen können.

Die Zeitdilatation nennen Sie auch als Ursache für die Abhängigkeit der Masse von der Relativgeschwindigkeit. Als experimentellen Beleg für diesen Effekt können Sie das Zyklotron anführen und seinen begrenzten Einsatzbereich für nicht zu hohe Geschwindigkeiten der zu beschleunigenden Teilchen. Den Effekt der Zeitdilatation und auch paradoxe Phänomene der SRT klären Sie mit geeigneten grafischen Darstellungen.

Bewertung

Die Konstanz der Lichtgeschwindigkeit hat Sie bei genauem Analysieren verschiedener Bewegungssituationen dazu gezwungen, von gewohnten, alltäglichen Anschauungen Abschied zu nehmen. Sie können anhand solcher Situationen die Konflikte aufzeigen, die sich nach der klassischen Physik ergeben würden. So können Sie zeigen, dass es eine absolute, für alle Beobachter gleiche Zeit nicht geben kann.

Sie können auch darlegen, dass sich in verschiedenen Systemen gemessene hohe Geschwindigkeiten nicht mehr einfach addieren lassen, weil dies zu Verletzung der Konstanz der Lichtgeschwindigkeit führt.

An Beispielen aus der Kernphysik zeigen Sie, dass die Massen der einzelnen Bausteine (Protonen und Neutronen) nicht der Masse des daraus gebildeten Kerns entspricht. Das Verschmelzen leichter Kerne zu einem größeren oder das Spalten großer Kerne in zwei kleinere ergibt einen Massendefekt. Die äquivalente Energie taucht in anderer Form wieder auf.

Das schafft Überblick

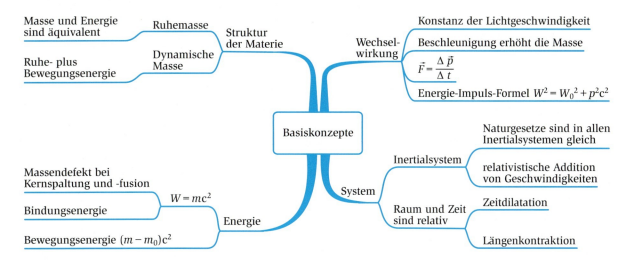

Zusammenfassung

Kennen Sie sich aus?

A1 Ein Ausflugsschiff fährt relativ zum Rheinwasser mit v_S = 15 km/h rheinabwärts. Das Wasser fließt mit v_W = 5 km/h in Richtung Mündung. Seitlich auf einem Uferradweg fährt Katharina mit v_R = 12 km/h rheinaufwärts.
a) Mit welcher Geschwindigkeit sieht Katharina das Schiff relativ zu sich? Berechnen Sie diesen Geschwindigkeitsbetrag.
b) Nennen Sie die Voraussetzung für Ihre Rechnung und warum diese bei sehr großen Geschwindigkeiten (z. B. bei v = 0,9 c) nicht mehr erfüllt ist.

A2 a) Nennen Sie je ein Beispiel für ein Inertialsystem und ein Nichtinertialsystem. Formulieren Sie das benutzte Kriterium.
b) Mit welcher Begründung wird die Erde oft als Inertialsystem genutzt (z. B. im Schullabor)?

A3 a) Nennen Sie die beiden Einstein-Postulate zur SRT.
b) Zeigen Sie an einem geeigneten Beispiel, dass es die Konstanz der Schallgeschwindigkeit nicht gibt.

A4 Seit 1983 ist die Längeneinheit 1 m definiert als die Länge der Strecke, die Licht in der Zeit 1/299 792 458 s im Vakuum zurücklegt. Erläutern Sie, wie es zu diesem Wert gekommen ist.

A5 a) Beschreiben Sie den Aufbau und die Funktionsweise eines Michelson-Interferometers.

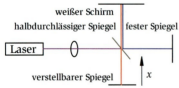

b) Der Versuch starte mit einem Interferenzmaximum im Zentrum des Interferenzbildes. Begründen Sie, dass nach einer Verschiebung des verstellbaren Spiegels um $\Delta x = \lambda/4$ ein Minimum und bei $\Delta x = \lambda/2$ das nächste Maximum erscheint.

A6 Beschreiben Sie das Ziel bei der Planung des Michelson-Morley-Experiments. Erläutern Sie kurz den prinzipiellen Aufbau des Experiments und seine Durchführung. Woran konnte das Misslingen des Experiments abgelesen werden und wie hat Albert EINSTEIN das Misslingen eingeordnet? Nehmen Sie seinen Standpunkt ein und argumentieren Sie.

A7 a) Beschreiben Sie die Funktionsweise einer „Lichtuhr". Erläutern Sie, welchem Prinzip sie gehorcht.
b) Im Bild sieht man eine Momentaufnahme der ersten ruhenden Uhr (links) und einer relativ zu den ruhenden Uhren bewegten Lichtuhr (rechts). Ermitteln Sie aus den angezeigten Zeiten den Betrag der Relativgeschwindigkeit.

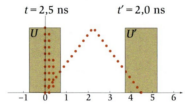

A8 Bewegt sich eine einzelne Uhr U′ gleichförmig an einer Kette synchronisierter Uhren U vorbei, so lesen die jeweiligen Uhrwächter an der vorbeilaufenden Uhr U′ immer eine kleinere Zeit $t' < t$ ab (Zeitdilatation; an der ersten Uhr galt $t = t'$ = 0). Leiten Sie mithilfe von Überlegungen zur Lichtuhr die Formel für die abgelesene Zeit t' her.

A9 a) Die Zeitdilatation wird beschrieben durch $t' = t \cdot k$ mit $k = \sqrt{1 - v^2/c^2}$. Erstellen Sie eine Excel-Datei, die Ihnen bei Eingabe des Geschwindigkeitsbetrages v und der Zeit t der synchronisierten Uhren die Zeit t' liefert.
b) Geben Sie den Geschwindigkeitsbereich an, in dem der Faktor k größer als 0,99 ist.

A10 a) Sie sehen vom Straßenrand aus einen ruhenden Lkw (blau) mit der Eigenlänge L = 12 m. Ein gleichartiger Lkw (rot) fährt an Ihnen vorbei mit v = 0,866 c. Bestätigen Sie durch Rechnung, dass Sie dessen Eigenlänge verkürzt messen auf $L' = 0,5 \cdot L$.

b) Nun sitzen Sie in dem Lkw, am Anfang und am Ende befinden sich S-Uhren im Abstand L = 12 m. Der Lkw fährt relativ zur Straße mit v = 0,8 c nach links. Sie passieren eine (rote) S′-Uhr der Polizei (sie läuft von Ihnen aus gesehen nach rechts). Diese misst die Laufzeit t' zwischen der linken zur rechten S-Uhr zu 30 ns. Die S-Uhren zeigen 50 ns. Bestätigen Sie dies.

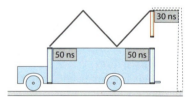

Welche Länge L' misst die Polizei und welche Relativgeschwindigkeit? Bewerten Sie das Ergebnis → www.

A11 Myonen haben eine Halbwertszeit (HWZ) von $T_{1/2}$ = 1,5 μs. Angenommen, sie flögen aus 10 km Höhe mit v = 0,9998 c Richtung Erdoberfläche. Klassisch behandelt erreichen sie die Erde nicht. Halten Sie ein Kurzreferat, in dem Sie auf zwei unterschiedliche Arten mit der SRT begründen, dass sie die Erde doch erreichen werden.

A12 Nehmen Sie Stellung zu folgender Aussage: „Die relativistische Massenzunahme folgt aus der Zeitdilatation." Setzen Sie die Allgemeingültigkeit der Impulserhaltung voraus.

A13 a) In einem Teilchenbeschleuniger werden geladene Teilchen durch ein Magnetfeld auf eine Kreisbahn gezwungen. Es gilt $v = (q \cdot B \cdot r)/m$. Begründen Sie die Erfordernis sehr starker Elektromagnete bei Teilchenbeschleunigern hoher Energie.
b) In einem Kreisbeschleuniger mit Radius $r = 4000$ m werden Protonen auf eine Energie von 7 TeV beschleunigt.
Bestimmen Sie die nötige magnetische Flussdichte B, die relativistische Masse als Vielfaches der Ruhemasse und die Protonengeschwindigkeit als Bruchteil von c.

A14 In einer Elektronenkanone werden Elektronen mit $U = 250$ V beschleunigt, in einer Röntgenröhre mit $U = 100$ kV und in einem älteren Elektronensynchroton mit $U = 3,5$ GeV. Bestimmen Sie jeweils die Endgeschwindigkeit klassisch und relativistisch (ohne Strahlungsverluste). Vergleichen und bewerten Sie die Ergebnisse.

A15 a) Ein Heißwassergerät ($P = 500$ W) erhitzt Wasser fünf Minuten lang. Berechnen Sie die der zugeführten Energie äquivalente Massenzunahme des Wassers. Bewerten Sie das Ergebnis.

b) Wie viele 1 €-Münzen (etwa 7 g) müsste man vollkommen in nutzbare Energie wandeln, damit der jährliche Energiebedarf der Bundesrepublik ($14 \cdot 10^{19}$ J) allein durch die Münzen gedeckt wäre?

A16 Das Isotop Kohlenstoff-12 (C-12) mit sechs Protonen und sechs Neutronen liefert die atomare Masseneinheit $u = 1/12 \, m_{C12} = 1,660539 \cdot 10^{-27}$ kg.
Berechnen Sie die mittlere Bindungsenergie pro Nukleon für C-12. (Hinweis: $m_{C12} = 12,0000000$ u, $m_p = 1,0078250$ u, $m_n = 1,0086649$ u.)

Projekt

100 Jahre nach dem „annus mirabilis" der Physik – das Einsteinjahr 2005

Zur Würdigung der Leistungen von Albert EINSTEIN können Sie sich in Ihrer Gruppe noch einmal einen Überblick über sein Leben und Wirken verschaffen. Sie finden hinreichend Material über das Internet, wenn Sie „Einsteinjahr 2005" als Suchbegriff eingeben, u. a. auf Seiten des Bundesministeriums für Bildung und Forschung BMBF. Zusätzlich können Sie eine interaktive Erlebniswelt zur SRT nutzen (Stichwort „ZDF Einsteins Welt"). Möglicherweise besitzt Ihre Schule diese Dokumentation auch schon als DVD. Gehen Sie arbeitsteilig vor.

Arbeitsaufträge:

1 Erarbeiten Sie ein Referat zum Leben Albert EINSTEINS und zu seiner wissenschaftlichen Arbeit.

2 Stellen Sie die fünf Arbeiten EINSTEINS aus dem „Wunderjahr 1905" vor.

3 Welchen Einfluss hat Einstein auf das Leben von heute? Fertigen Sie hierzu ein Plakat an.

4 Arbeiten Sie interaktiv „Einsteins Welt" in kleinen Gruppen durch, halten Sie fest, was Sie evtl. noch nicht verstanden haben und tauschen Sie sich im Anschluss aus.

Kennen Sie sich aus – Hinweise und Lösungen

A1 a) Galilei-Transformation
b) Denken Sie an Raum und Zeit.
A2 a) Gilt das Trägheitsgesetz?
b) Vgl. Sie eine Erdrotation mit der Dauer Ihres Fahrbahnversuchs.
A3 a) Da brauchen Sie keine Hilfe.
b) Schall auf fahrendem Schiff
A4 Lichtgeschwindigkeit
A5 a) Skizze und Erläuterung dazu
b) Beachten Sie Hin- und Rückweg.
A6 "Lichtäther", je nach Hypothese erwartet bzw. nicht erwartet
A7 a) Lichtwege in ruhender und bewegter Uhr vergleichen. **b)** Dilatationsfaktor umformen nach v, dann t und t' einsetzen
A8 Erläuterung und Satz des Pythagoras

A9 a) Excel-Datei mit einer Formel und zwei Eingabefeldern
b) $k < 0,99$ für $v > 0,14 c$
A10 a) Mit Längenkontraktionsfaktor verifizieren **b)** Zeitdilatation anwenden; man muss erwarten, dass in jedem System dieselbe Relativgeschwindigkeit $0,8 c$ gemessen wird.
A11 Nehmen Sie in Gedanken nacheinander zwei unterschiedliche Standpunkte ein.
A12 Längen senkrecht zur Bewegung sind nicht kontrahiert. Den Rest besorgt die Zeitdilatation.
A13 a) Bei hohen Energien wird nur noch die Masse vergrößert, nicht mehr die Geschwindigkeit.

b) Sie berechnen v zu 99,99999910 % von c mit $v = c \cdot \sqrt{1 - 1/(1 + qU/(m_0 c^2))^2}$ (folgt aus $W_B = (m - m_0) \cdot c^2$); $m_p = 7461,52 \cdot m_{p0}$, $B = 5,838$ T.
A14 250 V: Beide Rechnungen liefern $3,13 \% \cdot c$; 100 kV: $v = 62,561 \% \cdot c$ und $v = 54,822 \% \cdot c$; 3,5 GeV: $v = 11704 \% \cdot c$ und $v = 99,999999 \% \cdot c$.
A15 a) $\Delta m = 1,669 \cdot 10^{-12}$ kg **b)** Etwas über 200 000 Euro-Münzen.
A16 Massendefekt $\Delta m = m_{C12} - (6 m_p + 6 m_n) = -92,16$ MeV; je Nukleon: $W/A = -7,68$ MeV

Tabellen und Notation

Basiseinheiten des internationalen Einheitensystems (SI)

Basisgröße	Basiseinheit	Zeichen	Basisgröße	Basiseinheit	Zeichen
Länge	Meter	m	Temperatur	Kelvin	K
Masse	Kilogramm	kg	Lichtstärke	Candela	cd
Zeit	Sekunde	s	Stoffmenge	Mol	mol
Stromstärke	Ampere	A			

Energieeinheiten

	J	kWh	cal*	eV
1 J	1	$2{,}7777 \cdot 10^{-7}$	0,238 84	$0{,}6242 \cdot 10^{19}$
1 kWh	$3{,}6000 \cdot 10^{6}$	1	$0{,}8598 \cdot 10^{6}$	$2{,}247 \cdot 10^{25}$
1 cal*	4,1868	$1{,}1630 \cdot 10^{-6}$	1	$2{,}613 \cdot 10^{19}$
1 eV	$1{,}602 \cdot 10^{-19}$	$4{,}45 \cdot 10^{-26}$	$3{,}826 \cdot 10^{-20}$	1

1 J (Joule) = 1 Nm (Newtonmeter); 1 kWh = 1000 W · 1 h = $3{,}6 \cdot 10^{6}$ Joule.
1 eV (Elektronvolt) ist die Energie, die ein Teilchen mit der Elementarladung $e = 1{,}6 \cdot 10^{-19}$ C beim Durchlaufen der Spannung 1 Volt aufnimmt.

Leistungseinheiten 1 W = 1 J/s; 1 PS* (Pferdestärke) = 75 kp* m/s = 735,5 W.

Vorsilben für dezimale Vielfache und Teile von Einheiten

Vorsilbe	Exa (E)	Peta (P)	Tera (T)	Giga (G)	Mega (M)	Kilo (k)	Hekto (h)	Deka (da)
bedeutet	10^{18}	10^{15}	10^{12}	10^{9}	10^{6}	10^{3}	10^{2}	10^{1}
Vorsilbe	Dezi (d)	Zenti (c)	Milli (m)	Mikro (µ)	Nano (n)	Piko (p)	Femto (f)	Atto (a)
bedeutet	10^{-1}	10^{-2}	10^{-3}	10^{-6}	10^{-9}	10^{-12}	10^{-15}	10^{-18}

Physikalische Konstanten

Klassische Physik

Gravitationskonstante $\quad \gamma = 6{,}674 \cdot 10^{-11}$ m^3 kg^{-1} s^{-2} (auch Standard-Erdbeschleunigung)
Normalfallbeschleunigung $\quad g_n = 9{,}80665$ m s^{-2} (definiert, heißt „festgelegt", nicht aus Messwerten ermittelt)
Lichtgeschwindigkeit im Vakuum $\quad c_0 = 2{,}997\,924\,58 \cdot 10^{8}$ m s^{-1} (definiert)
Elektrische Feldkonstante $\quad \varepsilon_0 = 8{,}854\,187\,817 \cdot 10^{-12}$ F m^{-1}
Magnetische Feldkonstante $\quad \mu_0 = 4\pi \cdot 10^{-7}$ V s A^{-1} m^{-1} $\approx 1{,}25664 \cdot 10^{-6}$ V s A^{-1} m^{-1} (definiert)
Nullpunkt der Celsius-Skala $\quad T_0 = -273{,}15\,°$C (definiert)
Molares Volumen eines idealen Gases $\quad V_0 = 22{,}414$ dm^3 mol^{-1} (bei 1 bar und 0 °C)
Gaskonstante $\quad R_0 = 8{,}3145$ J mol^{-1} K^{-1}
Avogadro-Konstante $\quad N_A = 6{,}022\,14 \cdot 10^{23}$ mol^{-1}
Boltzmann-Konstante $\quad k_B = 1{,}380\,65 \cdot 10^{-23}$ J K^{-1}
Stefan-Boltzmann-Konstante $\quad \sigma = 5{,}6704 \cdot 10^{-8}$ W m^{-2} K^{-4}

Quantenphysik, Elementarteilchen

Planck-Konstante $\quad h = 6{,}626\,069 \cdot 10^{-34}$ J s $= 4{,}1357 \cdot 10^{-15}$ eV s
Compton-Wellenlänge (Elektron) $\quad \lambda_C = 2{,}426\,310 \cdot 10^{-12}$ m
Atomare Masseneinheit $\quad u = 1{,}660\,539 \cdot 10^{-27}$ kg $= 931{,}494$ MeV/c^2
Elementarladung $\quad e = 1{,}602\,176 \cdot 10^{-19}$ C
Elektronenmasse $\quad m_e = 9{,}109\,382 \cdot 10^{-31}$ kg $= 5{,}485\,799 \cdot 10^{-4}$ u
Spezifische Elektronenladung $\quad e/m_e = -1{,}758\,820 \cdot 10^{11}$ C kg^{-1}
Protonenmasse $\quad m_p = 1{,}672\,622 \cdot 10^{-27}$ kg $= 1{,}007\,276$ u
Spezifische Protonenladung $\quad e/m_p = 9{,}578\,834 \cdot 10^{7}$ C kg^{-1}
Neutronenmasse $\quad m_n = 1{,}674\,927 \cdot 10^{-27}$ kg $= 1{,}008\,665$ u

Astronomische Konstanten

Astronomische Einheit (AE) = Mittlere Entfernung Erde–Sonne = $149{,}597\,87 \cdot 10^{6}$ km
Lichtjahr (Lj) $\quad = 63\,275$ AE $= 0{,}3068$ Parsec $= 9{,}46 \cdot 10^{12}$ km
Parsec $= 206\,265$ AE $\quad = 3{,}2598$ L.j $\quad = 30{,}87 \cdot 10^{12}$ km

Erde und Sonnensystem

Erde

Mittlerer Äquatorradius	a = 6378,140 km
Polradius	b = 6356,777 km
Radius der volumengleichen Kugel	6371,221 km
Masse	$5,9737 \cdot 10^{24}$ kg
Dichte im Mantel	3,4 g/cm³
in der Zwischenschicht	6,4 g/cm³
im Kern	9,6 g/cm³
Mittelwert	5,52 g/cm³
Schwerebeschleunigung	
am Äquator	9,7805 m/s²
an den Polen	9,8322 m/s²
in Berlin	9,8126 m/s²
Mittelwert	9,7977 m/s²
Erddrehung	
Rotationsgeschw. am Äquator	465,12 m/s
Zentrifugalbeschl. am Äquator	$-0,0392$ m/s²

Bahnbewegung	
Mittlerer Abstand von der Sonne	$1,4960 \cdot 10^8$ km
Exzentrizität der Bahn	0,016710
Mittlere Bahngeschwindigkeit	29,8 km/s
Schiefe der Ekliptik (2000) (jährliche Abnahme 0,468″)	23° 26′ 21″
Internationales Erdellipsoid	
Äquatorradius (genau)	a = 6378,165 km
Abplattung (genau)	$1 - \dfrac{b}{a} = \dfrac{1}{298}$
Polradius	b = 6356,755 km
Mittlerer Radius	6371,025 km
Mittlerer Längenkreisgrad	111,137 km
Mittlere Längenkreisminute (Seemeile)	1,852 km
Äquatorumfang	40 075 km
Oberfläche	509 088 842 km²
Volumen	1 083 218 990 000 km³

Mond

Radius	1738 km
Masse	$7,349 \cdot 10^{22}$ kg
Mittlere Dichte	3,341 g/cm³
Scheinbarer Halbmesser	Max. 16′ 46″
	Min. 14′ 40″
Schwerebeschleunigung	1,62 m/s²
Siderische Umlaufzeit	27,322 Tage

Entfernung von der Erde	
	Max. 406 740 km
	Min. 356 410 km
	Mittelwert 384 400 km
Exzentrizität der Bahn	0,0549
Bahnneigung gegen Ekliptik	5° 8′ 43″
Bahngeschwindigkeit	$1,023 \text{ km} \cdot \text{s}^{-1}$

Sonne

Radius	696 000 km
Masse	$1,9891 \cdot 10^{30}$ kg
Mittlere Dichte	1,408 g/cm³
Scheinbarer Halbmesser	Max. 16′ 18″
	Min. 15′ 46″
Schwerebeschleunigung	273,6 m/s²

Umdrehungsdauer	25,45 Tage
Entfernung vom nächsten Fixstern (Proxima Centauri)	4,27 Lichtjahre
Zentraltemperatur	$1,571 \cdot 10^7$ °C
Effektive Temperatur	5778 K
Gesamtstrahlung	$4,2 \cdot 10^{26}$ J/s
Solarkonstante	$1,37 \text{ kW} \cdot \text{m}^{-2}$

Planeten

	Mittlerer Äquatorradius	Masse (ohne Satelliten)	Zahl der Monde (2015)	Mittlere große Halbachse der Bahn um die Sonne	Exzentrizität der Bahn	Neigung der Bahnebene gegen Ekliptik	Scheinbarer Durchmesser von der Erde aus		Mittlere Umlaufzeit	
	km	Erde = 1		10^6 km	$\dfrac{e}{a}$		Min.	Max.	siderisch trop. Jahre	synodisch Tage
Merkur	2440	0,0553	0	57,91	0,206	7° 0′	5″	13″	0,2408	115,88
Venus	6052	0,815	0	108,21	0,007	3° 24′	10″	66″	0,6152	583,92
Erde	6378	1,00	1	149,60	0,017	–	–	–	1,0000	–
Mars	3397	0,107	2	227,90	0,093	1° 51′	3″	25″	1,8809	779,94
Jupiter	71 492	317,83	67	778,34	0,048	1° 18′	30″	50″	11,862	398,88
Saturn	60 268	95,162	62	1426,8	0,054	2° 29′	15″	21″	29,458	378,09
Uranus	25 559	14,536	27	2871,0	0,047	0° 46′	3″	4″	84,015	369,66
Neptun	24 766	17,147	14	4498,3	0,009	1° 46′	2,2″	2,4″	164,788	367,48

Schallgeschwindigkeiten

Die vom Luftdruck weitgehend unabhängige **Schallgeschwindigkeit** c_ϑ beträgt in trockener atmosphärischer Luft bei $\vartheta = k\,°C$: $c_\vartheta = 331\sqrt{1 + 0{,}00367\,k}$ m/s. Weitere Schallgeschwindigkeiten:

	m/s		m/s	Flüssigkeit bei 20 °C	m/s	Gase bei 20 °C	m/s
Aluminium	5080	Gold	2030	Wasser	1465	Wasserstoff	1306
Blei	1200	Kupfer	3710	Petroleum	1326	Kohlenstoffdioxid	267
Eisen	5170	Messing	3490	Tetrachlorkohlenstoff	950	Leuchtgas	~ 453
Glas	~ 5000	Kautschuk	50	Xylol	1350	Sauerstoff	326

Massen, Längen und Zeiten

Massen in kg		Längen und Ausdehnungen in m		Zeiten (1 a = 1 Jahr)	
Weltall	$\sim 10^{50}$	Weltall (Ø)	$\sim 10^{26}$	Weltalter	10^{10} a
Sonne	$1{,}99 \cdot 10^{30}$	1 Lichtjahr (Lj)	$9{,}46 \cdot 10^{15}$	Erdalter	$5 \cdot 10^9$ a
Erde	$5{,}98 \cdot 10^{24}$	nächster Fixstern		Halbwertszeit von Uran	$5 \cdot 10^9$ a
Mond	$7{,}3 \cdot 10^{22}$	(Proxima Centauri)	4,24 Lj	Erdkruste	$3 \cdot 10^9$ a
Lufthülle der Erde	$2 \cdot 10^{18}$	1 Astron. Einheit (AE)	$1{,}496 \cdot 10^{11}$	Paläozoikum vor	$2 \cdot 10^9$ a
Cheopspyramide	$6 \cdot 10^9$	Entfernung Sonne – Erde	1 AE	Mesozoikum vor	$5 \cdot 10^8$ a
Mensch	$7 \cdot 10^1$	Sonne (Ø)	$13{,}9 \cdot 10^8$	Spuren des ersten	
1 l Wasser	1	Erde (Ø)	$1{,}28 \cdot 10^7$	Menschen vor	$6 \cdot 10^5$ a
Fliege	$\sim 10^{-3}$	Berlin (Ø)	$\sim 10^5$	Neandertaler vor	$2 \cdot 10^5$ a
Staubkorn	$\sim 10^{-10}$	Mensch	1,75	Bronzezeit vor	$5 \cdot 10^3$ a
Uranatom	$4 \cdot 10^{-25}$	Bakterien	$\sim 10^{-6}$	Lichtlaufzeit Sonne – Erde	500 s
Elektron	$9{,}1 \cdot 10^{-31}$	Atome	$\sim 10^{-10}$	Pulsschlag des Menschen	~1 s
Atommasse	$1{,}66 \cdot 10^{-27}$	Atomkern	$\sim 10^{-14}$		
		Elektron	$5{,}6 \cdot 10^{-15}$		

Ortsfaktoren

Erde	Mond	Sonne
$g_E = 9{,}81\ \frac{N}{kg}$ (in Europa)	$g_M = 1{,}62\ \frac{N}{kg}$	$g_S = 274\ \frac{N}{kg}$

Schwingungsfrequenzen der Tonleiter in Hz

Ton	c′	cis′	d′	dis′	e′	f′	fis′	g′	gis′	a′	ais′	h′	c″
rein	264	278	279	313	330	352	347	396	418	**440**	467	495	528
temperiert	262	277	294	311	330	349	370	392	415	**440**	466	494	524

* temperierte oder gleichschwebende Stimmung: Halbtonschritte $\sqrt[12]{2} = 1{,}059$ fache

Dichte von Luft

$\rho_{Luft} = 1{,}2929$ g/l bei 0 °C und 1,013 bar

Atommasse (in u)

Nuklid	Z	Atommasse	Nuklid	Z	Atommasse	Nuklid	Z	Atommasse	Nuklid	Z	Atommasse
n	0	1,0086649	Al-27	13	26,981539	Zr-92	40	91,905041	Bi-212	83	211,991286
H-1	1	1,0078250	Si-28	14	27,976927	Mo-99	42	98,907712	Bi-214	84	213,998712
H-2	1	2,0141018	Si-29	14	28,976495	Tc-99	43	98,906255	Po-209	84	208,982430
H-3	1	3,0160493	Si-30	14	29,973770	Ag-107	47	106,905097	Po-210	84	209,982874
He-3	2	3,0160293	P-30	15	29,978314	Ag-108	47	107,905956	Po-212	84	211,988868
He-4	2	4,0026033	P-31	15	30,973762	Ag-109	47	108,904752	Po-214	84	213,995201
He-6	2	6,018889	Ar-40	18	39,962383	Ag-110	47	109,906107	Po-216	84	216,001915
Li-6	3	6,015123	K-40	19	39,963998	Cd-108	48	107,904184	Po-218	84	218,008973
Li-7	3	7,016005	Ca-40	20	39,962591	Cd-110	48	109,903002	Rn-220	86	220,011394
Be-7	4	7,016930	Cr-54	24	53,938880	Cd-113	48	112,904402	Rn-222	86	222,017578
Be-9	4	9,012182	Mn-54	25	53,940359	In-115	49	114,903878	Ra-224	88	224,020212
Be-10	4	10,013534	Mn-55	25	54,938045	I-140	53	139,931000	Ra-226	88	226,025410
B-10	5	10,012937	Fe-55	26	54,938293	Cs-133	55	132,905452	Ra-228	88	228,031070
B-11	5	11,009305	Fe-56	26	55,934938	Cs-137	55	136,907089	Ac-228	89	228,031021
C-11	6	11,011434	Co-57	27	56,936291	Cs-140	55	139,917282	Th-228	90	228,028741
C-12	6	12,000000	Co-59	27	58,933195	Ba-137	56	136,905827	Th-229	90	229,031762
C-13	6	13,003355	Co-60	27	59,933817	Ba-144	56	143,922953	Th-230	90	230,033134
C-14	6	14,003242	Ni-59	28	58,934357	Ce-140	58	139,905439	Th-232	90	232,038055
N-13	7	13,005739	Ni-60	28	59,930796	Nd-144	60	143,910087	Th-233	90	233,041582
N-14	7	14,003074	Ni-64	28	63,927966	Au-197	79	196,966569	Th-234	90	234,043601
N-15	7	15,000109	Cu-64	29	63,929764	Tl-203	81	202,972344	Pa-233	91	233,040247
O-14	8	14,008596	Zn-64	30	63,929142	Tl-204	81	203,973864	U-233	92	233,039635
O-15	8	15,003066	Kr-85	36	84,912527	Pb-204	82	203,973044	U-234	92	234,040952
O-16	8	15,994915	Kr-86	36	85,910611	Pb-205	82	204,974482	U-235	92	235,043930
O-17	8	16,999132	Kr-89	36	88,917630	Pb-206	82	205,974465	U-236	92	236,045568
O-18	8	17,999161	Rb-85	37	84,911790	Pb-207	82	206,975897	U-237	92	237,048730
F-18	F9	18,000938	Rb-87	37	86,909181	Pb-208	82	207,976652	U-238	92	238,050788
F-19	F9	18,998403	Rb-94	37	93,926405	Pb-209	82	208,981090	U-239	92	239,054293
Ne-20	10	19,992440	Rb-96	37	95,934270	Pb-210	82	209,984189	Np-237	93	237,048173
Ne-21	10	20,993847	Sr-90	38	89,907738	Pb-211	82	210,988737	Np-239	93	239,052939
Ne-22	10	21,991385	Y-90	39	89,907152	Pb-212	82	211,991898	Pu-238	94	238,049560
Na-22	11	21,994436	Y-94	39	93,911595	Pb-214	82	213,999805	Pu-239	94	239,052163
Na-23	11	22,989769	Zr-88	40	87,910227	Bi-207	83	206,978471	Pu-240	94	240,053813
Na-24	11	23,990963	Zr-89	40	88,908890	Bi-208	83	207,979742	Pu-241	94	241,056851
Mg-24	12	23,985042	Zr-90	40	89,904704	Bi-209	83	208,980399	Pu-242	94	242,058743
Mg-27	12	26,984341	Zr-91	40	90,905646	Bi-210	83	209,984120	Am-241	95	241,056829

Schreibweisen für Ableitungen nach der Zeit

In der Physik kommen in vielen Gesetzen und Formeln Ableitungen nach der Zeit vor, z. B. im Induktionsgesetz:

$$U_{\text{ind}}(t) = -n \cdot B \cdot A'_s(t) \quad \text{bzw.} \quad U_{\text{ind}}(t) = -n \cdot A_s \cdot B'(t).$$

Im Rahmen der Physik wird für diese Ableitungen als abkürzende Schreibweise häufig die sogenannte Punktnotation verwendet. Die obigen Formeln werden dann zu

$$U_{\text{ind}} = -n \cdot B \cdot \dot{A}_s \quad \text{bzw.} \quad U_{\text{ind}} = -n \cdot A_s \cdot \dot{B}.$$

Manchmal sieht man auch die Schreibweise:

$$U_{\text{ind}}(t) = -n \cdot B \cdot \dot{A}_s(t) \quad \text{bzw.} \quad U_{\text{ind}}(t) = -n \cdot A_s \cdot \dot{B}(t).$$

Eine andere Schreibweise mit Differenzialquotient geht auf Gottfried Wilhelm LEIBNIZ zurück:

$$U_{\text{ind}} = -n \cdot B \cdot \frac{dA_s}{dt} \quad \text{bzw.} \quad U_{\text{ind}} = -n \cdot A_s \cdot \frac{dB}{dt}.$$

Spektraltafel

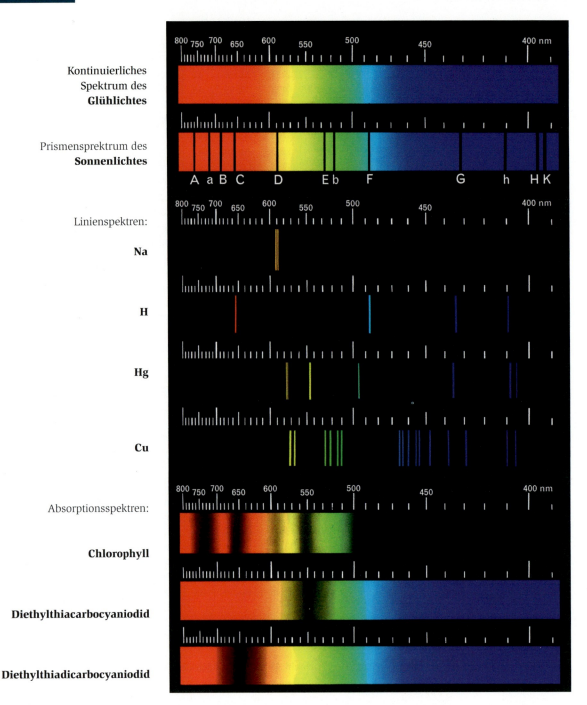

Periodensystem

Das Periodensystem der Elemente

Atommasse in u — Eine eingeklammerte Atommasse gibt die Masse eines wichtigen Isotops des Elements an

	26,98
Elementsymbol →	**Al**
Ordnungszahl (Protonenzahl) →	13
	Aluminium ← Elementname

Farbcode:
- schwarz = feste Elemente
- rot = gasförmige Elemente
- blau = flüssige Elemente
- weiß = künstliche Elemente
- grün = natürliche radioaktive Elemente

Perioden	Hauptgruppen I	II				Nebengruppen III	IV	V	VI	VII	VIII			I	II	Hauptgruppen III	IV	V	VI	VII	VIII
1 K-Schale	1,01 **H** 1 Wasserstoff																				4,00 **He** 2 Helium
2 L-Schale	6,94 **Li** 3 Lithium	9,01 **Be** 4 Beryllium														10,81 **B** 5 Bor	12,01 **C** 6 Kohlenstoff	14,01 **N** 7 Stickstoff	16,00 **O** 8 Sauerstoff	19,00 **F** 9 Fluor	20,18 **Ne** 10 Neon
3 M-Schale	22,99 **Na** 11 Natrium	24,31 **Mg** 12 Magnesium														26,98 **Al** 13 Aluminium	28,09 **Si** 14 Silicium	30,97 **P** 15 Phosphor	32,07 **S** 16 Schwefel	35,45 **Cl** 17 Chlor	39,95 **Ar** 18 Argon
4 N-Schale	39,10 **K** 19 Kalium	40,08 **Ca** 20 Calcium	44,96 **Sc** 21 Scandium	47,88 **Ti** 22 Titan	50,94 **V** 23 Vanadium	51,99 **Cr** 24 Chrom	54,94 **Mn** 25 Mangan	55,85 **Fe** 26 Eisen	58,93 **Co** 27 Cobalt	58,69 **Ni** 28 Nickel	63,55 **Cu** 29 Kupfer	65,39 **Zn** 30 Zink	69,72 **Ga** 31 Gallium	72,61 **Ge** 32 Germanium	74,92 **As** 33 Arsen	78,96 **Se** 34 Selen	79,90 **Br** 35 Brom	83,80 **Kr** 36 Krypton
5 O-Schale	85,47 **Rb** 37 Rubidium	87,62 **Sr** 38 Strontium	88,91 **Y** 39 Yttrium	91,22 **Zr** 40 Zirconium	92,91 **Nb** 41 Niob	95,94 **Mo** 42 Molybdän	(99) **Tc** 43 Technetium	101,07 **Ru** 44 Ruthenium	102,91 **Rh** 45 Rhodium	106,42 **Pd** 46 Palladium	107,87 **Ag** 47 Silber	112,41 **Cd** 48 Cadmium	114,82 **In** 49 Indium	118,71 **Sn** 50 Zinn	121,75 **Sb** 51 Antimon	127,60 **Te** 52 Tellur	126,90 **I** 53 Iod	131,29 **Xe** 54 Xenon
6 P-Schale	132,91 **Cs** 55 Caesium	137,33 **Ba** 56 Barium	**La-Lu** 57–71	178,49 **Hf** 72 Hafnium	180,95 **Ta** 73 Tantal	183,84 **W** 74 Wolfram	186,21 **Re** 75 Rhenium	190,23 **Os** 76 Osmium	192,22 **Ir** 77 Iridium	195,08 **Pt** 78 Platin	196,97 **Au** 79 Gold	200,59 **Hg** 80 Quecksilber	204,38 **Tl** 81 Thallium	207,20 **Pb** 82 Blei	208,98 **Bi** 83 Bismut	(209) **Po** 84 Polonium	(210) **At** 85 Astat	(222) **Rn** 86 Radon
7 Q-Schale	(223) **Fr** 87 Francium	(226) **Ra** 88 Radium	**Ac-Lr** 89–103	(261) **Rf** 104 Rutherfordium	(262) **Db** 105 Dubnium	(266) **Sg** 106 Seaborgium	(264) **Bh** 107 Bohrium	(269) **Hs** 108 Hassium	(268) **Mt** 109 Meitnerium	(271) **Ds** 110 Darmstadtium	(272) **Rg** 111 Roentgenium	(277) **Cn** 112 Copernicium	(287) **Uut** 113	(289) **Fl** 114 Flerovium	(288) **Uup** 115	(293) **Lv** 116 Livermorium	(293) **Uus** 117	(294) **Uuo** 118

Elemente der Lanthan-Reihe

| 138,91 **La** 57 Lanthan | 140,12 **Ce** 58 Cer | 140,91 **Pr** 59 Praseodym | 144,24 **Nd** 60 Neodym | (147) **Pm** 61 Promethium | 150,36 **Sm** 62 Samarium | 151,96 **Eu** 63 Europium | 157,25 **Gd** 64 Gadolinium | 158,93 **Tb** 65 Terbium | 162,50 **Dy** 66 Dysprosium | 164,93 **Ho** 67 Holmium | 167,26 **Er** 68 Erbium | 168,93 **Tm** 69 Thulium | 173,04 **Yb** 70 Ytterbium | 174,97 **Lu** 71 Lutetium |

Elemente der Actinium-Reihe

| (227) **Ac** 89 Actinium | (232) **Th** 90 Thorium | (231) **Pa** 91 Protactinium | (238) **U** 92 Uran | (237) **Np** 93 Neptunium | (239) **Pu** 94 Plutonium | (241) **Am** 95 Americium | (244) **Cm** 96 Curium | (249) **Bk** 97 Berkelium | (252) **Cf** 98 Californium | (253) **Es** 99 Einsteinium | (257) **Fm** 100 Fermium | (258) **Md** 101 Mendelevium | (259) **No** 102 Nobelium | (262) **Lr** 103 Lawrencium |

Ausschnitt aus der Nuklidkarte

Ausschnitt aus der Nuklidkarte

Gekürzt und vereinfacht übernommen aus der Karlsruher Nuklidkarte, 7. Auflage 2006
J. Magill, G. Pfennig, J. Galy
European Commission – DG Joint Research Centre – Institute for Transuranium Elements
P.O. Box 2340, 76125 Karlsruhe, Germany

Weitere Informationen zur Nuklidkarte findet man im Internet unter http://www.nucleonica.net

Bildquellenverzeichnis

Titelbild: Thinkstock, Sandyford/Dublin (Digital Vision/DC Productions); 3.1, 10.1: fotolia.com, New York (lassedesignen); 3.2, 40.1: iStockphoto.com, Calgary (Sage78); 4.1, 64.1: panthermedia.net, München (Robert Byron); 4.2, 90.1: NASA, Houston/Texas (Johns Hopkins University Applied Physics Laboratory/Southwest Research Institute); 5.1, 116.1: Michael Fabian, Hannover; 5.2, 138.1: fotolia.com, New York (MC Rendered Artwork); 6.1, 206.1: fotolia.com, New York (demarco); 7.1, 230.1: CERN, Geneva 23; 8.1, 294.1: panthermedia.net, München (Evan Sharboneau); 12.1a-b: Heinz-Werner Oberholz, Everswinkel; 12.3: fotolia.com, New York (Kara); 12.4: Okapia, Frankfurt (Hans Reinhard); 12.5: mauritius images, Mittenwald (Bordis); 12.6: Reuters, Berlin (Phil Noble (China)); 14.V1: E.P. LEHMANN, Nürnberg; 15.B4: Heinz-Werner Oberholz, Everswinkel; 17.1 + 3: Continental, Frankfurt; 19.1-2, 21.3, 22.1: Heinz-Werner Oberholz, Everswinkel; 26.1: Reinhard Manlik, Braunschweig; 31.1: SKF, Schweinfurt; 31.2-4: Michael Fabian, Hannover; 33.2: ME-Meßsysteme, Hennigsdorf; 33.3: Technische Universität, Dresden (Institut für Halbleiter- und Mikrosystemtechnik); 34.1: Heinz-Werner Oberholz, Everswinkel; 39.2: Michael Fabian, Hannover; 45.2-3: Heinz-Werner Oberholz, Everswinkel; 49.1-2: Canadair Aviation Service, Bonn; 50.2, 52.1, 55.1: Heinz-Werner Oberholz, Everswinkel; 56.1, 57.3: Michael Fabian, Hannover; 58.1: alamy images, Abingdon/Oxfordshire (fStop); 66.1: iStockphoto.com, Calgary (technotr); 66.2: die bildstelle, Hamburg (Rex Features Ltd.); 66.3: Picture-Alliance, Frankfurt (Bildagentur Waldhaeusl); 67.1: Ulrich Kilian, Frickingen; 68.1: Michael Fabian, Hannover; 72.1: dreamstime.com, Brentwood (Budda); 72.2: Okapia, Frankfurt (Manfred Uselmann); 74.1: Blickwinkel, Witten (A. Held); 77.1: Deutsches Museum, München; 78.2, 79.1, 80.1, 81.5: Michael Fabian, Hannover; 82.1: Deutsches Museum, München; 84.1: panthermedia.net, München (Marek Dobies); 86.1: Leemage, Berlin (images.de); 88.1: fotolia.com, New York (Daniel Ernst); 88.2: iStockphoto.com, Calgary (Urs Siedentop); 92.3: António José Cidadão, Oeiras; 92.4: NASA, Houston/Texas; 92.5: Picture-Alliance, Frankfurt (dpa/NASA); 92.6, 96.3: Michael Fabian, Hannover; 97.1: fotolia.com, New York (frogmo9); 97.2: Fotex, Hamburg (Raimund); 99.1: NASA, Houston/Texas; 101.1: Dr. Erwin-Klaus Haberkant, Heidelberg; 103.1: ESA - EPSEC for ESA - European Space Agency, Paris Cedex 15 (D. Ducros); 109.1: NASA Headquarters, Washington, DC; 109.3: Universität Bremen, Bremen (ZARM); 110.2: Picture-Alliance, Frankfurt (akg-images/Erich Lessing); 110.3: akg-images, Berlin (Nicolo' Orsi Battaglini); 111.1: akg-images, Berlin (IAM/World History Archive); 115.1: ESA/ESOC, Darmstadt (D. Ducros); 115.2: Hans Tegen, Hambühren; 118.1: Jugendsinfonieorchester, Recklinghausen (Uwe Jankowski); 118.2: Picture-Alliance, Frankfurt (Rod Lamkey jr.); 118.3: fotolia.com, New York (Michael Tieck); 118.4: Michael Fabian, Hannover; 119.1: Deutsche Bahn AG/Mediathek, Frankfurt (Uwe Miethe); 119.2: mauritius images, Mittenwald (André Pöhlmann); 119.4, 124.1: Michael Fabian, Hannover; 125.1: Heinz-Werner Oberholz, Everswinkel; 125.3-5, 126.1-2: Michael Fabian, Hannover; 128.1: Picture-Alliance, Frankfurt (dpa/ZB); 129.1: Michael Fabian, Hannover; 129.2, 130.1, 131.1: Heinz-Werner Oberholz, Everswinkel; 131.2: Michael Fabian, Hannover; 136.1-3: Prof. Dr.-Ing. Helmut Fleischer, Institut für Mechanik, Universität der Bundeswehr, München; 137.1: Heinz-Werner Oberholz, Everswinkel; 140.1: mauritius images, Mittenwald; 140.2: iStockphoto.com, Calgary (PeskyMonkey); 140.3: Aura, Luzern (Emanuel Ammon); 140.4: Visum, Hamburg (Andia); 140.5: mauritius images, Mittenwald (SuperStock); 140.6: Timo Frambach, Braunschweig; 140.7: Getty Images, München (Pascal Le Segretain); 140.8: alamy images, Abingdon/Oxfordshire (© Bildagentur-online); 141.2: akg-images, Berlin; 141.B2: Michael Fabian, Hannover; 142.B1: ullstein bild, Berlin; 142.B2: wikimedia.commons (Paul Ehrenfest/gemeinfrei); 142.B3: ullstein bild, Berlin; 144.B2: Hans Tegen, Hambühren; 145.B5: Michael Fabian, Hannover; 145.B6: Dr. J. Bolz, Lohmar; 145.V2: Michael Fabian, Hannover; 146.V1: LEYBOLD®/LD Didactic, Hürth; 148.B1: K.-F. Daemrich; 151.1: wikimedia.commons (gemeinfrei); 152.V1: LEYBOLD®/LD Didactic, Hürth; 157.B1a: mauritius images, Mittenwald (imagebroker/Björn Schieren); 157.B1b: Dr. Marco Huber; 158.V1: Heinz-Werner Oberholz, Everswinkel; 161.1: ESA - EPSEC for ESA - European Space Agency, Paris Cedex 15 (ESA and the Planck Collaboration); 163.B2: Heinz-Werner Oberholz, Everswinkel; 168.2: Astrofoto, Sörth (Franz-Xaver Kohlhauf); 169.1: Phywe Systeme, Göttingen; 169.2: P. Ormos; 170.1: wikipedia.org (Rocky Mountain Laboratories/National Institute of Allergy and Infectious Diseases (NIAID)); 170.2: Springer-VDI-Verlag, Düsseldorf (Genter, Mayer-Leibnitz, Bothe, Atlas typischer Nebelkammerbilder. Springer Verlag, Heidelberg/Berlin/New York); 172.B1: Gunnar Friege, Hannover; 172.B3: wikimedia.commons (gemeinfrei/StefanPohl); 175.1: Heinz-Werner Oberholz, Everswinkel; 176.2: Michael Fabian, Hannover; 177.B3a: wikipedia.org (Roychai); 178.B1a: Hans Tegen, Hambühren; 178.B1b: Gunnar Friege, Hannover; 179.1, 179.V1a-b: Stefanie Grabert, Sprockhövel; 182.B1: NEVA KG, Geislingen; 183.1: Stefanie Grabert, Sprockhövel; 184.1: GSI - Helmholtzzentrum für Schwerionenforschung, Darmstadt (Gaby Otto); 184.B1: Picture-Alliance, Frankfurt (dpa); 185.1: LEYBOLD®/LD Didactic, Hürth; 185.B4a: Agentur Focus, Hamburg (eye of science/Meckes); 185.B4b: Okapia, Frankfurt (Biology Media/NAS); 186.1: ullstein bild, Berlin (NMSI/Science Museum/Science Museum); 187.B2: Dr. Franz Bader, Ludwigsburg; 188.B1: Michael Fabian, Hannover; 190.1: ullstein bild, Berlin (Photo12); 190.2: dreamstime.com, Brentwood (Designua); 191.B1: Finkelnburg; 191.V1: Dr. Franz Bader, Ludwigsburg; 191.V2: Tipler; 195.1: Picture-Alliance, Frankfurt (dpa/epa afp Penny); 197.B4: Dr. Franz Bader, Ludwigsburg; 208.A1: Paul Vahle, Kamen - www.vahle.de; 208.A2-3: Stefanie Grabert, Sprockhövel; 208.A4: Prof. Dr. Rainer Müller, Braunschweig; 216.B1: Dipl.-Ing. Jochen Peschel, München/www.coastersandmore.de; 216.V1-2: Stefanie Grabert, Sprockhövel; 217.1: Richard Kilian; 217.2: iStockphoto.com, Calgary (Izabela Habur); 217.3: Eriez Magnetics Europe Ltd, Erie; 219.B4: adpic, Bonn (M. Baumann); 220.1, 220.V1a-c: Heinz-Werner Oberholz, Everswinkel; 222.

Bildquellenverzeichnis

B1: fotolia.com, New York (skatzenberger); 222.B2: fotolia.com, New York (mipan); 223.A6: Michael Fabian, Hannover; 223.A8: iStockphoto.com, Calgary (small_frog); 229.1: Heinz-Werner Oberholz, Everswinkel; 229.2: Stefanie Grabert, Sprockhövel; 232.1: Deutsches Museum, München; 232.A3a: Picture-Alliance, Frankfurt (Selva/Leemag); 232.A3b: Bridgeman, Berlin (Archives Charmet); 232.A4: LEYBOLD®/LD Didactic, Hürth; 232.A5a: Hans Tegen, Hambühren; 232.A5b: fotolia.com, New York (manu); 232.A6: ullstein bild, Berlin (Schöning); 234.B2: Peter Feigenbutz, Radolfzell; 235.1: RWE AG, Konzernpresse/www.rweimages.com, Essen; 235.2: iStockphoto.com, Calgary (LICreate); 235.3: fotolia.com, New York (Andrea Danti); 235.4: Dr. med. Lothar Reinbacher, Kempten; 236.B1: 3B Scientific, Hamburg (© 2015 3B Scientific - www.3bscientific.com); 237.B4: Heinz-Werner Oberholz, Everswinkel; 239.1: Imago, Berlin (Gustavo Alabiso); 239.2: fotolia.com, New York (Prisca Koller); 239.3: fotolia.com, New York (Holger Schultz); 239.4: wikipedia.org (Wofl - CC-Lizenz CC BY-SA 2.0 DE); 239.5: Visuals Unlimited, Hollis (Masa Ushioda); 240.B1: Hans Tegen, Hambühren; 241.2-3: LEYBOLD®/LD Didactic, Hürth; 243.1: akg-images, Berlin; 243.V2: LEYBOLD®/LD Didactic, Hürth; 244.1: Okapia, Frankfurt (NAS/Omikron); 244.4: Corbis, Berlin (Bettmann); 245.1-2: Deutsches Museum, München; 248.V1a-b: Phywe Systeme, Göttingen; 250.1-2: Universitätsklinikum, Heidelberg; 250.A3: Landesanstalt für Personendosimetrie und Strahlenschutzausbildung, LPS, Berlin (Antje Eichelberger); 250.A5b, 251.V1: Franz-Josef Domke, Hannover; 252.V1: Hans Tegen, Hambühren; 253.1: Phywe Systeme, Göttingen; 253.2: LEYBOLD®/LD Didactic, Hürth; 254.B1: Springer-VDI-Verlag, Düsseldorf (Gentner, Mayer-Leibnitz, Bothe, Atlas typische Nebelkammerbilder. Springer Verlag, Heidelberg/Berlin/New York); 259.1: Picture Press, Hamburg (Wolfgang Neeb/Stern über Picture Press); 262.T1: A1PIX - Your Photo Today, Taufkirchen (BIS); 268.B1: Picture-Alliance, Frankfurt (BSIP/BERANGER); 268.B2: mauritius images, Mittenwald (Alamy); 268.B3a: Picture-Alliance, Frankfurt (empics); 269.B4: Elekta Versa, Schwabmünchen; 271.B6: ARS Photo Unit, Beltsville (Scott Bauer); 272.A1: DESY, Hamburg (Rey.Hori/KEK); 272.A4: ullstein bild, Berlin (Granger Collection); 273.B2: CERN, Geneva 23 (1999 CERN); 282.B1: DESY, Hamburg (M. Schulze-Alex); 283.B3: CERN, Geneva 23 (ATLAS/Joao Pequenao 2008); 283.B4: CERN, Geneva 23 (Maximilian Brice); 283.B5: CERN, Geneva 23 (ATLAS/Steven Goldfarb); 284.1: CERN, Geneva 23 (2012 CERN, for the benefit of the CMS Collaboration/Thomas McCauley, Lucas Taylor); 284.2: Astrofoto, Sörth; 285.B1: Picture-Alliance, Frankfurt (dpa/Daniel Bockwoldt); 286.B1: Science & Society Picture Library, Berlin (SSPL/Science Museum); 287.B2: Agentur Focus, Hamburg (SPL/American Institute of Physics); 287.B3: Ulrich Kilian, Frickingen; 288.B1: Getty Images, München (Joe Munroe/Hulton Archive); 288.B2: fotolia.com, New York (air - Fotolia); 288.B3: Fotofinder, Berlin (Science & Society/FOTOFINDER.COM); 289.B4: Picture-Alliance, Frankfurt (Jiu - Imaginechina); 289.B5: CERN, Geneva 23 (Maximilien Brice); 292.A3: Ulrich Kilian, Frickingen; 293.1: Hans Tegen, Hambühren; 296.1: dreamstime.com, Brentwood (Manwolste); 298.B1, 298.V1a-b, 299.1a+b: Heinz-Werner Oberholz, Everswinkel; 300.B2a: Picture-Alliance, Frankfurt (KPA/HIP/Oxford Science Archiv); 300.B2b: mediacolors, Zürich; 303.A4, 303.B2-6: Heinz-Werner Oberholz, Everswinkel; 313.B3: Sidney Harris, New Haven; 314.B2: Prof. Dr. Shaukat Khan/Technische Universität, Dortmund; 315.B5: CERN, Geneva 23; 319.1: Picture-Alliance, Frankfurt (dpa); 320.B2: wikipedia.org (Albert Abraham Michelson); 321.B5: Prof. Stephan Schiller, Universität, Düsseldorf; 323.1: iStockphoto.com, Calgary (Tobias Ott); 334.1: aus: http://www.nucleonia.net.

Es war nicht in allen Fällen möglich, die Inhaber der Bildrechte ausfindig zu machen und um Abdruckgenehmigung zu bitten. Berechtigte Ansprüche werden selbstverständlich im Rahmen der üblichen Konditionen abgegolten.

Stichwortverzeichnis

A

Ablösearbeit 167
absolute Zeit 304
Absorption 239, 242, 254
Absorptionsspektrum 242
Abstand Erde-Mond 98
actio und reactio 30, 56, 96
Additionstheorem für
  Geschwindigkeiten 308
Aktivität 258
ALARA-Prinzip 267
Allgemeine Relativitätstheorie 319, 323
α-Strahlung 254
α-Teilchen 254
α-Zerfall 256
Alpher, Ralph (1921–1907) 161
Amplitude 120, 218
Amplitudenmodulation 298
Amplitude und Intensität beim
  Gitter 155
angeregter Energiezustand 238
angeregter Zustand 257
Anhalteweg 32
Anode 177
Anregung, optische 238
Antineutrino 256
Antiteilchen 274, 287
Antreffwahrscheinlichkeit 192
Aphel 102
Äquivalenz von Energie und
  Masse 313, 317
Arbeit 43
Aristoteles (384–322 v. Chr.) 77, 82,
  110, 297
ART *siehe* Allgemeine
  Relativitätstheorie
asymptotische Freiheit 278
Äther 141
ATLAS 283
Atom 171, 244
atomare Masseneinheit 316
Atomhülle 171
Atomkern 171
Atommodell 244
Auffahrunfall 57
Auslenkung 120
äußerer Fotoeffekt 159

B

Badminton 84
Bahngeschwindigkeit 93
Baryonen 274, 278
Basketball 81
Becquerel 258

Beobachter
 – beschleunigter 78
 – beschleunigter und ruhender 95
Bertozzi-Experiment 313
Bertozzi, William 312
Beschleuniger 282
Beschleunigung
 – Auswertung mit GTR 27
 – beim Bremsen 32
 – konstante 23
 – Sensor für 33
 – und Beobachter 78
 – und Masse 24
 – Zentripetal- 95
Beschleunigungssensoren 33
Bestrahlung mit γ-Strahlung 269
β-Strahlung 254
β-Teilchen 254
β-Zerfälle 256
Betrag von Vektoren 25
Beugung 148
Beugung von Elektronen an
  Kristallgittern 188
Bewegung
 – gleichförmige 13
 – gleichmäßig beschleunigte 23
 – periodische 119
Bewegung aus der Ruhe 26
Bewegungsenergie 43, 44, 56, 312
 – in relativistischer Form 312
 – Unterschied zu Impuls 55, 63
Bewertung eines Textes 56
Bhabha-Streuung 276
Bilanzstrategie 44, 58
Bindungsenergie 316
 – Biolumineszenz 239
Bohm, David (1917–92) 199
Bohr, Niels (1885–1962) 143, 198, 245
bohrsches Atommodell 245
Boltzmann, Ludwig (1844–1906) 141
Bordcomputer 17
Bor-Neutroneneinfangtherapie 270
Bosonen 281
Bradley, James (1692–1762) 297
Bragg-Gleichung 188, 247, 248
Bragg-Reflexion 188, 246
braggsche Drehkristallmethode 247
Bragg, William Henry (1862–1942) 247
Bragg, William Lawrence (1890–
  1971) 247
Brahe, Tycho (1546–1601) 103, 110
braunsche Röhre 221
Brechung 145, 149
Brechungsgesetz 145, 149
Brechungswinkel 145
Brechungszahl 149

Bremsvorgänge 32
Bremsweg 32, 58
 – Faustformel 33
Bremsweg berechnen 25

C

Cavendish-Experiment 101
Cavendish, Henry (1731–1810) 100
CD 157
CERN 282, 315
charakteristische Röntgenlinien 248
charakteristisches Spektrum 247
Chemilumineszenz 239
chemische Elemente 273
chemische Energie 43
COBE 161
Color *siehe* Farbe
Compton-Effekt 168
Computer-Algebra-System 54
Confinement 274, 278
Crash, Crashtest 58
Crookes, William (1832–1919) 169
cw-Wert 74

D

Dalton, John (1766–1844) 244
Dämpfung 123, 125
Datenlogger 19
Davisson, Clinton J. (1881–1958) 188
De-Broglie-Gleichung 186
De Broglie, Louis (1892–1987) 186,
  198
De-Broglie-Welle 186, 195
De-Broglie-Wellenlänge 186
Dehmelt, Hans (*1922) 184
Dehnungsfaktor 305
 – Dehnungsmessstreifen (DMS) 33
Dekohärenz 199
Demokrit 141, 244
destruktive Interferenz 146
DESY 282
Detektor 282
deterministische Strahlenwirkun-
  gen 261, 266
Differenzenquotient 13
Dirac-Gleichung 287
Dirac, Paul (1902–84) 287
DMS 33
Doppelspaltversuch 150, 191
 – mit Elektronen 187
Dosis
 – effektive 261
 – gesamte durchschnittliche
  effektive 263
Dosisgrenzwerten 267
down-Quark 274

Stichwortverzeichnis

Drehspiegelmethode 297
Drehspulinstrument 220
Drei-Finger-Regel 179, 180
drittes Kepler-Gesetz 103
Dualismus Welle-Teilchen 191, 192
dynamische Masse 310

E

Edison, Thomas Alva (1847–1931) 217
effektive Dosis 261
Effektivwert 220, 221
Eigenfrequenz 123
Eigenschwingung 125, 133, 137
Einfallswinkel 145
100-m-Lauf 75
Einstein, Albert (1879–1955) 77, 142, 198, 300
Einstein-Formel 312
Einstein-Postulate 320
Einzelspalt 156
elastischer Stoß 52, 236
– Berechnung der Geschwindigkeiten 54
elektrische Energie 43
elektrische Feldlinien 162
elektrische Feldstärke 163
elektrische Ladung 171, 280
elektrische Leitung 171
elektrisches Feld 162
elektrische Spannung 164
elektrische Stromstärke 171
Elektrolyse 174
elektromagnetisches Spektrum 233, 235
elektromagnetische Strahlung 264
elektromagnetische Wechselwirkung 276
elektromagnetische Wellen 233, 264, 299
Elektron 171
– Beugung an Kristallgittern 188
– Größe 176
– Spaltexperimente 187
Elektronenabstand 186
Elektronenbeugungsröhre 188
Elektronenkanone 176
Elektronenmikroskop 185
Elektronenvolt 167
elektroschwache Wechselwirkung 279
Elektrosensibilität 265
Elementarladung 173
Elementarwelle 148
Ellipsenbahn der Erde 102
Elongation 120
e/m-Bestimmung 182
Emission 239, 240

Ende
– festes 131
– freies 131
Energie 43
– Bewegungs- 43, 44, 56
– chemische 43
– elektrische 43
– Höhen- 43
– im Gravitationsfeld 106
– innere 43
– mechanische 46
– potentielle 108
– Schwingungs- 122
– Spann- 45, 56, 122
Energiedosis 260
Energiedosisleistung 260
Energieentwertung 43
Energieerhaltungssatz
– schiefer Wurf 83
Energieerhaltungssatz 52, 214
– Experimente 56
Energieerhaltungssatz der Mechanik 44, 45, 47
Energie-Impuls-Formel 321
Energieniveau 238
Energieübertragungskette (EÜK) 43, 47
Energiezustand, angeregter 238
Entwertung von Energie 43
Epizykel-Theorie 110
EPR-Paradoxon 198
Eratosthenes (ca. 276–194 v. Chr.) 98
erstes faradaysches Gesetz 174
erstes Kepler-Gesetz 103, 105
erzwungene Schwingung 119
Everett, Hugh (1930–1982) 199

F

Fadenstrahlrohr 176, 182
Fahrradtachometer 229
Fahrschul-Faustformel 33
Fahrtenschreiber 17
– Fahrrad- 19
Fahrtenschreiberdiagramm 17
Fallbeschleunigung 67
– Messung 68
Fallbewegung, Experimente 70
Fallschirmsprung 73
Fallschnur 70
Fallturm 109
Faraday, Michael (1791–1867) 174, 212, 213
faradaysches Gesetz, erstes 174
Farbe 275
Farbladung 278, 280
Faustformel für die Fahrschule 33
Federball 84

Federkonstante 45
Federpendel 124
Fehlerbetrachtung 57
Feld, elektrisches 162
Feldlinien, magnetische 178
Feldquanten 276
Feldstärke 106
– elektrische 163
Fermionen 281
festes Ende 131
Feynman-Diagramme 276, 277
Feynman, Richard (1918–1988) 277, 288
Fizeau, Armand (1819–1896) 297
Flächensatz *siehe* zweites Kepler-Gesetz
Flammenfärbung 240
Flavour 274
Fluchtgeschwindigkeit 108
Fluoreszenz 239
Flussdichte, magnetische 180
Fluss, magnetischer 213
Fotoeffekt 158
– äußerer 159
fotoelektrischer Effekt *siehe* Fotoeffekt
Fotostrom 166
Fotozelle 166
Foucault, Léon (1819–1868) 297
Fourieranalyse 130
Fourier, Joseph (1768–1830) 130
Franck-Hertz-Versuch 236
Franck, James (1882–1964) 236, 237
Fraunhoferlinien 242
freier Fall 67
– bei Galileo 77
– Energiebilanz 68
freie Schwingung 119
freies Ende 131
Freileitung 224
Fremdatommarkierung 271
Frequenz 120, 219
Frequenzanalyse 130
Fresnel, Augustin Jean (1788–1828) 151, 302
fresnelscher Doppelspiegel 151
fresnelsches Biprisma 151
Fullerene 187
Fusion 316

G

Galilei, Galileo (1564–1642) 23, 77, 82, 110, 297
Galilei-Transformationen 300
Galle, Johann Gottfried (1812–1910) 111
γ *siehe* Gravitationskonstante
γ-Strahlung 255
γ-Teilchen 255

γ-Zerfall 257
Gasentladungsröhre 176
Gas geben 21
gedämpfte Schwingung 122
Gedankenexperiment 198
Gegenkraft 30
Geiger, Hans (1882–1945) 244
Geiger-Müller-Zählrohr 252
Gell-Mann, Murray (*1929) 289
Generator 218
geometrische Optik 144
gerader Stoß 50
Germer, Lester (1896–1971) 188
gesamte durchschnittliche effektive Dosis 263
Geschwindigkeit 13
– Additionstheorem 308
– Bahn- 93
– konstanter Betrag 93
– Messung 15
– Momentan- 16
– negative 14
– Sensor für 18
– Vektorcharakter 25
Geschwindigkeitslimit 58
Geschwindigkeitsmessung im Auto 17
Geschwindigkeitswert 14
Gewebe-Wichtungsfaktor 261
Gitter *siehe* optisches Gitter
Gitterkonstante 154
Glashow, Sheldon (*1932) 279
gleichförmige Bewegung 13
gleichförmigen Kreisbewegung 93
Gleichgewichtslage 119
gleichmäßig beschleunigte Bewegung 23
Gleichzeitigkeit 309
Gleitreibung 31
Gleitreibungskraft 31
Gleitreibungszahl 31
Global Positioning System 301, 323
glühelektrischer Effekt 177
Glühkathode 177
Gluonen 278
GPS 301 *siehe* Global Positioning System
Gravitation 284
Gravitationsdrehwaage 101
Gravitationsfeld 106
– Ende 109
Gravitationsgesetz 98
Gravitationskonstante 98
– Bestimmung 100
Gravitationskraft 98
Gravitationslinse 168
Grenzfrequenz 166

Grenzwerte
– Dosis- 267
– elektromagnetische Felder 264
Grundgleichung der Mechanik 24, 48, 69, 78
– am Fahrrad 39
– in Vektorform 25
Grundschwingung 130
Grundzustand 238
GTR 27, 54

H
Hafele, Joseph C. (*1933) 319
Haftreibung 31
Haftreibungskraft 31
Haftreibungszahl 31
Hagelkörner 74
Halbleiterzähler 252
Halbwertszeit 258
Hallsonde 180
Hallwachs-Effekt 158
Hallwachs, Wilhelm (1859–1922) 158
Hangabtriebskraft 29
Harmonische 130
harmonische Schwingung 119, 120
– Gesetze 121
He-4 316
heisenbergsche Unbestimmtheitsrelation 196, 276
Heisenberg, Werner (1901–76) 196, 198, 245
Helmholtz, Hermann von (1821–94) 137
Helmholtz-Resonator 137
Helmholtzspule 182
Hermann, Robert (*1931) 161
Hertz 120
Hertz, Gustav (1887–1975) 236, 237
Hertz, Heinrich (1857–94) 141
HGÜ *siehe* Hochspannungs-Gleichstrom-Übertragung
Higgs-Boson 315
Higgs, Peter (*1929) 289
Higgs-Teilchen 284
Himmelskörper
– chemische Zusammensetzung 243
– Oberflächentemperatur 243
Hintergrundstrahlung *siehe* kosmische Hintergrundstrahlung
Hochenergiephysik 317
Hochspannungs-Gleichstrom-Übertragung 225
Höhenenergie 43
Hometrainer 217
hookesches Gesetz 45, 121, 122
Huygens, Christiaan (1629–95) 148

Huygens-Prinzip 148, 193
hydrostatisches Paradoxon 318
Hz *siehe* Hertz

I
Impuls 48
– Unterschied zu Bewegungsenergie 55, 63
Impulserhaltungssatz 50, 52
– Experimente 56
Impuls von Photonen 168
Induktion 209, 222
– durch Flächenänderung 210
– durch Flussdichteänderung 212
Induktionsgesetz 215
Induktionsherd 217
induzierte Spannung 209
Inertialsystem 300
infrarotes Licht 233
Ingestion 262
Inhalation 262
innere Energie 43
innere Kräfte 51
innerer Fotoeffekt 159
Interferenz 146
Interferenzfeld 147
Interferenz mit großen Molekülen 187
Invarianz der Lichtgeschwindigkeit 302, 304
Ionisation 234
Ionisationskammer 258
ionisierende Strahlung 260
IR-Licht *siehe* infrarotes Licht
Isochron-Zyklotron 314
Isotop 251
Isotopenmarkierung 271

J
Jeans, James (1877–1946) 160
Jönsson, Claus (*1930) 187
J/Ψ-Meson 317

K
Kalorimeter 283
Kant, Immanuel (1724–1804) 300
Karussell 96
Kathode 177
Kausalstrategie 44, 58
Keating, Richard E. 319
Kelvin, Lord *siehe* Thomson, William (1824–1907)
Kepler-Gesetze 103, 105, 111
Kepler, Johannes (1571–1630) 99, 103, 111
Kern *siehe* Atomkern
Kernfusion 279

Stichwortverzeichnis

Kern-Hülle-Modell 236
Kernkräfte 251
Kernladungszahl 251
Kernreaktionen 270
Kernumwandlung 256
Kettenkarussell 96
Ketterle, Wolfgang (*1957) 195
kinetische Energie *siehe* Bewegungsenergie
Klang 130
Klangfarbe 131
Klangspektrum 130
klassische Physik 141
Klothoide 97
Knautschzone 58
Knotenlinien 146
Kohärenz 147
Kohlenstoff-14-Methode 259
Komponenten der Kraft 28
Komponentenzerlegung 28
Kondensator 163
konstruktive Interferenz 146
Kontaktspannung 167
Kopenhagener Deutung 198
Kopernikus, Nikolaus (1473–1543) 110
Kopplung 276
Kopplungskonstante 277
kosmische Hintergundstrahlung 161
kosmische Strahlung 263
Kraft
– Addition 28
– beim Bremsen 32
– beschleunigende 22
– Gegen- 30
– Gleichgewicht 30
– Gleitreibungs- 31
– Gravitations- 98
– Haftreibungs- 31
– Hangabtriebs- 29
– innere 51
– Normal- 29
– Rollreibungs- 31
– Rückstell- 120
– -sensor 33
– Wechselwirkungs- 30
Kräfteaddition 28
Kräftegleichgewicht 30
Kräfteplan 29, 76
Kraftsensor 33
Kraftstoß 48
Kraft und Gegenkraft 30
Kraftzerlegung 28
Kreisbahn 97
Kreisbewegung
– gleichförmige 93
Kryptografie 201

Kugellager 31
Kugelstoß 81
Kurvenfahrten 31
kurzwellige Grenze 249
kurzzeitiger Stoß 57

L

Ladung 171, 280
– negative 171
– positive 171
Lageplan 29, 76
Längenkontraktion 306
Large-Hadron-Collider 315
Laue, Max von (1879–1960) 234, 246
Lautsprecher 179
Leiterfläche, wirksame 211
Leiterlänge, wirksame 180
Leiterschaukel 179, 209
Leitung, elektrische 171
Leitungselektronen 171
Lenz, Heinrich (1804–65) 214
lenzsches Gesetz 214
Leptonen 275
Leuchtdiode 205
Le Verrier, Urbain (1811–77) 111
LHC *siehe* Large-Hadron-Collider
LHC Computing Grid 283
Lichtäther 302
Lichtbündel 144
Lichtdruck 168
Lichtempfänger 144
Lichtgeschwindigkeit 297
– Invarianz 302, 304
– Messung 298
Lichtmühle 169
Lichtquantenhypothese 166
Lichtquelle 144
Lichtschranke 18
Lichtstrahlen 144
Lichtuhr 304
Linearbeschleuniger 315
Linien 277
Linienspektrum 240
Linke-Faust-Regel 178
Lochrad 16, 18
Longitudinalwelle 126
Looping 97
Lorentz, Hendrik A. (1853–1928) 181
Lorentzkraft 181, 209
Löschflugzeug 49
Luftwiderstand 69, 84
– Bewegungen mit 74
– Kraftgesetz 72
Luftwiderstandskraft 72, 74

M

Magnetfeld 178
– niederfrequentes 264
magnetische Flussdichte 180
magnetischen Feldlinien 178
magnetischer Fluss 213
magnetisches Feld 178
magnetisches Wirbelfeld 178
Marsden, Ernest (1889–1970) 244
Masse
– dynamische 310
– relativistische 310
– träge und schwere 67
Massendefekt 316
mass-energy 317
Materie 141
Materiewelle *siehe* De-Broglie-Welle
Maxima bei Interferenz 152
Maxwell, James Clerk (1831–1879) 141, 169, 299, 300
maxwellsche Gleichungen 320
Mayer, Julius Robert (1814–78) 137
Mechanik
– Grundgleichung der 24, 39, 78
medizinische Diagnostik 234
Mesonen 275, 278
Messgenauigkeit 47
Messpostulat 198, 199
Messung der Lichtgeschwindigkeit 298
Messwerterfassungssystem 220
Metalldetektor 217
Michelson-Morley-Experiment 302, 320
Millikan, Robert (1868–1953) 172
Millikan-Versuch 172
Mindestsichtweite 20
Minima bei Interferenz 152
Modell 244
Modellbildung 34, 80, 83, 102, 104
Modelle in der Physik 194
Molekülen, Interferenz mit 187
Momentangeschwindigkeit 16
Mondrechnung von Newton 98
Mülltrennung 217
Mutterkern 256
Myon 275, 276
Myonenzerfall 307

N

Nabendynamo 18, 22
natürliche Strahlenexposition 262
Nebelkammer 254
negative Ladung 171
Netzebenen 246
Netzebenenabstand 247
Neumann, John v. (1903–57) 199
Neutrinos 275

Neutron 171, 251, 316
Neutronenstrahlen, Therapie 270
Newton, Isaac (1642–1726) 77, 111, 141, 300
newtonsche Grundgleichung *siehe* Grundgleichung der Mechanik
Newtonsekunde 48
Newtons Mondrechnung 98
nichtionisierende Strahlung 264
Nichtlokalität 198, 200
niederfrequentes Magnetfeld 264
Normalkraft 29
November-Revolution der Elementarteilchenphysik 317
Ns *siehe* Newtonsekunde
nuklearmedizinische Diagnostik 268
Nukleon 251, 316
Nukleonenzahl 251
Nuklid 251
Nuklidkarte 257
Nulleffekt 252
Nullniveau der potentiellen Energie 108

O

Oberschwingung *siehe* Harmonische
Optik, geometrische 144
optische Anregung 238
optisches Gitter 154
Orbital 245
Orbitalmodell 245
Ordnungszahl 251
Ortsfaktor 67, 68, 106, 162
Ortsmarke 18
Oszilloskop 220
Ötzi 259

P

Paarvernichtung 268
Parabelflug 109
Paradoxien in der Physik 318
Paradoxon der klassischen Elektrodynamik 319
Paradoxon, hydrostatisches 318
Parallaxe 110
Pauliprinzip 249, 281
Pendel 57
Penning-Falle 184
Perihel 102
Periodendauer 120, 219
periodische Bewegung 119
PET *siehe* Positronen-Emissions-Tomograf
Pfad 193
Phasenbeziehung 133
Phasendifferenz 146

Phasengeschwindigkeit 127, 128
Phasenwinkel 120
Phosphoreszenz 239
Photon 166, 276
– Impuls 168
π-Meson 317
Planck-Konstante 167, 191
Planck, Max (1858–1947) 142
PLANCK (Satellit) 161
plancksche Strahlungsformel 160
plancksches Wirkungsquantum 160
Planetenbeobachtung 115
Planetenbewegung 94
Planetensystem 99
Plattenkondensator 162
Pluto, Berechnung 111
Polarisation 153
Polarlicht 184
positive Ladung 171
Positronen-Emissions-Tomograf 268
potentielle Energie 108
Primärspule 222
Produktregel der Differenzialrechnung 213
Proton 171, 251, 316
Protonenstrahlen, Therapie 270
Ψ-Welle *siehe* De-Broglie-Welle
Ptolemäus, Claudius (ca. 100–160) 110

Q

QED *siehe* Quantenelektrodynamik
quadratische Regression 27
Quantelung der Ladung 173
Quantencomputer 201
Quantenelektrodynamik 288
Quantenfeldtheorie 276
Quantengravitation 285
Quantenobjekte 191
Quantenphysik 143
Quantensprung 238
Quarks 274, 289
Qubit 201

R

radioaktiver Zerfall 256
Radioaktivität 251
Radiojodtherapie 269
Radium 253
Radon 262, 263
Ränder 132
Raumstation 109
Rayleigh, Baron *siehe* Strutt, John William (1842–1919)
reactio und actio 30, 56, 96
Reaktionsweg 32
Reaktionszeit messen 70

Reflexion 145, 149
Reflexionsbedingung von Bragg *siehe* Bragg-Gleichung
Reflexionsgitter 157
Regentropfen 74
Reibung 31, 47
relative Zeit 304
relativistische Masse 310
Relativitätsprinzip 300
Relativitätstheorie, spezielle 300
Renormierung 288
Resonanz 123, 125
Resonanzfluoreszenz 238
Resultierende 28
Reynolds, Osborne (1842–1912) 169
Ringversuch, thomsonscher 214
Rollenlager 31
Rollreibung 31
Rollreibungskraft 31
Römer, Ole (1644–1710) 297
Röntgenbremsspektrum 249
Röntgenquant 249
Röntgenspektrum 248
Röntgenstrahlung 234
– Untersuchung 246
Röntgen, Wilhelm Conrad (1845–1923) 234
Rosinenkuchen-Modell 244
Rückstellkraft 120
Rückwärtsfahrt 14
Ruheenergie 312
Ruhemasse 310
Ruska, Ernst (1906–1988) 185
Rutherford, Ernest (1871–1937) 244, 286

S

Salam, Abdus (1926–96) 279
SAR *siehe* Spezifische Absorptionsrate
Satellitenbahnen 102
– Modellierung 104
Schalenmodell 245
Schall 128
Schallgeschwindigkeit 128
– Abschätzung 129
– Messung 129
Schattenkreuzröhre 185
Schattenraum 144
Schattenwerfer 144
Scheibenbremse 31
schiefe Ebene 29, 76
schiefer Stoß 55
schiefer Wurf 80
– Energieerhaltung 83
– Impulsänderung 83
– mit Luftwiderstand 84

Stichwortverzeichnis

Schleifen 277
Schrecksekunde 32
Schrödinger, Erwin (1887–1961) 198, 245
Schrödinger-Gleichung 192
Schrödinger-Katze 198
Schulze, Otto 17
schwache Ladung 280
schwache Wechselwirkung 279
schwarzer Körper 142, 161
Schwarzkörperproblem 160
Schwebemethode 172
Schwebung 124
Schwerefeld 108
Schwerelosigkeit 109
Schwerpunktssatz 51
Schwingung 119
– Dämpfung 123
– erzwungene 119
– Experimente 124
– freie 119
– gedämpfte 122
– Grund- 130
– harmonische 119, 120
– Ober- 130
– Resonanz 123
Schwingungsbauch 131
Schwingungsenergie 122
Schwingungsknoten 131
Sekundärspule 222
Selbstinduktion 222
senkrechter Wurf
– Tabellenkalkulation 34
Sensoren
– für Beschleunigung 33
– für Kraft 33
– für Weg und Geschwindigkeit 18
Sicherheitsgurt 32, 58
sinusförmige Schwingung *siehe* harmonische Schwingung
SIT *siehe* Sterile-Insekten-Technik
Skin-Effekt 225
Smartphone 33
Spaltexperimente mit Elektronen 187
Spannenergie 43, 45, 56, 122
Spannung *siehe* elektrische Spannung
– induzierte 209
Spektralanalyse 241
Spektrometer 241
Spektrum 240
– charakteristisches 247
– elektromagnetisches 233, 235
spezielle Relativitätstheorie 300
spezifische Absorptionsrate 265
spezifische Ladung 182
Spin 281

Spule 211
SRT *siehe* spezielle Relativitätstheorie
Stabilität 238
Standardmodell der Elementarteilchen 275
starke Wechselwirkung 278
Sterile-Insekten-Technik 271
Stern-Gerlach-Versuch 281
stochastisch 191, 252
stochastische Strahlenwirkungen 261, 266
stokessches Gesetz 175
Stoß
– elastischer 52, 236
– gerader 50
– kurzzeitiger 57
– schiefer 55
– unelastischer 50, 237
– vollelastischer 52
Stoßwinkel und Stoßweite 81
Strahlenbelastung *siehe* natürliche Strahlenexposition
Strahlenbiologie 260
Strahlenexposition 260
– natürliche 262
Strahlenrisiko 261
Strahlenschutz 267
Strahlentherapie 269
Strahlenwirkungen
– deterministische 261, 266
– stochastische 261, 266
Strahlung 43, 141
– Absorption 255
– elektromagnetische 264
– ionisierende 260
– kosmische 263
– terrestrische 262
– untersuchen 253
Strahlungsdruck *siehe* Lichtdruck
Strahlungsformel *siehe* plancksche Strahlungsformel
Strahlungsgürtel 184
Strangeness 289
Streuexperimente 273, 286
Stringtheorie 285
Stromdichte 264
Stromnetz 224
Stromstärke, elektrische 171
Strutt, John William (1842–1919) 160
Superpositionsprinzip 193
Supersymmetrie 285
Synchronisation 304
Synchrotron 314
Synchrotronstrahlung 314
Synchro-Zyklotron 314

System, gleichförmig bewegtes und beschleunigtes 78
Szintigramm 268

T

Tabellenkalkulation 34
– Fallbewegung 73
Tachometer 17, 18
Tauon 275, 276
Taylor-Experiment 192
Teilchen-Welle-Problem 191
Teleportation 201
terrestrische Strahlung 262
Tesla 180
TESLA 285
Text
– Bewertung 56
Thomson, George P. (1882–1975) 188
Thomson, Joseph John (1856–1940) 244
thomsonscher Ringversuch 214
Thomson, William (1824–1907) 142
Tochterkern 256
Tracermethoden 271
Trägheit 24, 120
Transformator 222
Transversalwelle 126
t-s-Diagramm 13
– Überholvorgang 20
t-v-Diagramm 13, 14

U

Überholvorgang 20
– im Labor 21
ultraviolettes Licht 233
Umkehrpunkt 119
Umlaufdauer 94
Unbestimmtheitsrelation, heisenbergsche 196
unelastischer Stoß 50, 237
up-Quark 274
Urknall 161
UV-Licht *siehe* ultaviolettes Licht

V

Vektoraddition 28
Vektorcharakter der Geschwindigkeit 25
Vektoren 25, 28
– Impuls 48
Verschiebungsgesetz von Wien 243
Verschleißkontrolle 271
verschränkte Zustände 200
Vertices 277
Viele-Welten-Hypothese 199
Volt 164

Vorwärtsfahrt 14

W
waagerechter Wurf 78
Wahrscheinlichkeitsamplitude 192
Wahrscheinlichkeitsdichte 192
Wärme 43
Wasserwellen 148
W-Bosonen 279, 282
Wechselspannung 218
Wechselwirkungen 276
Wechselwirkungskräfte 30
Weg 13
Wegunterschied 147
Wehneltzylinder 177
Weinberg, Steven (*1933) 279
Welle 126
– Reflexion 132
Wellenbauch 133
Wellenfunktion 192
Wellengeschwindigkeit 126
Wellenknoten 133
Wellenlänge 127
Wellenlängenbestimmung
– beim Doppelspalt 152
– mittels Streifenabstand 153
Wellenstrahlen 148
Wellenträger 132
Wellenwanne 146
Werte von Vektoren 25
wiensches Verschiebungsgesetz 243
Wigner, Eugene (1902–95) 199
Wirbelstrombremse 216
Wirbelströme 216
wirksame Leiterfläche 211
wirksame Leiterlänge 180
Wirkungsquantum, plancksches *siehe* plancksches Wirkungsquantum
WMAP 161
Wu, Chien-Shiung (1912–97) 286
Wurf
– Geschichte 82
– schiefer 80
– senkrechter mit Tabellenkalkulation 34
– waagerechter 78

X
X-FEL 285

Y
Young, Thomas (1773–1829) 141, 150, 151

Z
Zählrate 252
Z-Boson 279, 282
Zeigerformalismus 192
Zeigermodell 120
– bei Wellen 127
Zeit
– absolute 304
– relative 304
Zeitdilatation 305, 310
Zeit-Geschwindigkeit-Diagramm 13
Zeit-Geschwindigkeit-Gesetz 26
Zeitintervall 16
Zeit-Ort-Diagramm 13
Zeit-Ort-Gesetz 26
Zentrifugalkraft 95
Zentripetalbeschleunigung 95
Zentripetalkraft 93
– Formel für Betrag 94
Zerfall, radioaktiver 256
Zerfallskonstante 258
Zerfallsreihen 257
Zerstrahlung *siehe* Paarvernichtung
Zoo der Elementarteilchen 273
Zwei-Sekunden-Abstand 33
zweites Kepler-Gesetz 103, 105
Zwillingsparadoxon 318
Zyklotron 311, 314